© Ana Zendrera

FERNANDO MORAIS es uno de los periodistas más prestigiosos y reconocidos de Brasil. Desde que en 1961 empezó en la profesión, ha recibido importantes premios de periodismo. También ha sido diputado durante ocho años, Secretario de Cultura y Secretario de Educación y, además, es guionista de televisión. Morais es autor, entre otros, de *Transamazônica, A ilha, Olga, Chatô, o rei do Brasil, Corações sujos* (ganadora del Premio Jabuti del libro del año 2001 de No Ficción), *Cem quilos de oro, Na toca dos leões y Montenegro*. Con más de dos millones de ejemplares vendidos, las obras de Morais han sido traducidas a veintiún idiomas. Sus libros se sitúan siempre en los primeros puestos de las listas de venta en Brasil. En 2004, *Olga* fue llevada al cine por Jayme Monjardim. Con más de cinco millones de espectadores, la cinta fue elegida para representar al país en la ceremonia de los Oscar de 2005. Morais es miembro del Consejo Político del periódico *Brasil de Fato* y del Consejo Superior de Telesur, el canal de televisión público latinoamericano con sede en Caracas. Es también miembro de la Academia Marianense de Letras. *El Mago* se publicará en más de treinta países.

EL MAGO

La extraordinaria historia de Paulo Coelho

Fernando Morais

Traducción del portugués por Ana Belén Costas

rayo | Planeta
www.harpercollins.com

Este libro fue publicado originalmente en portugués, titulado *O Mago,* en el año 2008 por Editorial Planeta S. A. La traducción al español fue originalmente publicada en el año 2008 en España por Editorial Planeta, S. A.

PRIMERA EDICIÓN RAYO, 2008

ISBN: 978-0-06-137508-8

08 09 10 11 12   ❖/RRD   10 9 8 7 6 5 4 3 2 1

Para Marina, compañera de viaje en esta odisea

SUMARIO

Cuando el mundo no se acabe, en el
año 2000, tal vez se acabe todo ese
interés por la obra de Paulo Coelho.

(Wilson Martins, crítico literario,
abril de 1998, periódico *O Globo*)

Brasil es Rui Barbosa, es Euclides da
Cunha, pero también es Paulo Coelho.
No soy lector de sus libros ni su
admirador, pero hay que aceptarlo como
parte de la vida brasileña
contemporánea.

(El mismo Martins, julio de 2005,
O Globo)

1

¿ES UN PÁJARO? ¿ES UN AVIÓN?
NO, ES LA ESTRELLA PAULO COELHO CON
MÁS DE CIEN MILLONES DE LIBROS VENDIDOS

En un feo y gris atardecer de abril de 2005 el enorme Airbus A600 blanco de Air France se posa suavemente en la pista mojada del aeropuerto de Ferihegy, en Budapest. Termina allí un vuelo de dos horas de duración, iniciado en la ciudad de Lyon, en el sur de Francia. En la cabina, la auxiliar de vuelo informa de que son las seis de la tarde en la capital de Hungría y que la temperatura es de ocho grados centígrados. Sentado junto a la ventana de la primera fila de clase ejecutiva, con el cinturón de seguridad abrochado, un hombre de camiseta negra levanta la vista y observa un punto abstracto más allá de la cortina divisoria que tiene delante. Indiferente ante la curiosidad de los demás pasajeros, y siempre con los ojos puestos en el mismo sitio, levanta los dedos índice y corazón de la mano derecha, como si bendijese, y permanece inmóvil unos instantes. Cuando se levanta para coger la mochila del portaequipajes, con el avión ya parado, se ve que va completamente vestido de negro: calzado de lona, pantalones vaqueros, camiseta, todo negro. De hecho, alguien dijo en cierta ocasión que, de no ser por el brillo malicioso de su mirada, podría ser confundido con un sacerdote. Por un detalle de su traje de lana, también negro, los pasajeros —los franceses al menos— se percatan de que su compañero de viaje no es un mortal común: sujeto a la solapa, el broche de oro esmaltado en rojo, poco mayor que un microchip de ordenador, le revela a la multitud que su portador es un *Chevalier* de la Orden Nacional de la Legión de Honor, la más alta y codiciada condecoración de Francia, creada en 1802 por Napoleón Bonaparte y sólo concedida por decreto personal del presidente de la república. La insignia recibida por orden de Jacques Chirac, sin embargo, no es el único signo exterior de singularidad. De los escasos cabellos blancos, cortados a navaja, resalta un mechón sobre la nuca, una pequeña cola de caballo también blanca, de cuatro dedos de largo: es la *sikha*, penacho usado por brahmanes, hindúes ortodoxos y monjes hare krishna. El bigote y la perilla blancos, cuidadosamente recortados, rematan la parte inferior de un rostro delgado y saludable, bronceado por el sol. Con 1,69 m de altura, es un hombre delgado aunque musculoso, sin un gramo de grasa visible en el cuerpo.

Con la mochila a la espalda y muchas ganas de fumar, se mezcla con el rebaño de pasajeros en los pasillos del aeropuerto, llevando en los labios, apagado, un cigarrillo Galaxy Light, fabricado en Brasil. En la mano lleva un mechero Bic preparado para ser encendido en cuanto esté permitido, lo que no parece que vaya a ser pronto. Aunque uno no sepa húngaro ni el significado de la expresión *Tilos adohányzás*, por todas partes se pueden ver las placas con un cigarrillo encendido atravesado por una línea roja. Budapest también cedió a la fobia antitabaquista y no se puede fumar en ningún lugar del aeropuerto. Parado ante la cinta de recogida de equipajes, el hombre de negro observa con ansiedad la pared de cristal transparente que separa a los pasajeros internacionales de la entrada principal del aeropuerto de Ferihegy. Gracias a un truco del dueño, la maleta negra de ruedas se puede reconocer de lejos: es la que tiene un corazón blanco dibujado con tiza. Y es tan pequeña que podría haberla embarcado como equipaje de mano, si no fuera porque detesta cargar con cosas.

Al cruzar la vidriera después de pasar por la aduana, descubre, visiblemente desconcertado, que su nombre no está en ninguna de las placas exhibidas por los conductores y agentes de turismo que esperan a los pasajeros de aquel vuelo. Y, más grave aún, tampoco están esperándolo fotógrafos, reporteros ni cámaras de televisión. No hay nadie. Camina hasta la calle mirando a un lado y a otro y, antes incluso de levantar la solapa de su chaqueta para protegerse del frío viento que barre Budapest, enciende el Galaxy y le da una calada tan honda que carboniza medio pitillo. Los demás pasajeros de Air France se van dispersando en autobuses, taxis y coches particulares; la entrada del aeropuerto queda desierta, y la decepción da lugar al mal humor, a un pésimo humor. Enciende otro cigarrillo, hace una llamada internacional por el móvil y farfulla en portugués, con un fuerte acento carioca y la voz levemente nasal:

—¡No hay nadie esperándome en Budapest! ¡Sí! Has oído bien.

Repite palabra por palabra, como si quisiera martillar cada una de ellas en la cabeza de su interlocutor:

—Eso mismo: no-hay-nadie-esperándome-en-Budapest. No, nadie. ¡He dicho que nadie!

Cuelga sin despedirse, apaga el pitillo en una papelera, enciende otro y camina arriba y abajo con aire desolado. Ya han pasado quince interminables minutos desde el desembarco cuando oye un tropel familiar. Se vuelve hacia el lugar del que proviene el ruido y sus ojos se iluminan. Una enorme sonrisa aparece en su rostro. El motivo de su alegría está a pocos metros de allí: un grupo de reporteros, fotógrafos, cámaras y *paparazzi* corren hacia él gritando su nombre, casi todos con micrófono y grabadora en la mano. Detrás de ellos viene un grupo más numeroso, los fans.

—*Mister Colê-rô! Mister Paulo Colê-rô!*

Colê-rô es la forma en que los húngaros pronuncian el apellido del escritor brasileño Paulo Coelho, el hombre de negro que acaba de desembarcar en Budapest como invitado de honor del Festival Internacional del Libro. La invitación fue una iniciativa de Rusia, país homenajeado en 2005 (y no de Brasil, que ni siquiera tiene stand en el festival), por la sencilla razón de ser en ese momento el autor más leído en un país que, con 143 millones de habitantes, es uno de los más poblados del planeta. Junto a los reporteros, se acercan también personas con ejemplares de su más reciente éxito, *El Zahir*, abiertos por la primera página, tropezando en la maraña de cables esparcidos por el suelo y esquivando el frente de los periodistas con la esperanza de conseguir un autógrafo. El sonido de los flashes, mezclado con la luz azulada de los reflectores, dan a la cabeza del escritor una apariencia poco común, como si estuviera en la pista de baile de una discoteca de los años setenta, iluminada con lámparas estroboscópicas. A pesar del tumulto y del enfado, exhibe una permanente y angelical sonrisa, e incluso ahogado por una marea de preguntas en inglés, francés y húngaro, da la impresión de estar disfrutando de un placer inigualable: la fama mundial. Como pez en el agua. Con los ojos centelleantes y la sonrisa más sincera que un ser humano puede tener, *mister Colê-rô*, vuelve a ser Paulo Coelho, la estrella, el escritor con cien millones de libros vendidos, el miembro de la Academia Brasileña de las Letras que suele ser recibido como un mito pop por sus lectores en sesenta y seis idiomas y dialectos, repartidos en más de ciento sesenta países. Les cuenta a los periodistas que sólo ha estado en Hungría una vez, hace más de dos décadas. «Me da miedo que en quince años el turismo haya causado más estragos en Budapest que los provocados por los rusos en medio siglo», declara, refiriéndose al período en el que el país vivió bajo la tutela de la antigua Unión Soviética (1949-1989).

Ese mismo día el escritor tuvo otra oportunidad de saborear el reconocimiento público. Mientras esperaba el avión en el aeropuerto de Lyon, se le acercó un brasileño de barba blanca que se identificó como su lector y admirador. Cuando los llamaron para subir al autobús que los llevaría hasta la aeronave, caminaron juntos en la fila hasta la puerta de embarque. En el momento de mostrar las tarjetas de embarque, el brasileño no encontraba la suya, perdida en medio de un montón de folletos y mapas turísticos. Para evitar la impaciencia de los demás pasajeros, el trabajador de Air France lo dejó a un lado, buscando el comprobante, mientras la fila avanzaba. Por deferencia, Paulo se quedó de pie al lado de su paisano, pero éste lo dispensó:

—Gracias, pero no tiene que quedarse aquí. Dentro de un momento encontraré la tarjeta de embarque.

Con todos los pasajeros acomodados en el autobús, la fila llegó a su fin y, con ella, el humor del trabajador francés, que amenazaba con cerrar la puerta:

—*Pardon*, pero sin tarjeta no puede embarcar.

El brasileño pensó que su viaje de vacaciones se complicaba, pero no se dio por vencido:

—Mire, tengo la tarjeta, estoy seguro. Hace un momento se la enseñé al escritor Paulo Coelho, que estaba conmigo, para saber si íbamos a viajar en asientos cercanos.

El francés abrió mucho los ojos:

—¿Paulo Coelho? ¿Ese hombre de la cabeza afeitada y la Legión de Honor en la solapa es Paulo Coelho?

Ante la confirmación, el trabajador anduvo algunos metros hasta el autobús donde los pasajeros aguardaban la solución del problema y gritó:

—*Monsieur Paulô Coelô!*

En cuanto el escritor se acercó y confirmó que sí, que había visto la tarjeta, el empleado, de pronto amable y cordial, hizo un gesto con la mano autorizando el embarque.

Ya es de noche en Budapest cuando un joven alto y delgado da la entrevista por terminada. Ante las protestas de los periodistas y de los fans, Paulo es conducido al asiento trasero de un Mercedes-Benz cuya edad y majestuosidad sugiere que en él han viajado jerarcas del extinto régimen comunista húngaro. En el coche también viajan los que serán sus compañeros durante los tres días siguientes: el chófer y guardaespaldas Pál Szabados, un joven de casi dos metros de altura con el pelo cortado a cepillo, y Gergely Huszti, el pálido cicerone que lo liberó de los reporteros, ambos puestos a disposición del escritor por Athenäum, su editorial en Hungría.

Cuando el vehículo se pone en marcha, e incluso antes de que Gergely se presente, Paulo pide un momento de silencio y hace lo mismo que en el avión: la mirada fija en el infinito, dedos índice y corazón levantados, sólo necesita unos segundos para rezar una oración silenciosa. Esa solitaria ceremonia la realiza al menos tres veces al día —al despertar, a las seis de la tarde y a medianoche—, y la repite en los aterrizajes y despegues y cuando los coches se ponen en marcha (en estos casos, da igual que sea un rápido recorrido en taxi o un largo viaje internacional). De camino al hotel, Gergely le va leyendo la programación al escritor: un debate seguido de sesión de autógrafos en el Festival del Libro, una visita al metro de Budapest en compañía del alcalde Gábor Demszky, cinco entrevistas en exclusiva para programas de televisión y publicaciones importantes, una colectiva, una sesión de fotos con Miss Perú, lectora suya, que se encuentra en Hungría en campaña para el concurso de Miss Universo, dos cenas, un espectáculo en una discoteca al aire libre... Paulo lo interrumpe hablando en inglés:

—Por favor, puede dejarlo ahí. Pero retire lo de la visita al metro, el espectáculo y lo de Miss Perú. No estaban en el programa.

El cicerone insiste:

—Creo que debemos mantener por lo menos la visita al metro, que es el tercero más antiguo del mundo... Y la mujer del alcalde es fan suya, ha leído todos sus libros.

—Ni hablar. Puedo dedicarle un autógrafo especialmente para ella, pero no quiero pasear en metro.

Descartados el metro, la discoteca y la miss (que aparecería por la tarde en la firma de autógrafos), el programa es aprobado por el escritor, que no parece cansado a pesar de haber tenido una semana exhaustiva. En pleno maratón de lanzamiento de *El Zahir*, llevaba sucesivas entrevistas en exclusiva con reporteros del periódico chileno *El Mercurio*, de la revista francesa *Paris Match*, del diario holandés *De Telegraaf*, de la revista de Maison Cartier, del periódico polaco *Fakt* y de la revista femenina noruega *Kvinner og Klær*. A petición de un amigo, asesor de la familia real saudí, Paulo Coelho también concedió una larga declaración a Nigel Dudley y a Sarah MacInnes, editores de la revista *Think*, publicación británica especializada en empresas y economía.

Media hora después de dejar el aeropuerto, el Mercedes aparca delante del hotel Gellert, un imponente y centenario cuatro estrellas a orillas del Danubio, donde se encuentran las termas más antiguas de Europa central. Antes incluso de registrarse en el hotel, Paulo le da un cariñoso abrazo a una hermosa mujer de piel clara y pelo negro que acaba de llegar de Barcelona y lo espera en el recibidor del hotel, con un niño regordete de ojos azules de la mano. Es la brasileña Mônica Antunes, de treinta y seis años, y el niño es hijo suyo y del editor noruego Øyvind Hagen. Ambos se conocieron en la Feria de Frankfurt en 1993, cuando ella negociaba la venta de los derechos de *El Alquimista* a Escandinavia. Pero considerarla simplemente como la agente literaria de Paulo Coelho, como se suele hacer, es igual que no reconocer más que una pequeña parte del trabajo que Mônica realiza desde finales de los años ochenta. Él tenía entonces cuarenta y un años y era un autor desconocido cuando una bella estudiante de ingeniería química de veinte años, con pantalones de pana verdes, le tendió la mano y se presentó: «He leído sus dos libros y me encantaron. Soy admiradora suya.» Para demostrárselo, abrió el bolso y le enseñó un sobado ejemplar de *El Peregrino de Compostela (Diario de un mago)*. Embriagado por el vigor de la muchacha, Paulo le tiró los tejos durante algunas semanas hasta que descubrió que Mônica estaba enamorada y que pretendía mudarse a Europa con su novio Carlos Eduardo Rangel. Al revés de lo que él pretendía, la duradera relación de ambos nunca fue más allá de inocentes abrazos. Convertida de la noche a la mañana en agente literaria –y en alguien a quien el propio escritor reconoce como coautora de su éxito mundial–, en algunos años Mônica Antunes pasaría a ser una de las personas más influyentes del mercado internacional de derechos de autor. Pero según se rumorea en la *jet set* literaria, tras la cara bonita, la voz suave y la tímida sonrisa de dientes muy blancos se esconde una cancerbera sin piedad, y Mônica es famosa y temida por la dureza con la que trata a cualquiera que amenace los intereses del escritor. Muchos editores se refieren a ella, maliciosamente –y siempre a sus espaldas, claro– como «la Bruja de Barcelona», una alusión a la ciudad en la que vive y desde donde controla todo lo que sucede en la vida profesional de su único cliente. Más que una simple vendedora de derechos, Mônica se ha convertido en el puente que une al escritor con el mundo editorial. Todo lo relacionado, directa o indirectamente, con su producción literaria pasa obligatoriamente por el séptimo piso del moderno edificio de oficinas donde se encuentra la agencia literaria Sant Jordi Asociados. El editor que intente acercarse directamente a Paulo Coelho sin pasar por la agencia, verá su nombre escrito en la lista negra de Mônica, cuya existencia ella niega de mal humor. Importantes libreros europeos y latinoamericanos aseguran que el castigo puede tardar, pero que nunca falla.

Mientras la niñera peruana distrae al pequeño por el recibidor del hotel, Mônica se sienta con el escritor a una mesa y abre la carpeta con gráficos extraídos de los ordenadores de Sant Jordi. El orden del día sólo tiene buenas noticias: en tres semanas *El Zahir* ha vendido 106.000 ejemplares en Hungría. En Italia, en el mismo período, las cifras llegaron a 420.000. En las listas de bestsellers italianos el libro ha conseguido superar incluso a *Memoria e identidad,* las memorias del recientemente fallecido Juan Pablo II. El escritor no parece satisfecho:

—Pero ésas son cifras absolutas, Mônica. Quiero saber la evolución de *El Zahir* comparado con el libro anterior, en el mismo período.

La respuesta no está en la punta de su lengua sino en otro gráfico, que Mônica lee con una sonrisa victoriosa, hablando en un portugués que, tras veinte años en España, empieza a mezclarse con el catalán:

—En el mismo período, *Once minutos* vendió 328.000 ejemplares en Italia. Es decir, *El Zahir* lo supera en un 30 por ciento. ¿Satisfecho?

—Por supuesto. ¿Y qué noticias hay de Alemania?

—Allí *El Zahir* está en segundo lugar en la lista de *Der Spiegel,* detrás de *El código Da Vinci.*

Además de Hungría, Italia y Alemania, el autor pide datos de las ventas en Rusia, quiere saber si Arash Hejazi, el editor iraní, ha resuelto los problemas con la censura y cómo está la cuestión de las ediciones pirata en Egipto. Según los datos de Mônica, el autor está batiendo sus propios récords en todos los países en los que aparece el libro. En Francia, una semana después de ser publicado, *Le Zahir* era el primero de las listas, incluso en la más codiciada, la del semanario *L'Express*; en Rusia, las ventas superaron la cifra de los 530.000 ejemplares; en Portugal, 130.000 (allí, *Once minutos* llegó a los 80.000 ejemplares tan sólo seis meses después de su lanzamiento). En Brasil, *El Zahir* vendió 160.000 ejemplares en menos de un mes (un 60 por ciento más que *Once minutos* en el mismo período). Y mientras Paulo hace su gira por Hungría, 500.000 copias de *El Zahir* en castellano se están vendiendo desde el sur de Estados Unidos a la Patagonia, abarcando dieciocho países latinoamericanos y la comunidad hispana norteamericana. La última noticia parece ser la única sorpresa: el día anterior, un grupo armado asaltó un camión en un suburbio de Buenos Aires y se llevó consigo la valiosa carga, 2.000 ejemplares de *El Zahir* recién salidos de la imprenta que iban camino de las librerías porteñas. Incluso ante cifras tan contundentes, días después, un crítico literario del *Diario de Navarra* insinuó la hipótesis de que el robo habría sido una estrategia publicitaria urdida por el escritor para vender más libros.

Ese ambiente de ansiedad y estrés se repite cada dos años, cada vez que Paulo Coelho lanza un nuevo título. En esos períodos, uno de los autores más leídos del mundo se comporta con la inseguridad de un principiante. Siempre ha sido así. Cuando escribió el primer libro, *El Peregrino de Compostela (Diario de un mago)*, él compartía con su mujer, la artista plástica Christina Oiticica, el trabajo de distribuir folletos de propaganda a la entrada de los teatros y cines de Río de Janeiro, y después recorría las librerías de la Zona Sur de la ciudad para saber cuántos ejemplares se habían vendido. Han pasado veinte años desde entonces, ha cambiado la metodología y la tecnología, pero el escritor sigue igual: por el móvil o recibiendo en el portátil servicios *online* exclusivos, controla, desde donde esté, la edición, la distribución, la repercusión en los medios y el puesto de cada uno de sus libros en las listas de los más vendidos, de Tierra de Fuego a Groenlandia, de Alaska a Australia.

Sin haberse registrado todavía, ni haber subido a la habitación, remata la reunión informal con la llegada al hotel de Lea, una simpática cincuentona casada con el ministro del Interior de Suiza y lectora apasionada del autor, al que conoció personalmente en el Foro Económico Mundial, en Davos. Al leer en un periódico que el brasileño iba a viajar a la capital húngara, Lea cogió un tren en Ginebra, atravesó

Mônica Antunes (arriba con Paulo y unos amigos en Dubai, y abajo en el despacho de Sant Jordi): más que una agente, la fiel guardiana que administra cientos de contratos de edición de Paulo Coelho por todo el mundo.

toda Suiza, Austria y media Hungría para, tras mil kilómetros de viaje, pasar algunas horas al lado de su ídolo en Budapest. Son casi las ocho de la noche cuando Paulo entra finalmente en la suite reservada en el Gellert. La habitación adquiere aires palaciegos ante el equipaje franciscano de su huésped, el mismo que lleva por todo el mundo: cuatro camisetas negras, cuatro calzoncillos de seda de colores tipo bóxer, cinco pares de calcetines, un pantalón Levi's negro, unas bermudas y una cajetilla de cigarrillos Galaxy (el stock se reabastece permanentemente a través de su oficina de Río o gracias a la gentileza de amigos brasileños que lo visitan). Para las ocasiones solemnes, añade al equipaje la americana con la que viaja desde Francia, una camisa, una corbata y «calzado de vestir»: un par de botas con algo de tacón, como las de los cowboys, todo negro. Al contrario de lo que pueda parecer a primera vista, la elección del color de la ropa no tiene nada que ver con la suerte ni con cuestiones místicas o espirituales. Con la experiencia del que pasa dos terceras partes del año fuera de casa, el escritor asegura que los tejidos negros resisten más las lavanderías industriales de los hoteles, aunque la mayoría de las veces es él mismo quien lava los calcetines, las camisetas y los calzoncillos en sus viajes. En una esquina de la maleta, en un pequeño neceser, guarda el cepillo y la pasta de dientes, una maquinilla de afeitar manual, hilo dental, desodorante, agua de colonia, espuma de afeitar y un tubo de Psorex, pomada que usa cuando la psoriasis, una enfermedad crónica de la piel, le provoca intensos picores e irritaciones en las articulaciones de las manos y los codos. En otra esquina, protegidas entre los calcetines y los calzoncillos, una pequeña imagen de Nhá Chica, beata del sur de Minas, y una botellita de agua bendita cogida en el santuario de Lourdes, en el sur de Francia. En la mochila lleva un portátil HP –marca de la que hace publicidad–, el móvil, documentos, cigarrillos, dinero y tarjetas de crédito.

Media hora después reaparece en el recibidor del hotel oliendo a lavanda, afeitado, y con la misma disposición de ánimo que si acabara de levantarse (con la americana a la espalda, en el dorso del antebrazo izquierdo se puede ver el tatuaje de una pequeña mariposa azul con las alas desplegadas). El último compromiso del día es una cena en casa de un artista plástico, un chalet en el monte de Buda, en la parte alta de la ciudad, en la orilla derecha del Danubio, desde donde disfrutará de una vista privilegiada de la milenaria capital cubierta por una fina lluvia. En un ambiente a la luz de las velas, lo esperan unos cincuenta invitados, entre artistas, escritores y diplomáticos, la mayoría gente joven, de alrededor de treinta años. Y muchas mujeres, como casi en todas partes en donde se anuncia su presencia. En breve están todos repartidos por los sofás o sentados en el suelo charlando (o, al menos, intentándolo, debido al elevado volumen de la música rock que suena en los altavoces). Unos cuantos rodean al escritor, que habla sin cesar. El escaso público en seguida percibe dos de sus hábitos curiosos: a intervalos cortos, se pasa la mano derecha por delante de los ojos, como espantando una mosca que nadie ve. Minutos después se repite el gesto, pero esta vez es como si la mosca invisible revoloteaba en su oído derecho. A la hora de cenar, siempre en inglés fluido, agradece el homenaje y elogia la proeza de la cocina húngara al convertir un modesto guiso de carne en un manjar inolvidable, el *goulash*. A las dos de la madrugada, después del café y de varias rondas de Tokaj, el equivalente local del vino de Oporto, todos se van.

A las diez menos cuarto de la mañana siguiente, los primeros periodistas invitados a la entrevista colectiva ya están acomodados en las treinta sillas tapizadas de la pequeña sala de reuniones del hotel Gellert. El que, aun siendo puntual, llegue a las diez tendrá que quedarse de pie. El objeto de interés de los reporteros se despertó a las ocho y media. Si no lloviera habría hecho su habitual paseo de una hora por las calles próximas al hotel. Como no le gusta pedir comida en la habitación («sólo el enfermo come en su cuarto», suele decir), ha desayunado en la cafetería, ha subido a darse una ducha y ahora está leyendo periódicos y navegando por Internet. Generalmente, lee un periódico de Río y otro de São Paulo, y el norteamericano editado en París, el *International Herald Tribune*. El resto llegará más tarde a través del servicio electrónico de seguimiento de prensa y sinopsis que sólo filtran las noticias sobre el autor y sus libros.

A las diez en punto entra en el salón iluminado por los reflectores y lleno de periodistas y se sienta detrás de una mesita sobre la que hay una botella de agua mineral, un vaso, un cenicero y un ramo de rosas rojas. Gergely coge el micrófono, explica las razones de la visita del escritor al país y anuncia la presencia, en la primera fila de sillas, de la agente Mônica Antunes. Con un elegante traje azul marino, ella se levanta, visiblemente tímida, para agradecer los aplausos.

Paulo habla durante cuarenta minutos en inglés, incluido el tiempo empleado por Gergely para traducir cada frase al húngaro. Recuerda su viaje a Budapest en 1982, habla un poco de su historia personal y de su carrera como escritor. Revela, por ejemplo, que tras el éxito de su libro *El Peregrino de Compostela*, el flujo de peregrinos en el Camino de Santiago pasó de cuatrocientos al año a cuatrocientos al día (como reconocimiento, el gobierno de Galicia bautizó como «Rúa Paulo Coelho» una de las arterias de Santiago de Compostela, punto final de la peregrinación). En el momento de las preguntas, dejando a un lado la objetividad, los periodistas manifiestan una admiración explícita hacia él, además de familiaridad con su obra. Algunos se refieren a un determinado libro suyo como «mi favorito». El encuentro transcurre sin ninguna pregunta indiscreta, sin ningún contratiempo. Por la atmósfera de fraternidad, uno tiene la impresión de estar en una reunión del club de lectores de Paulo Coelho en Budapest. Cuando Gergely da la entrevista por acabada, los reporteros aplauden al escritor. Se forma una pequeña fila delante de la mesa y comienza una improvisada sesión de autógrafos, exclusiva para los periodistas húngaros; parece que casi todos han traído libros.

Poco dado a comer, el escritor hace una comida rápida allí mismo, en el restaurante del hotel. Toma una tostada con paté, bebe un vaso de zumo de naranja y una taza de café expreso. Aprovecha la media hora libre antes del siguiente compromiso para echar un vistazo a la sección internacional de los periódicos *Le Monde,* y *El País.* Ya sea a través de Internet, por la televisión o por prensa escrita, Paulo está permanentemente enterado de lo que sucede en el mundo. Es un consumidor voraz de noticias de política internacional, lo que hace que siempre esté bien informado sobre las guerras y las crisis que aparecen en las portadas de los periódicos, dondequiera que sean. Es habitual oírlo hablar con seguridad (pero siempre con naturalidad, sin parecer un profesor o un esnob) sobre cuestiones tan diversas como el recrudecimiento de la crisis libanesa o la nacionalización del petróleo y del gas en Bolivia. Defendió en público el intercambio de rehenes en poder de la guerrilla marxista de Colombia por presos políticos en manos del gobierno de Bogotá, y en 2003 provocó una polémica con su carta-protesta «Gracias, presidente Bush» (que fue leída por más de cuatrocientos millones de personas), en la que atacaba al jefe de Estado americano por la inminente invasión de Iraq.

Vistos los periódicos, es hora de volver al trabajo. Es el turno de la espectacular Marsi Anikó, presentadora del programa «Fókusz2», de la televisión RTL Club, líder imbatible de audiencia los domingos por la noche. Además del talento y las dotes físicas de la presentadora, «Fókusz2» se caracteriza por el detalle que, al final de cada programa, se le ofrece al entrevistado de la semana: un plato de cocina húngara preparado por la propia Marsi. Dentro del pequeño estudio improvisado en una sala del hotel, la entrevista transcurre sin sorpresas (aun a pesar de los sensuales cruces de piernas de Marsi), salvo un leve rubor en la cara de la presentadora cuando Paulo Coelho, de buen humor, comienza a disertar sobre sexo y penetración. Al final, él se gana dos besos en las mejillas, una bandeja de *almásrétes* –tarta tradicional húngara rellena de pétalos de amapola que Marsi jura haber hecho con sus propias manos– y una botella de *pálinka*, un fortísimo aguardiente local. Al cabo de pocos minutos, el escenario del «Fókusz2» está desmontado para dar paso a otro, más jovial y colorido, destinado a la entrevista con András Simon, de la MTV húngara. Cuando termina la grabación, una hora después, el brasileño recibe una pila de siete libros suyos para firmarlos.

Intercaladas por breves minutos –escasos, para que el autor se tome un expreso y fume un Galaxy–, las entrevistas individuales para los medios de mayor difusión se suceden hasta el final de la tarde. Cuando el último reportero deja el hotel, la ciudad está ya oscura. A pesar de las ojeras, Paulo asegura que no está cansado: «Al contrario. Hablar de tantas cosas diferentes en tan poco tiempo me ha hecho subir la adrenalina. Me ha puesto todavía más eléctrico...»

Ya sea por profesionalidad, vanidad o cualquier otro combustible, lo cierto es que, a punto de convertirse en un sexagenario, el escritor exhibe una envidiable disposición de ánimo. Una ducha y un café expreso bastan para que aparezca frotándose las manos a las ocho y media de la noche en el recibidor del hotel, donde lo esperan Mônica, la suiza Lea, que parece haberse incorporado al grupo, el mudo guardaespaldas Szabados y Gergely. Supervisado por la niñera Juana Guzmán, el niño duerme en la habitación de su madre. Todavía queda un compromiso para cerrar la programación del día: una cena con escritores, editores y periodistas en la casa de Tamás Kolosi, dueño de la editorial Athenäum y uno de los responsables de la visita del escritor a Hungría. Cuando Gergely le pregunta si está cansado de la agitación del día, él suelta una carcajada: «¡Por supuesto que no! Hoy ha sido el aperitivo; el trabajo de verdad empieza mañana.»

Después de la cena con el editor —servida por camareros y con todos los comensales de corbata—, Mônica aprovecha los diez minutos en el coche, camino de regreso al hotel, para informarle de que ha concertado con Gergely la agenda del día siguiente:

—La inauguración del Festival del Libro es a las dos de la tarde. Como por la mañana vas a tener más entrevistas en el hotel, no vamos a tener tiempo para comer. He hecho una reserva en un restaurante de camino para tomar unos sándwiches y una ensalada.

Paulo tiene la cabeza en otro sitio:

—Estoy preocupado por el asunto ese de la editorial de Israel, a la que no le ha gustado el título de *El Zahir* y quiere cambiarlo. Por favor, llámales mañana y diles que no lo autorizo. O mantienen el título o no publican el libro. Ya es suficiente que hayan traducido el nombre del pastor Santiago, personaje de *El Peregrino de Compostela*, por Jakobi.

Ya era cabezota incluso antes de ser una estrella. Mônica recuerda que cuando *El Alquimista* se publicó en Estados Unidos, el editor quiso rebautizarlo con el título de *El pastor y sus sueños*, pero el autor se enfadó y no lo permitió. Escucha la historia y sonríe:

—Yo no era nadie y ellos eran HarperCollins. Pero les puse un límite y les dije «de aquí no pasáis», y me gané su respeto.

La conversación termina en el recibidor del hotel. A la mañana siguiente el sol brillante sobre la ciudad anima al escritor a realizar su paseo de una hora a orillas del Danubio. Una ducha, un vistazo rápido en Internet, desayuno, dos entrevistas y ya está listo para el segundo acto del día, la inauguración del festival. De camino, paran en el lugar reservado por Mônica, una cafetería de la que parece que todos los clientes han salido espantados por el excesivo volumen de una antiquísima máquina de discos. Paulo va hasta ella, baja el volumen, mete doscientos florines en monedas y escoge un éxito romántico de los años cincuenta, *Love me Tender*, interpretado por Elvis Presley. Luego vuelve a la mesa con una sonrisa, imitando la voz melodiosa del roquero:

–*Love me tender, love me true...* Me encantan los Beatles, pero este tío es eterno, quedará para siempre....

Gergely quiere saber la razón de tanta alegría y él abre los brazos:

–Hoy es el día de San Jorge, el patrón de los libros. ¡Todo saldrá bien!

Celebrado todos los años en un centro de convenciones dentro de un parque quemado por la nieve del invierno, el Festival Internacional del Libro de Budapest es famoso por atraer a miles de personas. Recibido en una entrada exclusiva por tres corpulentos guardaespaldas y conducido a una sala vip, Paulo protesta al saber que hay casi quinientas personas a la cola para los autógrafos en el stand de la editorial:

–Eso no fue lo que acordamos. El trato fue que sólo se iban a distribuir ciento cincuenta pases.

La gerente de la editorial le explica que no fueron capaces de dispersar a los lectores y a los fans:

–Disculpe, pero cuando se acabaron los pases, la gente dijo que no se iba a marchar. En verdad, había mucha más gente, pero se fueron al auditorio en el que va a dar la charla. El problema es que tiene un aforo para trescientas cincuenta personas y entraron ochocientas. Hemos tenido que colocar pantallas fuera para los que no han podido entrar.

Mônica abandona la sala discretamente, se dirige al stand de Athenäum y vuelve cinco minutos después, meneando la cabeza, con aire de preocupación:

−Fatal. No va a poder ser. Va a haber tumulto.

Los de seguridad dicen que no, que no hay riesgo para nadie. Pero por precaución recomiendan que el niño y la niñera esperen al final del acto en la salita. La noticia de que el festival está lleno de fans y de lectores ahuyenta por completo el mal humor de Paulo. Se levanta sonriente, da una palmada y decide:

−¿Hay demasiada gente? ¡Tanto mejor! Vamos a atender a los lectores. Antes, sin embargo, disculpadme cinco minutos.

Finge que va al baño a orinar, pero una vez dentro, se para delante de una pared y repite con la mirada en el infinito una oración silenciosa, al final de la cual le pide a Dios que todo vaya bien en las actividades del día:

−Está en Tus manos.

Dios parece haberlo escuchado. Protegido por los tres guardaespaldas y por Szabados, que cumple rigurosamente la orden de no despegarse de él, Paulo Coelho llega al salón Bela Bártok bajo las luces de los equipos de televisión y los flashes de los fotógrafos. Todos los asientos están ocupados y ya no cabe nadie más en los pasillos. El público está dividido igualitariamente, entre hombres y mujeres, pero la mayoría son jóvenes. Conducido al palco por los empleados de seguridad, agradece los aplausos con las manos cruzadas sobre el pecho. La fuerte luz de los reflectores y el exceso de gente hacen que el calor sea insoportable allí dentro. El escritor habla de pie durante media hora, en un francés tan fluido como su inglés −su historia, su lucha para ser escritor, la realización de su sueño, sus creencias...−, a la vez que una joven hace la traducción al húngaro. Terminada la exposición, se escoge a un número limitado de personas para que hagan preguntas, al final de las cuales el escritor se levanta para agradecer la acogida. El público empieza a gritar para que no se vaya. Con libros suyos en la mano, forman un gran escándalo:

−*Ne! Ne! Ne!*

En medio del griterío, la intérprete le explica que *ne,* en húngaro, significa «no»: la gente no quiere que se vaya sin firmar los libros. El problema es que los de seguridad también dicen *ne,* no es posible organizar una sesión de autógrafos allí, con tanta multitud. Ante los gritos del público —el «*Ne! Ne! Ne!*» continúa—, Paulo hace caso omiso de los empleados de seguridad y saca un bolígrafo del bolsillo y, con él en la mano, se dirige al micrófono sonriendo:

—¡Si se organizan, puedo firmar algunos!

Pero no puede. En un momento, montones de personas atropellándose unas a otras se suben al escenario y rodean al escritor. El riesgo de tumulto tensa el ambiente y los empleados de seguridad deciden intervenir sin esperar órdenes. Lo cogen por los hombros, lo levantan y lo llevan detrás de las cortinas, y de ahí a una sala segura. Él reacciona a carcajadas:

—Podríais haberme dejado allí. No tengo miedo de mis lectores. Lo que me da miedo es el tumulto. En 1998, en Zagreb, en Croacia, un individuo intentó colarse en la fila con una pistola a la cintura, ¡menudo peligro! Mis lectores nunca me harían daño.

Con dos guardaespaldas delante y dos detrás, el escritor es conducido por los pasillos del centro de convenciones ante la mirada curiosa de los presentes hasta llegar al stand de Athenäum, donde lo esperan pilas de ejemplares de *El Zahir*. La fila de quinientas personas se convierte en una aglomeración que nadie es capaz de poner en orden. Los ciento cincuenta portadores de pases levantan sus tarjetas numeradas, rodeados por la mayoría, que tan sólo tiene como pasaporte para el autógrafo lo esencial: libros de Paulo Coelho. Con experiencia en situaciones semejantes, es él quien asume el mando. Hablando en francés con la ayuda de la intérprete, levanta los brazos y se dirige a la multitud; sí, lo que le espera es una pequeña multitud, ¿de cuánta gente?, ¿mil quinientas, dos mil personas? No es posible saber quién está allí para pedir autógrafos, para ver a su ídolo o simplemente atraído por el tumulto. Con dificultad para hacerse oír, grita:

—Gracias por haber venido. Sé que muchos estáis aquí desde el mediodía y ya le he pedido a la editorial que sirva agua para todos. Vamos a hacer dos filas: en una los que tienen pase, y en otra los que no lo tienen. Trataré de atender a todo el mundo. ¡Muchas gracias!

Ahora es trabajo manual. Mientras camareros recorren el recinto con bandejas repletas de botellines de agua mineral fría, el escritor intenta poner orden en la confusión: firma treinta libros de los lectores de la fila y, después, otros treinta de los que quedaron fuera. Cada cincuenta minutos, o una hora, más o menos, hace una rápida parada para ir al baño o para salir a un recinto al aire libre, la única zona del centro de convenciones en que está permitido fumar. En la tercera visita a ese recinto, que él bautiza como *bad boy's corner* (el «rincón del chico malo»), se encuentra con un no fumador con un libro en la mano, a la espera de un autógrafo sin guardar fila. Es el brasileño Jacques Gil, carioca de veinte años que se trasladó a Hungría para jugar en el centenario Újpest, el club de fútbol más antiguo del país. Firma rápidamente el libro y apura el cigarrillo con tres o cuatro caladas profundas. Vuelve con paso ligero al stand, ante el cual la gente espera pacientemente. De vez en cuando alguien se queja de que la fila avanza muy despacio. En medio de los lectores que no han conseguido un pase destaca una voz cada vez que el escritor se acerca. Es un joven alto, de barba negra, que agita con las manos un ejemplar de *Lo Zahir* y habla en italiano:

—*Maestro! Maeeeestro! Per piacere, firmi il mio libro! Io sono il unico italiano qui!* —«¡Maestro! ¡Maestro! ¡Por favor, fírmeme el libro! ¡Soy el único italiano aquí!»

Por las claraboyas de cristal se ve que es de noche cuando los últimos lectores se acercan a la mesita. Rematada la programación oficial, es el momento de relajarse. El grupo original, aumentado en media docena de chicos y chicas que se negaron a irse, decide reunirse después de la cena en la portería del hotel para asistir a un espectáculo nocturno. A las diez de la noche llegan todos a un karaoke en Mammut, un moderno y conocido centro comercial. Los jóvenes húngaros que acompañan al escritor se decepcionan al saber que no funciona el sonido. «Qué mala suerte —se queja uno de ellos al gerente—. Precisamente hoy, que habíamos conseguido convencer a Paulo Coelho para que cantase...» La mera mención del nombre del escritor vuelve a abrir las puertas: le susurra algo al oído a un rubio de cabeza afeitada y éste coge un casco de encima de la mesa y sale disparado hacia la calle. Luego el gerente se dirige al grupo, sonriente: «No será por falta de un equipo de karaoke por lo que nos perdamos una actuación de Paulo Coelho. Mi socio ha cogido la moto y va a traer otro equipo de un lugar cercano. Pueden sentarse.»

El de la moto tarda tanto que la esperada actuación se ve reducida a un par de canciones. Paulo hace un dueto con Andrew, un joven estudiante americano de vacaciones en Hungría cantando *My Way*, inmortalizada por Frank Sinatra, y después un solo de *Love Me Tender*, haciendo caso omiso de los bises que le piden. A medianoche vuelven todos al hotel y a la mañana siguiente el grupo se disuelve. Mônica regresa con su hijo y con Juana a Barcelona, Lea vuelve a Suiza y el escritor, después de caminar durante una hora por el centro de Budapest, viaja en el asiento trasero del Mercedes conducido por Szabados. A su lado lleva una caja de cartón llena de libros suyos que él abre por la primera página, los firma y se los pasa a Gergely, en el asiento delantero, uno tras otro. Dedica los dos últimos, con sus nombres, al chófer y al cicerone. Una hora después está de nuevo en la primera clase de otro avión de Air France –ahora con destino a París–, rezando su oración silenciosa. Cuando el avión termina el despegue, una hermosa joven de color con el pelo lleno de trencitas se acerca a él, con un ejemplar en la mano de *El Peregrino de Compostela* en portugués. Es Patricia, la secretaria de la mayor celebridad de Cabo Verde, la cantante Cesária Évora. Con el acento característico de los antiguos colonos portugueses de África, le pide un autógrafo:

–No es para mí, es para Cesária, que está sentada allí atrás. Es fan suya, pero es muy tímida.

Dos horas y algo después, en París, Paulo se enfrenta a una breve e inesperada sesión de autógrafos y fotos a su llegada al aeropuerto Charles de Gaulle, al ser identificado por la banda de rastafaris de Cabo Verde que esperaban a la cantante. El alboroto provocado por ellos atrae a curiosos que, al reconocer al escritor, también quieren sacarse fotos con él. A pesar de estar visiblemente cansado, los atiende a todos con una sonrisa en los labios. A la salida lo espera el chófer Georges a bordo de un Mercedes-Benz plateado, puesto a su disposición por el editor francés. Aunque dispone de una suite de 1.300 euros diarios en el hotel Bristol, uno de los más lujosos de la capital francesa, prefiere dormir en su propia casa, un amplio apartamento de cuatro dormitorios y 210 metros cuadrados en el distrito 16, desde cuyas ventanas se puede disfrutar de una romántica vista de las curvas del Sena. El problema es llegar hasta allí: hoy es el aniversario de la masacre perpetrada por el Imperio turcootomano contra los armenios, y una ruidosa manifestación de protesta rodea la embajada de Turquía, situada a pocos metros del edificio del escritor. Por el camino ve en los quioscos y los puestos de periódicos un cartel a toda página de la revista *Femina* (suplemento femenino semanal con una tirada de cuatro millones de ejemplares en varios periódicos franceses) que regala un capítulo de *Le Zahir* a sus lectoras. También hay una enorme foto del escritor en la primera página del *Journal du Dimanche* que anuncia una entrevista exclusiva con él.

Tras unas pequeñas infracciones, como subirse a la acera y circular en dirección contraria, Georges por fin consigue aparcar en la puerta; se trata de un edificio igualito que cientos, miles de construcciones levantadas en París a principios del siglo XX, y que ejemplifican la llamada «arquitectura burguesa». Es una casa tan ajena a Paulo Coelho que, a pesar de haberla adquirido más de cuatro años antes, todavía no ha conseguido aprenderse de memoria el código de dos letras y cuatro números que abre automáticamente la puerta de entrada del edificio. Christina, su mujer, lo espera arriba, pero sin móvil, y él tampoco recuerda el número de teléfono de su propia casa. Las opciones son esperar la llegada de algún vecino o gritar para que ella le tire la llave. Cae una lluvia fina y, como la «arquitectura burguesa» no hacía soportales, la espera empieza a hacerse incómoda. Además, en un edificio de seis alturas, con un solo apartamento por piso, el riesgo de permanecer allí horas antes de que algún samaritano entre o salga es bastante elevado. La alternativa que le queda es gritar, y esperar que Christina esté despierta. De pie en medio de la calle y haciendo bocina con las manos, grita:

—¡Chris!

Nada. Lo intenta de nuevo:

—¡Christina!

Mira a los lados y hacia las ventanas de los vecinos, temiendo que lo identifiquen, y vacía sus pulmones de nuevo:

—¡Chris-tiii-naaaaa!

Como una madre que observa a su hijo travieso, ella aparece sonriente, con vaqueros y jersey de lana en el balconcito del tercer piso y lanza el juego de llaves para que su marido (ahora sí, con aspecto de cansado) pueda entrar en el edificio. La pareja sólo duerme una noche ahí. Al día siguiente ambos están instalados en la suite 722 del hotel Bristol, reservada por la editorial Flammarion. No es casual la elección del Bristol, un templo de lujo en la calle Faubourg Saint Honoré: fue allí, entre los sillones estilo Luis XV del recibidor, donde el escritor ambientó algunos pasajes de *El Zahir*. En la obra, el personaje principal suele quedar con su mujer, la periodista Esther, para tomar en la cafetería del hotel un chocolate caliente endulzado con una cáscara de naranja escarchada. Como retribución por el homenaje, el Bristol decidió bautizar la bebida con el nombre de *Le chocolat chaud de Paulo Coelho* (el «Chocolate caliente de Paulo Coelho»), inscripción grabada en dorado en las barritas de chocolate servidas a los huéspedes por diez euros. Al final de la tarde el hotel se convierte en punto de encuentro de periodistas, personalidades e invitados extranjeros a una cena en la que la editorial Flammarion va a anunciar la bomba del año en el mercado editorial europeo: su contrato con Paulo Coelho. Desde 1994, el escritor se mantenía fiel a la pequeña Éditions Anne Carrière, con unas cifras capaces de despertar incluso la codicia de las editoriales tradicionales: en poco más de diez años vendió ocho millones de libros suyos. Después de años diciendo no a propuestas cada vez más seductoras, el escritor acaba de rendirse ante la cantidad de 1,2 millones de euros ingresados en su cuenta corriente por Flammarion, cifra que ambas partes prefieren no confirmar.

Paulo y Christina aparecen en el vestíbulo del Bristol. Ella tiene cincuenta y cinco años, es guapa y un poco más baja que su marido, con el que está casada desde 1980. Discreta y elegante, de piel clara, ojos castaños y nariz delicada, lleva tatuada en la parte interna del antebrazo izquierdo una pequeña mariposa azul, idéntica a la que su marido lleva también en el brazo izquierdo, pero en la parte externa. Christina lleva el pelo, con mechas brillantes, cortado por debajo de

El *chocolat chaud de Paulo Coelho*,
exclusivo del hotel Bristol, en París.

la oreja. A pesar del rojo intenso del chal que le cubre el largo vestido negro, lo que destaca es el par de misteriosos anillos que lleva en los dedos («bendecidos por un jefe tribal», explica), un regalo traído de Kazajstán por su marido. Éste, como siempre, va todo vestido de negro: pantalón, americana y botas de cowboy. El único cambio respecto a los demás días es el uso de camisa de vestir y corbata, ambas negras, por supuesto.

El primer amigo en llegar también se hospeda en el Bristol y viene desde lejos. Es el periodista ruso Dmitry Voskoboynikov, un hombretón de buen talante que todavía tiene en las canillas las cicatrices dejadas por el tsunami que, la noche de fin de año de 2005, barrió Indonesia, donde él y su mujer, Evgenia, pasaban el Año Nuevo. Ex corresponsal en Londres de la TASS (agencia oficial de noticias de la antigua Unión Soviética) e hijo de un ex dirigente del temido KGB, el servicio secreto soviético, Dmitry es el dueño de Interfax, una gran agencia de noticias con sede en Moscú que abarca desde Portugal hasta los confines orientales de Asia. Se saludan mientras Paulo desembala un regalito que la editorial Flammarion acaba de dejarle en su suite: un teléfono móvil Nokia, uno de esos modelos capaces de hacer de casi todo.

Los cuatro se sientan alrededor de una de las mesitas del recibidor de mármol beige y Evgenia, una soberbia rubia kazaka, le ofrece al escritor un regalo especial: una edición de lujo de *El Zahir* en el idioma de su país de origen. Les sirven cuatro copas de champán, con pistachos previamente pelados en unos cuencos de cristal. En seguida cambian de tema y hablan de gastronomía, y Evgenia comenta que comió «cuscús estilo Paulo Coelho» en Marrakech, en Marruecos. Dmitry recuerda que estuvieron en un «Restaurante Paulo Coelho» en la estación de esquí de Gstaad, en Suiza. La conversación se ve interrumpida por la presencia de otro conocido periodista, el brasileño Caco Barcellos, jefe de la oficina europea de Rede Globo de Televisão. Recién llegado de su base en Londres, lo envían a París exclusivamente para cubrir la cena de Flammarion. El periodista está solo, sin ningún ayudante o auxiliar para encargarse de la iluminación o de la cámara. En el momento de la entrevista, despliega el trípode de nueve kilos que lleva bajo el brazo, sujeta la cámara con flash incorporado, enciende el reflector, acciona el botón *rec*, se vuelve, coge el micrófono y comienza a hacer la entrevista para el que, a primera vista, parece ser un cámara fantasma, sin operador.

A las siete de la tarde, Georges llega con el Mercedes para llevarlos a la ceremonia. El lugar escogido por Flammarion para el banquete de 250 comensales no deja dudas en cuanto al carácter de fiesta por todo lo alto: el restaurante Le Chalet des Îles, un caserío que Napoleón III ordenó enviar desmontado desde Suiza y que reconstruyó, piedra a piedra, en una de las islas del lago del Bois de Boulogne, un gran bosque de la región oeste de París, como prueba de amor a su mujer, la condesa española Eugenia de Montijo. Los invitados son identificados por guardias de seguridad en el barco que los llevará hasta la Île Supérieur, donde se encuentra el restaurante. Al desembarcar, algunas azafatas los acompañan hasta la puerta principal, donde los editores de Flammarion se alternan para saludar a los recién llegados. Editores, críticos literarios, artistas, diplomáticos y personajes de la vida cultural europea se ven rodeados de *paparazzi* y equipos de revistas triviales para fotos y entrevistas. Hay muchos hombres vestidos de traje y mujeres de largo y, poco a poco, van buscando sus nombres en las veinticinco mesas de diez sillas dispuestas en el salón central y en las terrazas con vistas al lago.

Hay, al menos, dos embajadores presentes, el brasileño Sérgio Amaral, y Kuansysh Sultanov, representante de Kazajstán, país en el que se ambienta parte de *El Zahir*. La única ausencia notable es la del polémico Frédéric Beigbeder. Ex publicista, escritor y crítico literario de estilo provocador, Beigbeder ocupa desde 2003 el cargo de editor de Flammarion. Nada raro, de no ser por el hecho de que años antes, cuando era crítico del semanario de escándalos francés *Voici*, criticó ferozmente a Paulo Coelho tras el lanzamiento en Francia del libro *Manuel du Guerrier de la Lumière (Manual del guerrero de la luz)*. Cuando todos están instalados en sus sitios, el escritor pasa de mesa en mesa saludando a los invitados. Antes de servir los entrantes, el público escucha un rápido discurso de Frédéric Morel, director general de Flammarion, que anuncia la contratación de Paulo Coelho como un motivo de orgullo para la casa que ha lanzado a alguno de los mayores escritores franceses. El escritor, emocionado, también habla rápidamente, agradeciendo el homenaje y la presencia de tanta gente. Después del postre, un brindis con champán y un baile animado por un grupo musical ponen fin al encuentro, que, como ocurre generalmente en Francia, tiene horario para acabar. A las once de la noche ya no queda nadie en el lugar.

A la mañana siguiente, un vuelo de una hora lleva al escritor y a Christina al aeropuerto de Pau, en el sur de Francia. Allí cogen un coche que Paulo había dejado días antes, un modesto Renault Scénic adquirido en régimen de *leasing* e idéntico al de su mujer. Debido a su visible desinterés por los bienes de consumo, sumado a una cierta tacañería, a pesar de ser muy rico, Coelho no tuvo coche de lujo hasta 2006, y aun así, fue un intercambio. Ocurrió cuando la fábrica alemana Audi le encargó un texto de seis mil caracteres —equivalentes a dos páginas mecanografiadas— para añadir al informe anual enviado a sus accionistas. Le preguntaron qué quería a cambio del trabajo realizado, y él bromeó: «¡Un coche!»

Escribió y envió el texto por correo electrónico. Días después, un camión llegado de Alemania descargaba delante de su casa un reluciente Audi Avant negro, nuevecito. Al enterarse de que era un coche que costaba casi cien mil euros en los concesionarios, una periodista brasileña hizo la cuenta y escribió que el escritor había ganado dieciséis euros por cada letra. «Está muy bien» —reaccionó él al leer la noticia—, me han dicho que Hemingway recibía cinco dólares por palabra.»

Media hora después de dejar Pau, el escritor y su esposa llegan a la melancólica Tarbes, una pequeña ciudad de cincuenta mil habitantes en la zona del País Vasco francés, a pocos kilómetros de la frontera con España. Otros cuatro kilómetros en dirección sur, por una carretera comarcal casi desierta, y finalmente llegan a casa, en Saint-Martin, un pequeño municipio situado en medio de trigales y campos con algunas vacas de raza holstein, en el que viven 316 almas en unas cuantas casas. La elección de tan insólito lugar para establecer su residencia se llevó a cabo en 2001, cuando la pareja hizo

El embajador de Brasil,
Sérgio Amaral, Paulo Coelho,
Christina Oiticica y la embajadora
Rosária Amaral en el banquete de la
editorial Flammarion, en el Bois de
Boulogne, en París.

una peregrinación al santuario de Lourdes, a dieciséis kilómetros de allí. Destino de fieles llegados de todos los lugares del mundo, en la ciudad de Lourdes no había disponible ni una sola cama de hotel, lo que los llevó a hospedarse en el hotel Henri IV, un modesto tres estrellas de Tarbes. La tranquilidad de la región, la proximidad al santuario de Lourdes y las excelentes vistas que se tienen desde allí sobre los Pirineos los llevó a ambos a tomar una decisión radical: fijar su residencia en esa región. Mientras buscaban, sin prisas, una casa para comprar, Paulo y Christina vivieron durante casi dos años en la única suite del Henri IV, un viejo caserío, acogedor y sin ninguna de las comodidades a las que ambos estaban acostumbrados en los grandes hoteles. La ausencia de esos lujos —ni siquiera había conexión a Internet— era compensada por el cariño con el que los trataban la señora Geneviève Phalipou, la propietaria, y su hijo Serge, que según la hora del día podía ser el gerente, el camarero o el portero del hotel. La llamada «suite» ocupada por la pareja no era más que una habitación con baño, como las demás, pero que contaba con otra estancia que hacía las veces de sala.

La permanencia durante tanto tiempo en una ciudad tan pequeña como ésa convirtió al brasileño en un nativo. Como nunca tuvo secretarios ni asistentes, era él mismo el que iba a por el correo, hacía la compra, iba a la farmacia y a la carnicería como el resto de los habitantes del lugar. Al principio lo veían como una celebridad (sobre todo por la presencia permanente de periodistas extranjeros en la puerta del Henri IV), pero no hay fama que resista la convivencia diaria en la cola de la panadería o del barbero: en pocos meses se convirtió en un legítimo *tarbais*. En realidad, nadie entiende muy bien por qué en vez de escoger alguno de los lugares elegidos por las celebridades (como París, Nueva York, una villa en la Riviera francesa o en la elegante Costa Amalfitana, en Italia), Paulo Coelho decidió vivir en esa zona rural, que está literalmente al final del trayecto: Tarbes es el punto final del TGV que circula por el suroeste de Francia. Incluso después de dejar el hotel y mudarse a la casa de Saint-Martin, los habitantes de la ciudad lo consideran uno de los suyos, tratamiento que Paulo intenta recompensar. En una de sus visitas a París, dio pruebas de ello al ser entrevistado en el «Tout le Monde en Parle», programa en directo del canal France 2 y cuyo presentador, Thierry Ardisson, es conocido por poner en aprietos a sus invitados. Ese día participaban también el cantante Donovan y el estilista Paco Rabanne. Ardisson lo atacó ya desde el principio:

—Señor Coelho, tengo una pregunta que me intriga hace mucho tiempo. Es usted rico, célebre, conocido universalmente y, sin embargo, vive... ¡Vive usted en Tarbes! ¿A qué viene esa estupidez?

El escritor pasó por alto la provocación. Soltó una carcajada y respondió:

—Incluso los habitantes de allí se sorprendieron. Fue amor a primera vista. Sólo el amor puede explicar esas cosas.

El presentador no desistía:

—Ahora en serio, sin risas, explíquenos: ¿por qué eligió vivir en Tarbes?

—Fue el amor.

—No lo creo. Confiese: ¿perdió una apuesta y tuvo que mudarse a Tarbes?

—¡No! ¡No!

—¿Tienen a su mujer como rehén para obligarlo a vivir allí?

—¡No! ¡Nada de eso!

—Pero al vivir en Tarbes, ¿no se ve obligado a tener que hacer las compras en los centros comerciales de Laloubère o de Ibos?

—Sí, así es. Es allí donde hago mis compras.

—¿Y lo conoce alguien en Tarbes, saben que es usted Paulo Coelho?

—Claro, allí todo el mundo me conoce...

—Ya que le gusta tanto aquello, ¿quiere enviar un saludo *al habitante* de Tarbes, a *los habitantes* de Tarbes?

—Claro: *tarbaises*, os quiero. Muchas gracias por acogerme como un hijo en la ciudad.

Las declaraciones sonaron como música celestial a los oídos de sus nuevos vecinos. Días después, el periódico *La Dépêche*, que cubre toda la región de los Altos Pirineos, donde queda la ciudad, celebraba el comportamiento de Paulo Coelho afirmando que «Tarbes vivió el sábado por la noche su momento de gloria nacional». Al contrario de lo que los medios suelen publicar, Coelho no vive en un castillo. El lugar elegido por la pareja es el antiguo Moulin Jeanpoc, un molino de trigo inactivo que él y Christina convirtieron en residencia. El espacio útil de la casa no llega a los trescientos metros cuadrados, repartidos en dos alturas. Es una casa muy cómoda, pero sin grandes lujos. En el piso de abajo se encuentra la sala de estar con chimenea (donde tiene instalada su mesa de trabajo), una pequeña cocina, un comedor y un cuarto de baño. Al reformarlo, la pareja hizo un añadido de cristal blindado, incluido el techo, lo que les permite cenar bajo la luz de las estrellas. Un antiguo silo fue transformado en un agradable estudio lleno de caballetes, lienzos, pinceles y tubos de tinta bajo un sotabanco de madera: es ahí donde Christina Oiticica pasa los días pintando sus cuadros. En el segundo piso está la habitación de la pareja, la de invitados y una tercera, donde duerme Maria de Oliveira, de Minas Gerais, cocinera de gran talento que Christina trajo de Brasil pero que recibe una remuneración europea (dos mil euros al mes). El mayor encanto de la casa, sin embargo, no está dentro, sino fuera. Desde cualquier lugar del terreno se obtiene una magnífica vista de los Pirineos, y ésta es aún mejor en el período que va de noviembre a marzo, cuando la nieve cubre el macizo, dejando totalmente blanco el mastodonte de piedra. Para disfrutar de ese privilegio, el escritor tuvo que comprar y derribar la casa de un vecino que criaba mulas y ovejas. No recuerda exactamente cuánto pagó por su casa (ni tampoco por la del vecino), pero corredores de la región tasan la casa, sin el terreno que la rodea, en casi novecientos mil euros. El patrimonio inmobiliario del escritor, que incluía la casa de Tarbes, el apartamento de París y otro en Copacabana, en Río, se vio sustancialmente ampliado en 2007, cuando su alteza el jeque Mohammed bin Rashid al Maktoum, emir de Dubai y primer ministro de los Emiratos Árabes Unidos, le regaló una mansión amueblada por valor de cuatro millones y medio de dólares, construida en una de las urbanizaciones más exclusivas de Dubai (también les hizo un regalo semejante al piloto alemán Michael Schumacher, al centrocampista inglés David Beckham y al jugador brasileño Pelé).

Télévision. Paolo
Coelho était l'invité
de Thierry Ardisson.

Tout le monde
en parle
de Tarbes

La ville de Tarbes a connu son « moment de gloire » dans l'émission de Thierry Ardisson « Tout le monde en parle », diffusée samedi soir sur France 2, avec l'interview de l'écrivain Paolo Coelho.

Thierry Ardisson, bien sidé par son compère, le truculent Laurent Baffie, a prouvé à sa façon qu'il connaissait la ville : « Tarbes avec sa place Verdun, sa place Marcadieu, son jardin Massey et son usine Giat qui va bientôt fermer ? » La classe.

Et puis, la machine à grandes vannes collabile méritant quelques réponses : « Vous avez déjà vu une Tarbaise en string ! [...] C'est le mot « putaing cong » qui vous a séduit ! » Visiblement Thierry Ardisson n'avait pas, de son passage, tout à fait terminé sa visite de la capitale des Hautes-Pyrénées. Au sujet des dessous des Bigourdanes, il n'y a qu'à voir les articles proposés par les magasins de lingerie pour s'apercevoir que, tanga ou brésilien, les Tarbaises sont à la page. A moins qu'ils ne soient réservés aux touristes franciliennes de passage. Quant à l'expression prononcée « avé l'accent », elle figure assurément dans le répertoire toulousain, beaucoup moins dans celui de la Bigorre.

Enfin, Thierry Ardisson trouva bon d'ajouter : « Avec ces conneries vous allez finir par vivre à Roubaix ? » Et pourquoi pas à Vierson dans une ferme avec quatorze autres célébrités ? Merci en tout cas Paolo Coelho d'avoir défendu Tarbes avec une sobriété et une discrétion, aussi insolentes que les attaques des comiques du samedi soir.

*Dimitri Germain
et Julien Munoz.*

Thierry Ardisson le suelta a Paulo en una entrevista para la televisión francesa: «¿Por qué una estrella como usted vive en un lugar tan rural como Tarbes?» Al lado, el periódico local celebra la defensa del brasileño como «un momento de gloria de la ciudad».

Como la familia no cuenta con la ayuda de ningún otro empleado además de Maria, ni siquiera chófer, el responsable de las tareas rutinarias es el propio Paulo. Cortar leña para la chimenea, cuidar los rosales, segar la hierba y recoger las hojas secas con un rastrillo son tareas que forman parte de su vida cotidiana. Sistemático y organizado como son, dicen, los nacidos bajo el signo de virgo, intenta imponer cierta disciplina a los horarios de la casa mediante reglas que denomina, en broma, «reglamento del monasterio». Salvo cuando está inmerso en el lanzamiento de un nuevo libro o atendiendo invitaciones para debates y conferencias por todo el mundo, su día a día no cambia mucho. Sin ser bohemio, rara vez se acuesta antes de medianoche. Como en cuestión de alcohol prácticamente sólo bebe vino, y generalmente con moderación, suele despertarse siempre bien dispuesto hacia las ocho de la mañana. Toma café con pan, mantequilla y queso, y, llueva o haga sol, da un paseo diario de una hora por los trigales que rodean la casa o, si el tiempo es bueno, por los escarpados y pedregosos montes vecinos que conforman la falda de los Pirineos. Su compañera en esos paseos casi siempre es Christina; pero si ella está ausente o indispuesta, va solo. Los amigos eventuales que se hospedan en la casa saben que serán apremiados para acompañar al anfitrión: ésa es una de las «reglas del monasterio». Uno de los trayectos preferidos es el que termina frente a la capilla de Notre Dame de Piétat, situada en el municipio de Barbazan-Débat, vecino de Saint-Martin y de Tarbes. Allí, de rodillas, se santigua, dice una rápida oración, echa una moneda en la caja de las limosnas y enciende una vela ante la pequeña imagen de madera pintada de la Virgen María que tiene en su regazo a un insólito Niño Jesús: aunque con la forma de un bebé, tiene el cuerpo martirizado y la barba larga.

De vuelta a casa, Paulo arregla el jardín, poda flores y corta los matorrales que tapan el pequeño regato que pasa por su terreno. Después sube a ducharse, y al acabar enciende el ordenador por primera vez en el día. Lee las versiones *online* de al menos dos periódicos brasileños *(Folha de S. Paulo* y *O Globo)* y echa un vistazo al servicio electrónico de seguimiento de prensa con lo publicado en la víspera sobre él y sus libros en los medios. Antes de presionar la tecla *enter* que va a abrir una página con las listas de los libros más vendidos, coloca las manos extendidas sobre la pantalla del ordenador, como si las calentase en una chimenea, cierra los ojos y se concentra durante un instante, buscando, según dice, atraer energías positivas. Con el índice presiona la tecla con fuerza y sonríe a medida que van abriéndose las ventanas: de los países importantes, en los únicos en los que *El Zahir* no está en primer lugar son Alemania y... Brasil. En ambos, el podio está ocupado por el americano Dan Brown y su *Código Da Vinci*. En el correo electrónico tampoco se encuentra con grandes sorpresas: tiene casi mil mensajes, llegados de, nada menos, que 111 países, organizados en orden alfabético en una lista que va desde Andorra a Venezuela, pasando por Burkina Fasso, en África, Niue, en las costas de Nueva Zelanda, y Tuvalu, en la Polinesia. Paulo se lo comenta a Christina, que está sentada a su lado: «Mira, Chris, cuando volvimos del paseo eran las 11 y 11 minutos y el termómetro marcaba 11 grados centígrados. Acabo de abrir mi correo y tengo mensajes de 111 países. Tengo que averiguar qué significa esa señal.»

No es raro oírlo hacer consideraciones como ésa. Donde la mayoría de la gente no ve más que una coincidencia —como en el caso del número uno que ha aparecido tantas veces en tan poco tiempo—, el escritor ve señales que deben ser interpretadas. Su obsesión con nombres, lugares, fechas, colores, cosas y números que a su entender podrían atraer desgracias —igual que la mosca invisible que trata de espantar con los dedos— hacen sospechar que pueda sufrir una forma leve de lo que la medicina moderna ha bautizado como Trastorno Obsesivo Compulsivo, o TOC. Al menos otras tres celebridades, el inglés David Beckham, el compositor italiano Ennio Morricone y el cantante brasileño Roberto Carlos, han asumido públicamente que padecen TOC. Morricone no entra en locales que tengan las paredes de color violeta. Roberto Carlos, entre otras manías, no usaba ropa marrón ni entraba en locales en los que hubiese animales disecados. Beckham llenaba su nevera con productos en números pares y al llegar a los hoteles no podía dormir hasta que metía en un cajón todos los papeles existentes en la habitación. Paulo no pronuncia el nombre de Paraguay, ni el del ex presidente Fernando Collor (ni el de su

Arriba y a la izquierda, el escritor
en su casa de Saint-Martin, un
antiguo molino frente a los Pirineos.
A la derecha, Paulo recibe las llaves
de la casa que le regalaron en Dubai.

ministra de Economía, Zélia Cardoso de Mello), y no volvió a pronunciar el nombre de Adalgisa Rios, una de sus cuatro ex parejas, hasta después de su muerte, ocurrida en junio de 2007. Respecto a los demás, si alguien pronuncia una palabra prohibida en su presencia, en seguida busca algo de madera para golpearlo tres veces con los nudillos, para apartar la energía negativa. Cambia de acera siempre que ve una pluma de paloma en el suelo, para no pasar por encima de ella. Uno de sus mejores amigos, el empresario uruguayo-brasileño José Antonio Domínguez, *Pepe*, es testigo de que estas excentricidades del escritor vienen de lejos. Recuerda que una noche, a principios de los años setenta, salían de un bar de Río de Janeiro cuando Paulo, de repente, lo agarró por el brazo y cruzó la calle, arrastrándolo imprudentemente entre los coches, hasta llegar a un árbol (la superficie de madera más cercana) y tocarlo tres veces con avidez. Cuando Pepe, intrigado, le pidió una explicación, le confesó: «Acabo de ver a una mujer embarazada hablando desde un teléfono público. Eso atrae energías muy negativas.»

Al contrario que Beckham y que Roberto Carlos, que han recurrido a especialistas para acabar con esos impulsos incontrolables, Paulo convive con sus manías sin ningún problema. En abril de 2007, cuando fue objeto de un reportaje de ocho páginas para la revista americana *The New Yorker*, le confesó cándidamente a la periodista Dana Goodyear que se niega a cenar en mesas en las que haya trece personas. Christina no sólo entiende ese lado excéntrico de su marido, sino que comparte sus temores e interpretaciones y, no pocas veces, es ella la que lo advierte de los riesgos astrales de hacer o dejar de hacer algo.

Por rutina de la casa, una tarde a la semana está reservada a la lectura de la correspondencia en papel. Cada siete días recibe por correo los paquetes llegados desde su despacho de Brasil y de Sant Jordi, en Barcelona. Apilados sobre una mesa del jardín, los abre con una navaja con el mango de hueso y organiza las cartas en montoncitos, separadas por tamaños. De vez en cuando, el silencio se ve interrumpido por el mugido de una vaca o por el ruido distante de un tractor. Para leer la mayor parte del material, Paulo recurre a uno de los cincuenta pares de gafas de plástico que guarda en un cajón de la sala. No son diferentes de los que venden los supermercados y vendedores ambulantes en las grandes ciudades, y le llegaron casualmente. Un día, en un programa de televisión francés, le preguntaron qué marca de gafas usaba y el escritor respondió que no eran de ninguna marca famosa, que las compraba en las tiendas Afflelou, una popular red especializada en óptica que tiene filiales por toda Francia. Tuvo suerte: la señora Rosalie Afflelou, esposa del propietario de la cadena, estaba viendo el programa y al día siguiente ordenó enviar a Saint-Martin una caja con cincuenta pares de gafas para vista cansada.

Para el que ve señales por todas partes y tiene fama de agarrado, el primer sobre que abre le da una buena noticia: la factura del teléfono del apartamento de París de este mes es de catorce euros escasos, poco más que la tarifa mínima. Los mazos de papel o disquetes con originales de libros de autores noveles ni siquiera los desenvuelve y los echa directamente a la papelera (cosa que advierte expresamente en sus páginas y blogs en Internet). En medio de todos los papeles ve dos paquetes pequeños, envueltos con el cuidado y la delicadeza que sólo suelen tener unas manos maternas o apasionadas: los remitentes son unas monjas del interior de Noruega que le envían doce jaboncillos hechos por ellas (seis de benjuí y seis de espliego) y varias cajas de cartón tipo *tetrapak*, sin ninguna marca impresa, con leche de avena, arroz y soja (también producidos en el monasterio y que, gracias a algún misterioso sortilegio, se convirtieron, según aseguran las monjitas, en productos alquímicos). En la época en la que las cartas bomba y los sobres con sustancias químicas venenosas se convirtieron en armas letales, Paulo llegó a temer que algún loco decidiera hacerlo saltar por los aires o contaminarlo, pero nunca recibió nada sospechoso. Por si acaso, ante los paquetes que le llegan por correo, aunque previamente son revisados en Río de Janeiro o en Barcelona, el escritor se somete a una rápida concentración para recibir buenas vibraciones antes de abrirlos. Un embalaje de cartón del tamaño de una caja de camisas llegado de Río de Janeiro contiene las respuestas a las cartas de lectores para que las firme. Las más largas están impresas en hojas de papel oficial con el membrete de la Academia Brasileña de las Letras, institución de la que Paulo es miembro desde 2002. Las respuestas cortas llegan en tarjetas selladas con su nombre. La correspondencia epistolar termina con autógrafos en cien fotografías solicitadas por los lectores, en las que el escritor aparece como siempre: pantalón, camisa y jersey negros.

Después de algunas llamadas de teléfono se relaja durante una hora: en un improvisado stand montado en el jardín (o en el terreno que rodea la casa) practica *kyudo,* el arte marcial japonés de tiro con arco que aúna fuerza física y disciplina mental. A media tarde se sienta ante el ordenador y escribe la pequeña columna semanal de ciento veinte palabras que publica en treinta periódicos de los cinco continentes, desde el Líbano *(Al Bayan)* a Sudáfrica *(Odyssey),* pasando, entre otros, por Venezuela *(El Nacional),* la India *(The Asian Age),* Brasil *(O Globo)* y Polonia *(Zwierciadlo).*

Por lo demás, el día a día de Paulo y Christina no difiere demasiado de la tranquila vida cotidiana de los trescientos habitantes de la aldea. El círculo de la pareja es reducido y no incluye ni intelectuales, ni personalidades o habituales de las columnas de sociedad. El más conocido del grupo es Frédéric Bonomelli, de cuarenta y siete años, que vive a cuatro kilómetros de la casa de los Coelho, distancia suficiente como para llegar a otro municipio, el de Hibarete. Es el dueño de Salaisons Pyrénéennes, productor de un célebre y caro manjar conocido como *Le Noir de Bigorre,* el jamón de cerdo del suroeste de Francia, el «cerdo negro», como se lo conoce, pariente del famoso patanegra de la vecina España. En vías de extinción hace décadas, la raza fue recuperada por Eugène Bonomelli, padre de Frédéric, que se enorgullecía de tener entre sus clientes nada menos que al papa Juan XXIII. Los otros amigos son el radiólogo de Tarbes, Hervé Louit, el representante de Renault en la zona, Allen Tanni, la cardióloga Sylvie y su marido Patrice Pinta.

«Tengo quinientos canales de televisión a mi disposición –declaró hace años Paulo en una entrevista al periódico *The New York Times*–, pero vivo en un pueblo en el que no hay panadería.» El pueblo no tiene panadería, ni bar, ni supermercado, ni gasolinera. Como suele ocurrir en la mayoría de los 35.000 pequeños municipios de

Francia, en el pachorrudo Saint-Martin no hay ni un solo establecimiento comercial. Para comprar o simplemente salir de la rutina,
Tarbes es la alternativa más a mano, siempre que se llegue allí antes
de las cinco de la tarde, hora en que la pequeña ciudad empieza a recogerse. El plan nocturno es acudir a uno de los tres buenos restaurantes locales, el vietnamita Thanh Thúy, el tunecino L'Oriental, en
el que sirven un buen cuscús, y el mejor de ellos, el francés Le Petit
Gourmand, que era una prolongación de la casa de los Coelho durante el tiempo que vivieron en Tarbes (el establecimiento no es sólo
recomendable por la sabrosa comida que prepara la dueña, Marie
Christine Espagnac, sino también por la comodidad de estar a dos
pasos del hotel Henri IV).

Durante una cena en Le Petit Gourmand, en esa época, Paulo y
Christina vivieron momentos de tensión. Ellos y los demás clientes
que ocupaban la mitad de las mesas se vieron sorprendidos cuando
las luces se apagaron repentinamente y el local fue tomado por un
grupo de hombres a la carrera y el ruido ensordecedor de helicópteros que sobrevolaban el pequeño edificio de dos plantas. Por las
puertas delanteras y traseras entraron dos grupos de soldados con la
cara tapada con pasamontañas, cascos con visores de infrarrojos y
armamento pesado. Atravesaron el salón a oscuras derribando mesas, bandejas y botellas, y subieron rápidamente por la escalera que
lleva al segundo piso, echando abajo a patadas las puertas que se
iban encontrando en el camino. Por el ruido de los rotores, daba la
impresión de que los helicópteros estaban dentro del local, lo que
asustó todavía más a los clientes que estaban cenando allí. Se trataba
de un comando antiterrorista del ejército francés que seguía el rastro de un grupo de etarras que, según denuncias, habrían alquilado el
pequeño apartamento del piso de arriba para utilizarlo como escondite. Para suerte de la clientela presente, los soldados no encontraron
a nadie allí.

El descanso en Saint-Martin toca a su fin, es hora de volver al trabajo. Un correo electrónico llegado de Sant Jordi contiene una extenuante propuesta de agenda para las tres semanas siguientes que, de
cumplirla, obligará al escritor a dar la vuelta al mundo. Para Paulo

Coelho, esos viajes han dejado de tener como único objetivo lo que hacen casi todos los autores, la divulgación de sus libros, recurso al que ya no tiene que recurrir desde hace muchos años. La cercanía a algunos de sus fans más célebres, que van desde el ex presidente Bill Clinton a la superestrella de Hollywood Julia Roberts, pasando por el presidente Vladimir Putin, lo ha llevado a entrar también en otro mundo, la *jet set* internacional. En la lista enviada desde Barcelona están previstas invitaciones para lanzamientos de *El Zahir* en Argentina, México, Colombia, Puerto Rico y París; la recepción del premio Goldene Feder en Hamburgo; noches de autógrafos en Egipto, en Siria y en el Líbano, así como un viaje a Varsovia con motivo del cumpleaños de Jolanta, la mujer del entonces presidente de Polonia, Aleksander Kwaśniewski. Después Londres, para participar, con el tenista Boris Becker, el cantante Cat Stevens y el ex secretario general de la ONU Boutros-Ghali, en una cena benéfica para la campaña contra el uso de minas antipersona, y al día siguiente, vuelta a Francia para cenar en el palacio de Versailles con Lilly Marinho, viuda de Roberto Marinho, dueño de las Organizaciones Globo. Cuatro días después está previsto el lanzamiento de *El Zahir* en Japón y en Corea del Sur. Luego, de vuelta a Europa, hacer una escala en Astana, capital de Kazajstán, con motivo de la fiesta del sesenta y cinco aniversario del presidente de la república, Nursultan Nazarbayev. El último compromiso sugerido no admite excusas: es una invitación del empresario Klaus Schwab, creador y presidente del Foro Económico Mundial, que se celebra anualmente en Davos, Suiza, para que el escritor hable en la inauguración de otra de sus famosas iniciativas, el Festival Cultural de Verbier, que reúne a jóvenes músicos clásicos de todo el mundo.

Paulo espanta la mosca invisible dos, tres veces de delante de los ojos y, contrariado, refunfuña algo así como «ningún ser humano es capaz de cumplir una agenda como ésta». Al lado del ordenador, en la sala de visitas de la casa, Christina oye la queja y provoca a su marido, sonriente:

—Fuiste tú quien escogió ser campeón mundial de Fórmula 1, ¿no? ¡Pues coge el Ferrari y conduce!

La frase hace que su enfado desaparezca. Se ríe mucho y reconoce que sí, que no sólo lo escogió, sino que ha luchado toda su vida para ser aquello en lo que se ha convertido, y que no tiene por qué quejarse:

—Vale, pero insisto en que es imposible cumplir esta agenda. Son actos muy seguidos, ¡y en tres continentes diferentes!

La mayoría de las veces, el estrés de los viajes no reside en los compromisos propiamente dichos, sino en el infierno en el que se han convertido los aeropuertos modernos, sobre todo después de los atentados terroristas del 11 de septiembre de 2001 contra las Torres Gemelas de Nueva York, en los que la vigilancia, la burocracia, las desconfianzas y, consecuentemente, los retrasos, son mucho peores. Como la fama no asegura todos los privilegios, Coelho tiene que sufrir colas, demoras y *overbookings* como cualquiera de sus millones de lectores. Celoso de su imagen discreta y ascética —y muy poco acostumbrado a los gastos innecesarios—, se resiste a la sugerencia de algunos de sus amigos: comprarse un jet privado. Defensor de la política de «tolerancia cero» con las compañías aéreas, Paulo Coelho sufre frecuentes dolores de cabeza en los aeropuertos. Una vez, víctima de un *overbooking* en primera clase de un vuelo Londres-Madrid de la española Iberia, se quejó con tal vehemencia a la tripulación que, al llegar al aeropuerto de Barajas, había cinco policías esperándolos a él y a su esposa. Ni siquiera una petición formal de disculpas del presidente de la compañía, hecha por carta, consiguió arreglarlo.

El problema de agenda propuesto por Sant Jordi es que habría que cumplirla íntegramente en aviones comerciales. Paulo imprime la lista en una hoja de papel y, bolígrafo en mano, va marcando primero los compromisos que exijan vuelos intercontinentales, lo que significa retrasar lo de Latinoamérica, Japón y Corea, y descartar la fiesta de cumpleaños en Kazajstán. Siria y el Líbano también desaparecen, pero Egipto sigue en la lista. Sustituye Varsovia por Praga, ciudad en la que el escritor pretende cumplir una promesa hecha veinte años antes. Finalmente, queda decidido que, de la República Checa, comienzo del periplo, viajará a Hamburgo para recibir el premio y de allí seguirá hacia El Cairo. Pero el problema, otra vez, son los aviones: no hay conexiones disponibles para poder cumplir el horario de los compromisos de Alemania y de Egipto. Los alemanes se niegan a modificar el programa, ya impreso y distribuido, pero proponen una alternativa: el jet privado de Klaus Bauer, presidente del entramado empresarial de comunicaciones Bauer Verlagsgruppe, que patrocina el Goldene Feder, llevará a Paulo y a sus eventuales acompañantes de Hamburgo a El Cairo en cuanto termine la ceremonia. Horas más tarde, una vez que todas las partes involucradas en la gira están de acuerdo, el escritor llama a Mônica y le dice con cierta malicia:

—Ya que vamos a Praga, ¿qué tal si hacemos una *blitzkrieg* allí?

Blitzkrieg («guerra relámpago» en alemán) es el nombre que se les da a las sesiones de autógrafos hechas por sorpresa, a veces horas después de haber sido decididas, sin ningún anuncio previo. El escritor entra en una librería escogida al azar, saluda al gerente diciendo «es un placer, soy Paulo Coelho», y se ofrece para firmar sus libros, si hay algún cliente interesado. Hay quien dice que, en el fondo, las *blitzkrieg* son una forma de exhibicionismo que gusta mucho al autor, sobre todo cuando está en compañía de periodistas, como, de hecho, ocurrió con la reportera que lo acompañaba en Italia para preparar el largo artículo para el *The New Yorker*. Dana Goodyear se ganó en Milán una *blitzkrieg*, que tenía toda la pinta de haber sido especialmente concebida para ella. En Praga, en realidad, él propone algo intermedio: avisar la víspera al editor de sus libros para que no haya tiempo de concertar entrevistas, debates ni *talk-shows*, pero sí para asegurarse de que habrá libros para todos en el caso de que acuda mucha gente.

El objetivo de este viaje a la República Checa, sin embargo, no tiene nada que ver con el lanzamiento de libros. Cuando iniciaba su camino de regreso al catolicismo, en 1982, tras un período en el que renegó de la fe y se adhirió a sectas demoníacas, Paulo estuvo en Praga en compañía de Christina, con la que ya estaba casado, durante un largo viaje de estilo hippy por Europa. Al pasar por la sombría calle de Karmelitská, entró en la pequeña iglesia de Nuestra Señora de la Victoria, oprimida entre casas sencillas y tiendas de recuerdos religiosos, para hacerle una promesa al Niño Jesús de Praga. La presencia de alguien de Brasil allí no llama la atención. Desde tiempos inmemoriales, y por razones inexplicables, los cristianos brasileños siempre han manifestado devoción por el niño santificado en el siglo XVII, algo deducible, al menos en Brasil, por la infinidad de anuncios clasificados que desde hace décadas se publican en los periódicos de todo el país, en los que los fieles escriben una única frase, seguida de la inicial de sus nombres: «Al Niño Jesús de Praga, por la gracia alcanzada. D.» Al igual que millones de compatriotas suyos, Paulo también tenía una petición que hacerle, y no era sencilla. Se arrodilló en el pequeño altar lateral, donde está expuesta la imagen del niño, dijo una oración y murmuró de forma inaudible incluso para Christina, que estaba a su lado: «Quiero ser un escritor leído y respetado en el mundo entero.»

Sí, él sabía que lo que pedía era mucho, y que el pago tenía que estar a la altura. Mientras rezaba, se lamentó por las ropas comidas por las polillas que cubrían la imagen, copia de la túnica y del manto tejidos por las manos de la princesa Policena Lobkowitz en 1620 para la primera imagen de la que se tiene noticia del Niño Jesús de Praga. Susurrando, prometió lo que, en ese momento, le pareció lo mejor: «El día que sea un escritor leído y respetado en el mundo entero, volveré y te traeré un manto bordado con hilos de oro para cubrir tu cuerpo.»

La propuesta de *blitzkrieg* era un pretexto para el verdadero motivo de su viaje a Praga: casi tres décadas después, por fin iba a cumplir su promesa. Hecho exactamente a la medida de la imagen, de casi medio metro de altura, el manto de terciopelo rojo bordado con finísimos hilos de oro fue el resultado de semanas de trabajo de Paula Oiticica, la madre de Christina. Embalado en una caja acrílica para poder transportarlo con seguridad, el regalo llegó a provocar un pequeño incidente en el aeropuerto Charles de Gaulle de París: la policía exigía que la caja fuese pasada por rayos X para comprobar que no escondía drogas ni explosivos, pero no cabía en la máquina del aeropuerto. Sin el manto, Paulo no embarcaba. Y sin pasar por rayos X, el manto no salía de allí, aseguraban los policías. La pequeña aglomeración que se formó atrajo la atención de un oficial superior que identificó a *monsieur Coelô* y resolvió la difícil situación, de modo que el manto acabó en el avión sin ser radiografiado.

Cuando llegan a la iglesia de Praga para entregarle a la imagen del Niño Jesús lo que le correspondía, había algo más de dos docenas de fieles en el recinto, todos aparentemente extranjeros. Como sólo habla checo e italiano, el padre carmelita Anastasio Roggero parece no entender muy bien qué hace aquel individuo con *sikha* en su iglesia con un manto rojo. Frotándose las manos con impaciencia en su vieja sotana, el padre escucha lo que Paulo le dice en inglés, finge entender, sonríe, le da las gracias y se dispone a guardar la caja con el manto detrás de un armario, en la sacristía contigua a la nave, cuando una anciana francesa reconoce al autor. En un tono de voz demasiado alto para lo que sería adecuado en dicho lugar, la mujer alerta a los demás miembros de su excursión: «Mirad quién está aquí: ¡el escritor Paulo Coelho!» En un momento todos los grupitos de turistas se dirigen hacia él, hablando en alto y pidiéndole autógrafos y fotos a su lado. El padre Anastasio da media vuelta, observa de nuevo el manto que tiene en la mano y empieza a entender que ha metido la pata. Le pide disculpas a Paulo por no haberlo reconocido y entonces comprende el significado del regalo que el Niño Jesús de Praga acaba de recibir. Vuelve a la sacristía y regresa con una Nikon digital para hacer fotos del manto, de los turistas y, por supuesto, de sí mismo con el ilustre visitante, cuya obra jura conocer muy bien.

Una vez saldadas las cuentas con la pequeña imagen, la pareja aprovecha para pasear de nuevo por la ciudad y para visitar a Leonardo Oiticica, el hermano de Chris, que está casado con Tatiana, una diplomática acreditada en la embajada brasileña en Praga. Como los periódicos *Pravó* y *Komsomólskaia* frustraron el plan y anunciaron la presencia del escritor en la ciudad, la *blitzkrieg* no será auténtica. A las tres de la tarde, una hora antes de lo acordado, cientos de personas forman una fila en la puerta de Empik Megastore, la enorme y moderna librería escogida por Argo, la editorial de Paulo en el país. Él llega a la hora concertada y se encuentra con una situación semejante a la de Budapest: esta vez, sólo ciento cincuenta lectores han conseguido pases, pero aparte de ellos una marea de cientos de personas se

extiende por los pasillos de la tienda y desemboca en la plaza Wence-
las, una de las más concurridas de Praga. Todos quieren un autógrafo.
El escritor repite la fórmula húngara: le pide a la librería que sirva
agua para todos, divide los grupos y se dispone a firmar, alternativa-
mente, a los que tienen pase y a los que no lo tienen. A las seis de la
tarde mira el reloj, da un salto y pide un momento para ir al baño,
pero se aparta tan sólo unos metros para decir su oración silenciosa
detrás de una estantería. Es de noche cuando atiende a los últimos
lectores. Al frente de un pequeño grupo de amigos y agregados, acaba
la noche saboreando platos en un elegante restaurante de *nouvelle
cuisine* checo, situado en una bodega de la parte vieja de la ciudad.

Al día siguiente está de vuelta en el apartamento de París para
otra actividad: una tarde de autógrafos en la Fnac de la place des
Thermes. Aunque sólo estaba prevista la presencia de cien clientes,
escogidos por sorteo por la tienda, la noticia ha corrido y casi trescientas personas se aprietan en el pequeño auditorio. En una antesala
el público se disputa, a codazos, libros, CD y DVD colocados en un
expositor gigante. Es una pequeña exposición y venta, tanto de todos
sus títulos editados en Francia como de sus preferencias literarias,
musicales y cinematográficas. Los libros favoritos del escritor son *El
extranjero* (de Albert Camus), *Trópico de Cáncer* (Henry Miller), *Fic-
ciones* (Jorge Luis Borges), *Gabriela, clavo y canela* (Jorge Amado) y
O llevarás luto por mí (versión de la biografía *I'll Dress You in Mour-
ning* del torero el Cordobés, escrita por Dominique Lapierre y Larry
Collins, inédita en Brasil). Los fans que fueron a la Fnac también pueden adquirir su ecléctica selección de películas: *Blade Runner* (de Ri-
dley Scott), *Érase una vez en el Oeste* (Sergio Leone), *2001: Una odisea del espacio* (Stanley Kubrick), *Lawrence de Arabia* (David Lean)
y la brasileña *El pagador de promesas (*Anselmo Duarte). La lista de
CD preferidos de Paulo es todavía más ecuménica: «Abbey Road»
(The Beatles), Novena Sinfonía (Beethoven), «Atom Heart Mother»
(Pink Floyd) y Primer concierto para piano y orquesta (Chopin). El
último disco de la lista es «Greatest Hits» de Roberto Carlos, el cantante popular de más éxito en Brasil, con el que Paulo chocaría públicamente meses después, cuando el músico consiguió que la justicia

Christina y Paulo en Praga: veinte años después,
el escritor cumple la promesa hecha al Niño Jesús
y entrega el manto bordado con hilos de oro.

retirase una biografía suya, no autorizada, que circulaba por el país. Los franceses que abarrotan el salón de la Fnac no son menos discretos y contenidos que los lectores húngaros y checos. Ni tampoco menos pacientes: tras haber hablado durante media hora y haber respondido a preguntas del público, el escritor todavía firma libros para todos los presentes antes de abandonar la tienda.

Contrariamente a la informalidad de los lanzamientos de Budapest, Praga y París, el protocolo de la entrega del premio Goldene Feder al día siguiente es de un rigor casi militar. Hamburgo pasó a vivir en permanente estado de alerta (y tensión) desde que se descubrió que allí había una célula de la organización terrorista Al Qaeda que reunió a los autores de los ataques del 11 de septiembre de 2001 en Estados Unidos. De los veinte terroristas suicidas directamente involucrados en el atentado, nueve vivían en un apartamento de la periferia de la ciudad, entre ellos, el jefe del grupo, el egipcio Mohammed Atta, piloto de uno de los dos aviones lanzados contra las torres del World Trade Center. A juzgar por la cantidad de automóviles Rolls-Royce y Jaguar que dejan los invitados en la puerta de la Handelskammer, la Cámara de Comercio e Industria, y por el número de agentes de seguridad privados que los rodean, la fiesta para homenajear a Paulo Coelho parece incluso un objetivo perfecto para un atentado. Banqueros, ingenieros, empresarios, editores y distintas personalidades acuden a la ceremonia llegados desde varios puntos de Europa. Para evitar problemas, la organización del evento reserva tan sólo cinco minutos para que la prensa fotografíe a los invitados y agraciados (el premio también será entregado a un científico, a un profesor, a una empresaria y a un religioso). Las cámaras de televisión no pueden funcionar con baterías, sólo con cables enchufados a la red local, y no se permiten las retransmisiones de radio. El público está separado según el color de la alfombra: los premiados en la roja, los invitados en la azul; a los periodistas que pillen en cualquiera de las alfombras, los echarán los guardias de seguridad. Durante la ceremonia de entrega de premios, los reporteros —entre ellos, un invitado de Paulo previamente acreditado— estarán aparte junto con los empleados de seguridad y los chóferes en una zona asignada al personal, desde donde asisten a todo a través de monitores de televisión instalados en las paredes.

Cinco horas después de llegar al edificio de la Handelskammer, el escritor se encuentra en una sala vip del aeropuerto de Hamburgo, con la mochila a la espalda, a punto de embarcar en el Falcon Jet que lo llevará a El Cairo. Su llegada a la capital de Egipto coincide con la presencia en la ciudad de la primera dama de Estados Unidos, Laura Bush, lo que hace que las autoridades refuercen todavía más el opresivo aparato de seguridad del país. La frecuencia con la que Egipto ha sido víctima de atentados terroristas de grupos islamistas radicales —cuyo principal objetivo son los turistas— ha llegado a preocupar a los amigos del escritor. «¿Te has parado a pensar qué ocurrirá si un grupo de fanáticos religiosos te secuestra y exige la liberación de cien presos políticos para soltarte?», le preguntó uno de ellos. El escritor, sin embargo, no parece preocupado. No sólo porque ya ha consultado el oráculo, sino porque sabe que durante el viaje estará bajo la protección desarmada de Hebba Raouf Ezzat, la responsable de la invitación para dar una conferencia en la Universidad de El Cairo. Musulmana, de cuarenta años, madre de tres hijos y profesora de la Universidad de Westminster, en Londres, la carismática analista política ha superado sus prejuicios contra una sociedad aferrada al machismo y se ha convertido en una importante líder en la lucha por los derechos humanos y el diálogo entre el islamismo y las demás religiones. Estar en Egipto por invitación de Hebba significa circular con facilidad (y seguridad) entre las más diversas corrientes políticas y religiosas.

Pero Paulo también tiene razones objetivas temporales para hacer ese viaje: Egipto es probablemente el campeón mundial de piratería de sus libros. Incluso tratándose de un país en el que casi la mitad de la población es analfabeta, se calcula que por allí circulan más de cuatrocientas mil copias ilegales, casi el 5 por ciento de los libros del escritor que se piratean en todo el mundo. Desde *El Peregrino de Compostela* hasta *El Zahir*, es posible encontrar la obra completa del autor en lengua árabe, tanto en los escaparates de las más elegantes librerías como en las calles de El Cairo, Alejandría y Luxor. Y hay libros para todos los bolsillos, todos ellos piratas: desde ediciones rústicas fabricadas en cualquier sitio, hasta volúmenes de tapa dura, impresos en papel de buena calidad, producidos por editoriales establecidas, algunas de ellas estatales. Además del autor, a cuya cuenta jamás ha llegado ni un miserable céntimo de derechos de autor procedente de Egipto, la gran víctima es el lector, que lee ediciones a las que se les ha suprimido algún capítulo o se les ha cambiado el orden o, incluso, con largos párrafos pirateados de traducciones de otros países árabes, muchas veces incomprensibles para un egipcio. La impunidad de los piratas es tal que, en la última Feria Internacional del Libro de El Cairo –un importante evento oficial en el calendario cultural egipcio–, las obras de Paulo Coelho se colocaron en el primer lugar de ventas, como si hubieran sido publicadas por editoriales que cumplen la ley y los acuerdos internacionales. Dispuesto a ponerle punto final al problema, desembarca en El Cairo escoltado por Mônica Antunes y Ana Zendrera, dueña de la editorial Sirpus, con sede en España, pero especializada en publicaciones en árabe distribuidas en los países de Oriente Medio y del norte de África. A partir de entonces, mayo de 2005, sólo dos empresas, All Prints, del Líbano, y Sirpus, están legalmente autorizadas a editar sus libros en Egipto.

En el aeropuerto, lleno de soldados armados con ametralladoras, los tres son recibidos por Hebba y su marido, el también activista Ahmed Mohammed. Él lleva ropa occidental, pero a ella sólo se le ve el rostro sonriente y las manos muy blancas; el resto está protegido de las miradas indiscretas por un holgado chador beige que la hace parecer aún más rellenita. Todos hablan en inglés, la segunda lengua de Egipto. Los visitantes conocen las rígidas normas locales: los hombres y las mujeres sólo se saludan con un seco y formal apretón de manos, sin los usuales abrazos y besos occidentales. El pequeño grupo se dirige directamente al hotel Four Seasons, en el que hay reservada una suite para el escritor en el último piso con vistas a Gizeh, a la entrada del desierto del Sahara, donde se encuentra una de las siete maravillas del mundo, el conjunto formado por las pirámides de Keops, Kefrén y Micerinos.

El programa organizado por Hebba es tan apretado como de costumbre: entrevistas y *talk-shows* con los principales medios de prensa y cadenas de televisión del país, visitas a distintas personalidades (entre ellas, el premio Nobel de Literatura Nadjīb Mahfūz, nonagenario y casi ciego, pero que insiste en recibir al brasileño para tomar un té en su apartamento), una conferencia en la Universidad de El Cairo y dos debates: uno en la Asociación Egipcia de Escritores y otro en su principal competidora, la Unión de Escritores Egipcios. A petición de Paulo, Hebba ha organizado en uno de los salones del Four Seasons una comida a la que han sido invitados los principales editores y libreros del país y diversos representantes del Ministerio de Cultura. En ese encuentro, el escritor decide desenvainar la espada en defensa de sus derechos, y reitera, con aire malicioso: «Lo sabes de sobra, Hebba: cuando un guerrero saca la espada, tiene que usarla. No puede volver a envainarla sin sangre.»

A la mañana siguiente, el recibidor del Four Seasons está tomado por los equipos de los canales de televisión, que esperan el momento de las entrevistas organizadas por Mônica; cámaras, trípodes, reflectores, cables y baterías se amontonan en las esquinas o sobre mesas y sofás. Las entrevistas en exclusiva serán un privilegio de las televisiones: los reporteros de periódicos y revistas tendrán que consolarse con una colectiva. La única excepción es para el *Al Ahram*, principal periódico del país —estatal, como parece serlo todo en Egipto—, que también tiene el privilegio de ser el primero de la fila. Terminada la entrevista, el reportero Ali Sayed abre una carpeta y le pide al escritor que le firme tres libros: *El Alquimista*, *Maktub* y *Once minutos* (todos ellos piratas, comprados en la calle a siete dólares cada uno). A mediodía acuden los cinco a un restaurante típico para un almuerzo rápido regado con Fanta, Coca-Cola, té y agua mineral. Aunque hay vino y cerveza a la venta, como la cuenta la va a pagar Ahmed, un musulmán, por educación no conviene consumir bebidas alcohólicas en la mesa.

Liquidados los compromisos con la prensa, Paulo participa en rápidos debates en las dos asociaciones de escritores. En ambas, el público es dos, tres veces mayor que el aforo de los lugares, y las inevitables peticiones de autógrafos al final son atendidas con gentileza y buen humor por el invitado. Antes de regresar al hotel, lo llevan al apartamento de Mohammed Heikal, veterano e influyente político que empezó su carrera al lado del fallecido presidente Gamal Abdel Nasser, que gobernó el país desde 1954 hasta 1970, y que ha sobrevivido hasta hoy a las tempestades políticas que han barrido Egipto. Rodeado de guardaespaldas, Heikal recibe al visitante en un pequeño apartamento. Las paredes están cubiertas de fotos suyas acompañado de grandes líderes de la política internacional del siglo XX, como el fallecido dirigente soviético Nikita Jruschov y los también desaparecidos primeros ministros Chu En-Lai, de China, Jawalarhal Nehru, de la India, y Willy Brandt, de la antigua República Federal Alemana, el presidente soviético Leónidas Brejnev y, por supuesto, el propio Nasser. El encuentro con Nadjīb Mahfūz también se celebra bajo la tensa vigilancia de guardias de seguridad (años antes se salvó por los pelos de la muerte en la puerta de su casa, al ser acuchillado en el cuello por un fundamentalista islámico que lo acusaba de blasfemias contra el Corán). Ambos conversan rápidamente en inglés, intercambian libros firmados y nada más. Una vez cerrado el programa del día, la noche se reserva para un paseo en barco por el Nilo.

Al día siguiente, tener la mañana libre le permite despertarse más tarde, dar su paseo sin prisas y dedicar más tiempo a ver las noticias en Internet. A la una de la tarde están otra vez en el salón del hotel para la comida propuesta por el escritor. A pesar de las sonrisas y las reverencias de las presentaciones, en el ambiente se respira un clima de ajuste de cuentas. Antes de servir los platos, y una vez que todos los invitados están en su sitio, uno de los editores se levanta para homenajear al visitante e insiste en que se trata de una reunión entre amigos. «El escritor Paulo Coelho ya ha demostrado su compromiso con el pueblo árabe no sólo en su obra —resalta—, sino también a través de valientes declaraciones públicas, como la carta "Gracias, presidente Bush", una clara condena contra la invasión de Iraq por parte de Estados Unidos.» Otro orador, más cumplidos y por fin llega el momento en el que va a hablar Paulo. Sobre la mesa, al lado de los tenedores, deja tres ejemplares pirata de sus libros, colocados allí deliberadamente para provocar la incomodidad de los editores, elegantes señores de traje y corbata sentados ante él. Acostumbrado al arte de hablar en público (algo que, paradójicamente, odia hacer), empieza con suavidad, recordando que Egipto y la cultura árabe han inspirado algunos de sus libros, y recurre a una ironía para entrar en el espinoso asunto de la piratería, cara a cara con los piratas:

—A cualquier autor le encantaría ver publicado su libro en Egipto. Mi problema es exactamente el contrario: tengo demasiados editores en Egipto...

Nadie le encuentra la menor gracia al chiste, pero eso no lo desanima. Siempre de pie, mira un momento hacia el cielo, como pidiéndole a san Jorge fuerzas para defender sus libros, y decide ir al grano. Coge un ejemplar pirata de *El Alquimista* y lo levanta:

—Estoy aquí como invitado de la doctora Hebba, es decir, del pueblo egipcio. Pero también he venido porque quiero solucionar de una vez por todas el problema de la piratería de mis libros en este país.

Ahora, los asistentes, hombres y mujeres, parecen sentirse incómodos en sus sillas, pues se mueven nerviosamente de un lado a otro. Algunos hacen dibujos imaginarios en la servilleta, cabizbajos. Paulo sabe que entre ellos hay altos funcionarios del Ministerio de Cultura (entidad accionista de muchas de las editoriales acusadas), y no deja escapar la oportunidad.

—El gobierno no castiga ni reprime la piratería —declara—, pero Egipto es signatario de tratados internacionales de derechos de autor y tiene que cumplirlos. Podría contratar al mejor abogado y ganar el caso en las cortes internacionales, pero no estoy defendiendo únicamente valores materiales. Defiendo principios. Mis lectores compran libros a un precio miserable y reciben obras de contenido miserable, y eso tiene que acabar.

La propuesta de armisticio sugerida por Paulo no parece agradar a ninguno de los presentes.

—No me interesa el pasado —prosigue—, olvidemos lo sucedido hasta el día de hoy. No le voy a cobrar judicialmente a nadie los derechos de los cuatrocientos mil libros míos publicados aquí, un país en el que nunca he tenido editor. A partir de hoy, cualquier libro mío publicado en Egipto que no sea de Sirpus o de All Prints será considerado ilegal y, consecuentemente, objeto de presión judicial.

Para demostrar que no está fanfarroneando, el escritor anuncia para esa tarde en la librería Dar El Shorouk, al lado del hotel, una *blitzkrieg* especial: firmará el libro de estreno de la nueva fase (una versión de bolsillo de *El Alquimista* en árabe, con el sello de Sirpus) y ejemplares de la edición inglesa de *El Zahir*. La indigesta reunión termina sin aplausos y con el entrecejo fruncido de la mayoría de los invitados. Todo parece salir como Paulo lo había previsto: la tarde de autógrafos es un éxito y a todos los periodistas que lo buscan les reitera el discurso de la comida.

«Estoy convencido de que los editores han aceptado mi propuesta —repitió varias veces—. A partir de ahora, los egipcios sólo leerán traducciones oficiales de libros míos, editadas por Sirpus.» El tiempo, sin embargo, hará que esa alegría dure poco: menos de seis meses después, el escritor recibe informes que aseguran que la situación de sus libros es exactamente la misma. El único cambio que ha tenido lugar en el mercado editorial egipcio tras su visita es que los piratas tienen ahora un competidor más: Sirpus.

La conferencia de la Universidad de El Cairo al día siguiente, el último de su viaje a Egipto, transcurre sin problemas y bajo una organización que recuerda más a un colegio interno que a un campus de la universidad: en un auditorio de trescientos asientos hay exactamente trescientas personas, ni una más. La mayoría son mujeres jóvenes que, al contrario que Hebba, se visten a la moda occidental, con ropa escotada, vaqueros ajustados y camisetas que dejan a la vista hombros y cinturas. Tras la charla del invitado, la idolatría vence a la disciplina y la gente lo asedia, libro en mano, en busca de un autógrafo.

De camino al hotel, Hebba propone una actividad que no está en el programa. Los lectores socios del Club Oficial de Fans de Paulo Coelho en Egipto que no han conseguido participar en ninguna de sus apariciones públicas quieren reunirse con él al final de la tarde para charlar un rato. Animado por el supuesto éxito de la comida con los editores, él acepta sin preguntar por los detalles. La respuesta afirmativa obliga a Hebba a separarse del grupo para ponerse manos a la obra y movilizar al público. El lugar escogido es un improvisado auditorio al aire libre bajo uno de los puentes del río Nilo. Nadie sabe qué medios de divulgación habrá utilizado la organizadora para atraer a la gente, pero el asombro es generalizado cuando los brasileños llegan al lugar y ven una multitud de más de dos mil personas. El lugar parece ser un edificio abandonado a medio construir, con losas de cemento y barras de hierro a la vista. Es increíble que pueda reunir a tanta gente en un día entre semana, sin un solo anuncio o noticia en los periódicos, en la radio ni en la tele. Incluso sobre los muros y los árboles que rodean el auditorio hay gente. Bajo un calor infernal, Paulo es conducido por Hebba a una pequeña tribuna en un lado del palco, donde hay una mesita y tres sillas. Cuando pronuncia las primeras palabras, en inglés («buenas tardes, gracias por haber venido»), un silencio sepulcral sustituye al rumor general. Durante media hora habla sobre su vida, su lucha para ser un escritor reconocido, su experiencia con las drogas, con la brujería, sus estancias en manicomios, su relación con la represión política y con la crítica, para finalmente reencontrar el camino de la fe y realizar su sueño. La gente lo mira fijamente, como si en vez de estar ante el autor de sus libros favoritos, estuvieran ante alguien que les puede dar lecciones sobre la vida. Muchos no son capaces de esconder la emoción y tienen los ojos llenos de lágrimas. Cuando pronuncia el último «muchas gracias», Paulo también llora.

Los aplausos parecen no acabar nunca. Sin contener el llanto, el escritor brasileño da las gracias varias veces, cruzando los brazos sobre el pecho y haciendo una ligera reverencia. La gente se pone de pie y no deja de aplaudir. Una chica vestida con chador se sube al palco y le entrega un ramo de rosas. A pesar de estar habituado a situaciones similares, el escritor parece sinceramente emocionado y no sabe cómo reaccionar. El público sigue de pie, aplaudiendo. Él da media vuelta rápidamente, se esconde detrás de las cortinas un momento, dirige la mirada hacia arriba, se persigna y repite por enésima vez la oración de agradecimiento a san José, el santo que hace casi sesenta años bendijo su renacimiento.

Paulo firma libros en El Cairo.
En la foto de arriba, el autor con
Hebba, Ahmed, Mônica y
Ana Zendrera.

Movilizar y conmover a multitudes por todo el mundo, hasta el punto de tener editores piratas disputándose la publicación de sus obras incluso en un país de enormes contingentes de pobres y analfabetos como Egipto, no es algo caído del cielo para Paulo Coelho. Es verdad que el sueño de ser un escritor leído en todo el mundo y tener «fama, fortuna y poder» ha conducido su vida de forma pertinaz desde la adolescencia. Pero ese sueño no comenzaría a realizarse hasta 1987, cuando, ya pasados los cuarenta, publicó *El Peregrino de Compostela (Diario de un mago)*. En menos de un año, el autor había vendido cuarenta mil ejemplares del célebre relato de su trayectoria por el Camino de Santiago. Las ventas serían poderosamente superadas por su segundo libro, *El Alquimista*, editado en 1988. Al final del año siguiente, ambos habían superado la astronómica cifra de medio millón de ejemplares. El éxito convirtió a Paulo Coelho en un hombre conocido y le abrió las puertas de las editoriales en Estados Unidos, en Europa y en otros lugares. Veinte años después de lanzar su primer libro fuera de Brasil, sería el único autor vivo traducido a más lenguas que William Shakespeare.

Hasta que escribió *El Peregrino de Compostela*, el muchacho flacucho criado en los barrios de Botafogo y Gávea, en Río, recorrió una estrafalaria trayectoria. Alumno rebelde y contumaz, bajo los rigores de un padre muy severo e implacable, acabó internado tres veces en un manicomio, donde fue sometido a brutales sesiones de electrochoque. Confuso respecto a su propia identidad sexual, tomó la iniciativa de acostarse con hombres para darse cuenta de que ése no era su camino. El joven con tantas dificultades para entenderse con las mujeres en la adolescencia daría lugar, de adulto, a un coleccionista de conquistas amorosas, algunas de las cuales llegarían a los medios. Hizo de todo en ese terreno, como participar en orgías y practicar sexo con una chica en un cementerio. Su peculiar forma de afrontar y relacionarse con las mujeres no le impidió, ni le impide, mantener un sólido matrimonio, que ya dura veintiocho años, con la artista plástica Christina Oiticica, de la que, asegura, nada ni nadie podrá «jamás» hacer que se separe. El hombre que hace más de tres décadas dejó la cocaína y hace mucho que no fuma marihuana llegó a tocar fondo, y durante mucho tiempo, en el mundo de las drogas, sin excluir prácticamente nada. El tedio ante los estudios formales, causa de su permanente fracaso escolar, no impidió que Paulo se convirtiese en un voraz consumidor de libros. La lectura indiscriminada, que incluía clásicos indiscutibles y tonterías sin valor alguno, lo ayudaría en su incursión en el mundo con el que él soñaba, y que empezó por el teatro infantil, con pequeños papeles no remunerados, para, con el tiempo, arriesgarse a, ya de forma profesional, escribir y, después, también dirigir y producir pequeños espectáculos. Paralelamente, empezó a viajar e hizo sus primeros pinitos en la prensa alternativa. Fue siendo editor de una revistilla *underground* cuando conoció a alguien que marcaría su vida, en la actualidad, el mítico roquero Raul Seixas, del que sería socio y letrista durante seis años y 41 canciones. Con eso obtuvo más fama, dinero y poder que los que había soñado hasta entonces, pero menos, mucho menos que los que obtendría después.

Antes y durante la vigencia de la sociedad con Raul, el ansia permanente por nuevas experiencias, por un lado, y su tendencia omnívora a la lectura, por el otro, lo llevaron a situaciones terribles. Siendo aún adolescente, flirteó con el suicidio y acabó degollando un animal doméstico para que el «Ángel de la Muerte» tuviera alguna alma que llevarse que no fuera la suya. Ya de adulto, apoyó la decisión de una novia suya de suicidarse, traumatizada después de haber abortado de un hijo suyo. Al cruzar la frontera del misterioso universo de las tinieblas llegaría a peligrosos extremos, incurriendo en prácticas casi increíbles, como tener como esclavo, con contrato firmado, a un joven estudiante que se iniciaba en el esoterismo. Hacía invocaciones al demonio mientras tomaba baños de hierbas, y llegó a proponerle un pacto formal al diablo: entregarle su alma a cambio de poderes absolutos. Su carrera en el satanismo llegó a su fin tras un pavoroso y horripilante episodio que duró doce horas interminables y que Paulo describe como su encuentro con el demonio. La terrible visión, compartida por su novia, representaría el inicio del regreso de Paulo a la fe cristiana inculcada por los rigurosos padres jesuitas del colegio en el que fue educado. Aun así, él seguía creyendo que había encontrado formas de alcanzar lo sobrenatural e influir sobre las fuerzas de la naturaleza, provocando, por ejemplo, viento y lluvia con la fuerza de su pensamiento.

El hecho de haber sido un adolescente y, después, un joven adulto alienado e indefenso ante la política no impidió que lo detuviesen dos veces durante la dictadura militar y, una tercera, cuando fue secuestrado por el DOI-Codi, el más brutal instrumento de represión, que le dejó profundas marcas y le acentuó los síntomas de una ancestral paranoia. Otro tipo de persecución, la de la crítica brasileña, que, salvo rarísimas excepciones, desprecia sus libros y lo trata de subliterato, no parece afectarle. Paulo sólo se muestra indignado cuando las reprobaciones a su trabajo implican un menosprecio a una entidad que cultiva con plena dedicación y paciencia oriental: sus lectores. Para contrarrestar el desdén de la crítica brasileña, no le faltan manifestaciones en sentido contrario para exhibir. Y no me refiero a su elección para la Academia Brasileña de las Letras, ni a las condecoraciones de honor que le fueron concedidas en el extranjero, como la Legión de Honor de Francia, sino a un macizo y consistente elenco de elogios recibidos de críticos de decenas de países, entre ellos, el venerado escritor y semiólogo italiano Umberto Eco.

Estos hechos de la vida de Paulo son tan sólo una modesta muestra de la trayectoria extraordinaria de un brasileño cuya posición internacional sólo es comparable a la de Pelé. Por poco, sin embargo, nada de esto habría sido posible, ya que Paulo nació muerto.

2

A LOS ONCE AÑOS, UNA LECCIÓN DE VIDA: SI VA A DOLER, AFRONTA EL PROBLEMA YA, PORQUE AL MENOS EL DOLOR SE ACABA

Paulo Coelho de Souza nació una lluviosa madrugada del 24 de agosto de 1947, día de San Bartolomé, en el Centro de Salud San José, en Humaitá, un barrio de clase media de Río de Janeiro. Nació muerto. Los médicos preveían dificultades en el parto, el primero de la joven ama de casa Lygia Araripe Coelho de Souza, de veintitrés años, casada con el ingeniero Pedro Queima Coelho de Souza, de treinta y tres. El bebé, además de ser el primogénito de la pareja, también era el primer nieto de los cuatro abuelos y el primer sobrino de las tías y los tíos de ambas partes. Las pruebas iniciales apuntaban a un riesgo considerable: el niño parecía haber ingerido una mezcla fatal de meconio (es decir, sus propias heces) con el líquido amniótico. Así, tan sólo un milagro lo haría nacer con vida. Inerte en el vientre materno, sin manifestar intención alguna de salir al mundo, el recién nacido tuvo que ser ayudado con fórceps. Exactamente a las doce y cinco de la noche, al sacarlo, con movimientos rotatorios del instrumento, el médico debió de oír un leve ruido, semejante al de un lápiz que se rompe: era la delicada clavícula del bebé, que no había resistido la presión del fórceps. Pero no había por qué lamentar el accidente: el bebé, un niño, estaba muerto, aparentemente asfixiado por el líquido que lo había protegido durante nueve meses en el vientre de su madre.

En medio de la desesperación, el primer nombre que le vino a Lygia a la cabeza, católica fervorosa, para solicitar su ayuda fue el del patrón de la maternidad: «Divino san José, ¡devuélveme a mi hijo! ¡Sálvalo, san José, mi bebé está en tus manos!»

Entre llantos, los padres solicitaron la presencia de alguien que pudiera darle la extremaunción al bebé muerto. A falta de un cura, localizaron a una monja del mismo hospital para administrar el sacramento, hasta que al llanto de los padres se unió un gemido, casi un maullido: era él, el niño, que estaba vivo; en estado de coma profundo, pero vivo. Nacer fue el primer desafío impuesto por el destino a aquel muchachito, y sobrevivió.

Sus primeros tres días de vida los pasó en una incubadora. Durante aquellas decisivas setenta y dos horas, el padre lo veló, permaneciendo todo el tiempo solo, sentado en una silla, de la que no se levantó hasta que supo que su hijo ya no corría peligro. En el cuarto día de vida, cuando Paulo dejó la incubadora, aunque seguía bajo una constante supervisión y cuidados intensivos, Pedro aceptó dormir una noche en compañía de Lygia y fue sustituido por su suegra Maria Elisa. Seis décadas después, Paulo afirma, sin dudar, que ésa es la primera imagen que tiene de todos sus recuerdos: al ver a aquella mujer entrando en la habitación, el bebé con horas de vida entendió que aquélla era su abuela. En cualquier caso, su presencia al lado de su nieto fue crucial: esa primera noche de guardia, Maria Elisa tuvo que socorrer al bebé, que sufrió una peligrosa convulsión respiratoria (según los médicos, consecuencia del accidente con el fórceps). A pesar de todo, la criatura parecía saludable: pesaba al nacer 3,33 kilos y medía 49 centímetros. Según las primeras anotaciones de Lygia en el «Álbum del bebé», tenía el pelo oscuro, los ojos castaños, la piel clara, y se parecía a su padre (lo que no se podía considerar una virtud, ya que, al contrario que su mujer, Pedro, un hombre de 1,80 m de estatura, no era precisamente guapo). El nombre escogido era un homenaje a un tío del pequeño, muerto precozmente tras un ataque al corazón.

Perseguido por una insistente antipatía respecto a todo lo que se refiere al pasado, el escritor ha llegado a los sesenta años de edad sin haber manifestado jamás interés por la historia de sus ancestros. La información que tenía sobre sus orígenes se limitaba a los abuelos maternos, Maria Elisa y Arthur Araripe Junior (*Lilisa* y *Mestre Tuca*, como él los llamaba), ambos nacidos en Río de Janeiro, y a los paternos, Maria Crescência, de Río Grande del Sur, y João Marcos Coelho, de Ceará (*Cencita* y *Cazuza*).

Hasta donde llegan los registros, en la genealogía de los Coelho no hay grandes figuras ni personajes conocidos. Del abuelo Cazuza, Paulo sólo sabe que era un médico que se pasó la vida en Belém do Pará fiel al juramento de Hipócrates, «de los que reciben un pollo o un lechoncito como pago por la consulta», razón por la cual murió pobre. «No puedo ni imaginar –declaró el escritor, ya de adulto y famoso– lo que llevó a mi abuela Cencita a salir de Porto Alegre y viajar ocho mil kilómetros hasta Belém do Pará, donde conoció a mi abuelo.» En la misma declaración dijo tener «algún recuerdo» dc un tío «que fue ministro de un gobierno de izquierdas» (se refería al hermano de la abuela Lilisa, su tío abuelo Cândido de Oliveira Neto, ministro de Justicia y fiscal del Tribunal Supremo de la república en el gobierno de João Goulart, derrocado por el golpe militar de 1964). Sin embargo, si alguna vez hubiera sentido curiosidad por buscar en el extenso árbol genealógico de los Araripe Alencar (apellido de su madre), se hartaría, sin ir muy allá, con el manantial de personajes perfectamente adecuados a sus libros: héroes o villanos, a elección del autor.

La investigación arqueológica empieza con la madre de su tatarabuela, Bárbara de Alencar, una de las pocas líderes femeninas en la lucha por la independencia de Brasil. En 1817, cinco años antes de que el país se liberase del yugo portugués, proclamó la República de Brasil en pleno Crato, en el extremo sur de Ceará. Fue detenida y llevada a Fortaleza con un collar de hierro. El odio dispensado por la metrópoli a la revolucionaria de cincuenta y siete años era tal que los portugueses consiguieron hacer desaparecer todo vestigio de su imagen para siempre: en la estatua que la homenajea en la capital de Ceará, Bárbara de Alencar está representada por una mujer sin rostro. Y por si ser una heroína que parecía salida de una novela de aventuras fuera poco, Bárbara era la abuela paterna de José de Alencar, uno de los más populares y respetados novelistas brasileños y tío tatarabuelo de Paulo Coelho. Fundador, junto a Machado de Assis, de la Academia Brasileña de las Letras, Alencar fue su primer antepasado –aunque no el único– en llevar el atuendo de gala color verde oliva de la ABL. En los primeros años de la institución, dos de sus tíos bisabuelos alcanzaron la inmortalidad: el crítico literario Tristão de Alencar Araripe Júnior y el poeta Mário Cochrane de Alencar, hijo de José de Alencar, que sucedió a José do Patrocínio en el sillón número 21 (el mismo que Paulo Coelho ocuparía muchas décadas después). En 1977, cuando la vetusta casa cumplía un siglo de vida, la escritora Rachel de Queiroz, prima en cuarto grado del autor de *El Alquimista*, rompió una centenaria tradición y fue elegida la primera mujer miembro de la ABL.

La familia dejaría rastro también en la política contemporánea de Brasil. El general Tristão de Alencar Araripe (homónimo del padre del académico), tío bisabuelo del escritor y autor de los libros *Familia Alencar* y *Expediciones militares contra Canudos*, fue nombrado por el presidente Getúlio Vargas, durante la segunda guerra mundial, gobernador militar del estratégico archipiélago de Fernando de Noronha, entonces territorio federal. Y como había Alencares y Araripes para cualquier preferencia e ideología, Paulo Coelho era primo, en quinto grado, tanto del principal líder militar del golpe de 1964 (y primer presidente de la república del período dictatorial), el mariscal Humberto de Alencar Castelo Branco, como de Miguel Arraes de Alencar, en la época gobernador de Pernambuco. Depuesto el primer día del golpe, Arraes salió del palacio de gobierno para ingresar directamente en prisión, donde pasó once meses antes de marcharse al exilio en Argelia y, después, a Francia.

Parece que algún vestigio de sangre revolucionaria de Bárbara de Alencar le fue legado a su tataranieta, Lygia, madre de Paulo. Aunque su matrimonio con un hombre extremadamente autoritario sofocó alguno de sus sueños –como ser artista plástica, atrevimiento que Pedro Queima Coelho jamás permitió–, era habitual que lo desobedeciese, tanto de forma directa como a sus espaldas. Aunque su

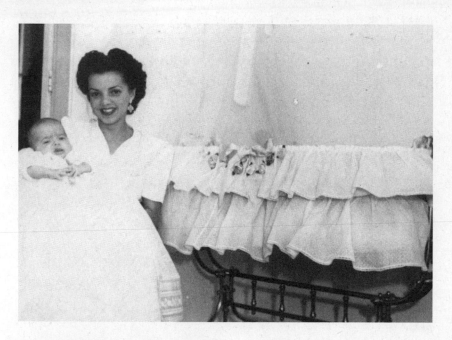

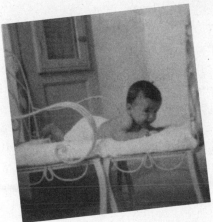

Lygia con el bebé, que al nacer
fue recibido con un dudoso
elogio: tiene la misma cara
que su padre.

marido le prohibió aprender a conducir un coche (algo considerado extravagante en esa época, cosa de mujeres «modernas»), Lygia no dudó en matricularse en una autoescuela, ir a clase y presentarse a los exámenes a escondidas, y aparecer en casa exhibiendo, cual trofeo, su carnet de conducir. A pesar de tener prohibido ir a la playa, esperaba a que su marido saliese, quedaba con sus amigas y se pasaba horas a orillas del mar. Si él se sorprendía por el bronceado de la cara y los brazos, ella le decía que se había quemado en la ventana de casa. Y al final de sus días (Lygia murió en mayo de 1993, a los sesenta y nueve años, víctima de las consecuencias del mal de Alzheimer), de conservadora católica practicante pasó a ser militante de la progresista Teología de la Liberación. La antigua beata se adhirió en cuerpo y alma a los discursos de dos religiosos expulsados por el Vaticano: el dominico fray Betto y el franciscano Leonardo Boff. Pero no fueron esos pocos suspiros de rebeldía, sino los rasgos aristocráticos de los Alencar Araripe, los que predominaron en la educación que Lygia le dio a su primogénito. O, al menos, lo intentó.

Salvo una leve bronquitis que evolucionaría a tos ferina, el muchacho tuvo una infancia normal. A los ocho meses pronunció su primera palabra, a los diez le salieron los primeros dientes, y a los once anduvo, sin haber gateado nunca. Según Lygia, era un niño «tierno, obediente, extremadamente vivo e inteligente». Cuando tenía dos años, nació su única hermana, Sônia Maria, con la que siempre fue cariñoso y de la que, aparentemente, nunca tuvo celos. A los tres años aprendió a hacer la señal de la cruz, gesto que después iría acompañado de peticiones a Dios por la salud de sus padres, sus abuelos, sus primos y sus tíos. Desde su nacimiento hasta los trece años, en 1960, vivió con su familia en un vecindario de once casas construidas por su padre en la confluencia de las calles Teresa Guimarães y Mena Barreto, en Botafogo, un apacible barrio de clase media de Río. La mejor de ellas, y la única con jardín, era la de sus suegros Lilisa y Tuca, dueños del terreno. Otra se la dieron a Pedro como remuneración por su trabajo, y las nueve restantes fueron alquiladas, vendidas u ocupadas por parientes. Junto al muro lateral se plantó una hilera de árboles que se convirtió en el lugar favorito de los juegos de los niños. Eran casas de dos plantas, modestas y sin ningún lujo, pero cómodas y bien acabadas. Pedro, ingeniero del desaparecido IAPI (Instituto de Jubilación y Pensiones de Empresarios del Sector Industrial), tenía experiencia en el tema, tanta que conservaba con orgullo la medalla recibida por haber construido en un tiempo récord y a bajo coste un gran bloque de viviendas en el popular barrio de Penha, en la zona norte de la ciudad.

La preocupación de los Coelho por la seguridad era tal que, aunque el vecindario estaba protegido por altos portones, la casa tenía todo el tiempo las puertas y las ventanas cerradas. Una vez Lygia salió temprano y no se dio cuenta hasta el final del día, al regresar, de que había dejado encerrado a un albañil que les estaba haciendo unos arreglos en un baño. Aunque quedaba a pocas manzanas de la playa de Botafogo, la vida más allá de los muros era inaccesible a los niños. El tranquilo Río de Janeiro de los años cincuenta ya asustaba a sus padres (y a los vecinos), que convirtieron el lugar en un caparazón protector para los niños contra el peligroso mundo al que todos se referían como «la calle». Tanto Paulo como los demás niños podían jugar donde quisieran, pero siempre dentro de los límites del vecindario. Amistad con los amenazadores niños de «la calle», ni hablar. Ya desde pequeño, Paulo reveló unos originales rasgos de personalidad. Para salir de aprietos tenía salidas que solían desconcertar a su interlocutor. A los tres años, pillado por Lygia en una travesura, respondió: «¿Sabes por qué hoy soy travieso, mamá? Es porque mi ángel de la guarda no funciona. Ha trabajado mucho y se le han gastado las pilas.»

En otra ocasión, en la que su madre intentaba recordar el nombre de una antigua empleada y le pidió ayuda: «Paulinho, ¿cómo se llamaba tu niñera? Eunice, Elvira...», el niño, que conocía el primer verso del himno nacional, la interrumpió: «Ouvira[1] no, mamá. Ouvira es la de los Piranga...»

---

1. La pronunciación en portugués de Brasil del nombre «Elvira» y de la forma verbal «ouviram», que es la primera palabra del himno nacional, es muy similar. *(N. de la t.)*

La persistencia de los problemas respiratorios llevó a sus padres a internarlo en una clínica particular, a los cinco años de edad, para operarse de un principio de sinusitis y quitarle las amígdalas y las incómodas vegetaciones que lo obligaban a andar todo el tiempo con el pañuelo en la mano, limpiándose los mocos que le caían de la nariz. Tres días después de la operación ya estaba en casa, corriendo en bicicleta como si nada hubiera pasado. Una de las cosas que más le gustaba a Paulo era jugar a ayudar al abuelo Tuca a reparar el motor de su gran Packard. Para su orgulloso padre, aquello no dejaba dudas en cuanto a la vocación profesional del niño, la ingeniería. Pedro también tenía un coche, un Vanguard, bastante más modesto que el de su suegro, pero que rara vez se averiaba, por la sencilla razón de que el vehículo casi nunca salía del garaje. Para el irascible y sistemático Pedro Coelho, si la familia podía trasladarse en autobús por la ciudad, no había motivo para gastar dinero en gasolina.

Es probable que ése sea uno de los primeros recuerdos que Paulo Coelho conserva del período en el que vivió en aquel vecindario y hasta algún tiempo después: el rígido control que su padre mantenía sobre la economía doméstica. El sueño del ingeniero Pedro Queima Coelho de Souza era construir para su familia, no una casa modesta como las del vecindario, sino un caserío de verdad, con salones, jardín de invierno, balcones y baños. La primera piedra para la edificación de esa catedral se la regaló su suegro Tuca: una parcela de cuatrocientos metros cuadrados en la calle Padre Leonel Franca, en el elegante barrio de Gávea. Según los planes de Pedro, un terreno como aquél, en el corazón de la zona sur, merecía una casa a la altura. A partir de entonces, todos los gastos no esenciales de la familia fueron recortados a favor de la casa de Gávea. «Ya que vamos a construir una casa para todos —decretó D. Pedro, como le llamaban—, todos debemos restringir los gastos al mínimo.» Nada de ropa nueva, fiestas de cumpleaños, regalos, ni de malgastar gasolina para paseos en coche. «Fue un tiempo en el que no teníamos nada —recordaría más tarde el escritor—, pero tampoco nos faltaba de nada.» La salvación de los niños en Navidad eran los trenes eléctricos alemanes y las muñecas francesas que les regalaban sus abuelos maternos. La única excepción a esta represión económica se dio cuando los dos niños llegaron a la edad escolar: no había dinero para lujos, pero el colegio de los pequeños tenía que ser el mejor. Además de la precariedad económica, el sueño de la casa de Gávea produjo una molestia adicional para la familia. En vez de meter los ahorros en una institución financiera, D. Pedro prefirió inmovilizarlos literalmente en piedra y cal, es decir, en materiales de construcción. Y a falta de un cobertizo para guardar lo que iba comprando, lo fue dejando todo apilado en casa, hasta disponer del capital suficiente para comenzar la obra. Por eso, el recuerdo que les quedó a los dos hermanos es el de haber pasado su infancia entre inodoros, grifos, sacos de cemento y azulejos amontonados por todos lados.

El período de vacas flacas, a pesar de todo, no empobreció la vida intelectual de los Coelho. D. Pedro dejó de comprar discos de ópera y de música clásica, pero no perdió la costumbre de escuchar todas las noches arias que permanecerían para siempre en la memoria de toda la familia. Cuando no era en la gramola de su padre, los vecinos que afinasen el oído delante de la casa número 11 podían escuchar acordes de Bach y de Tchaikovski punteados por Lygia en el piano que tenía desde que era soltera. La gente recuerda también que las paredes de la casa, más gracias a ella que a su marido, estaban forradas de estanterías con libros, formando una razonable biblioteca de interés general que sería ampliada con obras infantiles tras el nacimiento de sus hijos.

A principios de 1952, a los cuatro años y medio, sus padres matricularon a Paulo en la escuela infantil São Patrício, donde estuvo dos años. Como el plan era que su hijo estudiase en el colegio Santo Inácio, en 1954 su madre lo cambió al colegio Nossa Senhora das Vitórias, instalado en un gran caserón rodeado de árboles a pocas manzanas de casa, y cuyo lema se podía leer en el portón de la entrada: «Todo para el alumno y el alumno para Dios.» Aunque oficialmente no tenía relación con la Compañía de Jesús, Nossa Senhora das Vitórias estaba considerado como el mejor camino para entrar en el colegio Santo Inácio, la institución de ese tipo más tradicional en Río. Dirigido por jesuitas, el Santo Inácio compartía con el Pedro II la

En el vecindario
construido por su padre,
Paulo (con sandalias,
en la foto más grande)
juega con sus primos:
su diversión consistía en
matar pollitos y echarle
agua a la laca de las
niñas.

fama de ser el centro educativo para niños más respetado de la ciudad. A su favor, el Pedro II tenía, además de una enseñanza de calidad, la gran ventaja de ser una escuela pública federal y, por tanto, gratuita. Pero sólo el caro Santo Inácio garantizaba algo esencial para los Coelho: el rigor y la dura disciplina con la que los jesuitas imponían a sus alumnos el conocimiento y, sobre todo, la fe. Durante décadas, profesores y padres repetían con orgullo que el Santo Inácio no sólo transmitía conocimientos, sino que forjaba el carácter de sus alumnos. No importaba que fuese caro, porque para Lygia y Pedro era exactamente eso lo que le hacía falta a su hijo: disciplina rigurosa en los estudios y mano dura en la formación del carácter.

Sí, porque, al menos en el caso de Paulo, no parecía haber dado resultado la frontera establecida alrededor del vecindario para proteger a los niños de los males que proliferaban en la calle. Recién cumplidos los seis años, los vecinos lo veían como una influencia negativa para sus hijos. Como había dos o tres niños en el vecindario con el mismo nombre (sus primos Paulo Arraes y Paulo Araripe), a él le llamaban sólo «Coelho». Para espanto de Lygia y de Pedro, lo que antes era una mera sospecha empezó a tener trazas de verdad: la responsabilidad de muchas de las cosas extrañas que estaban sucediendo en la pequeña comunidad era de Coelho. Primero apareció una niña abrazada a un árbol, atada de pies y manos con cuerdas, y que no tuvo el coraje de denunciar al autor de la maldad. Después les llegó la noticia de que, aprovechando la noche, los niños organizaban carreras de pollos de un día, competiciones que acababan con la muerte por estrangulamiento de todos los participantes, con excepción del vencedor. Un día alguien sustituyó por agua el contenido de los botes de laca de las chicas del vecindario. Y fue una de las víctimas de ese golpe, Cecília Arraes, una de sus primas algunos años mayor que él, la que descubrió el misterio. En un escondrijo de los niños encontró una carpeta llena de papeles reveladores: todo aquello era obra de una «organización secreta» con estatutos, dirección general y actas de las reuniones regulares. Era la Organización Arco, siglas obtenidas a partir de las dos primeras letras de los apellidos Araripe, de Paulo Araripe, y Coelho, de Paulo

Coelho, los autores de los pequeños delitos. Cecília puso en un aprieto al futuro escritor:

—¿Qué es eso de Arco? ¿Qué hace esa organización? Si no me lo explicas, se lo cuento todo a tus padres.

Él sintió miedo.

—Es una organización secreta —dijo—, me han prohibido contar nada.

Como su prima insistió con las amenazas, imploró:

—Por el amor de Dios, no te lo puedo contar. Lo único que puedo decirte es que Arco es una organización especializada en sabotaje.

Y le contó más: tanto lo del agua en la laca de Cecília como la niña atada al árbol eran castigos por haber traspasado la frontera de tiza trazada en el suelo del vecindario, línea que demarcaba los límites del territorio de Arco, «prohibido a las niñas». Cuando llegaron a la casa número 11 los indicios de la participación de Paulo en todo aquello eran cada vez mayores, ya no había dudas de que el niño estaba preparado para que lo dejasen en las manos ásperas y sabias de los sacerdotes jesuitas.

El primer cambio impuesto en su vida por el colegio Nossa Senhora das Vitórias fue la inversión del calendario escolar. Para habituarse al régimen que les esperaba en Santo Inácio, los alumnos ya no disfrutaban del día de descanso los sábados, igual que en los demás colegios del país, sino los miércoles. Así quedaba reducido a un día a la semana, el domingo, el tiempo disponible para jugar con los amigos del vecindario. El sábado, día en que todos descansaban, a él lo obligaban a pasarlo en el colegio. El día de fiesta, el miércoles, sin ningún compañero cerca, no le quedaba otro remedio que quedarse en casa leyendo y estudiando.

Como el colegio se ocupaba de niños cuyas edades iban de los siete a los once años, el Nossa Senhora das Vitórias insistía mucho en inculcarles desde muy pronto otros valores además del desarrollo escolar, como el respeto mutuo. Ése era, no por casualidad, uno de los artículos del decálogo de la escuela, impreso en todas las libretas, que los alumnos tenían que saber de memoria: «Es una falta de educación, de caridad cristiana y de compañerismo burlarse y reírse de

Paulo y una de las circulares de la peligrosa Organización Arco, que a veces cambiaba el sabotaje por la venta de perfume a las mujeres del vecindario.

los compañeros que tienen menos talento o menos preparación.» La eficacia de los jesuitas para infundirle la fe, algo que influiría profundamente en su vida, no fue equivalente en lo que respecta a su educación formal. Paulo jamás fue capaz de aprender a estudiar por placer; detestaba todas las asignaturas sin excepción. Tan sólo la obligación de obtener las notas necesarias para pasar de curso hacía que se sometiese a la tortura de pasarse el día sobre los libros durante los dos primeros años que estuvo en el Nossa Senhora das Vitórias, hasta que consiguió buenas notas, superiores a ocho, bastante por encima de la media general. Incluso en comportamiento obtuvo buenos resultados, con calificaciones que no bajaban nunca del siete. A partir del tercer año, sin embargo, las cosas empezaron a ir mal. El descenso en el rendimiento queda patente en la carta que le envía a D. Pedro con motivo del Día del Padre, en 1956:

Papá:

Ahora todas las noches tengo que estudiar contigo, pues he sacado un uno en un examen de Matemáticas. En el resto he mejorado. Veamos la diferencia: en Religión he pasado de cero a seis. Portugués: de cero a seis y medio. Matemáticas: de cuatro y medio a dos y medio. Mi clasificación no es muy buena a pesar de haber mejorado un poco, pasando del puesto 25 al 16.
Atentamente,

PAULO

El puesto 25 al que se refiere en realidad era el último, pues las clases en Nuestra Senhora das Vitórias eran sólo de veinticinco niños (sí, sólo niños, igual que en el Santo Inácio, en la época, institución exclusivamente masculina). Pero ser el último de la clase no significaba que los Coelho estuvieran criando en casa un zoquete. Al contrario. El niño detestaba estudiar, pero le encantaba leer. Leía historias de Monteiro Lobato, de Tarzán; leía libros que le compraban sus padres o que le prestaban sus amigos. Ya antes de llegar a educación secundaria, su autor predilecto era Malba Tahan, seudónimo del matemático carioca Júlio César de Melo Souza, que escribió decenas de novelas ambientadas en el mundo árabe. Poco a poco, Paulo se convirtió en el contador de historias del vecindario. La tía Cecília Dantas Arraes, cuya hija había sido víctima del golpe de la laca, recordaría años después al «muchacho de finas canillas, perdidas en un *short* holgado, de piernas largas»: «Cuando no estaba maquinando alguna travesura, se sentaba en la acera, sus amigos se sentaban a su alrededor y él les contaba historias.» Reales o verdaderas, nadie es capaz de recordarlo, eran historias que podían versar sobre guerras, príncipes o espías.

Una noche, Paulo estaba viendo junto a sus padres y sus abuelos el famoso programa de preguntas «O Céu É o Limite», en el que un profesor respondía sobre el Imperio romano. En un momento dado, el presentador le preguntó al concursante quién sucedió a Julio César, y, para sorpresa general, Paulo dio un salto y respondió antes que él: «Octavio Augusto.» Y no sólo se sabía el nombre: «Siempre he simpatizado con el emperador Octavio Augusto —agregó—. También fue él quien le dio el nombre a agosto, el mes en el que yo nací.»

Saber más que sus amigos era su manera de compensar su fragilidad física. Delgaducho, esmirriado, menudo, tanto en el vecindario como en el colegio, a Paulo lo llamaban «pele», argot carioca de aquella época para designar al muchacho que nunca le pegaba a nadie, sino sólo recibía. Víctima favorita de sus compañeros, en seguida descubrió cómo destacar e imponerse: saber cosas que nadie sabía, leer historias que ninguno de sus compañeros conocía. Seguro de que nunca estaría entre los primeros, sólo participaba en las competiciones deportivas del colegio cuando eran para nota. Sin embargo, cuando se enteró de que se había convocado un concurso de redacción para los alumnos del curso, se le ocurrió inscribirse. El tema era el «Padre de la aviación», Alberto Santos Dumont, cuyo aniversario se festejaba en aquella época, y el límite eran dos páginas de cuaderno manuscritas. Sin la ayuda de nadie escribió un texto corto, de menos de doscientas palabras:

Había una vez un niño llamado Alberto Santos Dumont. Todos los días por la mañana, Alberto veía a los pajaritos volando y a veces pensaba: «Si las águilas vuelan, ¿por qué no voy a volar yo, si soy más inteligente que las águilas?» Santos Dumont decidió entonces ponerse a estudiar, y su padre y su madre, Francisca Dumont, lo metieron en una escuela de aeromodelismo.

Ya muchos habían intentado volar, como el padre Bartolomeo y Augusto Severo. El globo que construyó este último cayó y se murió. Pero Santos no desistió. Construyó un dirigible, que es un aparato lleno de gas, y voló, dio la vuelta a la torre Jefel [sic] en París y aterrizó en el mismo lugar del que había salido.

Entonces decidió inventar un aeroplano más pesado que el aire. La estructura la hizo de bambú y seda. En 1906 se experimentó [sic] el avión en el campo de Bagatelle. Mucha gente se reía pensando que no iba a volar. Comenzó la prueba, Santos, con su 14 bis, recorrió más de 220 metros, de repente las ruedas se levantaron. La multitud viendo aquello soltó un grito: «¡Oh!» Y ya está. La aviación estaba inventada.

La mejor composición sería escogida a votación por los propios alumnos de la clase. Paulo confiaba tan poco en sí mismo que a la hora de votar escogió la redacción de un compañero. Decididos los votos, cuál sería su sorpresa al saber que había sido el vencedor del concurso. El compañero al que él había votado quedó en segundo lugar, pero lo desclasificaron al saber que había plagiado íntegramente el texto de una noticia del periódico.

No había manera, sin embargo, de reflejar en las demás asignaturas la mejoría manifestada en el concurso. Cuando llegó el momento de hacer la prueba de acceso para el colegio Santo Inácio, de nada le valieron el rigor y los sacrificios impuestos por el duro reglamento del Nossa Senhora das Vitórias, y suspendió. El castigo no tardó en llegar: para preparar los exámenes de la segunda convocatoria, lo obligaron a quedarse en Río asistiendo a clases particulares, perdiendo el derecho a las vacaciones anuales con la familia en Araruama, agradable ciudad a orillas de un lago en el litoral del estado de Río, a cien kilómetros de Río de Janeiro, donde vivía uno de sus tíos. Para

Paulo a los diez años, en el Nossa Senhora das Vitórias (en la primera fila, el segundo por la izquierda) y, abajo, el cheque de «cinco millones de besos» emitido a favor de su madre.

que no le quedasen horas libres, su madre, preocupada también por la fragilidad física de su hijo, decidió que por las mañanas hiciera un curso de educación física en una colonia de vacaciones de Fortaleza de São João, unidad del ejército situada en el tranquilo y romántico barrio de Urca, en la región central de Río. Obligado a hacer dos cosas que odiaba —ejercicio físico por las mañanas y estudiar por las tardes—, Paulo se sintió como si estuviera pasando dos meses en el infierno.

Todas las mañanas, Lygia tomaba un autobús que iba directo de Botafogo a Urca y dejaba a su hijo con los verdugos. Lo peor de la pesadilla era el maldito salto al río que los niños —unos cincuenta, más o menos— eran obligados a dar todos los días, después de una interminable jornada de flexiones, carreras y actividades en barras. Siempre acompañados de instructores adultos, los pequeños se ponían en fila y los obligaban a saltar desde un puente al agua helada del riachuelo que atraviesa la selva alrededor de Fortaleza. Aun sabiendo que no había posibilidad de que nadie se ahogara o resultara herido, el simple recuerdo de aquello le hacía sentir pánico a Paulo. Todos los días, durante las primeras semanas, era el último de la fila. Hasta que le llegaba el momento de poner las manos en el muro y saltar al vacío, sufría cada fracción de segundo. El corazón se le disparaba, las manos le sudaban, le entraban ganas de llorar, de llamar a su madre, de orinarse en los pantalones, cualquier cosa; habría sido capaz de hacer cualquier cosa con tal de no tener que saltar desde allí arriba. Pero el miedo a parecer cobarde era mayor, y se resignó a sufrir todos los días. Hasta que, sin que nadie se lo aconsejase, descubrió la pólvora: «Si soy el primero de la fila, sufro menos tiempo.»

El problema estaba resuelto. «No es que hubiera perdido el miedo a saltar —recordaría años después—. Pero el sufrimiento se acabó y aprendí mi primera lección de la vida: si va a doler, afronta el problema ya, porque al menos el dolor se acaba.» El hecho es que aquéllos habían sido dos meses de dinero y sufrimiento desperdiciados. Primero porque las clases particulares resultaron ser un fracaso. Paulo no pasó la prueba de acceso y el curso de educación física de Fortaleza de São João tuvo resultados todavía peores. Siguieron pegándole cada vez que se metía en una pelea. Una vez, en el nuevo colegio, llegó a casa llorando y le contó a su madre que un compañero le había pegado otra vez. Lygia reaccionó con dureza. «Pero ¿esto qué es? —inquirió, negándose a consolarlo—. ¿Te pegan en la escuela y vienes llorando a esconderte en las faldas de tu madre?» Como en aquel caso se trataba de un compañero mayor que él, fue al colegio a delatar al agresor, pero aprovechó para quejarse de la reacción de su hijo, incompatible con un pupilo de Ignacio de Loyola, el santo guerrero.

Lo que importaba, sin embargo, es que después de pasarse todo el año de 1958 preparándose, en el segundo intento no sólo había conseguido ingresar en el Santo Inácio, sino que lo hizo con una excelente nota media final de 8,3. Unas calificaciones tan altas no sólo le garantizaban el ingreso en el colegio, sino que le atribuían al candidato un título de nobleza (en su caso, el 8,3 significaba que llegaría a ser el «conde» Paulo Coelho de Souza). Si en el transcurso del año académico su rendimiento mejoraba todavía más, podría incluso ser nombrado «marqués», o tal vez, como soñaban todos los padres, incluso «duque», título reservado a los que terminaban el curso con un diez en todas las asignaturas.

Sin embargo, no les dio esa alegría a sus progenitores. Considerando todo su expediente escolar, desde pequeño hasta la universidad, haber aprobado en la prueba de acceso fue el único momento de gloria de su vida estudiantil. El gráfico resultante de sus boletines de notas de 1959 en adelante revela una curva descendente que no dejará de bajar hasta el final de sus estudios de ciencias, en 1965, en uno de los peores colegios de Río de Janeiro. Comparado con los resultados posteriores, el sorprendente aprobado adquiere la apariencia de un mensaje para sus padres. Era como si les dijese a Lygia y a Pedro: «Vuestro sueño de tener un hijo en el Santo Inácio se ha realizado; ahora dejadme en paz.» Aquel 8,3 parecía ser, utilizando una expresión de su obra, muchos años después, su último hecho en el «mundo de los normales».

3

SU MADRE LO DISUADE DEL
SUEÑO DE SER ESCRITOR: «HIJO MÍO,
JORGE AMADO SÓLO HAY UNO»

Si el diablo se escondía en las venerables paredes del colegio Santo Inácio, el paraíso quedaba a cien kilómetros de Río y tenía nombre: Araruama. Era allí donde Paulo pasaba las vacaciones escolares, casi siempre en compañía de su hermana Sônia Maria, dos años más joven. Cuando la economía familiar lo permitía —algo muy poco frecuente, ya que el superávit del presupuesto familiar se reservaba para el proyecto de la casa de Gávea—, viajaban a Belém do Pará, ciudad en la que vivían sus abuelos paternos. Esa rutina sólo era interrumpida si alguno de ellos era obligado a pasar las vacaciones en Río, pendiente de los exámenes de recuperación o asistiendo a clases particulares. La verdad es que eso sólo sucedía con Paulo, pues su hermana, ella sí, era una niña ejemplar. Siguiendo el mismo criterio de darles a sus hijos la mejor educación sin reparar en gastos, matricularon a Sônia ya muy pronto en el colegio Jacobina, una especie de Santo Inácio en versión femenina, donde resultaría ser una estudiante aplicada, responsable y aficionada a la química, lo cual ya dejaba atisbar a la respetada científica en la que se convertiría de adulta.

Situada en la región fluminense de los Lagos y famosa por sus interminables salinas, Araruama no fue elegida por los Coelho por su belleza natural ni por las propiedades curativas de sus arenas, sino porque allí todos tenían el hospedaje garantizado en casa de un tío abuelo de Paulo, el excéntrico José Braz Araripe. Licenciado en ingeniería mecánica, estuvo contratado en los años veinte por Lóide Brasileiro, una compañía estatal de navegación, para dirigir los talleres de reparaciones navales que la empresa tenía en Estados Unidos. Con la ayuda de otro ingeniero brasileño, Fernando Iehly de Lemos, Araripe pasaba todo su tiempo trabajando en el desarrollo de un invento que iba a cambiar su vida, así como la de millones y millones de consumidores de todo el mundo: el cambio automático para automóviles. En 1932, después de miles de horas de pruebas, patentaron el revolucionario invento y ese mismo año, General Motors les compró los derechos de producción en serie. Con mucho dinero en la cuenta corriente y sin tener que preocuparse por el futuro, el «tío José», como lo llamaban sus sobrinos nietos, presentó su dimisión en Lóide y regresó a Brasil. Lo normal sería haber vuelto a Río, donde vivía la familia. Sin embargo, durante su estancia en Estados Unidos, sufrió un pequeño accidente en el trabajo que le limitaba parte de los movimientos del brazo izquierdo, y alguien le dijo que las arenas negras de Araruama eran un remedio infalible para ese tipo de problema. Se mudó allí, compró un gran terreno en la calle Oscar Clark, una de las principales de la ciudad, y construyó la que sería su más notable extravagancia: una casa de seis habitaciones con los tabiques y los muebles retráctiles. A una orden del dueño, las paredes, las camas y las mesas se recogían, transformando en un momento la residencia en el amplio garaje en el que trabajaba. Durante el año, mientras todo permanecía embutido en el techo y en los laterales, era el taller en el que concebía y construía sus inventos.

En la temporada alta de verano, el sistema de roldanas hacía que las paredes y los muebles bajasen al suelo, dejando la casa lista para recibir a los niños. Una noche a la semana, en el período de vacaciones, las paredes volvían a desaparecer para dar lugar a un proyector de películas profesional, de 35 milímetros, y el garaje se convertía en una sala de cine. Algunos veranos, tío José llegaba a recibir a más de veinte huéspedes, entre sobrinos nietos, agregados y los pocos adultos que iban con la imposible misión de cuidar de los pequeños. Los

Curso Ginasial Año 1962   Foto Gavilán

Paulo a los quince años, con el grupo de
secundaria del colegio Santo Inácio:
cada año era peor estudiante.

padres de los niños fruncían el ceño ante el comportamiento extravagante del tío, pero las comodidades que les ofrecía pesaban más. Las madres, preocupadas, cuchicheaban que, además de ser ateo, José solía celebrar sesiones privadas de películas pornográficas cuando sólo había niños en la casa (lo que, por cierto, era verdad). El inventor, un sesentón que nunca se casó, pero del que mucho tiempo después se sabría que tenía una hija ilegítima, sólo se quitaba el mono manchado de aceite (bajo el que nunca llevaba calzoncillos) en ocasiones especiales, lo que solía provocarle contratiempos. Cuando decidió cambiar de coche, por ejemplo, viajó a Río, visitó varias tiendas y finalmente escogió el modelo, un Mercedes nuevo. Pero no pudo sacarlo de la tienda hasta después de hacer muchas llamadas y consultas bancarias, pues el vendedor temía entregarle un automóvil tan caro a alguien que iba vestido con un mono inmundo y roto por la parte de atrás, lo que dejaba a la vista sus blancas nalgas.

Desprendido y generoso, las excentricidades de su carácter eran compartidas por los vecinos. Al enterarse de que el televisor que se acababa de comprar era el único de la ciudad, no dudó en girar la pantalla del pesado mueble hacia la calle e improvisar una pequeña grada para que todos pudieran disfrutar, desde las siete hasta las diez de la noche, del nuevo deporte nacional.

Michele Conte y Jorge Luiz Ramos, dos amigos de Paulo en Araruama, recuerdan que todos los años llegaba de Río con alguna novedad. Una vez fue la escopeta Diana, de aire comprimido, con la que mató su primer pájaro, un saltapalito cuyas alas negras seccionó cuidadosamente y pegó en una hoja de papel con la fecha y las características del ave (trofeo que permanecería entre los recuerdos de infancia del escritor, en su casa de Río). Al año siguiente, apareció con unas gafas de bucear y unas aletas de goma, lo que animó a José a construirle un arpón de caza submarina cuyas flechas eran impulsadas por un muelle de alambre, como las antiguas ballestas medievales.

Al igual que el resto de los muchachos, visitantes o nativos, Paulo se despertaba todos los días cuando el cielo todavía estaba oscuro. El recuerdo que dejó en la ciudad es el de un niño con las piernas delgadas con calcetines que le llegaban a las rodillas, pantalones largos y casi siempre con un pañuelo en la mano para sonarse la nariz, que parecía que nunca dejaba de gotear. La pandilla se metía entre la vegetación y los lagos de la región, robaba barcos para pescar, invadía manzanares, exploraba grutas y cuevas. De regreso a casa, al final del día, el producto de la expedición –tórtolas muertas con balas de plomo o tarariras y mojarras cazadas con el arpón del tío José– se lo entregaba a Rosa, la cocinera de la casa, que lo limpiaba y lo preparaba para la cena. Era normal que alguno volviera con magulladuras o, como ocurrió una vez con Paulo, detenido por el guardia forestal por cazar animales salvajes.

Los fines de semana que iba a ver a sus hijos, Lygia compartía ese ambiente vacacional, cogía una guitarra y se pasaba las noches tocando canciones del cantante americano de origen mexicano Trini López y del debutante Roberto Carlos, acompañada por los niños. Lo único que no atraía a Paulo eran los bailes de carnaval. Le parecían bonitos los desfiles de disfraces de Río, pero odiaba bailar. Se sentía ridículo cuando sus amigos lo obligaban a bailar en las fiestas carnavalescas de Araruama. Para no sentirse inferior, en cuanto llegaba al club se iba directamente al baño, metía la camisa debajo del grifo y volvía a ponérsela, empapada. Si alguien lo invitaba a saltar a la pista de baile, tenía la disculpa perfecta: «Acabo de bailar, mira cómo sudo. Descanso un rato y en seguida voy.»

Araruama también sería el escenario de descubrimientos adolescentes, como la primera borrachera. En una playa desierta de la ciudad, entre él y dos amigos se bebieron en unos minutos dos botellas de ron compradas en secreto en Río y escondidas en medio de la ropa, en el fondo de la maleta. Fue tal la cogorza que pilló Paulo que se quedó dormido en la playa y despertó horas después con el cuerpo hinchado debido a las quemaduras del sol. Lo pasó mal durante días. Los efectos fueron tan devastadores que, al contrario que la mayoría de los chavales de su generación, nunca sería un bebedor contumaz. El primer beso también tuvo lugar en unas de esas vacaciones. Aunque le gustaba alardear ante sus amigos de manera teatral, diciendo que el destino le reservaba «otra cosa para mi primer beso: una prostituta», sucedió en aquella atmósfera inocente de Araruama. Se lo

Recuerdo de un paraíso llamado Araruama: la fantástica casa del tío José, un coche fabricado por él y las alas del primer pájaro que cazó Paulo.

dio Élide, *Dedê*, la hermana mayor de su amigo Michele y un poco más joven que Paulo, y que, a efectos oficiales, fue la primera novia del escritor. Y también fue en Araruama donde experimentó su primera erección. Sucedió después de descubrir que los tabiques hechos por el tío José eran de madera ligera, menos gruesa, para poder levantarlos fácilmente. Su sobrino se puso a perforar, poco a poco y en silencio, la pared que había al lado de su cama con la punta de un bolígrafo, sin llamar la atención de nadie, hasta que abrió un pequeño orificio. Le llegaba para disfrutar de un solitario privilegio antes de dormir: espiar a sus primas, que ocupaban la habitación de al lado, totalmente desnudas. La primera vez fue un *shock*: al ver con sus propios ojos, maravillado, que las niñas tenían el sexo cubierto de vello encrespado, a Paulo le falló la respiración, le entró taquicardia y le temblaron las piernas. La emoción fue tal que temió que le diese una crisis de asma y lo echase todo a perder.

Sí, ésa fue la mala noticia que llegó con la pubertad. Las complicaciones respiratorias que lo acompañaban desde su nacimiento habían evolucionado hacia una asma mortificante. Provocadas por causas diversas —alteraciones climáticas, polvo, moho, humo—, las crisis eran imprevisibles. Empezaban con la falta de aire, tos y silbidos en el pecho, y acababan desencadenando una sensación de asfixia que le exigía un esfuerzo tan grande para expulsar el aire que parecía que le iban a reventar los pulmones. Desde la primera manifestación de la enfermedad, durante un breve viaje de la familia a la playa de Guarapari, en Espírito Santo, Paulo empezó a andar todo el tiempo con una bolsa llena de jarabes, broncodilatadores (en general, pastillas de cortisona) y la inseparable «bomba» de spray con el medicamento que aliviaba sus crisis. Era normal que sus padres se pasaran noches enteras junto a su cama para socorrerlo en una emergencia. Desesperada, Lygia llegó a llevarlo a un médico espiritista que le recomendaron unos amigos. Al llegar a la consulta, miró fijamente a los ojos de Paulo, sentado enfrente de él, y dijo sólo cinco palabras: «Estoy viendo al doctor Fritz.»

Fue suficiente para que cogiese de la mano a su hijo y se lo llevase, refunfuñando que «aquél no era lugar para un cristiano».

Cuando el asma se le manifestaba en Araruama, lejos de los cuidados maternos, el intercambio de cartas entre Paulo y su madre se hacía más frecuente y a veces angustioso. «¿No podrías venir con la tía Elisa para cuidarme?», le pedía, lloroso, lo cual solía provocar telegramas preocupados de Lygia a la tía que cuidaba de los niños en la playa: «Estoy preocupadísima por el asma de Paulo. El médico me mandó darle una ampolla de Reductil durante tres días seguidos y dos comprimidos de Meticorten al día. Mándame noticias.»

Aunque solía decir que le gustaba mucho recibir cartas pero no escribirlas, en cuanto aprendió a escribir, Paulo aprovechaba todos los festivos para llenar páginas y páginas dirigidas sobre todo a sus padres. Su contenido deja ver a un niño maduro, delicado y preocupado por su fama de travieso y de mal alumno. Las que le escribía a Lygia eran azucaradas y se deshacían en cariños, como ésta, enviada con motivo del Día de la Madre de 1957, cuando tenía nueve años:

Querida mamá:

No, no necesitamos el día 8 de mayo para recordar todas las cosas buenas que hemos recibido de ti. De tu constante cariño y dedicación a pesar de que, muchas veces, somos malos, desobedientes [...]
Pero realmente es tu amor el que nos perdona. Ese amor que es elástico y que nunca explota como los chicles... Que Dios te guarde, mamá querida, y perdona mis errores porque aún soy pequeño y prometo cambiar cuanto antes.
Cariñosamente,

PAULINHO

Aunque salpicadas de cariño aquí y allá, las cartas dirigidas a su padre eran más formales, incluso en la firma, y casi siempre reivindicativas:

Papá:

¿Ya me has matriculado? Y la casa nueva, ¿cómo va? ¿Cuándo nos mudamos?
Espero que la próxima vez vengas.
Un abrazo,

PAULO COELHO

Con el paso del tiempo, escribir cartas se convirtió en un hábito regular. Escribía a sus padres, a sus tíos, a sus abuelos y a sus amigos. Si no disponía de más destinatarios, simplemente anotaba ideas en pedacitos de papel y después los escondía en un lugar secreto, a salvo de miradas indiscretas. A los doce años compró una agenda de bolsillo, de esas que caben en la palma de la mano de un adulto, en cuyas páginas empezó a hacer anotaciones diariamente. Escribía siempre a tinta, todavía con letra irregular e insegura, pero en portugués, con pocos errores. Al principio registraba las tareas típicas de un adolescente («ordenar mi mesa», «cumpleaños de Fred» o «telegrafiar al abuelo Cazuza»), pero, poco a poco, pasó de escribir sólo las cosas que debía recordar a anotar también lo que había hecho. O visto, o simplemente pensado. A veces eran cortos registros con palabras clave que sólo parecían tener sentido para él, como «cambiar s. con Ceca», «papá: ecuaciones» o «hacer la parte E del plano». De esa época es su primer esbozo de autorretrato:

Nací el día 24 de agosto de 1947 en el hospital São José. Desde pequeño vivo aquí. Ya he estado en tres colegios y en los tres me trataron como a un príncipe por mi forma de vestir. En todos los colegios que he estado, siempre he sacado buenas notas.

Me gusta mucho estudiar, pero también me gusta jugar. Nunca me han interesado ni la ópera ni la música romántica. Detesto el rock and roll, pero me gusta mucho la música tradicional brasileña. Sólo me gusta el carnaval cuando me llevan a bailes de disfraces.

Me gustan mucho las aventuras, pero tengo mucho miedo de las cosas peligrosas. [...] Ya he tenido varias novias. Me encanta el deporte. Mi profesión preferida es la de ser científico químico, pues me gusta andar con frascos y medicinas. Me gusta mucho el cine, pescar y hacer aeromodelismo.

Me gusta mucho leer tebeos y hacer crucigramas. Detesto ir de picnic y a las excursiones, y tampoco me gustan las cosas que cansan.

Ese ejercicio regular de escribir sobre sí mismo o sobre hechos de su día a día lo sedujo de tal forma que Paulo empezó a registrarlo todo, bien en un diario manuscrito, bien dictándoselo a una grabadora y guardando las cintas. Con la llegada de la informática, cambió los cuadernos de espiral por archivos digitales. Juntó toda la producción acumulada hasta ese momento y la depositó en un baúl cerrado con candado, nada menos que cuatro décadas de confesiones. Bajo aquellos 170 gruesos cuadernos manuscritos y 94 CD de audio yacían detalles de su vida y su alma desde 1959, cuando tenía doce años de edad, hasta 1995, a los cuarenta y ocho, cuando empezó a escribir directamente en el ordenador. Siendo ya adulto y famoso, decidió en testamento público que inmediatamente después de su muerte el baúl debía ser incinerado con todo el contenido, decisión posteriormente revocada en beneficio de esta biografía. Dicen que, salvo en los casos en los que se producen para ser publicados, los diarios llevan implícita la expectativa de que algún día serán leídos por alguien, o no se escribirían. Como son registros producidos casi simultáneamente a la emoción o a la acción descrita, sin tiempo suficiente para que los hechos se elaboren mejor, en la mayoría de los casos son verdaderos ejercicios de catarsis para el autor. Esto es evidente en los diarios de Paulo, que llaman la atención por el exagerado espacio dedicado por el autor a la exposición de los recovecos sombríos, a veces perversos, de su personalidad, en detrimento de su lado más generoso y sensible, así como de las conquistas y los momentos felices que, aunque eran menos frecuentes en ese período, no por ello deben dejar de registrarse.

El diario le daba al autor libertad para fantasear a gusto. Al contrario de lo que escribió, Paulo raramente se vestía con esmero, le disgustaba tanto estudiar como practicar deporte, y los noviazgos no siempre tenían un final feliz. Según sus cuentas, se podían considerar novias la prima Cecília (la de la laca), con la que flirteó algo; su vecina Mônica; Dedê, la del primer beso en Araruama; y Ana Maria, *Tatá*, una linda morenita con aparato en los dientes. Perturbadoras como suelen ser las pasiones juveniles, la aparición de esa chica en su vida lo dejó fuera de órbita, y empezó a escribir relatos con tintes dramáticos. «Por primera vez he llorado a causa de una mujer —escribió—; con ella he descubierto la infelicidad, la desgana de vivir.» De noche, dando vueltas en la cama debido al insomnio, se veía como un personaje de una tragedia de Nelson Rodrigues: al pasar en bicicleta por delante de la casa de ella, era atropellado por un coche y caía al suelo, ensangrentado. Salida de no se sabe dónde, ella se arrodillaba llorando sobre su cuerpo, a tiempo de oírlo pronunciar sus últimas palabras, antes de exhalar el último suspiro: «Ésta es mi sangre. La he derramado por ti. Recuérdame...»

Aunque era una relación platónica, el rechazo de los padres de ella fue inmediato. Ante la prohibición de seguir saliendo con aquel «niño extravagante», ella se rebeló y se enfrentó a la oposición de la familia. Incluso se había ganado alguna paliza de su madre, le confesó, pero ni así se había dado por vencida. Paulo pasaba las vacaciones en Araruama cuando la noticia le llegó por correo, en dos líneas escritas por Chico, un amigo del barrio: «Tatá me ha dicho que se acabó. Está saliendo con otro.» Fue como si las paredes de la casa del tío José se desplomasen sobre su cabeza. No se trataba tan sólo de la pérdida de una novia, sino de la humillación ante sus amigos al haber sido miserablemente traicionado, engañado por una mujer. Lo aceptaba todo menos «perder el honor entre el vecindario». Para eso, se inventó una historia ridícula, que le contó, también por carta, a su amigo al día siguiente: Chico estaba autorizado a revelarles a todos el secreto relacionado con su noviazgo con Tatá. En realidad, mintió, nunca había sentido nada por ella, pero como era «agente secreto del CIC —Central Intelligence Center—, agencia de espionaje de Estados Unidos», le habían encargado la misión de hacer un informe sobre ella. Ésa era la única razón para acercarse a Tatá. Una semana después, tras leer otra carta de Chico, anotó en el diario: «Se ha creído mi historia, pero a partir de ahora voy a tener que vivir de mentiras colectivas. El honor está a salvo, pero me duele el corazón.»

A Lygia y a Pedro también les dolía el corazón, pero no era por amor. Los primeros meses de su hijo en secundaria en el colegio Santo Inácio habían sido un fracaso. El día de entrega de los boletines con las notas del mes era día de bronca en casa. Mientras su hermana Sônia Maria destacaba en los primeros lugares del Jacobina, Paulo se despeñaba ladera abajo. Salvo raras excepciones –en general, asignaturas irrelevantes, como canto o manualidades–, apenas llegaba a una media de cinco, nota exigida para poder permanecer en el colegio. Tras la imposición de una severa vigilancia doméstica que lo obligaba a pasar horas seguidas estudiando en casa, y a costa de clases particulares para varias asignaturas, consiguió terminar el primer año de secundaria y, aun así, con una mediocre nota media de 6,3. El segundo año, la situación empeoró. Seguía sacando notas altas en canto, pero ni siquiera alcanzaba la nota media en lo importante: matemáticas, portugués, historia, geografía, latín, inglés...

No obstante, sus padres sabían que su hijo era un niño de buen carácter y que, tarde o temprano, la mano dura de los jesuitas conseguiría devolverlo al buen camino. Con el paso del tiempo, Paulo se volvía cada vez más tímido, retraído e inseguro. Poco a poco llegó a perder el interés incluso por el plan favorito de sus compañeros del Santo Inácio: montar guardia en la puerta del colegio Jacobina, donde estudiaba su hermana Sônia Maria, para ver salir a las chicas. Aquello era un estimulante del que muchos se acordarían el resto de su vida, como el ex alumno Ricardo Hofstetter, que acabaría siendo escritor y guionista: «Era un plan mágico recorrer aquellas dos o tres manzanas para verlas salir. He conservado siempre esa imagen en mi cabeza: las piernas delicadas y deliciosas de las chicas, que asomaban a la vez que se escondían bajo aquellas faldas plisadas. Salían en grupos, grupos de piernas y faldas plisadas que el viento hacía todavía más interesantes. Los que conseguían esa hazaña aseguran que no había nada más sublime en el mundo, pero yo nunca salí con una chica del Jacobina.»

Paulo tampoco. Ni del Jacobina ni de ningún otro colegio. Salvo los flirteos y los intercambios de cromos con las chicas del vecindario o de Araruama, llegó a la adolescencia sin haber tenido nunca una novia de verdad. Cuando quedaban para alardear de aventuras y conquistas emocionantes —en realidad, nada más allá de rápidos besos, darse la mano y eventuales magreos—, él era el único que no tenía ninguna aventura que contar. El destino no lo había hecho guapo. Su cabeza era demasiado grande para el cuerpo esmirriado y los hombros estrechos que tenía. Los labios eran gruesos, como los de su padre, y la nariz también parecía exagerada para la cara de un niño de su edad. Cada día más solitario, Paulo se refugiaba en los libros; no los que le obligaban a leer los curas del Santo Inácio, que odiaba, sino en las historias de aventuras y en las novelas. Aun convertido en un lector voraz y regular, ello no contribuía a mejorar su rendimiento en el colegio. Cada fin de curso, en la ceremonia pública de entrega de premios a los mejores alumnos, se acostumbró a ver a sus compañeros, algunos de ellos futuras personalidades de la vida pública de Brasil, levantarse para recibir diplomas y medallas, mientras que su nombre nunca era pronunciado para subir al palco. Al final del tercer año de secundaria, el futuro filósofo y ministro Roberto Mangabeira Unger recibiría medallas por ser el primero en religión, latín, inglés, historia general, historia y geografía de Brasil, y diplomas por ser el segundo en portugués, ciencias y canto, mientras que Paulo había pasado de curso por los pelos, con una nota solamente tres décimas por encima del límite. Ni siquiera le dieron la medalla de asistencia; se la llevó Albano Franco, futuro senador y gobernador de Sergipe. Lo cierto es que no suspendió por poco, lo que lo obligaría a buscar otro colegio, ya que en el Santo Inácio el suspenso era sinónimo de expulsión.

Si como estudiante su hijo resultaba ser un sonoro fracaso, sus padres todavía alimentaban la expectativa de que fuera un buen cristiano. Y, en ese terreno, parecía bien encaminado. A pesar de los estudios, se sentía cómodo en el espeso ambiente de religiosidad del colegio. Vestido con el uniforme de gala, asistía sin protestar a la misa obligatoria de los domingos, celebrada íntegramente en latín, y se familiarizó con los enigmáticos rituales, como el de cubrir con mantos violetas las imágenes de los santos durante la cuaresma. Incluso las tenebrosas catacumbas subterráneas, donde yacían los restos mortales de jesuitas, despertaban su curiosidad, aunque nunca se atrevió a entrar. Las esperanzas de Lygia y Pedro de salvar el alma de su hijo renacieron en el cuarto año de secundaria, cuando Paulo decidió inscribirse en uno de los retiros espirituales organizados por el Santo Inácio. Los encuentros duraban entre tres y cuatro días y se realizaban durante la semana, para evitar cualquier semejanza con una colonia de vacaciones o de recreo. Se hacían siempre en la Casa de Retiros Padre Anchieta, o simplemente Casa de Gávea, como se la conocía, una casa de campo situada en el entonces lejano barrio de São Conrado, a quince kilómetros del centro de Río. Construida en 1935 y rodeada de espesa vegetación, el sitio era un macizo caserón blanco de tres pisos con treinta ventanas azules, correspondientes a las treinta habitaciones en las que estaban los huéspedes. Desde cualquiera de ellas había unas espléndidas vistas a la playa desierta de São Conrado. Los jesuitas no se cansaban de repetir que el silencio en la casa era tan profundo y tan rigurosamente respetado que, a cualquier hora del día o de la noche —y desde cualquier lugar del edificio—, se podían oír las olas del mar rompiendo en la playa.

Y una calurosa mañana de octubre de 1962, Paulo partió hacia su encuentro con Dios. En la pequeña maleta preparada por su madre llevaba, además de la ropa y sus objetos de aseo, sus nuevos e inseparables compañeros: un cuaderno de tapa dura y una pluma estilográfica para las anotaciones que cada día se parecían más a un diario. A las ocho de la mañana, todos los niños estaban en el patio del Santo Inácio. Mientras esperaba el autobús que los iba a llevar al retiro, el futuro escritor se vio invadido por una súbita valentía. Acompañado de dos amigos, entró en la capilla a oscuras, rodeó el altar y bajó la escalera que conducía a las catacumbas. Iluminado sólo con velas, el subterráneo lleno de ataúdes tenía un aspecto todavía más lúgubre. Para su propio asombro, sin embargo, en vez de invadirlo el pánico, como siempre había imaginado, sintió una comodidad indescriptible. Parecía inspirado al buscar una explicación para la inesperada valentía. «Puede que, en vez de ver la muerte con sus tétricas facciones

—escribiría en su cuaderno—, viese el descanso eterno de aquellos que vivieron y sufrieron por Jesús.»

Media hora después estaban todos en la Casa de Gávea. En los días siguientes, Paulo compartiría con otro joven un despojado cubículo con dos camas, un armario, una mesa, dos sillas y un reclinatorio sujeto a la pared. En una esquina, un lavabo y, encima, un espejo («seguro que es para que podamos apreciar nuestro rejuvenecimiento en los días que vamos a pasar aquí», anotó, optimista, en su diario). Deshechas las maletas, ambos bajaron hasta el comedor, donde estaban sirviendo té con bizcocho. El orientador espiritual del grupo, el padre João Batista Ruffier, les explicó las normas del retiro, la primera de las cuales entraría en vigor al cabo de diez minutos: el voto de silencio. A partir de entonces, y hasta que cruzaran la puerta de salida, al final del retiro, nadie podía pronunciar ni una palabra. Guardián del cumplimiento de las reglas del juego, el padre Ruffier —un rechoncho y enérgico riograndense, hijo de franceses, cuyo hobby era la cría de abejas— comenzó otro de sus célebres sermones que permanecería en la memoria de generaciones de ignacianos: «Estáis aquí como máquinas que van a revisión. Intentad desmontaros pieza a pieza. No tengáis miedo de la suciedad que surgirá. Lo más importante es volver a poner cada pieza en el lugar adecuado, con la más absoluta honestidad.»

El sermón duró casi una hora, pero fueron esas palabras las que quedaron repicando durante todo el día en la cabeza de Paulo, que pasó la tarde solitario, caminando por el bosque alrededor de la casa. Por la noche anotó en el cuaderno: «He revisado todos mis pensamientos de los últimos días y estoy preparado para corregirme.» Rezó un avemaría, un padrenuestro y se quedó dormido.

Aunque el padre Ruffier no dejó dudas en cuanto a la finalidad del retiro —«aquí os apartaréis de las tentaciones de la vida para consagraros a la meditación, a la oración»—, no todos estaban allí para hacer reflexiones cristianas. Se sabía que, una vez terminada la cena y después de la última oración del día, algunos bultos se escurrían por los pasillos oscuros del caserón y se reunían clandestinamente en pequeños grupos para echar secretas partidas de póquer y de siete y medio. Si alguno de los chicos había colado en el equipaje una radio de pilas –algo expresamente prohibido– que sintonizara la Rádio Jornal Brasil, en seguida aparecía alguno que proponía apostar a las carreras de caballos del Jockey Club. En la madrugada el ambiente religioso era profanado por el juego, el humo, e incluso borracheras de whisky llevado a escondidas en botes de champú. Cuando la luz encendida de alguna habitación denunciaba actividades sospechosas, algún cura interrumpía la fiesta de la habitación; lo cual no siempre resolvía el problema, pues la farra hereje continuaba a la luz de las velas robadas de la capilla durante el día.

El segundo día Paulo se despertó a las cinco de la mañana con pensamientos confusos, pero su estado de ánimo mejoró un poco al abrir las ventanas y vislumbrar los primeros rayos de sol sobre el mar. A las seis en punto, todavía en ayunas, al reunirse con sus compañeros en la capilla para la misa diaria, estaba dispuesto a resolver sus asuntos con Dios y a hacer algo que venía aplazando desde hacía casi un año: comulgar. El problema no era la comunión, sino el sacrificio que significaban las confesiones, un ritual conocido por los chavales. Llegaban al confesonario dispuestos a referir solamente los pecados banales, pero sabían que nadie se arrodillaba allí impunemente. Y finalmente llegaba lo inevitable, cuando el cura preguntaba sin rodeos: «¿Has pecado contra la castidad, hijo mío?» Si la respuesta era afirmativa, las preguntas siguientes ya estaban preparadas: «¿Solo o acompañado?» Si era acompañado, el cura seguía, para mortificación de los más tímidos: «¿Con una persona o con un animal?» Si era con una persona, el pecador no tenía que especificar con quién, sólo el sexo: «¿Con un niño o con una niña?»

Paulo tenía una enorme dificultad para tratar ese asunto, y no entendía por qué aquello tenía que ser pecado. Estaba tan convencido de que la masturbación no debería avergonzar a nadie que llegó a escribir con todas las letras en su cuaderno: «Nadie en esta tierra puede tirar una piedra contra mí, pues nadie ha escapado a esa tentación.» Aun así, nunca había tenido el coraje de confesarle a un cura que se masturbaba, y esa convivencia permanente con el pecado lo mortificaba. Con el alma dividida, prefirió hacer el acto de contrición y comulgar sin haberse confesado.

Después de la misa, el padre Ruffier volvió a la carga con un duro sermón. Ante un público con unos ojos abiertos como platos, el sacerdote les pintó una aterradora visión del lugar al que iban a parar todos los pecadores. «¡Estamos en el infierno! ¡El fuego arde sin piedad! Aquí sólo hay lágrimas y sólo se oye el rechinar de dientes con el odio de unos contra otros. Entonces me encuentro con un compañero y lo maldigo por haber sido él la causa de mi condena. Y mientras lloramos de dolor y de remordimiento, el demonio nos sonríe haciéndonos sufrir todavía más. Pero el peor castigo, el peor dolor, el peor sufrimiento es el hecho de no tener esperanza alguna. Estamos aquí para siempre.»

Paulo no tenía dudas: el padre Ruffier se refería a él. Tras doce meses sin confesarse –para no tener que tocar el tabú de la masturbación– se dio cuenta de que, si moría de repente, ése sería su destino: el infierno. Imaginó al demonio mirándolo a los ojos y riéndose sarcásticamente: «Querido, tu sufrimiento todavía no ha empezado.» Se sentía desarmado, impotente y confuso. No tenía a quién recurrir, pero sabía que un retiro ignaciano era un lugar de certezas, no de dudas. Entre penar eternamente en las llamas descritas por el cura y abdicar del placer solitario, optó por quedarse con la fe. Emocionado, solo y arrodillado sobre la losa de piedra del mirador, se dirigió a Dios e hizo el voto solemne de no volver a masturbarse. La decisión lo hizo sentirse valiente y apaciguó su corazón. Pero la sensación le iba a durar poco. Al día siguiente, el demonio contraatacó con tal energía que no se resistió a la tentación y, derrotado, se masturbó. Salió del baño como si tuviera las manos sucias de sangre, se arrodilló en el reclinatorio e imploró: «¡Señor! ¡Quiero arrepentirme, pero no soy capaz de contenerme! He hecho millones de actos de contrición, pero no paro de pecar. Peco de pensamiento, palabra y obra. ¡Dame fuerzas! ¡Por favor! ¡Por favor! ¡Por favor!»

Desesperado, sintió alivio cuando, en un susurro cuchicheado en el bosque, supo que iba a tener compañía en el sufrimiento eterno: un compañero también se había masturbado allí, en el retiro. Avergonzado por su propia debilidad, antes de irse se vería sometido a otros dos discursos del padre Ruffier, que parecían haber sido escogidos especialmente para atormentar la cabeza de los chicos. Otra vez más, el religioso recurriría a imágenes dramáticas y aterradoras, esta vez para alertarlos del peligro del apego a los valores materiales. Desde el púlpito, gesticulaba como un actor, agitando en el aire sus brazos cortos y musculosos: «Pues en verdad os digo, hijos míos: llegará el momento en el que estemos todos postrados. Imaginaos agonizando. En la habitación del hospital, parientes lívidos y nerviosos. La mesilla de noche llena de medicinas inútiles. Es en ese momento en el que te das cuenta de que eres débil. Reconoce humildemente que eres impotente. ¿De qué valen en ese momento la fama, el dinero, los coches, el lujo? ¿Para qué todo eso si, al fin y al cabo, pertenece al Creador?» Con los puños cerrados, sus muñecas parecían dos trozos de madera. El padre Ruffier vociferaba como si estuviera poseído de la furia divina: «¡Abandonémoslo todo, hijos míos! ¡Abandonémoslo todo!»

Y que nadie confundiera aquellas palabras con la más remota referencia al socialismo o algo parecido. No sólo porque entre el público se encontraban los hijos de algunas de las más adineradas familias de Río de Janeiro. Políticamente conservador, el Santo Inácio proyectaba continuamente películas de los fusilamientos ocurridos en la Cuba de Fidel Castro para advertir a los jóvenes sobre el «carácter sanguinario del comunismo». El propio padre Ruffier se jactaba de haber salido corriendo de Colombia «huyendo del comunismo» (se refería a la revuelta popular ocurrida en Bogotá en 1948 y conocida como «Bogotazo»). Mientras los chicos se miraban asustados, el religioso recuperó el aliento. El asunto era otra vez el infierno. Como si la primera parte del sermón no lo hubiera dejado suficientemente claro, reiteró el carácter eterno del sufrimiento al que se verían condenados los pecadores: «El infierno es como el mar que tenemos ante nuestros ojos. Imaginad que viene una golondrina cada cien años y saca una gota de agua cada vez. Esa golondrina eres tú, y ésa, tu penitencia. Sufrirás millones y millones de años, pero un día el mar quedará vacío. Y dirás: por fin, se ha acabado todo, ahora puedo descansar en paz. —El padre Ruffier hizo una pausa estratégica y remató—: Pero entonces el Creador sonreirá desde las alturas y dirá:

esto ha sido sólo el principio. Ahora vendrán otros mares y será así por toda la eternidad. La golondrina lo vacía y yo lo vuelvo a llenar.»

Paulo se pasó el resto del día con esas palabras resonándole en la cabeza. Caminó alrededor de la casa, intentando distraerse con las hermosas vistas, pero las palabras del padre Ruffier eran más fuertes. Por la noche, en la última reflexión antes de dormir, hizo anotaciones en el cuaderno, según las cuales parecía haberse dado cuenta de la eficacia del retiro espiritual.

Aquí me olvidé completamente de este mundo. Olvidé que voy a suspender matemáticas, olvidé que Botafogo está de líder y olvidé que voy a pasear por la isla de Itaipu la semana que viene. Pero presiento que en cada momento de olvido aprendo a comprender mejor este mundo. Regreso al mundo que antes no comprendía y que detestaba, pero que el retiro me ha enseñado a amar y a entender. Aquí he aprendido a ver la belleza en un hilo de capín y en una piedra. En resumen, he aprendido a vivir.

Lo más importante de todo es que volvió a casa seguro de haber adquirido la virtud que, con altibajos, sería el hilo conductor de su vida: la fe. Incluso sus padres, que ya habían perdido la esperanza de que volviera al redil, se animaron con el nuevo Paulo que les devolvieron los jesuitas. «Estamos muy contentos de que finalmente hayas encontrado el camino», festejó Lygia cuando regresó. La conversión de su hijo era lo que faltaba para completar la armonía doméstica, pues la parte material de los sueños de Pedro Queima Coelho se acababa de realizar: meses antes, la familia por fin se había mudado al caserón de color rosa que se enorgullecía de haber construido con sus propias manos. En realidad, la mudanza a Gávea se había producido antes de terminarla, lo que significaba tener que vivir durante algún tiempo más entre latas de pintura, lavabos y bañeras amontonadas por las esquinas. Aun así, era una casa que les gustaba a todos, con comedores, sala de estar, de visitas, baños en todas las habitaciones, escalinata de mármol y balcón. El jardín de invierno era un patio interior tan espacioso que Paulo llegó a pensar, tiempo después, en

El padre Ruffier y los
terribles retiros espirituales
en la Casa de Gávea: la
masturbación penada con el
fuego eterno del infierno.

utilizarlo para los ensayos de obras de teatro. Aunque la situación era privilegiada, entre la laguna de Rodrigo de Freitas y la playa de Ipanema, no había, a comienzos de los años sesenta ni una sola construcción en el barrio que empezaba a urbanizarse. Además de la casa que D. Pedro estaba construyendo para su suegro, en el terreno de al lado, lo que realmente empezaba a cambiar el paisaje del lugar era la favela conocida como Parque Proletário da Gávea, que comenzaba a extenderse por los alrededores. A punto de acabar esa tediosa fase, Lygia podría, por fin, poner en práctica sus dotes de mujer sofisticada. Equipó la casa con tenedores de plata legítima y vajillas de fina porcelana, compró un piano de media cola, que tocaba para deleite de sus hijos y de su marido —la sonata *Claro de luna* era su favorita—, y contrató a un hombre que hacía las veces de mayordomo y de camarero. Precedidas siempre de una oración, la comida y la cena se servían a la francesa, a la misma hora y con toda la familia a la mesa.

Para Paulo, el traslado fue un choque. Cambiar el vecindario de Botafogo, lugar en el que había nacido y territorio del que era líder indiscutible, por Gávea, que en aquel entonces era un enorme bosque, con pocas casas y edificios cerca, fue un proceso doloroso. El cambio de barrio no disminuyó, sin embargo, los antiguos temores de sus padres, concretamente, de su padre. Obsesivamente preocupado por los daños que «la calle» pudiese provocar en el carácter y la formación de su hijo, D. Pedro pensó que era mejor prohibirle las salidas nocturnas. De ese modo, de la noche a la mañana, Paulo dejó de tener amigos. La pandilla con la que había crecido desapareció de repente. La vida pasó a reducirse a tres actividades: dormir, ir a clase al Santo Inácio y leer en casa. Leer no era una novedad. Incluso en los estatutos de la Organización Arco, había conseguido incluir una cláusula relacionada con los libros, estableciendo que, «además de las diferentes actividades, todos los días habrá lectura recreativa». Empezó leyendo los clásicos infantiles y juveniles que los padres brasileños solían dar a sus hijos, como Monteiro Lobato y *El tesoro de la juventud*. Después se puso con Conan Doyle y leyó toda la colección de Sherlock Holmes. Al hacer, por exigencias del colegio, la lectura comentada de la novela *El conventillo*, de Aluísio Azevedo, anotó sus opiniones en un cuaderno a medida que iba leyendo. Al principio pone pegas: «No me gusta este libro. No sé por qué Aluísio Azevedo explora tanto el sexo.» Algunos capítulos después cambia radicalmente de opinión y elogia la obra: «Por fin empiezo a entender *El conventillo*: la vida sin ideal, llena de traiciones, el remordimiento que embriaga y humilla. Lo que he aprendido es que la vida es larga y decepcionante. *El conventillo* es un libro sublime. Nos hace reflexionar acerca de la desgracia ajena.» Aquello que originalmente era una obligación pasó a ser un placer. A partir de entonces, todos los libros que leía merecían una crítica. Sus registros tanto podían ser veredictos cortos —como «nudo flojo», para referirse a *¿Le gusta Brahms?*, de Françoise Sagan—, como interminables párrafos como los que escribió para decir que *Vuzz*, de P. A. Hourey, era «magnífico».

Paulo leía mucho y de todo. Leía cualquier cosa que cayese en sus manos, desde los líricos poemas de Michel Quoist hasta los pedregosos textos de Jean Paul Sartre. Leía bestsellers de Leon Uris, recopilaciones policiales de Ellery Queen y obras pseudocientíficas como *El hombre en el cosmos* (clasificado en sus anotaciones como «pura propaganda roja mal disfrazada»). En pocos meses de exilio nocturno leyó treinta libros. A veces devoraba una novela en un día, como sucedió con *Información al crucificado*, de Carlos Heitor Cony, que lo impresionó mucho: «El mejor libro que he leído este año. Es indescriptible todo lo que me ha hecho sentir. Sublime.» Entusiasmado con el descubrimiento, intentó conseguir un ejemplar de *Materia de memoria*, otro éxito del escritor carioca. Pero esta vez no iban a sobrar los elogios para Cony: «Su fallo es que el autor, influenciado por la revista *Senhor*, muestra el pensamiento de la mujer como muy parecido al del hombre en materia de pornografía.» El pretencioso, extravagante juicio dejaba ver que la criatura leía *Senhor*, la más sofisticada publicación brasileña de la época, pero exhibía rasgos precozmente conservadores respecto al tema de la sexualidad. Sus pequeñas reseñas literarias dan la impresión de que leía fijándose con un ojo en la estética y con el otro en las buenas costumbres. Consideraciones del tipo «es poesía con aspectos degradantes de la moral humana, perfectamente prescindibles» (al referirse al libro *Para vivir un gran amor*, de Vinicius de Moraes) o «el brasileño no está lo suficientemente maduro para este tipo de lectura» (al hablar de la obra *Bonita, mas ordinaria*, de Nelson Rodrigues) eran frecuentes en sus listas. Sobre Nelson Rodrigues dijo más: «Dicen que es esclavo del público, pero no estoy de acuerdo. Nació para hacer ese tipo de literatura; no es el pueblo el que lo obliga.»

En política su comportamiento no tenía menos prejuicios. Al ver la película *Seara roja*, inspirada en el libro homónimo de Jorge Amado, se lamentó de que se tratara de una obra «notablemente comunista, en la que se mostraba la explotación del hombre por el hombre». De ahí su agradable sorpresa al terminar la lectura de otro bestseller del escritor bahiano. Al revés que su experiencia con Cony, se sentía embriagado al terminar *Gabriela, clavo y canela*: «Qué naturalidad, ni sombra de comunismo en sus páginas. Me ha gustado mucho.» Consideraba a Manuel Bandeira como el mejor poeta brasileño («por dejar de lado aspectos sucios de la vida, por su estilo simple y sobrio»), detestaba a João Cabral de Melo Neto («leí algunos de sus versos y cerré el libro»), y confesaba no entender a Carlos Drummond de Andrade («tiene un estilo abstracto y confuso que hace que su poesía sea difícil de interpretar»).

Aparentemente son de esa época, cuando tenía trece y catorce años, los primeros síntomas de una irreprimible idea fija, una verdadera obsesión que no lo abandonaría jamás: ser escritor. Casi medio siglo después, consagrado como uno de los autores más leídos de todos los tiempos, revelaría en un párrafo de su libro *El Zahir* las razones que lo llevaron a ese sueño:

Escribo porque, cuando era adolescente, no sabía jugar bien al fútbol, no tenía coche, no tenía una buena paga, no tenía músculos. Tampoco usaba ropa a la moda. Las chicas con las que salía sólo sentían interés por eso, y no era capaz de que me prestasen atención. Por la noche, cuando mis amigos estaban con sus novias, yo empleaba mi tiempo libre en crear un mundo en el que pudiese ser feliz: mis compañeros eran los escritores y sus libros.

A decir verdad, Paulo se consideraba escritor incluso antes de proclamarlo. Además de haber sido el vencedor del concurso de redacción del colegio Nossa Senhora das Vitórias, desde que aprendió a leer, se convirtió en poeta a tiempo completo. Les recitaba versos y poemas a sus padres, abuelos, amigos, primos, a sus novias e incluso a los santos de culto de la familia. Cosas como «Señora, en esta febril noche de adolescencia, / yo te ofrezco mi infancia pura, / que ahora el fuego devora / y transforma en humo para llegar a ti, / que así el fuego también me libere del pasado», inspirado en la Virgen María, o composiciones escritas para sus padres: «Si el mayor bien del mundo / Dios se lo concede a los papás, / también es cierto y profundo / son ellos los que padecen más.» Si no tenía a quien dedicarle los versos, los escribía para sí mismo: «El pasado se apagó / y el futuro aún no lo veo. / Vago en el presente inexistente / con amor, ideal, incredulidad, / parece que estoy sólo / pasando por la vida.»

Cuando, tiempo después, intimó más con libros y bibliotecas, le cayó en las manos una cita atribuida a Émile Zola, en la que el autor de *Yo acuso* afirma, respecto a la poesía, algo como «mi musa ha resultado ser una coqueta inútil; de ahora en adelante voy a ser prosista». Falsa o verdadera, Paulo pensó que la frase estaba hecha a medida para él y decidió adoptarla formalmente. «Hoy cierro mi fase poética —anotó en el diario— para dedicarme sólo al teatro y a la novela.» Juntó todo lo que había escrito hasta entonces —cantidades industriales de poemas, sonetos y cuartetas—, hizo un montón en el jardín de casa y le prendió fuego. Si fuera cierta, la promesa sería una manifiesta ingratitud hacia el arte de componer versos. Finalmente, fue un poema de su autoría —«Mujer de trece años»— el que lo sacó del anonimato entre los mil doscientos alumnos del Santo Inácio. Una de las tradiciones ignacianas era la Academia de las Letras de Santo Inácio (ALSI), creada en 1941 y responsable de la agitación cultural entre los estudiantes. Era habitual ver a los grandes nombres de la cultura nacional en los eventos de la ALSI, como los cronistas Paulo Mendes Campos y Fernando Sabino, poetas del calibre de Bandeira y Drummond, y pensadores cristianos como Alceu Amoroso Lima o Tristão de Athayde. A los catorce años, Paulo apareció por primera vez en las páginas de la revista *Vitória Colegial*, órgano oficial de la ALSI, con un pequeño texto titulado «Por qué me gustan los libros». Era una inequívoca defensa de los autores, dramáticamente pintados como seres que se pasaban las noches en vela, «sin comer, explotados por los editores», para morir olvidados:

¿Qué representa un libro? Un libro representa un caudal de cultura inigualable. Es el libro el que nos abre una ventana al mundo. Por medio del libro, vivimos las grandes aventuras de don Quijote y de Tarzán como si fuésemos nosotros mismos los personajes; nos reímos con las historias hilarantes de don Camilo, sufrimos igual que los personajes de otras grandes obras de la literatura universal. Por eso me gustan los libros en mis horas libres. A través de un libro nos formamos para el futuro. Aprendemos, de una pasada, teorías que costaron sacrificios e incluso la muerte para sus descubridores. Cada libro didáctico significa un paso hacia el horizonte glorioso de un país. Por esa razón me gustan los libros en las horas de estudio. Pero ¿qué supone tener un libro en la mano? Supone el sacrificio de sus autores. ¿Cuántas horas pasan, sin comer, olvidados, iluminados a veces, por la trémula llama de una vela? Y después, explotados por los editores, mueren olvidados, injustamente olvidados. ¿Cuánta fuerza de voluntad necesitaron para tener un poco de fama? Por eso me gustan los libros.

La publicación le abrió las puertas a Paulo para ser elegido miembro de la academia, ocupando el sillón cuyo patrono era el propio autor de *El conventillo*. Meses después, la ALSI anunció el comienzo del plazo de inscripción para su tradicional premio anual de poesía. Él acababa de ver *Dos mujeres*, una producción francoitaliana, dirigida por Vittorio de Sica, y había salido del cine impresionado. Basado en la novela *La campesina*, del escritor italiano Alberto Moravia, la película cuenta la historia de Cesira (Sofía Loren) y de su hija Rosetta (Eleanora Brown), de trece años, violadas por los soldados aliados durante la segunda guerra mundial, y pensando en Rosetta, al llegar a casa, escribió el poema «Mujer de trece años», que usó para presentarse al premio de la academia. El día de la votación le supuso una agonía interminable. Paulo no podía pensar en otra cosa que no fuera el concurso. Al principio de la noche, antes de la sesión en la que se iba a anunciar a los tres vencedores, reprimió la timidez y le preguntó a uno de los jurados, profesor de portugués, a quién había votado. Se puso pálido ante la respuesta:

—He votado por ti, por Átila y por Chame.

Al final se seleccionaron veinte poemas. Paulo conocía al menos a uno de los finalistas, «Introduce», de José Átila Ramos, que en su opinión era el gran favorito. No le importaba que su compañero fuera el vencedor. Si conseguía quedar por lo menos en el tercer lugar, sería la gloria de las glorias. A las nueve de la noche, el auditorio bullía de chavales nerviosos que hacían cábalas sobre los votos y calculaban las probabilidades de clasificación. En medio de un silencio general, el jurado, formado por dos profesores y un alumno (el futuro compositor de música popular Sidney Miller), anunció de atrás hacia adelante, a los tres vencedores. Al oír que el tercer puesto era para «Serpentina y Colombina» y el segundo para «Introduce», Paulo perdió la esperanza. Y estuvo a punto de caerse de la silla cuando la mesa anunció:

—El vencedor es el poema «Mujer de trece años», de Paulo Coelho de Souza, ¡por unanimidad de los votos del jurado!

¡El primer lugar! No podía creer lo que estaba oyendo. Con el corazón saltándole en el pecho y las piernas temblándole de emoción y timidez, el niño flacucho atravesó el salón entre aplausos y subió al escenario para recibir el diploma y el premio, un cheque de mil cruceiros, el equivalente a casi ochenta reales de 2008. Acabada la ceremonia, fue uno de los primeros en dejar el colegio, ansioso por llegar pronto a casa y, al menos por una vez, darles a sus padres una buena noticia. En el tranvía, camino de Gávea, escogía las palabras y ensayaba la mejor manera de revelarle a su padre que había descubierto su verdadera y única vocación: ser escritor. Se sorprendió mucho al llegar al caserón de color rosa y ver a D. Pedro de pie en la acera, con el aire fúnebre de siempre y señalando el reloj con el dedo índice:

—Son casi las once y deberías saber que en esta casa se cierra la puerta a las diez, pase lo que pase.

Pero Paulo tenía un as en la manga capaz de cambiar la sensibilidad del árido corazón de su padre. Sonriente, le enseñó el trofeo que acababa de ganar, el cheque de mil cruceiros, y se lo contó todo atropelladamente: el premio, la elección unánime, la cantidad de participantes, el descubrimiento de su vocación. Pero no logró conmover al taciturno D. Pedro. Como si no hubiera oído nada, le espetó como un jarro de agua fría:

—Preferiría que sacases buenas notas en el colegio. Y que no regresases a casa tan tarde.

La ilusión de que al menos su madre festejaría su victoria desapareció al cabo de unos segundos. Al verla esperándolo a la puerta de entrada, el muchacho repitió, otra vez con los ojos brillantes, las noticias que le había dado a su padre: el premio, la votación unánime, los participantes, la vocación. Para desilusión de Paulo, Lygia le repitió, delicadamente y en un tono más bajo, como solía hacer, la misma cantinela que su padre:

—Hijo mío, no merece la pena que sigas alimentando esa fantasía de ser escritor. Está bien que escribas todas esas cosas, pero la vida es diferente. Mira, Brasil es un país de setenta millones de habitantes, tiene miles de escritores pero, sin embargo, sólo Jorge Amado puede vivir de los libros. Y Jorge Amado sólo hay uno.

Profundamente disgustado, deprimido y con unas ganas irreprimibles de llorar, no fue capaz de dormir hasta el amanecer. En el diario escribió una sola línea: «Mamá es tonta. Papá es un estúpido.» Al despertar ya no tenía dudas: la familia estaba empeñada en enterrar para siempre aquello que él teatralmente llamaba «mi única razón para vivir»: el proyecto de ser escritor. Por primera vez Paulo parecía ser consciente de que estaba dispuesto a pagar cara la realización de ese sueño, aunque el precio fuese tener que enfrentarse a sus padres. Lygia y Pedro Queima Coelho no perdían nada por esperar.

4

CARLINHOS GRITA, ATERRADO:
«¡ACELERA, PAULO! ¡ACELERA! ¡SAL DE AQUÍ,
LO HAS MATADO!»

Por imposición de su padre, al terminar la secundaria a finales de 1962, Paulo tuvo que matricularse en ciencias y no en letras, como él quería. Su expediente escolar del cuarto año de secundaria era vergonzoso, y acabó el curso teniendo que hacer recuperación de matemáticas; parecía un despropósito: precisamente en matemáticas, materia en la que su padre se jactaba de ser un crack y a cuyos conocimientos solía recurrir su hijo antes de los exámenes. Al final aprobó con un cinco, ni una milésima por encima de lo exigido para poder pasar de curso y seguir en el Santo Inácio. En aquella época, en secundaria se daba dos alternativas a los estudiantes: el que quisiera hacer una carrera en ciencias exactas hacía ciencias, y el que escogía ciencias humanas hacía letras. Lo que sucede es que, a pesar de su declarada vocación para las letras, sus padres insistían en que se licenciase en ingeniería, y tras los pésimos resultados escolares, Paulo no tenía autoridad para imponer voluntad alguna en casa.

Desde su punto de vista, sin embargo, D. Pedro tenía razones objetivas para alimentar la esperanza de que su hijo regresase al buen camino, es decir, a la ingeniería. Y esos signos externos no se basaban únicamente en el interés por las aventuras del abuelo como mecánico aficionado. Siendo todavía un crío, con frecuencia les pedía a sus padres que le compraran ejemplares de la revista *Mecânica Popular*, éxito editorial de los años cincuenta que enseñaba desde arreglar enceradoras hasta construir barcos y casas con las manos. Entre los diez y los once años, el muchacho se apasionó tanto con el aeromodelismo que cualquier padre habría visto en él los rasgos de un futuro ingeniero aeronáutico. La diferencia es que, mientras cualquier niño se limitaría a jugar con los aeromodelos, el metódico Paulo creó el Club Sunday, del que eran socios él y su primo Fred, que vivía en Belém. Y como tres mil kilómetros separaban las casas y los aviones de sus socios, la actividad del club se reducía a registrar el histórico de los aeromodelos adquiridos por ambos. Además de su información y de la que le enviaba Fred por correo, todos los finales de mes Paulo registraba el movimiento del club en un cuadernillo: nombres y características de las pequeñas naves adquiridas, prefijo, envergadura, fecha y lugar de la compra, gastos generales del montaje, fecha, lugar y motivo de la pérdida del aparato (cuando ocurría). Ninguno de aquellos datos tenía utilidad alguna, pero «era mejor tenerlo todo organizado», según Paulo. Cuando se estrelló contra un muro de Gávea, el planeador *Chiquita* mereció una mención especial: «Voló tan sólo una vez, pero como fue heroicamente destruido, le otorgo a este avión la Cruz de Combate. Paulo Coelho de Souza, director.»

La fiebre de los aeromodelos se le pasó rápido, pero daría lugar a una manía todavía más reveladora para alguien que quería tener un hijo ingeniero: la fabricación de cohetes. Durante meses, él y Renato Dias, compañero de clase en el Santo Inácio, dedicaron todo su tiempo libre a esa nueva actividad. No se sabe inspirado en qué o en quién —ni siquiera Paulo lo recordaría jamás—, ambos se pasaban las horas libres de la semana en las mesas de la Biblioteca Nacional, intentando descifrar textos sobre temas como «propulsión y explosión», «combustibles sólidos» y «combustibles metálicos». Los domingos y los festivos, la pequeña plaza que había frente a la casa de los Coelho se convertía en la plataforma de lanzamiento. Como sucedía siempre con Paulo, antes de llevar a cabo la actividad había que ponerlo todo sobre el papel. Meticuloso y detallista, abrió un cuadernillo llamado «Astronáutica: Protocolo que se debe seguir para el

Programa de Construcción de Cohetes Espaciales». Los calendarios de trabajo determinaban el tiempo utilizado en la investigación en libros, la especificación de los materiales utilizados en la construcción y el tipo de combustible. El día del lanzamiento abría una ficha mecanografiada con espacios en blanco que rellenaba a mano en el momento de la prueba: fecha, lugar, hora, temperatura, humedad y visibilidad.

Hechos de tubos de aluminio con cerca de veinte centímetros de longitud y doscientos gramos de peso, los cohetes con ojivas de madera eran propulsados por combustible preparado por ellos mismos a base de «azúcar, pólvora, magnesio y ácido nítrico». Una vez mezclado y concentrado en un recipiente en la base de la astronave, el cóctel explosivo era detonado con la ayuda de una mecha empapada en queroseno. Los cohetes eran ambiciosamente bautizados con nombres ilustres como *Goddard* I, II y III, o *Von Braun* I, II y III, en homenaje, respectivamente, al pionero americano de la industria aeroespacial Robert H. Goddard y al creador de las bombas voladoras alemanas que castigaron Londres en la segunda guerra mundial, Werner von Braun, que después sería uno de los padres del programa espacial americano. Aun así, aunque estaban diseñados para que se elevasen hasta diecisiete metros de altitud, fueron un fracaso. Los días de lanzamiento, Paulo montaba una parafernalia en la puerta de casa: aislaba una zona «para el público», convertía un agujero que la compañía telefónica había olvidado cerrar en trinchera subterránea para protegerse él y su amigo, y convocaba a su padre, empleados de la casa o a cualquier peatón para que firmasen los boletines como «inspectores del gobierno». Nada de eso, sin embargo, se reflejaba en el rendimiento de los cohetes. Ninguno pasó jamás de unos pocos centímetros de altitud, y la mayoría explotaron sin despegar del suelo. La fase astronáutica desapareció tan de repente como había llegado, y en menos de seis meses el programa espacial abandonaba sus actividades sin haber conseguido construir el séptimo cohete.

Salvo esos rápidos desvíos en el camino —otra pasión fugaz fue la filatelia—, el primogénito de D. Pedro seguía alimentando un único sueño, el mismo de siempre: ser escritor. Cuando cumplió dieciséis años, su padre, como un gesto conciliatorio, le ofreció un viaje en avión a Belém, un paraíso tan deseado para su hijo como Araruama. Él le dijo simplemente que no, que prefería una máquina de escribir. Su padre asintió y le dio la Smith Corona que lo acompañaría toda su vida hasta que la sustituyó por una Olivetti electrónica y, décadas después, por un ordenador portátil. Su olímpico desinterés por la vida escolar lo colocó entre los últimos alumnos de la clase, en el primer año de ciencias, y a final de curso pasó otra vez por los pelos, con un modesto 5,2 de nota media general. Entregó el boletín en casa la víspera de Navidad. Paulo nunca supo muy bien si fue por culpa de las malas notas o por una discusión sobre la longitud de su pelo, pero el día 25 de diciembre de 1963, mientras llegaban los primeros parientes para la cena de Navidad, su madre le comunicó secamente: «Ya he pedido cita. El día 28 te voy a llevar a un médico de los nervios.»

Aterrorizado por lo que aquello podía significar —¿qué demonios era un médico de los nervios?—, se encerró en su habitación y esbozó un balance severo, casi cruel, de sus relaciones familiares:

Iré a un médico de los nervios. Me sudan frío las manos con el miedo. Pero el nerviosismo que esto me produce me ha permitido examinar mejor mi casa y los que la componen.

Mamá no me castiga para educar, sólo para demostrarme su fuerza. No comprende que soy nervioso y que exploto, y siempre me castiga por eso. Las cosas que son por mi bien las disfraza de amenaza, de ultimátum, de objeto egoísta. Es profundamente egoísta. Este año no me ha echado una mano nunca, bueno, pocas veces.

Papá es un tacaño. Habría que llamarle el financiero de la casa. Porque, igual que mamá, no habla conmigo, siempre está ocupado dedicándose a la casa y a su trabajo. Es horrible.

Sônia no tiene ninguna personalidad. Sigue siempre a mamá, pero no es egoísta ni mala. Poco a poco voy rompiendo el hielo con ella.

Mamá es tonta. Se pasa la vida infundiéndome complejos. Es una tonta, muy tonta. Papá igual.

El diario también revela que los escalofríos provocados por la visita al médico de los nervios eran injustificados. Un día después de la consulta, el asunto sólo se menciona en medio de otras trivialidades:

> Ayer fui al psiquiatra. Visita de introducción. Sin comentarios importantes que hacer.
> Vi la obra *Pobre Menina Rica*, de Carlos Lyra y Vinicius de Moraes, y después comí una pizza.
> He decidido retrasar todo mi programa literario de 1964 hasta 1965. Voy a esperar a madurar un poco más.

La verdad es que había pasado de curso y, según las reglas de la casa, tenía derecho a vacaciones, que esta vez serían en Belém. Las vacaciones con los abuelos paternos, Cencita y Cazuza, tenían una gran ventaja en relación con Araruama. En una época en la que el correo solía tardar semanas en entregar una carta y una llamada interurbana exigía horas, a veces días de espera, los más de tres mil kilómetros de distancia de Río lo ponían a salvo del control de sus padres o de las visitas repentinas de Lygia y Pedro. Aventuras inimaginables en Río de Janeiro eran rutinarias en la capital de Pará, como beber cerveza, jugar al billar y dormir fuera de casa con sus tres primos huérfanos de madre y criados por su abuelo. La agitación era tal que en pocos días de vacaciones Paulo había perdido la navaja, el reloj, la linterna y la estimada pluma estilográfica Sheaffer's, comprada con el dinero del premio literario. Conservaba una costumbre: no importaba a qué hora se fuese a dormir, los últimos treinta minutos antes de conciliar el sueño los dedicaba a escribir cartas a sus amigos y a la lectura de la ecuménica selección de libros que había llevado en el equipaje; títulos que abarcaban desde el policíaco *Caso de la boa del calendario*, de Erle Stanley Gardner, hasta la encíclica *Pacem in Terris*, lanzada en marzo de 1963 por el papa Juan XXIII («la lectura de este libro me está otorgando una gran comprensión social», anotó).

Aunque para sus amigos llenaba hojas con noticias de sus aventuras en Pará, en las cartas que le escribía a su padre el asunto era sólo uno: dinero.

Jamás has empleado tan bien tu dinero como en la compra de este pasaje. Me estoy divirtiendo como nunca. Pero para que todo este dinero se convierta en beneficio para mí necesito más. No es justo que te gastes 140.000 en un viaje en el que no pueda divertirme. Si no tuvieras, no pasaría nada. Pero no es justo utilizar todo el dinero en la casa mientras mi corta vida pasa.

Belém parecía ser una ciudad destinada a provocarle grandes emociones. Tres años antes, otro viaje de vacaciones a la capital de Pará le había dado la oportunidad para aclarar una duda perturbadora: ¿cómo nacían los bebés? Anteriormente Paulo ya había reunido el coraje para preguntárselo a Rui, un amigo un poco mayor que él, pero la respuesta, dada con una rudeza desconcertante, lo dejó fuera de sí:

—Es muy sencillo: el hombre mete la polla en el coño de la mujer y al correrse le deja una semilla en la barriga. Esa semilla crece y se convierte en una persona.

Él no lo creyó. No le cabía en la cabeza que su padre pudiese practicar tal perversión con su madre. Como aquéllas no eran cosas para poner en las cartas, esperó a las vacaciones para consultarlo con la persona adecuada: su primo Fred, que, además de ser mayor que él, era de la familia, alguien en cuya versión podía confiar. En la primera oportunidad que tuvo de hablar a solas con su primo, buscó la forma de sacar el tema y le repitió la historia asquerosa que le había contado su amigo carioca. Casi le dio un ataque de asma al oír lo que le dijo Fred:

—Tu amigo de Río tiene razón. Es así. El hombre penetra a la mujer y deposita una gota de esperma en su vagina. Es así como nace todo el mundo.

Paulo reaccionó con furia:

—Me dices eso porque no tienes madre y no tienes que soportar esa presión. ¿Eres capaz de imaginarte a tu padre penetrando a tu madre, Fred? ¡Estás loco!

La pérdida de la inocencia no sería el único *shock* que le provocaría Belém. La ciudad sería también el escenario de su primer contacto con la muerte. Al anochecer del sábado de carnaval, al llegar a casa de los abuelos después de asistir a un baile en el club Tuna Luso, tembló al oír a una tía preguntándole a alguien: «¿Y Paulo ya lo sabe?» El abuelo Cazuza acababa de morir inesperadamente, víctima de un infarto. Paulo se puso muy triste y estaba abatido por la noticia, pero se sintió muy importante al saber que, dada la imposibilidad de llegar a Belém a tiempo, Lygia y Pedro lo habían nombrado representante de la familia en el entierro del abuelo. Como era habitual, prefirió manifestar sus sentimientos a solas, en las anotaciones que hacía en el diario antes de dormir:

> 8 de febrero, sábado de carnaval
> Esta noche no terminará en día para el viejo Cazuza. Estoy confuso y perturbado por la tragedia. Ayer se reía a gusto de los chistes y hoy todo está en silencio. Su risa ya no volverá a esparcir felicidad. Sus brazos acogedores, sus historias del Río antiguo, sus consejos, sus palabras de ánimo, está todo acabado. Escuelas de samba y comparsas desfilan por la calle, pero está todo acabado.

Esa misma noche también crearía «Recuerdos», poema de tres largas estrofas dedicado al abuelo. El dolor cantado por el adolescente en prosa y verso parecía sincero, pero se intercalaba con otras sensaciones. Con el cadáver aún expuesto en la sala de visitas de la casa, al día siguiente, Paulo se descubrió varias veces pecando contra la castidad, de pensamiento, claro, ante las piernas de sus primas presentes en el velatorio. Al final de la tarde del domingo se celebró el entierro de Cazuza —«de primerísima», escribió el nieto en el diario—, pero el martes de carnaval, en plena semana de luto, sus primos ya se divertían en los clubes de la ciudad. Aquellas vacaciones en Belém no sólo serían las últimas que Paulo pasaría allí, sino que marcarían un antes y un después en su vida. Además de las experiencias vividas, sabía que le esperaba un año escolar durísimo. Con un estado de ánimo incluso peor que el de los años anteriores, era fácil prever que sus días en el Santo Inácio estaban contados, con todas las consecuencias familiares que ello iba a suponer. Y no era sólo sobre su vida escolar sobre la que acechaban nubes negras. La víspera de volver a Río, a final de mes, pasó las páginas del diario hasta el día en que estaba registrada la muerte del abuelo, y aprovechó un pequeño espacio en blanco para escribir, en letra pequeña pero legible: «Hoy he estado pensando un poco y me he acercado a la terrible verdad: estoy perdiendo la fe.»

No era un sentimiento nuevo. Como termitas comiendo de manera implacable y silenciosa, sus primeros cuestionamientos religiosos habían tenido lugar durante el retiro espiritual del Santo Inácio. Perseguido por el deseo sexual y torturado por la culpa, le entraba el pánico con la posibilidad de padecer eternamente en las llamas apocalípticas pintadas por el padre Ruffier. Con ese estado de espíritu, recurrió al diario para dirigirse a Dios, en un tono demasiado desafiante para un verdadero cristiano:

¡Fuiste Tú el que creó el pecado! ¡La culpa es Tuya por no haberme hecho lo suficientemente fuerte para resistir! ¡Si no he sido capaz de mantener mi palabra es por Tu culpa!

A la mañana siguiente se angustió todavía más al leer la blasfemia que había escrito. Desesperado, llamó a un lugar seguro a su amigo Eduardo Jardim, rompió deliberadamente el voto de silencio y abrió su alma. La elección no era casual. Jardim era su modelo: inteligente, leía mucho y era un buen poeta sin ser exhibicionista. En el garaje de su casa se reunía un grupito del Santo Inácio, del cual formaba parte Paulo, para discutir las lecturas de cada uno. Pero era sobre todo la firmeza de las convicciones religiosas lo que hacía de Jardim no sólo un ejemplo, sino el oyente ideal para el amigo con el alma en apuros. Le contó que todo había empezado con una duda: si Dios existía, y si lo había creado a su imagen y semejanza, ¿por qué se complacía con su sufrimiento? De pregunta en pregunta llegó a la gran cuestión, a la duda inconfesable: ¿de verdad existe Dios? Por temor a oídos indiscretos, Jardim se acercó y le susurró, como si estuviera en el confesonario, palabras que parecían sal sobre las heridas de su amigo:

—Cuando era más pequeño, al sentir que la fe en Dios se me escapaba, hice los mayores sacrificios para retenerla. Rezaba desesperadamente, me daba duchas frías en invierno, pero poco a poco la fe fue desapareciendo, muy poco a poco, hasta desvanecerse por completo.

Quería decir, entonces, que incluso Jardim había capitulado. Por más que intentaba pensar en otra cosa, no era capaz de quitarse de la cabeza la imagen de un muchacho frágil sacrificándose con duchas frías, en pleno invierno, para que Dios no desapareciese, ¡pero Dios simplemente lo ignoraba! Aquel día Paulo Coelho odió a Dios. Y escribió, para que no quedasen dudas respecto a sus sentimientos:

Y sé lo arriesgado que es odiar a Dios.

Un episodio banal, ocurrido al regresar del retiro, agrió todavía más sus relaciones con Dios y sus pastores. En el camino entre la casa de Gávea y el Santo Inácio, Paulo se empeñó en que el chófer iba demasiado de prisa, poniendo en riesgo la vida de todos. Lo que en principio no era más que una preocupación se convirtió en una película de terror: si el autobús se estrellaba y él moría, antes del mediodía su alma estaría ardiendo en el infierno. El miedo era mucho mayor que la vergüenza. Se dirigió a la parte delantera del vehículo, donde se sentaba el orientador espiritual, y le dijo la verdad:

—Padre Ruffier, el chófer va demasiado de prisa. Tengo mucho miedo a morir.

Encolerizado, el religioso refunfuñó a escasos centímetros de la cara del niño:

—Tú tienes miedo a morir y yo estoy indignado con tu cobardía.

Con el paso del tiempo, las dudas se convirtieron en certezas. Empezó a odiar a los curas («una banda de retrógrados») y todas las obligaciones que le imponían, ya fueran religiosas o escolares. Se sentía engañado por los jesuitas. Vistos desde la distancia, los sermones que antes parecían verdades férreas los recordaba como «dosis de un veneno administrado lentamente para que odiemos estar vivos», según registró en su diario. Y se arrepintió profundamente de haberse tomado en serio en algún momento toda aquella palabrería vacía. «Yo, estúpido de mí, he llegado a pensar que la vida no valía la pena –anotó–. Y con la muerte siempre al acecho me veía obligado a confesarme permanentemente para no arriesgarme a ir al infierno.» A costa de mucho sufrimiento y de innumerables noches de insomnio, con casi diecisiete años Paulo estaba seguro de ciertas cosas. No quería volver a oír hablar de Iglesia, sermón, pecado, ni nada de eso. Y no tenía la menor intención de ser un buen alumno en el segundo año de ciencias, que estaba a punto de empezar. Con la misma convicción, estaba decidido a apostarlo todo, a invertir toda su energía en la idea fija que no llamaba vocación, sino «profesión»: ser escritor.

Un semestre fue tiempo más que suficiente para que todos supieran que el colegio había perdido completamente el significado para él: «Yo, que ya era un mal alumno, he pasado a ser pésimo.» Las notas en su boletín escolar demuestran que no se trataba de una exageración. Era uno de los más atrasados de la clase, alguien capaz de empeorar en cada tanda de exámenes. En las primeras pruebas del mes había conseguido una nota media algo superior al cinco, gracias a un sospechoso nueve obtenido en química. En mayo la media cayó hasta el 4,4, pero la alarma no se dispararía hasta junio, cuando la nota bajó hasta el 3,7. Aquel mes, además de las notas, Lygia y Pedro fueron convocados a una reunión en el colegio. Las noticias no podían ser peores. Un cura les leyó a la pareja el quinto artículo del reglamento del Santo Inácio –documento que los padres estaban obligados a firmar al matricular a sus hijos y preveía la expulsión de los alumnos que no llegasen a la nota media mínima exigida–, y fue directo al asunto, sin rodeos. Si en el segundo semestre seguía a ese ritmo, Paulo iba a suspender inevitablemente, lo que significaba sellar su expediente académico con la mancha de haber sido expulsado de uno de los colegios más tradicionales del país. Sólo había una salida para evitarlo y salvar las apariencias, ahorrándoles al alumno y a sus padres el mal trago. El religioso les propuso que, antes de la inevitable expulsión, tomasen la iniciativa de cambiar a su hijo inmediatamente de centro. Y les explicó que el Santo Inácio nunca había hecho algo semejante. La excepción era una deferencia por el hecho de que el alumno en cuestión era el nieto de un pionero de la primera promoción del colegio, matriculada en 1903, el viejo Arthur Araripe Júnior, *Mestre Tuca*.

Pedro y Lygia volvieron deshechos a casa. Sabían que su hijo fumaba a escondidas, a menudo el aliento delataba el consumo de bebidas alcohólicas y algunos parientes llegaron a quejarse de que Paulo se estaba convirtiendo en un mal ejemplo. «Ese chico es una amenaza —cuchicheaban sus tías—, va a acabar llevando por el mal camino a sus primos más jóvenes.» Pero lo que hasta entonces llamaban el «comportamiento raro» de Paulo era un problema restringido al ámbito familiar. Salir del Santo Inácio por la puerta de atrás, sin embargo, era el vituperio, la exposición pública de la incompetencia de los padres para educarlo bien. Y si un hijo, como su padre había dicho cientos de veces, era la tarjeta de visita de una familia, los Coelho tenían razones para sentir que su imagen se había deteriorado. En una época en la que la violencia física era el sistema pedagógico común entre los padres brasileños, Pedro y Lygia nunca le pusieron la mano encima a Paulo, pero eran rigurosos en los castigos que le imponían. Al anunciarle que habían decidido matricularlo en el colegio Andrews —donde tendría que seguir con sus estudios de ciencias—, su padre le comunicó también que las futuras vacaciones estaban canceladas y la paga suspendida temporalmente. Si quería dinero para comprar cerveza o tabaco, que buscase un trabajo.

Si la elección era una forma de castigo, el tiro les salió por la culata, porque a Paulo le encantó el cambio. Laico e infinitamente más liberal que el Santo Inácio, el Andrews era un colegio mixto, lo que aportaba una deliciosa novedad a la rutina escolar: chicas. Además de ellas, había discusiones políticas, grupos de estudio de cine e incluso un grupo de teatro aficionado, al que se apuntó incluso antes de conocer a todos los profesores. Un año antes se había aventurado en el mundo de la dramaturgia: durante las largas vacaciones de Todos los Santos se había encerrado en su habitación decidido a escribir una obra de teatro. Sólo salía a la hora de comer y de cenar, y se justificaba diciéndoles a sus padres que estaba preparando los exámenes de fin de curso. Al cabo de cuatro días de trabajo le puso el punto final a *Feo*, obra a la que se refería pretenciosamente como «un *petit guignol* al estilo Aluísio Azevedo», y cuya sinopsis registró en el diario:

> En esta obra presento lo feo de la sociedad. Es la historia de un joven rechazado que acaba suicidándose. Las escenas se desarrollan a través de siluetas, mientras cuatro juglares declaman los sentimientos de los personajes. En el intervalo del primer al segundo acto, un sujeto, al fondo del escenario, canta una bossa nova muy lenta, cuya letra está relacionada con el primer acto. He encontrado un buen sitio para representarla. Este año se representará aquí en casa, en el jardín de invierno.

El sentido crítico hablaría más alto que la vanidad y una semana después rompería en pedazos esa primera incursión en la dramaturgia, dedicándole un epitafio de sólo cinco palabras: «Era mala. Pronto escribiré otra.» Y fue como dramaturgo (inédito, como los demás) como se acercó al Teatro Aficionado del Colegio Andrews, el TACA, en 1964. En cuanto a la vida escolar, los profesores, los exámenes, nada de eso parecía formar parte de sus preocupaciones. Las pocas veces en las que el tema merecía alguna referencia en el diario, siempre eran registros cortos, negativos y reveladores de la falta de perspectivas: «Voy mal en los estudios, voy a suspender geografía, física y química»; «no soy capaz de coger los libros: cualquier cosa me distrae, por insignificante que sea»; «el tiempo de las clases me parece cada vez más largo»; «palabra, no sé qué me pasa, es algo indescriptible». Confesar que iba mal en los estudios era una forma de esconder la verdad: estaba cayendo en picado.

Hasta octubre, a dos meses del final del año, todas sus notas, en todas las asignaturas, habían sido inferiores a cinco. Su padre creyó que ya era hora de cortarle las alas y cumplió su amenaza: consiguió por su primo Hildebrando Góes un puesto para que su hijo trabajase de empleado aduanero para una empresa que hacía el drenaje de la entrada del puerto de Río de Janeiro. El salario era insuficiente incluso para pagar el transporte y el tabaco. Todos los días, después de las clases de la mañana, Paulo iba a casa, comía y cogía un bus hasta Santo Cristo, barrio central de Río, al lado del muelle. Un remolca-

dor lo llevaba hasta la draga, donde pasaba los días con un portafo-
lios en la mano, marcando con una equis cada vez que la máquina
recogía los detritus del fondo del mar y los depositaba en una barca.
Aquello le parecía algo inútil y sin perspectivas, y le recordaba a una
narración que le era familiar: el mito griego de Sísifo, en la que el
personaje es obligado a arrastrar una piedra montaña arriba y, al llegar a lo alto, la piedra rueda de nuevo hasta abajo, con lo que tiene
que volver a empezar la tarea. «Es un trabajo que no se acaba nunca
—escribió en el diario–. Cuando creo que se ha terminado, empieza
todo otra vez.» El castigo, sin embargo, no produjo ningún resultado
positivo. Seguía yendo mal en el colegio y, cuando supo que corría
el riesgo de repetir curso, registró la noticia a su manera. «Un amigo
me ha dicho que voy a suspender matemáticas –anotó–. Y, sin embargo, la mañana es tan hermosa, tan musical, que incluso estoy
contento. Oh, Dios, qué bella es la vida. Qué vida tan vida, Dios
mío.» Al final de curso, las notas confirmaron las expectativas generales: una media final de 4,2 significaba el suspenso en todas las
asignaturas.

Paulo parecía cada día más indiferente a aquel mundo. Soportaba
sin protestas el trabajo en la draga y ni le había importado que sus
padres le dieran sólo una navaja como regalo de Navidad. Sólo le interesaban las letras, ya fuera en forma de novelas, de obras dc teatro
o en versos. Sí, porque meses después de romper con la poesía, había
vuelto a componer versos febrilmente. Después de reflexionar mucho
al respecto, decidió que no era una vergüenza componer versos
mientras no le llegaba el momento de escribir su novela. «¡Tema tengo para escribir una novela! El problema es que no sé cómo empe-
zarla y no tengo paciencia para seguirla —refunfuñaba, para seguir
conformándose—: Y, sin embargo, ésta es la profesión que he escogido.» Al relacionarse con la vecindad de Gávea, descubrió que había
más jóvenes interesados en los libros y la literatura. Como no eran
más que quince chicas y chicos, crearon un club literario, llamado
Rota 15 (el nombre lo sacaron de las iniciales de la calle Rodrigo
Otávio, una transversal de Padre Leonel Franca, donde quedaba su
casa, y en cuya esquina se reunía el grupo). La producción poética de

Paulo Coelho era tan prolífica que, cuando el Rota 15 decidió lanzar un libro mimeografiado de poesías, él contribuyó con una antología de trece poemas (entre ellos, el premiado «Mujer de trece años»), al final del cual iba su currículum: «Paulo Coelho inició su carrera literaria en 1962 escribiendo pequeñas crónicas para más tarde adoptar el género poético. Entró en la Academia Literaria Santo Inácio en 1963 y ese mismo año consiguió el máximo premio de esa asociación.» El Rota 15 cerró sus puertas escandalosamente. Paulo acusó al tesorero de vaciar la caja y gastarse el dinero en ir a ver el espectáculo de la diva pop francesa Françoise Hardy, que se presentaba en Río.

Ya se creía un poeta de prestigio suficiente para no depender de periodicuchos de barrio o de pandillas. Con la autoconfianza de un veterano, sintió que estaba llegando el momento de volar más alto. Su sueño era ver publicado un elogio –una mera referencia sería perfecto– en la respetada columna literaria «Escritores e Livros» que el pernambucano José Condé firmaba semanalmente en el periódico *Correio da Manhã*. Capaz de construir o destruir reputaciones con un párrafo, el malhumorado Condé celebraba entonces la coautoría de *Los siete pecados capitales*, recopilación lanzada por la editorial Civilização Brasileira, en la que tenía como compañeros a Guimarães Rosa, Otto Lara Resende, Carlos Heitor Cony y Lygia Fagundes Telles, entre otras grandes figuras. Paulo admiraba el estilo seco de Condé y esperaba que el ojo sagaz del crítico llegase a ver el talento oculto en sus escritos. Engordó con nuevos poemas la antología publicada por el Rota 15, se esmeró con la mecanografía y envió el conjunto cuidadosamente encuadernado a la redacción del *Correio da Manhã*. El miércoles siguiente, día de «Escritores e Livros», corrió al quiosco ansioso por leer la opinión de Condé al respecto. La sorpresa fue tal que recortó la columna, la pegó en su diario y escribió encima: «Hace una semana le escribí a J. Condé y le envié mis poesías pidiéndole su crítica. Y hoy aparece esto en el periódico.» El motivo de su indignación era la posdata de diez líneas al pie de la columna del escritor:

A los jóvenes que se precipitan, ansiosos por aparecer y publicar libros, les conviene recordar el caso de Carlos Drummond de Andrade, que durante quince años sólo publicó tres pequeños volúmenes, con un total de ciento cuarenta y cuatro poesías... Aún el otro día un crítico destacaba que Ernest Hemingway reescribió nada menos que veinte veces esa pequeña obra maestra que es *El viejo y el mar*.

Hecho polvo por la agresividad, reflexionó. Si poco tiempo antes le agradecía a Dios la felicidad de haber descubierto su vocación, ahora la autosuficiencia daba lugar a un mar de dudas. «Puede ser que me esté obsesionando con ser escritor –pensaba–. ¿Realmente sirvo para serlo?» Pero en seguida apartaba esas dudas. Como el amigo que se daba duchas frías para no perder la fe en Dios, tenía que luchar sin vacilar y sin debilidad para realizar su sueño. Sintió el golpe recibido por Condé, pero no estaba dispuesto a darse por vencido. Se pasó todo el día pensando en la columna literaria. Para distraerse, intentó ver en la tele un capítulo del famoso programa americano «Dr. Kildare», sobre las aventuras de un joven médico, interpretado por el actor Richard Chamberlain, en un gran hospital. Apagó la tele antes de que acabase el episodio y escribió en su cuaderno:

En el episodio de la serie «Dr. Kildare» de hoy, el director del hospital le dice al médico: «No debería haber intentado cambiar su vida, Jim. Todos nacemos destinados a algún ideal.» Yo he aplicado estas palabras a la profesión de escritor y he decidido serlo.

Entusiasmado con su propia determinación, compuso una parodia del poema «Si...», del británico Rudyard Kipling:

Si eres capaz de pedirles a amigos y enemigos una oportunidad.
Si eres capaz de oír «no» y considerarlo como un «tal vez».
Si eres capaz de empezar por abajo y, aun así, apreciar lo poco que te
[corresponde.
Si eres capaz de perfeccionarte en cada momento y llegar arriba sin
[dejarte dominar por la vanidad.
Entonces, serás escritor.

Sumergido en tan altas trascendencias, lo desanimaba mucho la perspectiva de enfrentarse a los boletines de notas del Andrews. Torturado ante esa idea, tramó un plan que, si daba resultado, lo libraría del colegio al menos por dos años: obtener una beca y salir del país, como habían hecho algunos de sus compañeros. Los padres volvieron a esperanzarse cuando vieron que se inscribía en el American Field Service, programa de intercambio cultural muy en boga en la época. A juzgar por sus notas escolares, no era completamente nulo en inglés (materia en la que rara vez iba mal, comparado con otras asignaturas), lo que era medio camino andado para obtener la beca. Durante dos semanas dedicó su tiempo libre a preparar el papeleo para la inscripción: certificados escolares, fotos de carnet, cartas de presentación. Cuando llegaron los exámenes, los otros siete participantes de su grupo fueron reducidos a cuatro para, finalmente, quedar solamente Paulo y otros dos clasificados más para el examen decisivo: la entrevista oral hecha por alguien venido de Estados Unidos, toda en inglés, naturalmente.

El día señalado estaba tan nervioso que, al sentarse delante de la examinadora —una chica de su edad—, sintió el primer golpe, como un puñetazo en medio del pecho. Dejó de lado la herejía y en silencio le imploró a Dios que fuera una falsa alarma. Pero no lo era: tenía un ataque de asma. Un silbido seco salía de sus pulmones mientras, con unos ojos abiertos como platos, palpaba sus bolsillos buscando el nebulizador. Intentaba hablar, pero en lugar de la voz le salía un soplo. Asustada ante la escena, la americana se quedó paralizada, sin saber qué hacer. Después de algunos minutos, la crisis cedió. Una vez recuperado, pudo terminar la entrevista, pero salió de allí con malos presentimientos: «Creo que el asma lo ha echado todo a perder.» De hecho, cuando faltaba un mes para el embarque, recibió un telegrama que le anunciaba que no había sido elegido. En vez de sentirse derrotado por el rechazo, Paulo lo atribuyó, no a su bajo rendimiento, sino al hecho de que su madre hubiera estado anteriormente en Estados Unidos. «Creo que prefieren a gente cuyos familiares no hayan estado nunca en Estados Unidos —escribió, para rematar con una reflexión digna de la zorra ante el racimo de uvas—:

Piensan, o al menos ésa es mi impresión, que soy demasiado intelectual para América.»

Fue en esa época cuando surgió una nueva y avasalladora pasión en su vida. Esta vez, una pasión de carne y hueso, ojos castaños y piernas largas que atendía al nombre de Márcia. A los diecisiete años, Paulo seguía siendo delgado y bajo incluso para la media brasileña. Pesaba cincuenta kilos, al menos diez por debajo de lo deseado para alguien que medía 1,69 metros, estatura que conservaría el resto de su vida. Y no era un adolescente guapo, según su propia e insospechada opinión: «Era feo, delgado, desprovisto de encanto alguno e incapaz de despertar interés en cualquier chica —repetiría muchas veces, con pequeñas variaciones en el vocabulario, en entrevistas a lo largo de su vida—. Por culpa de mi aspecto, tenía complejo de inferioridad.» Mientras que los chicos usaban camisas de manga corta ajustadas para exhibir los músculos, él siempre llevaba camisas de traje de manga larga que escondían sus hombros estrechos y sus delgados brazos. Un cinturón de cuero desproporcionado respecto a las medidas de su dueño le sujetaba los vaqueros descoloridos, como dictaba la moda, pegados a sus finas piernas. El modelito se completaba con las gafas redondas de metal y cristales de color, que años después se convertirían en una marca registrada del *beatle* John Lennon. El pelo le tapaba las orejas y casi le llegaba a los hombros, y últimamente se había dejado crecer un escaso bigotito y un pequeño mechón de pelo bajo el labio inferior, a modo de pequeña perilla.

Un año más joven que Paulo, Márcia era casi su vecina, pues vivía en el edificio de la esquina de la calle Rodrigo Otávio con Padre Leonel Franca. También estudiaba en el Andrews y formaba parte del Rota 15. De pelo claro y liso, nariz de muñeca y mirada atenta, a pesar de la vigilancia de sus padres y de su hermano mayor, Márcia era coqueta y, por eso, era de las que más pretendientes tenía de toda la pandilla. Con la autoestima por los suelos, el futuro autor de bestsellers nunca se dio cuenta de que ella lo miraba con buenos ojos. Sobre todo cuando él polemizaba con otro «intelectual» del grupo, Alcides Lins, *Cidinho*, sobre películas, libros y obras de teatro. Aunque la mayoría no conocían exactamente el significado de la palabra, casi todos se sentían «existencialistas». Paulo no usaba ropa sofisticada, no tenía coche, no era fuerte, pero Márcia hacía todo lo posible por oírlo contar partes de libros o declamar versos de poetas famosos. Él, sin embargo, nunca había notado simpatía alguna por parte de la chica, hasta que ella tomó la iniciativa.

La noche del 31 de diciembre de 1964, Paulo remató otro cuaderno más del diario con una frase melancólica: «Hoy es el último día de 1964, un año que acaba con un gemido escondido en la noche. Un año coronado de amargura.» Y, deprimido, quedó con sus amigos dos días después, un sábado, para asistir al espectáculo *Opinião*, con la cantante Nara Leão, en el teatro Arena de Copacabana. El grupo se distribuyó entre las sillas y coincidió que Márcia se sentó a su lado. Cuando las luces se apagaron y la voz suave de Nara empezó a entonar los primeros versos de *Peba na Pimenta*, de João do Vale, ella sintió un roce muy suave, casi un soplo en su mano. Miró de reojo, sin mover la cabeza, y vio la mano de Paulo sobre la suya. Inmediatamente entrelazó sus dedos con los de él y los apretó ligeramente. Él se llevó un susto tan grande que su primera reacción fue de pánico: ¿y si le daba un ataque de asma en ese momento? No, se tranquilizó. «Estaba seguro de que Dios había guiado la mano de Márcia hasta la mía —recordaría más tarde—. Si era así, ¿por qué me iba a mandar un ataque de asma en ese momento?» Y fue al ritmo de una respiración como la de cualquier otro como se enamoraron apasionadamente. Cuando el espectáculo terminó, Nara Leão tuvo que hacer varios bises de la canción que daba nombre al espectáculo, una protesta de Zé Kéti contra la dictadura militar que se había instalado en Brasil nueve meses antes. Siempre cogidos de la mano, la parejita aprovechó la oscuridad, se deslizó entre el público abarrotado y salió. Desde fuera podían oír a Nara cantando los versos del comienzo de *Opinião* en el cuarto bis:

Podem me bater, podem me prender,
podem até deixar-me sem comer,
que eu não mudo de opinião.
Daqui do morro eu não saio não.

[Pueden pegarme, me pueden detener,
pueden incluso dejarme sin comer,
que no cambio de opinión.
De aquí de la favela no salgo, no.]

Se quitaron los zapatos y anduvieron descalzos cogidos de la mano por la arena de Copacabana. Paulo la abrazó e intentó besarla, pero Márcia se apartó delicadamente:

—Nunca me han besado en la boca.

Él reaccionó con la naturalidad de un viejo donjuán:

—No te preocupes, ya he besado a otras chicas. Te va a gustar.

Bajo el sofocante calor y el cielo estrellado de la noche carioca, los dos mentirosos se dieron un largo beso, que ambos recordarían con nostalgia más de cuarenta años después. Decididamente, el año 1965 no podría haber empezado mejor. Salir con Márcia le produjo una paz de espíritu que no recordaba haber vivido antes, ni en los mejores momentos de Araruama o de Belém. Como en las nubes, ni siquiera se enfadó cuando supo que lo habían descalificado en un concurso de poesía patrocinado por el Instituto Nacional del Mate. «¿Qué importa un premio más o menos —escribió, magnánimo— para alguien amado por una mujer como Márcia?» Ahora llenaba páginas enteras con dibujos de corazones atravesados por flechas del amor, con los nombres de ambos en ellos.

La felicidad duró poco. Antes de acabar el verano, los padres de Márcia se enteraron de quién era su novio y fueron tajantes: «Con ése, no.» Y como ella quiso saber las razones del veto, su madre fue desconcertantemente franca:

—En primer lugar, es muy feo. No sé qué ha visto una chica tan guapa como tú en un chico tan feo y enclenque. A ti te gustan las fiestas y él ni siquiera sabe bailar, le da vergüenza sacar a una chica a bailar. Sólo le interesan los libros. Y, además, ese chico tiene un aire enfermizo, no sé...

Márcia contestó que Paulo era saludable. Tenía asma, como millones de personas, pero se podía curar, no era una cuestión de carácter. Sin embargo, aunque el asma tenía cura, la madre temía que padeciera también otras enfermedades, contagiosas:

—Han llegado a decirme que es existencialista y comunista. Y dejemos el tema.

Pero su hija no tenía intención de dejar el tema. Le contó toda la historia a su novio y ambos decidieron enfrentarse a la situación. Empezaron a verse a escondidas, protegidos en casas de amigos comunes y, a falta de lugares seguros, los momentos de intimidad eran muy escasos, y en general se daban en las barcas de pedales de la laguna Rodrigo de Freitas. Nunca iban más allá de los preliminares. Paulo disimulaba naturalidad, pero hasta entonces, en realidad, sólo había tenido una relación sexual, unos meses antes. Aprovechando la ausencia de sus padres, que habían salido al cine, consiguió convencer a Madalena, una linda empleada doméstica recién contratada por su madre para que subiera a su habitación. Aunque sólo tenía dieciocho años, Madá era una joven con experiencia suficiente como para que él guardara un grato recuerdo de su primera noche.

Al enterarse de que su hija seguía viendo a escondidas a «aquel individuo», los padres aumentaron la vigilancia y le prohibieron hablar por teléfono con Paulo. Pero en seguida descubrieron que los dos ponían el despertador para que sonase debajo de la almohada a las cuatro de la mañana y, protegidos por el silencio de la noche, se susurraban palabras de amor con la boca pegada al teléfono. El castigo por desobedecer fue más duro: un mes sin salir. Márcia no se dio por vencida: con la ayuda de la asistenta, le enviaba notas a su amado para quedar a una hora y verse a través de la ventana de su habitación, en la que estaba encerrada. Una mañana, al despertarse, se asomó a la ventana y vio en el asfalto una declaración de amor, escrita con grandes letras: «M. te amo. P.»

Cuando ya se estaba acabando el castigo, la madre volvió a la carga: Paulo no servía para ella, no iba a salir bien, se trataba de alguien sin futuro ni perspectivas. Cabezota, ella respondía que no, que no iba a dejar de verlo. Su plan era casarse algún día con él. Al oír eso, una tía suya llegó a insinuarle que un chaval tan débil como él era posible que no tuviera fuerzas ni para cumplir con sus obligaciones conyugales. «¿Sabes a qué me refiero, hija mía? —insistió su tía—. Matrimonio, sexo, hijos... Flaco como es, ¿crees que realmente podrá llevar una vida normal?» Márcia no parecía hacer caso de las amenazas. En cuanto terminó su castigo, volvió a verse con Paulo. Habían descubierto un lugar ideal: dentro de la iglesia de Nuestra Señora de la Concepción, que les quedaba cerca de casa. Nunca se sentaban juntos, sino uno delante del otro, para no despertar sospechas, y se hablaban en susurros. A pesar de las precauciones, el padre de ella acabó pillándolos; arrastró a Márcia hasta casa gritando y, al llegar, le aplicó un castigo proporcional al pecado cometido: le dio una paliza con el cinturón.

Sin embargo, ella parecía firmemente decidida a seguir saliendo y a casarse con su príncipe encantado. Y si sus padres estaban en contra, los de Paulo tampoco parecían muy entusiasmados con la elección de su hijo. Como la celebración de fiestas era habitual en las casas de sus amigos, Paulo consiguió doblegar la rigidez de Lygia y de Pedro y ofreció una en su casa. Fue un desastre. Al ver a su hijo bailando con la cara pegada a la de su novia, el padre se cruzó de brazos al lado de ambos, observándolos visiblemente contrariado, hasta que Márcia, avergonzada, se excusó y se unió a un grupo de amigas. E hizo lo mismo con todos los demás. Bailar pegados o con la mano por debajo de la cintura de la chica era suficiente para que el padre repitiera la grosería: se ponía al lado de la pareja, se cruzaba de brazos y no se despegaba de ellos hasta que «no guardasen las formas». Además, toda la fiesta se desarrolló bajo una rigurosa ley seca, ya que, por orden del dueño de la casa, las bebidas alcohólicas habían sido prohibidas, sin excepción siquiera de una inocente cervecita.

Por todo ello, la primera sería también la única fiesta ofrecida por los Coelho en el caserón de color rosa. Pero ni así, ni los despropósitos de su padre hacían que la felicidad de Paulo desapareciera. El cumpleaños de Márcia se acercaba y el noviazgo todavía no llegaba a dos meses cuando su madre la llamó para tener una conversación. Sin fe en los resultados de la pedagogía de la violencia, apostó fuerte:

—Si dejas de salir con ese chico, puedes escoger la mejor tienda de Río y comprarte todos los vestidos que quieras.

La madre sabía que había dado en el punto débil de su hija, la vanidad, pero la reacción inicial de Márcia fue pensar que la proposición era inaceptable, «un chantaje en toda regla». Después de reflexionar mucho, sin embargo, llegó a la conclusión de que había dado muestras más que elocuentes de su amor. Y, bien pensado, ambos sabían que era una ilusión imaginar que iban a ser capaces de seguir adelante con aquella relación en contra de la voluntad de sus padres. Ambos eran menores de edad, dependientes, ¿qué futuro podía tener aquello? Si tenía que capitular, al menos que fuese a cambio de algo justo, y lo encontró. Al leer la carta de Márcia comunicándole el fin de su relación, Paulo se deshizo en lágrimas y registró en el diario la frustración por no haber podido vivir con la joven un amor trágico como el de Romeo y Julieta: «Para alguien como yo, que soñaba con convertir Gávea en una Verona brasileña, no podía haber final más melancólico que ser sustituido por dos vestidos.»

Abandonado por su Gran Amor —era así, con iniciales en mayúscula, como llamaba a Márcia en su diario—, cayó de nuevo en la depresión. Preocupados por el estado de su hijo, sus padres se compadecieron y decidieron hacer una excepción: aunque le habían prohibido las vacaciones en Araruama por haber suspendido en el Andrews, podía ir a pasar allí el carnaval con sus primos. Paulo llegó a la ciudad en autobús el viernes por la noche y pasó el fin de semana triste, sin ánimo ni para ver chicas en los bailes de la ciudad. El lunes por la noche aceptó una invitación de tres amigos para tomar una caña en un garito cercano a la casa del tío José. Cuando la mesa estaba llena de posavasos, reveladores de la excesiva cantidad de cerveza consumida, uno de los chicos, Carlinhos, tuvo la idea:

—Mis padres están de viaje y el coche está llamándonos en el garaje de casa. Si alguno de vosotros sabe conducir, podemos dar una vuelta por la ciudad.

Aunque nunca había puesto las manos en el volante de un vehículo, Paulo se aventuró:

—Yo sé.

Acto seguido pagaron la cuenta, fueron hasta casa de Carlinhos y cogieron el coche. Cuando los cuatro se dirigían a la avenida princi-

Márcia, su primera pasión
de carne y hueso, acabó
cambiándolo por dos vestidos.

pal, por donde desfilaban los pasacalles y las escuelas de samba, una caída de tensión apagó completamente todas las luces de la ciudad. A pesar de la oscuridad, Paulo siguió avanzando en medio de la confusión de peatones y comparsas. De repente vio que un grupo de hombres disfrazados de mujer se dirigían al coche. Sin saber cómo reaccionar, se desvió y aceleró, asustado, y entonces uno de sus compañeros gritó:

—¡Cuidado con ese niño!

Era demasiado tarde. Todos oyeron un fuerte golpe en la parte delantera del vehículo, pero Paulo siguió acelerando mientras sus compañeros, que miraban hacia atrás, gritaban aterrorizados:

—¡Acelera, Paulo! ¡Acelera! ¡Sal de aquí, lo has matado!

5

PARA SACIAR AL ÁNGEL DE LA MUERTE, PAULO DEGÜELLA UNA CABRA DEL VECINO, MANCHANDO DE SANGRE LA PARED DE CASA

El niño era Luís Cláudio, Claudinho, hijo del sastre Lauro Vieira de Azevedo. Tenía siete años de edad y vivía en la calle Oscar Clark, cerca de la casa en la que se hospedaba Paulo. La violencia del impacto fue tal que lanzó al niño lejos, con el abdomen abierto y las vísceras saliéndole fuera del cuerpo. Cuando lo llevaron inconsciente a la Casa de Caridad, el único hospital de Araruama, confirmaron que el golpe le había reventado el bazo. Para contener la hemorragia, el médico de guardia le hizo una transfusión de sangre, pero la presión arterial bajó bruscamente. Claudinho estaba entre la vida y la muerte.

Después del atropello, además de no socorrer al niño, Paulo y sus amigos huyeron a toda velocidad del lugar del accidente. Guardaron el coche en el garaje de los padres de Carlinhos y, con la ciudad todavía a oscuras, fueron hasta la casa de Maurício, otro de los ocupantes del automóvil. Por el camino oyeron que la noticia estaba corriendo por la ciudad. Aterrorizados por los rumores de que el niño había muerto, hicieron un pacto de silencio perpetuo: ninguno de ellos hablaría jamás sobre lo ocurrido. Cada uno siguió su camino. Para no despertar sospechas, Paulo llegó a casa del tío José como si nada hubiera ocurrido (según sus propias palabras, «con el mayor cinismo»). Media hora después, sin embargo, la bomba estallaba: denunciados

141

por un testigo, Maurício y Aurélio, el cuarto miembro del grupo, fueron detenidos y, presionados por la policía, confesaron quién conducía el coche. Su tío lo llevó a una habitación y le explicó la gravedad de la situación:

—El niño está entre la vida y la muerte. Esperemos que sobreviva, porque si no las cosas se van a poner muy feas para ti. Tus padres ya lo saben todo y están en camino desde Río para hablar con la policía y con el juez de la ciudad. Mientras, no salgas de casa. Aquí estás seguro.

El tío conocía la fama de atrevido y maleducado del sastre, y temía que el vecino hiciera alguna tontería. Sus temores se confirmaron aquella misma noche. Después de visitar a su hijo agonizante en el hospital, Lauro apareció en la puerta de la casa en la que Paulo se escondía, acompañado de dos individuos malcarados. Dejando a la vista el revólver que llevaba a la cintura y sin controlar su enfado, señaló con su dedo hacia la nariz del tío José:

—Señor Araripe, Claudinho se debate entre la vida y la muerte en el hospital. Mientras no le den el alta, que su sobrino Paulo no salga de Araruama. Y si mi hijo muere, enterrarán a Paulo con él, porque yo vendré a matarlo.

Por la noche llegaron Lygia y Pedro a Araruama y, antes incluso de ver a su hijo, fueron directamente a casa del juez, que les dijo que «el autor» sólo podía abandonar la ciudad con su autorización. La presencia de sus padres no hizo que disminuyese la desesperación de Paulo, que pasó una noche horrible sin pegar ojo. Acostado en la cama, escribió con letra temblorosa:

Éste es el día más largo de mi vida. Son momentos de angustia, sin saber en qué estado está el niño. Sin embargo, el momento más angustioso fue cuando llegamos a casa de Maurício, después del accidente, y todos decían que el niño estaba muerto. Sentí ganas de morir, de desaparecer. Sólo tú, Márcia, estabas y estás en mi pensamiento hasta hoy. Voy a recibir una citación del juez por conducir sin carnet. Y, en el caso de que el niño empeore, iré a juicio, con el riesgo de acabar en el reformatorio.

Era el infierno en la tierra. La mañana del martes de carnaval, las dos noticias —el accidente y la amenaza del sastre— habían corrido por toda la ciudad, atrayendo a la calle Oscar Clark a grupos de curiosos a la espera del desenlace del drama. Por la mañana temprano, Lygia y Pedro decidieron hacerles una visita de cortesía a los padres de Claudinho para pedirles disculpas por lo ocurrido y obtener noticias del estado del niño, que seguía inconsciente. Lygia les llevó una bonita cesta de frutas para que se la diesen al pequeño. Cuando ella y su marido se acercaban a la casa, en la misma calle que la del tío José, Lauro les dijo que diesen media vuelta, porque no estaba para charlas. Repitió la amenaza, «su hijo sólo saldrá vivo de la ciudad si el mío sobrevive», y le dijo a Lygia que podía llevarse la fruta: «Nadie aquí se está muriendo de hambre. No quiero limosna, quiero que mi hijo vuelva.» Paulo sólo salía de la habitación para pedir noticias del niño. Cada información que le llegaba era registrada en el cuaderno:

[...] Fueron al hospital por la mañana. La fiebre le está bajando, ojalá su padre retirara la denuncia de la policía.

[...] La ciudad entera ya lo sabe y no puedo salir de casa, pues me están buscando. Me dijeron que ayer en el baile había un detective en la puerta, esperándome.

[...] La fiebre del niño ha vuelto a subir.

[...] Parece ser que pueden detenerme en cualquier momento, porque alguien le ha dicho a la policía que soy mayor de edad. Ahora todo está en manos del niño.

La fiebre subió y bajó varias veces. Claudinho recuperó la conciencia el miércoles por la mañana, dos días después del accidente, pero hasta la noche la agonía no llegó a su fin, cuando los médicos dijeron que estaba fuera de peligro y que le darían el alta al cabo de algunos días. El jueves bien temprano, Pedro Coelho llevó a su hijo ante el juez, en cuya presencia tuvo que firmar una declaración de responsabilidad por todos los gastos médicos y hospitalarios hechos por la familia del niño. Éste sobrevivió sin ninguna secuela, salvo una enorme cicatriz en el abdomen que le marcaría el cuerpo para siempre. Pero el destino decidió que su encuentro con la muerte se daría un lunes de carnaval. Pasados treinta y cuatro años, el día 15 de febrero de 1999 −otro lunes de carnaval−, Luís Cláudio, en ese momento comerciante, casado y padre de dos hijas, fue arrancado de su casa de Araruama por dos pistoleros enmascarados, aparentemente a sueldo de una banda de atracadores de camiones de carga. Torturado salvajemente, todavía estaba consciente cuando lo ataron, rociaron su cuerpo con gasolina y le prendieron fuego, con lo que murió carbonizado.

Pero en 1965 el hecho de que el niño sobreviviese no mejoró el humor de Pedro Coelho. De regreso a Río, Paulo supo que, como castigo por el atropello y por haber mentido, iba a estar un mes sin salir de casa por la noche. Y la paga, que había recuperado al dejar el trabajo en la draga, en diciembre, quedaba otra vez suspendida hasta que su padre recuperase los cien mil cruceiros (aproximadamente, tres mil reales de 2008) desembolsados para cubrir los gastos derivados del accidente. Dos meses después del comienzo de las clases, el boletín de notas renovó las esperanzas de la familia Coelho: aunque le había ido mal en algunas asignaturas, había obtenido tan buenas calificaciones en portugués, filosofía y química que su media general había subido hasta un 6,1 (notas mediocres, sí, pero un progreso para el que hasta hacía poco no era capaz de llegar ni siquiera al cinco). Sólo fue la esperanza: en el segundo trimestre, la media bajó hasta el 4,6, y en el tercero, apenas fue capaz de llegar al 2,5. La llegada de las notas pasó a ser el día de bronca en la familia. Pedro Queima Coelho de Souza se subía por las paredes, bramaba, recortaba privilegios, amenazaba con castigos cada vez peores, pero Paulo parecía indiferente a aquellas cuestiones. «Estoy harto del colegio −les repetía a sus amigos−. En cuanto pueda dejarlo, no lo pienso dos veces.»

La energía y el entusiasmo que no ponía en las pruebas escolares eran integralmente canalizados hacia el proyecto de convertirse en escritor. Molesto por el hecho de no ser todavía un autor conocido, y convencido de su propio talento, concluyó que sus problemas se resumían en una palabra: propaganda. En largos paseos nocturnos con su amigo Eduardo Jardim por la playa de Copacabana, a principios de 1965, reflexionó mucho al respecto o, según sus propias palabras, «sobre mis problemas para consolidarme como escritor consagrado». Su ecuación parecía sencilla: a medida que el mundo se hacía cada vez más materialista (por el comunismo o por el capitalismo, tanto daba), la tendencia natural era que las artes desapareciesen y, con ellas, la literatura. Y sólo la propaganda podría salvarlas del armagedón cultural. Su principal preocupación eran las letras, como le había expuesto varias veces didácticamente a Jardim: al no ser tan difundida como la música, la literatura no encontraba terreno fértil entre los jóvenes. «Si esta generación no tiene quien le infunda el gusto por las letras —le argumentaba a su amigo—, van a desaparecer en muy poco tiempo.» Para finalizar, revelaba su receta del éxito:

—Por eso la propaganda será el principal elemento de mi programa literario. Y será administrada por mí. Con la propaganda obligaré al público a leer y a juzgar lo que escribo. Así, mis libros se venderán más, pero eso será una consecuencia secundaria. Lo importante es que voy a excitar la curiosidad popular respecto a mis ideas, a mis teorías.

A pesar de la sorpresa con la que lo veía Jardim, él proseguía con sus proyectos para la fase posterior a la conquista del público:

—Después, siguiendo el ejemplo de Balzac, escribiré, bajo un seudónimo, artículos que me ataquen y me defiendan, pero eso es harina de otro costal.

Jardim no parecía estar de acuerdo con nada de lo que oía:

—Piensas como un comerciante, Paulo. Recuerda que la propaganda es algo falso, que fuerza a la gente a hacer lo que no quiere.

Sin embargo, él estaba tan convencido de la eficacia de aquellas ideas que desde enero mantenía pegada a la superficie de su mesa de estudio, en casa, una nota con las tareas que tenía que cumplir a lo largo del año para alcanzar la consagración:

Programación literaria para el año 1965

Comprar todos los periódicos de Río durante la semana.

Ver las secciones literarias, enterarse de quiénes son sus respectivos encargados y los directores de esos periódicos. Enviarles composiciones a los encargados y una carta explicativa a los directores. Hablar por teléfono con ellos para enterarse de qué día sale el escrito. Informar a los directores de cuáles son mis ambiciones.

Conseguir recomendaciones para publicar.

Repetir la operación con las revistas.

Enterarme de si alguien de los que hayan recibido mis escritos quiere recibirlos periódicamente.

Repetir la operación con las estaciones de radio. Sugerirles un programa mío o enviarles mis contribuciones a los programas que ya existen. Volver a llamar por teléfono para saber qué día será emitido lo que escribo, si es que lo emiten.

Conseguir la dirección de los grandes escritores y enviarles mis poesías y pedirles críticas, así como que las pongan en los periódicos en los que publican. Insistir siempre en que no contesten.

Asistir siempre a las sesiones de autógrafos, conferencias, estrenos de obras de teatro, intentando hablar con los grandes y hacerse notar.

Organizar montajes de obras de teatro mías con invitados que pertenezcan al círculo literario de la vieja generación para conseguir que «me apadrinen».

Intentar ponerme en contacto con la nueva generación de escritores, ofreciendo cócteles, yendo a los lugares que ellos frecuentan. Seguir con la propaganda interna, comunicándoles siempre a mis compañeros mis victorias.

Mecanografiado en el papel, el plan parecía infalible, pero la verdad es que Paulo seguía en la misma humillante y dolorosa oscuridad. No lograba publicar nada, no conocía a ningún crítico ni periodista, a nadie que pudiera abrirle una puerta o echarle una mano para alcanzar el éxito. Encima, seguía yendo mal en los estudios, y se obligaba con un visible desánimo a acudir todos los días al Andrews (para nada, pues sus notas eran cada vez peores). Se pasaba los días ausente, como si tuviera la cabeza en otro mundo. Durante ese letargo conoció a un compañero de escuela llamado Joel Macedo, un estudiante de letras. Tenían la misma edad, pero Joel era lo opuesto a él: extrovertido y políticamente comprometido, era una especie de benjamín de la llamada «generación Paissandu» (cinéfilos e intelectuales que se reunían en el tradicional cine Paissandu, en el barrio de Flamengo). Agitador cultural, dirigía el grupo de teatro TACA y era el responsable de *Agora*, un periódico interno de los alumnos del Andrews, de cuya redacción, invitado por él, Paulo entró a formar parte. El periódico sobrevivía enfrentándose a la conservadora dirección del colegio a causa de las denuncias contra las prisiones y las injusticias cometidas por el gobierno militar.

Un nuevo mundo se abrió ante sus ojos. Entrar en el grupo Paissandu era convivir con la flor y nata de la intelectualidad carioca y ver de cerca a las estrellas de la protesta de izquierdas contra el régimen militar. No sólo cineastas, sino también músicos, dramaturgos y periodistas que dictaban la moda cultural de Río eran los que constituían la clientela del cine y de su extensión, los dos bares que había al lado, el Oklahoma y el Cinerama. Las novedades más recientes del cine europeo se proyectaban en las «sesiones malditas», a medianoche de los viernes, en cuanto se vendían las setecientas entradas a la sala, en tan sólo unos minutos. Paulo no tenía inquietudes políticas ni sociales, pero su profunda ansiedad existencial encajaba muy bien en el perfil de los asiduos al Paissandu, y al cabo de poco tiempo empezó a moverse por allí como pez en el agua. Llegó un día en el que tuvo que confesarle a Joel por qué nunca asistía a las sesiones malditas, precisamente las mejores:

—Primero, porque no cumplo los dieciocho hasta dentro de unos meses, y las películas que se proyectan son para mayores de edad —le explicó, añadiendo que el segundo motivo era igualmente impeditivo—: Si llego a casa después de las once, mi padre no me abre la puerta.

A Joel no acababa de gustarle que alguien de diecisiete años tuviera hora para llegar a casa:

—Ha llegado el momento de que des tu grito de libertad. El tema de la edad es sencillo: sólo tienes que modificar la fecha de tu nacimiento en tu carnet de estudiante, como hice yo. —Y se ofreció también a resolverle el problema del horario—: Después de las sesiones de medianoche, te vienes a dormir a casa de mis padres, en Ipanema.

A partir de entonces, con el carnet debidamente falsificado y un techo garantizado, Paulo se internó en el mundo encantado de Jean-Luc Godard, Glauber Rocha, Michelangelo Antonioni, Ingmar Bergman y Roberto Rosellini.

Sin embargo, seguía teniendo una dificultad. Las entradas, la cerveza, el tabaco y el transporte costaban dinero. No era una fortuna, claro, pero sin la paga, no tenía ni un céntimo en el bolsillo y ni idea de cómo conseguirlo. Sorprendentemente, la solución le llegó de su padre. D. Pedro era amigo de Luís Eduardo Guimarães, director del *Diário de Notícias*, en aquella época, un influyente periódico de Río, y yerno de la propietaria, Ondina Dantas. Concertó un encuentro entre su hijo y el periodista y, días después, Paulo empezaba a trabajar como novato en el viejo edificio de la calle Riachuelo, en el centro de la ciudad. Iba a trabajar sin ganar nada, hasta que eventualmente lo contrataran. Seguía teniendo el problema del dinero, pero había una compensación: el trabajo era un paso para librarse del control paterno. Ya no paraba en casa. Salía por la mañana para ir a clase, volvía con prisas a la hora de comer, pasaba las tardes en el periódico y las noches en el Paissandu. El apartamento de Joel se convirtió en su segunda casa, ya que eran muchas las noches que dormía allí.

Como sucede en todas las redacciones, a los novatos les tocaban siempre los temas menos relevantes, como los agujeros de la calle que entorpecían el tráfico, discusiones matrimoniales que acababan en la policía, o confeccionar las listas de los fallecidos anónimos en los hospitales públicos para la sección necrológica del día siguiente. Era normal que el novato llegara al periódico y que Silvio Ferraz, jefe de redacción del *Diário de Notícias*, le diera órdenes del tipo «vete a hablar con los comerciantes para saber si el comercio está en crisis o no». Sin embargo, sin ganar nada y ocupándose de los casos sin importancia, se sentía un intelectual, alguien que escribía todos los días,

ANO LETIVO DE 1965

TURMA 202 CADERNETA DE FREQÜÊNCIA E BOLETIM DO ALUNO:

Paulo Coelho de Sousa

DATA DO NASCIMENTO 24,8,45

TURNO Manhã

Gracias a Joel Macedo, Paulo entra en el «grupo del Paissandu», pero para eso tiene que falsificar el carnet de estudiante y aumentar en dos años su edad.

no importaba el tema. Eso por no hablar de la gran ventaja del trabajo. Ahora, cuando los compañeros del Andrews o alguien de la fauna del Paissandu le preguntaba qué hacía, Paulo simulaba naturalidad y decía: «Soy periodista, escribo en el *Diário de Notícias*.»

Periódico, cine, teatro aficionado…, con tanta actividad, los días se le hacían cada vez más cortos, y cada vez tenía menos tiempo para el Andrews. A Pedro sólo le faltó arrancarle la cabellera cuando se enteró de que su hijo había acabado el mes de abril con una media de 2,5 en el colegio (a lo que habían contribuido los ceros obtenidos en portugués, inglés y química), pero Paulo parecía gravitar en otra órbita. Hacía lo que se le pasaba por la cabeza y no volvía a casa hasta la noche, a la hora que le daba la gana. Si encontraba alguna puerta abierta, entraba. Si su padre había tenido la precaución de cerrarlo todo a las once de la noche, como solía hacer, giraba sobre sus talones, cogía el autobús Leblon-Lapa y minutos después estaba durmiendo en casa de Joel. Sus padres ya no sabían qué hacer con él.

En el mes de mayo, un amigo le pidió un favor: intentaba conseguir un empleo en el Banco de Crédito Real de Minas Gerais y necesitaba dos cartas de recomendación. Como era en ese banco en el que tenía cuenta D. Pedro, ¿no podría conseguirle su padre una de esas cartas? Paulo le prometió que conseguiría la carta, pero al tratar el asunto con su padre, se llevó un chasco: «¡Ni hablar! Sólo a ti se te ocurre que yo iba a apoyar a uno de los golfos de tus amigos…»

Desconcertado y avergonzado por tener que decirle la verdad a su amigo, no lo dudó: se encerró en su habitación y mecanografió una carta llena de elogios para el candidato al trabajo, firmada al final con un solemne «Ingeniero Pedro Queima Coelho de Souza». Se esmeró en la firma, metió el papel en un sobre y listo, asunto solucionado. Salió todo tan bien que el beneficiario de la carta se sintió en la obligación de agradecerle el favor llamando por teléfono al padre de Paulo. D. Pedro no sabía de qué le estaba hablando aquel chico: «¿Carta? Pero ¿qué carta?» Al oír «gerente del banco», no lo dejó terminar: «¡Yo no he escrito ninguna carta! Tráeme esa carta. ¡Tráeme esa carta inmediatamente! ¡Esto es cosa de Paulo! ¡Paulo ha falsificado mi firma!» Colgó el teléfono y se fue directamente al banco en busca del móvil del crimen: la carta, la prueba de que su hijo se había convertido en un falsificador, un impostor. Ajeno a lo que estaba sucediendo, al llegar a casa, por la noche, Paulo notó a su padre medio enfadado, pero eso no era una novedad. Antes de irse a dormir, hizo una breve anotación en el diario:

En un mes y medio he publicado nueve reportajes en el *Diário de Notícias*. Tengo que hacer un viaje a Furnas, el día 12 de junio, donde tendré que enfrentarme a las más altas personalidades del mundo político, como el presidente, los gobernadores más importantes y los ministros del Estado.

A la mañana siguiente se despertó especialmente animado, pues en el *Diário de Notícias* corría el rumor de que ese día lo iban a hacer fijo, lo que significaba convertirse en un periodista de verdad, con contrato firmado y sueldo garantizado. Al bajar, le extrañó que sus padres estuvieran de pie, en la sala de visitas, esperándolo. De morros y en silencio, D. Pedro parecía echar chispas por los ojos. Fue Lygia la que habló:

—Hijo mío, estamos muy preocupados por el asma que padeces, por eso hemos pedido cita con el médico para que te haga una revisión. Date prisa en desayunar porque tenemos que irnos dentro de un rato.

Minutos después, su padre sacó el Vanguard del garaje, algo que no solía hacer, y los tres se dirigieron por el paseo marítimo hacia el centro de la ciudad. Sentado en el asiento de atrás y absorto en sus pensamientos, Paulo observaba los enormes bancos de niebla que en esa época del año planeaban sobre el mar, dándole a la bahía de Guanabara un aspecto a la vez sombrío y poético. Cuando estaban en mitad de la playa de Botafogo, el coche giró a la izquierda, en la calle Marquês de Olinda, siguió a lo largo de tres manzanas y se detuvo al lado de un muro de más de tres metros de altura. Los tres se bajaron y caminaron hasta el portón de hierro que guardaba el lugar. Paulo oyó a su padre comentar algo con el portero y momentos después vio llegar a una monja que los iba a acompañar hasta la consulta. Estaban en la clínica Dr. Eiras, un gran hospital que ocupaba varios edificios y caserones dentro de un bosque al pie de una montaña. La monja iba delante, mostrándole el camino a la pareja, y detrás iba Paulo, sin entender lo que ocurría. Los cuatro tomaron un ascensor hasta el noveno piso y, cuando caminaban por un pasillo largo en dirección a la consulta, la monja abrió una de las puertas y les enseñó a Pedro y a Lygia una habitación con dos camas y una ventana protegida por una reja de hierro, al tiempo que anunciaba sonriente:

—Es aquí donde va a dormir el muchacho. Ya ven que es espacioso y está bien iluminado.

Paulo no entendió lo que oía, pero ni siquiera tuvo tiempo de preguntar, porque en ese momento llegaron a la sala del médico. Sentado al otro lado de la mesa estaba el psiquiatra Benjamim Gaspar Gomes, un hombre de cincuenta y dos años, calvo, ojos pequeños y apariencia simpática. Atónito, Paulo se dirigió a sus padres:

—Si sólo he venido a hacerme unas pruebas del asma, ¿por qué hay una habitación reservada para mí?

Pedro no abrió la boca y Lygia intentó ser delicada al explicarle a su hijo que lo iban a internar en un manicomio:

—Ya no vas a clase, no duermes en casa. Saliste del Santo Inácio para que no te expulsasen y suspendiste en el Andrews. Después atropellaste a aquel niño de Araruama...

Su padre habló por primera vez:

—Esta vez te has pasado de la raya. Falsificar una firma, como has hecho con la mía, no es una travesura: es un delito.

El resto sucedió muy de prisa. La madre le contó que ella y su padre habían hablado con el psiquiatra, el doctor Benjamim, compañero de Pedro en el IAPI y persona de entera confianza de la familia, y todos estaban de acuerdo en una cosa: Paulo estaba demasiado nervioso, había que medicarlo, y era mejor que pasase algunos días en la «casa de reposo». Antes de poder rehacerse del susto, sus padres se levantaron, se despidieron y desaparecieron por el pasillo enlosado. De repente, se vio solo, encerrado en un manicomio, con una carpeta escolar bajo el brazo y un jersey atado a los hombros, paralizado.

Como si todavía fuera posible escapar de aquella pesadilla, apeló al médico:

—Pero ¿me va internar como si estuviera loco sin haberme hecho ningún examen, ninguna entrevista, nada?

Benjamim Gomes lo tranquilizó con una sonrisa:

—No te internamos por loco. Esto es una casa de reposo. Vas a medicarte y a descansar. Y la entrevista no es necesaria, tengo todos los datos que necesito sobre ti.

Los datos que el psiquiatra había recibido de su padre difícilmente podrían justificar, a ojos de una persona de buen juicio, la violencia de la que Paulo era víctima: irritable, hostil, mal alumno, e «incluso se muestra políticamente contrario a su padre» (es decir, nada distinto de las quejas que nueve de cada diez padres expresan sobre sus hijos adolescentes). Las preocupaciones de su madre eran más precisas y pensaba que su hijo «tenía problemas de orden sexual». Las tres razones de sus sospechas no parecían proceder de una mujer inteligente y sofisticada como Lygia: su hijo no conseguía salir con nadie, se negaba a operarse la fimosis y últimamente sus pechos parecían crecer como los de una chica. En realidad, había una explicación para todos aquellos «síntomas», incluso la alteración de los pechos: no eran más que los efectos secundarios pasajeros de una hormona de crecimiento recetada por un médico al que ella misma había llevado a su hijo. De lo más cercano a un problema psiquiátrico que le ocurría y que podría haber llamado la atención de sus padres ni siquiera se enteraron. Meses antes, en medio de una de sus innumerables noches de insomnio y angustia, Paulo decidió suicidarse. Fue hasta la cocina de casa y comenzó a tapar las entradas de aire con cinta adhesiva y paños de cocina. A la hora de abrir la llave del gas, sin embargo, se acobardó. Invadido por una repentina y salvadora lucidez, se dio cuenta de que no quería morir, sino simplemente llamar la atención de sus padres sobre su desesperación. Cuando sacó el último trozo de cinta de detrás de la puerta y se preparaba para volver a su habitación, notó, aterrorizado, que tenía compañía: era el Ángel de la Muerte. Ésa era la razón del pánico de Paulo, que había leído en algún sitio que, una vez llamado a la Tierra, el Ángel nunca volvía con las manos vacías. El hecho de su macabro encuentro evidentemente mereció un registro en el diario:

Sentía el olor del Ángel rondándome, la respiración del Ángel, el deseo del Ángel de llevarse a alguien. Me quedé en silencio y en silencio le pregunté qué quería. Me dijo que había sido llamado y que tenía que llevarse a alguien, rendir cuentas de sus servicios. Entonces cogí un cuchillo de cocina, salté el muro que daba a un terreno baldío, donde los de las favelas criaban cabras sueltas, cogí una y le abrí la garganta de parte a parte. La sangre brotó hacia arriba y llegó a salpicar las paredes de mi casa. Pero el Ángel se fue satisfecho. Desde entonces tuve la certeza de que nunca más iba a intentar suicidarme otra vez.

A menos que sus padres hubiesen cometido la indiscreción de leer sus escritos —sospecha que él mismo desecharía tiempo después—, el sacrificio de la cabra, en la época atribuido a algún malhechor desalmado, no había influido en Lygia y Pedro a la hora de internarlo allí. Mientras asimilaba el golpe, Paulo fue conducido por un enfermero a la habitación y, al apoyarse sobre la reja de hierro de la ventana, se sorprendió por la belleza de las vistas que había desde aquel lúgubre lugar. Desde el noveno piso se podía ver, sin ningún obstáculo, las arenas blancas de la playa de Botafogo, los jardines del recién inaugurado parque de Flamengo y, adornándolo todo, al fondo, el maravilloso perfil de la montaña Urca y del Pan de Azúcar. La cama al lado de la suya estaba vacía, lo que significaba que tendría que pasar solo el calvario. Por la tarde, alguien de su casa entregó en la portería una maleta con ropa, libros y objetos personales. El día transcurrió sin que pasara nada. Acostado en la cama, Paulo pensaba en las opciones que tenía: la primera, claro, era insistir en el proyecto de ser escritor. Si eso no salía bien, lo más viable iba a ser volverse loco por conveniencia. Lo mantendría el Estado, no tendría que trabajar nunca más, y tampoco tendría que asumir ninguna responsabilidad. Eso significaba pasar mucho tiempo en instituciones psiquiátricas, pero, después de un día circulando por los pasillos, vio que los pacientes de la clínica Dr. Eiras no se comportaban «como los locos que se ven en las películas de Hollywood»:

Salvo algunos casos patológicos de catatonia o esquizofrenia, los demás pacientes son totalmente capaces de hablar sobre la vida y tienen ideas propias al respecto. De vez en cuando tienen ataques de pánico, crisis depresivas o agresivas, pero no duran mucho.

Paulo pasó los días siguientes intentando conocer el lugar en el que había sido desterrado por sus padres. Hablando con los enfermeros y los trabajadores que caminaban lentamente por los interminables pasillos, descubrió que en aquella clínica había internados ochocientos enfermos mentales, separados según el grado de locura y la clase social. El piso en el que estaba él era el de los privilegiados que llamaban «locos mansos» y los enviados por médicos privados, mientras que los demás, «peligrosos» y dependientes de los servicios públicos de salud, estaban en otro edificio. Los primeros dormían en habitaciones con un máximo de dos camas y baño individual, y durante el día podían circular libremente por toda la planta. Pero a los ascensores −cuyas puertas estaban cerradas con llave− sólo se podía acceder en compañía de un enfermero y con un parte firmado por el médico. Todas las ventanas, balcones y terrazas estaban protegidos con verjas de hierro o con celosías de cemento. Los enfermos de la seguridad social dormían en habitaciones colectivas de diez, veinte y hasta treinta camas, mientras que los considerados violentos permanecían en celdas solitarias.

El centro médico Dr. Eiras no sólo era un manicomio, tal como Paulo había imaginado inicialmente, sino un grupo de clínicas de neurología, cardiología y desintoxicación para alcohólicos y drogadictos. Dos de sus directores, Abraão Ackerman y Paulo Niemeyer, estaban entre los más respetados neurocirujanos de Brasil. A las puertas del centro Dr. Eiras guardaban cola cientos de trabajadores, afiliados a la seguridad social, a la espera de una consulta y, al mismo tiempo, también era el destino de grandes personalidades con problemas de salud. Cinco años antes del internamiento de Paulo, había

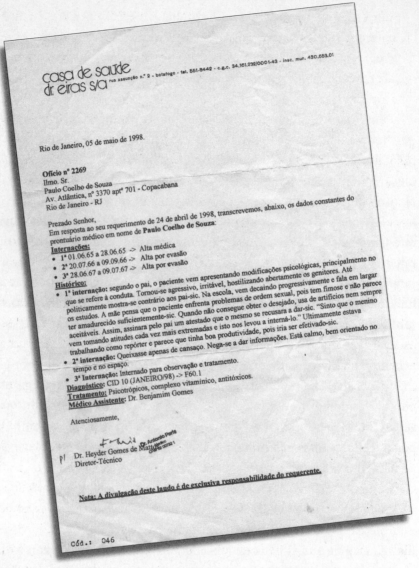

casa de saúde
dr. eiras s/a rua assunção n.º 2 - botafogo - tel. 551-8442 - c.g.c. 34.161.232/0001-43 - insc. mun. 430.653.01

Rio de Janeiro, 05 de maio de 1998.

Ofício nº 2269
Ilmo. Sr.
Paulo Coelho de Souza
Av. Atlântica, nº 3370 apt° 701 - Copacabana
Rio de Janeiro - RJ

Prezado Senhor,
Em resposta ao seu requerimento de 24 de abril de 1998, transcrevemos, abaixo, os dados constantes do prontuário médico em nome de **Paulo Coelho de Souza**:

Internações:
- 1ª 01.06.65 a 28.06.65 -> Alta médica
- 2ª 20.07.66 a 09.09.66 -> Alta por evasão
- 3ª 28.06.67 a 09.07.67 -> Alta por evasão

Histórico:
- **1ª internação:** segundo o pai, o paciente vem apresentando modificações psicológicas, principalmente no que se refere à conduta. Tornou-se agressivo, irritável, hostilizando abertamente os genitores. Até politicamente mostra-se contrário aos pai-sic. Na escola, vem decaindo progressivamente e fala em largar os estudos. A mãe pensa que o paciente enfrenta problemas de ordem sexual, pois tem fimose e não parece ter amadurecido suficientemente-sic. Quando não consegue obter o desejado, usa de artifícios nem sempre aceitáveis. Assim, assinara pelo pai um atestado que o mesmo se recusara a dar-sic. "Sinto que o menino vem tomando atitudes cada vez mais extremadas e isto nos levou a interná-lo." Ultimamente estava trabalhando como repórter e parece que tinha boa produtividade, pois iria ser efetivado-sic.
- **2ª internação:** Queixasse apenas de cansaço. Nega-se a dar informações. Está calmo, bem orientado no tempo e no espaço.
- **3ª Internação:** Internado para observação e tratamento.

Diagnóstico: CID 10 (JANEIRO/98) -> F60.1
Tratamento: Psicotrópicos, complexo vitamínico, antitóxicos.
Médico Assistente: Dr. Benjamim Gomes

Atenciosamente,

Dr. Antonio Paris
P/ Dr. Heyder Gomes de Mattos
Diretor-Técnico

<u>Nota: A divulgação deste laudo é de exclusiva responsabilidade do requerente.</u>

Cód.: 046

La ficha de Paulo de la clínica Dr. Eiras:
además de «agresivo, irritable, hostil y políticamente
contrario a sus padres», su madre creía que tenía
problemas sexuales.

estado allí durante cuatro meses, en una zona especialmente aislada para él, el magnate Assis Chateaubriand, dueño de un imperio de comunicaciones, víctima de una trombosis cerebral. Y en la clínica Dr. Eiras también acabaron sus días dos populares ídolos brasileños: el genio del fútbol Garrincha, en 1983, víctima del alcoholismo, y la cantante Dircinha Batista, internada con depresión, y que moriría en 1999 de una parada cardíaca.

Durante el período en que estuvo internado, Paulo recibió visitas semanales de su madre. En una de ellas Lygia apareció acompañada de su hija Sônia Maria, que entonces tenía quince años, y que había insistido mucho para ir a ver a su hermano al hospital. Sônia salió impresionada de allí. «El ambiente era horrible, gente hablando sola por los pasillos —recordaría con indignación su hermana años después—. Y perdido en aquel infierno estaba Paulo, un niño, alguien que nunca debería haber estado allí.» Salió del centro con ganas de decírselo a sus padres, de suplicarles que abriesen su corazón y que sacasen a su hermano del manicomio, pero le faltaba coraje. Si no protestaba ni para defender sus propios derechos, ¿qué podía hacer por él? Al contrario que Paulo, Sônia fue sumisa ante sus padres toda la vida, hasta el punto de, ya casada y con hijos, no fumar delante de ellos y de ocultarles que usaba biquini.

En cuanto a los sufrimientos de Paulo, no fueron mayores, según las palabras del doctor Benjamim, que lo visitaba todas las mañanas, gracias «a la magia, a una particular habilidad suya, incluso cuando protestaba por el hecho de estar internado». Según el psiquiatra, «si Paulo no sufrió más fue porque tenía una conversación agradable». Y fue esa «conversación agradable» lo que lo ayudó a librarse de un tipo de violencia que con frecuencia se practicaba con los enfermos mentales de la clínica: los electrochoques. Aunque era un hombre bien informado sobre enfermedades mentales, traductor de libros de psiquiatría, el doctor Benjamim Gomes era un empedernido defensor del tratamiento que ya buena parte del mundo condenaba, la salvaje terapia electroconvulsiva. «En ciertos casos, como en las depresiones irreversibles, no hay otro remedio —repetía, seguro de sí mismo—. Cualquier otra terapia es engañar, disimular, paliar momentáneamente o retrasar peligrosamente la enfermedad.» El hecho es que mientras Paulo estuvo internado fue sometido a dosis tan altas de psicotrópicos que se pasaba el día atontado, arrastrando las zapatillas por los pasillos. Y aunque nunca había tomado ningún tipo de droga –ni siquiera marihuana–, se pasó cuatro semanas consumiendo cajas y cajas de medicamentos supuestamente desintoxicantes que lo dejaban todavía más aturdido.

Como casi nadie sabía que estaba internado, prácticamente no tenía noticias de sus amigos. Un día recibió la inesperada visita del responsable indirecto de su presencia allí, el amigo que le había pedido la carta de recomendación, que salió del centro con una idea descabellada, que nunca llegó a realizarse: organizar un comando con los chicos del desaparecido grupo Rota 15 para sacarlo a la fuerza de aquel horrendo lugar. Pero su sufrida alma sólo se sentía en paz cuando aparecía por allí su más reciente ligue: Renata Sochaczewski, una hermosa chica que había conocido en un grupo de teatro aficionado y que acabaría convirtiéndose en una de las grandes actrices brasileñas con el nombre artístico de Renata Sorrah, a la que Paulo llamaba cariñosamente «Rennie» o «Pato». Cuando no la dejaban entrar a visitarlo, Renata le hacía llegar furtivamente notitas de amor. Cosas como «Asómate a la ventana, que estoy esperando para decirte adiós», o «Escribe una lista de lo que quieres y me la das el viernes. Ayer llamé, pero no te avisaron».

Al recibir el alta médica, cuatro semanas después de haber sido internado, Paulo estaba muy frágil, pero aún así trató de sacar algo positivo de aquel paso por el infierno. Cuando volvió a casa, se animó a retomar las anotaciones en el diario:

Durante este tiempo he estado internado en la clínica Dr. Eiras, por marginal. Estuve allí veintiocho días, perdí clase, perdí el trabajo, y salí como si estuviera bien, sin motivo alguno para estar internado. ¡Mis padres tienen cada una! Echan a perder mi profesión, echan a perder mi año escolar y se gastan el dinero para darse cuenta al final de que no me pasaba nada. Ahora hay que empezar de nuevo. Tomarse lo pasado como un juego o como demagogia. (Lo peor es que me iban a hacer fijo en el periódico el día que me internaron.)

Pero ha sido bueno. Como decía un interno que estaba en la misma planta que yo, «todas las experiencias por las que tenemos que pasar son buenas, incluso las malas». Sí, he aprendido mucho. He madurado y tengo más confianza en mí mismo. He reflexionado sobre mis amigos, y me he dado cuenta de algunas cosas que me habían pasado desapercibidas. Ahora soy un hombre.

Aunque había salido de la clínica pensando que «no le pasaba nada», la opinión del psiquiatra Benjamim Gomes era otra. El informe médico con su nombre archivado en los sótanos de la clínica presentaba un pronóstico sombrío, que incluso parecía una condena: «Paciente con personalidad esquizoide, reacio a contactos sociales y afectivos. Siente preferencia por las actividades solitarias. Es incapaz de expresar sentimientos y de experimentar placer.» A juzgar por aquel trozo de papel, el sufrimiento no había hecho más que empezar.

6

PAULO APEDREA SU PROPIA CASA
Y SUEÑA QUE LO LLEVAN DE NUEVO AL MANICOMIO:
EL PROBLEMA ES QUE NO ERA UN SUEÑO

Los pocos amigos que conocían los veintiocho días de sufrimiento de Paulo en la clínica se sorprendieron con el alta. Aunque estaba físicamente abatido y su aspecto era más frágil que antes, no ocultaba para nada el hecho de haber sido internado en un manicomio. Al contrario, la primera vez que apareció por el muro de la calle Rodrigo Otávio, se jactó ante un grupo de amigos de haber vivido una experiencia que ninguno de los demás conocía: que te tomen por loco. Describió personajes y relató anécdotas tan estrafalarias sucedidas en el hospital —muchas de ellas inventadas—, que algunos amigos llegaron a manifestar envidia por no haber estado nunca en un sitio tan interesante. Lygia y Pedro se preocuparon por el comportamiento de su hijo. Por temor a que el internamiento pudiera estigmatizarlo en clase o en el trabajo, trataban el asunto con absoluta discreción. Su propio padre se había encargado de comunicarle al Andrews y al *Diário de Notícias* que su ausencia se debía a un «viaje inesperado». Al enterarse de que su hijo le contaba la verdad a todo el mundo, D. Pedro le advirtió: «Déjalo ya. Si la gente se entera de que has estado internado por problemas mentales, nunca podrás ser candidato a presidente de la república.»

Sin la menor intención de ser presidente de nada, Paulo parecía haber vuelto de la clínica con más apetito por lo que él llamaba «vida intelectual». Y ahora tenía otro lugar en el que fichar, además del teatro aficionado del Andrews y del cine Paissandu. La directora del Servicio Nacional de Teatro (SNT), Bárbara Heliodora, consiguió una autorización del gobierno para convertir la antigua sede de la UNE, la Unión Nacional de Estudiantes (que había sido saqueada e incendiada por grupos de extrema derecha el día del golpe militar), en el nuevo Conservatorio Nacional de Teatro. Sin restaurar ni pintar las marcas dejadas por las llamas de los vándalos, en el lugar que había albergado el Centro Popular de Cultura, el célebre CPC de la UNE, se creó el teatro Palcão, una sala de espectáculos con aforo para 150 personas que volvería a ser, sin la libertad de antes, un centro de agitación cultural ocupado permanentemente por talleres, ensayos y montajes de grupos de teatro. Allí nacería también el embrión del Teatro Universitario Nacional (TUN), una compañía irregular compuesta únicamente por estudiantes. Toda la experiencia de Paulo en el ámbito teatral se limitaba a la obra *Feo*, destruida antes de llegar a tener siquiera un día de vida, y a otras dos o tres que había escrito pero que tampoco habían pasado de los límites domésticos. No obstante, pensaba que se le daba bien, y se metió de cabeza en el recién creado Conservatorio Nacional de Teatro.

Cuando volvió al *Diário de Notícias*, a Paulo le quedó claro que su ausencia de casi un mes había sepultado o, cuando menos, retrasado su contrato fijo como periodista, pero continuó allí sin cobrar y sin quejarse. Trabajar en un sitio que le permitía escribir todos los días —aunque sólo cayesen en sus manos asuntos aburridos— estaba muy bien, incluso gratis. A finales de julio de 1965 le encargaron un reportaje sobre la historia de la Congregación Mariana en Brasil. Al gozar de cierta experiencia como periodista, no le resultó difícil desarrollar la tarea: en la sede de la institución, entrevistó a religiosos, anotó cifras y escribió un breve artículo sobre los marianos, desde su llegada a Brasil con los primeros misioneros jesuitas portugueses. A la mañana siguiente, de camino al Andrews, compró el *Diário de Notícias* en el quiosco y sonrió orgulloso al ver su trabajo publicado.

Había algún cambio aquí o allá hecho por la redacción, pero en esencia era su texto el que estaban leyendo millones de personas en ese momento.

Al llegar a la redacción, después de comer, supo que su cabeza estaba en juego. Enfurecidos por el reportaje, los congregados marianos habían ido a quejarse directamente a la propietaria del periódico. Los religiosos lo acusaban de haber inventado información, atribuyéndola a dirigentes de la institución. El joven novato se indignó al oír aquello; después de todo, tras el episodio de la carta había aprendido una lección para el resto de su vida, y no quería ni oír hablar de falsificación. Aunque sus compañeros le dijeron que la mejor política era hacerse el muerto hasta que se enfriase el asunto, recordó la experiencia del salto al río, en Fortaleza de São João, y decidió: antes que sufrir ante la perspectiva de ser castigado injustamente era mejor aclararlo todo. Se sentó frente a la sala acristalada de dirección, el llamado «acuario», y esperó a que llegase la dueña del periódico, lo que no ocurriría hasta dos horas después. Una vez en el acuario, permaneció de pie delante de su mesa:

—Doña Ondina, soy la persona que ha escrito el reportaje sobre la Congregación Mariana y he venido a aclarar...

Interrumpido a mitad de su discurso, no tuvo tiempo ni de terminar la frase:

—Estás despedido.

Sorprendido, todavía intentó argumentar:

—Pero, doña Ondina, me van a hacer fijo en el periódico...

Sin retirar la vista del papel, ella repitió:

—Estás despedido. Puedes irte, gracias.

Paulo salió de allí lamentando su ingenuidad. Si hubiera esperado algunos días, como le habían aconsejado, probablemente ella habría olvidado el asunto. Ahora ya no había vuelta atrás, así que volvió a casa con el rabo entre las piernas. A pesar de estar abatido por la noticia, su capacidad para fantasear parecía infinita. Al registrar en el diario su arrepentimiento por haber tomado la iniciativa, pinta su despido con rasgos de persecución política:

¡Ah! ¡Podría haber hecho muchas cosas para evitar lo que me ha pasado! Podría haber cedido y hacerme de derechas simplemente para conservar mi trabajo en el periódico. Pero no. He querido ser el mártir crucificado por sus ideas, y me han crucificado antes de que pudiera decirle algo a la humanidad. Ni siquiera pude decir que era inocente, que luchaba por el bien de todos. ¡Pero no! Muere ya, perro inmundo. Soy un gusano. ¡Un C-O-B-A-R-D-E! Me despidieron del *DN* por subversión. Ahora ya sólo me quedan las clases nocturnas y mucho tiempo sin nada que hacer.

El *Diário de Notícias* no era un periódico de derechas, ni lo habían despedido por razones políticas, pero Paulo parecía dispuesto a sacar provecho del internamiento. Como tenía el «carnet de loco», iba a gozar de la impunidad que protege a los enfermos mentales y hacer lo primero que se le pasara por la cabeza. Que se fastidiasen el colegio y sus padres, porque tenía la intención de perseguir su sueño. Según sus propias palabras, era un «descarriado», un asiduo a las bandas callejeras, pero como no tenía músculos como los demás chicos, pensó que podía ser un «descarriado intelectual», alguien que leía cosas que ninguno de sus amigos había leído y que sabía cosas que nadie sabía. Andaba en tres pandillas diferentes —la del Paissandu, la del conservatorio y lo que quedaba del Rota 15—, pero cada vez que afloraba la violencia se avergonzaba de no tener coraje ni siquiera para frenar una pelea de puñetazos.

Sabía, sin embargo, que la forma de triunfar no era exhibir fuerza física. Y si antes se sentía un «existencialista camino del comunismo», ahora se consideraba el «comunista de la calle». Había leído la célebre trilogía de Henry Miller —*Sexus, Plexus* y *Nexus*—, le había echado un vistazo a las obras de Marx y Engels, y se sentía seguro como para hablar de temas como «comunismo real», «guerra fría» y «explotación de la fuerza de trabajo». En un texto titulado «El arte en Brasil», cita a Lenin asegurando que el líder bolchevique «ya hablaba de la necesidad de dar dos pasos hacia atrás cuando se ve que es el único modo de dar un paso hacia adelante. El arte no puede huir de esa premisa. Primero debe adaptarse al hombre y, después de haberse grangeado *[sic]* su confianza, su respeto y su amor, inducirlo al camino de la realidad». La base del sofisma de tomar un camino por un terreno que antes odiaba era sencillo: soy un intelectual, y como el intelectual es siempre comunista, soy comunista. La madre de una chica con la que salía había llegado a acusarlo de estar «metiéndole pájaros» en la cabeza a los pobres de la calle. «De Henry Miller al comunismo hay un paso –escribió–; entonces, ya soy comunista.» Lo que sólo le confesaba al diario es que odiaba a Bergman, que pensaba que Godard era un pesado y Antonioni «un aburrimiento». Lo que de verdad le gustaba era escuchar a los Beatles, pero no quedaba bien que un comunista dijera eso en público.

Sus estudios, tal como había prometido, pasaron a un segundo o tercer plano. Sospechando que iba a repetir curso, en agosto la dirección del Andrews llamó a Pedro y a Lygia para hablar de tres asuntos: notas bajas, ausencias excesivas y «problemas personales del alumno». Desde el inicio de las clases, tras las vacaciones de julio, no había superado el 2,5 en ninguna asignatura, y durante ese período no había asistido ni a una sola clase de matemáticas (lo que explicaba el hecho de no haber sacado más que un tres en esa materia desde que se había pasado al Andrews). De hecho, Paulo salía todas las mañanas de casa en dirección al colegio, pero una vez allí, metido en el grupo de teatro, solía pasar días enteros sin entrar en clase. El diagnóstico presentado a sus padres era preocupante: o superaba el desánimo y buscaba algún estímulo para estudiar o iba a suspender. Aunque el Andrews no usaba el mismo sistema de expulsión que el Santo Inácio, el orientador escolar les sugirió sutilmente a sus padres que «para evitar un mal mayor», quizá fuera conveniente matricularlo en otro colegio «menos exigente». En resumen, si no querían pasar la vergüenza de ver suspender a su hijo otra vez, lo mejor era matricularlo en una *boate* (denominación que recibían los colegios en los que, pagando las mensualidades al día, el aprobado estaba garantizado). Recibieron el consejo con indignación. Ni Pedro ni Lygia habían perdido la esperanza de conseguir que Paulo volviera al buen camino, y aceptar una sugerencia como aquélla sería una capitulación humillante. Por nada del mundo iba a acabar sus estudios en un colegio de quinta categoría.

Mientras tanto, Paulo parecía vivir en otra galaxia. La relación con el entorno del teatro, reducto de oposición al régimen militar, lo acercó a jóvenes que iniciaban su militancia política. Ahora sólo veía películas y obras de teatro de protesta, e incorporó a su vocabulario eslóganes izquierdistas como «más pan, menos palos» y «el pueblo, unido, jamás será vencido». Una noche en la que, junto a un grupo de amigos, asistía a una obra en la que Oduvaldo Viana Filho y Paulo Autran representaban *Libertad, Libertad*, en el teatro Opinião, la obra fue interrumpida en la mitad. Un chico despeinado y con mucho acento de la región nordeste se subió al escenario y pronunció un «discurso relámpago» contra la dictadura militar. Era el líder estudiantil y futuro diputado federal Vladimir Palmeira, en aquella época, presidente del Centro Académico Cândido de Oliveira (CACO), de la entonces denominada Facultad Nacional de Derecho, e invitó al público a celebrar otra manifestación contra el régimen. Como indicador del agravamiento de la situación política del país, pocos años después, Vladimir Palmeira, detenido por el régimen militar, fue intercambiado por el embajador de Estados Unidos, Charles Burke Elbrick, secuestrado por un comando guerrillero. En las pocas ocasiones en las que Paulo se animó a participar en una manifestación contra el gobierno, su objetivo real era que lo viera su padre, cuyo despacho quedaba en la zona centro de la ciudad, recorrido obligatorio de las marchas de protesta que empezaban a darse en Río. En realidad, se estaba introduciendo en un mundo que nunca había formado parte de sus preocupaciones, el de la política. Salvo algún que otro registro, como el resultado de las elecciones presidenciales de 1960, ganadas por Jânio Quadros, su diario era un retrato de la indiferencia que sentía hacia la política y los políticos. Cuando los militares tomaron el poder en abril del año anterior, Paulo estaba inmerso en profundas divagaciones sobre el cielo y el infierno. Dos semanas antes del golpe, mientras el país hervía con las repercusiones del discurso del presidente João Goulart en el célebre «comicio de las reformas», Paulo llenó varias páginas de su diario para contar la desdicha de una «rubia de dieciséis años» que había conocido en la calle: «Esa chica se escapó de casa y para poder vivir ha tenido que sufrir las cosas más humillantes, aunque todavía conserva su virginidad. Sin embargo, se verá obligada a perderla para poder comer. —Y concluyó—: En estos momentos llego a dudar de la existencia de Dios.»

Pero eso era el pasado. Ahora el futuro escritor de bestsellers se sentía militante de la resistencia, aunque sus manifestaciones en contra de la dictadura nunca salieron de los límites de su diario y, aun así, de manera muy tímida. Era allí donde registraba su inconformismo con la situación vigente, como en el libelo que tituló «Yo acuso», un cóctel en el que contraponía, por un lado, a los Beatles, a Franco, a Salazar y a Lyndon Johnson y, del otro, a De Gaulle, Glauber Rocha y Luís Carlos Prestes:

Yo acuso a los ricos, que compran la conciencia de los políticos. Yo acuso a los militares que dominan con las armas los sentimientos del pueblo. Yo acuso a los Beatles, al carnaval y al fútbol de distraer la mente de la generación de estudiantes con fuerza suficiente para ahogar a los tiranos. Yo acuso a Franco y a Salazar, que viven a costa de la opresión de sus propios compatriotas. Yo acuso a Lyndon Johnson, que vive a costa de la opresión de países que no pueden reaccionar ante el aluvión de dólares. Yo acuso al papa Pablo VI, que tergiversó las palabras de Cristo.

¿Hay algo bueno en todo lo que me rodea? Sí, no sólo hay decepción. Ahí está De Gaulle, que levantó Europa y pretende extender a todo el mundo la libertad. Ahí está Yevtushenko, que levantó la voz contra un régimen a sabiendas de que podían aplastarlo sin que nadie se enterara, pero que finalmente vio que la humanidad sabía aceptar sus pensamientos, libres como palomas. Ahí está Jruschov, que permitió que el poeta se expresara en todas sus formas. Ahí están Francisco Julião y Miguel Arraes, dos verdaderos líderes que supieron luchar hasta el final. Ahí está Ruy Guerra y Glauber Rocha, que llevaron al arte popular un mensaje de revuelta. Ahí está Luís Carlos Prestes, que lo sacrificó todo por un ideal. Ahí está la vida que palpita en mí, para que un día también pueda hablar. Ahí está el mundo, en manos de los jóvenes. Quizá, antes de que sea demasiado tarde, tomen conciencia de lo que eso significa. Y luchen hasta la muerte.

La primera oportunidad de trabajo que le surgió, sin embargo, estaba a años luz de la lucha contra la dictadura militar y la expoliación de los pueblos subdesarrollados por el imperialismo yanqui. Una cooperativa de actores llamada Grupo Destaque ensayaba un clásico infantil, la obra *Pinocho*, que se iba a estrenar a finales de aquel año de 1965, y la dirección se había encontrado con un problema complicado. Como había que cambiar los escenarios siete veces a lo largo del espectáculo, temían que cada vez que bajasen el telón el público, compuesto sobre todo por niños, se levantase, retrasando la continuación de la obra. La solución encontrada por el productor, el francés Jean Arlin, era sencilla: buscar a otro actor más que, en cada intervalo, se subiera al escenario y distrajera a los niños hasta que el telón se izara de nuevo. Para el papel, se acordó de un novato feo y mal hecho, pero muy gracioso, que le había presentado Joel Mecedo y que se llamaba Paulo Coelho. No era teatro de resistencia, el papel que le ofrecían ni siquiera tenía texto; se trataba simplemente de unos minutos de improvisación, y la perspectiva de que el trabajo le reportase algún dinero era muy remota. Como se trataba de una cooperativa, después del espectáculo, el dinero de las entradas se dividía, en dinero efectivo, primero una parte para pagar el alquiler del teatro, otra para los técnicos, iluminadores y ayudantes de dirección, y el resto —si sobraba algo— se repartía fraternalmente entre los actores y las actrices. A cada uno de los actores, al final, le tocaría sólo lo suficiente para comerse un bocadillo, pero aun así, Paulo aceptó en seguida.

En el primer ensayo en el que participó, sacó del vestuario del teatro un mono todo desharrapado y un sombrero viejo, y esperó entre bastidores el momento de entrar. La única orientación que le dio el director, el argentino Luis Maria Olmedo, conocido como *Cachorro*, fue la de improvisar. Cuando se bajó el telón, en el primer cambio de decorados, Paulo salió al escenario y recitó lo primero que le vino a la cabeza: «La patatita, cuando nace, de la tierra hace su lecho. Mamaíta, cuando duerme, pone su mano en el pecho.»

Ante las carcajadas generales, consiguió el papel y un nuevo apellido: en adelante, para sus amigos del teatro, pasaría a ser el Patatita.

A pesar de que se consideraba un pésimo actor, durante las semanas siguientes se entregó con tal dedicación al trabajo que, cuando se iba a estrenar *Pinocho*, sus intervenciones habían sido incorporadas al espectáculo, y se ganó el derecho a que su nombre apareciera en el programa y en los carteles. En cada ensayo trabajaba aún más las voces —respetando siempre los pocos minutos del cambio de decorados—, buscaba nombres extraños, hacía muecas, saltaba y gritaba. En el fondo pensaba que todo aquello era ridículo, pero si era ésa la puerta que le habían abierto, era por la que iba a entrar al mundo del teatro.

La fase del teatro familiar llegó a su fin. En el Grupo Destaque se relacionó con profesionales, gente que vivía del teatro: desde gente con experiencia como Geraldo Casé, responsable de la banda sonora de la obra, hasta actores jóvenes como José Wilker. Aunque tenía la misma edad que Paulo, Wilker ya había trabajado como profesional del teatro y ese mismo año había hecho un pequeño papel en la película *La fallecida*, dirigida por Leon Hirszman, una de las eminencias del Cinema Novo.[2] Después de los ensayos, la alegre y colorida *troupe* de *Pinocho* salía del teatro Miguel Lemos, caminaba por la playa hasta la calle Sá Ferreira, a cuatro manzanas de allí, y hacía una obligada parada en el bar Gôndola. Era allí donde se reunía la fauna de actores, actrices, técnicos y directores que todas las noches se subían a los escenarios de los casi veinte teatros existentes en Copacabana en aquella época.

Paulo se sentía en el mejor de los mundos. Por fin había cumplido dieciocho años, y eso significaba que podía beber a gusto, asistir a cualquier tipo de película u obra de teatro y pasar las noches en la calle sin tener que dar explicaciones a nadie. Excepto, naturalmente, a su padre. El ingeniero Pedro Queima Coelho veía con muy malos ojos la incipiente vocación de su hijo por el teatro. Y no sólo porque apenas iba por el colegio y estaba a punto de suspender otra vez. Para sus padres, el mundo del teatro era un «reducto de homosexua-

2. Movimiento de la historia del cine de Brasil, surgido en la década de los cincuenta, que pretendía dar un nuevo perfil a las películas nacionales en un intento de renovación del cine brasileño. *(N. de la t.)*

les, comunistas, drogadictos y holgazanes» del que preferían ver a su hijo bien lejos. A finales de diciembre, sin embargo, cedieron y aceptaron su insistente invitación para acudir al preestreno de *Pinocho*. Después de todo, se trataba de un clásico infantil, nada que ver con el teatro indecente y subversivo que tanto éxito tenía por todo el país. Paulo reservó asientos para sus padres, su hermana y sus abuelos y, para su sorpresa, acudieron todos. El día del estreno, el *Caderno B do Jornal do Brasil* publicó una nota y, por primera vez, su nombre aparecía publicado. Era el último de la lista, pero para alguien que estaba empezando era el lugar adecuado. La sensación de estar en un escenario la reflejó de forma breve pero emotiva en su diario:

Ayer fue mi estreno. Emoción, pero emoción de verdad. Inolvidable verme ante el público, con los focos cegándome y provocando risas con mis frases. Sublime, pero sublime de verdad. Fue mi primera realización este año.

La asistencia de la familia al estreno no significó un armisticio. Al enterarse del suspenso en el Andrews, y todavía obsesionados con la idea de que Paulo tenía problemas mentales, los padres lo obligaron a ir a terapia de grupo tres veces a la semana. Indiferente al ambiente hostil que respiraba en el círculo familiar, vivía momentos inolvidables. En unas semanas prácticamente creó un personaje nuevo para la obra: cuando se bajaba el telón, se sentaba a un lado del escenario, desenvolvía un apetitoso caramelo y se lo comía con glotonería. Los niños observaban la escena y se les hacía la boca agua; entonces, el proyecto de actor le preguntaba a uno de los chavales de la primera fila:

—¿Quieres un caramelito?

El público gritaba:

—¡Sí! ¡Sí!

Y él respondía maliciosamente:

—Pues vais a quedaros con las ganas. ¡No os lo doy!

Patatita le daba otro mordisco, o una chupada, y se dirigía de nuevo al público:

—¿Quieres un caramelo?

Otra vez el griterío, y una vez más, Paulo les decía que no, y eso se repetía hasta que se subía el telón para el acto siguiente. Un mes y medio después del estreno, *Pinocho*, empezó a representarse en el teatro Carioca, en los bajos de un edificio de apartamentos en Flamengo a pocos metros del cine Paissandu. Una tarde, mientras ensayaba, Paulo vio que en una de las últimas butacas se había sentado una chica muy guapa, de ojos azules y pelo largo, que parecía observarlo fijamente. Era Fabíola Fracarolli, vecina del octavo piso del mismo edificio, que había visto la puerta abierta y, por curiosidad, había entrado a conocer el teatro por dentro. Al día siguiente, Fabíola volvió y al tercero él decidió abordarla. Ella tenía dieciséis años, era huérfana de padre y vivía en un pequeño apartamento alquilado con su madre, costurera, y con su abuela materna, una anciana con esclerosis que se pasaba el día agarrada a una bolsa llena de papeles viejos de los que decía que eran «su fortuna». Hasta los quince años Fabíola había vivido con un estorbo estético, una enorme y fea nariz estilo Cyrano de Bergerac. Cuando se enteró de que al único chico que había logrado conquistar le habían pagado sus primas para que saliera con ella, se colgó del lado de fuera de la ventana y desafió a su madre: «¡O me pagas una operación de cirugía plástica o me tiro!»

Semanas después, recuperada de la operación y presumiendo de una nariz de miss esculpida a golpe de bisturí, su primera decisión fue dejar de salir con aquel chico, al que le costó reconocer en aquella belleza a la narizotas de antes. Y fue la nueva Fabíola la que se enamoró perdidamente de Paulo. En fase de franca ascensión con las mujeres, él seguía tonteando con Renata Sorrah y decidió perdonar a Márcia y aceptarla otra vez como novia. Aun así, empezó a salir en serio con Fabíola. La madre de ella se compadeció del chico delgaducho y de respiración entrecortada, hasta el punto de considerarlo como de la familia. Paulo empezó a comer y a cenar casi todos los días con ellas, lo cual facilitaba mucho su vida como Patatita. Como si tanta delicadeza no fuera suficiente, doña Beth llegó a pasar su cama al cuarto de su madre enferma, para dejar libre una habitación, que Paulo utilizaba como estudio, despacho y sala de reuniones. Para darle al lugar un aspecto menos doméstico, puso hojas de periódicos en todos los espacios disponibles, forrando las paredes, el techo e incluso el suelo de la habitación. Cuando la madre de Fabíola estaba ausente, aquel lugar de trabajo se convertía en la alcoba en la que la joven, con su novio, vivió sus primeras experiencias sexuales. Pero Paulo seguía sin entender qué podía haber visto una mujer tan guapa como ella, que llamaba la atención de los hombres por la calle, en un tipo tan mohíno como él. Perseguido por la inseguridad, y movido por un rasgo ciertamente enfermizo, le dio un ultimátum a Fabíola:

—No me puedo creer que una mujer tan guapa como tú, tan encantadora, con esa ropa tan bonita, pueda estar enamorada de mí. Necesito una prueba de que me amas de verdad.

Ella respondió con un «puedes pedirme lo que quieras» tan firme que él se llenó de coraje y le propuso:

—Si me amas de verdad, déjame apagar este pitillo en tu muslo. Sin llorar.

Ella se levantó la falda que le llegaba hasta los pies, dejando a la vista una parte de la pierna, como el que espera que le pongan una inyección, y le dirigió una sonrisa, sin decir nada más. Paulo le dio una larga calada al Continental sin filtro y, cuando la punta del pitillo estaba totalmente roja, la oprimió con fuerza en el muslo liso y dorado por el sol. Con los ojos cerrados, Fabíola sintió el sonido y el olor desagradable del cigarrillo quemando su piel —esa cicatriz le quedó para el resto de su vida—, pero no abrió la boca ni dejó que se le escapase ni una lágrima. Paulo permaneció en silencio, pero pensó: «Ésta me quiere.» A pesar de tantas y sucesivas declaraciones de amor, sus sentimientos respecto a Fabíola eran ambiguos. Por un lado, se sentía orgulloso de pasearse por los sitios de moda de la mano de una mujer como aquélla, pero, por el otro, se moría de vergüenza ante la frivolidad y la espantosa ignorancia de ella respecto a cualquier cosa. Fabíola era lo que en aquella época se llamaba «niña bien», o «pija», como se les llamaría más tarde a las chicas guapas, elegantes e intelectualmente vacías. El día que ella dijo en público que Mao Tse-tung era el «modisto francés que había creado el cuello

Mao», Paulo quiso meter la cabeza en un agujero (la de ella, claro). Pero era una relación tan cómoda, que no le exigía nada, y ella era tan guapa, que merecía la pena soportar todas aquellas tonterías con buen humor.

El día que la invitó a conocer su casa, ella se llevó un susto. A juzgar por el aspecto desaliñado, y por sus constantes aprietos económicos (a menudo ella le daba parte de su paga a Paulo para que comprara tabaco y cogiera el bus), Fabíola siempre imaginó que era un pobretón que no tenía ni donde caerse muerto. De ahí su sorpresa al ser recibida por un mayordomo de guantes blancos y traje de botones dorados. Por un momento pensó que era el hijo de algún empleado, pero no, era hijo del dueño de la casa, «una enorme mansión de color rosa, con piano de cola y jardines interiores enormes», diría Fabíola al recordar ese día. «Mira cómo era que en mitad de la sala de visitas había una escalinata idéntica a la de la película *Lo que el viento se llevó*.» A la hora de comer, Lygia les indicó el lugar en el que tenía que sentarse cada uno. Simulando familiaridad con todos aquellos cubiertos de plata de varios tamaños y con el enorme plato vacío que tenía delante, Fabíola no se atrevió a hacer preguntas. El mayordomo se detuvo detrás de ella, estiró el brazo y depositó un cuenco de porcelana con sopa sobre el plato. Muchas décadas después se reiría a carcajadas al reconstruir la escena: «Como nunca me habían servido a la francesa, no lo dudé: lo cogí y lo puse en el centro de la mesa para que todos se sirvieran. En vez de enfadarse conmigo, a Paulo le dio un ataque de risa. Se rió tanto que se cayó de la silla.»

Aunque ya era mayor de edad y gozaba de una relativa independencia, Paulo todavía sufría frecuentes recaídas infantiles. Una noche se quedó hasta tarde escuchando discos de poesía con Márcia (cuya familia había cedido y aceptaba la relación) y, al volver a casa, que quedaba a pocos metros de distancia, se encontró, según sus propias palabras, con una «pandilla de negros malcarados». En realidad no eran más que chavales de la calle con los que Paulo había discutido días antes, quejándose del ruido que hacían jugando al fútbol. Sin embargo, al verlos armados con palos y trozos de botellas, se asustó, regresó al apartamento de Márcia y llamó a su casa, despertando a

Como prueba de amor, la hermosa Fabíola permite que Paulo apague un cigarrillo en su muslo.

un malhumorado Pedro Queima Coelho. Siempre dramático y teatral, le imploró: «Papá, ven a buscarme a casa de Márcia. Pero trae el revólver porque doce criminales me han amenazado de muerte.» Y no tuvo el coraje de salir hasta que, desde la ventana del apartamento de su novia, vio a su padre en la calle, aquel hombretón, en pijama y con el arma en la mano, para garantizar su regreso.

La ayuda paterna no significaba que la situación en casa hubiera mejorado. Seguía siendo tensa, como siempre, pero había disminuido el control sobre su vida. Su rendimiento en el segundo semestre en el Andrews fue tan bajo que al alumno-problema ni siquiera se le permitió hacer los exámenes finales: lo suspendieron. La única salida era optar por la alternativa que Pedro había jurado que no iba a aceptar: buscar un colegio «menos exigente». El escogido fue el Guanabara, en Flamengo, donde había esperanzas de que terminara los estudios obligatorios y entonces intentar buscar una facultad (que, de alguna manera tenía que ser la de ingeniería, como soñaba su padre). La opción de un curso nocturno obligó a la familia a relajar la vigilancia sobre sus horarios y a darle una copia de la llave de casa, pero la libertad iba a tener un precio: si quería tener independencia, escoger el colegio, hacer teatro y llegar a casa a la hora que le diera la gana, entonces iba a tener que trabajar. Pedro le consiguió un empleo con el que podría ganar algún dinero vendiendo anuncios para los programas de las carreras del Jockey Club, pero, tras semanas de insistencia, el nuevo integrante del mercado laboral no consiguió ni un solo centímetro cuadrado de publicidad.

La falta de éxito no desanimó a su padre, que le dio una segunda oportunidad, ahora en la Souza Alves Acessórios, empresa dedicada a la venta de equipamiento industrial. Aunque detestaba hacer cosas a la fuerza, Paulo decidió aceptar al menos por su propia independencia económica. Sí, porque esta vez era un empleo con salario fijo, sin necesidad de venderle nada a nadie. El primer día se presentó de traje y corbata, con la cabellera domada a golpe de cepillo. Sentía curiosidad por saber cuál sería su mesa de trabajo, y se extrañó cuando el jefe lo llevó hasta un cobertizo enorme, le señaló una escoba y le ordenó:

—Puedes empezar. Primero vas a barrer este almacén. Cuando acabes, me avisas.

¿Barrer? Él era un actor, un escritor, ¿y su padre le había buscado un trabajo de limpiador? No, aquello tenía que ser una broma, una novatada que les hacían a todos en su primer día de trabajo. Decidió entrar en el juego y, remangado, barrió el suelo hasta la hora de comer, momento en el que ya empezaba a sentir dolor en los brazos. Terminada la tarea, se puso la chaqueta y le comunicó con una sonrisa al jefe que ya estaba listo. Sin mirar al nuevo empleado, el sujeto le entregó un albarán y le señaló una puerta:

—Coge veinte cajas de hidrómetros en aquella sala y llévalos hasta facturación, en la planta baja, con este albarán.

¡Entonces era verdad! Aquello sólo podía haberlo hecho para humillarlo: su padre lo obligaba a trabajar de peón en una empresa. Desanimado, hizo lo que le mandaban, y al cabo de pocos días descubrió que la rutina era ésa: cargar cajas, empaquetar grifos, llaves de la luz, barrer el suelo del depósito y del almacén. Al igual que el Sísifo que lo había atormentado en la draga, el trabajo de allí tampoco parecía terminar nunca. Cuando acababa alguna cosa, aparecía otra. Semanas después registró en su diario:

Me estoy suicidando poco a poco, sin darme cuenta. Ya no aguanto levantarme a las seis, llegar al trabajo a las siete y media para barrer el suelo y cargar material todo el día, sin comer, y después tener que ensayar hasta medianoche.

Sólo aguantó un mes y medio. No tuvo ni que presentar la dimisión. El gerente se encargó de llamar a D. Pedro para informarle de que el chaval no valía «para ese tipo de trabajo». Al dejar el edificio de la Souza Alves por última vez, Paulo llevaba en el bolsillo los treinta cruceiros de salario a los que tenía derecho. El primer destino dado al dinero fue comprar un disco con los dos éxitos más recientes de Roberto Carlos: *Quero Que Vá Tudo Pro Inferno* y *Escreva uma carta, meu amor*. Era comprensible que no hubiera aguantado el trabajo. Además de *Pinocho*, representada seis días a la semana, estaba ensayando otra obra infantil, *La guerra de la comida*, dirigida también por el argentino Luis Olmedo, *Cachorro*. «Me dieron el papel en esta nueva obra —anotaría, vanidoso— gracias a mi espectacular interpretación de Patatita en *Pinocho*.» Ahora iba a trabajar como actor de verdad, compartiendo escenario con su amigo Joel Macedo y una guapa morena llamada Nancy, hermana de Roberto Mangabeira Unger, el alumno ejemplar que había acaparado casi todos los primeros lugares en el Santo Inácio. Tras la agotadora rutina de los ensayos, la obra se estrenó a mediados de abril de 1966. Al verlo nervioso, Cachorro le espetó con un beso en la frente:

—¡Patatita , confío en ti!

Paulo pisó el escenario con el pie derecho. Vestido de vaquero, en cuanto entró en escena, el público estalló en carcajadas, y siguió riendo hasta el final. Cuando el espectáculo terminó, estaba consagrado como el mejor actor de la noche. Además de las felicitaciones, Cachorro lo abrazaba y lo besaba, ante unos incómodos Pedro y Lygia, presentes la noche de gala:

—Patatita, no tengo palabras para describir tu actuación. Has provocado un *shock* en el escenario, has hipnotizado al público.

En el espectáculo de cierre de la temporada de *Pinocho*, la escena se repetiría. Patatita fue el único actor —precisamente él, que no era actor de verdad— capaz de arrancar aplausos del público en plena escena, más de una vez. De no ser por la absoluta falta de dinero, habría tenido la vida que le había pedido a Dios. Tenía varias novias, un razonable éxito como actor, y pronto estaría produciendo y dirigiendo sus propias obras. Aprendió a tocar la guitarra e iba a todas partes con ella al hombro, tal como hacían sus ídolos de la bossa nova. Pero como ocurría casi siempre en su vida, las rachas de felicidad casi siempre eran interrumpidas por brotes de depresión profunda. Es de ese período, aparentemente feliz y estimulante, por ejemplo, el registro que hizo en el diario después de leer una biografía de Toulouse-Lautrec:

Acabo de terminar, en este momento, una de las historias reales más conmovedoras que he leído nunca. Es la vida de un pintor rico, de familia noble, con talento, y cuya gloria lo alcanzó siendo todavía joven, pero, paralelamente a eso, fue el hombre más infeliz de la humanidad, ya que nunca fue amado, debido a su grotesco cuerpo y a su fealdad sin igual. A causa de la bebida murió en la flor de la vida, pues su organismo tenía minadas sus últimas fuerzas. Un hombre que, en los oscuros y ruidosos cafés de Montmartre, convivió con Van Gogh, Zola, Oscar Wilde, Degas y Debussy, y vivió desde los dieciocho años una vida que todos los intelectuales aspiraban a tener. Un hombre cuyo dinero y posición social jamás le servirían para humillar a los demás, pero tampoco le otorgaron ni una migaja de amor sincero a su corazón hambriento de ternura. En cierto modo, me identifico mucho con ese hombre. Henri de Toulouse-Lautrec, cuya biografía describió de forma admirable Pierre La Mure en las 450 páginas de *Moulin Rouge*. No voy a olvidar ese libro nunca.

Seguía leyendo mucho, pero ahora con ese hábito adicional: cada libro recibía una pequeña reseña en el diario, como antes, aunque acompañada de una clasificación, como la de los críticos profesionales: una estrella, malo; dos, bueno; tres, muy bueno; cuatro estrellas, genial. En una página del mes de junio, él mismo registraría su asombro ante tal voracidad literaria: «He batido el récord: estoy leyendo cinco libros al mismo tiempo. No puede ser.» Y no es que leyera libros cualesquiera. Ese día tenía en su mesilla *Crimen y castigo*, de Dostoievski; *Temor y temblor*, de Kierkegaard; *Cómo aliviar la tensión nerviosa*, de David Harold Fink; *Obras maestras de la poesía universal*, recopilado por Sérgio Milliet, y *Panorama del teatro brasileño*, de Sábato Magaldi.

Ese mismo mes de junio de 1966, Paulo fue valiente y le enseñó a Jean Arlin su primera producción adulta: una obra en tres actos, titulada *Juventud sin tiempo*. En realidad, se trataba de una miscelánea con partes de poemas, discursos y frases de efecto de autores que iban desde Bertolt Brecht a Carlos Lacerda, pasando por Morris West, Manuel Bandeira, Vinicius de Moraes, Carlos Drummond de Andrade, Jean-Paul Sartre y, por supuesto, Paulo Coelho. El francés lo encontró interesante, hizo algún retoque y decidió ensayar el es-

Lector compulsivo aunque sin mucho criterio, Paulo iba
de T. S. Eliot a Henry Miller, pasando por Elza Soares y obras de
hechicería. Leía, criticaba y clasificaba los libros con
estrellas.

pectáculo. Es más, como era una obra sencilla, casi sin decorados ni personajes, decidió presentarla al primer Festival de la Juventud que se iba a realizar durante las vacaciones en la ciudad de Teresópolis, a cien kilómetros de Río. Como además de autor también era actor, en la segunda semana de julio, Paulo se fue allí con la *troupe* del Grupo Destaque, desobedeciendo la prohibición de sus padres, claro. Animado con la fiesta, también inscribió un poema suyo, «Revuelta», en un concurso promovido por el festival, cuyos jurados iban a ser el poeta Lêdo Ivo y el crítico Walmir Ayala. La obra fue un fiasco y el resultado del concurso de poemas no saldría hasta pasado un mes, pero lo importante era que había sido valiente y lo había intentado.

El clima en casa no cambió nada. Además de seguir sin respetar los horarios —casi nunca volvía antes de la una de la madrugada—, sus padres también le exigían cortarse el pelo, hábito que había dejado hacía seis meses. Cuando su padre oía, tarde por la noche, el ruido de la llave en la puerta, Paulo recibía un sermón de media hora antes de dormirse. Una de esas madrugadas se encontró con D. Pedro esperándolo en la habitación, con los brazos cruzados y mirada amenazante: «Has traspasado el límite otra vez. A partir de mañana, entra en vigor el régimen anterior: a las once de la noche las puertas de esta casa se cierran y el que esté fuera duerme en la calle.»

Paulo pasó el día siguiente entre el estudio en el apartamento de Fabíola y los ensayos de *La guerra de la comida*, cuyo público disminuía por momentos. Por la noche fue al Paissandu para ver la película *La china*, la obra más reciente de Godard (aunque no le gustaba el director, le interesaba el debate sobre la película, previsto para después de la proyección). Allí se encontró con Renata, y al final de la noche se fueron a comer pato con manzana y a beber la famosa caña helada del Zeppelin, en Ipanema, un reducto de la izquierda adinerada que Paulo sólo podía permitirse, como aquella noche, si lo invitaban. Ya no quedaba casi nadie cuando pidieron la cuenta y salieron hacia el Leblon. Cogidos de la mano, caminaron casi tres kilómetros por la playa, hasta la calle Rita Ludolf, donde vivía Renata. Muerto de sueño, Paulo tuvo que esperar mucho hasta que pasó un autobús de la línea Lapa-Leblon, y debían de ser casi las cuatro de la mañana cuando metió la llave en la cerradura de la puerta de entrada. Metió, no: lo intentó, porque la llave no entraba. Entonces se dio cuenta de que su padre había cumplido su amenaza del día anterior y había mandado cambiar la cerradura. A aquellas horas ya no podía quedarse tampoco en casa de Joel ni de Fabíola. Furioso, se llenó las manos de piedras y comenzó a romper, uno por uno, los cristales de las puertas y de las ventanas de la fachada de la casa. Despertados por el ruido, sus padres pretendían medir sus fuerzas con él, pero temiendo que los vecinos llamasen a la policía, Pedro Coelho bajó y le abrió la puerta a su hijo. Sin preocuparse de que se le notara que había bebido más de la cuenta, Paulo atravesó la sala llena de trozos de cristal y subió la escalera sin escuchar ni una sola palabra de su padre.

Esa noche se durmió pronto, pero tuvo una pesadilla horrible. Soñó que había un médico sentado en el borde de su cama, tomándole la tensión, ante la mirada de dos enfermeros que sujetaban una camisa de fuerza en la puerta de la alcoba. Entonces, aturdido, se dio cuenta de que no se trataba de un sueño. Su padre había llamado al servicio de urgencias del manicomio para internarlo otra vez. Esta vez, a la fuerza.

7

FRAGMENTOS DE LA
«BALADA DE LA CÁRCEL DE REPOSO»
(INSPIRADA EN OSCAR WILDE)

Miércoles, 20 de julio

8.00 horas. Me despertaron para tomarme la tensión. Todavía aturdido por el sueño, pensé que había sido una pesadilla. Pero poco a poco fui percibiendo la realidad. Era el fin. Me mandaron vestirme de prisa. En la puerta de casa había un coche del servicio de urgencias del psiquiátrico. Nunca pensé que fuera tan deprimente entrar en uno de esos vehículos.

Algunos vecinos espían a distancia al chico delgado de pelo largo que baja la cabeza para entrar en el coche. Baja la cabeza. Está vencido.

9.30 horas. Los expedientes burocráticos ya están formalizados. Y aquí estoy otra vez, en la novena planta. ¡Qué rápido! Ayer estaba con Rennie, alegre, un poco preocupado, pero sin esperarme esto. Y aquí estoy otra vez, por no querer pasar la noche en la calle. Pienso en ella, a veces. Me siento un poco desanimado.

Aquí están todos tristes. No hay sonrisas. Miradas fijas, buscando algo, un encuentro consigo mismos. Mi compañero de habitación es primo de un ministro importante. Está obsesionado con la muerte. De pitorreo, toco a la guitarra la *Marcha fúnebre*. Está bien tener una guitarra:

me ayuda a olvidarme de todo, le da un poco de alegría a este ambiente cargado de tristeza. Una tristeza profunda como la del que a nada más aspira o desea algo en la vida. Lo que me consuela es que saben cantar.

15.00 horas. He estado hablando con un chico que está aquí desde hace dos años. Le he dicho que estoy angustiado y que quiero salir de aquí. Y me ha hablado con toda sinceridad: «¿Para qué? Esto está muy bien. No tienes de qué preocuparte. ¿Para qué luchar? En el fondo, a nadie le gusta nada.» Siento miedo. Miedo de llegar a pensar como él. Siento angustia. Miedo a no saber cuándo dejaré de ver el mundo a través de rejas. Es una angustia indescriptible. Angustia de un prisionero condenado a cadena perpetua que sabe que un día le darán la libertad condicional. Pero ¿cuándo será ese día? ¿Dentro de un mes? ¿Tres meses? ¿Un mes? ¿O nunca?

17.00 horas. ¿O nunca?

19.20 horas. No puedo salir de esta planta, no puedo llamar ni escribir cartas. Hace un rato intenté hablar (a escondidas) con Rennie y estaba cenando. Pero ¿y si no estuviera? ¿Qué iba a decir? ¿Compadecerme? ¿Jactarme? ¿Qué iba a decir o con quién iba a hablar? ¿Todavía puedo hablar, Dios mío?

Me impresiona la calma con la que aceptan esta prisión. Tengo miedo de aceptarlo así yo también. «Todo hombre es incendiario a los veinte y bombero a los cuarenta»; entonces creo que tengo treinta y nueve años y once meses. Estoy al borde de la derrota. Lo sentí cuando mamá estuvo aquí esta tarde. Me mira desde arriba. El primer día ya me siento medio vencido. Pero tengo que ganar.

Jueves, 21 de julio

8.00 horas. Ayer me dieron un medicamento fortísimo para dormir y no me he despertado hasta ahora. Durante la noche, sin más ni más, mi compañero me despierta para preguntarme si estoy a favor de la masturbación. Le dije que sí y me di media vuelta. Francamente, no entendí el porqué de esa pregunta. Además, ni siquiera sé si fue un sueño, pero que fue extraño, de eso estoy seguro. Flávio, mi compañero de habitación, sufre largos períodos de silencio. Cuando habla es para repetir la misma pregunta: cómo van la gente y las cosas allá fuera. Todavía quiere tener contacto con el mundo. ¡Pobre! Se enorgullece de su vida de bohemio, pero ahora está aquí, reconociendo que está enfermo.

Yo nunca lo haría. Estoy bien.

11.30 horas. Acabo de verificar que me han vaciado la cartera. No le puedo comprar nada a Pato. Ayer hablé con Pato. Me prometió que hoy vendría a visitarme. Sé que está prohibido, pero quiero hablar con ella. Lo hice por teléfono, pero con tono distendido, para disimular la depre.

A la gente de aquí le gusta mostrarme las novedades. En el fondo me gustan. Roberto se pasa el día enseñándome cosas: el modo de calcular la edad, el voltímetro, etc. Flávio está obsesionado con conocer a gente importante. Los casos curiosos son infinitos aquí. Uno tiene la manía de oler la comida, otro no hace nada por miedo a engordar, otro sólo habla de sexo y aberraciones sexuales. Mi compañero de habitación está acostado con la mirada perdida y la cara triste. En la radio suena *Menina Flor*. ¿Qué pensará? ¿Su mirada busca desesperadamente un encuentro consigo mismo o se habrá abandonado, al azar, perdido, derrotado?

Charlo con algunos internos. Algunos están aquí desde hace tres meses, otros hace nueve, otros hace años. Yo no voy a aguantar tanto.

«Desde el mediodía hasta la tarde las tinieblas cubrieron toda la región. Hacia las tres de la tarde, Jesús dijo: "Padre, Padre, ¿por qué me has abandonado?"»

La música, el sol más allá de las rejas, los sueños, todo eso produce una inmensa melancolía. Me acuerdo de Teresópolis, donde hicimos *Juventud sin Tiempo*. Fracaso de público, pero una gran experiencia. Días felices, en los que podía ver libremente la salida del sol, montar a caballo, besar, sonreír.

Ahora, nada más. Nada más. Íbamos a hacer la obra aquí, en Río. Ahora la van a hacer ellos solos. Es triste empezar algo y que te interrumpan. Realmente triste. Me da pereza escribir sobre la obra, pero no puedo dormir. El sueño embota el raciocinio, y así me pondré como los de aquí. Pero hay recortes de periódicos publicados antes de nuestra ida a Teresópolis. Lo que vino después lo cuento más tarde. Hay tiempo.

Hay mucho tiempo.

14.10 horas. Estoy esperando a Pato. El médico ha venido a mi habitación a traerme una antología de poetas franceses. Está bien porque estoy aprendiendo un poco esa lengua. Me dijo que estaba calmado; parece que le agradó. A veces esto me gusta un poco. Es un mundo aparte, donde se come y se duerme. Nada más. Pero llega un momento que me acuerdo del mundo de allá fuera y tengo ganas de salir. Ahora ya no tantas. Ayer fue peor. Ya me voy acostumbrando. Sólo me falta la máquina de escribir.

Sé que Pato va a venir (o que va a intentarlo) hoy. Debe de sentir curiosidad por lo que me pasa. Después vendrá otras dos o tres veces y entonces me olvidará. C'est la vie. Y no puedo hacer nada. Me gustaría que viniera diariamente a alegrarme el día a su manera, pero eso no va a pasar. Ni siquiera sé si van a dejar que me visite hoy. Pero, en todo caso, es agradable esa perspectiva, ese sabroso suspense de la espera.

14.45 horas. Ya son las tres menos cuarto y Pato no llega. No debe de venir. O puede que no la hayan dejado pasar.

Viernes, 22 de julio

11.50 horas. Pato vino ayer. Me trajo unas cuantas fotos de ella en Estados Unidos y me ha prometido una con dedicatoria. Me gusta Pato. Tengo la triste impresión de no haberla tratado como debería. Fui frío y distante. Y ella estaba tan cariñosa...

Hasta ahora no me han llegado el resto de mis cosas. En cuanto llegue la máquina de escribir, tengo que pasar un trabajo sobre psiquiatría que me dio el doctor Benjamim. He terminado su libro *Antología de los poetas de Francia*. Ahora voy a intentar leer *El gatopardo de Lampedusa*.

Es gracioso, me estoy acostumbrando a la idea de quedarme aquí.

12.00 horas. Empiezo a dejarme vencer por el sueño. El sueño pesado, sin sueños, el sueño-fuga, el sueño que me hace olvidar que estoy aquí.

14.00 horas. No he sido capaz de seguir leyendo *El gatopardo*. Es uno de los libros más aburridos que he leído en toda mi vida. Monótono, un estudio pedante y sin valor. Lo he dejado definitivamente en la página 122. Lo siento mucho. No está bien dejar algo a la mitad, pero no lo soporto. Me da sueño. Y tengo que evitar el sueño a toda costa.

14.30 horas. No está bien dejar algo a la mitad.

14.45 horas. Dialogo con mi compañero de habitación:
—No quiero vivir en la clínica Dr. Eiras, ni en Flamengo, ni en Copacabana, en ninguno de esos lugares...
—¿Dónde entonces, Flávio?
—En el cementerio São João Batista. La vida dejó de tener sentido para mí desde el carnaval de 1964.
—¿Por qué?
—La persona que más me gustaba de este mundo no quiso ir al teatro conmigo.
—Bueno, Flávio, déjate de tonterías. Hay muchas mujeres para amar. —Pausa—. ¿Ella todavía te gusta?
—Él. Era un chico. Hoy él está allá fuera intentando ingresar en medicina, y yo aquí, esperando la muerte.
—Déjate de tonterías, Flávio.
—Ayer me llamó por teléfono. Es algo afeminado. Me haría muy feliz si viniera. Por su culpa intenté suicidarme tomando lanzaperfumes mezclado con whisky en la noche del baile. Fui a parar a urgencias. Hoy él está allá fuera y yo aquí, esperando la muerte.
Flávio es un tipo raro, de aspecto totalmente esquizoide, pero a veces habla, como ahora. Y yo me siento triste e impotente. Ha intentado suicidarse más de una vez estando aquí. Me ha hablado mucho de su vida de

bohemio y percibo un cierto orgullo al contarlo. Por experiencia propia, sé que todo bohemio se siente orgulloso de su condición.

Flávio está llorando.

Amigos míos, en el fondo, muy en el fondo, creo que la mayoría de los internos están aquí por falta de amor (de sus padres o de otra persona). Yo me incluyo en el primer caso (amor de mis padres).

15.00 horas. Los enfermos de aquí a veces son graciosos. Pele, Ápio, un viejo de unos cincuenta y seis años, me dijo ayer que la Revolución bolchevique fue financiada por los americanos. Hay un chico, el único de mi edad, que nos alegra la vida aquí dentro. A veces juego a las cartas por la noche.

Ya no puedo seguir escribiendo. Flávio está llorando.

Sábado, 23 de julio

10.00 horas. Anoche conseguí llamar a Luís y a Pato. Pato dijo que era mi novia, que le gusto mucho. Me alegró, y seguro que dije muchas tonterías debido a eso. Soy un sentimental, un tonto. Al final de mi conversación con Pato, intervino la telefonista y ya no pude seguir hablando. Va a venir el lunes. Me da miedo quejarme todo el tiempo a ella. Me fastidia, me siento inferior.

Luís quedó en venir a mediodía.

A mi lado ahora hay un pesado llamado Marcos. Está aquí desde que salí, es decir, hace un año. Me coge la radio a cada momento para escuchar el fútbol.

Lo eché diplomáticamente de mi habitación.

20.30 horas. No son más que las ocho y media, pero aquí parece mucho más tarde. Ha venido Luís. Me ha levantado un poco la moral. He llamado a Pato y le he dicho más tonterías.

Domingo, 24 de julio

Es domingo por la mañana. Escucho la radio y siento una inmensa soledad, que me mata poco a poco. Es domingo por la mañana, un domingo sombrío y triste. Estoy aquí detrás de las rejas, sin hablar con nadie, inmerso en mi soledad. Me gusta esta expresión: inmerso en mi soledad.

Es domingo por la mañana. Nadie canta, en la radio suena una melodía triste que habla de amor y llanto. Un día sin perspectivas.

Pato está lejos. Mis amigos están lejos. Seguro que durmiendo después de una noche de juergas y alegría. Yo estoy aquí solo. En la radio ahora suena un vals antiguo. Pienso en mi padre. Me da pena. Debe de ser triste para cualquiera tener un hijo como yo.

Este domingo por la mañana siento que mi amor por Rennie muere un poco. Estoy seguro de que el suyo debe de estar muriendo también. Tengo las manos vacías, no puedo ofrecerle nada, no puedo darle nada. Me siento impotente e indefenso como una golondrina sin alas. Siento que soy malo, perverso, me siento solo. Solo en el mundo.

Aquí todo es monótono e imprevisible. Guardo con temor las fotos de Pato, mi dinero y el tabaco. Son las únicas cosas que me distraen un poco.

Lunes, 25 de julio

Te espero tanto que, cuanto más se acerca el momento, más grandes son mis ganas de verte. Ayer, por teléfono, dijiste que eras mi novia. Pues bien, me hace muy feliz tener una novia. Me siento menos solo aquí, el mundo parece más bonito, incluso detrás de las rejas. Y será mejor cuando llegues. Para eso, esta madrugada, abro totalmente mi pecho y te entrego mi corazón, mi amor. Me siento triste porque estás lejos, porque no puedes estar todo el tiempo conmigo. Pero ya soy un hombre y tengo que superar solo este chaparrón.

Es gracioso, me siento posesivo. Ayer hablé con Luís y Ricardo por teléfono. Sé que para ellos es un esfuerzo. Luís tiene a su padre en el hospital y Ricardo tiene que estudiar. Pero van a venir. Y me alegro. He descubierto que se puede sentir alegría y felicidad con las cosas más tristes. He descubierto que no estoy tan solo como creía. Hay gente que me necesita y a la que le gusto. Siento nostalgia, pero soy feliz.

Martes, 26 de julio

Anoche me leí todo el libro *Nuestro hombre en La Habana*, de Graham Greene. Todavía no he tenido tiempo (ija, ja, ja!) de hacer un estudio sobre el libro. Pero me distrajo. Me gustó.

Domingo, 31 de julio

13.00 horas. A las trece horas de este día, en esta clínica, acabo de recibir la noticia de que en el concurso de poesías del *Diário de Notícias*, con 2.500 participantes, conseguí el noveno puesto de la clasificación general y una mención honorífica. Probablemente la incluirán en una antología que van a publicar.

Soy feliz. Querría estar fuera, contándoselo a todos, hablando con todos. Soy muy feliz.

Detrás de las rejas, pienso en si Tatá se acuerda de mí, de su primer novio. No sé si habrá crecido mucho, si está delgada o gorda, si es intelectual o de la alta sociedad. Puede que esté tullida, o que haya perdido a su madre, puede que se haya mudado a un palacete. Hace ocho años que no la veo, pero hoy me gustaría estar con ella. El otro día la llamé y le pregunté si había salido con un tal Coelho. Simplemente dijo que sí y colgó.

Sábado, 6 de agosto

Pato, amor mío, siento una gran necesidad de hablar contigo en este momento. Ahora que el doctor Benjamim me ha amenazado con insulina y electrochoque, ahora que me han acusado de ser un drogadicto, ahora que me veo como un animal acorralado, sin defensa alguna, tengo ganas de hablar contigo. Si éste fuera el momento de transformación de mi personalidad, si en unos instantes empezase la degradación sistemática de mi yo, me gustaría que estuvieras a mi lado.

Hablaríamos de los asuntos más banales del mundo. Te irías sonriendo, esperando verme dentro de unos días. No sabrías nada y yo haría como si todo estuviera bien. En la puerta del ascensor notarías alguna lágrima perdida en mis ojos, y yo te diría que había sido un bostezo porque la conversación era aburrida. En la gramola que me prestaste estaría sonando *Olê, Olá* con Nara Leão. Y desde abajo, verías mi mano entre las rejas diciéndote adiós. Entonces yo volvería a mi habitación y lloraría a mares pensando en lo que fue, en lo que podría haber sido y no pudo ser. Entonces entrarían los médicos con el maletín negro y el electrochoque penetraría en mí, en todo mi cuerpo.

Y en la soledad de la noche, yo cogería la cuchilla de afeitar, vería tu foto pegada en la cama y la sangre correría y te diría bajito, al contemplar tu sonrisa en la foto: «Ésta es mi sangre.» Y me moriría sin sonreír, sin llorar. Me moriría, simplemente, dejando que muchas cosas acabasen.

Domingo, 7 de agosto

Diálogo con el Dr. Benjamim:

—No tienes brío. Después de tu primer internamiento pensé que nunca más ibas a volver, que ibas a hacer todo lo posible por hacerte independiente. Pero ¿qué? Estás otra vez aquí. ¿Qué has hecho en este tiempo? Nada. ¿De qué te valió el viaje a Teresópolis? ¿Qué has sacado en limpio? ¿Por qué eres incapaz de hacer nada tú solo?

—Nadie hace nada solo.

—Bueno, puede ser... pero dime: ¿de qué te ha valido, qué has sacado en limpio de haber ido a Teresópolis?

—Experiencia.

—Eres del tipo que se va a pasar toda la vida probando.

—Doctor, todo lo que se hace con amor merece la pena. Ésa es mi filosofía: el amor a las cosas es suficiente para justificar nuestros actos.

—Si cogiera a cuatro esquizofrénicos de la cuarta planta, esquizoides de verdad, tendrían mejores argumentos que tú.

—¿He dicho alguna tontería?

—¡Claro que sí! Mira: te pasas la vida construyendo una imagen de ti mismo, una imagen falsa, sin darte cuenta de que nada de lo que hay en ti se está aprovechando. Estás reducido a cero.

—Lo sé. Cualquier cosa que digo es pura defensa. Para mí no vale.

—¡Entonces, reacciona! Pero eres incapaz. Estás satisfecho con lo que pasa. Te has acomodado a esta situación. Mira, tal como están las cosas, voy a dejar mi responsabilidad de lado y llamar a una junta médica para darte electrochoques, insulina, glucosa, cosas que te hagan olvidar y hacerte más manso. Te voy a dar algún tiempo. ¡Venga, sé un hombre! ¡Supera esto!

Domingo, 14 de agosto, Día del Padre

Buenos días, papá. Hoy es tu día.
Durante muchos años, éste era el momento de levantarte
sonriendo
y sonriendo coger el regalo que yo te llevaba a la
habitación,
y sonriendo me besabas en la frente, bendiciéndome.
Buenos días, papá, hoy es tu día
y no puedo darte ni decirte nada,
pues tu corazón amargado se ha quedado sordo a las
palabras.
Ya no eres el mismo. Tu corazón está viejo,
tus oídos llenos de desesperación,
te duele el corazón. Pero todavía sabes llorar. Creo que lloras
el tímido llanto de un padre riguroso y prepotente:
lloras por mí, porque estoy aquí, entre rejas,
lloras porque hoy es el Día del Padre y yo estoy lejos

haciendo que la amargura y la tristeza
penetren en tu corazón.

Buenos días, papá. El sol está saliendo y es bonito,
hoy es día de fiesta y alegría para muchos,
pero tú estás triste. Y sé que tu tristeza soy yo;
sin querer me he convertido en una cruz pesada
que llevas a cuestas, lacerando tus carnes,
hiriendo tu pecho.
A esta hora mi hermana entrará en tu habitación
con un bonito regalo envuelto en papel de seda
y tú sonreirás, para no entristecerla a ella también. Pero en el
    fondo
tu corazón se deshace en llanto
y yo nada puedo decir, sino palabras mórbidas de revuelta,
y yo nada puedo hacer, sino aumentar tu sufrimiento,
y yo nada te puedo dar, sino lágrimas y arrepentimiento
por haberme traído al mundo.

Tal vez si yo no existiera, ahora serías más feliz,
la felicidad de un hombre que ha luchado toda una vida
por una vida tranquila
y ahora, en el día universal del padre,
recibe la recompensa por su lucha, en forma de besos,
de bagatelas compradas con la pequeña paga
que durante semanas permaneció intocable en el cajón
para que pudiera ser transformada en regalo,
que, por pequeño que sea, es enorme en el corazón de cada
    padre.

Hoy es el Día del Padre. Pero papá me ha internado
en una clínica para locos. Estoy lejos,
no puedo abrazarlo, estoy lejos de la familia,
lejos de todo, y sé que él,
viendo a los otros padres con sus hijos a su alrededor,

haciéndoles cariños, sentirá punzadas agudas que alcanzan
su pobre corazón amargado. Pero estoy internado,
hace veinte días que no veo la luz del sol,
y si pudiera darle algo sería la oscuridad
del que a nada más aspira o ansía en la vida.
Por eso me quedo callado. Por eso no puedo decir ni
«Buenos días, querido, que seas feliz;
tú fuiste hombre, me engendraste una noche cualquiera,
mi madre me parió con dolor
pero ahora puedo darte un poco del tesoro
depositado en mi corazón
por tus manos sudadas por el trabajo.»
Ni eso te puedo decir. Tengo que quedarme callado
para no entristecerte todavía más,
para que no pienses que sufro, que aquí soy infeliz,
en medio de esta calma inmensa, que no se encuentra más
     que en el cielo,
si es que existe el cielo.
Debe de ser triste tener un hijo como yo, padre mío.

Buenos días, padre mío. Con las manos vacías
te doy este sol que nace, rojo, omnipotente,
para que estés menos triste y más contento,
para que pienses que eres justo y yo feliz.

Martes, 23 de agosto

Es de madrugada, víspera de mi cumpleaños. Me gustaría escribir en este cuaderno un mensaje de optimismo y comprensión: por eso he arrancado las hojas anteriores, profundamente incomprensibles y tristes. Es duro, principalmente para una persona de mi temperamento, llevar ya treinta y dos días sin salir. Es muy duro, podéis creerme. Pero, en el fondo, sé que no soy el más infeliz de los hombres. La juventud corre por mis venas, y puedo empezar de nuevo miles de veces.

Víspera de mi nacimiento. En estas líneas que escribo en la madrugada, me gustaría restaurar un poco la confianza en mí mismo.

«Mira, Paulo, la prueba de acceso a la universidad la haces el año
que viene, tienes muchos años por delante. No hay de qué quejarse.
Aprovecha estos días para pensar un poco y para escribir mucho. Rosetta, tu máquina de escribir, solidaria compañera de batallas, está contigo,
lista para servirte a cualquier hora que lo desees. ¿Te acuerdas de Salin-
ger? "Guarda tus experiencias. Puede que más tarde le sirvan a alguien,
como te han servido a ti las de otros que vinieron antes que tú." Reflexio-
na sobre esto. No te consideres tan abandonado. Después de todo, al
principio, tus amigos te apoyaron bastante. El olvido es ley de vida. También tú habrías olvidado a alguien que se fue. No censures a tus amigos
por eso. Hicieron lo que pudieron. Se desanimaron como te habrías desanimado tú si estuvieras en su lugar.»

Jueves, 1 de septiembre

Estoy aquí desde julio. Y ahora esto ya es cobardía. Yo tengo la culpa de todo. Ayer, por ejemplo, fui el único al que le pusieron una inyección para dormir, a pesar de ser yo el único que obedeció al enfermero
y me acosté, mientras que los demás se quedaron armando jaleo. La
monja la ha tomado con mi novia y ya no puede visitarme. Se enteraron de que iba a vender las camisas y perdí la oportunidad y el dinero.
Me vieron con la Beretta en la mano y se chivaron.

Interrupción: corte de pelo.

Ya está, ya no tengo pelo. Ahora tengo cara de bebé, completamente
inseguro, acojonado. Ahora ha llegado lo que me temía, las ganas de
quedarme aquí. Ya no quiero salir. Estoy hundido. No me cortaba el pelo
desde febrero. Hasta que en una clínica me han dado las dos opciones:
cortarlo o no salir. Preferí cortarlo. Pero me ha dado la sensación de que
se ha destruido lo último que quedaba. Esta página iba a escribirla como
un manifiesto de protesta. Pero ahora ya no tengo ganas de nada. Jodido,
jodido y medio. Estoy hundido. Ya no me rebelo. Estoy empezando a
acomodarme.

Sábado, 3 de septiembre

Y así termina esta balada y así termino yo.
Sin mensajes, sin nada, sin ningunas ganas de vencer,
destruidas en sus intestinos por el odio humano.
Fue bueno sentirlo. La derrota total. [...]
Vamos a empezar de nuevo.

8

ATADO A LA CAMA, EL CUERPO DE
PAULO TIEMBLA A CADA VUELTA DE LA MANIVELA:
VAN A EMPEZAR LOS ELECTROCHOQUES

Paulo vagaba en pijama por los pasillos después de la comida del domingo en septiembre de 1966. Acababa de releer la «Balada de la cárcel de reposo», terminada el día anterior, y estaba orgulloso de las treinta y cinco páginas mecanografiadas que había conseguido escribir en mes y medio en el manicomio. A decir verdad, no estaba tan lejos del original en el que se había inspirado, la «Balada de la cárcel de Reading»; poema escrito en 1898 por el irlandés Oscar Wilde para describir la prisión en la que cumplió una pena de dos años por prácticas homosexuales en la Inglaterra victoriana. Al leer la frase final de la última página («Vamos a empezar de nuevo»), podría haber jurado que aquéllas no eran cinco palabras vanas, escogidas para adornar el final del texto. Comenzar de nuevo tenía un único significado: salir cuanto antes de aquella clínica infernal y recomenzar la vida. Una idea terrible se hacía cada vez más palpable: si dependía de los médicos o de sus padres, iba a seguir pudriéndose en la novena planta durante mucho tiempo.

Absorto en esos pensamientos, no vio a dos enfermeros que se acercaron y le pidieron que los acompañara hasta otra zona del edificio. Lo llevaron a un cubículo de suelo enlosado con las paredes cubiertas de azulejos, donde los esperaba el doctor Benjamim. En el centro del habitáculo había una cama cubierta con una gruesa lona y, al lado, un pequeño aparato parecido a un transformador de energía doméstico, con cables y manivela: era lo que llamaban «picana», un aparato similar al equipo usado clandestinamente por la policía para torturar a los presos y obtener confesiones, y Paulo sintió miedo:

—¿Significa esto que me van a aplicar electrochoques?

Siempre gentil y sonriente, el psiquiatra intentó tranquilizarlo:

—No te preocupes, Paulo. Sabes que no duele. Es mucho más traumático ver a alguien que recibe el tratamiento que pasar por él. Ya lo sabes, no duele nada.

Acostado en la cama vio a un enfermero meterle un tubo de plástico en la boca para impedir que se tragase la lengua durante la convulsión y se asfixiase. El otro enfermero vino por detrás y le pegó en cada una de las sienes un electrodo parecido a un mini desfibrilador cardíaco. Mientras observaba la pintura descascarillada del techo, encendieron la máquina. Empezaba otra sesión de electroconvulsoterapia. Al primer movimiento que hizo el enfermero con la manivela, tuvo la impresión de que le habían puesto una cortina en los ojos. Su visión se fue estrechando, y se fijó en un único punto hasta que todo quedó a oscuras. Con cada giro de la manivela su cuerpo se convulsionaba descontroladamente, con sacudidas, y le salían chorros de saliva por la boca, como vómitos de espuma blanca. Paulo nunca fue capaz de calcular cuánto tiempo duraba cada sesión —¿unos minutos?, ¿una hora?, ¿un día?—, ni tampoco sentía malestar alguno. Al recobrar la conciencia, tenía la impresión de haber despertado de una anestesia general: la memoria desaparecía y a veces se quedaba horas acostado en la cama, con los ojos abiertos, hasta que era capaz de reconocer e identificar dónde estaba y qué hacía allí. Salvo la almohada y el cuello del pijama humedecidos por la baba, no quedaba en la sala vestigio alguno de la brutalidad de la que había sido víctima. El electrochoque parecía ser lo bastante fuerte como para destruir sus neuronas, pero el médico tenía razón: no dolía.

La electroconvulsoterapia se basaba en la idea de que los trastornos mentales son el resultado de «desórdenes eléctricos cerebrales». Después de entre diez y veinte sesiones de electrochoque aplicadas en días alternos, las convulsiones provocadas por la sucesión de descargas eléctricas tenían el don de «reorganizar» el cerebro del paciente, permitiendo su regreso a la normalidad. Ese tratamiento suponía un gran beneficio en relación con el de sus congéneres, el Metazol y el choque insulínico: producía amnesia retrógrada, es decir, borraba el recuerdo de los acontecimientos inmediatamente anteriores a las descargas, incluso la propia aplicación. Sin recordar exactamente lo que le había pasado ni quién se lo había provocado, el paciente dejaba de tener sentimientos negativos respecto a los médicos o a su propia familia.

Paulo despertó al final de la tarde con un sabor amargo en la boca. Debido a la flojedad que solía entorpecer la cabeza y los músculos después de las aplicaciones de electrochoque, se levantó lentamente, como si fuera un anciano, y caminó hasta la reja de la ventana. Vio que caía una lluvia fina, pero todavía no reconocía su propia habitación, adonde lo habían llevado después de la sesión. Intentó recordar qué había más allá de la puerta de entrada, pero no fue capaz. Cuando caminó hacia ella, sintió las piernas débiles y el cuerpo deshecho por el electrochoque. Caminó con dificultad hasta salir de la habitación. Fuera vio un inmenso pasillo vacío y sintió ganas de andar un poco por aquel cementerio de vivos. El silencio era tal que parecía posible oír desde cualquier punto el ruido de sus zapatillas arrastrándose por los pasillos blancos y desinfectados. Al dar los primeros pasos, tuvo la nítida impresión de que las paredes se acercaban a medida que avanzaba, hasta comenzar a sentirse aplastado, con dolor en las costillas. Las paredes estaban tan cerca y lo comprimían de tal forma que ya no podía andar. Aterrorizado, intentó razonar: «Si me estoy quieto no me va a pasar nada. Pero, si ando, o destruyo las paredes o me aplastan.» ¿Qué hacer? Nada. Parado estaba y parado se quedó, sin mover un músculo. Allí se quedó, no sabe cuánto tiempo, hasta que una enfermera lo llevó del brazo, lentamente, de vuelta a su habitación, y lo acostó en la cama.

Al despertar vio que había una persona de pie a su lado, alguien que aparentemente hablaba con él durante el sueño. Era Luís Carlos, paciente del cuarto de al lado, un mulato delgadito con pinta de golfo que se avergonzaba tanto de su tartamudez que delante de los extraños se hacía pasar por mudo. Como todos los demás internos, él también aseguraba que no estaba loco. «Estoy aquí porque he decidido retirarme —cuchicheaba, como si le estuviera revelando un secreto de Estado—. Amañé con un médico un certificado de trastorno mental, y si paso aquí dos años como loco, puedo retirarme.»

Igual que sus padres lo habían metido allí, cada uno de sus compañeros de infortunio tenía una explicación para estar en la clínica Dr. Eiras. Uno decía que estaba allí para escapar de una deuda de juego, a otro lo había internado su esposa celosa, otro aseguraba que su única enfermedad era que le gustaba la cachaza. En realidad, Paulo ya no soportaba oír aquellas historias. En las visitas de sus padres se arrodillaba en el suelo, lloraba y les pedía que lo sacasen de allí, pero la respuesta era siempre la misma: «Espera unos días más, ya casi estás bien. El doctor Bejamim te dará el alta dentro de unos días.» Su único contacto con el mundo exterior eran las cada vez más escasas visitas de amigos que conseguían burlar la vigilancia. Aprovechando el movimiento de gente de la portería, con un poco de paciencia se podía entrar con cualquier cosa. Con insistencia consiguió que un amigo colase dentro de la clínica, escondida en los calzoncillos, una pistola automática del calibre 7.65 cargada. En cuanto circuló entre los enfermos el rumor de que Paulo andaba armado por los pasillos, se apresuró a meter la Beretta en el bolso de Renata, que desapareció con el arma. Ella era la visita más frecuente. Cuando no conseguía esquivar el control, le dejaba notas en la portería para que se las dieran:

[...] El idiota del ascensor ya me conoce y hoy no me ha dejado subir. Diles que nos hemos peleado y puede que así esa panda de cabrones dejen de molestarte.

[...] Estoy triste, no porque tú me hayas puesto triste, sino porque no sé qué hacer para ayudarte.

[...] La pistola está bien guardada en mi armario. No se la he enseñado a nadie. Bueno, se la enseñé a Antônio Cláudio, mi hermano, pero es tan legal que ni siquiera me preguntó de quién era, pero yo se lo dije.

[...] Mañana voy a ir a entregar esta carta. Va a ser un día triste. De esos días que te dejan con un dolor dentro. Después voy a estar quince minutos allí abajo mirando hacia tu ventana para ver si la has recibido. Si no apareces es que no te han entregado la carta.

[...] Patata, tengo tanto miedo que a veces siento ganas de ir a hablar con tu madre o con el doctor Benjamim, pero no iba a servir de nada. Por eso tienes que ser fuerte y aguantar. Aguanta. He tenido una idea buenísima: cuando salgas, cogemos un barco y nos vamos a Portugal, a vivir en Oporto, ¿no es genial?

[...] ¿Sabes? he comprado una cajetilla de Continental porque así tengo un poco de tu sabor en la boca.

El día de su cumpleaños, Renata apareció con un fajo de notas y cartas recogidas entre sus amigos, con mensajes optimistas y de ánimo: todos deseaban que Patatita volviera pronto a los escenarios. En medio de todos aquellos papeles llenos de besos y promesas de visitas, hubo un mensaje que lo emocionó especialmente: Era un recado de tres líneas de Jean Arlin: «Amigo Patatita, nuestra *Juventud sin tiempo* se va a estrenar el día 12 de septiembre aquí, en Río. Contamos con la presencia del autor.» La idea de huir resurgió con toda la fuerza, y Paulo se dio cuenta de que con el pelo corto era irreconocible incluso para su compañero de habitación. Se pasó dos días sentado en una silla en el pasillo, fingiendo que leía un libro, pero en realidad estaba controlando por el rabillo del ojo el movimiento del ascensor, la única opción no sólo de fugarse, sino de moverse por el edificio, pues las escaleras estaban cerradas con rejas de hierro. Gracias a la vigilancia supo algo seguro: el período de mayor movimiento era los domingos entre el mediodía y la una de la tarde, cuando los médicos, los enfermeros y los trabajadores cambiaban de turno y se mezclaban con cientos de visitantes que entraban y salían del ascensor atestado.

En zapatillas y pijama, el riesgo de que lo pillaran era enorme. Pero vestido con «ropa de calle» y zapatos, era posible infiltrarse sin que se dieran cuenta entre la maraña de gente que se apretaba desordenadamente para no perder el ascensor y salir del centro. Siempre protegido por el libro abierto delante de los ojos, Paulo rehízo, docenas, cientos de veces, el trayecto de la fuga. Consideró todos los obstáculos imprevistos que podrían surgir y concluyó que las posibilidades de escapar eran muchas. Pero tenía que ser pronto, antes de que la gente se acostumbrara a su nueva fisonomía, sin la melena ondulada que le pasaba de los hombros.

Sólo compartió su plan con dos personas: Renata y Luís Carlos, el falso mudo, su vecino de habitación. Su novia no sólo lo animó, sino que contribuyó con 30.000 cruceiros –casi 850 reales de 2008– que cogió de sus ahorros, por si tenía que sobornar a alguien durante la fuga. Y Luís Carlos se animó tanto con la huida que decidió irse con él, pues estaba «hasta arriba» de la apatía de la clínica. Paulo le preguntó si eso significaba desistir de su plan de retirarse como loco, pero su amigo respondió, tartamudeando, como siempre: «Huir forma parte de la enfermedad. Todos los locos huyen al menos una vez. Ya me he escapado antes, después vuelvo.»

Por fin llegó el tan esperado domingo, 4 de septiembre de 1966. Debidamente vestidos con «ropa de gente normal», ambos vivieron momentos que parecían no tener fin, mientras el ascensor bajaba, parando en todos los pisos. Todo el tiempo cabizbajos, temían que en algún piso entrase un médico o algún enfermero conocido. Fue un alivio cuando llegaron a la planta baja y caminaron hasta el portón, tal como Paulo había calculado cientos de veces, ni demasiado de prisa como para que sospecharan, ni tan despacio como para darle tiempo a alguien de identificarlos. Todo salió exactamente como estaba planeado. Sin tener que sobornar a nadie, el dinero les iba a dar para mantenerse unos días.

Siempre en compañía de Luís Carlos, Paulo fue a la estación de autobuses y compró dos billetes a Mangaratiba, una pequeña ciudad del litoral a poco más de cien kilómetros al sur de Río de Janeiro. El sol empezaba a ponerse cuando contrataron a un barquero para que los llevase hasta un islote a media hora de allí. Tan pequeña que el barrio de Ipanema no cogería entero dentro de ella, la isla de Guaíba era un paraíso que vivía sus últimos años a salvo de la mano del hombre (antes de que Paulo se hiciera adulto sería transformada en una gran terminal de exportación de mincral dc hicrro). En uno de sus extremos, en la playa de la Tapera, había una casa propiedad de Heloísa Araripe, la «tía Helói», hermana de su madre; hasta que llegó allí, llevando siempre pegado a sus talones al falso mudo, no se sintió a salvo de la maldita clínica, de los médicos y de los enfermeros.

Como refugio, el lugar parecía perfecto, pero horas después de llegar, se dieron cuenta de que no iban a poder permanecer allí mucho tiempo, al menos en aquellas condiciones. Como la tía Helói casi nunca la usaba, en la casa no había absolutamente nada, aparte de un recipiente de barro con un poco de agua y, aun así, con un sospechoso color verde. Como el casero —un tipo que vivía en una cabaña a unos metros de la casa— no mostró interés alguno en compartir su cena, cuando sintieron hambre no les quedó otro remedio que atacar una bananera de la finca para acallar los rugidos del estómago. Al despertar, al día siguiente, con los brazos y las piernas llenas de picaduras de mosquitos, tuvieron que coger de la misma bananera el desayuno y después la comida y, al final del día, también la cena. Al segundo día, el mudo sugirió probar otra dieta, pescando algún pez, pero la idea fue descartada porque en la cocina no había gas, y tampoco había tenedores, ni aceite, ni sal ni nada. El martes, al tercer día de su llegada, ambos pasaron horas sentados en el muelle a la espera del primer barquero para que los llevase de vuelta. Cuando el autobús de Mangaratiba los dejó en la estación de Río, Paulo le comunicó a su compañero de fuga que se escondería algunos días hasta decidir qué hacer en la vida. Pero Luís Carlos ya había tenido bastantes aventuras, así que decidió volver a la clínica Dr. Eiras.

Ambos se despidieron a carcajadas, esperando volver a encontrarse algún día. El hijo de D. Pedro cogió un autobús y paró en la casa de Joel Macedo, donde pretendía hospedarse hasta poner sus ideas en orden. Su amigo lo recibió con mucho cariño, pero temía que su casa no fuera un buen escondite, pues Lygia y Pedro sabían que era allí donde solía dormir en las noches de bohemia. Y, si era para salir de Río, el escondite ideal era otra casa, la que su padre acababa de construir en una urbanización de Cabo Frio, ciudad a cua-

Una de las cartas enviadas por su novia Renata Sorrah cuando Paulo estaba internado en el manicomio: «Patatita, ten valor, lucha, no dejes que te afecte ni que te influya ese ambiente.»

renta kilómetros de Araruama. Antes de coger la carretera, le exigió a Paulo una medida profiláctica –darse una ducha y cambiarse de ropa–, sin la cual sería imposible viajar en compañía de su amigo, que ya llevaba cuatro días sin ningún tipo de higiene personal. Horas después cogían la carretera en la furgoneta DKW-Vemag de Joel conducida por su dueño, ya que, después del trauma del atropello, Paulo no se había atrevido a ponerse de nuevo al volante. Ambos amigos se pasaron los días tomando cerveza en el barrio de Ogiva, andando por la playa de las Conchas y leyendo la nueva pasión de Joel, el teatro de los rusos Maxim Górki y Nikolai Gogol. Cuando se acabó el dinero que Renata le había dado, Paulo pensó que era hora de volver. Hacía una semana que se había escapado y ya no tenía sentido deambular sin rumbo y sin destino. Fue a una cabina e hizo una llamada a cobro revertido. Al oír su voz del otro lado de la línea, su padre no parecía enfadado, sino seriamente preocupado por su salud y su estado físico y mental. Al saber que su hijo estaba en Cabo Frio, Pedro se ofreció, repentinamente gentil, a ir a buscarlo en coche, pero él prefirió regresar con Joel.

Después de pasarse una semana buscándolo desesperadamente en los depósitos y en las comisarías de policía, tanto Lygia como él se comportaban de una forma irreconocible. Estuvieron de acuerdo en que no volviera a la clínica y, delicados y amables, decían estar interesados por su trabajo en el teatro, y parecían haber suspendido definitivamente el horario límite para volver a casa. Paulo veía aquella libertad con desconfianza. «Después de una semana de pánico, sin tener noticias mías –diría después–, aceptaron cualquier condición, lo que yo traté de aprovechar.» El pelo y un amago de barba le crecían sin que nadie lo importunase, y el poco tiempo que le sobraba de sus actividades lo dedicaba a las chicas. Además de Renata y Fabíola (Márcia estaba un poco distanciada), ahora estaba encantado con Genivalda, una chica de la zona del nordeste feúcha y de piernas delgadas, pero poseedora de una inteligencia brillante. Geni, como quería que la llamasen, no vestía bien, no vivía en la zona sur ni estudiaba en la PUC ni en colegios de clase alta, pero como parecía saberlo todo, tenía un sitio asegurado en el Paissandu.

El lento pero perceptible éxito de Paulo con las mujeres no se debía a ninguna intervención quirúrgica, como en el caso de Fabíola, sino a un cambio de costumbres que empezaba a darse en Brasil. La revolución de la llamada «contracultura» que asombraba al mundo estaba cambiando no sólo los patrones políticos y de comportamiento, sino también los estéticos. Y eso hacía que los hombres que posiblemente hasta entonces eran considerados feos, como el roquero Frank Zappa o, en Brasil, el músico Caetano Veloso, se convirtieran en patrones de esa belleza moderna como por arte de magia. Según el nuevo criterio, el hombre viril, saludable y bien afeitado estaba siendo sustituido por el desgreñado, desaliñado y de apariencia frágil. Un publicitario llegaría a decir que era como si Woody Allen ocupase el lugar de John Wayne como objeto de deseo de las mujeres. Beneficiario de esa dictadura de la informalidad, el único problema de Paulo era buscar un lugar para poder estar con sus conquistas. Deseoso de recuperar el tiempo perdido, además de las novias formales, también conquistaba a las que se cruzaban en su camino, fuesen aficionadas o profesionales. En una época en la que no había moteles y la moralidad exigía certificado de matrimonio a las parejas que se registraban en los hoteles, los jóvenes que, como él, no disponían de un piso de soltero no tenían muchas alternativas. No es que se quejara, pues, además de la complicidad de la madre y de la abuela de Fabíola, que cerraban los ojos y no oían lo que pasaba en el estudio forrado de periódicos, también contaba con la colaboración del tío José, en Araruama, cuyas puertas estaban siempre abiertas, fuera quien fuese la compañía que Paulo llevase un fin de semana o un festivo.

Aun así, cuando surgía una conquista inesperada, resolvía el problema como podía. En una ocasión, estuvo horas de preliminares amorosos con una joven candidata a actriz en una barca de pedales en la laguna Rodrigo de Freitas. Después de un viacrucis por algunos antros y ya embalados —por el alcohol, ya que ninguno de los dos consumía drogas—, Paulo y la chica acabaron practicando sexo en la casa en la que ella vivía con una tía abuela. Como era un apartamento de una sola estancia, se divirtieron ante la mirada perdida de la anciana, sordomuda y senil, experiencia que se repetiría más veces.

En otra ocasión, confesó en su diario que había practicado sexo en circunstancias más insólitas todavía:

> Invité a Maria Lúcia a dar un paseo por la playa conmigo, y después fuimos a charlar al cementerio. Y por eso hoy escribo: para, más tarde, recordar que tuve una amante de un día. Una chica sin prejuicio alguno, a favor del amor libre más radical, una chica que es mujer. Me dijo que el físico me delataba, antes de nada, que yo era caliente en la cama. Y ambos, interrumpidos de vez en cuando por el cansancio o porque pasaba algún entierro, nos amamos toda la tarde.

Semanas después de haber huido de la clínica, sin embargo, esos problemas llegarían a su fin. Gracias a la mediación de su abuelo materno, Paulo consiguió autorización de sus padres para hacer un experimento: vivir solo durante algún tiempo. La nueva casa se la dio el propio Mestre Tuca: un pequeño apartamento que tenía en el edificio Marquês de Herval, en la avenida Rio Branco, en pleno centro comercial de Río. El lugar, a pocas manzanas de la zona del barrio chino de la ciudad, no podía ser peor. Durante el día era una babel ruidosa de vendedores ambulantes, pequeños comerciantes, vendedores de lotería y mendigos, con buses y coches que circulaban en todas direcciones. A partir de las siete de la noche era como si hubieran cambiado los decorados de una obra. El colorido del día daba lugar a las sombras, y los personajes diurnos eran sustituidos por prostitutas, delincuentes, travestis, macarras y traficantes. Nada en las inmediaciones recordaba al mundo del que Paulo procedía, pero no importaba, aquélla era su casa, allí mandaba él y nadie más. Y, además de eso, descubrió que el edificio tenía energías muy positivas. En aquel lugar estuvo, en los años veinte, el famoso Palace Hotel, lugar de encuentro de hermosísimas francesas entre las que tenían mucho éxito una pareja de chicos: su propio abuelo, Mestre Tuca, y un antiguo compañero del colegio, el compositor Bororó, coautor, junto con Lamartine Babo, de la célebre canción *Da Cor do Pecado*.

En cuanto buscó a sus amigos del Grupo Destaque, Paulo supo que el prometido montaje de *Juventud sin tiempo* en Río había sido cancelado por falta de recursos. Parte de la *troupe* que había hecho *Pinocho* y *La guerra de la comida* estaba ahora metida en una nueva aventura, a la cual él se incorporó inmediatamente: representar una obra de teatro para adultos. Hacía semanas que ensayaban en el Teatro Universitario Nacional, una adaptación de *Capitanes de la arena*, famosa y polémica obra escrita por Jorge Amado. Rubio, de ojos azules y bronceado, el director y autor de la adaptación se parecía más a uno de los surfistas que se pasaban los días sobre las olas del Arpoador. A los quince años, al precoz Francis Palmeira ya le habían censurado una obra, *Acto institucional*. Era tan estimulante ver a aquel grupo de jóvenes haciendo teatro de gente mayor que Jorge Amado –mundialmente alabado y miembro de la Academia Brasileña de las Letras– no sólo autorizó la adaptación, sino que escribió una estimulante reseña para el programa de la obra:

Les he confiado a los estudiantes la adaptación teatral de mi novela *Capitanes de la arena* y lo he hecho con confianza y alegría: los estudiantes están en la vanguardia de cuanto se hace hoy de bueno en Brasil. Son luchadores incansables por la democracia, por los derechos de los hombres, por el progreso, por el avance del pueblo brasileño, contra la dictadura y la opresión. En la novela en la que se han basado para su obra de teatro, también yo transmití una palabra de fe en el pueblo brasileño y de protesta contra todas las formas de injusticia y de opresión. La primera edición de *Capitanes de la arena* se publicó una semana antes de la proclamación del «Estado Nuevo», dictadura cruel y oscurantista que requisó la edición y prohibió el libro. Esa novela fue una arma de lucha. Hoy gana una nueva dimensión: el escenario que hace tan inmediato el contacto con el público. Sólo puedo desearles a los estudiantes del Teatro Universitario Nacional el mayor de los éxitos, seguro de que ellos están una vez más al servicio de la democracia y de Brasil.

Estaba claro que iba a haber problemas. El primero fue con Protección de Menores, que amenazó con prohibir los ensayos mientras no presentasen una autorización paterna todos los que tenían menos de dieciocho años, comenzando por el director del espectáculo. Cuando faltaban pocos días para el estreno, los ensayos fueron interrumpidos por la presencia del delegado Edgar Façanha, jefe de la censura en Río de Janeiro, acompañado de un agente del Servicio Nacional de Información, el SNI, en busca del permiso pertinente, sin el cual no se podía representar la obra. Como no tenían ningún permiso, en la discusión que hubo a continuación los policías acabaron deteniendo a uno de los actores, Fernando Resky, y se marcharon con una advertencia: si realmente querían estrenar la obra en la fecha señalada, el 15 de octubre de 1966, tenían que entregar inmediatamente una copia del texto para ser sometida a la criba oficial. Días después, *Capitanes de la arena* obtuvo el permiso con supresiones reveladoras del oscurantismo que cada vez sofocaba más al país bajo el régimen militar. Se habían prohibido las palabras «camarada», «diálogo», «revolución» y «libertad», y habían suprimido una frase entera: «Todos los hogares estarían abiertos para él, porque la revolución es una patria y una familia para todos.»

Las dificultades para llegar al montaje habían sido tantas que el grupo creyó que era mejor admitir los cortes sin protestar ni recurrir. Aunque casi pasaba desapercibido entre los treinta actores y actrices que desfilaban por el escenario, Paulo hacía un papel bastante importante. Era Almiro, homosexual que vivía con Barandão, que moría de viruela al final de la obra. Jorge Amado había prometido que asistiría al preestreno, pero como estaba en Lisboa para el lanzamiento de su éxito más reciente, la novela *Doña Flor y sus dos maridos*, le pidió que lo representase, en carne y hueso, nada menos que Volta Seca, uno de los niños de la calle de Salvador en que se había inspirado para crear a los personajes principales de la obra. Las noticias de los periódicos de Río sobre la embestida de la censura contra *Capitanes de la arena* funcionó como un atractivo tan grande que los cuatrocientos asientos del teatro Serrador, en el centro de Río, fueron insuficientes para acoger al público en la noche del estreno. De su lista de invitados personales Paulo sólo echó en falta a dos: Renata y el doctor Benjamim (el mismo, el de los electrochoques).

El fascinante mundo del teatro se abría para Paulo en la misma proporción en que empeoraba su rendimiento escolar.

A partir del segundo internamiento Paulo empezaría a establecer una curiosa relación con el psiquiatra. No era sólo afecto lo que los unía, a pesar de todo lo que Paulo había sufrido en la clínica, sino la cercanía con el médico, o la opinión de éste respecto a sus dudas, que le daban una seguridad que antes no tenía. En aquella época ese tipo de comportamiento era considerado uno de los efectos colaterales de la amnesia retrógrada. Muchos, muchos años después, sin embargo, el propio Paulo diagnosticaría aquello como algo que se llamó «síndrome de Estocolmo»: una súbita e inexplicable dependencia afectiva de los secuestrados respecto a sus secuestradores, de gente privada de libertad con sus captores y, en su caso, de pacientes psiquiátricos con los responsables de su internamiento. «Establecí con el doctor Benjamim la misma relación que el secuestrado con el secuestrador –diría el escritor, ya maduro, en una entrevista–. Incluso después de salir de la clínica, en las grandes crisis de mi juventud, cuando tenía problemas con mis novias, iba a hablar con él.»

Capitanes de la arena permaneció dos meses en cartel. Aunque no llegó a tener una gran cantidad de público, tuvo el suficiente como para cubrir gastos, y aún sobró algo para repartir entre artistas y técnicos; eso por no hablar de los elogios que recibió de críticos respetados, como Walmir Ayala, del *Jornal do Brasil*, y Van Jafa (seudónimo del bahiano José Augusto Faria do Amaral), del *Correio da Manhã*. «Un espectáculo de primer orden» y «excelente sorpresa» eran referencias corrientes sobre la obra. Pasada la euforia del montaje, Paulo caería otra vez en la depresión. Se sentía vacío, perdido, y con frecuencia destrozaba a puntapiés todo lo que encontraba por delante en el pequeño apartamento de su abuelo. Solo, en aquel vecindario extraño y hostil, sin tener a quien recurrir en las horas de melancolía ni con quien compartir los escasos momentos de alegría, era habitual que se desesperase. Cuando tenía esas crisis, su diario engordaba notablemente. Una vez se pasó la noche llenando páginas y páginas mecanografiadas a un espacio, a las cuales les dio el nombre de «Confidencias de un escritor»:

[...] De repente mi vida se ha transformado. He acabado en el lugar más deprimente de Brasil: la ciudad, el centro comercial de Río. Nadie por la noche. De día, miles de personas distantes. Y la soledad materializándose tanto que empecé a sentirla como algo vivo y duro que llenaba todas las esquinas y caminos. Yo, Paulo Coelho, de diecinueve años cumplidos, tengo las manos vacías.

La proximidad al barrio chino acabó convirtiéndolo en un cliente regular de los burdeles que se apiñaban, uno detrás de otro, desde el fondo de Lapa hasta Mangue. Poco importaba que aquellas mujeres no tuvieran la elegancia ni guardasen ningún parecido físico con las chicas que lo excitaban en la zona sur. Con las prostitutas podía hablar de cualquier asunto, sin censura alguna, y realizar todas sus fantasías secretas sin escandalizar a nadie. Incluso cuando esas fantasías significaban no hacer absolutamente nada, como en la patética experiencia que registró por escrito:

Ayer estuve con la mujer más vieja de la zona y la más vieja con la que me he acostado (no follé, sólo pagué para ver). El pecho parecía una bolsa vacía y ella se ponía delante de mí, desnuda, pasándose la mano por el chocho. Yo la miraba sin comprender porque ella me inspiraba piedad y respeto al mismo tiempo. Ella era pura, extremadamente cariñosa y profesional, pero era una mujer muy vieja, nadie puede imaginarse cuánto. Quizá unos setenta años. Francesa, tenía el periódico *France Soir* tirado en el suelo. Me trató con mucho cuidado. Trabaja de seis a once, después toma el autobús, se va a casa y donde ella vive es una viejecita respetable. ¡Nadie lo diría, Dios mío! No puedo recordarla desnuda porque me entra el tembleque y tengo una mezcla muy grande de sentimientos. No olvidaré nunca a esa viejecita. Muy raro.

Si a veces pagaba por practicar sexo, otras practicaba sexo y no pagaba nada o casi nada («... ayer estaba inspirado y conseguí traer a una prostituta sin pagar nada; después ella se llevó un jersey que yo le había robado a un amigo»). Igual que permitía relaciones platónicas, la zona podía despertar pasiones demoledoras, dignas de tangos y boleros. Paulo no escaparía de ese destino. Durante semanas seguidas dedicó todas las páginas de su diario a un amor delirante por una joven prostituta. Un día, ella desapareció con otro cliente, sin avisar, y él cayó de nuevo en una depresión. A pesar de ser un hombre hecho y derecho, sólo la inocencia de un niño para las cosas del amor justificaría su crisis de celos por haber sido traicionado por una prostituta. «¡Prestad atención! Sentí ganas de llorar como no había llorado antes, porque en aquella mujer residía todo mi ser —lamentó, melancólico—. Con su carne yo podía mantener la soledad un poco alejada.» Al oír que su amada había vuelto y que estaba revelando intimidades suyas por la zona, se hundió:

> Me he enterado de que ella me está difamando, contando cosas que mi inmenso amor me ha llevado a hacer. Nunca ha dicho nada bueno sobre mí. He descubierto que para ella era un cero a la izquierda, un puerto destruido. Voy a citar el nombre de la mujer a la que le entregué lo que había de puro en mi ser putrefacto: Tereza Cristina de Melo.

El día y la noche eran, a esas alturas de su vida, muy diferentes para Paulo. Durante el día seguía llevando una vida de ensueño: novias, ensayos, grupos de estudio, debates sobre cine y existencialismo. Aunque apenas había pisado el nuevo colegio, consiguió pasar de curso, lo que lo dejaba a un paso de la prueba de acceso a la universidad, que decididamente no iba a ser de ingeniería, como deseaba D. Pedro. Las pocas veces que iba a casa de su familia —en general, para comer o pedir dinero—, se inventaba mentiras para molestar a sus padres, diciéndoles que había estado en los lugares más extravagantes de Río. «Leía en los periódicos noticias sobre los lugares frecuentados por la juventud libre y mentía diciendo que había estado allí, sólo para escandalizar a mi padre y a mi madre.» Allá donde iba, llevaba al hombro la guitarra que casi nunca tocaba, sólo «para presumir ante las chicas». Mayor de edad, se divertía con las batidas de Protección de Menores a la caza de adolescentes que consumían bebidas alcohólicas.

Con la llegada de la noche, sin embargo, las crisis de melancolía y soledad regresaban sin piedad. Llegó un momento en que ya no aguantaba más. Hacías tres meses que sufría una pesadilla recurrente, noche tras noche, y sintió que iba a tener que volver atrás. Embaló todas sus cosas y, melancólico y humillado, les pidió a sus padres que lo admitieran en aquella casa a la que creyó que nunca más volvería.

9

DESPUÉS DE SU TERCERA EXPERIENCIA
CON HOMBRES, PAULO SE CONVENCE:
«NO SOY HOMOSEXUAL»

La desenvoltura con la que se movía entre mujeres de todos los niveles, desde las prostitutas de Mangue a las pijas elegantes del Paissandu, causaba a todos la impresión de que Paulo tenía clara su sexualidad. Pero sólo era una impresión. La convivencia con el universo teatral, donde la homosexualidad campaba sin represión alguna, despertó en él una duda tan secreta que ni siquiera la reveló en su diario: ¿y si realmente tenía «problemas sexuales»?, como sospechaba su madre cuando lo internaron por primera vez. O simplemente y sin rodeos: ¿y si era homosexual? Aunque estaba a punto de cumplir veinte años, ésa todavía era una zona sombría y misteriosa para Paulo. Al contrario de lo que solía suceder entre los niños brasileños de la época, tuvo su iniciación sexual con la precoz y experimentada Madá, y no «cascándosela» –o, como se decía entonces en Río, *fazendo meia*– con algún amigo. Nunca había sentido el deseo de tener intimidad física con un hombre, ni siquiera había llegado a fantasear con experiencias así. Varias veces, sin embargo, al ver a grupos de amigos homosexuales hablando en los descansos de los ensayos, se sorprendía haciendo silenciosas y perturbadoras indagaciones: «¿Y si tienen razón? ¿Y si su opción sexual es mejor que la mía?»

La vida le había enseñado que era mejor ser el primero en saltar al río helado que sufrir en la fila hasta que llegase su turno. En vez de martirizarse con dudas interminables, sabía que sólo había una manera de resolver el problema: probar. Al leer en un texto de Karl Marx algo parecido a «la práctica es determinante», interpretó la frase como un estímulo más para la decisión que había tomado. Una noche, cuando todavía vivía en el apartamento de su abuelo en el centro de la ciudad, se armó de valor y decidió indagar. Deambuló varias horas por discotecas de ambiente en los duros bajos fondos de las galerías Alaska y Menescal, en Copacabana, hasta que, un poco ebrio debido a algunos whiskis, decidió atacar. En la barra de un antro se acercó a un chico de su edad, un profesional que estaba allí para practicar sexo por dinero, y fue directo al grano:

—¿Qué tal? Me apetece acostarme contigo, ¿quieres?

Paulo estaba preparado para todo, menos para la respuesta que oyó:

—No. No quiero acostarme contigo.

La sorpresa no habría sido mayor si le hubieran dado un tortazo. ¿Cómo que no? ¡Pero si le iba a pagar! El tipo dio media vuelta y se fue. Al intentarlo de nuevo en otra discoteca, y recibir otro no por respuesta, cerró su corta y frustrada experiencia homosexual. Semanas después, inmerso en una febril actividad profesional, parecía haberlo olvidado.

Si la carrera de escritor de Paulo Coelho seguía siendo un sonoro fracaso, no se podía decir lo mismo del dramaturgo. Su primera aventura en el mundo de las artes escénicas, en teatro infantil, fue el montaje de un clásico del cine, *El mago de Oz*. No sólo se encargó de la adaptación del texto de Lyman Frank Baum, sino que también dirigió la obra y eligió para él el papel del león. Sin recursos para un buen vestuario, en el momento del espectáculo se pintaba unos bigotes en la cara, se pegaba dos orejas de trapo en la cabeza y el rabo era una cuerda cosida a los pantalones, cuya punta enroscaba en el dedo índice durante todo el espectáculo. De la versión original aprovechó básicamente la canción *Over the rainbow*. El resto de la banda sonora la compuso Antônio Carlos Dias, *Kakiko*, músico y actor con el que Paulo compartió camarote colectivo durante la temporada de *Capitanes de la arena*. Para sorpresa de todos, *El mago de Oz* no sólo dio para pagar los gastos del montaje y los salarios de los actores y los técnicos, sino que también dejó un saldo positivo, dinero que Paulo guardaría celosamente para una nueva producción. Si ver su nombre impreso en las páginas de espectáculos de los periódicos era de alguna manera un sinónimo de éxito, no tenía de qué quejarse: en un solo día de 1967, su nombre aparecía en tres sitios diferentes de los suplementos culturales de la prensa carioca. En el teatro Arena, era el autor y director de *El tesoro del capitán Berengundo*; en el Santa Terezinha estaba en cartel una adaptación suya de *Aladino y la lámpara maravillosa*, y en el teatro Carioca aparecía como actor en *La onza de alas*, de Walmir Ayala.

Las obras infantiles daban algún dinero, pero sólo en el teatro adulto sería posible alcanzar la fama y el prestigio que buscaba. La repercusión del montaje de *Capitanes de la arena*, lo había dejado bien claro. En el mes de marzo lo invitaron a actuar en un gran montaje: el musical *La ópera de los tres centavos*, de Bertolt Bretch y Kurt Weill, cuya traducción le encargaron al académico Raimundo Magalhães Júnior, y sería dirigida por José Renato. El espectáculo había tenido mucho éxito en São Paulo con un elenco de famosos como Leilah Assumpção, Maria Alice Vergueiro, Ruth Escobar y Sílvio de Abreu. Llena también de estrellas de primera, la *troupe* de Río tampoco se quedaba atrás, y estaba formada, entre otros, por Dulcina de Moraes, Fregolente, Marília Pêra, Francisco Milani, José Wilker, Denoy de Oliveira y, en el papel del reverendo Kinball, el viejo Bororó, ex compañero de juergas del abuelo Mestre Tuca. La coreografía se la dieron al consagrado bailarín Klauss Vianna y con la obra se inauguró el teatro de Sala Cecília Meirelles, en Lapa. Paulo representaba a un mendigo ciego, papel de poca relevancia, pero su nombre estaba impreso en el programa al lado del de todos aquellos grandes. Tras varias semanas de ensayo, estaban todos preparados para el estreno. Días antes la compañía fue invitada a representar una escena de la obra en vivo, en los estudios de TV Rio, la más importante de la ciudad. En el momento de la presentación faltaba el actor Oswaldo Loureiro, que tenía que interpretar el tema de la obra. Y como Paulo era el único del grupo que se sabía de memoria la letra de *Mack the Knife*, fue la figura destacada en el programa de televisión. El razonable éxito de *La ópera de los tres centavos* lo arraigó más en su nueva profesión.

Ya estaba de nuevo instalado en casa de sus padres y la obra seguía en cartel cuando la dichosa homosexualidad decidió tentarlo una vez más. Esta vez, la iniciativa no partió de él, sino de un actor de casi treinta años que también trabajaba en la obra. En verdad, sólo habían intercambiado algunas palabras y miradas, pero una noche, después del espectáculo, el actor lo abordó sin más preámbulos:

—¿Quieres dormir conmigo en mi casa?

Nervioso y sorprendido por la inesperada proposición, Paulo respondió sin pensar:

—Sí, quiero.

Pasaron la noche juntos. A pesar de recordar, mucho tiempo después, que sintió cierta abyección al verse intercambiando caricias con un hombre, practicó sexo con él, penetrándolo y dejándose penetrar. Paulo volvió a casa, al día siguiente, todavía más confuso que antes. No había sentido ningún placer y seguía sin saber si era o no homosexual. Meses después volvería a la carga y de nuevo escogería a un compañero entre sus colegas de escena para la experiencia. En su casa, un pequeño apartamento en Copacabana, se sintió muy incómodo cuando su pareja le propuso ducharse juntos. El malestar duró el resto de la noche. El sol empezaba a entrar en el pequeño apartamento cuando por fin consiguieron practicar sexo, y Paulo Coelho se convenció, de una vez por todas, de que no era homosexual.

Para alguien con tantas dudas respecto a su sexualidad, seguía teniendo un éxito sorprendente con las mujeres. Con Márcia desistió, lo dejó con Renata y seguía su relación informal con Fabíola, que cada día estaba más guapa. Bígamo precoz, sin embargo, se enamoró de Genivalda, de Sergipe, la fea y brillante Geni, que embriagaba sus oídos de la *intelligentzia* del Paissandu y del Zeppellin. Después de semanas de asedio diario e infructífero, por fin consiguió llevarla de fin de semana a casa del tío José, en Araruama. En su primera noche juntos, se sorprendió al oír a Geni, aquella mujer experimentada, de aspecto maduro y que parecía saberlo todo, pedirle en un susurro que fuera

TEATRO SERRADOR

"Capitães da areia"
DE JORGE AMADO

Letra   15 - 10 - 66

N.º   As 21 horas

El estreno de *Capitanes de la arena*, en el teatro Serrador: problemas con la censura y elogios de Jorge Amado. A la derecha, Paulo interpreta a Almiro, el homosexual que muere al final de la obra.

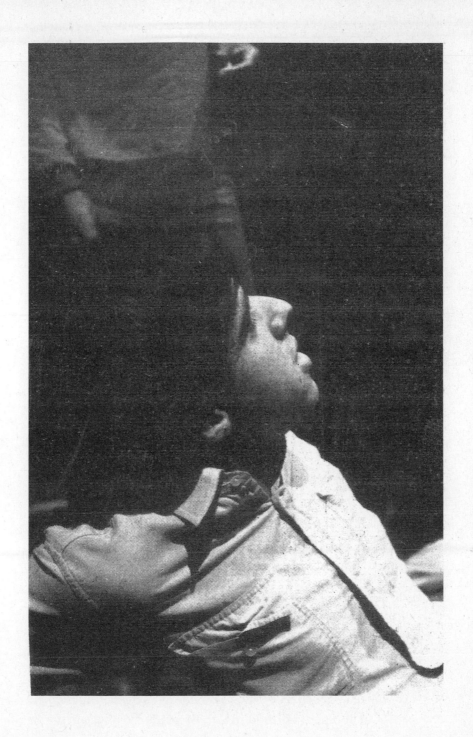

despacio, pues aquélla iba a ser su primera relación sexual. Por falta de un lugar adecuado para verse, los primeros meses de luna de miel fueron incómodos pero fértiles: a principios de junio, Geni lo llamó para decirle que estaba embarazada, que esperaba un bebé suyo. En ese mismo momento, Paulo decidió que quería tener el niño, pero no le dio tiempo ni a decirlo, porque ella le anunció que iba a abortar. Él le propuso verse para hablar, pero Geni fue implacable: su actitud era firme y, además, también quería ponerle punto final a la relación. Colgó el teléfono y desapareció como si nunca hubiera existido.

Poco a poco Paulo empezó a sentirse confuso otra vez. Nervioso por la noticia del embarazo y la súbita desaparición de Geni, la buscó por todas partes hasta que se enteró de que había vuelto a su ciudad natal, Aracaju, donde pretendía abortar. Ansioso por quitarle esa idea de la cabeza, pero sin forma de localizarla a casi dos mil kilómetros de distancia, recayó en una crisis depresiva, intercalada con breves manifestaciones de euforia. Y eso era lo que reflejaban páginas y páginas del diario escritas en noches de insomnio:

Respiro soledad, me visto de soledad, defeco soledad. Qué putada. Nunca me he sentido tan solo. Ni en los amargos y largos días de mi adolescencia abandonada. Además, la soledad para mí no es una novedad. Pero me estoy cansando de esto. Dentro de nada voy a hacer una locura que aterrorizará al mundo.

Quiero escribir. Pero ¿para qué? ¿Por qué? Solo, los problemas existenciales ocupan mi cerebro, y en ese murmullo intenso sólo percibo una cosa: ganas de morir.

[La vena dramática para relatar miserias aparecía también en los arrebatos de alegría. Raros y poco duraderos, los momentos de optimismo los registraba sin modestia alguna:]

Ha llegado mi hora de parir, ya anunciada en una poesía que hice en la clínica. Esta mañana, con la luz, nací. Ha llegado el momento de demostrar quién soy.

Hasta mediados del año 1967, el mundo todavía no sabía quién era Paulo Coelho, pero corría el riesgo de perderlo, a juzgar por la frecuencia de los brotes depresivos y por la insistencia con la que hablaba de la muerte y del suicidio. A finales de junio, después de padecer otra noche de insomnio, tuvo un pronto. Guardó el diario en el cajón, le dio dos vueltas a la llave de la puerta, se aseguró de que estaba realmente cerrada y comenzó a romperlo todo. Empezó por la guitarra, que hizo añicos sobre su mesa de estudio con un ruido que parecía la explosión de una bomba. Los vecinos, que a aquella hora, alrededor de las seis de la mañana, aún no se habían levantado para otro jueves de trabajo, se despertaron asustados con el estrépito de la casa de los Coelho. Con los pedazos de la guitarra destrozó la gramola portátil, de plástico rojo, la radio de onda corta, y salió rompiendo todo lo que encontraba a su paso.

Ya no quedaba nada para destrozar, pero todavía estaba furioso. Paulo se dirigió a la estantería y comenzó por los diez volúmenes de la colección Sherlock Holmes. Los rompió uno por uno y después atacó el estante de autores brasileños, de prosa, de poesía, de filosofía, hasta que el suelo de la habitación estuvo lleno de libros rotos. Entró en el pequeño baño de al lado y, con el mástil de la guitarra, reventó el espejo del armario. Cuando el ruido disminuyó por unos momentos, oyó a su padre aporreando la puerta y exigiéndole que abriese, pero ni se inmutó. Arrancó y deshizo en pedacitos dos textos que había colgado detrás de la puerta —una oración de san Francisco de Asís y la letra de «Bárbara», poema del francés Jacques Prévert—, e hizo lo mismo con los pósters de pinturas que decoraban su cuarto: *La maja desnuda*, de Goya; *El jardín de las delicias*, de El Bosco, y *La crucifixión*, de Rubens. Jadeante, vio que sólo una pieza había sobrevivido entera: el sillón blanco en el que solía «llorar o ver el cielo estrellado», como escribió una vez. Sin nada a mano para reventar el mueble, no dudó en abrir la ventana y lanzarlo ruidosamente al jardín lateral de la casa. Entonces, cuando ya no quedaba nada entero, decidió abrir la puerta. No le dio tiempo de ver que el que llamaba ya no era su padre: dos enfermeros lo inmovilizaron y uno de ellos le aplicó una inyección en un brazo con un fuerte sedante.

Al abrir los ojos reconoció la pintura descascarillada del techo: estaba otra vez acostado en una cama de la novena planta de la clínica Dr. Eiras. La primera medida que los enfermeros tomaron, en cuanto se despertó, fue llevarlo hasta los ascensoristas y advertirles:

—Éste es el paciente que huyó de aquí el año pasado. Quedaos con su cara y, esta vez, cuidado con él.

En la clínica no había cambiado nada respecto a los internamientos anteriores. Salvo Flávio, el sobrino del ministro que había intentado matarse con lanzaperfumes y whisky, estaban todos allí, incluso el tartaja y falso mudo Luís Carlos, su compañero de fuga. Las caras eran las mismas de antes, y el suplicio también. Ya el primer día Paulo fue sometido a una sesión de electrochoque tan dura que, cuando Fabíola fue a visitarlo horas después, todavía estaba inconsciente, cubierto de babas y con el rostro deshecho por la violencia de las descargas eléctricas en el cerebro. A pesar del cariño y el desvelo con el que fue tratado por su novia —en su tercer internamiento Fabíola fue la única, además de sus padres, que fue a visitarlo—, no podía quitarse de la cabeza a la desaparecida Geni y a su bebé.

Una semana después de ser trasladado a la clínica, período en el que fue sometido a tres sesiones de electrochoque, Paulo ya estaba pensando otra vez en huir. Y otra vez, el compañero elegido fue Luís Carlos, que tampoco soportaba ya la rutina del manicomio. La oportunidad surgió un día que un miembro del equipo del doctor Benjamim efectuó un examen superficial en su boca y vio que le estaba saliendo una muela del juicio. El médico parecía haber descubierto la pólvora:

—Ya sé cuál es tu problema: es una muela que te está saliendo y ejerce presión en la cabeza. Eso te pone nervioso y te provoca esas crisis. Le voy a pedir a nuestro dentista que te la arranque y se acabará el problema.

Mientras buscaban a un enfermero para que lo acompañara al ala de la clínica en la que estaba el dentista, él encontró a Luís Carlos y lo avisó:

—¡Ahora! Me van a llevar al dentista y voy a intentar escapar. Intenta escapar tú también. Si todo sale bien, nos vemos dentro de una hora en la cafetería que hay frente a la clínica.

Atravesó las alamedas que separaban los edificios del centro siempre vigilado de cerca por el enfermero, que en la puerta de la consulta miró el reloj y concertó con el dentista: como la extracción le iba a llevar cerca de media hora, iba al baño y volvía en seguida para acompañar al paciente de regreso al edificio de los enfermos mentales. La consulta, sin embargo, no duró ni cinco minutos. Después de examinarlo rápidamente con espejitos y de revisarle los dientes con unas pinzas puntiagudas, el dentista lo dispensó:

—¡No sé a quién se le ha ocurrido esa tontería! ¿Desde cuándo una muela del juicio vuelve a alguien loco? Siéntate ahí fuera y espera al enfermero para volver a tu planta.

Era el momento. Paulo se escabulló por los pasillos, cruzó con la cabeza baja y paso rápido el bosque interno, se mezcló entre la aglomeración de visitas y médicos en la portería y minutos después estaba en libertad. Llegó corriendo al café de la esquina de la calle Assunção con Marquês de Olinda y, para su sorpresa, vio a Luís Carlos esperándolo con un vaso de cerveza en la mano (era lo único que podía comprar con las monedas que llevaba en el bolsillo). Celebraron la hazaña con carcajadas y trataron de salir de allí antes de que notasen su ausencia en la novena planta y salieran a buscarlos (en verdad, la seguridad parecía fallar en la clínica: hasta el 9 de julio, dos días después de la fuga, los médicos no se enteraron de que ambos habían desaparecido). A la salida, Paulo consiguió venderle su reloj de pulsera al cajero del bar, y como no había tiempo para mucha negociación, acabó aceptando sólo 300 cruceiros nuevos (650 reales de 2008), menos de la mitad de su valor real. Los fugitivos caminaron tres manzanas por la calle Marquês de Olinda, se sentaron en la hierba de un jardín y permanecieron horas en silencio, disfrutando de un placer barato que para ambos tenía un sabor indescriptible: ver la deslumbrante playa de la Urca con el Pan de Azúcar al fondo. Era exactamente la misma vista que tenían desde las ventanas del manicomio, pero sin ninguna reja delante de los ojos. Paulo le contó a Luís Carlos lo que estaba planeando:

—Voy a la estación a comprar un billete de autobús para Aracaju. Tengo que localizar a una novia que está, o estaba, esperando un bebé mío. Si quieres venir conmigo, el dinero del reloj también llega para comprar tu billete.

El tartamudo se asustó ante un viaje tan largo, pero a falta de un programa mejor, y sin tener adónde ir, aceptó la invitación. Como el autobús de Expresso Paraibano, que iba a la capital de Sergipe, no salía hasta las ocho de la mañana del día siguiente, pasaron la noche en los bancos de la estación de autobuses. Los pasajes les costaron ochenta cruceiros nuevos, dejándoles dinero más que suficiente para alimentarse durante el interminable viaje. Luís Carlos quiso saber cómo iban a sobrevivir al llegar a su destino, pero Paulo lo tranquilizó con un «ya veremos al llegar allí». Después de atravesar los estados de Río de Janeiro, Minas Gerais y Bahía, con paradas en quince ciudades, la mañana del 9 de julio de 1967, dos días después, llegaron a la capital de Sergipe. Hasta alcanzar Aracaju, Luís Carlos no se enteró de que Paulo no tenía ni dirección, ni teléfono ni ninguna forma de localizar a su amada Genivalda en una ciudad de 170.000 habitantes. Su única referencia local era el nombre de Mário Jorge Vieira, un joven poeta y militante clandestino del Partido Comunista Brasileño (PCB), cuyo contacto era la estudiante y agitadora cultural Ilma Fontes.

Gracias a las mentiras que se inventó, un día después estaba cómodamente instalado en la casa del periodista Marcos Mutti con su amigo —que les presentaba a todos como «mi secretario mudo»— y aparecía en las columnas de sociedad de la prensa local, ya como «universitario y actor», o bien como «joven dramaturgo carioca», pero siempre acompañado de historias fantasiosas:

> Moviéndose en los ambientes artísticos de Sergipe, el actor teatral Paulo Coelho, que hizo recientemente en Río la obra *Edipo rey* junto a Paulo Autran. Parece que Coelho ha venido a ver nuestra tierra y a plantar nuevas semillas en la ínfima historia del arte escénico por estos parajes.

Al cabo de una semana de búsqueda, perdió la esperanza de reencontrarse con Geni, de la que no volvería a oír hablar hasta muchos, muchos años después, cuando se enteró de que realmente había abortado y que tiempo más tarde, siendo joven todavía, murió atropellada. Frustrado el único objetivo que lo había llevado a Aracaju, planeaba volver en seguida a Río de Janeiro, pero la hospitalidad era tal que se quedó. Tratado como una estrella, concedió una larga entrevista en la *Gazeta de Sergipe*, ocasión en la que fue presentado a los lectores:

El día 9 llegó a nuestra tierra una figura extraña. Pelo largo, sin afeitar, delgado, un semblante singular, pero con muchas ideas en la cabeza, mucha esperanza y unas ganas tremendas de difundir el arte por el Brasil de los brasileños. Un artista. Un chico de veinte años que abandona su hogar (hijo de una de las más notables familias de Río de Janeiro) por su amor al arte. Una mente volcada en la humanidad.

Protegido por la distancia (o, quién sabe, por la inimputabilidad garantizada a los locos, los niños y los indios), Paulo se envalentonó y aprovechó el espacio del periódico para, por primera vez, meterse con la dictadura militar o, más grave aún, el entonces presidente de la república, el mariscal Artur da Costa e Silva. «No me voy a callar sólo porque un mariscal en pijama cogió un fusil y dijo que estaba defendiendo la moral y la libertad de un pueblo que ni siquiera sabe lo que es la libertad», declaró con un súbito atrevimiento. No parecía una entrevista, sino un manifiesto, una proclamación. «No he viajado miles de kilómetros hasta Aracaju para quedarme callado. No voy a engañarme ni a mí mismo ni a los que me rodean.» La repercusión de tal vehemencia no podría haber sido mayor; de hecho, le ofrecieron un espacio en la *Gazeta de Sergipe* para publicar un artículo político firmado en la edición del sábado siguiente.

El viernes, sin embargo, se enteró de que había dos tipos en la ciudad buscando al «tío de Río» para matarlo. Seguro de que eran parientes de Geni dispuestos a lavar con sangre el honor de la chica, su coraje huyó como por arte de magia. Recogió sus bártulos y estaba a punto de marcharse cuando el tartamudo le recordó lo del artículo prometido al periódico. Paulo abrió la bolsa de cuero que llevaba en bandolera, sacó el recorte de un periódico carioca que había cogido en un banco de la estación de autobuses de Vitória da Conquista, en Bahía, una de las quince paradas del autobús hasta Acaraju. Les pidió a los dueños de la casa que le dejasen usar la máquina de escribir y copió, palabra por palabra, un artículo que criticaba la dictadura militar por acabar con las libertades en Brasil. Mantuvo el mismo título y sólo cambió el nombre del autor. Donde decía «Carlos Heitor Cony», el escritor y periodista famoso por la valentía con la que atacaba el golpe militar desde sus primeros días en las páginas del *Correio da Manhã* escribió «Paulo Coelho de Souza». Siempre con Luís Carlos detrás, gastó el dinero que les quedaba en dos billetes de autobús a Salvador (lo máximo que su presupuesto les permitía). Décadas después, indignados al saber que habían sido engañados todo el tiempo, incluso con el artículo plagiado de Cony, la gente de Sergipe que estuvo con el escritor entonces cuenta otra versión de su precipitada salida de Aracaju: «Él y su secretario mudo estuvieron dos semanas sin ducharse y fumando marihuana todo el día –recuerda Ilma Fontes–. Por eso echaron a Paulo Coelho de la casa de Marcos Mutti: por pasarse el día fumando marihuana en una calle estrictamente residencial.» Puede que dos semanas sin ducharse no fuera una novedad en su vida, pero el consumo de marihuana seguramente no formaba parte de los hábitos de Paulo en julio de 1967.

Al bajar del autobús en la capital bahiana sin un céntimo en el bolsillo, caminaron diez kilómetros para llegar a las Obras Sociais Irmã Dulce, institución de caridad conocida en todo Brasil. Después de guardar una larga fila de mendigos que llevaban cuencos de aluminio para obtener su ración diaria de sopa, se acercaron a una mesita en la que los pobres eran recibidos personalmente por una religiosa (Paulo se refería a ella como «Irma *la Dulce*», herético juego de palabras con el nombre de la prostituta interpretada por la actriz Shirley MacLaine en la película de Billy Wilder). Le explicó a la monjita de mirada triste que necesitaba dinero para comprar dos billetes de autobús para Río, y como no había mejor prueba de pobreza que el aspecto andrajoso de los dos mendigos, ella no hizo preguntas y escribió con letra pequeña, en un trozo de papel que llevaba impreso el nombre de la institución:

Estos dos chicos piden transporte gratis hasta Río.
Hermana Dulce, 21/7/67

La prensa de Aracaju recibe a Paulo como a un gran dramaturgo carioca. Antes de escapar de la ciudad, copia un artículo de Carlos Heitor Cony contra la dictadura y firma al final: «Paulo Coelho de Souza.»

Sólo tenían que cambiar la nota en la taquilla de la estación por los dos billetes. En Bahía cualquier trozo de papel firmado por la monja era como un vale para obtener un plato de comida, el internamiento de un pariente o, como en su caso, dos billetes de autobús. Las cuarenta horas de viaje de Salvador a Río, Paulo las usó para elaborar el anteproyecto de un libro sobre su fuga y su viaje al nordeste de Brasil. Un libro, no. Con su megalomanía de siempre, preveía escribir nada menos que nueve libros, cada uno de doce capítulos. Aunque al final del viaje tenía todos los tomos ordenados y los capítulos titulados («Preparando la fuga»; «Mis compañeros de viaje»; «El hijo del general»; «Mi pelo largo y las ideas cortas de los demás»; «La pistola de Pedro o Cuando los bahianos se cagan»; «Durmiendo en latas de queroseno a 7 °C»...), trabajo que le ocupó quince páginas del diario, el proyecto nunca fue más que eso: un proyecto. En la estación de autobuses de Río, él y Luís se despidieron emocionados. Una vez más, Paulo tomaría el camino de casa y el falso mudo volvería al manicomio, donde cumpliría lo que le quedaba de sus días como falso loco para obtener la soñada jubilación. Y como faltaban pocos meses para eso, sabían que las posibilidades de volver a verse eran escasas.

Si de Paulo dependiera, se habrían reencontrado a los pocos meses tras la despedida. Todavía no había pasado un año desde el último internamiento cuando, inmerso de nuevo en ataques de melancolía y depresión, el futuro bestseller volvió a destrozar su cuarto. La ruidosa rutina se repitió, salvo por el final. Esa vez, al abrir la puerta no se encontró con los enfermeros con jeringas ni camisas de fuerza en la mano, sino con un joven y simpático médico, que le preguntó delicadamente:

—¿Puedo entrar?

Era el psiquiatra Antônio Ovídio Clement Fajardo, cuya consulta solía enviar pacientes a la clínica Dr. Eiras para recibir tratamiento. Cuando Lygia y Pedro oyeron el primer estruendo de la destrucción de la habitación de su hijo, llamaron al doctor Benjamim, pero como nadie podía localizarlo y se trataba de un caso urgente, se pusieron en contacto con el doctor Fajardo. Por teléfono, le pidió a Pedro Coelho información básica sobre el enfermo:

—¿Está armado?

—No.

—¿Es alcohólico?

—No.

—¿Es drogadicto?

—No.

Entonces sería más sencillo. Fajardo insistió:

—¿Puedo entrar?

La repetición de la insólita pregunta confundió a Paulo.

—¿Entrar aquí? Pero ¿no ha venido usted para internarme?

El médico respondió con una sonrisa:

—Sólo si tú quieres. Pero no me has respondido, ¿puedo entrar?

Sentado en la cama, el médico observó toda la habitación, como si evaluara los daños, y prosiguió con absoluta naturalidad:

—Lo has roto todo, ¿eh? Muy bien. Genial.

Paulo no entendía qué estaba pasando. El médico seguía explicándole, en tono de profesor:

—Lo que has destruido es tu pasado. Es genial. Ahora que ya no existe, vamos a empezar a pensar en el futuro, ¿vale? Te sugiero que te pases dos veces por semana por mi consulta para poder hablar sobre tu futuro.

Él seguía atónito:

—Pero doctor, he tenido un ataque de locura, ¿no me va a internar?

El médico continuaba impasible:

—Todo el mundo tiene una parte de locura. Yo también debo de tener la mía, pero eso no es motivo para internar a la gente indiscriminadamente. No eres un enfermo mental.

A partir de ese episodio, la calma volvió a reinar en casa de los Coelho. «Creo que mis padres estaban convencidos de que era un caso perdido y preferían tenerme al alcance de su vista y mantenerme el resto de la vida —recordaría Paulo mucho tiempo después—. Sabían que iba a volver a juntarme con "malas compañías", pero ya no se les pasaba por la cabeza volver a internarme.» El problema es que no estaba dispuesto a seguir viviendo bajo el control paterno.

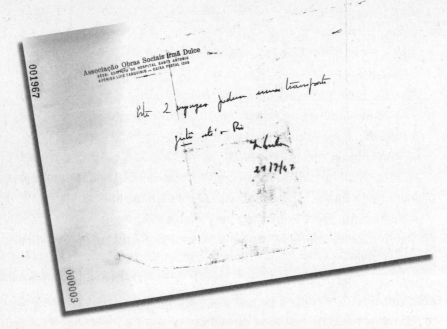

Después de huir del manicomio, Paulo llega a Bahía sin dinero y consigue de la hermana Dulce un pasaje para volver a Río.

Podía aceptar cualquier opción menos volver al depresivo apartamento del abuelo en el centro de la ciudad. La solución intermedia,
que tardaría algunos meses, llegó nuevamente de la mano de sus
abuelos. Hacía algunos años que Mestre Tuca y la abuela Lilisa se habían mudado a una casa cerca de la suya, en Gávea, sobre cuyo garaje habían construido una pequeña estancia de una sola habitación,
con baño y entrada independiente. Su nieto, si quería –y si D. Pedro
estaba de acuerdo, claro–, podía mudarse allí.

El nieto tenía tantas ganas que, incluso antes de que a su padre le
diese tiempo a decir «no», ya había llevado a su nueva dirección todo
lo que quedaba en la estancia después del arrebato de romperlo todo:
la cama, la mesa de estudio, la poca ropa que tenía y la máquina de
escribir, prudentemente salvada de la furia del mes de junio. En poco
tiempo se dio cuenta de que vivir allí era la antesala del paraíso: ante
la gran libertad que le otorgaban sus abuelos, entraba y salía cuando
quería y, dentro de los generosos límites de la decencia, podía llevar a
quien quisiera, de día o de noche. La tolerancia era tal que Paulo recordaría muchos años después, muy vagamente, que aquél fue el lugar en el que probó la marihuana por primera vez.

Sin ningún control sobre su hijo, y sin ninguna queja de los abuelos acerca de su comportamiento, meses después su padre le sugirió a
Paulo que se mudara a un sitio más cómodo. Si quería podía volver a
vivir solo, pero no en el apartamento de Mestre Tuca, sino en un bonito piso que D. Pedro tenía, como pago por haber construido un
edificio en la calle Raimundo Correa, en Copacabana. Desconfiando
de tanta generosidad, Paulo descubrió que el ofrecimiento escondía
intereses materiales para su padre: su verdadero objetivo era echar
de allí a un inquilino que se retrasaba con frecuencia en el pago del
alquiler. Y como la ley decía que el contrato sólo podía ser rescindi-
do por el arrendador si el inmueble lo ocupaba alguien en primer
grado de parentesco del propietario, la mudanza solucionaba los dos
problemas, el suyo y el de su padre. Como casi todo lo que procedía
de D. Pedro, el acuerdo también tenía sus rarezas: Paulo sólo podía
utilizar uno de los tres dormitorios, porque los otros dos permanecerían todo el tiempo cerrados y vacíos. Y el acceso tenía que ser siem-

pre por la puerta de atrás, ya que la principal la iba a cerrar y la llave iba a quedar en poder de su padre. Como herencia del antiguo inquilino le quedó una vieja nevera que solía asustar a los incautos con calambrazos inesperados, pero que, por lo demás, funcionaba bien. Paulo sólo tuvo que comprar en una tienda de segunda mano del vecindario algunas lámparas, una cama, una estantería y listo, ya podía ocupar la casa.

Si la temporada pasada en el apartamento de su abuelo había sido tenebrosa, Paulo guardaría de la calle Raimundo Correa los más agradables recuerdos. Empezó y terminó algunas relaciones, pero Fabíola seguía siéndole fiel. Se tragaba los celos y aguantaba a las «Renatas, las Genis y las Márcias que iban y venían», como diría ella, «pero en los malos momentos era yo la que estaba a su lado, por puro amor, por puro amor». Muchos años después, convertido ya en una celebridad internacional, Paulo recordaría con nostalgia esa época:

Experimenté un período de gran alegría intentando ejercer mi libertad para, por fin, poder vivir una «vida de artista». Dejé de estudiar y me dediqué exclusivamente al teatro y a frecuentar los bares favoritos de los intelectuales. Durante un año hice exactamente lo que quise. Fue ahí donde Fabíola entró de verdad en mi vida.

Dramaturgo a tiempo completo, convirtió el comedor del nuevo apartamento en taller de escenarios, personajes, composiciones y ensayos. Dejó a los vecinos con la mosca detrás de la oreja al pintar en italiano, en la puerta de la entrada –que nunca utilizaría–, la frase que aparece en el pórtico del infierno, en la obra de Dante Alighieri: «*Lasciate ogni speranza, voi che entrate*» («Abandone toda esperanza el que entre aquí»). Paulo traducía obras, dirigía y trabajaba como actor. Los montajes de más éxito cubrían los gastos de otras obras y así iba sobreviviendo, sin depender exclusivamente de sus padres.

Cuando empezaba a quedarse sin dinero, intentaba garantizar lo básico en mesas de póquer y billar o apostando en el Jockey Club. Aprobado en el Guanabara, consiguió terminar ciencias, pero no tenía planes de hacer ninguna prueba de acceso a la universidad tan pronto. A finales de 1968, Paulo decidió aventurarse en el único sector del teatro que todavía no había probado: la producción. Hizo él mismo la adaptación del clásico *Peter Pan*, que pretendía dirigir y en la que también pensaba actuar, pero se sintió como si le echasen un jarro de agua fría al descubrir, helado, que sus ahorros eran irrisorios en comparación con el dinero necesario para el montaje. Todavía rumiaba su frustración cuando Fabíola apareció una noche en su apartamento, abrió el bolso y sacó varios fajos de billetes sujetos con gomas —eran más de cinco mil cruceiros nuevos, unos veinte mil reales de 2008—, que puso sobre la cama, explicándole el significado de aquello:

—Éste es mi regalo para el montaje de *Peter Pan*.

Fabíola le contó que iba a cumplir dieciocho años y que decidió decirle a su madre, a su abuela y a todos sus amigos y parientes que, en vez de regalarle vestidos y otras cosas, prefería que le dieran dinero. Un poco de aquí y un poco de allí, algunas clientas ricas de su madre y padrinos que no veía hacía muchos años y allí estaba el resultado: los fajos que había sobre la cama no eran una fortuna, pero el dinero llegaba y sobraba para hacer viable el proyecto de producir una obra. Pomposo, como siempre, Paulo se emocionó con el regalo:

—Una novia que tuve me cambió por dos vestidos y ahora tú cambias todos los vestidos y los regalos por mí. Tu gesto varía mi concepto de las mujeres.

Fabíola no sólo consiguió los recursos para el montaje, sino que también vendió anuncios en el programa de la obra y consiguió permutas con los restaurantes de los alrededores del teatro Santa Terezinha, en el Jardín Botánico, a cambio de imprimir sus nombres en el material de promoción, permitían que los actores y los técnicos comieran gratis. Paulo quiso agradecerle tanto esfuerzo ofreciéndole el papel protagonista. Él iba a hacer de capitán Garfio. Con la banda sonora compuesta por Kakiko, *Peter Pan* llenó durante todo el tiempo que estuvo en cartel, haciéndoles recuperar cada céntimo invertido. Y, contrariando la leyenda de que éxito de público supone el fracaso de la crítica, la obra coronó su carrera siendo premiada en el primer Festival de Teatro Infantil del Estado de Guanabara. El sueño de Paulo seguía siendo el mismo, ser un gran escritor, pero mientras eso no llegaba, no le quedaba más remedio que seguir viviendo del teatro. Los buenos resultados lo animaron a hacerse profesional, y comenzó a exhibir, orgulloso, el carnet de la Sociedad Brasileña de Autores Teatrales (SBAT), firmado por su presidente, Raimundo Magalhães Júnior, el traductor de *La ópera de los tres centavos* que él había escenificado.

En 1969 lo invitaron a participar como actor en la obra *Viuda pero honesta*, de Nelson Rodrigues. En el descanso de un ensayo se estaba tomando una cerveza en el bar que había al lado del teatro Sérgio Porto cuando se dio cuenta de que una mujer rubia y bonita sentada en la barra lo observaba. Fingía desviar su atención, y cuando se daba media vuelta, allí estaba ella, con la mirada fija en él, y con una discreta sonrisa en los labios. El flirteo no duró ni diez minutos, pero Paulo quedó impresionado. Por la noche escribió en su diario:

No puedo precisar cómo empezó todo. Ella apareció de repente. Yo entré y noté su mirada. Entre docenas de personas, sabía que ella me miraba a mí, pero no tuve el coraje de mirarla. No la había visto antes. Pero al notar su mirada algo se me revelaba. Era una historia de amor que tenía que ser contada.

La bella y misteriosa rubia era Vera Prnjatovic Richter, once años mayor que él y que en aquellos días intentaba ponerle punto final a su matrimonio de quince años con un rico empresario. Siempre muy bien vestida, tenía coche, cosa que todavía no era muy habitual entre las mujeres de entonces, y vivía en un apartamento que ocupaba toda una planta en una de las zonas más caras de Brasil, la avenida Delfim Moreira, en Leblon. Desde el punto de vista de Paulo sólo tenía un defecto visible: estaba saliendo con el actor Paulo Elísio, un apolo barbudo conocido por su mal humor y por ser cinturón negro de kárate. Pero los presentimientos anotados en el diario serían más fuertes que las artes marciales. Dos semanas después, Vera Richter se convertiría en la primera mujer de Paulo Coelho.

Arriba, Fabíola interpreta a
Campanilla y Paulo al capitán
Garfio en la obra *Peter Pan*.
Al lado, toda la *troupe* reunida
(en el centro, con bigote, Kakiko,
el autor de la banda sonora de la
obra).

10

EL MAYOR AMENAZA: «SI MIENTES,
TE ARRANCARÉ EL OJO DE SU ÓRBITA
Y ME LO COMERÉ»

El año 1969 empezó con Brasil sumergido en la más brutal dictadura de toda su historia. El día 13 de diciembre de 1968, el presidente de la república, el mariscal Artur da Costa e Silva −el «mariscal del pijama» al que Paulo se había referido fanfarroneando en Sergipe−, expidió el Decreto Institucional número 5, instrumento de fuerza que acababa con todo resquicio de libertad restante después del golpe militar de 1964. Firmado por el presidente y suscrito por todos sus ministros −incluso el de Salud, el doctor Leonel Miranda, propietario de la clínica Dr. Eiras−, el DI-5, entre otras acciones contra las libertades públicas y los derechos de los ciudadanos, suspendía el derecho al hábeas corpus y otorgaba poderes al gobierno para censurar la prensa, el teatro, los libros y para anular el Congreso Nacional. Pero Brasil no era el único que estaba al borde de la catástrofe a lo largo de 1968.

En su sexto año de una guerra de agresión contra Vietnam, a la que habían mandado a más de medio millón de soldados, Estados Unidos eligió como presidente al halcón belicista Richard Nixon. En mayo asesinaron al pacifista negro Martin Luther King Jr., y menos de sesenta días después le tocó morir acribillado a balazos al senador Robert Kennedy, exponente de las corrientes más liberales. Uno de los símbolos de la contracultura era la obra *Hair*, exhibida en Nueva York, en la que actores y actrices en algún momento aparecían desnudos en el escenario. En mayo, los estudiantes franceses ocuparon la Sorbona y convirtieron París en un campo de batalla, obligando al general Charles de Gaulle a reunirse con los jefes militares franceses en Baden-Baden, en Alemania. La fiebre mundial atravesó el llamado «Telón de Acero» y llegó a Checoslovaquia bajo la forma de «Primavera de Praga», proyecto de liberalización liderado por el secretario general del partido comunista checo, Alexander Dubcek, que sería aplastado en agosto por los tanques del Pacto de Varsovia, la alianza militar de la Unión Soviética y sus satélites.

En Brasil daba sus primeros pasos la oposición a la dictadura. Primero en forma de pacíficas marchas estudiantiles, en las que Paulo rara vez participaba, y cuando lo hacía era más por diversión y por la aventura de «enfrentarse a la policía» que por convicción. La temperatura política subió todavía más con la eclosión de huelgas de trabajadores en São Paulo y Minas Gerais, que alcanzaron niveles alarmantes cuando los servicios de inteligencia militar detectaron el surgimiento de grupos guerrilleros, a los que el régimen calificaba indiscriminadamente de «terroristas». Hacia finales de año, en realidad, había al menos cuatro organizaciones armadas que hacían actos de guerrilla urbana: Vanguardia Armada Revolucionaria (VAR-Palmares), Acción Libertadora Nacional (ALN), Vanguardia Popular Revolucionaria (VPR), y Comando de Liberación Nacional (Colina). El Partido Comunista do Brasil —PCdoB, inspirado en China—, a su vez, desplazó a Xambioá, al norte de Goiás (hoy en los límites del estado de Tocantins), a los primeros militantes que montarían un foco de guerrilla rural en la región del río Araguaia, al borde de la selva amazónica. La extrema izquierda asaltaba bancos y ponía bombas en cuarteles, y la extrema derecha organizaba atentados contra uno de los focos más visibles de la oposición al régimen, el teatro.

En São Paulo, durante la representación de la obra *Rueda viva*, de Chico Buarque, un grupo del Comando de Caza de Comunistas (CCC) invadió y destrozó el teatro Ruth Escobar, desnudando y pegando a actores y técnicos, entre ellos, la actriz Marília Pêra, compañera de Paulo en *La ópera de los tres centavos*. Lo mismo sucedería meses después en el teatro Opinião, en Río (donde Paulo había visto a Vladimir Palmeira hacer un «discurso relámpago»), destruido por un atentado con bomba, llevado a cabo también por el CCC. En octubre, la policía política detuvo a casi mil estudiantes que participaban en Ibiúna, en la región sur de São Paulo, en un congreso clandestino de la UNE, proscrita por el régimen. Según las estadísticas del periodista Elio Gaspari, 1968 acabó con unas cifras aterradoras: dieciocho muertos, doce en manifestaciones en la calle y seis víctimas de atentados guerrilleros, de los cuales dos eran oficiales extranjeros, un capitán norteamericano y un mayor alemán; veintiún asaltos a bancos, y ochenta y cinco denuncias de torturas a presos políticos en cuarteles y comisarías de policía. Inmediatamente después de la edición del DI-5, cientos de personas fueron detenidas en todo el país, entre ellas, el ex gobernador de Guanabara y líder civil del golpe de 1964, Carlos Lacerda, los compositores Caetano Veloso y Gilberto Gil y el periodista Carlos Heitor Cony, al que Paulo había plagiado en Aracaju.

Aunque se jactaba de ser el «comunista del grupo», y aun siendo testigo de la violencia contra su gremio profesional —después de todo era un autor teatral, con carnet y todo—, Paulo manifestaba una solemne indiferencia ante el huracán político que devastaba Brasil. Al igual que había ocurrido durante el golpe militar, para él el DI-5 pasó desapercibido, sin merecer ni una sola coma, ni un guión en sus caudalosos diarios. Las primeras palabras escritas en 1969 son reveladoras del destino de su energía:

> Hoy es Año Nuevo. He pasado la noche con adúlteras, homosexuales, lesbianas y cornudos.

En 1964 se podía atribuir su desinterés por la política a su edad, pero ahora era un adulto camino de los veintidós años, edad media de los nombres que destacaban como líderes de los movimientos políticos y culturales que agitaban el país. Si algún cambio importante se daba en su vida, no se debía al ambiente político en el que se debatía Brasil, sino a su nueva pasión, Vera Richter.

Menuda, rubia y bien vestida a cualquier hora del día o de la noche, había nacido en 1936 en Belgrado, capital del entonces Reino de Yugoslavia (hoy capital de Serbia), hija de una familia de acaudalados terratenientes. Hasta los veinte años llevó la típica vida de una joven de clase alta, pero cuando estaba en su primer año en la escuela de teatro, donde asistía al curso de dirección, empezó a sentir en la piel los cambios políticos en curso en Europa central. La muerte de Stalin acercó a Moscú al gran líder yugoslavo, el mariscal Josip Broz Tito. Después de imponer con mano de hierro la unificación del país, Tito colectivizó la agricultura, convirtiendo las propiedades privadas en bienes sociales no estatales, administrados por los trabajadores. Era el momento de que los ricos salieran de escena. Como tenían amigos establecidos en Río de Janeiro, las Prnjatovic –la madre viuda, su hermana mayor y Vera- decidieron que ése también sería su destino. En pleno auge de la Guerra Fría las fronteras estaban cerradas, lo que significaba que la salida tendría que hacerse con la máxima discreción posible. Su madre y su hermana mayor viajaron primero, y meses después, ya instaladas en Copacabana, le mandaron el billete a Vera. Como sólo hablaba inglés y el dialecto con acento italiano de su tierra y se sentía desarraigada en Brasil, aceptó el matrimonio, concertado por la familia, con un compatriota suyo millonario, doce años mayor que ella. La propia Vera recordaría, años después, que incluso los desconocidos percibían la gran incompatibilidad de la pareja. Como la mayoría de las chicas de veinte años, era ruidosa, le gustaba bailar, practicar deporte y cantar; tímido y silencioso, su marido dedicaba a la lectura y a la música clásica todas las horas que no estaba en su empresa dedicada a la exportación.

Cuando sus miradas se cruzaron aquella noche, en el bar del teatro, el matrimonio de Vera ya sólo era pura formalidad. Ella y su marido vivían bajo el mismo techo, pero ya no eran pareja. Ella fue al teatro Carioca por una noticia del periódico que decía que el joven director bahiano Álvaro Guimarães –conocido como el hombre que «descubrió» a Caetano Veloso– estaba seleccionando alumnos para un curso de teatro. Pasadas casi cuatro décadas, ella recuerda que la primera impresión que le causó Paulo no fue demasiado prometedora:

—Parecía el profesor Abronsius, el científico cabezón de *El baile de los vampiros*, de Roman Polanski. Era así: una cabeza enorme con un cuerpo delgadito. Feo, lleno de granos, aquellos labios gruesos y caídos, los ojos abiertos como platos, Paulo no era ninguna belleza...

Pero tenía encantos fácilmente identificables a los ojos de cualquier mujer apasionada:

—¡Paulo era un don Quijote! Era un tipo alocado... Para él todo parecía fácil, todo era sencillo. Vivía en las nubes, no tenía los pies en el suelo. Pero estaba permanentemente angustiado por una idea fija: ser alguien. Habría hecho cualquier cosa por ser alguien. Ése era Paulo.

Con la llegada de Vera, la relación con Fabíola estaba condenada de cualquier manera, pero acabó cuando ella lo descubrió con la otra. Fabíola sospechaba que Paulo se veía a escondidas con una joven actriz holandesa que había aparecido en los ensayos y decidió asegurarse: una noche se sentó en el umbral de la puerta del apartamento de la calle Raimundo Correa y no se movió hasta la mañana siguiente, cuando él salió con la extranjera. Decepcionada por aquel al que había dado las pruebas más inequívocas de su amor, puso fin a la relación. Meses después, Fabíola, que tenía cierta intimidad con los Coelho, escandalizó a Lygia y a Pedro al aparecer completamente desnuda en la portada del semanario satírico *Pasquim*.

Como el propio Paulo recordaría años después, fue la experimentada Vera quien lo enseñó a practicar sexo de verdad, a hablar inglés y a vestirse un poco mejor. Pero no consiguió ayudarlo a superar el trauma de Araruama: seguía temblando al pensar en ponerse al volante de un coche. La convergencia de gustos y de intereses se extendería también a la vida profesional de ambos: el dinero de Vera era el combustible necesario para que él pudiera meterse por fin de lleno en el mundo del teatro. A caballo entre su antigua dirección de Copacabana y el lujoso apartamento de Vera en Leblon, donde dormía casi todas las noches, tecleó durante semanas enteras en la máquina de escribir hasta poder anunciarle, orgulloso, a su novia, su primera obra para adultos, titulada: *El apocalipsis*. Parecían estar hechos el uno para el otro: Vera no sólo comprendió toda la obra (prodigio conseguido por poquísimas personas), sino que le gustó tanto que se dispuso a montarla profesionalmente, haciendo las veces de productora, siempre que Paulo se encargase de la dirección. Fue todo tan bien que a finales de 1969 los críticos y los editores de cultura de los periódicos recibieron la invitación para el preestreno y el programa con el elenco de actores, en el cual Vera brillaba como actriz principal. En segundo plano en el corazón del autor y director, Fabíola Fracarolli interpretaba un papel secundario; para componer la banda sonora, Paulo invitó a su amigo Kakiko, recién licenciado en odontología y que entonces repartía su tiempo entre la consulta y la música. Y fue con Kakiko con quien escribió su primera letra, un *frevo*[3] llamado *Tragiblefe* que, aunque no lo utilizaron en la obra, años después sería grabado por la cantante Nara Leão:

Vai acabar o nosso mundo / Só nos resta este segundo / Vamos beber o sangue imundo / Que vai jorrar até fartar / E as mulheres saem nuas / Descabeladas pelas ruas / Enquanto o sexo se espraia ao luar / Automóveis singulares, bomba atômica em todos os lugares / Do amor virá a radiação que destrói o nosso coração.

êê... Poesia, morte lenta, agonia / Sorriso aberto vem contente, nos buscar e nos deixar / Vamos deixar a saudade dessa civilização / Onde o homem amou demais o seu irmão... O sorriso puro da criança / Perdeu a esperança e em cores vai mudar / O dinheiro ordenou um ritmo quente, a bomba cantou...

êê... radiação, êêê... radiação / Eu vou matar o meu irmão, não resta outra solução. êê... olha o perigo, corre depressa pro abrigo / É seu irmão, mas é também seu inimigo.

3.   Estilo musical surgido en Pernambuco que se caracteriza por su ritmo acelerado. Es muy típico del carnaval del nordeste de Brasil. *(N. de la t.)*

[Se va a acabar el mundo / sólo nos queda este segundo / vamos a beber la sangre inmunda / que va a brotar hasta que nos hartemos / Y las mujeres salen desnudas / desmelenadas por las calles / mientras el sexo se propaga a la luz de la luna / coches singulares, bomba atómica en todas partes / del amor vendrá la radiación que destruye nuestro corazón.

Eh... Poesía, muerte lenta, agonía / la sonrisa viene contenta a buscarnos y a dejarnos / vamos a dejar la nostalgia de esa civilización / en la que el hombre amó demasiado a su hermano... La sonrisa pura de un niño / perdió la esperanza y va a cambiar de colores / el dinero ordenó un ritmo caliente, la bomba cantó...

Eh... radiación, eh... radiación / Voy a matar a mi hermano, no queda otra solución. Eh... cuidado con el peligro, corre de prisa al refugio / es tu hermano pero también es tu enemigo.]

Además de la invitación y el programa, los periodistas y los críticos recibieron una nota de prensa escrita con un lenguaje pretencioso y hermético, pero que daba una idea de lo que sería la escenificación de *El apocalipsis*. «La obra es un retrato del momento actual, de la crisis de la existencia humana, que pierde todas sus características individuales a favor de una masificación más cómoda, porque dogmatiza el pensamiento —decía el texto de divulgación, que seguía con el mismo tono incomprensible—: *El apocalipsis* es una trascendencia del presente que intenta una revalorización total de los arcaicos conceptos actuales. Sigue una línea evolutiva, que parte de lo clásico y avanza hasta una forma de lenguaje que llega más al sentimiento que a la razón.» Y prometía, al fin, la gran revolución de la dramaturgia moderna: la abolición total de los personajes, «permitiendo que el trabajo del actor se circunscriba a la persona que interpreta». Eliminar los personajes de una obra de teatro, de hecho, parecía una osadía que ni el revolucionario director polaco Jerzy Grotowski había intentado. El espectáculo empezaba con la proyec-

En un show del Canecão, en Río, Paulo
y su nueva conquista, Vera Richter.
Su ex novia Fabíola escandalizó a
la familia Coelho al aparecer
desnuda en las páginas del semanario
Pasquim.

ción de imágenes de un documental sobre la misión de la nave *Apolo 8* a la luna, después del cual, los actores hacían una coreografía «tribal con influencias orientales», según el programa. Los actores y las actrices se sucedían en el escenario declamando recreaciones de fragmentos de *Prometeo encadenado*, de Esquilo, *Julio César*, de Shakespeare y de los evangelios. En la última parte, antes de provocar al público, cada actor hacía el papel de sí mismo, revelando situaciones traumáticas vividas en la infancia.

El apocalipsis consiguió que Paulo sintiera por primera vez en la piel un látigo que lo perseguiría toda su vida: la crítica. En los días siguientes al preestreno, la obra fue masacrada en todos los periódicos de Río. El montaje, los decorados y el vestuario, el texto y la interpretación, todo, sin excepción, fue pulverizado por los críticos. Clóvis Levi, del periódico *O Dia*, acusaba al autor y director de haber mezclado en una licuadora las obras *Rueda viva*, *Los fusiles*, *Galileo Galilei* y *El cementerio de automóviles* para intentar sacar de ese zumo esa «plasticidad de una nueva estética» anunciada en el programa. Y terminaba su columna con un anatema: «Hay que impedir que un acto de irresponsabilidad artística, como *El apocalipsis*, destruya el trabajo serio que les está llevando horas de estudio a los grandes artistas del teatro brasileño.» Las balas de Jaime Rodrigues, del *Diário de Notícias*, eran del mismo calibre: «No se puede hablar ni de actuación ni de interpretación en ese equívoco absoluto, en esa lamentable pérdida de tiempo que está en cartel en el Teatro Nacional de Comedia.» Pero fue su santidad Yan Michalski, uno de los más temidos y respetados críticos de teatro del país, el que remató lo que quedaba de *El apocalipsis*. En una columna entera del *Jornal do Brasil* titulada «Extravagancia apocalíptica», Michalski analizaba detalladamente las razones del fracaso de la obra:

> Pobre teatro de vanguardia, ¡cuántos crímenes se cometen en tu nombre!
> [...] El apocalipsis es de una profunda inmadurez intelectual y cultural, y de un aburrimiento insoportable. Paulo Coelho parece haber oído

cantar al gallo, pero desde tan lejos que le ha sido imposible saber de dónde venía el mismo.

[...] El lema del día es protestar contra las injusticias de la Historia, así que protesta contra el cautiverio de Prometeo, contra el asesinato de César, contra la crucifixión de Cristo, contra los crímenes nazis, contra la invasión de Checoslovaquia, contra el proyecto Apolo, contra el tabú de la virginidad, etc., etc., todo metido en un mismo saco y bien mezclado antes de servírselo al incauto consumidor.

Tras una hora de juegos de ese tipo —durante los cuales los intérpretes son víctimas de horribles contorsiones, como si el verdadero apocalipsis hubiese llegado en forma de un fuerte dolor de barriga—, cada uno de los actores sube al escenario, dice su nombre, cuenta alguna anécdota triste ocurrida en su infancia y por la que está traumatizado, y lanza una amenaza al público: «Os espero fuera», y después se retira del escenario. Pero no los espera fuera ni nada parecido: en unos minutos están todos de nuevo sobre el escenario, dando las gracias, risueños, a los aplausos que una parte del público —que piensa que un espectáculo así tiene que ser diferente, es teatro de vanguardia— insiste en dedicarles.

En fin, Paulo Coelho, no puede siquiera confirmar la máxima de Nelson Rodrigues según la cual «por suerte para los dramaturgos, la crítica no influye en la cantidad de público que acude a los teatros». *El apocalipsis* fue un fracaso de crítica y un desastre de público. Sólo estuvo durante unas semanas en cartel y dejó un buen agujero en la caja de la primera iniciativa conjunta suya y de Vera, que ella en seguida se encargó de tapar.

El montaje coincidió con un importante cambio en la vida de ambos. El matrimonio de Vera estaba acabado, pero como su marido seguía viviendo en el apartamento de la pareja, ella decidió acabar con esa incomodidad mudándose con su novio a un lugar que se había convertido en el símbolo de la contracultura —o, como se decía entonces, del descontrol— carioca de finales de los años sesenta: el Solar Santa Terezinha, mantenido por la iglesia del mismo nombre y que sería inmortalizado con el nombre de Solar da Fossa. Creado originalmente como abrigo nocturno para mendigos, el Solar era un inmenso caserón rectangular con un patio central, alrededor del cual estaban las habitaciones. Como se trataba de un punto privilegiado –quedaba en la calle Lauro Muller, a medio camino de Copacabana y de Botafogo, al lado de la recién inaugurada casa de espectáculos Canecão–, el lugar fue ocupado por la joven *intelligentzia* sin dinero de Río de Janeiro. Tenía aspecto de gran cortijo decadente, aunque se consideraba *in* vivir allí.

El alquiler mensual de una suite –habitación con baño–, como la que ocupaba el escritor de Minas Gerais Ruy Castro, salía alrededor de doscientos cruceiros (360 reales de 2008), pero en la mayoría de los casos cada habitante tenía que compartir el baño con media docena de huéspedes. Entre las leyendas que existen sobre el Solar está la de la canción *Panis et circensis*, compuesta por dos de sus habitantes, Gilberto Gil y Caetano Veloso, que es un homenaje al lugar: el verso «*Mandei plantar folhas de sonho no jardim do solar*» sería una referencia a las plantas de marihuana que crecían exuberantes en las jardineras del patio del caserón colonial. Un montón de futuros famosos vivieron allí, entre ellos, los compositores Zé Kéti, Rogério Duarte, Torquato Neto y Capinam, y actores y actrices como Betty Faria, Cláudio Marzo, Tânia Scher, Odete Lara, Ítala Nandi y Darlene Glória, que se consagraría en 1973 con la película *Toda nudez será castigada*. Había una presencia que aterrorizaba a los izquierdistas y consumidores de drogas del lugar: todas las noches aparecía por allí el policía Mariel Mariscotte, uno de los integrantes del Escuadrón de la Muerte y novio de Darlene.

Paulo y Vera ocupaban una suite en el Solar, a finales del mes de julio de 1969, cuando decidieron hacer algo diferente. A mediados de agosto la selección brasileña de fútbol iba a enfrentarse a la paraguaya, en Asunción, en un partido para la eliminatoria del Mundial que se iba a celebrar en 1970 en México. Aunque apenas le interesaba el fútbol, un domingo Paulo sorprendió a su novia extranjera llevándola a ver un derbi entre el Flamengo y el Fluminense con el Maracaná completamente lleno. Hipnotizada por el espectáculo, Vera empezó a disfrutar de ese deporte, y fue la que sugirió ir en coche a Paraguay para asistir al encuentro. Él no sabía ni que Brasil iba a jugar, pero le encantó la idea y, como con todo lo que hacía, se puso a preparar el viaje. De entrada, descartó la posibilidad de lanzarse solos a recorrer casi dos mil kilómetros de carretera (maratón en el que el único chófer iba a ser Vera, ya que él todavía no tenía coraje para aprender a conducir). La solución fue llamar a dos acompañantes más para la aventura: el músico y dentista Kakiko y Arnold Bruver Jr., un nuevo fichaje que el teatro había incorporado al día a día de Paulo y Vera. Kakiko fue invitado con segundas intenciones: además de tener carnet de conducir, garantizaba el hospedaje de todos en Asunción, en casa de una novia paraguaya de su padre. Y Bruver, como casi toda la fauna en cuya órbita gravitaba Paulo, era un tipo singular: hijo de padre letón y madre gallega, tenía treinta y tres años, era bailarín, músico, actor y cantante de ópera, y lo habían expulsado, por supuesta subversión, de la marina –donde había conseguido el puesto de capitán de corbeta– tras una investigación policial militar llevada a cabo después del golpe de 1964. Hasta después de aceptar la invitación, Arnold no reveló que no sabía conducir. La siguiente providencia fue pedirle a Mestre Tuca, que había hecho con la abuela Lilisa un viaje en coche a Foz do Iguaçu, en la frontera de Brasil con Paraguay, que les organizase una ruta señalándoles los lugares para repostar, comer y dormir.

La soleada y fría mañana del 14 de agosto, un jueves, quedaron en encontrarse en la puerta del Solar da Fossa y se marcharon en el Volkswagen blanco de Vera. Cuando el coche pasó por el parque de Flamengo, Paulo volvió a ver el paisaje que había llamado su atención un año antes: enormes bolas de nubes blancas flotando sobre la superficie de la bahía de Guanabara. Y respiró al darse cuenta de que iba camino de la libertad y no de un manicomio, como la vez anterior. Trazada sobre un mapa de carreteras, la minuciosa ruta hecha por el abuelo Tuca preveía que, en el primer tramo, irían hasta São Paulo y desde allí tomarían rumbo al valle de Ribeira, parando sólo para dormir en la ciudad paulista de Registro. El viaje transcurrió sin problemas; Vera y Kakiko se turnaban al volante cada ciento cincuenta kilómetros. Era de noche cuando el coche paró en la puerta del pequeño hotel de Registro, donde los cuatro llegaron agotados, pero felices: en doce horas de carretera habían hecho seiscientos kilómetros, casi un tercio de la distancia total. La población local veía con justificada desconfianza a todo forastero que aparecía. Desde que el Departamento de Orden Político y Social (DOPS) —la policía política existente en los estados en aquella época— había desbaratado el congreso de la UNE, meses antes, en Ibiúna, a cien kilómetros de allí, los pueblos del valle de Ribeira, la región más pobre del estado de São Paulo, empezaron a ser frecuentados por gente extraña, que los del pueblo no distinguían si eran de la policía o de dónde. Pero los cuatro estaban tan cansados que no dieron ni tiempo a que su presencia despertase la curiosidad de nadie. Llegaron y se fueron directamente a la cama.

El viernes se levantaron temprano, porque el siguiente trayecto era el más largo de todo el viaje y había que hacerlo en un solo día. Si todo iba bien, a la hora de cenar estarían en Cascavel, en la región oeste del Paraná, a 750 kilómetros de allí, la última escala antes de llegar a Asunción. Pero no todo salió bien. El tráfico pesado de camiones los obligaba a permanecer mucho tiempo esperando el momento de hacer adelantamientos con seguridad. El resultado fue que a las diez de la noche estaban todos hambrientos y para llegar a Cascavel todavía faltaban doscientos kilómetros. Fue en ese momento cuando Vera paró el coche en el arcén y le pidió a Kakiko que bajase y comprobase si había algún problema con los neumáticos, porque tenía la impresión de que el coche se le iba.

Como no vieron nada anómalo en los neumáticos, llegaron a la conclusión de que la espesa niebla que cubría toda la región hacía que el asfalto estuviera resbaladizo. Kakiko sugirió que Vera se sentase en el asiento trasero y que descansara, que podía conducir él hasta Cascavel. Después de andar una hora más, paró en una gasolinera para repostar. Como todos los gastos comunes eran divididos al momento entre los cuatro, al ir a coger la cartera Vera se dio cuenta de que había perdido el bolso con el dinero y todos los documentos, incluidos el carnet de conducir y los papeles del coche. Llegó a la conclusión de que sólo podía habérsele caído en el momento en el que Kakiko cogió el volante. No había más remedio que volver al lugar cn cl quc habían parado, más de cien kilómetros antes, e intentar encontrar el bolso. Perdieron más de tres horas yendo y viniendo, pero sin éxito. Por más que buscaron en todas partes, con las luces del coche, no había ni rastro del bolso, y en los bares y gasolineras de las inmediaciones, nadie sabía nada. Seguro de que aquello era un mal presagio, una señal que había que interpretar, Paulo propuso dar media vuelta y regresar a Río —después de todo, ninguno sentía el menor interés por el fútbol–, pero ninguno de sus tres compañeros estuvo de acuerdo. Continuaron el viaje y no llegaron a Cascavel hasta el sábado al amanecer; el coche sufrió la primera avería: el embrague dejó de funcionar y así no se podía seguir.

Debido al partido de Brasil, al día siguiente, casi todo en Cascavel estaba cerrado, incluso los talleres mecánicos en los que intentaron reparar el coche. La idea de no dejar el viaje hasta llegar a Asunción era mayoritaria, y decidieron continuar en autobús hasta el final. Compraron billetes hasta Foz do Iguaçu y, como Vera no tenía documentación, se mezclaron con las hordas de turistas y de hinchas para cruzar el puente que separa Brasil y Paraguay. En territorio paraguayo, tomaron otro autobús con destino a la capital. En cuanto se instalaron en casa de la novia del padre de Kakiko, se enteraron de que las entradas para el fútbol estaban agotadas hacía días, pero no les importó. Dedicaron el fin de semana a visitar tribus de indios guaranís en los alrededores de la ciudad y a dar tediosos paseos en barco por el río Paraguay. El lunes por la mañana decidieron reparar el coche en Cascavel. Como habían perdido el bolso, en el viaje de regreso tenían que tener más cuidado: sin la documentación del Volkswagen, no podían cometer ninguna infracción en la carretera; y, sin el dinero de Vera, los gastos de los cuatro habría que dividirlos sólo entre tres, lo que significaba comer menos y pernoctar en lugares más baratos. Rehicieron la ruta de su abuelo y decidieron seguir hasta Curitiba, donde dormirían e intentarían obtener una copia de la documentación del coche y del carnet de conducir de Vera.

Hacia las diez de la noche, ninguno de ellos lo recordaría bien en el futuro, el hambre los obligó a detenerse antes de llegar a la capital

Sin saber que estaban en la ruta de la guerrilla
de Lamarca, Kakiko, Paulo, Vera y Arnold hacen
la primera escala del viaje en la ciudad de Registro.

del Paraná. Al parar en el aparcamiento de una churrasquería, a la entrada de la ciudad de Ponta Grossa, habían rodado casi cuatrocientos kilómetros. Para ahorrar, aplicaron la táctica que venían utilizando desde que Vera había perdido el bolso: Paulo y ella se sentaban solos a la mesa y pedían platos para dos. Cuando servían la comida, Kakiko y Arnold aparecían y compartían la comida entre los cuatro. Debidamente alimentados, los cuatro se preparaban para volver a la carretera cuando entró en el salón del restaurante un grupo de soldados de la Policía Militar armados con ametralladoras. El que parecía ser el jefe se dirigió hacia la mesa:

—¿El Escarabajo blanco con matrícula de Guanabara que está en el aparcamiento es suyo?

El único conductor con carnet del grupo, Kakiko, se sintió obligado a responder:

—Sí, es nuestro.

Cuando el militar le pidió que le dejase ver la documentación del vehículo, Kakiko les explicó, ante la mirada horrorizada de sus amigos, que Vera había dejado el bolso junto a la puerta del coche, les contó que había perdido la cartera con todo dentro y el plan de dormir en Curitiba y de conseguir allí una copia de la documentación perdida. El militar lo escuchó con mirada incrédula y decidió:

—Eso van a tener que explicárselo al comisario. Vengan con nosotros.

Conducidos a una comisaría de policía, pasaron la noche en un frío glacial, sentados en un banco de madera, hasta las seis de la mañana, cuando apareció el comisario envuelto en ponchos y bufandas para darles personalmente la noticia:

—Están ustedes acusados de terrorismo y asalto a un banco. Ahora ya no es cosa mía, sino del ejército.

Aunque a ninguno de ellos les interesaba demasiado el asunto, la situación política se había agravado mucho en los últimos meses en Brasil. Desde la edición del DI-5, en diciembre de 1968, más de doscientos profesores universitarios e investigadores habían sido obligados a jubilarse, detenidos o exiliados, en la lista había nombres de prestigio internacional, como el sociólogo y futuro presidente de la república Fernando Henrique Cardoso, el historiador Caio Prado Jr. y el físico Mário Schemberg. En el Congreso Nacional, ciento diez diputados y cuatro senadores fueron cesados de sus cargos, y en los estados y municipios, casi quinientas personas fueron apartadas de la administración pública acusados de subversión. Con el cese de tres ministros del Tribunal Supremo Federal, la violencia llegó a la más alta corte del país. En enero, el capitán Carlos Lamarca desertó de un cuartel del ejército en Quitaúna, en el barrio de Osasco, llevándose para la guerrilla urbana un vehículo con sesenta y tres fusiles automáticos, tres subametralladoras y mucha munición. En São Paulo, el gobernador nombrado, Abreu Sodré, creó la Operación Bandeirantes (Oban), órgano que incluía policías y militares, destinado a reprimir la oposición, que después se convertiría en un centro de torturas de adversarios del régimen y de donde saldría el primer nombre de una lista de 139 presos políticos «desaparecidos» por la dictadura: Virgílio Gomes da Silva, *Jonas*.

Dos días antes de que Paulo y sus amigos entrasen en prisión, cuatro guerrilleros armados con ametralladoras –tres hombres y una mujer rubia–, con un Volkswagen blanco con matrícula de Guanabara, habían atracado un banco y un supermercado en la ciudad de Jandaia do Sul, a cien kilómetros al norte de Ponta Grossa. Tenían que ser ellos, pensaron los órganos de represión. Tiritando de frío y de miedo, los llevaron en un furgón verde oliva custodiado por soldados fuertemente armados hasta la sede del 13 Batallón de Infantería Blindada (BIB), en el barrio de Uvaranas, al otro lado de la ciudad. Obsesionado con la manía de interpretar las señales, Paulo podría haber alimentado esperanzas de salir ileso de aquella confusión si hubiera leído el nombre grabado en cemento sobre el imponente portón de entrada del cuartel: aquél era el Batallón Tristão de Alencar Araripe, denominado así en homenaje al ilustre consejero del Imperio que era bisabuelo de Mestre Tuca y, por tanto, su antepasado. Quizá por no haber visto la señal, nada indicaba que aquello fuera a terminar bien. Desaliñados, malolientes y muertos de frío, bajaron del furgón en un patio enorme donde casi mil reclutas hacían instrucción. Para aterrorizarlos más aún, algunos soldados golpeaban

Horas antes de que
empezase la pesadilla, el
grupo hace turismo en
Asunción, en Paraguay, y
en Foz do Iguaçu.

con la mano derecha abierta sobre el puño cerrado izquierdo, gesto obsceno cuyo significado conoce cualquier brasileño: estaban perdidos.

En celdas separadas, desnudos y después de cachearlos, a la media hora empezaron a interrogarlos. Al primero al que llamaron fue a Kakiko, y lo condujeron a una celda donde sólo había una mesa y dos sillas, una de las cuales estaba ocupada por un hombre moreno, alto y fuerte, con botas y traje militar de campaña con una identificación bordada en el pecho: *Maj. Índio*. No era un nombre falso, como Kakiko suponía. Descendiente de indios charrúas y nacido en Alegrete, en Río Grande del Sur, el mayor Índio do Brasil Lemes, entonces de treinta y nueve años, no entraría en la historia de Brasil por el honor de ser nieto del general Honório Lemes, genial estratega conocido como *el León de Caverá*, ni por la tragedia de haber presenciado a los quince años el asesinato de su padre, el funcionario público Gaspar Lemes. Una vez derrocada la dictadura, muchos años después, su nombre aparecería tres veces en la lista de «elementos involucrados directamente en torturas» del Proyecto Brasil Nunca Mais, coordinado por la Archidiócesis de São Paulo.

El mayor Índio le dijo a Kakiko que ocupase una de las sillas y se sentó frente a él. Juntó los dedos índice y corazón de la mano derecha, con los demás dedos cerrados, y los agitó en el aire, como una espátula, a milímetros de la nariz del preso. Entonces empezó a pronunciar la frase que el músico dentista no olvidaría durante el resto de su vida, palabra por palabra: «Hasta ahora nadie os ha puesto la mano encima, pero presta atención a lo que te voy a decir. Si algo de lo que digas aquí es falso (una sola mentira es suficiente) te meteré estos dos dedos en el ojo izquierdo, te arrancaré el globo ocular y me lo comeré. ¿Está claro?»

Los delitos cuya autoría atribuían a Paulo y a sus amigos habían ocurrido pocos días antes de entrar en prisión. En el primero, el asalto a mano armada a los cajeros de un supermercado en Jandaia do Sul, no había víctimas. Pero al intentar apropiarse de las bolsas de dinero que eran transportadas a la oficina del Banco de Crédito Real de Minas Gerais, en la misma ciudad, la banda mató a tiros al gerente

José Santamaria Filho. El parecido entre los cuatro viajeros y los guerrilleros parecía justificar las sospechas de los militares de Ponta Grossa. Aunque los asaltantes llevaban medias de nailon que les cubrían la cara, no había dudas de que eran tres hombres blancos y una mujer rubia, como Vera, y que llevaban un Volkswagen blanco con matrícula de Guanabara, idéntico al de los viajeros. El mapa que llevaba Paulo también le pareció a las autoridades demasiado minucioso y profesional para haber sido hecho por un abuelo diligente para su nieto hippy. Y, además de eso, el trayecto escogido no podía ser más comprometedor: la información de los órganos de inteligencia militar decía que el grupo del capitán Carlos Lamarca podría estar preparando la implantación de un foco guerrillero en el valle de Ribeira (precisamente, parte del trayecto recorrido por ellos para ir a Asunción). Un dossier con las fichas de los cuatro e información sobre el coche fue enviado a los llamados órganos de seguridad de Brasilia, de Río y de São Paulo.

Además de la prisión ilegal y de las intimidaciones cada vez más aterradoras, ninguno de los cuatro había sufrido hasta entonces ningún tipo de violencia física. El mayor Índio les repitió a los demás la promesa de comerles un ojo, insistiendo en que aquello no era una simple amenaza: «Hasta ahora nadie os ha puesto la mano encima. Os damos comida y mantas presumiendo que sois inocentes. Pero no lo olvidéis: si una sola palabra de las declaraciones es mentira, cumpliré lo prometido. Ya les he arrancado ojos a otros terroristas y os lo haré a vosotros, sin el menor problema.»

La situación se agravó de verdad hacia el final de la mañana del martes, cuando algunos empleados del supermercado de Jandaia do Sul fueron conducidos al cuartel del 13 BIB para el reconocimiento de los sospechosos. Con Paulo y Vera, la visualización se hizo a través de una mirilla de la puerta de la celda, sin que se dieran cuenta de que estaban siendo espiados. En el caso de Arnold y Kakiko simplemente abrieron las puertas, dejando que los testigos echasen un rápido vistazo dentro, tan asustados como los presos. Aunque los asaltantes llevaban la cara cubierta en el momento de los delitos, y a pesar de haber visto a los presos de refilón, en celdas sin iluminación, los testigos fueron unánimes: eran ellos. Los interrogatorios se volvieron más intensos e intimidatorios, y les repetían las mismas preguntas cuatro, cinco, seis, diez veces. Vera y Arnold tuvieron que explicarles a todos —sí, porque era una sucesión de civiles y militares los que entraban en las celdas para preguntarles— qué hacían en la región una yugoslava y un oficial de marina cesado por subversión. Paulo no sabe cuántas veces respondió a las mismas dudas: si hicisteis un viaje tan largo, ¿por qué no visteis el partido y volvisteis a Brasil? ¿Cómo consiguió Vera cruzar la frontera con Paraguay en ambos sentidos sin documentación? ¿Por qué el mapa sugería tantas alternativas para dormir y repostar? Paulo se quejaría a Arnold en uno de los pocos momentos en que estuvieron solos en la misma celda de que aquello era una pesadilla kafkiana: incluso la presencia del inocente nebulizador que aliviaba sus crisis de asma tuvo que ser explicada en detalle varias veces.

La pesadilla continuó durante cinco días. El sábado por la mañana, soldados armados entraron en las celdas y les ordenaron a los presos que cogieran sus cosas porque iban a ser «trasladados». Apretados en el cubículo trasero del mismo furgón verde oliva, los cuatro estaban convencidos de que iban a ser ejecutados de inmediato. Cuando el vehículo paró minutos después, cuál no fue su sorpresa al bajar frente a una casa de campo rodeada de rosales cuidadosamente podados. En lo alto de la escalera de la casa los esperaba un sonriente militar de pelo grisáceo con un ramo de flores en la mano. Era el residente de la casa, el coronel Ivan Lobo Mazza, de cuarenta y nueve años, comandante del 13 BIB y héroe de la Fuerza Expedicionaria Brasileña, que había combatido en Italia en la segunda guerra mundial. Mazza les explicó a los aturdidos viajeros que todo se había aclarado y que eran inocentes. Las flores, cogidas por el propio oficial, se las dio a Vera para disculparse. El coronel les explicó las razones de su detención —el avance de la lucha armada, su parecido con los asaltantes de Jandaia do Sul, el paso por el valle de Ribeira— e insistió en preguntarles a todos si habían sufrido violencia física. Ante el pésimo aspecto del grupo, que llevaba siete días sin ver una ducha, les sugirió que usaran el baño de la casa y después les ofreció unos aperitivos en una bandeja, acompañados de whisky escocés. La avería del embrague del coche había sido reparada en el taller del cuartel y para poder llegar a Río con seguridad iban a darles un salvoconducto firmado por el propio coronel Mazza. El viaje había llegado a su fin.

11

«LA DROGA ES PARA MÍ LO
QUE LA AMETRALLADORA PARA LOS
COMUNISTAS Y LOS GUERRILLEROS»

De vuelta en Río, Paulo entró en los años setenta movido por un nuevo combustible: la marihuana. Después vendrían otras drogas, pero al principio sólo fue la marihuana. En cuanto probaron la hierba juntos, ambos por primera vez, él y Vera se hicieron consumidores habituales. Novatos en el asunto y poco familiarizados con sus efectos, antes de fumar guardaban en un cajón todos los cuchillos y objetos cortantes de la casa, «para prevenir cualquier riesgo», como decía ella. Fumaban todos los días y con cualquier excusa: por la tarde, para disfrutar más de las rojas puestas de sol de Leblon; por la noche, para aguantar la emoción de ponerse en la pista del aeropuerto Santos Dumont, con el ruido ensordecedor de los aviones aterrizando y despegando a pocos metros de distancia. Y, si no había motivo, fumaban para no aburrirse. Paulo recordaría, tiempo después, haber pasado días enteros bajo los efectos de la marihuana, sin un intervalo ni de media hora.

Definitivamente libre del control paterno, se convirtió en un hippy legítimo, alguien que no sólo se vestía y se comportaba como tal, sino que pensaba como un hippy. Dejó de ser comunista, sin haberlo sido nunca, al recibir en público una bronca de un militante del PCB por afirmar que le había encantado la película *Los paraguas de*

Cherburgo, musical francés protagonizado por Catherine Deneuve. Con la misma ligereza con la que se había pasado del cristianismo de los jesuitas al marxismo, ahora era un devoto de la insurrección hippy que campaba por el mundo. «Ésta es la última revolución de la humanidad —escribió en el diario—. El comunismo pertenece al pasado, nace una nueva hermandad, el misticismo penetra en el arte, la droga es un elemento esencial. Cuando Cristo consagró el vino, consagró la droga. La droga es un vino de uva superior.»

Después de algunos meses en el Solar da Fossa, él y Vera alquilaron a medias con un amigo un apartamento de dos dormitorios en Santa Teresa, un barrio bohemio situado en una colina cercana a Lapa, en el centro de la ciudad, con un romántico tranvía que chirriaba al subir las laderas. Entre un sitio y otro tuvieron que vivir durante algunas semanas en el apartamento de Leblon, período en el que la pareja convivió con el ex marido de Vera, que todavía no se había mudado.

Si la marihuana, como afirman algunos especialistas, suele conducir al consumidor a prolongados estados de letargo y postración, en Paulo la droga parecía provocar el efecto contrario. Invadido por una repentina hiperactividad, en los primeros meses de 1970 adaptó para el teatro y montó *La guerra de los mundos*, de H. G. Wells, participó en talleres con el dramaturgo Amir Haddad, presentó textos al Concurso de Cuentos de Paraná y al Premio Esso de Literatura (que desaparecería después). Y también encontró tiempo para escribir tres obras de teatro, *Los caminos del misticismo*, sobre el padre Cícero Romão Batista, santo de la región nordeste del país; *La revuelta del látigo. Historia a orillas de un puerto*, sobre la sublevación de marineros ocurrida en Río de Janeiro en 1910; y *Los límites de la resistencia*, una recopilación de textos. Envió la obra *Límites* con una petición de coedición al Instituto Nacional del Libro, pero no superó ni el primer obstáculo, la Comisión de Lectura. Su obra cayó en las manos del crítico y novelista Octavio de Faria, que aunque resaltaba cualidades puntuales, despachó los originales directamente al archivo, con una elocuente opinión:

No voy a ocultar mi perplejidad ante un libro tan raro como *Los límites de la resistencia*, que, incluso después de haberlo leído, no sé en qué género literario clasificarlo y cuya única referencia está en la tapa: *Los límites de la resistencia*, compuesto de «once diferencias fundamentales», con epígrafe de Henry Miller, y que pretende serlo todo en materia de «aprehensión» de la vida. Divagaciones, construcciones surrealistas, declaraciones de experiencias psicodélicas, bromas de las más variadas especies. En resumen, un conjunto de «diferencias fundamentales», innegablemente bien escritas, inteligentes, pero que no me parecen del género de las que se incluyen en nuestros cuadros de valoración. Pertenece al tipo de obra del que se ocupan las editoriales «avanzadas», con la esperanza de descubrir «genios», no a las del Instituto Nacional del Libro, sea cual sea el futuro literario del señor Paulo Coelho de Souza.

Le quedaba el consuelo de estar en buena compañía. La misma Comisión de Lectura que había descalificado *Los límites de la resistencia* había archivado al menos dos obras de autores que se convertirían en clásicos de la literatura brasileña: *Sargento Getúlio*, libro que lanzaría en Brasil y en Estados Unidos el escritor João Ubaldo Ribeiro, y *Objeto Gritante*, de Clarice Lispector, que sería publicado con el nombre de *Agua viva*. Como si alguna fuerza quisiera apartarlo de la idea fija de ser escritor, el teatro le ofrecía más reconocimiento que la prosa. Aunque Paulo tenía mucha fe en la obra sobre el padre Cícero, augurándole un futuro brillante, la verdad es que sólo *La revuelta del látigo* tendría algún éxito. Resultado de la investigación minuciosa sobre el levantamiento del marinero negro João Cândido, *La revuelta* fue inscrita por su autor en el prestigioso Concurso Teatro Opinião por deber de oficio, pero sin grandes esperanzas de que la clasificaran. El premio que se le daba al ganador era mejor que el dinero: el montaje de la obra por el grupo del Opinião, el grupo de teatro de vanguardia más aplaudido de Brasil. Al enterarse, por una llamada de Vera, de que *La revuelta* había quedado en segundo lugar, Paulo, sin modestia alguna, reaccionó con mal humor: «¿Sólo el segundo lugar? ¡Qué mierda! Me van a colgar la etiqueta de segundón.» El primer puesto fue para la comedia *Los dientes del tigre*, de la también debutante Maria Helena Kühner, de Minas Gerais.

Pero, si su objetivo era la fama, no podía quejarse. Además de salir en todos los periódicos y ser elogiada por críticos de la talla de João das Neves y José Arrabal, como segunda clasificada, *La revuelta del látigo* tenía derecho a entrar en el disputado Ciclo de Lecturas del Opinião, abierto al público y que se realizaba todas las semanas. Aunque desdeñó el premio, Paulo sufrió una gran ansiedad durante los días que precedieron a la lectura de la obra. Durante toda la semana no fue capaz de pensar en otra cosa, y sintió un gran orgullo al ver a una actriz consagrada como Maria Pompeu leyendo un texto suyo en una sesión abarrotada de público.

El acercamiento al Opinião lo llevaría, meses después, a conocer de cerca —o, al menos, intentarlo— a uno de los mitos internacionales de la contracultura, el revolucionario grupo de teatro americano The Living Theatre, que estaba de viaje en Brasil. Creado en 1947 en Nueva York por la pareja Julian Beck y Judith Malina —que llegaría a ser conocida por el gran público mucho tiempo después como la macabra abuela de la película *La familia Addams*—, el Living recorría el mundo pregonando la revolución estética que influyó fuertemente en el teatro y el cine comprometidos de los sesenta y los setenta. Un año antes, el cantante Jim Morrison había sido detenido en Miami por enseñar el pene ante un público de diez mil personas, durante una actuación. En comisaría, el músico alegó que el exhibicionismo era una técnica teatral que había aprendido en un curso del Living. Al enterarse de que tenía entradas para ver una presentación del grupo americano, Paulo se emocionó tanto que se sintió «acobardado, como si fuera una gran decisión». Temiendo que le pidieran su opinión sobre algo, en los entreactos o al final de la obra, leyó textos de Nietzsche antes de ir al teatro para «tener algo que decir». Al final, él y Vera quedaron tan impactados con lo que vieron que lograron una invitación para ir a la casa en la que se hospedaba la *troupe* —Beck y Malina incluidos—, y desde allí ir a una favela de Vidigal. A juzgar por las anotaciones de su diario, sin embargo, el encuentro no salió muy bien:

Contacto íntimo con el Living Theatre. Fuimos a casa de Julian Beck y Judith Malina pero nadie se dirigió a nosotros. Un amargo sentimiento de humillación. Fuimos con ellos a la favela. Era la primera vez en mi vida que iba a una favela. Es un mundo aparte.

Al día siguiente, a pesar de haber comido con el grupo y de haber asistido a los ensayos, la indiferencia de los norteamericanos hacia ellos no cambió. «Julian Beck y Judith Malina siguen totalmente fríos con nosotros —escribió—. Pero no los censuro. Sé que debe de haber sido muy difícil llegar hasta donde están.» Paulo no volvió a tener noticias del Living y de sus líderes hasta meses después, al oír en la radio de un taxi que habían detenido a todo el grupo en Ouro Preto, en Minas Gerais, acusados de tenencia y consumo de marihuana. La pareja había alquilado un caserón en la histórica ciudad para convertirlo en un taller permanente de experiencias teatrales con actores de varios estados. Semanas después de instalarse, la policía rodeó la casa y detuvo a los dieciocho miembros del grupo el día 1 de julio de 1971, e inmediatamente se los llevaron a las celdas del DOPS de Belo Horizonte. En cuanto oyó la noticia, y con el taxi en marcha, Paulo sacó del bolsillo un bolígrafo, un bloc de notas y, con letra temblorosa, escribió una mini obra de teatro de un acto, en la que fantaseaba sobre las razones de la detención:

El teatro de la vida
Julian Beck y Judith Malina se despiertan por la mañana en Ouro Preto.
Judith Malina: Mira, aquí ya no hacemos nada. Vámonos.
Julian Beck: De acuerdo. Pero antes hay que hacer una gran obra, un taller que arrase.
Ambos piensan durante cinco minutos.
JB: Ya sé. Llama a la policía y diles que sabes que en la sala en la que un grupo de teatro hace talleres, tienen marihuana. Dales las pistas que te pidan.

Judith llama, el comisario de policía le hace mil preguntas, a las que ella responde pacientemente. Encienden y se fuman un pitillo de marihuana durante diez minutos.

JB: Vale, llama al grupo. Diles que vamos a ensayar ahora. Vamos a hacer un taller cuyo tema es la cárcel.

Julian Beck y Judith Malina se reúnen con sus doce apóstoles. Llega la policía.

A pesar de las protestas de personalidades de todo el mundo —Jean-Paul Sartre, Michel Foucault, Pier Paolo Pasolini, Jean-Luc Godard y Umberto Eco, entre otros—, el gobierno militar mantuvo al grupo preso durante sesenta días, después de los cuales lo expulsó acusándolo de «tráfico de drogas y subversión».

En cuanto a Paulo, meses después de que él y Vera probaron la marihuana, recibieron de un amigo, el artista plástico Jorge Mourão, una piedrecilla del tamaño de un chicle que parecía estar hecha de una cera muy oscura, casi negra. Era hachís. Aunque procede de la misma planta que la marihuana, el hachís es más fuerte y siempre fue una droga más consumida en Europa y en el norte de África que en América del Sur, razón por la que era considerada una novedad entre los consumidores brasileños. Obsesivo con la planificación y la organización de todo en lo que se metía, Paulo decidió convertir un simple «canuto» en un solemne experimento científico. A partir del momento en que probó la droga por primera vez, empezó a narrar todas las sensaciones en una grabadora, mientras que cronometraba el tiempo. El resultado final fue mecanografiado y añadido al diario:

Notas breves sobre la experiencia con el hachís
A Edgar Allan Poe

Empezamos a fumar en mi habitación, a las diez y cuarenta de la noche. Estamos yo, Vera y Mourão. El hachís se mezcla con tabaco común, en una proporción de uno a siete, aproximadamente, y se pone en una pipa especial de plata. Esta pipa hace que el humo pase a través de agua helada, para garantizar un filtrado perfecto. Tres caladas para cada uno es una proporción suficiente. Pero Vera no participa de la experiencia, preocupada por la grabación y las fotos. Mourão, experimentado en drogas, nos orientará en el camino que deberemos seguir.

3 minutos. Sensación de euforia y ligereza. Alegría incontenible. Agitación interior bastante potente. Ando hacia atrás en una sensación de embriaguez total.

6 minutos. Pesadez en los párpados. Sensación de tontería y sueño. La cabeza empieza a alcanzar proporciones que asustan; las imágenes, ligeramente distorsionadas en una forma circular. En esta fase de la experiencia salen a la superficie determinados bloqueos (de orden moral). Nota: puede que los efectos se hayan visto alterados por el exceso de nerviosismo.

10 minutos. La sensación de sueño es enorme. Los nervios están completamente relajados y me acuesto en el suelo. Empiezo a sudar, más por angustia que por calor. Ninguna iniciativa: si la casa ardiera preferiría morirme antes que moverme de aquí.

20 minutos. Estoy consciente, pero he perdido toda orientación auditiva. Es un estado agradable que lleva a una despreocupación total.

28 minutos. La sensación de relatividad del tiempo es algo impresionante. Debió de ser así como Einstein descubrió aquello.

30 minutos. De repente, pierdo totalmente la conciencia. Intento escribir, pero no me doy cuenta de que es sólo un intento, una prueba. Empiezo a bailar, a bailar como un loco, la música viene de otro planeta y tiene una dimensión desconocida.

33 minutos. El tiempo pasa con una lentitud exagerada. No tengo valor para probar el LSD...

45 minutos. El miedo a volar por la ventana es tan grande que me levanto de la cama y me acuesto en el suelo, al fondo de la habitación, bien lejos de la calle. Mi cuerpo no exige comodidad. Puedo quedarme en el suelo sin moverme.

1 hora. Miro el reloj sin comprender por qué intento grabarlo todo. Para mí esto no es más que una eternidad de la que jamás voy a ser capaz de salir.

1 hora y 15 minutos. De repente tengo muchas ganas de salir del trance. En el invierno más riguroso me invade un súbito coraje y acepto

Dentro de un taxi, Paulo crea una mini obra de teatro imaginando cómo habrá sido la detención de Julian Beck y del Living Theatre por la policía brasileña.

una ducha fría. No siento el agua sobre mi cuerpo. Estoy desnudo. Pero no he sido capaz de salir del trance. Siento pánico ante la posibilidad de quedarme así eternamente. Los libros que leí sobre la esquizofrenia aparecen caminando en el baño. Quiero salir. ¡Quiero salir!

1 hora y media. Estoy rígido, acostado, sudando de miedo.

2 horas. El paso del trance al estado normal sucede de forma imperceptible. No siento mareos, somnolencia ni cansancio, sino una hambre inusitada. Voy al restaurante de la esquina. Camino, ando. Un pie delante del otro.

No satisfecho con fumar y registrar los efectos del hachís, Paulo cometió la osadía que en los buenos tiempos de D. Pedro le habría costado una temporada de electrochoques en el manicomio: sacó una copia de las *Notas breves*... y casi mató a sus padres de un infarto cuando se la dio para que la leyesen. Desde su punto de vista puede que el gesto no fuera sólo una provocación a Lygia y a Pedro. Aunque confesó en el diario haber «descubierto otro mundo» y que «la droga es lo mejor que hay», Paulo no se consideraba un vulgar porrero, sino un «ideólogo activista del movimiento hippy» que no se cansaba de repetir entre sus amigos la misma fanfarronada que registró por escrito: «La droga es para mí lo que la ametralladora para los comunistas y los guerrilleros.» O cosas incomprensibles como ésta: «Los terroristas creen que el gobierno es el que distribuye la marihuana, pero lo que no saben es que se está dando el mayor cambio de valores del que la humanidad haya tenido noticia.»

Además de la marihuana y el hachís, la pareja se convirtió en consumidora habitual de drogas sintéticas, es decir, producidas industrialmente en laboratorios. Desde su primer internamiento tomaba, por prescripción médica, dosis regulares de Valium, utilizado para el tratamiento de los trastornos de ansiedad. Sin temer el daño que aquellos cócteles podían provocar en sus neuronas, ambos se hartaban de drogas como Mandrix, Artane, Dexamil o Pervitin. Presente en alguno de esos medicamentos, la anfetamina actuaba sobre el sistema nervioso central, aceleraba la frecuencia cardíaca y aumentaba la presión sanguínea, lo que producía una agradable sensación de relajación muscular, seguida de estados de euforia que se prolongaban hasta catorce horas. Cuando el organismo se cansaba, tomaban algún inductor del sueño, como el potente Mandrix, y se acostaban. Medicamentos utilizados para controlar los efectos de los ataques epilépticos o para el tratamiento del mal de Parkinson garantizaban sesiones interminables de «viajes» que duraban días y noches sin interrupción. Un fin de semana, en casa de Kakiko, en Friburgo, a cien kilómetros de Río, Paulo hizo una «prueba de límite» para saber cuánto tiempo era capaz de estar drogado, sin parar siquiera para dormir, y lo celebró al pasar, cronometradas, veinticuatro horas sin dormir, completamente «colocado». En el peligroso camino en el que se estaba adentrando, sólo las drogas parecían importarle. «Nuestra alimentación se ha vuelto algo muy subjetivo —escribió en el diario—. No sabemos cuándo comimos por última vez pero tampoco hemos echado de menos la comida.»

Sólo una cosa parecía mantenerlo unido al mundo de los normales, de los que no consumían drogas: la insistente idea fija de ser escritor. Estaba decidido a encerrarse en casa del tío José, en Araruama, y escribir. «Escribir, escribir mucho, escribirlo todo», era su proyecto inmediato. Vera estaba de acuerdo y lo animaba, pero le propuso que, antes de confinarse, tenían que hacer un viaje para relajarse. En abril de 1970 la pareja decidió viajar a una de las mecas del movimiento hippy: el Machu Picchu, la ciudad sagrada de los incas, situada en los Andes peruanos, a 2.400 metros de altitud. Traumatizado todavía por el viaje a Paraguay, Paulo temía que le pasara algo malo al salir de Brasil. Después de mucho planearlo, por exigencia de él, claro, y de pasarse semanas viendo mapas y guías turísticas, partieron. Inspirados por *Easy Rider*, película con Peter Fonda y Dennis Hopper que había tenido mucho éxito en 1969 y que se había convertido en una obra de culto hippy, no tenían un destino muy definido ni fecha para volver. El día 1 de mayo cogieron un avión de la Lloyd Aéreo Boliviano hacia La Paz hacia un viaje lleno de novedades, la primera de las cuales Paulo experimentó en cuanto llegó al aeropuerto de El Alto, en la capital de Bolivia: la nieve. Se emocionó tanto al bajar del aparato y verlo todo cubierto por un manto blanco

Fin de semana de colocón en casa de Kakiko:
veinticuatro horas seguidas bajo los efectos de la marihuana.

tan inmaculado que no se contuvo: se tiró al suelo y se puso a comer nieve. Era el principio de un mes de ocio absoluto. Fuera de combate debido a la altitud de casi cuatro mil metros de La Paz, Vera se pasó el día en la cama del hotel. Paulo salió a conocer la ciudad y, acostumbrado a la pasividad política de un Brasil bajo la dictadura, se sorprendió con las manifestaciones de trabajadores con ocasión del Día del Trabajador. Por la noche, al volver al hotel, le comentó a Vera: «Me sorprenden las manifestaciones y las asambleas de trabajadores por el Primero de Mayo. Da la impresión de que va a pasar algo en cualquier momento.»

Aunque las predicciones políticas no eran su fuerte, esa vez acertó de lleno: cuatro meses después, llegaría el fin del gobierno del mandato del general Alfredo Ovando Candia, que había llegado a la presidencia de la república, por tercera vez, en septiembre del año anterior. Aprovechando el bajo coste de la vida en Bolivia, alquilaron un coche, se hospedaron en buenos hoteles y fueron a restaurantes de lujo. Día sí, día no, la elegante Vera sacaba tiempo para ir a la peluquería, mientras Paulo se familiarizaba con las escarpadas laderas de La Paz. Y fue allí donde ambos cruzaron la frontera hacia un nuevo tipo de droga, prácticamente inexistente en Brasil: la mescalina (también conocida como peyote o mezcal, nombres que varían según el país para designar la infusión alucinógena destilada de cactus cortados y secos. Maravillados con la serenidad y la tranquilidad transmitidas por esa bebida, se sumergieron en interminables alucinaciones visuales y experimentaron momentos esplendorosos de sinestesia, una confusión de los sentidos que le provoca al consumidor la sensación de poder oler un color o de oír un sabor.

Pasaron cinco días en La Paz tomando esa infusión, visitando casas de música típica, *peñas*, y también *diabladas*, lugares en los que se hacían representaciones teatrales en las que un hombre interpretaba el papel de Supay, el equivalente inca al demonio de los cristianos. Cuando estaban en la estación de La Paz, donde esperaban un tren para ir al lago Titicaca, Paulo se dio cuenta de que se había dejado un calzoncillo usado en el hotel y, en un ataque de tacañería, y a pesar de las protestas de Vera, estuvo a punto de perder el tren debido a los cuarenta minutos y una carrera en taxi que le llevó recuperar la pieza de ropa y volver momentos antes de la salida. Al llegar a su destino, atravesaron en barco el Titicaca, el lago navegable situado a mayor altitud del mundo, siguieron en tren hasta Cuzco y el Machu Picchu y después, en avión, fueron hasta Lima.

En la capital de Perú alquilaron un coche y se dirigieron hacia Santiago de Chile, pasando por Arequipa, Antofagasta y Arica. El plan era pasar más tiempo allí, pero los hoteles eran tan modestos que Paulo y Vera decidieron seguir adelante. A ninguno de los dos les gustó demasiado la capital chilena («una ciudad como cualquier otra», escribió), pero allí tuvieron la oportunidad de ver Z, película del director griego Costa Gavras que denunciaba la dictadura de los coroneles en Grecia y que estaba prohibida en Brasil. Casi siempre colocados por la infusión de mescalina, cuando llevaban tres semanas de viaje estaban en Mendoza, en Argentina, camino de Buenos Aires. Paulo se moría de celos cuando veía que los hombres cortejaban a la atractiva Vera, sobre todo cuando ella se ponía a hablar con ellos en inglés, lengua que todavía no entendía bien. Si en La Paz la visión de la nieve lo hipnotizó, en Buenos Aires la sorpresa sería viajar en metro por primera vez. Acostumbrados a los bajos precios de los lugares en los que habían estado, en la capital porteña se aventuraron a cenar en el Michelangelo, restaurante conocido como la «catedral del tango» y donde tuvieron el privilegio de escuchar a un clásico del género, el cantante Roberto Polaco Goyeneche. Cuando les llevaron la cuenta, que ascendía a veinte dólares, el equivalente a casi ciento veinte dólares de 2008, Paulo estuvo a punto de caerse de la silla al descubrir que estaban en uno de los restaurantes más caros de la ciudad.

Aunque había llevado bien lo del asma en las altitudes andinas, en Buenos Aires, al nivel del mar, resurgió con toda su fuerza. Con 39 de fiebre y torturado por las crisis respiratorias, permaneció en cama durante tres días, y no se recuperó hasta llegar a Montevideo, el día 1 de junio, la víspera de regresar a Brasil. Por exigencia suya, la vuelta no fue con la Lloyd Aéreo Boliviano. El cambio no se debía a ninguna superstición, ni al hecho de que tenían que regresar a La Paz y desde allí volar a Río, sino a la imagen de una estatua de bronce de un piloto civil que Paulo había visto en el aeropuerto de La Paz, en homenaje «a los heroicos pilotos de la LAB muertos en acción». «¡Sólo un loco viajaría con una compañía que trata como héroes a los pilotos cuyos aviones se estrellaron! ¿Te has parado a pensar en si el piloto de nuestro vuelo sueña con convertirse en estatua?»

Al final volaron con Air France a Río de Janeiro, donde llegaron el día 3 de junio, a tiempo para ver en la tele el debut de Brasil en el Mundial de 1970, cuando la selección brasileña derrotó a la de Checoslovaquia por 4 a 1, con goles de Jairzinho, Rivelino, Pelé (2) y Petras. De vuelta a la rutina, todavía impresionada por la crisis de asma sufrida en el viaje, Vera lo convenció para que intentase dejar de fumar, abstinencia que Paulo ofreció como promesa a san José para que una operación de cataratas que le iban a hacer a su padre saliera bien (cuando le dieron el alta, Paulo dejó un curioso registro en el diario: «Que no haya dudas, la recuperación de mi padre se debe exclusivamente al Caboclo Cobra Coral»). Poco a poco Vera se convirtió en algo más que la balzaquiana[4] rica que lo enseñó a practicar sexo y que lo obligaba a leer libros enteros en inglés. De alguna manera también desempeñaba funciones maternales, ya fuera para traerlo de regreso a la tierra, cuando Paulo volaba demasiado alto en sus devaneos, o bien para estimularlo en los momentos de depresión.

El sueño de convertirse en escritor no desaparecía, aunque no lograba clasificarse con ningún cuento o novela en los concursos en los que participaba. «Con el corazón en pedazos, oí la noticia en el "Repórter Esso" —se lamentó en el diario—. He perdido otro concurso de literatura. No me han dado ni la mención honorífica.» Sin dejar de abatirse por las derrotas, sin embargo, seguía anotando como temas para futuras obras literarias cosas como «platillos volantes», «Jesús», «el abominable Hombre de las Nieves», «espíritus que se convierten en cadáveres» y «telepatía». Pero los premios se alejaban cada día más de él, tal como quedó registrado en sus anotaciones:

---

4. Adjetivo que se aplica en Brasil a la mujer que ha alcanzado los treinta años, como el personaje central de la novela de Balzac, *La mujer de treinta años*. (N. de la t.)

Mi buen José, mi santo protector. Eres testigo de que he puesto mucho empeño este año. He perdido todos los concursos. Ayer, al enterarme de la derrota en el concurso de obras infantiles, Vera me dijo que, cuando me llegue la suerte, me llegará toda junta. ¿Será así? Algún día tendré la respuesta.

El día 24 de agosto, cuando cumplió veintitrés años, Vera le regaló un sofisticado microscopio y se alegró al ver el éxito del regalo: muchas horas después de abrir el paquete, Paulo seguía inclinado sobre la lente, examinando con atención los portaobjetos de cristal y haciendo anotaciones en un cuaderno. Curiosa, se puso a leer lo que él escribía:

Hace veintitrés años yo nacía, en esta fecha. Ya he sido esto que veo en el microscopio. Agitado, corriendo hacia la vida, infinitamente pequeño, pero con todas las características hereditarias de la especie detrás de mí. Ya estaban programados mis dos brazos, mis piernas y mi cerebro. Me reproduje a partir del espermatozoide, se multiplicaron las células. Y aquí estoy, con veintitrés años.

Entonces entendió que Paulo había puesto su semen en los portaobjetos del microscopio para ver sus propios espermatozoides. El relato continuaba:

Ahí va un posible ingeniero. Más adelante muere aquel que iba a ser médico. Un científico capaz de salvar la Tierra también muere, y yo veo todo esto impasible, a través de mi microscopio. Al alcance de mi ojo, mis espermatozoides se mueven con furia, con furia para encontrar un óvulo, con furia para perpetuarse.

Vera, aunque buena compañera de diversión, era rigurosa cuando tenía que meterlo en cintura. Al darse cuenta de que, si de él dependía, Paulo nunca tendría más que el diploma de estudios primarios que le habían dado en el Guanabara, prácticamente lo obligó a pre-

Paulo y Vera en las ruinas de
Machu Picchu, en Perú: drogas,
paseos turísticos y visitas diarias a
la peluquería.

parar la prueba de acceso a alguna escuela superior, y su autoridad produjo resultados sorprendentes. A finales de año, su novio consiguió plaza en tres facultades: derecho, en la Cândido Mendes; dirección teatral, en la Escuela Nacional de Teatro, y comunicaciones, en la Pontificia Universidad Católica (PUC) de Río. Ese rendimiento, está claro, no se debió exclusivamente a las dotes de Vera. La explicación para el hecho de haber acabado los estudios primarios en una escuela sin tradición de calidad y superar tres pruebas de acceso también se debía al apetito literario de Paulo. Desde que había empezado a hacer la anotación sistemática de sus lecturas, cuatro años antes, había leído más de trescientos libros, o setenta y cinco al año (una cifra estratosférica, teniendo en cuenta que cada brasileño leía de media, en aquella época, un solo libro al año). Él leía mucho y leía de todo. Desde Cervantes a Kafka, desde Jorge Amado a Scott Fitzgerald, desde Esquilo a Aldous Huxley. Leía a los disidentes soviéticos, como Alexander Soljenitzin, y a brasileños como el humorista Stanilaw Ponte Preta. Leía, escribía un pequeño comentario sobre cada obra y, como los críticos literarios que tanto lo machacarían, les ponía estrellas a su gusto. Recibir cuatro estrellas, la más alta clasificación, era privilegio de unos pocos, como Henry Miller, Borges o Hemingway. Y sin ningún tipo de ceremonias era capaz de meter en un mismo saco libros como *Un sueño americano* (Norman Mailer), *Revolución en la revolución* (Régis Debray), y dos clásicos brasileños, *Las regiones* (Euclides da Cunha) e *Historia económica de Brasil* (Caio Prado Jr.), todos clasificados en la humillante categoría de «Sin clasificación: cero estrellas».

En medio de esa ensalada de temas, períodos y autores, había un género que empezaba a despertar el interés de Paulo: los libros que trataban de ocultismo, brujería, satanismo. Desde que había leído *Alquimia secreta de los hombres*, un librito escrito por el brujo español José Ramón Molinero, devoraba todo lo que se refiriese al mundo intangible para los sentidos humanos. Cuando terminó de leer *El retorno de los brujos*, bestseller mundial del realismo mágico escrito por el belga Louis Pauwels y por el franco ucraniano Jacques Bergier, ya se sentía un miembro de esa nueva tribu. «Soy un mago que se prepara para retornar», escribió en su diario. A finales de 1970 ya había acumulado medio centenar de obras dedicadas a ese tema. En ese período leyó, comentó y les atribuyó estrellas a los seis libros publicados en Brasil por el alemán Herman Hesse (incluido, claro, *El juego de abalorios*, premio Nobel de Literatura de 1946), a los bestsellers del suizo Erik von Däniken (*¿Carros de los dioses?* y *Regreso a las estrellas*), y a una mezcla que incluía obras de la densidad de un clásico como *Fausto*, de Goethe, que obtuvo sólo tres estrellas, y engaños como *Magia negra y magia blanca*, de un tal V. S. Foldej, que ni siquiera merecería una clasificación.

Uno de los autores más celebrados de esa nueva moda no sólo escribía sobre ocultismo, sino que mantenía su propia historia envuelta en un halo de misterio. Era Carlos Castañeda, que habría nacido en 1925 en Perú (o en 1935, en Brasil, según otras fuentes) y que se licenció en antropología en la Universidad de California, en Los Ángeles. Cuando preparaba la tesis de doctorado, decidió transformar en libros autobiográficos sus experiencias de campo hechas en México sobre la utilización de drogas naturales como el peyote, las setas y el estramonio (llamada «hierba del diablo») en rituales indígenas. El éxito mundial de Castañeda, que llegó a ser portada de la revista *Time*, atrajo al desierto de Sonora, en la frontera de California y de Arizona con México, donde estaba ambientada su obra, a hordas de hippies que llegaban desde todas partes del planeta en busca de la nueva tierra prometida.

A alguien que no creía en las coincidencias, como Paulo, le pareció una «señal» el hecho de que justo en esa ocasión su madre le regalase un viaje precisamente a... Estados Unidos. La abuela Lilisa iba a Washington a visitar a su hija Lúcia, casada con el diplomático Sérgio Weguelin, y él podía acompañarla hasta la capital americana y, si quería, seguir solo el viaje o con su primo Serginho, algunos años más joven que él. Además de la posibilidad de conocer de cerca la región de los chamanes de Castañeda, el regalo le coincidía bien porque la relación con Vera parecía estar llegando a su fin. «La vida con ella se está complicando —se quejaba a principios de 1971 en su diario—. Ya no practicamos sexo, me agobia y yo la agobio. Ya no la quiero. Es la costumbre.» La situación había llegado a un nivel de desgaste tal que habían dejado de vivir juntos. Vera había vuelto al apartamento de Leblon y él había cambiado Santa Teresa por la estancia que ocupaba en casa de sus abuelos antes de mudarse a Copacabana. En el diario, además, anunciaba también que estaba «medio liado» con una nueva mujer, la joven actriz Christina Scardini, que conoció en la escuela de teatro y de quien juraba estar perdidamente enamorado. Era mentira, pero no lo parecía: en un mes y medio de viaje, ella recibió nada menos que cuarenta y cuatro cartas enviadas desde Estados Unidos.

Después de una festiva cena de despedida ofrecida por sus padres a sus amigos, en los primeros días de mayo él embarcaba con sus abuelos en un vuelo de Varig hacia Nueva York, donde tomarían un puente aéreo hasta Washington. Al pisar el aeropuerto Kennedy, Paulo y la abuela Lilisa se extrañaron de la prisa inesperada que tenía Mestre Tuca, que insistía en coger el vuelo de las once de la mañana hacia la capital americana, cuya facturación estaba cerrada, según anunciaba el altavoz. Lilisa y su nieto argumentaban que no había motivo para apresurarse, porque si perdían aquel avión podían coger el vuelo siguiente, media hora después. Pero el abuelo cabezota no quería charlas. Estresados con la carrera, subieron al avión cuando ya estaban a punto de cerrar las puertas. El anciano no se calmó hasta que no estuvieron todos sentados y con los cinturones de seguridad puestos. Por la noche, al ver un telediario en casa de su tío, Paulo pensó que era la mano del destino la que le había metido prisa a Mestre Tuca en el aeropuerto: al despegar, el avión del vuelo de las 11.30 horas, un bimotor Convair de la empresa Allegheny (después, US Airways), tuvo problemas mecánicos, y al intentar hacer un aterrizaje de emergencia en las cercanías de New Haven, a setenta kilómetros de Nueva York, se estrelló, y en el accidente murieron los treinta pasajeros y los tripulantes.

Hospedado en casa de su tío el diplomático en la ciudad de Bethesda, en el estado de Maryland, a media hora de Washington, en vez de escribir un diario de viaje, Paulo decidió registrar en la torrencial correspondencia dirigida a Christina todo lo que pasaba ante sus ojos. Parecía aturdido con lo que veía. Era capaz de permanecer de pie, atontado, delante de máquinas expendedoras de sellos, periódicos y refrescos, o pasar horas seguidas dentro de los grandes almacenes sin comprar nada, simplemente dejándose extasiar ante la variedad de productos. Ya en la primera carta se lamentó de no haberse llevado de Brasil un «saco de monedas», pues descubrió que la moneda de veinte céntimos de cruceiro la aceptaban todas las máquinas como si fueran de veinticinco centavos de dólar, aunque el dinero brasileño entonces valía cinco veces menos que el americano. «Habría ahorrado bastante si hubiera traído más monedas —confesó—, porque veinticinco céntimos es lo que pago por el envío de una carta a Brasil en las máquinas de venta de sellos o por una entrada para ver películas en el montón de tiendas pornográficas que hay por aquí.» Todo era novedad y todo lo emocionaba, desde los expositores de los supermercados abarrotados de productos hasta las obras de la National Gallery, donde Paulo lloró al tocar con sus propias manos el lienzo *La muerte de un avaro*, del holandés El Bosco. Sí, porque aun sabiendo que tocar una obra estaba considerado un pecado capital en cualquier museo serio, no sólo puso sus dedos sobre el cuadro pintado por El Bosco en 1485, sino también en algunas obras más. Se paraba delante de la obra durante algunos minutos, miraba hacia los lados y, cuando estaba seguro de que no lo observaban los guardias, sin ninguna ceremonia, cometía la herejía de pasar sus diez dedos sobre la pintura. «Toqué a Van Gogh, a Gauguin, a Degas, y sentí que algo crecía dentro de mí, ¿sabes? —le reveló a su novia—. Aquí estoy creciendo. Aprendiendo mucho.»

Sin embargo, nada pareció impresionarle tanto en la capital americana como las visitas que hizo a un museo militar y al FBI. El primero, con un gran número de objetos relacionados con la participación de Estados Unidos en las dos guerras mundiales, le pareció un lugar «donde envían a los niños a aprender a odiar a los enemigos de Estados Unidos». Y no sólo a los niños, a juzgar por su reacción. Después de recorrer todo el museo y ver aviones, cohetes y películas sobre el poderío militar americano, salió de allí «odiando a los rusos, queriendo matar, matar, rezumando odio». En el recorrido por el

FBI, guiado por un agente federal, vio el Museo de los Gángsters, con ropa y armas originales usadas por bandidos famosos, como Dillinger, Baby Face, Metralleta Kelly y otros, así como notas auténticas de rehenes de grandes secuestros. En una esquina de una sala se espantó con una luz que parpadeaba, bajo la cual había una placa con las siguientes frases: «Cada vez que se enciende esta luz se comete un delito de tipo A (asesinato, secuestro o violación) en Estados Unidos.» El problema era que la luz se encendía cada tres segundos. En el stand de tiro, el agente se jactó de que en el FBI sólo se disparaba a matar. Por la noche, en una carta plagada de exclamaciones, le resumió las emociones de la visita:

¡Los tíos no fallan un tiro! Dispararon con revólver y metralleta y todos en la cabeza del blanco! ¡Ninguno fuera! ¡Y niños! ¡Niños, amor mío, viendo todo aquello! ¡Colegios enteros en el stand de tiro del FBI para ver cómo defienden la patria! ¡Qué pasada, amor mío! El agente me contó que los requisitos para ingresar en el FBI son: altura de 1,80 m, buena puntería y permitir una intromisión total en tu vida pasada. Nada más. No hacen ningún examen de inteligencia, sólo de puntería. Estoy en el país más adelantado del mundo, en el país del confort total y de la más alta perfección social. ¿Por qué pasan estas cosas aquí?

Preocupado por su imagen pública, al final de casi todas las cartas Paulo insistía para que Christina no le enseñase sus escritos a nadie. Podía revelar el contenido de las cartas a quien quisiera, pero no mostrarlas. «Son muy íntimas y sin la menor preocupación por el estilo —le explicaba—. Cuenta lo que escribo, pero no lo enseñes.» Al final del maratón de una semana de visitas, compró un billete de tren para Nueva York, donde pretendía decidir qué destino tomar después. A bordo de un confortable vagón rojo y azul de segunda clase de la empresa Amtrak, minutos después de dejar la capital americana sintió un escalofrío al enterarse de que las casetas de cemento con las palabras *fall-out shelter* pintadas en letras amarillas que veía al borde de la vía eran refugios a prueba de radiaciones nucleares, donde debía dirigirse la gente en caso de una guerra atómica. Los malos pensamientos desaparecieron debido a un toque en el hombro cuando el tren se preparaba para la primera parada, en la ciudad de Elizabeth, en Nueva Jersey. Era el revisor, de traje azul y con una bolsa de cuero atada a la cintura, que se dirigió a él:

—*Hi, guy, can you show me your ticket?*

Asustado y sin entender que quería que le enseñase el billete, respondió en su idioma:

—¿Disculpe?

El sujeto parecía tener prisa y estar de mal humor:

—*Don't you understand? I asked for your ticket! Without a ticket nobody travels in my train.*[5]

Entonces, invadido por un enorme desánimo, Paulo se dio cuenta de que todo el esfuerzo de Vera para convertirlo en un impecable anglófono había sido en vano. Sin tener a quién recurrir, descubrió que una cosa era leer textos en inglés y, aun así, con la ayuda de ella o de diccionarios, y otra muy distinta, hablarlo y, sobre todo, entender lo que la gente decía en aquella lengua. La desoladora verdad era que estaba solo en Estados Unidos y que no era capaz de pronunciar ni una sola palabra en inglés.

5. «¿No me entiende? Le he pedido su billete. Nadie viaja en mi tren sin billete.» *(N. de la t.)*

12

EN NUEVA YORK, EL ESPANTO DE SU NOVIA AMERICANA: «¡PAULO, TIENES ESO CUADRADO!»

Su impresión inicial de Nueva York no podría haber sido peor. Al contrario de la limpieza y el colorido que estaba acostumbrado a ver en las pantallas de los cines y en los relatos de los libros, la ciudad que desfilaba por las ventanas del tren, en cuanto atravesó el túnel de Brooklyn y entró en la isla de Manhattan, le pareció infestada de mendigos y de gente fea, mal vestida y amenazante. Pero esa visión no lo deprimió. Pretendía quedarse unos días en la ciudad y después marcharse hacia el verdadero objetivo de aquel viaje: el Gran Cañón, en Arizona, y los desiertos mágicos de México, tan elogiados en la obra del gurú Castañeda. Los primeros consejos de supervivencia en aquella selva se los dio un pasajero de origen hispano que lo ayudó en el aprieto del billete. Como Paulo sólo disponía de trescientos dólares (casi mil quinientos dólares, o dos mil setecientos reales de 2008) y pretendía pasar dos meses «recorriendo Estados Unidos de punta a punta», la primera medida era cambiar el tren, como medio de transporte, por los autobuses de la compañía Greyhound. Ésos, sí, recordaba haberlos visto muchas veces en el cine, circulando por carreteras que cruzaban desiertos con el elegante galgo pintado en la carrocería. Comprando un abono por 99 dólares, el pasajero adquiría el derecho a viajar durante cuarenta y cinco días hacia cualquier punto en el que hubiera una línea de Greyhound, es decir, más de dos mil ciudades repartidas por Estados Unidos, México y Canadá. Y si el plan era realmente pasar dos meses viajando, con el dinero que le quedaba iba a tener que hospedarse en uno de los muchos albergues de la Young Men's Christian Association (YMCA), donde salía la noche a seis dólares, con desayuno y cena incluidos.

Dos días fueron suficientes para cambiar la mala impresión que le había dado la ciudad de Nueva York nada más llegar. Primero, porque aunque los alojamientos de YMCA eran pequeños –la mitad de su habitación en casa de su abuela– y no tenían baño, ni tele, ni aire acondicionado, era individuales y muy limpios, y cambiaban la ropa de cama diariamente. El personal era amable y la comida que servían en el comedor no eran manjares, pero estaba bien hecha y era apetitosa. De no ser por la incomodidad de tener que compartir el baño con los demás huéspedes, Paulo podría haber vivido en un albergue por tiempo indefinido. El problema, sin embargo, seguía siendo la lengua. El infierno se repetía todos los días a la hora de escoger la comida en el comedor. Con la bandeja en la mano y nervioso por la fila de huéspedes hambrientos e impacientes que le metían prisa, no podía pronunciar correctamente los nombres de los alimentos. Le costó entender que la pronunciación del nombre del filete de carne picada no era *hámburguer*, sino *râmber'guer* («*râm-ber'-guer! râm-ber'-guer*», repetía en voz alta el cocinero), que vegetal era *vég'teibol* y no *vegetêibol*, como suponía, y *lettuce* (lechuga) no se pronunciaba *lêitiuce*, sino *lére'ce*. El sofoco disminuyó cuando supo que las sabrosas habas que servían en la YMCA se llamaban *porotos*. Y como ésa era una palabra que pronunciaba sin dificultades, el problema estaba resuelto: hasta que aprendiera los trucos del idioma, comería sólo porotos, que estaban muy ricos.

Además de la agradable hospitalidad del albergue, el ambiente de tolerancia y libertad de costumbres que se respiraba en Nueva York lo reconcilió en pocos días con la ciudad. Paulo descubrió que, al igual que el sexo, la marihuana y el hachís también estaban disponibles en la calle, sobre todo en las inmediaciones de Washington Square, plaza en la que grupos de hippies llegados de todas partes pasaban los días tocando la guitarra y disfrutando de los primeros rayos de sol de la primavera. Una noche llegó al restaurante del albergue cuando faltaban cinco minutos para que cerrasen la puerta. A pesar de que estaban casi todos los asientos vacíos, cogió su bandeja y se sentó enfrente de una chica de unos veinte años, delgadita, de largos y blancos brazos, vestida con lo que parecía ser el traje oficial de los hippies de todo el mundo: un vestido de algodón multicolor largo hasta los pies. Ella le contestó dibujando una sonrisa en su cara pecosa, y Paulo, seguro de que sabía inglés como para ligar, se adelantó:

—*Excuse me?*

La chica no entendió:

—*What?*

Al darse cuenta de que no era capaz ni de pronunciar ni un banal *excuse me*, se relajó y comenzó a reírse de sí mismo. La distensión le facilitó el abordaje y a las once de la noche el brasileño y Janet —ése era el nombre de la chica— caminaban juntos por las calles de la ciudad. Aunque insistía en saber qué hacía ella, Paulo no podía entender qué significaba la palabra *belêi*, el curso que ella hacía en la universidad. *Belêi?* ¿Pero qué era estudiar *belêi*? Janet se apartó algunos metros, con un gesto teatral, y dio un salto, con los brazos abiertos, girando el cuerpo sobre sí misma. Luego dio otro par de saltitos de puntillas, ante las miradas curiosas de los transeúntes, y pasó delicadamente por delante de él, simulando la reverencia de un súbdito ante el rey. ¡Entonces era eso! *Belêi* era ballet, ¡ella era bailarina! Al final de la noche, camino del alojamiento, en el que hombres y mujeres dormían en pabellones separados, la parejita paró en un desván del edificio del Madison Square Garden para despedirse. Entre besos y abrazos, Janet deslizó su mano más abajo de la cintura de Paulo, por encima de los vaqueros, pero dejó de acariciarlo y le susurró al oído, casi deletreando las palabras para que él la entendiera:

—Ya he estado con otros chicos antes, pero tú... ¡Vaya! Tú eres el primero que tiene eso cuadrado.

A carcajadas, Paulo tuvo que explicarle que no, que no tenía el pene cuadrado. Para no dejar sus documentos en el armario de la

YMCA, había metido todo el dinero y el pasaje de vuelta a Brasil dentro del pasaporte de tapa dura y lo había guardado todo en un lugar supuestamente seguro: en los calzoncillos. Y fue de la mano de la bailarina Janet —con la que practicaría el sexo regularmente, en esquinas escondidas de parques y jardines— como conoció un nuevo mundo llamado Nueva York, con todo lo que la ciudad tenía de culta y de alocada a principios de los años setenta. Fue a manifestaciones de activistas contra la guerra de Vietnam, asistió a conciertos de música extravagante en Central Park, y se sorprendió al bajar la escalera bajo el estadio y encontrarse con Pennsylvania Station mágicamente iluminada. «Es una estación de trenes más grande que la Central de Brasil, en Río —le contó en una carta a su novia—, pero está totalmente construida bajo tierra.» Se emocionó al entrar en el Madison Square Garden, «donde tres meses antes Cassius Clay fue derrotado por Joe Frazier». Su pasión por el boxeador que adoptaría el nombre de Muhammad Alí era tanta que no sólo seguía todas sus peleas, sino que incluso solía comparar sus esmirriadas medidas físicas con las del gigante americano. Aunque no tenía fecha para volver, el tiempo parecía poco para disfrutar de todo lo que Nueva York le ofrecía a un joven llegado de un país pobre que se hallaba bajo una dictadura militar. Deslumbrado —o alucinado, como decía sentirse con la ciudad—, vio todo lo que podía ver. Presenció el espectáculo de una de las mayores bandas americanas de rock, la Credence Clearwater Revival, vio el thriller *Perros de paja*, dirigido por Sam Peckinpah, con el principiante Dustin Hoffman, asistió a obras de teatro en las que los actores practicaban sexo explícito sobre el escenario. Y casi se quedó sin aliento en un cine de Greenwich Village, el barrio bohemio de Nueva York, al ver el documental *Gimme Shelter*, grabado meses antes, durante la presentación de los Rolling Stones en el festival de Altamont, en California. *Gimme Shelter* muestra las escenas en las que el adolescente negro Meredith Hunter es asesinado a navajazos ante las cámaras por un grupo de Ángeles del Infierno que se encargaban de la seguridad de los músicos ingleses. Cuando tenía algún tiempo libre, intentaba resumir en las cartas la vorágine que estaba viviendo:

Fotos del viaje *easy rider* por
Estados Unidos. Arriba, Paulo y
Janet: «¿Tienes eso cuadrado?»

Hay barrios en los que todo —libros, periódicos, anuncios— está escrito en chino, otros en español o en italiano. En mi hotel se hospeda toda una fauna: hombres con turbante, militantes de los Panteras Negras, hippies con ropa holgada... Hay de todo aquí. Anoche intervine en una violenta pelea entre dos viejos de sesenta años: los separé. ¡Se estaban pegando de verdad! Todavía no te he hablado de Harlem, el barrio negro, pero es algo increíble, alucinante. ¿Qué es NY? Creo que NY son las putas haciendo las calles a mediodía en Central Park, es el edificio en el que se filmó La semilla del diablo, *es el lugar en el que se filmó* West Side Story.

Antes de cerrar los sobres, adornaba los márgenes de las cartas con melosas declaraciones de amor («adorada, amada, mujer admirable» o «te llamaré aunque tenga que quedarme un día sin comer sólo para escuchar tu voz durante un minuto») y algunas mentiras como «no te preocupes, no te voy a engañar» y «puedes confiar ciegamente en mí». El hecho es que, al cabo de dos semanas de tórrida luna de miel con la mayor ciudad americana, Paulo estaba convencido de al menos dos limitaciones: ni su inglés tartamudo ni su dinero iban a ser suficientes para realizar el plan de viajar en solitario durante dos meses por Estados Unidos. La cuestión del dinero podía solucionarse con la sugerencia propuesta por Janet: utilizar el pase de la Greyhound sólo en viajes nocturnos y de duración superior a seis horas, lo que le permitiría convertir el autobús en un dormitorio. El problema de la lengua, sin embargo, parecía no tener solución. Su escaso vocabulario podría satisfacer las necesidades básicas, como dormir y comer, pero Paulo sabía que el viaje iba a perder encanto si no entendía correctamente lo que los demás le decían. Entre volver a Brasil y pedir socorro, optó por la alternativa más cómoda: hizo una llamada telefónica a cobro revertido a casa de su tía, en Washington, e invitó a su primo Sérgio, que hablaba inglés con fluidez, a seguir el viaje en su compañía. Días después, los dos chicos, con la mochila a la espalda y usando los autobuses de la Greyhound como hotel, partieron hacia Chicago, primera parada camino del Gran Cañón, en el corazón de Arizona, a más de cuatro mil kilómetros de Manhattan (un lugar tan lejano que los relojes de allí marcaban dos horas menos que los de Nueva York).

Los únicos registros de ese período son las cartas enviadas a Christina, y llama la atención la ausencia de referencias a su compañero, que, después de todo, estaba salvando su viaje. No es un lapsus, porque además de ignorar la presencia de Serginho, Paulo le decía a su novia que viajaba solo. «Puede que deje la máquina con la abuela durante el viaje —escribió—, porque estoy solo y no puedo sacar fotos de mí mismo, y antes de gastar una foto con un paisaje es mejor comprar postales.» Como intentaba darle al viaje el carácter de una aventura que exigía valor, da la impresión de que quiere lucirse ante su novia diciéndole que está solo en aquel recorrido. Fuera cual fuese la razón de la omisión, la verdad es que de allí en adelante su primo se evaporaría misteriosamente de las cartas, escritas siempre en primera persona.

Con el dinero contado, todos los gastos eran registrados por Paulo en un papel con los valores en dólares y en la moneda brasileña: una cajetilla de cigarrillos, sesenta centavos (tres cruceiros); una hamburguesa, ochenta centavos; un billete de metro, treinta centavos; una entrada para el cine, dos dólares. Cada vez que perdían el autobús nocturno, les costaba siete dólares, el precio del alojamiento en los moteles más modestos. El baño de civilización y barbarie tomado en Nueva York lo había dejado tan impresionado —confuso, fue la expresión que él utilizó— que le costó acostumbrarse a los estados rurales del Medio Oeste. «Después de NY hay poco que decir —se lamentó a Christina en una carta garabateada dentro del autobús en movimiento—. Te escribo porque echo mucho de menos a mi chica.» Las demás ciudades por las que pasaba sólo merecían registros superficiales en la correspondencia. Chicago daba la impresión de ser la ciudad «más fría» del viaje, hasta entonces. «La gente es completamente neurótica, de una agresividad total e incontrolable. Es la ciudad del trabajo serio.»

Después de pasar cinco días en la carretera, los ojos de Paulo brillaron al ver aparecer en la ventana polvorienta del autobús una señal de carretera que indicaba: «Cheyenne, 160 kilómetros.» Situada

Ali		Norton	EU
34	Idade	31	29
99,7 kg	Peso	97,51 kg	64
1,90 m	Altura	1,90 m	1.69
1,11 m	Tórax (normal)	1,14 m	88 cm
1,76 m	Tórax (dilatado)	1,22 m	96 cm
2 m	Envergadura	2 m	1.72 m
38,1 cm	Bíceps	40,6 cm	29 cm
34,3 cm	Antebraço	33 cm	29 cm
94 cm	Cintura	83,8 cm	82 cm
66 cm	Coxa	63,5 cm	48 cm
43,2 cm	Barriga da perna	39,4 cm	34 cm
33 cm	Punho	33 cm	26 cm
24,1 cm	Tornozelo	25,4 cm	
20,3 cm	Pulso	20,3 cm	17 cm
44,4 cm	Pescoço	44,4 cm	37 cm

Paulo compara sus propias medidas físicas con las de
los pesos pesados Muhammad Alí y Ken Norton.

en el estado de Wyoming, en la frontera con Colorado, en el centro del Oeste americano, aquélla era una ciudad que parecía conocer desde niño. Paulo había leído tantos libros y revistas y había visto en el cine tantas películas del Oeste ambientadas en Cheyenne que se sentía capaz de recordar, de memoria, los nombres de las calles, los hoteles y los salones en las que se desarrollaban las aventuras de los vaqueros y los pieles rojas. La sorpresa al ver la señal de la carretera se debía a que él no sabía que la ciudad existía de verdad. En su cabeza, Cheyenne era una fantasía indígena de la que se habían apropiado los autores de libros, películas y viñetas del lejano Oeste que había leído y visto durante su infancia y adolescencia. Aunque debería esperárselo, descubrió decepcionado que, a pesar de que todavía había vaqueros en la ciudad —con botas camperas, sombreros, cinturones con cabezas de toros reproducidas en las hebillas y revólveres en la cintura—, éstos ahora se desplazaban en Cadillac descapotables. Lo único que quedaba de la ciudad de Cheyenne que había visto en *El gran combate*, un clásico del Oeste de John Ford, eran las diligencias utilizadas por una comunidad local de amish. Pero su gran decepción tuvo lugar al descubrir que la vieja y polvorienta Pioneer Street, lugar preferido de los vaqueros para los duelos al atardecer en la mítica Cheyenne, había sido transformada en una concurrida avenida de cuatro carriles asfaltados donde se concentraban docenas de tiendas de baratijas electrónicas. Antes de coger el autobús hacia Arizona, donde se encuentra el Gran Cañón, Paulo compró el único recuerdo que su dinero le permitía: un diploma de «fuera de la ley» firmado por el legendario bandido Jesse James.

Desde la región en la que ambos se encontraban, el camino natural hacia el Gran Cañón era descender casi mil kilómetros en dirección suroeste, cruzar Colorado y parte de Nuevo México hasta entrar en el estado de Arizona. Pero como los dos querían conocer el Parque Nacional de Yellowstone y, ansiosos por utilizar hasta el último centavo del abono de la Greyhound, se encaminaron en dirección contraria, hacia el norte. Al enterarse de que el punto más cercano al parque utilizando aquella línea era la ciudad de Idaho Falls, a trescientos kilómetros de Yellowstone, Paulo hizo dos extravagancias seguidas: primero se gastó treinta dólares en el alquiler de un coche. Y después, como aún no había sido capaz de sacarse el carnet de conducir, traumatizado por el atropello de Araruama, mintió y presentó su carnet del Sindicato de Actores de Río como si fuera el permiso brasileño de conducir. Aún sabiendo el riesgo de que lo detuvieran si lo paraba un guardia de tráfico, condujo todo el día entre los glaciares del parque y los géiseres que arrojaban agua caliente y azufre sobre la nieve, y vio osos y venados que atravesaban el camino. De noche, regresaron para devolver el vehículo e intentaron buscar rápidamente un autobús para refugiarse del frío. Aunque estaban en pleno verano y ambos habían experimentado temperaturas de 38 grados, el frío de la zona en la que se encontraban, a dos horas de la frontera con Canadá, era tan insoportable que el aire acondicionado del coche parecía insuficiente para caldear el ambiente. Como ninguno de los dos llevaba ropa adecuada para temperaturas tan bajas, al llegar a la estación de Boise, capital de Idaho, corrieron hasta la ventanilla de la Greyhound para saber a qué hora salía el siguiente autobús nocturno. ¿Hacia adónde? Hacia cualquier sitio donde no hiciera tanto frío. Y si el único destino con asientos disponibles a esa hora era San Francisco, en California, pues irían allí.

En mitad de la noche, cuando el autobús atravesaba el desierto de Nevada, le escribió una carta a Christina presumiendo de haber engañado al empleado de la casa de alquiler de vehículos con el carnet falso, pero arrepentido porque el gasto extra del alquiler del coche le había «descuadrado el presupuesto». Y le contó también que había descubierto el origen del intensísimo olor a whisky que apestaba el autobús de la Greyhound: «Todo el mundo lleva una botellita en el bolsillo. Se bebe mucho en Estados Unidos.» La carta se interrumpe por la mitad y la continúa horas después:

Me dirigía directamente a San Francisco pero descubrí que el juego en Nevada es libre y he pasado la noche aquí. Quería jugar y ver cómo juegan. No he conocido a nadie en el casino, todos estaban demasiado concentrados en el juego. Perdí cinco dólares en las jackbox, *las máquinas de apuestas en las que la gente tira de una palanca, ¿sabes cuáles te digo? A mi lado está sentado un vaquero, de botas, sombrero y pañuelo, como los de las películas. Es más, todo el autobús está lleno de vaqueros. Estoy en el lejano Oeste, camino de San Francisco, adonde llegaré a las once de la noche. Dentro de siete horas habré acabado de cruzar el continente americano, algo que poca gente ha hecho.*

Al llegar a la ciudad, agotados después de veintidós días de viaje, se registraron en un albergue de YMCA y se pasaron todo el día durmiendo, intentando recuperarse de más de cien horas metidos dentro de un autobús. San Francisco, cuna del movimiento hippy y de las manifestaciones de protesta de 1968, produjo en Paulo un impacto tan grande como Nueva York. «Esta ciudad es mucho más libre que NY. Estuve en un cabaret de lujo y vi a mujeres desnudas haciendo el amor con hombres en el escenario, delante de los americanos ricos y de sus mujeres –contó, excitado y lamentando no haber podido verlo todo–. Entré un momento y vi un trocito, pero como no tenía dinero para sentarme, me echaron.» Se sorprendió al ver a adolescentes comprando y consumiendo LSD a plena luz del día, compró hachís en el barrio hippy –y se fumó el canuto en la calle, sin que nadie le dijera nada–, participó en manifestaciones contra la guerra de Vietnam y vio cómo una banda de jóvenes negros rompía una marcha pacifista de monjes budistas con porras. «Se respira cierto aire de locura total en las calles de esta ciudad», resumiría en una carta dirigida a Christina. Después de cinco días de «flipe total» en aquella disneylandia *underground* en que se había convertido la ciudad, subieron de nuevo a un autobús, rumbo al Gran Cañón. Bajaron a mitad de camino, en Los Ángeles, pero como la parada coincidió con el festivo del 4 de julio, Día de la Independencia de Estados Unidos, lo que dejó la ciudad vacía, estuvieron allí pocas horas. «No hay nada abierto, y encontrar un sitio para tomar un café fue una odisea –se lamentó–. El famoso Hollywood Boulevard era un desierto total, no había nadie en la calle, pero hemos visto que aquí todo es extremadamente lujoso, incluso el bar más cutre.» Y como el coste de la vida de Los Ángeles parecía incompatible con el bolsillo de los mochileros, ni tan siquiera pasaron la noche en la ciudad. Cogieron otro

—Creo que hoy nos merecemos dos cosas: cenar en un restaurante y dormir en un hotel.

Encontraron un motel cómodo y barato, dejaron las mochilas y entraron en el primer restaurante, donde cada uno pidió su *t-bone steak*, una generosa chuleta que apenas cabía en el plato y que costaba diez dólares, lo mismo que el alojamiento. Estaban tirando el dinero. El malestar causado por el sol los había dejado sin ánimo ni fuerzas ni para coger el tenedor y el cuchillo. Como tenían mucha hambre, comieron de prisa hasta no dejar nada en el plato, y cinco minutos después estaban en el baño, vomitando la cena mal digerida. Volvieron al motel y se dejaron caer en la cama para la última noche que iban a pasar juntos en aquel viaje: al día siguiente Serginho volvería a casa de sus padres, en Washington, y Paulo se iría a México.

Aunque estuviera llegando al final del recorrido sin ningún problema grave, el viaje a Estados Unidos guardaba cierta semejanza con el que Paulo había hecho con Vera, Kakiko y Arnold a Paraguay dos años antes. En el primero se dispuso a recorrer casi dos mil kilómetros en coche para asistir a un partido de la selección brasileña, y al llegar a Asunción ni le importó el hecho de que las entradas para el encuentro estuvieran agotadas. Esta vez lo que lo había motivado a aceptar el regalo de su madre era la posibilidad de peregrinar por los misteriosos desiertos que habían inspirado al brujo Castañeda; sin embargo, Paulo, entretenido con tanta novedad, se había olvidado completamente de eso. Y ahora, con todo el cuerpo dolorido como consecuencia de su aventura por el Gran Cañón, y como el dinero era cada vez más escaso, la tentación de volver a Brasil era grande. Sin embargo, como el abono de la Greyhound todavía le servía durante algunos días, siguió adelante, tal como había planeado inicialmente. Habituado a la abundancia americana, durante los cinco días que estuvo en México, Paulo se escandalizó ante la miseria latente en las calles, como en Brasil. Probó todos los jarabes de setas e infusiones de cactus alucinógenos que pudo, y cuando ya no le quedaba ni un centavo, cogió un autobús para Nueva York —donde pasó otros tres días— y embarcó de regreso a Brasil.

autobús y veinticuatro horas después de haber salido de San Francisco llegaban a la ciudad de Flagstaff, puerta de entrada al Gran Cañón.

Tan impresionantes como la belleza de aquel desfiladero, en cuyo fondo corrían las aguas lodosas del río Colorado, eran los precios desorbitados de hoteles y restaurantes, casi iguales que los de las grandes ciudades americanas. Como no había albergues YMCA en la zona, compraron una tienda de campaña de nailon —lo que provocó un agujero de diecinueve dólares en el escaso presupuesto— y pasaron la primera noche en un campamento de hippies, donde al menos estaba garantizado el hachís gratis. En cuanto salió el sol, desmontaron la tienda, llenaron las mochilas con botellas de agua y comida en conserva y salieron a pie hacia el Gran Cañón. Caminaron bajo el fuerte sol durante todo el día, y cuando decidieron parar, exhaustos y hambrientos, descubrieron que estaban en el punto más largo de la grieta —que allí mide veinte kilómetros de un lado a otro— y también en el más profundo: entre ellos y el lecho del río, la profundidad era de 1.800 metros. Montaron la tienda, hicieron una pequeña hoguera para calentar las latas de sopa y, agotados por el cansancio, se quedaron dormidos y no despertaron hasta la primera luz del sol, al día siguiente.

Cuando Serginho le propuso bajar hasta el río Colorado, Paulo se asustó. Como no había absolutamente nadie allí, aparte de ellos dos, temía estar en un camino poco transitado por turistas y, en el caso de que surgiese alguna dificultad, no tendrían a quién pedir ayuda. Sin embargo, Serginho, estaba decidido: si Paulo no se animaba, bajaría solo. Metió los bártulos en la mochila, se la colgó a la espalda y empezó a bajar, ante las protestas de su primo, que gritaba, intentando detenerlo:

—¡Serginho, el problema no es la bajada, sino el regreso! ¡Va a hacer mucho calor y tendremos que subir el equivalente a las escaleras de un edificio de quinientos pisos! ¡Y bajo el sol!

No sirvió de nada, su primo ni siquiera se volvió para escucharlo. No le quedaba más remedio que coger su mochila y bajar también, siguiendo sus pasos, unos cien metros detrás de él. La belleza del lugar ahuyentó los malos presagios. El Gran Cañón se parecía a una herida de 450 kilómetros de extensión abierta en un desierto de arenas rojas, por cuyo fondo corría lo que parecía ser un minúsculo hilillo de agua. En realidad se trataba del caudaloso río Colorado, que nace en las Montañas Rocosas, en el estado de Colorado, y que fluye a lo largo de más de 2.300 kilómetros hasta desembocar en el mar de Cortés, en México, trayectoria en la que cruza más de seis estados americanos (Arizona, California, Nevada, Utah, Nuevo México y Wyoming). Estar allí era una emoción indescriptible de verdad. Después de caminar unas cinco horas, Paulo se detuvo, extenuado, y le sugirió a su primo dejar la aventura y comenzar a subir otra vez:

—Ayer casi no cenamos, hoy no hemos desayunado bien, y hasta ahora no hemos comido. Echa un vistazo hacia arriba y mira la distancia que tenemos que subir.

El otro, sin embargo, se mostró implacable:

—Entonces, espérame aquí, porque yo voy a bajar hasta el río.

Y siguió caminando. Paulo encontró una sombra para sentarse, se fumó un pitillo, disfrutó del esplendor del paisaje bajo el silencio absoluto y, al mirar el reloj, vio que era mediodía. Bajó algunos metros tratando de localizar a Serginho, pero no pudo verlo. Es más, ni a él ni a nadie: hasta donde le alcanzaba la vista no había rastro de ningún ser vivo. Ni un turista, ni habitantes de la región, no había nadie en un radio de muchos, muchos kilómetros. Vio que si bajaba un poco más llegaría a un saliente rocoso desde donde tendría una visión panorámica del lugar. El problema era que ni desde allí podía localizar a su primo. Empezó a gritar su nombre, haciendo bocina con las manos. Gritaba, permanecía algunos instantes en silencio, esperando la respuesta, volvía a gritar y nada. El eco de su voz resonaba en las paredes de piedra roja, pero no había ni rastro del otro. Estaba claro que habían escogido un camino inhóspito y poco frecuentado. De un momento a otro pasó del miedo al pánico. Sintiéndose absolutamente indefenso y solo en aquel confín del mundo, se ofuscó. «Voy a morir aquí —repetía en voz alta—. Voy a morir. No lo voy a conseguir. No voy a salir de aquí. Voy a morir aquí, en medio de esta naturaleza maravillosa.»

Paulo sabía que a esa hora, en pleno verano, las temperaturas de la región del Gran Cañón solían pasar de los 50 grados centígrados. El agua se había acabado y nada indicaba que pudiera haber algún regato en medio de aquel desierto. Y, en realidad, ya no sabía dónde estaba, tal era la maraña de caminos que se confundían unos con otros. Empezó a gritar pidiendo socorro, pero no apareció nadie, ni tampoco oía nada, aparte del eco de su propia voz. Ya pasaban de las cuatro de la tarde. Desesperado por encontrar a su primo, empezó a bajar corriendo, tambaleándose, en dirección al río, aun sabiendo que cada paso hacia abajo significaba que tendría que subirlo después de nuevo. El sol le quemaba la cara cuando se encontró con una señal de civilización. En una roca había una placa de hierro con un botón rojo y una advertencia escrita en relieve: «Si está usted perdido, pulse el botón y será rescatado por helicópteros o mulas. Pagará una multa de quinientos dólares.» Le quedaban sólo ochenta dólares —su primo debía de tener otro tanto en el bolsillo—, pero con el descubrimiento de la placa estaba seguro de dos cosas: para empezar, no habían sido los primeros en cometer la estupidez de coger aquel camino, y por otra parte, el riesgo de morir allí desaparecía. Aunque le costase algunos días de cárcel hasta que sus padres le enviaran el dinero para pagar la multa. Antes, sin embargo, Paulo tenía que encontrar a Serginho. Bajó algunos metros más, sin perder nunca de vista el botón rojo, la única referencia visible, y después de una curva dio con un mirador natural sobre el cual había atornillado un catalejo con una rendija lateral para las monedas. Metió veinticinco centavos, se abrió la lente y recorrió la orilla del río, buscando a su compañero de viaje. Allí estaba: encogido a la sombra de una piedra y aparentemente tan reventado como Paulo, Serginho dormía a pierna suelta. Era noche cerrada cuando ambos llegaron a Flagstaff, donde los había dejado el autobús dos días antes. Estaban molidos por el cansancio y con la piel hinchada debido a las quemaduras del sol, pero vivos. Después de aquel día extenuante, la perspectiva de dormir otra noche más en el campamento de los hippies le parecía a Paulo tan poco alentadora que se aventuró a sugerir algo:

ahuyentó los malos presagios. El Gran Cañón se parecía a una herida de 450 kilómetros de extensión abierta en un desierto de arenas rojas, por cuyo fondo corría lo que parecía ser un minúsculo hilillo de agua. En realidad se trataba del caudaloso río Colorado, que nace en las Montañas Rocosas, en el estado de Colorado, y que fluye a lo largo de más de 2.300 kilómetros hasta desembocar en el mar de Cortés, en México, trayectoria en la que cruza más de seis estados americanos (Arizona, California, Nevada, Utah, Nuevo México y Wyoming). Estar allí era una emoción indescriptible de verdad. Después de caminar unas cinco horas, Paulo se detuvo, extenuado, y le sugirió a su primo dejar la aventura y comenzar a subir otra vez:

—Ayer casi no cenamos, hoy no hemos desayunado bien, y hasta ahora no hemos comido. Echa un vistazo hacia arriba y mira la distancia que tenemos que subir.

El otro, sin embargo, se mostró implacable:

—Entonces, espérame aquí, porque yo voy a bajar hasta el río.

Y siguió caminando. Paulo encontró una sombra para sentarse, se fumó un pitillo, disfrutó del esplendor del paisaje bajo el silencio absoluto y, al mirar el reloj, vio que era mediodía. Bajó algunos metros tratando de localizar a Serginho, pero no pudo verlo. Es más, ni a él ni a nadie: hasta donde le alcanzaba la vista no había rastro de ningún ser vivo. Ni un turista, ni habitantes de la región, no había nadie en un radio de muchos, muchos kilómetros. Vio que si bajaba un poco más llegaría a un saliente rocoso desde donde tendría una visión panorámica del lugar. El problema era que ni desde allí podía localizar a su primo. Empezó a gritar su nombre, haciendo bocina con las manos. Gritaba, permanecía algunos instantes en silencio, esperando la respuesta, volvía a gritar y nada. El eco de su voz resonaba en las paredes de piedra roja, pero no había ni rastro del otro. Estaba claro que habían escogido un camino inhóspito y poco frecuentado. De un momento a otro pasó del miedo al pánico. Sintiéndose absolutamente indefenso y solo en aquel confín del mundo, se ofuscó. «Voy a morir aquí —repetía en voz alta—. Voy a morir. No lo voy a conseguir. No voy a salir de aquí. Voy a morir aquí, en medio de esta naturaleza maravillosa.»

autobús y veinticuatro horas después de haber salido de San Francisco llegaban a la ciudad de Flagstaff, puerta de entrada al Gran Cañón.

Tan impresionantes como la belleza de aquel desfiladero, en cuyo fondo corrían las aguas lodosas del río Colorado, eran los precios desorbitados de hoteles y restaurantes, casi iguales que los de las grandes ciudades americanas. Como no había albergues YMCA en la zona, compraron una tienda de campaña de nailon —lo que provocó un agujero de diecinueve dólares en el escaso presupuesto— y pasaron la primera noche en un campamento de hippies, donde al menos estaba garantizado el hachís gratis. En cuanto salió el sol, desmontaron la tienda, llenaron las mochilas con botellas de agua y comida en conserva y salieron a pie hacia el Gran Cañón. Caminaron bajo el fuerte sol durante todo el día, y cuando decidieron parar, exhaustos y hambrientos, descubrieron que estaban en el punto más largo de la grieta —que allí mide veinte kilómetros de un lado a otro— y también en el más profundo: entre ellos y el lecho del río, la profundidad era de 1.800 metros. Montaron la tienda, hicieron una pequeña hoguera para calentar las latas de sopa y, agotados por el cansancio, se quedaron dormidos y no despertaron hasta la primera luz del sol, al día siguiente.

Cuando Serginho le propuso bajar hasta el río Colorado, Paulo se asustó. Como no había absolutamente nadie allí, aparte de ellos dos, temía estar en un camino poco transitado por turistas y, en el caso de que surgiese alguna dificultad, no tendrían a quién pedir ayuda. Sin embargo, Serginho, estaba decidido: si Paulo no se animaba, bajaría solo. Metió los bártulos en la mochila, se la colgó a la espalda y empezó a bajar, ante las protestas de su primo, que gritaba, intentando detenerlo:

—¡Serginho, el problema no es la bajada, sino el regreso! ¡Va a hacer mucho calor y tendremos que subir el equivalente a las escaleras de un edificio de quinientos pisos! ¡Y bajo el sol!

No sirvió de nada, su primo ni siquiera se volvió para escucharlo. No le quedaba más remedio que coger su mochila y bajar también, siguiendo sus pasos, unos cien metros detrás de él. La belleza del lugar

—Creo que hoy nos merecemos dos cosas: cenar en un restaurante y dormir en un hotel.

Encontraron un motel cómodo y barato, dejaron las mochilas y entraron en el primer restaurante, donde cada uno pidió su *t-bone steak*, una generosa chuleta que apenas cabía en el plato y que costaba diez dólares, lo mismo que el alojamiento. Estaban tirando el dinero. El malestar causado por el sol los había dejado sin ánimo ni fuerzas ni para coger el tenedor y el cuchillo. Como tenían mucha hambre, comieron de prisa hasta no dejar nada en el plato, y cinco minutos después estaban en el baño, vomitando la cena mal digerida. Volvieron al motel y se dejaron caer en la cama para la última noche que iban a pasar juntos en aquel viaje: al día siguiente Serginho volvería a casa de sus padres, en Washington, y Paulo se iría a México.

Aunque estuviera llegando al final del recorrido sin ningún problema grave, el viaje a Estados Unidos guardaba cierta semejanza con el que Paulo había hecho con Vera, Kakiko y Arnold a Paraguay dos años antes. En el primero se dispuso a recorrer casi dos mil kilómetros en coche para asistir a un partido de la selección brasileña, y al llegar a Asunción ni le importó el hecho de que las entradas para el encuentro estuvieran agotadas. Esta vez lo que lo había motivado a aceptar el regalo de su madre era la posibilidad de peregrinar por los misteriosos desiertos que habían inspirado al brujo Castañeda; sin embargo, Paulo, entretenido con tanta novedad, se había olvidado completamente de eso. Y ahora, con todo el cuerpo dolorido como consecuencia de su aventura por el Gran Cañón, y como el dinero era cada vez más escaso, la tentación de volver a Brasil era grande. Sin embargo, como el abono de la Greyhound todavía le servía durante algunos días, siguió adelante, tal como había planeado inicialmente. Habituado a la abundancia americana, durante los cinco días que estuvo en México, Paulo se escandalizó ante la miseria latente en las calles, como en Brasil. Probó todos los jarabes de setas e infusiones de cactus alucinógenos que pudo, y cuando ya no le quedaba ni un centavo, cogió un autobús para Nueva York —donde pasó otros tres días— y embarcó de regreso a Brasil.

Paulo sabía que a esa hora, en pleno verano, las temperaturas de la región del Gran Cañón solían pasar de los 50 grados centígrados. El agua se había acabado y nada indicaba que pudiera haber algún regato en medio de aquel desierto. Y, en realidad, ya no sabía dónde estaba, tal era la maraña de caminos que se confundían unos con otros. Empezó a gritar pidiendo socorro, pero no apareció nadie, ni tampoco oía nada, aparte del eco de su propia voz. Ya pasaban de las cuatro de la tarde. Desesperado por encontrar a su primo, empezó a bajar corriendo, tambaleándose, en dirección al río, aun sabiendo que cada paso hacia abajo significaba que tendría que subirlo después de nuevo. El sol le quemaba la cara cuando se encontró con una señal de civilización. En una roca había una placa de hierro con un botón rojo y una advertencia escrita en relieve: «Si está usted perdido, pulse el botón y será rescatado por helicópteros o mulas. Pagará una multa de quinientos dólares.» Le quedaban sólo ochenta dólares –su primo debía de tener otro tanto en el bolsillo–, pero con el descubrimiento de la placa estaba seguro de dos cosas: para empezar, no habían sido los primeros en cometer la estupidez de coger aquel camino, y por otra parte, el riesgo de morir allí desaparecía. Aunque le costase algunos días de cárcel hasta que sus padres le enviaran el dinero para pagar la multa. Antes, sin embargo, Paulo tenía que encontrar a Serginho. Bajó algunos metros más, sin perder nunca de vista el botón rojo, la única referencia visible, y después de una curva dio con un mirador natural sobre el cual había atornillado un catalejo con una rendija lateral para las monedas. Metió veinticinco centavos, se abrió la lente y recorrió la orilla del río, buscando a su compañero de viaje. Allí estaba: encogido a la sombra de una piedra y aparentemente tan reventado como Paulo, Serginho dormía a pierna suelta. Era noche cerrada cuando ambos llegaron a Flagstaff, donde los había dejado el autobús dos días antes. Estaban molidos por el cansancio y con la piel hinchada debido a las quemaduras del sol, pero vivos. Después de aquel día extenuante, la perspectiva de dormir otra noche más en el campamento de los hippies le parecía a Paulo tan poco alentadora que se aventuró a sugerir algo:

13

«EL GOBIERNO TORTURA Y A MÍ ME DA MIEDO LA TORTURA, TENGO MIEDO AL DOLOR. MI CORAZÓN LATE DEMASIADO DE PRISA»

Recuperado del viaje, una semana después de volver a Brasil Paulo todavía no había decidido qué hacer con su vida. Lo único seguro es que no iba a volver a la Facultad de Derecho, y abandonó el curso en la mitad del primer año. Seguía yendo a las clases del curso de dirección en la Facultad de Filosofía del Estado de Guanabara (Fefieg), que sería la futura Universidad de Río de Janeiro (UniRio), e intentaba de todas las maneras posibles publicar sus textos en periódicos cariocas. Fruto de su propia experiencia, escribió un artículo sobre la libertad con la que las drogas eran tratadas en Estados Unidos y lo envió a la publicación más de moda en la época, el semanario humorístico *Pasquim*, que se convertiría en un influyente vehículo de oposición a la dictadura. Le prometió a san José que encendería quince velas en su honor si le publicaban el texto, y todos los miércoles era el primero en llegar al quiosco de la esquina de casa: hojeaba la revista ávidamente y volvía a dejarla en el montón, triste. Hasta pasadas tres semanas no entendió que habían rechazado su artículo. Como si fueran bofetadas que lo dejaban días y días mortificado, esos rechazos no eran suficientes para sepultar su viejo sueño de convertirse en escritor. Al darse cuenta de que el silencio del *Pasquim* era un sonoro no, Paulo hizo una curiosa anotación en el diario: «He reflexionado sobre los problemas de la fama y he llegado a la conclusión de que la suerte es imprevisible —se lamentó, para después concluir, profético—: Pero es bueno que lo sea. Cuando llega, lo hace sin avisar.» El problema era que, mientras no apareciese, tenía que ganarse la vida. Hacer teatro seguía siendo placentero, pero el dinero de las entradas solía ser insuficiente incluso para pagar los gastos de la puesta en escena. Por eso aceptó una invitación para dar clases en un cursillo privado que preparaba alumnos para la prueba de acceso al curso de teatro de la Fefieg, actividad que en nada contribuía a sus planes futuros, pero no le iba quitar mucho tiempo y le garantizaba un salario mensual de 1.600 cruceiros (el equivalente en 2008 a cerca de seiscientos reales).

El día 13 de agosto de 1971, un viernes, poco más de un mes después de volver de Estados Unidos, Paulo recibió una llamada telefónica de Washington con una noticia terrible: el abuelo Arthur Araripe acababa de fallecer. Mestre Tuca había sufrido un traumatismo craneal al caer de una escalera en la casa de su hija, en Bethesda, donde residía, y había muerto en el acto. Impresionado con la noticia, se sentó y permaneció algunos minutos en silencio, intentando poner orden en su cabeza. Una de las últimas imágenes que guardaba de él, sonriente y con boina en la cabeza, al llegar al aeropuerto de Washington, parecía demasiado fresca para aceptar el hecho de que el anciano estaba muerto. Paulo tenía la nítida impresión de que, si salía al balcón, encontraría allí a Mestre Tuca dormitando con la boca abierta bajo las páginas de la revista *Seleções*. O, como le encantaba hacer, provocando a su nieto hippy con sus ideas reaccionarias y llenas de prejuicios, como decir que Pelé era «un criollo ignorante» y Roberto Carlos «un gritón histérico». O defender a todos los dictadores de derechas, comenzando por el portugués Salazar y el español Franco (en esas ocasiones, D. Pedro solía animarse con la conversación e insistía en que «cualquier analfabeto» podía pintar como Picasso o tocar la guitarra como Jimi Hendrix). En vez de enfadarse, Paulo se moría de la risa con las exageraciones del cabezota de su abuelo, que, a pesar de todo el conservadurismo, y tal vez por haber sido bohemio en su juventud, era el único de la familia que respetaba y entendía a los amigos extraños con los que se relacionaba. La convivencia de tantos años, más intensa por los exilios en su casa, hizo de Mestre Tuca un segundo padre para Paulo. Un padre generoso y tolerante, lo opuesto al verdadero, el duro e irascible D. Pedro. Era por todo eso por lo que la inesperada muerte de su abuelo se hacía todavía más dolorosa, y la herida abierta por su pérdida tardaría en cicatrizar.

Siguió dando clases para la prueba de acceso y yendo al curso de teatro, al que empezaba a encontrarle defectos. «En el primer año, el alumno aprende a ser embustero y a usar el prestigio personal para conseguir lo que quiere —escribió en el diario—. En el segundo año el alumno pierde el sentido de la organización que tenía antes, y en el tercero acaba siendo marica.» Su proverbial paranoia alcanzó niveles insoportables cuando se enteró de que el detective Nelson Duarte, acusado de pertenecer al Escuadrón de la Muerte, andaba por la Escuela Nacional de Teatro en busca de «porreros y comunistas». En una de sus embestidas, una mujer valiente, la profesora y fonoaudióloga Glória Beutenmüller, se enfrentó al policía, al que advirtió señalándolo con el dedo: «Mis alumnos llevan el pelo de la longitud que quieren, y si lo detiene, tendrá que sacarlo de aquí a rastras.»

Protegido por el sigilo del diario, Paulo protestaba solitariamente contra las arbitrariedades:

Nelson Duarte amenazó de nuevo a los alumnos y profesores que llevan el pelo largo, y la escuela ha creado una norma que prohíbe la entrada de melenudos. Hoy no he ido a clase porque todavía no he decidido si me corto el pelo o no. Me ha afectado mucho. Cortar el pelo, no llevar collares, no vestirme de hippy... es increíble. Con este diario estoy haciendo un verdadero archivo secreto de mi época. Un día lo publicaré todo. O lo guardo todo en un cofre a prueba de radiaciones y con un código fácil de descifrar, para que algún día alguien lea lo que he escrito. Pensándolo bien, creo que es un poco peligroso guardar este cuaderno.

Ya había dejado bastantes registros de que no compartía las ideas de muchos de sus amigos de izquierdas que se oponían a la dictadura. Afirmaciones del tipo «no sirve de nada acabar con todo esto y aplicar el comunismo, que sería la misma mierda», o «coger las armas nunca ha sido la solución para nada», salpicaban el diario aquí y allí. Pero el país vivía el culmen de la represión a la lucha armada y las detenciones afectaban incluso a meros simpatizantes y a sus amigos. Incluso censuradas en los periódicos, las noticias de la violencia del gobierno contra los opositores llegaban a sus oídos, y la sombra de los órganos de seguridad parecía cada vez más cercana. Un amigo suyo fue detenido por el DOPS por haber renovado el pasaporte para viajar a Chile, país gobernado entonces por el socialista Salvador Allende. Un año antes Paulo pensó que le iba a dar un infarto al leer en los periódicos que un antiguo ligue suyo, la hermosa Nancy Unger, había sido tiroteada y detenida en Copacabana al resistirse a la detención. Ahora sabía que Nancy había sido desterrada de Brasil junto a otros sesenta y nueve presos políticos más, intercambiados por el embajador suizo Enrico Giovanni Bucher, secuestrado por un comando de la Vanguardia Popular Revolucionaria. Había incluso para los que no estaban en la resistencia armada. Perseguido por la censura, el compositor Chico Buarque de Holanda se autoexilió en Italia. A los bahianos Gilberto Gil y Caetano Veloso les raparon la cabeza en un cuartel del ejército en Río y después los metieron en un avión y los enviaron a Londres. Poco a poco, Paulo fue llenándose de odio hacia los militares, pero no había nada que lo hiciera superar el miedo y abrir la boca para decir públicamente lo que pensaba. Abatido por no ser capaz de hacer nada contra un régimen que estaba torturando y matando a gente, se deprimía.

En septiembre de 1971, el ejército cercó y mató, en el interior de Bahía, al capitán Carlos Lamarca. Al leer fragmentos del diario del guerrillero muerto divulgados por la prensa, Paulo redactó un largo y amargo texto de desahogo que reproducía con fidelidad las contradicciones en las que se debatía. Y confesó una vez más que evitaba tratar de política en el diario por una única razón: miedo. No porque estuviera implicado en nada. «La razón es otra —aclaraba—; pienso que la política y la guerrilla son dos cosas terriblemente peligrosas.» Iba a las manifestaciones más por diversión que por convicción y, aunque fuera para combatir lo que sucedía en Brasil, no quería ni oír hablar de comunismo: «Estoy convencido de que, si este país fuera una comuna, la situación sería igual de mala que ahora.» ¿Pero cómo no protestar ante lo que sucedía a su alrededor? Y solo, encerrado en su habitación, lloraba sus penas:

Vivo en un ambiente terrible, ¡TERRIBLE! No soporto más las conversaciones que surgen en torno a las cárceles y las torturas. Ya no hay libertad en Brasil. Mi gremio está bajo una censura idiota e hija de puta.

He leído el diario de Lamarca. Yo lo admiraba sólo porque luchaba por sus ideales, nada más. Hoy, sin embargo, viendo los comentarios humillantes de la prensa, me dieron ganas de gritar, de chillar. Me jodió. Descubrí en su diario un gran amor por alguien, un amor poético y lleno de vida, que el periódico califica de «dependencia del terrorista de su amante». Descubrí a un hombre muy autocrítico, hiperhonesto consigo mismo, a pesar de luchar por una idea que considero equivocada.

El gobierno tortura y a mí me da miedo la tortura, tengo miedo al dolor. Mi corazón late demasiado de prisa porque estas líneas son comprometedoras. Pero tengo que escribir, todo es una mierda. Toda la gente que conozco ha estado detenida o ha sufrido palizas, y nadie estaba metido en nada.

Siempre pienso que un día harán una batida en esta habitación y cogerán este cuaderno. Pero san José me protege. Ahora que sé que he escrito esto, voy a vivir asustado, pero no podía seguir así, tenía que desahogarme. Voy a escribir a máquina porque es más rápido. Y tengo que ser rápido. Cuanto antes desaparezca este cuaderno de mi habitación, mejor. Tengo mucho miedo al dolor físico. Tengo miedo a que me detengan como aquella vez. No quiero que vuelva a pasar nunca más, por eso intento no pensar en política. No podría soportarlo. Hasta hoy, día 21 de septiembre de 1971, tenía miedo. Pero hoy es un día histórico, o puede que sólo sean unas horas históricas. Me estoy liberando de la cárcel que yo mismo construí, gracias al mecanismo de Ellos.

Ha sido muy difícil para mí escribir estas líneas. Lo repito para no engañarme, cuando relea este diario en un lugar seguro, dentro de unos treinta años, respecto al tiempo en el que estoy viviendo. Pero ya está. La suerte está echada.

Pero Paulo sabía que su oposición al régimen jamás saldría del papel, y eso lo empujaba otra vez hacia las sofocantes crisis de depresión y soledad. Se pasaba los días encerrado en la habitación en el bajo de la casa de su abuela, fumando marihuana e intentando empezar el tan soñado libro. O al menos una obra de teatro, un ensayo. Tenía muchos blocs llenos de ideas para cualquiera de esos géneros, pero le faltaba algo —¿disposición?, ¿inspiración?— y llegaba al final de la tarde sin haber escrito ni una línea. Daba tres horas de clase en el cursillo y luego iba a la facultad. Entraba, hablaba con uno y con otro, y como aquello le parecía cada vez más aburrido, acababa solo en el bar de la esquina, tomando café, fumando un Continental con filtro tras otro y llenando hojas de cuadernos con anotaciones. Fue una de esas noches cuando apareció una chica, con minifalda, botas altas y larga melena negra cuyas puntas se escurrían por los hombros. Se sentó a su lado, pidió un café y le dio conversación. Era la arquitecta recién licenciada Adalgisa Eliana Rios de Magalhães, *Gisa*, de Alfenas, en Minas Gerais, dos años mayor que Paulo. Había cambiado Minas por Río para estudiar en la universidad federal, y ahora se ganaba la vida haciendo proyectos para el Banco Nacional de Vivienda, pero lo que en realidad le gustaba era contar historias en viñetas. Delgada como las modelos de las pasarelas, Gisa tenía una cara exótica en la que contrastaban sus melancólicos ojos negros y su boca de labios carnosos y sensuales. Hablaron durante un rato, se intercambiaron los teléfonos y se despidieron. De nuevo como la zorra ante las uvas, al llegar a casa Paulo enterró con breves palabras cualquier oportunidad de que aquel encuentro llegase a algo más: «Es fea y sin atractivo.»

Al contrario que él, y sin que Paulo llegase a enterarse nunca de ello, Gisa fue militante activa de la oposición al régimen militar. Nunca participó en acciones armadas ni nada que pusiera en riesgo su vida, lo que en la jerga de la represión significaba ser una *subversiva*, no una *terrorista*. Desde que empezó el primer año de arquitectura, en 1965, deambuló por células de varias asociaciones clandestinas de izquierdas infiltradas en el movimiento estudiantil. Primero entró en el Partido Comunista Brasileño, el PCB, donde su función era repartir en las asambleas estudiantiles ejemplares del periódico *Voz Operária*. Luego lo dejó y se metió en Dissidência da Guanabara, organización que en 1969 cambiaría su nombre por el de Movimento Revolucionário 8 de Outubro, o simplemente MR-8, uno de los grupos responsables del secuestro del embajador de Estados Unidos Charles Elbrik. Aunque nunca fue más que una militante de base, Gisa era activa. Además del trabajo de repartir panfletos, participó en las dos ocupaciones de la Facultad de Medicina, hizo talleres de lectura de *El capital*, de Karl Marx, estaba en el grupo que invadió y ocupó durante varias semanas el restaurante de la Facultad de Arquitectura y era la encargada de añadir, en todos los números de la revista *Arquitetura*, una publicación legal, una página suelta con propaganda marxista. En dos ocasiones representó a organizaciones políticas en congresos del Instituto de Arquitectos de Brasil (IAB) realizados en São Paulo, y ayudó a reclutar estudiantes para las asambleas y las manifestaciones que tomaron Río en 1968, desde la manifestación de protesta por la muerte del estudiante Edson Luiz de Lima Souto, en marzo, hasta la más famosa de ellas, la Marcha de los Cien Mil, en junio.

Cuando conoció a Paulo, Gisa salía con un joven arquitecto de Pernambuco, también licenciado en Río, llamado Marcos Paraguassu de Arruda Câmara. Más que un simple militante, Marcos era hijo de Diógenes de Arruda Câmara, miembro de la dirección del Partido Comunista do Brasil, el PCdoB. Considerado un estalinista duro, *Arrudão*, como se lo conocía, estaba preso en Río desde 1968, cuando volvió a Brasil después de cuatro años de exilio en Checoslovaquia con la familia (también con su hijo). Ese mismo año, Marcos fue detenido por el DOPS cuando representaba al PCdoB en el congreso de la UNE en Ibiúna. A finales de 1971, mientras Marcos redactaba manifiestos que Gisa se encargaba de distribuir, su padre, desde la celda en la que estaba preso, en el 2 Batallón de Caballería del Ejército, enviaba militantes a la Amazonia con instrucciones para montar la primera base de lo que se convertiría en la más dramática aventura de la historia del partido: la guerrilla de Araguaia.

A pesar del desdén con el que Paulo la trató desde su primer encuentro, volvieron a verse todas las noches en el bar de al lado de la escuela de teatro. Una semana después, él la acompañó hasta la puerta del edificio en el que ella vivía con su hermano José Reinaldo, en la playa de Flamengo. Gisa lo invitó a subir al apartamento, donde escucharon música y fumaron marihuana hasta tarde. Al meter la llave en la puerta para entrar en casa, a las dos de la mañana, el hermano de ella los pilló desnudos, acostados en la alfombra de la sala. No hacía ni un mes que se conocían cuando Gisa dejó su relación con Marcos Paraguassu: ella y Paulo habían decidido vivir juntos. Para que la unión pudiera materializarse, la pareja tuvo que esperar más de tres semanas, el tiempo que le llevó a ella deshacerse de su hermano, con el que vivía en su pequeño apartamento. La primera noche que pasaron bajo el mismo techo, Paulo le propuso casarse la víspera de Navidad, un mes y medio después. Gisa aceptó, a pesar de que le extrañaba la rapidez con la que él se había mudado a su casa y la costumbre que él tenía de andar permanentemente desnudo por el apartamento.

Puede que movida por la esperanza de que el matrimonio metiese a su hijo en cintura, al conocer a Gisa doña Lygia reaccionó como solía hacerlo con las demás novias de Paulo: le dijo que era un placer tenerla como nuera y, si estaba de acuerdo, ella se encargaría de escoger la iglesia y al cura para la ceremonia. El día 22 de noviembre, sin embargo, tres meses después de que sus miradas se cruzaron por primera vez, el diario registró: «Gisa está embarazada. Si es así, vamos a tener un hijo.» Y como los astros aseguraban que iba a ser del signo Leo, eso lo entusiasmaba todavía más ante la perspectiva de la paternidad. «Mis fuerzas renacerán con ese hijo —celebró—. En los próximos ocho meses, redoblaré mi ardor y mejoraré cada vez más.»

Sin embargo, el sueño no duró ni una semana. Pasados los primeros días de entusiasmo por la novedad, Paulo comenzó a sentir escalofríos de pánico cada vez que pensaba en el asunto (es decir, todo el tiempo). Cuando finalmente puso los pies en el suelo y llegó a la conclusión de que sería una locura tener un hijo en aquellas condiciones

La hermosa Gisa entra como un huracán
en la vida de Paulo: un mes después
de verse por primera vez, estaban juntos.

—sin trabajo fijo, sin profesión definida y sin medios para mantener una familia—, la primera persona a la que informó de su decisión no fue a Gisa, sino a su madre. Sin embargo, al contrario de lo que Paulo imaginaba, doña Lygia no dio la impresión de ser una ferviente católica al oír que su hijo le iba a sugerir a su novia que abortase. Estaba de acuerdo en que no iba a salir bien. «Además de que no estás en condiciones materiales para criar a un niño —ponderó la madre—, tu forma de afrontar el mundo y tu inestabilidad emocional recomiendan eso: no tener ese hijo.» Al enterarse del cambio de planes, Gisa se resistió mucho antes de estar de acuerdo, pero también se convenció de que sería una irresponsabilidad tener el bebé. Con ayuda de unos amigos, encontraron una clínica especializada en abortos —clandestina, claro está, pues se trataba de un delito— y concertaron la operación para el día 9 de diciembre de 1971, un jueves. Ninguno de los dos consiguió pegar ojo la noche anterior. Por la mañana se levantaron en silencio, se ducharon y salieron en busca de un taxi. A las siete en punto, como estaba marcado, llegaron a la clínica.

Fue una sorpresa para ellos ver que allí había unas treinta mujeres, la mayoría muy jóvenes, muchas acompañadas de sus maridos o sus novios, y todas con aspecto patibulario. Al llegar, cada una de ellas le daba su nombre a la enfermera, dejaba un fajo de billetes sobre la mesa —no aceptaban cheques— y esperaba a que la llamaran. Aunque había sillas suficientes para todos, la mayoría preferían esperar de pie. Cinco minutos después, una enfermera se llevó a Gisa hacia una escalera de ladrillos que conducía a la segunda planta. La chica se fue cabizbaja, sin despedirse. Al cabo de unos minutos ya habían llamado a todas las mujeres, y en la sala de espera sólo quedaban los hombres. Paulo se sentó en una de las sillas, sacó un cuaderno y se puso a hacer anotaciones, teniendo cuidado de escribir con letra pequeña para evitar la curiosidad de sus compañeros de infortunio. De forma consciente o no, cada uno de los acompañantes intentaba disfrazar la ansiedad de alguna manera. Paulo guiñaba los ojos constantemente, su vecino en la silla de la derecha tiraba la mitad del pitillo en el cenicero antes de encenderlo, y otro hojeaba una revista de atrás hacia adelante, con la mirada perdida. A pesar del tic, Paulo no parecía nervioso. Lo invadió, eso sí, una sensación desagradable de pequeñez física, como si le hubiera dado un ataque de enanismo y hubiera encogido de repente. En dos altavoces sonaba música ambiental y, aunque allí a nadie la interesaba escuchar música, todos acababan vencidos, siguiendo el ritmo con los pies o con los dedos. Observando el movimiento, Paulo anotó en el diario: «Todos intentan distraerse el máximo tiempo posible y de las más variadas formas, porque la orden del subconsciente es clara: no pensar en lo que está pasando aquí.» Uno de ellos miraba el reloj a cada momento, y cada vez que se oían pasos las cabezas se volvían hacia la escalera. De vez en cuando alguien se quejaba de que el tiempo no pasaba. Un grupito intentaba apartar los malos pensamientos hablando en voz baja de fútbol. Paulo sólo observaba y escribía:

> Un chico a mi lado se queja de la espera y dice que va a llegar tarde a recoger su coche en la oficina. Pero yo sé que no es de esa clase. No está pensando en el coche, pero quiere que yo piense eso para que tenga la impresión de que es fuerte. Yo sonrío y veo dentro de sus neuronas: allí está su mujer con las piernas abiertas, el médico con una pinza, cortando, legrando y poniéndole algodón para terminar. Él sabe que yo lo sé, mira hacia otro lado y se queda callado, sin ver nada, sólo respirando para mantenerse vivo.

A las ocho y media de la mañana, la mitad de las mujeres ya habían salido, pero Gisa no. Paulo fue hasta el bar de la esquina, tomó un café, se fumó un pitillo y volvió a su cuaderno, impaciente y preocupado por el riesgo de que algo no marchara bien con su novia. Otra hora y nada. A las nueve y media metió la mano en el bolsillo, cogió un bolígrafo y escribió:

> Siento que ha sido ahora. Mi hijo ha penetrado en la eternidad de la que nunca ha salido. Me pasa cada cosa que no sé qué decir.

De repente, sin saber de dónde ni por qué, se oyó un sonido que difícilmente alguien esperaría en aquel lugar: un saludable y estridente llanto de bebé, inmediatamente seguido por el grito de alegría de un tipo en la sala de espera: «¡Ha nacido!»

Por un momento aquellos hombres se liberaron del dolor, de la tristeza y del miedo que los unía en aquel lugar fúnebre y estallaron todos en una incontrolable, salvaje carcajada colectiva. Recuperado del ataque de risa, Paulo oyó pasos en la escalera: era Gisa, que volvía del legrado, casi tres horas después de llegar allí. Pálida como nunca la había visto, y con unas enormes ojeras de color violeta, parecía estar medio grogui, todavía bajo los efectos de la anestesia. En el taxi, de camino a casa, Paulo le pidió al taxista que intentara ir despacio «porque ella tiene un corte en el pie y le duele mucho».

Gisa durmió toda la tarde y cuando despertó no dejaba de llorar. Le contó, entre sollozos, que cuando la anestesiaron le dieron ganas de salir corriendo:

—El médico me metió un cilindro y sacó al niño que iba a nacer perfecto. Pero ahora nuestro hijo se está pudriendo en algún lugar, Paulo...

Ninguno de los dos era capaz de dormir. Era tarde cuando ella se acercó despacio al escritorio donde él hacía anotaciones:

—No tengo valor para pedirte una cosa: tengo que hacerme la cura y creo que puedo hacerlo sola. Pero si duele mucho, ¿vendrás al baño a ayudarme?

Él sonrió y respondió con un solidario «claro que sí», pero en cuanto se cerró la puerta del baño, Paulo le imploró mil veces a san José que le evitase aquella tarea ingrata. «Perdóname la cobardía, san José —murmuró, mirando hacia arriba—, pero hacerle las curas del aborto a Gisa va a ser demasiado para mí. ¡Demasiado! ¡Demasiado!» Para su alivio, minutos después ella tiraba de la cadena y se acostaba de nuevo en la cama. Desde que Gisa había salido de la clínica de abortos, lloraba todo el tiempo, salvo en las escasas horas de sueño. El sábado, como parecía que estaba algo mejor, Paulo aprovechó la tarde para pasarse por el centro en el que daba clases. Al volver, por la noche, la encontró en la parada del autobús, en la puerta del edificio. Volvieron a casa y, tras la gran insistencia de Paulo, ella le confesó qué hacía en la calle:

—Salí de casa para morir.

La reacción de Paulo fue sorprendente. Con aire grave, para que no quedaran dudas de que hablaba en serio, respondió al momento:

—Siento mucho haber interrumpido tan importante proceso. Si has decidido morir, sigue adelante y suicídate.

Pero ella ya no tenía valor. La tercera noche seguida sin pegar ojo, Gisa sólo abrió la boca para llorar y él no dejó de hablar ni un segundo. Le explicó didácticamente que no había otra salida: una vez llamado a la Tierra, el Ángel de la Muerte no se iba sin llevarse una alma. Le contó que no servía de nada dar marcha atrás, porque el Ángel la perseguiría eternamente, y aunque ella ya no quisiera morirse, él podría matarla después, atropellándola, por ejemplo. Recordó su enfrentamiento con el Ángel, en su adolescencia, cuando tuvo que degollar una cabra para no tener que entregar su propia vida. La salida era ésa, enfrentarse al Ángel:

—Tienes que desafiarlo. Hazlo: intenta suicidarte y reza para escapar con vida.

Cuando Gisa, exhausta, cerró los ojos, él corrió hacia su diario, donde explicó la locura que le estaba proponiendo a su novia:

Yo sé que Gisa no va a morir, pero ella no, y no puede vivir con la duda. En cualquier caso, hay que darle una respuesta al Ángel. Hace unos días una amiga nuestra, Lola, se cortó todo el cuerpo con una cuchilla de afeitar pero se salvó en el último momento. Hay mucha gente que intenta suicidarse últimamente. Pero pocos lo consiguen y eso está bien, porque escapan con vida y consiguen matar a una persona que estaba dentro de ellos y que no les gustaba.

Esa macabra teoría no sólo era fruto de la imaginación enfermiza de Paulo, sino que estaba científicamente basada en la teoría de un psiquiatra cuya consulta frecuentaba, y a quien identificaba en el diario con el nombre de «Dr. Sombra». Y el eje teórico de su terapia se concentraba exactamente en lo que él había hecho con Gisa: reforzar los traumas del paciente. El médico le había dicho taxativamente que nadie tiene cura con los métodos tradicionales. «Si estás perdido y crees que el mundo es mucho más fuerte —les prescribía a sus pacientes—, entonces lo que te queda es el suicidio.» Exactamente ahí, según Paulo, residía la genialidad de la tesis:

—El paciente sale de la consulta completamente abatido. Entonces se da cuenta de que no tiene nada que perder y empieza a hacer cosas que nunca sería capaz de realizar en otras circunstancias. En resumen, el método del Dr. Sombra es realmente el único en términos de subconsciente en quien yo tengo cierta confianza. Es la cura por desesperación.

Cuando se despertaron al día siguiente —un radiante y soleado domingo de verano—, Paulo no tuvo que perder más tiempo en convencer a Gisa de nada. Lo supo cuando vio que ella se ponía un bañador, cogía un frasco de barbitúricos del botiquín —el envase parecía ser de Orap, el medicamento que él solía tomar desde su primer internamiento—, lo vaciaba todo en la boca y bebía luego un vaso de agua. Salieron juntos a la calle, ella tambaleante, y anduvieron hasta la playa. Paulo se quedó fuera y Gisa entró en el agua, dando brazadas mar adentro. Aunque sabía que con aquella cantidad de pastillas en el cuerpo ella no iba a poder volver nadando, esperó de pie, mirando hacia lo que pronto se convertiría en un punto negro que se confundía con los reflejos del sol en las olas. Un punto negro cada vez más distante. «Tuve miedo, estuve a punto de flaquear, de llamarla, de decirle que no lo hiciera —escribió después—, pero yo sabía que Gisa no iba a morir.» Dos hombres que hacían yoga en la arena se dirigieron a él, preocupados por la chica que desaparecía en el horizonte:

—Es mejor llamar a un salvavidas. El agua está muy fría y si le dan calambres no va a poder volver.

Paulo los tranquilizó con una sonrisa y una mentira:

—No es necesario. Es nadadora profesional.

Media hora después, cuando un grupo de gente empezó a aglomerarse en la arena, previendo una tragedia, Gisa empezó a nadar hacia la orilla. Al llegar a la playa, tan pálida que parecía un espectro, vomitó mucho —lo que probablemente le salvó la vida, al echar todas las pastillas—, y tenía los músculos de la cara y de los brazos rígidos por el agua fría y por la dosis exagerada de pastillas. Paulo la ayudó a volver a casa y después registró en el diario los resultados de la «cura por desesperación»:

Pienso: ¿con quién se habrá contentado el Ángel esta vez, ya que Gisa está en mis brazos? Lloró y se quedó muy cansada; después de todo, había tragado ocho comprimidos. Volvimos a casa y se quedó dormida en la alfombra, pero se despertó diferente, con más brillo en los ojos. Durante algún tiempo no salimos de casa por miedo al contagio. La epidemia del suicidio se propaga como nunca.

Si alguien leyera sus diarios en los meses que precedieron al intento de suicidio de Gisa no se extrañaría ante el extravagante comportamiento de Paulo. Desde que se había iniciado en el asunto, al leer el libro de Molinero, se había sumergido en serio en el ocultismo y, después, en la brujería. Ya no se trataba de acudir a gitanas, videntes, cartomantes y lectoras de tarot. Llegado un momento, arribó a la conclusión de que «el ocultismo es mi única esperanza, el único escape visible». Como si hubiera dejado de lado el viejo sueño de ser escritor, concentraba todas sus energías en la tentativa de «penetrar profundamente en la Magia, último recurso y última salida para mi desesperación». Consumía con avidez todo lo que hablara de brujos, hechiceras y poderes ocultos. En la estantería de libros del apartamento en el que vivía con Gisa, las obras de Borges y de Henry Miller fueron sustituidas por cosas como *El don de la profecía*, *Libro del Juicio Final*, *Levitación* y *El poder secreto de la mente*. Se desplazaba con frecuencia a la ciudad de Ibiapas, a cien kilómetros de Río, donde se sometía a baños purificantes de barro negro administrados por un tipo conocido como «Pajé Katunda». Y es de uno de esos viajes a Ibiapas el primer registro hecho por Paulo atribuyéndose la capacidad de interferir en los elementos de la naturaleza. «Pedí una tempestad —escribió—, y cayó una tempestad como nunca antes se había visto.» Sin embargo, los poderes sobrenaturales no funcionaban siempre. «Intenté sin resultado que hiciera viento —escribió poco después—, y volví a casa frustrado.» En otra ocasión lo que falló fue el intento de destruir un objeto sólo con la fuerza del pensamiento:

Ayer Gisa y yo intentamos romper un cenicero con la mente, pero no fuimos capaces. Sin embargo, cuando estábamos comiendo, vino la asistenta a decirnos que se había roto un cenicero. Fue alucinante.

Las sectas pasaron a ser otra de las ideas fijas de Paulo. Tanto podían ser Niños de Dios como hare krishnas, adeptos a la Biblia del Diablo o fieles de la Iglesia de Satán, que conoció en su viaje a Estados Unidos. Con que tuviese un aire sobrenatural —o un ligero olor a azufre, dependiendo del caso—, ya le interesaba. Eso por no hablar de la infinidad de grupos de adoradores de seres extraplanetarios y de cazadores de platillos volantes... Se metió de tal manera en el mundo esotérico que acabó recibiendo una invitación para escribir en una publicación sobre el tema, la revista *A Pomba*. Publicada por PosterGraph, una pequeña editorial dedicada a la cultura *underground* y a la impresión de carteles políticos, la revista era una mezcla de artículos y entrevistas sobre temas de interés de las tribus hippies: drogas, rock, alucinaciones y experiencias paranormales. Impresa en blanco y negro, incluía en todos los números un ensayo fotográfico con alguna mujer desnuda; como en las revistas masculinas, pero con la diferencia de que las modelos de *A Pomba* parecían señoras reclutadas entre las empleadas del edificio donde estaba la redacción. Y al igual que sucedía con docenas de otras publicaciones semejantes, *A Pomba* no tenía repercusión alguna, pero debía de tener a su público cautivo, pues consiguió sobrevivir durante siete meses. Por la mitad del salario que recibía en el cursillo, Paulo aceptó ser el chico para todo de la revista: elegía los temas, hacía entrevistas, escribía ensayos. De la parte visual —diseño, ilustraciones y fotografías— se encargó Gisa. La experiencia parece que dio resultado, porque después de la puesta en circulación de dos números, el dueño de PosterGraph, Eduardo Prado, aceptó su sugerencia para lanzar una segunda publicación, que recibió el nombre de *2001*. Como Paulo se iba a encargar de las dos publicaciones, le duplicaron el salario, pero se vio obligado a abandonar las clases del cursillo.

Cuando hacía el trabajo de campo para escribir un reportaje sobre el apocalipsis, recibió instrucciones para entrevistar a un personaje que se autodenominaba «el heredero de la Bestia en Brasil», llamado Marcelo Ramos Motta. Habituado a las representaciones fantasiosas, comunes en los círculos en los que se movía —brujos que daban consultas con turbante, sentados con velas, dentro de tiendas árabes—, se sorprendió cuando visitó al entrevistado en un apartamento sencillo y austero, con muebles clásicos y algunas docenas de libros en las estanterías, en las que había un detalle que le llamó la atención. Todos los volúmenes estaban forrados con el mismo papel pardo, sin ninguna indicación sobre el contenido, salvo un pequeño número manuscrito en la parte inferior del lomo. La otra sorpresa fue cuando Motta apareció, no con una capa negra y un tridente en la mano, como Paulo esperaba, sino con un elegante traje azul marino, camisa blanca, corbata de seda y zapatos negros de charol. Dieciséis años mayor que Paulo, alto, delgado, la barba negra espesa cubriéndole media cara y la mirada, eso sí, muy rara. La voz también tenía un tono extraño, como si no hablara normalmente, sino intentando imitar a alguien. No sonrió, sino que simplemente le tendió la mano para que el entrevistador se sentase y él también se sentó en una silla enfrente de él. Paulo sacó un bloc y, para romper el hielo, hizo una pregunta:

—¿Por qué todos sus libros están forrados?

Él no parecía estar de humor para charlas:

—No es asunto suyo.

Asustado por la grosería, Paulo se echó a reír:

—Perdone, no quería molestarlo, era simple curiosidad.

Motta no se inmutó:

—Eso no es cosa de niños.

Terminada la entrevista, Paulo escribió y publicó el reportaje, pero no fue capaz de sacarse de la cabeza la imagen de aquel individuo extraño y de su biblioteca con los lomos de los libros tapados. Después de varios rechazos, Motta aceptó recibirlo otra vez, y abrió el juego:

—Soy el líder mundial de una sociedad llamada A. A., Astrum Argentum.

Se levantó, cogió de la estantería el disco *Sgt. Pepper's* de los Beatles y apoyó su índice sobre una de las figuras de la fotografía que ilustra la portada. Era un hombre anciano, calvo, el segundo de la foto, al lado de un gurú indio.

—Este hombre se llama Aleister Crowley —declaró—, y nosotros somos los predicadores de sus ideas en el mundo. Infórmese sobre él, después volvemos a hablar.

Paulo descubrió, tras buscar en bibliotecas y librerías de segunda mano, que había muy poca información sobre el viejecito que aparecía en la portada del disco de los Beatles, perdido entre imágenes de la actriz Mae West, el mahatma Gandhi, Hitler, Jesucristo y Elvis Presley. Mientras se preparaba para volver a hablar con el misterioso Motta, dirigía las dos revistas con Gisa. Como el presupuesto era insuficiente incluso para contratar a un colaborador, él era el que escribía casi todo el contenido de las dos publicaciones. Para que los lectores no notasen la precariedad que se vivía en la redacción, recurría a varios seudónimos, además de su propio nombre. A principios de 1972, un tipo extraño apareció en la redacción (en realidad, una modesta sala en el décimo piso de un edificio comercial en el centro de Río de Janeiro). Llevaba un traje lustroso, de esos que nunca se arrugan, corbata fina y maletín de ejecutivo en la mano, y anunció que quería hablar con el «redactor Augusto Figueiredo». En ese momento, Paulo no relacionó al visitante con alguien que lo había telefoneado días antes, preguntando por el mismo Augusto Figueiredo. Fue suficiente para despertar paranoias dormidas. El individuo tenía toda la pinta de ser policía, debía de estar allí a causa de alguna denuncia (¿drogas?) y el problema era que Augusto Figueiredo no existía, era uno de los nombres que él usaba para firmar artículos. Aterrado, pero sentado para simular naturalidad, intentó despachar al intruso cuanto antes:

—Augusto no está. ¿Quiere dejarle algún recado?

—No. Quiero hablar con él. ¿Puedo sentarme y esperarlo?

Confirmado, era un poli. Se sentó a una mesa, cogió un ejemplar antiguo de *A Pomba*, encendió un pitillo y se puso a leer, con pinta de no tener ninguna prisa. Una hora después seguía allí. Se había leí-

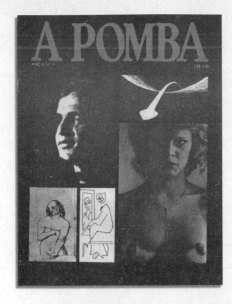

Un ejemplar de la revista
A Pomba, el líder satanista
Marcelo Motta (con barba)
y el brujo Aleister Crowley,
homenajeado en la portada del
disco de los Beatles.

do todos los números antiguos de la revista, pero no parecía tener intención de marcharse. Paulo recordó la lección aprendida durante los saltos desde el puente, en su infancia: la mejor manera de disminuir el sufrimiento es enfrentarse al problema desde el principio. Entonces decidió contarle la verdad al policía —tenía la absoluta certeza de que se trataba de un policía—, aunque antes tomó la precaución de revisar los cajones de la redacción y asegurarse de que no quedaba ninguna *chicharra*, nombre que se daba a las colillas de los porros. Se armó de valor y, parpadeando mucho, le confesó que le había mentido:

—Disculpe, pero Augusto Figueiredo no existe. El que escribió el artículo fui yo, Paulo Coelho. ¿Cuál es el problema?

El visitante esgrimió una amplia sonrisa, abrió los brazos como si le fuera a dar un abrazo, y dijo con un fuerte acento bahiano:

—¡Pero entonces es contigo con quien quiero hablar, hombre! Un placer, me llamo Raul Seixas.

14

COMO PRUEBA DE BUENA FE, PAULO LE PROMETE AL DIABLO NO PRONUNCIAR NOMBRES DE SANTOS NI REZAR DURANTE SEIS MESES

Además del interés por los platillos volantes y de haber sido ambos pésimos alumnos en la adolescencia, Raul Seixas y Paulo Coelho parecían tener pocas cosas en común. El primero trabajaba como productor musical en una discográfica multinacional, la CBS, iba siempre peinado, llevaba traje, corbata y maletín de ejecutivo en la mano. Nunca había probado las drogas, ni siquiera una calada de un porro de marihuana. El otro usaba pantalones de talle bajo, el pelo despeinado que le caía por los hombros, sandalias franciscanas, collares y gafas de cristales octogonales de color lila, y se pasaba buena parte del tiempo colocado. Raul tenía una dirección fija, era un cabeza de familia centrado, padre de Simone, una niña de dos años, y Paulo vivía en tribus cuyos miembros se sucedían como las estaciones del año. En los últimos meses su familia se reducía a Gisa y a Stella Paula, una bonita hippy de Ipanema tan fascinada como él por el ocultismo y el más allá. En lo referente a bagaje cultural, la distancia entre ambos era todavía más evidente. A los veinticinco años el escritor había leído —y comentado, con atribución de estrellas— más de quinientos libros, y escribía con corrección y fluidez. En cuanto a Raul, aunque se había pasado la vida entre los libros de su padre, ferroviario y poeta esporádico, no se podía decir que fuera alguien con hábito de lectura. Una fecha en la biografía de ambos tuvo significados diferentes, aunque fue igual de importante para los dos. El día 28 de junio de 1967, cuando Paulo llegaba dopado a la novena planta de la clínica Dr. Eiras para su tercer internamiento, Raul cumplía veintidós años y se casaba con la estudiante americana Edith Wisner en Salvador, Bahía, su tierra natal. Ambos creían en la astrología, y si hubieran comparado sus cartas astrales habrían visto que el zodíaco hacía al menos una previsión segura: la pareja estaba destinada a ganar mucho dinero, en cualquier negocio en el que se embarcase.

Cuando Raul Seixas entró en su vida, Paulo estaba metido hasta las cejas en el hermético y peligroso universo del satanismo. Sus encuentros con Marcelo Ramos Motta se hicieron más frecuentes y, después de devorar áridos ensayos sobre pentáculos, cábalas, sistemas mágicos y astrología, empezó a comprender un poco y a acercarse a la obra del calvo que aparecía en la portada del disco de los Beatles. Nacido en Leamington, Inglaterra, la última hora del día 12 de octubre de 1875, Aleister Crowley tenía veintitrés años cuando dijo haber recibido, en la ciudad de El Cairo, a un ente que le transmitió el *Liber al vel legis* («El Libro de la ley de Thelema») o simplemente *Liber Oz*, como más tarde se conocería, su primera y más importante obra de tipo místico.

La ley de Thelema propugnaba el inicio de una era en la que el hombre tendría libertad para realizar todos sus deseos, objetivo sintetizado en la frase «Haz lo que quieras será la única ley», considerada la regla básica de conducta de los seguidores de Crowley. Entre los instrumentos recomendados para alcanzar ese estado estaban la liberación sexual, el uso de drogas y el redescubrimiento de la sabiduría oriental. En 1912 Crowley ingresó en la secta Ordo Templi Orientis (OTO), una organización masónica, mística y mágica de la que en seguida acabaría siendo la cabeza visible y principal teórico. Autodenominado «la Bestia», el brujo inglés construyó un templo en Cefalu, en Sicilia, pero sería expulsado de Italia por el gobierno del dictador Benito Mussolini en 1923, acusado de promover orgías. Entre sus admiradores estaba el poeta portugués Fernando Pessoa, también adepto a la astrología, y con quien Crowley llegó a mantener correspondencia sobre cartas astrales. No sólo se cartearon, sino que se vieron cuando Crowley estuvo en Lisboa. Durante la segunda guerra mundial fue llamado por el escritor Ian Fleming, creador del personaje de James Bond y oficial de inteligencia de la marina británica, para orientar a los ingleses sobre cómo las supersticiones y el misticismo de los dirigentes nazis podían aprovecharse a favor de los aliados. Y habría sido Aleister Crowley, por intermediación de Fleming, el que le sugirió a Winston Churchill utilizar como símbolo la V de la victoria (en realidad, una representación de Apophis-Typhon, un dios de destrucción y aniquilación capaz de contrarrestar las energías de la esvástica nazi).

En el mundo de la música, no sólo fueron los Beatles los que se convirtieron —en ese caso, durante un corto período— en thelemitas (nombre dado a los seguidores de Crowley). Sus teorías satánicas sedujeron a varios artistas y bandas de rock como Black Sabbath, The Clash, Iron Maiden y Ozzy Osbourne (que compuso el clásico *Mr. Crowley*). El famoso castillo de Boleskine, donde Crowley vivió algunos años, acabaría siendo propiedad de Jimmy Page, guitarrista de Led Zeppelin. Pero las ideas de la Bestia inglesa también inspiraron tragedias horripilantes: en agosto de 1969, su discípulo americano Charles Manson ordenó la masacre de cuatro personas a tiros, cuchilladas y a palos en una mansión de Malibú, en California. Entre las víctimas estaba Sharon Tate, de veintiséis años, que esperaba un bebé de su marido, Roman Polanski.

Paulo parecía tan intoxicado por las lecturas y las prácticas paranormales que ni siquiera las atrocidades como la cometida por Manson le hacían poner los pies en el suelo. El asesino de Sharon Tate fue calificado como el «hombre más maligno y satánico que ha caminado por la faz de la Tierra» por el jurado que lo condenó a muerte (pena que después se convirtió en cadena perpetua). Al leer la noticia, Paulo anotó en el diario:

Las armas de guerra hoy son las más raras que pueda haber. Drogas, religión, moda... Es algo contra lo que no se puede luchar. Respecto a eso, Charles Manson es un mártir crucificado.

Hasta que conoció a Paulo, Raul nunca había oído hablar de Crowley ni de la nomenclatura utilizada por aquella gente. Ni Astrum Argentum, ni OTO ni *Liber Oz*. Le gustaba leer libros sobre platillos volantes, pero el principal objeto de su interés siempre había sido la música, o, más precisamente, el rock'n'roll, género musical con el que Paulo tenía una relación superficial (le gustaba Elvis Presley, conocía a los grupos más famosos y punto). La pasión por el rock llevó al bahiano a repetir tres veces el segundo año de secundaria en el colegio São Bento, en Salvador, y a los dieciocho años tenía algún éxito en apariciones en el interior de Bahía como líder de la banda Os Panteras. Por exigencia de su futuro suegro, un pastor protestante americano, abandonó la vida artística, que parecía prometedora, y retomó sus estudios. Recuperó en un curso complementario el tiempo perdido y, en la prueba de acceso para la Facultad de Derecho, quedó entre los primeros. «Sólo quería demostrarle a la gente, a mi familia, lo fácil que era estudiar y aprobar exámenes —diría Raul muchos años después—, porque para mí aquello no tenía la más mínima importancia.» En los primeros meses de casado mantuvo a su familia dando clases de guitarra y de inglés, idioma con el que estaba muy familiarizado no sólo por el origen de Edith. Desde finales de los años treinta, cuando se descubrieron los primeros yacimientos de petróleo de Brasil, en el barrio de Lobato, en Salvador, la capital bahiana fue invadida por oleadas de técnicos, geólogos e ingenieros traídos de Estados Unidos para hacer los trabajos de campo; eran tantos que el hecho ayudó a popularizar el idioma inglés entre algunas clases sociales. Pero no llevaba tres meses casado cuando Raul cayó en la tentación.

En octubre de 1967 pasaba por Salvador el cantante Jerry Adriani, contratado para un espectáculo en el elitista Club Bahiano de Tenis, en el que también iban a participar la musa de la bossa nova Nara Leão y el humorista Chico Anysio. Elevado a la condición de estrella nacional de la Jovem Guarda,[6] Adriani era considerado un

6. Movimiento de los años sesenta que mezclaba música, actitud y moda, influenciado sobre todo por los Beatles. *(N. de la t.)*

hortera por los oyentes más sofisticados, pero tenía mucho éxito entre la juventud. El día del espectáculo un empleado del club buscó al cantante en el hotel para comunicarle que su participación había sido cancelada por una razón increíble:

—El grupo al que usted ha contratado lo integran varios músicos negros, y los negros no entran en el Club Bahiano.

Sí, eso mismo. Aunque desde 1951 estaba en vigor en el país la Ley Afonso Arinos, que calificaba como delito la discriminación racial, «los negros no entraban en el Bahiano ni por la puerta de atrás», como denunciaría años después la canción *Tradição*, de otro bahiano ilustre, el compositor Gilberto Gil. El prejuicio era todavía más cruel si se tiene en cuenta que el club estaba situado en Bahía, un estado en el que más del 70 por ciento de la población es negra y mulata. En vez de llamar a la policía, el empresario encargado del espectáculo prefirió contratar a otra banda. La primera de la que se acordó fue de la desaparecida Os Panteras, de Raul Seixas, que en sus últimos meses de vida se había cambiado el nombre por el de The Panthers. Localizado en casa durante una siesta, a Raul le encantó la idea de resucitar al grupo y salió rápidamente a buscar a sus antiguos acompañantes, el bajista Mariano Lanat, el guitarrista Perinho Albuquerque y el batería Antônio Carlos Castro, *Carleba*, todos blancos. La improvisación salió bien y The Panthers dejaron el escenario después de muchos aplausos. Al final del espectáculo Nara Leão le dijo al oído a Jerry Adriani:

—Este grupo que te ha acompañado es genial. ¿Por qué no les propones que toquen contigo?

Al escuchar, aquella misma noche, la invitación del cantante para que el grupo lo acompañara en una gira por el norte y el nordeste del país, que empezaba a la semana siguiente, Raul se quedó de piedra. Ir de excursión con un artista de proyección nacional como Jerry Adriani era una de esas oportunidades que el destino no suele poner dos veces en el camino de nadie. Pero también sabía que aceptar la propuesta era lo mismo que poner en juego su matrimonio con Edith, y ésa era una apuesta demasiado alta. Aunque lo lamentaba, tuvo que rechazar la invitación:

—Sería un honor hacer la temporada contigo, pero si me voy ahora, se acaba mi matrimonio.

Como le interesaba de verdad que el grupo que acababa de conocer lo acompañara, Jerry Adriani, dobló la oferta:

—Si el problema es ése, está resuelto: el productor invita a tu mujer, llévala contigo.

Rebautizada por segunda vez, ahora con el nombre de Raulzito e os Panteras, la banda se fue a tocar por Brasil. Además de proporcionarles a la pareja una especie de luna de miel divertida e inusual, la gira tuvo resultados tan satisfactorios que al final Jerry Adriani convenció a Raul y a sus músicos para que se mudaran a Río y se hicieran profesionales. A principios de 1968 estaban todos instalados en Copacabana para una aventura que no tendría un final feliz. Aunque había conseguido grabar para la Odeon el LP «Raulzito e os Panteras», las dificultades eran tantas que, los dos años siguientes, el único trabajo que apareció fue tocar como banda de apoyo en los espectáculos del propio Adriani. Hubo momentos en los que Raul tuvo que pedirle dinero prestado a su padre para pagar el alquiler de la casa en la que vivían él, Edith y los demás componentes del grupo. Volver a Bahía por la puerta de atrás fue un golpe duro para todos, y sobre todo para Raul, el líder del grupo, pero no quedaba otra alternativa. A disgusto retomó las clases de inglés y dio por terminada su carrera de músico. Pero entonces recibió una propuesta de Evandro Ribeiro, director de la CBS, para volver a trabajar en Río, no como líder de una banda, sino como ejecutivo del área de producción musical. Se lo había sugerido a la dirección de la discográfica Jerry Adriani, interesado en que su amigo regresara al eje Río-São Paulo, centro de la producción musical brasileña. Tentado por ajustar cuentas con la ciudad que los había derrotado, Raul no lo pensó dos veces. Le dijo a Edith que llamara a un camión de mudanzas y días después trabajaba, de traje y corbata, en el contaminado casco viejo de Río, donde estaban las oficinas de la CBS. Al cabo de pocos meses era el productor musical de discos de nombres importantes, comenzando por el propio Adriani.

Aquel final de mayo de 1972, Raul no recorrió a pie las siete manzanas que separaban el edificio de la CBS de la redacción de *A Pom-*

ba sólo para elogiar el reportaje del inexistente Augusto Figueiredo sobre extraterrestres. En su maletín de ejecutivo llevaba un artículo suyo sobre platillos volantes y quería saber si tenían interés en publicárselo. Paulo lo recibió de forma cortés, le dijo que publicaría el artículo —de hecho, lo que hacía falta en la redacción eran colaboradores— y, movido por segundas intenciones, remató la conversación sobre ufología y la vida en otros planetas. La mención del nombre de la CBS le encendió rastreros sentimientos materiales: ya que le gustaba la revista y era ejecutivo de la multinacional, pensó, ese pardillo bien podría conseguir algunos anuncios de la discográfica para *A Pomba*. El breve encuentro terminó con una invitación de Raul para que Paulo fuera a cenar a su casa al día siguiente, un jueves. En aquella época, el futuro escritor no dependía todavía del *I Ching*, el célebre oráculo chino, para decidir qué hacer, pero no tomaba ninguna decisión sin consultárselo a su familia adoptiva, entonces compuesta por Gisa y por la agregada Stella Paula. Incluso algo banal, como ir o no a casa de alguien, era objeto de votación, como él recordaría después:

«Tuvimos una verdadera discusión ideológica dentro de aquel minúsculo partido hippy para decidir si debíamos o no tomar un trago en casa de Raul.»

Aun saltando a la vista que, salvo la ufología, ambos no parecían tener nada en común, Paulo estaba pendiente de los anuncios de la CBS que podían derivarse de la cena y votó a favor de aceptar la invitación. Gisa lo acompañó, mientras que Stella Paula, que había perdido la votación, no se sintió obligada a ir. El jueves por la noche, cuando se dirigía con Gisa a ver a Raul, Paulo paró en una tienda de discos y compró el LP «Preludios para órgano», de Johann Sebastian Bach. El autobús que los llevaba desde Flamengo a Jardim de Alah, un pequeño y elegante barrio entre Ipanema y Leblon, en la zona sur de Río, donde quedaba el apartamento de Raul, fue detenido en el camino por una redada policial. Desde el endurecimiento de la dictadura, en diciembre de 1968, las redadas como aquélla eran una rutina en la vida de los brasileños de las grandes ciudades. Sin embargo, al ver a la policía dentro del autobús pidiéndoles la documentación a todos los pasajeros, Gisa pensó que aquello era un mal presagio, una advertencia, y dijo que no seguía adelante. Pero Paulo se mantuvo en lo que habían decidido y a las ocho de la noche, tal como habían quedado, llamaron al timbre del apartamento de Raul. El encuentro duró unas tres horas. Para no olvidarse, al salir de allí, el obsesivo Paulo se detuvo en el primer bar que encontró, se apoyó en el mostrador y registró en la portada del disco de Bach detalles de la visita a aquel que, por poca confianza, todavía llamaba «el tío». Todos los espacios en blanco de la tapa del disco los ocupó con letra pequeña, casi ilegible:

Nos recibió su mujer, Edith, con su hija pequeña, que debe de tener como máximo tres años. Todo muy cortés, muy correcto. Nos pusieron unas bandejitas con pastelillos salados... Hace años que no ceno en casa de nadie que ponga bandejitas con pastelillos salados. Pastelillos salados, ¡qué ridiculez! Entonces vino él:

—¿Queréis un whisky?

Pues claro que queríamos whisky. Bebida de ricos. En cuanto acabamos de cenar, Gisa y yo ya estábamos deseando marcharnos. Entonces Raul dijo:

—Me gustaría enseñaros alguna de mi música.

¡Menuda mierda! ¿También teníamos que oír música? Pero debía conseguir el anuncio de cualquier manera. Fuimos a una habitación, cogió la guitarra y tocó unos temas maravillosos. Al final me dijo:

—Escribiste tú aquel artículo sobre platillos volantes, ¿no? Estoy planeando volver a cantar, ¿escribirías algunas letras para mí?

Yo pensé: ¿escribir letras? ¡Cómo le voy a escribir letras de canciones a un idiota que no ha probado la droga en su vida! No se ha llevado ni un canuto de marihuana a la boca. Ni siquiera un pitillo. Ya estábamos a punto de irnos y yo todavía no le había hablado del anuncio. Me armé de valor y le dije:

—Vamos a publicar tu artículo en la revista, pero ¿no podrías conseguir un anuncio de CBS para la revista?

Cuál no sería mi espanto cuando dijo que había presentado su dimisión ese día:

—Me voy a Philips porque voy a seguir mi sueño. No nací para ser ejecutivo; quiero ser cantante.

En ese momento me di cuenta: el idiota soy yo, este tío merece mi respeto. ¡Un tío que deja el trabajo que se lo da todo, su hijita, su mujercita, la asistenta, la familia, los pastelillos salados! Salí de allí impresionado con el tío.

25 de mayo de 1972

Los malos presagios identificados por Gisa no eran totalmente equivocados. Se equivocó de año, pero no de fecha. Era el primer paso de Paulo en dirección a uno de sus sueños: la fama. El 25 de mayo, por coincidencia, sería también una fecha crucial, un punto de inflexión, en la vida del futuro escritor: el día escogido por el destino, años después, para concertar un encuentro entre él y el diablo, ceremonia para la que se estaba preparando cuando conoció a Raul Seixas. Orientado por Marcelo Ramos Motta, se sentía un discípulo de la falange de la Bestia. Decidido a integrarse en las fuerzas malignas que habían conquistado incluso a Lennon o a Charles Manson, iniciaba su proceso para ser aceptado en la OTO como «probacionista», el primer grado en la jerarquía de la secta. Por suerte para él, su orientador no iba a ser Motta, sino otro militante de la organización, un trabajador licenciado de Petrobras llamado Euclydes Lacerda de Almeida —cuyo nombre mágico era Frater Zaratustra, o Frater Z.—, residente en la ciudad fluminense de Paraíba do Sul, a ciento cincuenta kilómetros de Río. «He recibido una carta, grosera como siempre, de Marcelo —le escribió Paulo a Frater Z. al enterarse de la noticia—. Me han prohibido ponerme en contacto con él, a no ser que sea a través de ti.» Era un alivio tener como instructor a un hombre educado como Euclydes, y no al grosero de Marcelo Motta, que trataba a todos los subordinados a patadas. Fragmentos extraídos de cartas dirigidas a militantes de la OTO por Parzival XI (como se autodenominaba Motta pomposamente) revelan que Paulo se quedó corto al calificar solamente de grosero al jefe de los adoradores del diablo:

[...] Preferiblemente no me escribas más. Si lo haces, envíame un sobre sellado y con la dirección puesta para que te responda, de lo contrario, no recibirás respuesta.

[...] Evalúa tu posición en la escala de los vertebrados, ¡mono!

[...] Si no eres capaz de erguirte sobre las dos piernas y buscar el Camino por ti mismo, entonces quédate a cuatro patas, ladrando como el perro que eres.

[...] No eres más que un pedazo de mierda espichada en un palo.

[...] Si de repente tu hijo más querido o tú mismo tuvierais una enfermedad mortal que precisara una costosa operación y sólo pudieras disponer del dinero de la OTO, deja que tu hijo muera, o muere tú mismo. Pero no toques el dinero.

[...] Todavía no has visto nada. Espera a que tu nombre sea conocido como miembro de la OTO. El servicio secreto del ejército, la CIA, el Shin-Beth [el servicio militar de inteligencia israelí], los rusos, los chinos y los infinitos curas romanos disfrazados de iniciados intentarán ponerse en contacto contigo inmediatamente.

Al menos en dos ocasiones el nombre de Paulo aparece en la correspondencia de Parzival XI con Euclydes. En la primera, da la impresión de que el futuro autor estaría negociando la publicación, por la Editora Três de São Paulo del libro *El equinoccio de los dioses*, escrito por Crowley y traducido al portugués por Marcelo Motta:

[...] Me he puesto en contacto directamente con la Editora Três a través de su representante en Río, y pronto veremos qué pasa con esa historia de la publicación de El equinoccio de los dioses. *Paulo Coelho es joven, entusiasta e imaginativo, pero aún es pronto para pensar que esa firma publicará realmente el libro.*

El lunes, Euclydes es reprendido por haberle transmitido al novato prematura y exageradamente información sobre el poder de Parzival XI:

[...] Paulo Coelho dice que le has dicho que yo destruí la masonería en Brasil. Hablas demasiado. Aunque fuera verdad, Coelho no tiene madurez mágica para comprender cómo se hacen estas cosas, y se confunde.

En esa época Paulo ya había tenido sus propias experiencias de acercamiento al diablo. Meses antes de conocer a Motta y la OTO, en una de sus interminables crisis de angustia se deshacía en lamentos. Las disculpas eran muchas, pero bien analizadas permitían ver la realidad de siempre: a punto de cumplir veinticinco años, era un don nadie, sin la más remota perspectiva de convertirse algún día en un escritor famoso. Era un callejón sin salida y esa vez el dolor era tan profundo que, en vez de implorar ayuda a la Virgen María, o al indefectible san José, como solía hacer, Paulo decidió negociar con el Príncipe de la Tinieblas. Si le daba poder para realizar todos sus sueños, el diablo recibiría a cambio su alma. «Como hombre ilustrado y conocedor de los principios filosóficos que rigen el mundo, la humanidad y el cosmos —se jactó en el diario—, soy perfectamente consciente de que el demonio no significa el mal, sino simplemente uno de los polos del equilibrio de la humanidad.» Utilizando un bolígrafo de tinta roja («color del referido ente sobrenatural»), empezó a redactar el pacto en forma de carta dirigida al diablo. Ya en las primeras líneas dejó claro que iba a ser él quien pusiera las condiciones y que no trataría con intermediarios:

Hace mucho tiempo que lo deseabas. Notaba cómo ibas cerrando el círculo a mi alrededor, y sé que Tú eres más fuerte que yo. Te interesa más a ti comprar mi alma que a mí venderla. En cualquier caso, necesito tener una idea del precio que Tú me vas a pagar. Por tanto, desde hoy, 11 de noviembre de 1971, y hasta el día 18 de noviembre, voy a hacer una prueba. Voy a hablar directamente contigo, el Rey del Otro Polo.

Para ritualizar la negociación, cogió una flor de un jarrón y la aplastó sobre su mesa, al tiempo que le proponía a Satanás una especie de experimento espectral:

Machacaré esta flor amarilla y me la comeré. A partir de ese momento, durante siete días, haré todo lo que me dé la gana y conseguiré todo lo que quiera, porque Tú vas a hacer que así sea. Si me satisface la prueba, Te entregaré mi alma. Si es necesario algún ritual, yo me encargaré de planificarlo.

Como prueba de buena fe, Paulo le prometió al demonio que, durante el período del experimento, haría el sacrificio de no rezar ni pronunciar nombres sagrados para la Iglesia. Pero insistió en dejar claro que aquello era una prueba, no un contrato eterno. «Me reservo el derecho de echarme atrás —continuó, siempre con letras rojas—, y quiero añadir que sólo hago esto por la absoluta desesperación en la que me encuentro.» El trato no duró ni una hora. Cerró el cuaderno, salió a fumarse un pitillo y a caminar por la playa y, al volver a casa, estaba pálido como un difunto, aterrorizado por la locura que había hecho. Abrió de nuevo el cuaderno y escribió en letras mayúsculas que ocupaban toda la página:

PACTO CANCELADO.
¡HE VENCIDO LA TENTACIÓN!

Paulo cerró el episodio seguro de que había conseguido engañar al diablo, pero no perdía nada por esperar. Mientras aguardaba el encuentro entre ambos, insistía en invocar al espíritu del mal en los reportajes y artículos que escribía para *A Pomba* y en un nuevo trabajo que había aceptado: tiras cómicas. Creados por él, seres del más allá tomaron forma en los trazos de Gisa e ilustraron las páginas de la revista. La buena acogida de la tira *Los vampiristas*, que retrataba los conflictos y las peripecias de un pequeño vampiro pacifista y solitario, animó a Gisa a enviar sus trabajos a King Features, una poderosa agencia americana de distribución de tiras cómicas, de la que ni siquiera recibió respuesta. Sin embargo, la pareja consiguió que se incluyeran tiras suyas en dos de los principales periódicos de Río, *O Jornal* y *Jornal do Brasil* (en éste, Gisa y Paulo crearon una tira especial del pequeño vampiro para la sección infantil, publicada los do-

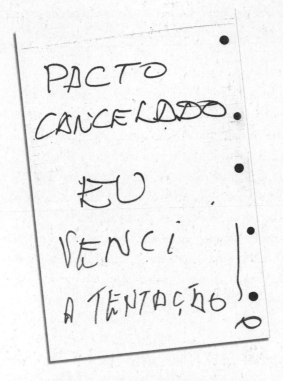

Arriba: Paulo se arrepiente y desiste del pacto
con el diablo. Abajo, viñeta de Vampirinho,
escrita por él e ilustrada por Gisa.

mingos). Esta colaboración daría lugar a un hijo muy popular, el personaje Curingão, publicado en boletos utilizados para las apuestas de la lotería deportiva. De vez en cuando, incluso en las páginas del aplaudido *Pasquim*, órgano oficioso de la *intelligentzia* carioca, aparecía una tira producida por ambos. Sobreviviendo prácticamente sin anuncios –aunque llegó a vender veinte mil ejemplares, un fenómeno en el reducido mercado de la contracultura–, a mediados de 1972 *A Pomba* se tambaleaba debido a las deudas, amenazando con acabar también con *2001*. Cuando el editor Eduardo Prado anunció que estaba pensando en cerrar las dos publicaciones, Paulo y Gisa se pasaron al periódico *Tribuna da Imprensa*, en el que firmaban una página entera, publicada los sábados, bautizada con el mismo nombre de la revista que murió dos números después de nacer: *2001*.

El cambio de vehículo era un paso hacia adelante para que su trabajo saliera del submundo de los platillos volantes, los elfos y los brujos, y llegara a un público más amplio. Aunque tenía una modesta tirada, comparado con los grandes diarios de Río, *Tribuna* era un periódico respetado por su tradición de lucha. Creado en 1949 por el periodista Carlos Lacerda para combatir las ideas, a los partidarios y al futuro gobierno del presidente Getúlio Vargas (1951-1954), y en ese momento en manos de Hélio Fernandes, el periódico era una víctima preferente de la censura militar. La llegada de Paulo y de Gisa al viejo edificio de la calle Lavradio, en las inmediaciones de Lapa, coincidía con el período más represivo de toda la historia de la dictadura, y eso se reflejaba en el día a día del periódico. Hacía tres años que la redacción de *Tribuna* era visitada todas las noches por oficiales del I Ejército que lo leían todo y después decidían lo que se podía publicar y lo que no. Según Hélio Fernandes, en esa época, los censores tiraban una quinta parte de la producción diaria de la redacción a la basura. Él mismo era un ejemplo de lo que les pasaba a los objetivos de la violencia del régimen, pues había sido detenido nada menos que veintisiete veces desde 1964, dos de ellas en confinamiento. Sin embargo, como a los militares no les importaban los temas herméticos y sobrenaturales, la página que hacían Paulo y Gisa en *Tribuna* no era objeto de amenazas. La notoriedad adquirida gracias al periódico animó al futuro escritor a presentar ante el departamento de publicidad de Petrobras un cómic hecho por él y por Gisa para distribuirlo en las gasolineras de la red estatal. El trabajador que lo recibió aprobó la idea, pero Paulo, preocupado por imprimir la máxima seriedad al proyecto, quiso dar una muestra de buena fe:

—Para que Petrobras no corra riesgos, estamos dispuestos a trabajar gratis durante un mes.

El otro se echó atrás:

—¿Gratis? Perdone, pero es usted un aficionado. Aquí nadie trabaja gratis. Trabaje más, y cuando sea un profesional, vuelva a traerme su proyecto.

Todavía con el rabo entre las piernas debido al rechazo, en agosto Paulo recibió una invitación para acompañar a su madre y a su abuela materna, Lilisa, a un viaje de tres semanas por Europa. Estaba muy metido en el trabajo de periodista y vaciló antes de decir que sí, pero no todos los días se podía rechazar un viaje a Europa con todos los gastos pagados. Además, siempre podía dejar preparadas varias tiras y páginas de *Tribuna* para que Gisa las ilustrase y dibujase mientras él estaba fuera, pues la invitación de su madre no incluía a su novia. Durante veintiún días Paulo se hartó de visitar museos, ruinas y catedrales en la ruta que comenzó en Niza, en el sur de Francia, y acabó en París, pasando por Roma, Milán, Amsterdam y Londres. Salvo dos o tres escapadas de la vigilancia materna para fumar hachís, en Amsterdam, el viaje también sirvió para apartarlo durante casi un mes del consumo diario de drogas.

Acostumbrado a una madre metódica y obsesiva, al llegar a casa Paulo se enfureció al ver que el apartamento estaba patas arriba y comprobó que al menos una de las colaboraciones para *Tribuna* no había sido entregada dentro del plazo:

La casa está desordenada, y eso me ha irritado profundamente. Ni siquiera está barrida. La factura de la luz no está pagada y el alquiler tampoco. La página de Tribuna no se entregó, lo cual es una absoluta irresponsabilidad. Estoy tan enfadado por eso que no tengo nada que escribir.

Pero no sólo malas noticias lo esperaban en Brasil. Mientras estaba fuera le había llegado por correo una invitación tentadora. La profesora Glória Albues, de la Secretaría de Educación de Mato Grosso, había decidido poner sobre el papel un viejo proyecto que se les había ocurrido a ambos en uno de los viajes de ella a Río. La idea era que Paulo pasara tres semanas cada dos meses en tres ciudades de Mato Grosso (Campo Grande, Três Lagoas —hoy en Mato Grosso do Sul, estado que entonces aún no se había creado— y Cuiabá) dando el curso titulado «Teatro y educación» a profesores y alumnos de la red pública de enseñanza. El salario era seductor (1.500 cruceiros al mes, el equivalente a 560 reales de 2008), prácticamente lo mismo que ganaba haciendo *A Pomba* y *2001*. Pero había una razón más para que Paulo cambiase las delicias de Río por los inhóspitos parajes de Mato Grosso. Cuando surgió el proyecto del curso él todavía no tenía relación con la OTO, pero en ese momento, interesado en propagar las ideas de Crowley, se le encendió una luz en la cabeza: ¿por qué no convertir el curso en un taller de prácticas de magia negra?

15

PAULO COELHO YA NO EXISTE. AHORA ES LUZ ETERNA (O STAARS), NOMBRE MÁGICO QUE HA ESCOGIDO PARA RENDIR CULTO A SATÁN

Solo o con Gisa, que lo acompañaba en su camino rumbo al satanismo, Paulo estaba probando algunos de los llamados ejercicios o prácticas mágicas. Uno de los que hacía con frecuencia consistía, primero, en coger en algún jardín una hoja de *Sansevieria trifasciata*, planta de hojas duras y puntiagudas conocida popularmente como espada de San Jorge. Si se realizaba en público el ejercicio solía exponer al novato a un cierto ridículo, porque había que dar diez pasos empuñando la planta como si fuera una espada de verdad, volverse hacia el poniente, y entonces hacer una reverencia hacia los cuatro puntos cardinales, apuntando con la «espada» hacia cada uno de ellos y gritar, a pleno pulmón: «¡La fuerza está en el oeste!» Cada paso hacia el lado izquierdo era acompañado de un grito, con los ojos mirando al cielo: «¡La sabiduría está en el sur! ¡La protección está en el este! ¡La victoria está en el norte!»

Al llegar a casa la espada de San Jorge se cortaba en once trozos —once es el número mágico de la teoría thelemita— con una navaja o cuchillo previamente clavado en la tierra y después calentado en el fuego y lavado en agua de mar. Después, los once trozos se disponían sobre la mesa de la cocina, formando el símbolo de Marte —el círculo que tiene una flechita, que también representa al sexo masculino—, mientras hervía agua en una cacerola. Mezclados con los pétalos troceados de dos rosas amarillas, los fragmentos de espada de San Jorge se metían en el agua hirviendo. Toda la ceremonia había que realizarla de modo que aquella pasta espesa y viscosa estuviera lista justamente a las once de la noche –según el *Liber Oz*, la hora del sol–, momento en el que había que echarla en el agua de una bañera y meterse en ella hasta medianoche, la hora de Venus. Después de realizar una de esas experiencias, Paulo se secó y escribió en el diario, con la casa casi a oscuras y el cuaderno iluminado sólo por la luz de una vela:

Sé que este ritual puede parecer extremadamente ingenuo. Duró en total casi dos horas, pero puedo decir que la mayor parte de ese tiempo estuve en contacto con una dimensión diferente, en la que las cosas están interconectadas en las Leyes (Causas Segundas). Percibo su mecanismo pero todavía no soy capaz de comprenderlo. Tampoco soy capaz de racionalizar el mecanismo. Sólo percibo que la intuición funciona muy cerca de la racionalización de esas dos esferas que casi se tocan. Algo me hace pensar que el demonio realmente existe.

Otra ceremonia que repetía con frecuencia era el llamado «ritual del pentagrama menor», que consistía en extender una sábana blanca en el suelo, sobre la que pintaba una estrella de cinco puntas en verde. Luego rodeaba el dibujo con un cordel empapado en azufre, con el que Paulo dibujaba el símbolo de Marte. Apagadas las luces, se colgaba una sola lámpara del techo, justo en el centro del pentagrama, simulando una columna de luz. Con una espada en la mano, completamente desnudo y en dirección al sur, pisaba en el centro de la sábana, hacía el «asana del Dragón» (posición de yoga en la que la persona se agacha en el suelo) y comenzaba a dar saltos, como un sapo, mientras repetía en voz alta invocaciones al demonio. En una de esas ocasiones la ceremonia terminó de forma insólita, tal como quedó registrado en el diario:

Al final de la primera media hora mis problemas personales empezaron a interferir seriamente en la concentración, desgastando mucha energía.

Cambié del asana del Dragón al de Ibis, quedándome en cuclillas en el centro del círculo, sacudiendo mi cuerpo. Eso me excitó sexualmente, y acabé masturbándome sin pensar en ninguna mujer, sino en la columna de luz sobre el círculo. Eyaculé hacia la columna en sucesivas contracciones, lo que pareció consagrarme definitivamente. Claro que tuve mucho sentimiento de culpa, pero se me pasó en seguida, tal fue el estado de éxtasis que alcancé.

Y fue en medio de esas tentativas todavía incorpóreas de acercarse al demonio cuando Paulo se preparó para la primera temporada en Mato Grosso. Dejó listos textos y tiras para *Tribuna* y otras publicaciones en las que colaboraba y mecanografió un programa para el curso, en el cual un lego no podría identificar nada de mágico ni diabólico. «Ése era el truco que utilizaba a propósito para que nadie se diera cuenta —confesaría años después—, porque sabía que estaba cometiendo una suprema irresponsabilidad al usar técnicas y rituales de magia para dar clases a profesores y adolescentes. Allí estaba yo haciendo magia izquierda, o magia negra: usaba a la gente sin que ella lo supiera, inocentemente, para mis experiencias mágicas.»

Antes de irse, Paulo le pidió permiso a Frater Zaratustra para emplear en el curso la *Tabla de esmeralda* de Hermes Trimegisto, un vademécum de trece mandamientos tan megalómanos como los de Crowley (cosas del tipo «Por tus medios tendrás toda la gloria del mundo», «Toda oscuridad huirá de ti», o «Tu fuerza está por encima de todas las fuerzas»). Sin saber que iban a ser utilizados como cobayas para experimentos de una secta satánica, en Mato Grosso lo recibieron con los brazos abiertos. Su llegada a cada una de las ciudades participantes en el proyecto era celebrada por la prensa local con elogios, exageraciones e incluso con una pizca de fantasía. Después de compararlo con Plinio Marcos y Nelson Rodrigues, dos de las mayores estrellas de la dramaturgia brasileña, el *Diario da Serra*, de Campo Grande, felicitaba al gobierno por haber invitado a Paulo a llevar a Mato Grosso un curso «coronado por el éxito cuando fue impartido en Río de Janeiro, en Belém do Pará y en Brasilia». El tratamiento que le fue conferido por el *Jornal do Povo*, de Três Lagoas, sería aún más exagerado:

> Y ahora le toca a Três Lagoas. Tenemos la oportunidad de recibir a una de las grandes figuras del teatro nacional: la figura de Paulo Coelho. En principio su persona casi no dice nada. ¡Pero Paulo Coelho es grande! El prototipo del concretismo, donde todo es fuerte, estructurado y creciente. Una figura como ésa tenía que existir, y eso es algo que lo aguijonea en todo momento, suscitando en él una enorme capacidad para transmitir. Sin ánimo de exagerar, podríamos compararlo simbólicamente a Cristo, que también nació para crear.

Desde la farsa de Aracaju, cuando plagió el artículo de Carlos Heitor Cony, que no recibía tantos elogios. Propagandista a tiempo completo, Paulo aprovechaba las pocas horas libres de que disponía para instruirse aún más sobre el misticismo, sin importarle demasiado el medio de acceso a ese mundo misterioso. En Três Lagoas, «por medio de un tibetano que está allí cumpliendo una misión», estuvo en la sede de la Sociedad Brasileña de Eubiosis, grupo defensor de la vida en harmonía con la naturaleza, y en la logia masónica Grande Ordem do Brasil. Al enterarse de que había una aldea de indios aculturados en la periferia de la ciudad, intentó visitarlos en busca de información sobre hechicería indígena. Al cabo de tres semanas de trabajo cerró las maletas en el hotel de Campo Grande y registró el primer balance de la experiencia:

> Al principio, el trabajo con la *Tabla de esmeralda* fue una gran decepción. Nadie entendió muy bien cómo funcionaba aquello (ni yo mismo, con todos los talleres e improvisaciones que he hecho al respecto). En cualquier caso, la semilla estaba puesta en la cabeza de los alumnos, y algunos modificaron mucho su raciocinio y empezaron a pensar de otra forma. Una alumna entró en trance durante una de las clases. La gran mayoría reaccionó en contra y el trabajo no tuvo sentido hasta el último día de clase, cuando conseguí, de alguna forma, romper los bloqueos emocionales de la gente. Está claro que me refiero a un desarrollo meramente

dramático respecto a la tabla. Tal vez si el último día de clase hubiera sido el primero, habría conseguido algo interesante con ellos.

Ah, antes de que lo olvide: el otro día salí por la ciudad a recoger algunas plantas (acababa de leer a Paracelso e iba a hacer una ceremonia) y vi una planta de marihuana frente a la oficina del Banco do Brasil. ¡Qué sorpresa!

De regreso a Río, Paulo se enteró por un compañero de *Tribuna* que la redacción de *O Globo* necesitaba gente. Era una gran tentación escribir en el que decía ser el «mayor periódico del país» y consiguió que alguien le concertase una entrevista con Iran Frejat, el temido jefe de redacción del periódico de la familia Marinho. Si conseguía entrar allí dispondría de un instrumento de verdad para difundir el ideario de la OTO. Varias veces, en su correspondencia con Frater Zaratustra, había puesto la página semanal de *Tribuna* a disposición de la secta, pero nunca le habían pedido nada. Al comentar con Raul Seixas su interés por conseguir un puesto en *O Globo*, su amigo intentó convencerlo de que abandonara la idea, recordándole otra vez su proposición de colaboración musical: «Deja eso. No vayas a pedir trabajo a ningún periódico, vamos a hacer música. TV Globo va a regrabar «Beto Rockefeller» [telenovela innovadora y de gran éxito emitida por la desaparecida TV Tupi en 1968-1969] y me ha pedido que haga la banda sonora. ¿Por qué no la hacemos juntos? Yo compongo la música y tú escribes la letra.»

Mientras Paulo tropezaba, perdido entre lo sobrenatural y la necesidad de ganarse la vida, Raul construía su carrera de cantante, dedicándose exclusivamente a la música: tenía un LP en el mercado —«Sociedade da Grã Ordem Kavernista», grabado casi clandestinamente en la CBS, semanas antes de dimitir— y se preparaba para participar en el séptimo Festival Internacional de la Canción, promocionado por la Rede Globo. En el caso de Paulo, aceptar colaborar con él significaba volver a la poesía, cosa que había jurado no hacer nunca más. Al menos, en ese momento, la plaza existente en *O Globo* le parecía más al alcance de su mano e iba a intentarlo. Concertada la entrevista con Frejat, apareció a la hora señalada en el edificio de la calle Irineu Marinho, se presentó al jefe de reportajes —que parecía de un humor pésimo— y se sentó en una esquina de la redacción, a la espera de que lo llamasen. Antes de salir de casa, Paulo había metido en la bolsa un providencial libro de poemas de san Juan de la Cruz, que lo ayudaría a distraerse mientras esperaba. A las dos de la tarde, una hora después de llegar, Frejat todavía no se había dirigido a él, dando órdenes y distribuyendo papeles por las mesas. Paulo se levantó, se sirvió un café de un termo, encendió un pitillo y volvió a sentarse. Cuando el reloj dio las tres de la tarde, se le acabó la paciencia. Arrancó las páginas del libro que estaba leyendo, las deshizo en docenas de trocitos, se llenó las manos con los pedazos de papel, se levantó y lo tiró todo sobre la mesa de Frejat. El gesto inusitado cogió de sorpresa al periodista, que reaccionó con una carcajada:

—¿Qué es esto chico? ¿Estás loco?

Paulo habló en voz baja pero clara:

—Hace dos horas que estoy esperando, ¿no te has dado cuenta? ¿Lo haces porque te estoy pidiendo un trabajo? ¡Es una falta de respeto!

Frejat zanjó el asunto con una reacción sorprendente:

—Esta bien, disculpa. ¿Era el empleo lo que querías? Entonces vamos a hacer una prueba: si sale bien, el empleo es tuyo. Puedes empezar ahora mismo. Vete a la Santa Casa a contar difuntos.

¿Difuntos? Sí, una de sus tareas diarias sería exactamente ésa: pasarse por la Santa Casa de Misericordia y por otros dos grandes hospitales de Río para recoger la lista de los nombres de los fallecidos que al día siguiente llenarían la página necrológica del periódico. A pesar de su experiencia en el *Diário de Notícias* y en *Tribuna*, iba a empezar en *O Globo* como novato. Como reportero en prácticas B, el grado más modesto de la carrera, trabajaría siete horas al día, con un día libre a la semana, ganando un sueldo de 1.200 cruceiros al mes (casi 450 reales de 2008). Las primeras semanas las pasó con lo que llamaba «reportajes sobre la naturaleza muerta» o «cobertura de manifestación pacifista», las visitas diarias a los depósitos de la ciudad. Los muertos ilustres, como políticos y artistas, eran trabajo de los reporteros con más experiencia, que redactaban los obituarios o

En la temporada en Mato Grosso, Paulo recurre a técnicas y rituales de magia negra en sus cursos de teatro para adolescentes.

los denominados temas de «memoria». Cuando el macabro viacrucis diario acababa más temprano, se daba una vuelta por la zona del barrio chino, en Mangue, para charlar un rato con las prostitutas.

Aunque no estaba formalmente contratado –eso era bastante frecuente con los principiantes en buena parte de los medios de prensa brasileña, lo que significaba no tener acceso a ninguna prestación social–, podía comer en el baratísimo restaurante de la empresa. Por tan sólo seis cruceiros –casi tres reales de 2008–, comía o cenaba en el comedor del periódico, en cuyas mesas se cansaría de ver nada más y nada menos que al dueño de *O Globo*, Roberto Marinho, en persona, cogiendo platos, tenedores y servilletas. El patrón, al parecer, también lo había visto. Días después de haberse cruzado con él en la fila del comedor, Paulo se enteró por Frejat de que D. Roberto, tal como el periodista y empresario era conocido, había mandado que lo avisaran de que podía escoger: o se cortaba el pelo –en aquella época larguísimo, a la altura de los hombros– o no hacía falta que volviera a la redacción. Trabajar en *O Globo* era más importante y él aceptó la exigencia sin grandes problemas, cortándose la melena. En cualquier caso, poco a poco los austeros redactores de traje y corbata iban dando lugar a una fauna desgreñada que causaba espanto entre los más viejos. Uno de los principales columnistas de *O Globo*, el dramaturgo Nelson Rodrigues, llegó a denunciar la invasión en un fiero artículo titulado «La inteligencia hippy»:

El otro día uno de mis amigos pasó por uno de nuestros mayores periódicos. Volvió horrorizado. Vio una redacción de hippies. Vio, en primer lugar, redactores descalzos. Yo dudé: «¿Descalzos de verdad?» Me lo juró: «¡Que me quede ciego si miento!» Otro escribía con un mico en el hombro. Mi amigo no entendía lo del mono. Y unos tres o cuatro tenían cara de Satán, el asesino de la hermosa Sharon. En una esquina, una chica en prácticas buscaba piojos en la cabeza de un compañero. Y, de pronto, una rata preñada echa una carrera y se para. Pasó un cronista, cuyo aroma era peor que el de la playa de Ramos. Y las chicas en prácticas vagaban entre las mesas y las sillas, ligeras, ágiles, incorpóreas como sílfides.

Aun así utilizaron a Paulo para hacer un reportaje en dos o tres emergencias, dándole la oportunidad para que sus superiores notasen que el novato de ojeras profundas sabía escribir y se desenvolvía haciendo entrevistas. Sin destacar haciendo coberturas de mayor relevancia, empezó a salir todos los días a la calle como los demás reporteros, sobre los que parecía tener siempre una ventaja: casi nunca regresaba a la redacción con las manos vacías. Lo que sus jefes no sabían es que cuando no encontraba gente que entrevistar, para hacer su trabajo, simplemente se inventaba los reportajes: todos los hechos, las declaraciones y los personajes salían de su imaginación. En una de esas ocasiones, Paulo recibió el encargo de hacer un reportaje sobre gente cuyo trabajo girase en torno al carnaval. Pasó el día en la calle, volvió a la redacción y al principio de la noche le entregó al editor, el experimentado Henrique Caban, cinco páginas de entrevistas con, entre otros, «Joaquim de Souza, vigilante», «Alice Pereira, camarera», «Adilson Lopes de Barros, dueño de un bar». El reportaje acababa con un «análisis del comportamiento de los cariocas ante el carnaval», una declaración del sospechoso «psicólogo Adolfo Rabbit». Por la noche Paulo anotó sobre la copia del reportaje que se llevó a casa algo que ni Caban ni nadie sabrían jamás: «Todo esto ha sido COMPLETAMENTE inventado.»

A pesar de valerse de actos condenables como ése, iba bien en el periódico. No llevaba ni dos meses trabajando cuando una de sus entrevistas, legítima, con Luís Seixas, presidente del Instituto Nacional de la Seguridad Social (INPS), saltó a la primera página de *O Globo* al día siguiente: «Medicamentos gratis en el INPS.» Y pronto recibiría una buena noticia: si se convertía en el coordinador de noche, recibiría un aumento salarial del 50 por ciento. El inconveniente que apartó a la mayoría de los candidatos —tener que trabajar todos los días desde las dos de la madrugada hasta las nueve de la mañana— no era exactamente un problema para alguien como él, un insomne que parecía sentirse igual de bien en la oscuridad de la noche que a plena luz del sol. Las atribuciones del coordinador de noche empezaban con la lectura de todos los periódicos con fecha del día siguiente, comprados por la noche en quioscos del centro, con el fin de cotejarlos con la edición de *O Globo* y verificar asuntos que eventualmente merecieran la atención del periódico. Una vez hecho esto, pescaba lo que iba a ser noticia al día siguiente en los informativos de la radio, preparando la pauta para los reporteros que entraban por la mañana. Además de eso, tenía que decidir, por propia iniciativa, qué sucesos de la noche merecían o no la presencia de un reportero o de un fotógrafo. Los primeros días deseaba que ocurriera algo importante en su horario. «Cualquier día de éstos saldrá la gran primicia de la noche, y seré yo el que la cubra, aumentando mi responsabilidad —anotó en el diario—. Me gustaba más el otro horario, pero trabajar en éste no es desagradable, si no fuera por el hijo de puta de Frejat, que me sigue reteniendo aquí por las mañanas.» Durante los casi seis meses que ocupó el cargo, sólo un suceso lo obligaría a movilizar a reporteros y fotógrafos: el asesinato del jugador Almir Albuquerque, *Pernambuquinho*, delantero del Flamengo muerto a tiros por turistas portugueses, en una pelea en el restaurante Río Jerez, en la zona sur. La mayoría de las veces, sin embargo, las noches transcurrían sin incidentes, lo que le dejaba tiempo, solo en la redacción, para llenar páginas de anotaciones que después serían añadidas al diario:

[...] Creo que no le gusto al jefe Frejat. Le ha dicho a alguien que soy «medio intelectualoide».

[...] Tal como le he dicho a Gisa, lo que me gusta del periodismo es que nadie dura mucho. Todos caen y se levantan de un momento a otro. La caída de Frejat está cerca, y va a pasar, pues toda la redacción está presionando. Nadie tiene buen carácter en el periodismo. El que lo tiene está jodido.

[...] He leído en un periódico que un individuo ha matado a su mujer a puñaladas porque ella no hacía nada. Recortaré la noticia y se la daré a Gisa. Espero que lo entienda.

[...] Adalgisa se ha marchado a Minas dejando la casa en un desorden absoluto. No entregó la página de *Tribuna*, no pagó la luz, ni lavó la ropa. Estas cosas me enfadan mucho. Parece que no es consciente de los problemas entre marido y mujer. Ahora no me apetece pagar la luz y la casa va a quedar a oscuras. Por teléfono me ha dicho que «estaba desbordada con tanto trabajo», pero no es nada de eso. No es más que una gran irresponsabilidad.

Como su compromiso con el curso en Mato Grosso era anterior a su trabajo en *O Globo*, a finales de 1972, después de mucha insistencia, Paulo consiguió que el periódico lo liberara durante tres semanas, sin remuneración, para dar las clases de teatro. Pero a principios del año siguiente seguía teniendo el mismo problema. «Estoy en un callejón sin salida entre el curso de Mato Grosso y el trabajo aquí, en el mayor periódico del país —escribió en el diario—. Caban me ha dicho que no puedo ir, y parece que voy a tener que dejar uno de los dos.» Además, Raul seguía insistiendo en la idea de trabajar juntos. Para demostrarle que realmente tenía interés en tenerlo como letrista, el bahiano le hizo una oferta seductora: firmó como si fuera suya y de Paulo Coelho la canción *Caroço de Manga*, compuesta sólo por él para la banda sonora de la nueva versión de la telenovela «Beto Rockefeller». Aunque no era extraño en el mundo discográfico que un autor «reconociera la colaboración» de un amigo en su música, significaba también el reparto equitativo de los derechos de autor generados por la obra. Poco a poco el personaje Raul Seixas empezaba a ganarse su sitio en la vida:

> [...] Es una tranquilidad trabajar de noche. Hoy no me he duchado. Dormí desde las nueve de la mañana hasta las siete de la tarde. Me levanté, Gisa no había ido a trabajar. Llamamos a Raul para avisarle de que no iba a salir hoy.
> [...] Estoy cansado. He estado tecleando todo el día en la máquina de escribir y ahora no soy capaz de recordar la letra que le prometí a Raul.
> [...] Raul es muy reacio a hacer música comercial. No se da cuenta de que, cuanto más dominas los medios de comunicación, más importante es tu repercusión.

Tal como había previsto, en abril de 1973 Paulo tuvo que decidir si seguía o no en *O Globo*. Como venía siendo habitual en todas las ocasiones en las que se veía obligado a tomar una decisión, dejó su destino en manos del *Libro de las mutaciones*, el *I Ching*. Solo en casa, y después de haberse concentrado, tiró sobre la mesa las tres monedas del oráculo chino y anotó en el diario los hexagramas revelados. No había dudas: el *I Ching* lo prevenía contra el trabajo en el periódico, advirtiéndole que aquello significaría un «lento y prolongado ejercicio rumbo al infortunio». No necesitaba nada más. A la mañana siguiente estaba definitivamente cerrada su efímera carrera en *O Globo*. El saldo fue positivo, incluso el bancario. El dinero acumulado con la venta de viñetas, con el curso en Mato Grosso, la página de *Tribuna* y el trabajo en *O Globo*, no sólo pagaron sus gastos del día a día, sino que le permitieron, siempre seguro, iniciarse modesta pero inteligentemente como inversor en la Bolsa de Valores. «He perdido el dinero con las acciones del Banco do Brasil. Estoy perdido... —anotaría más tarde en su diario, para días después recuperarse—. Las acciones de Petrobras, que estaban a veinticinco cuando yo las compré, hoy están a trescientos.»

Entre el día que dimitió en *O Globo* y el inicio de su colaboración con Raul Seixas, Paulo hizo un poco de todo. Además de las actividades que mantenía, volvió a dar clases para las pruebas de acceso, empezó a dirigir espectáculos de su amigo músico e incluso llegó a trabajar como actor en la pornochanchada[7] *Los mansos*, en la cual, al lado de estrellas de peso como José Lewgoy, Sandra Bréa y Heloísa Mafalda hacía el papel de hijo de unos calabreses traicionado por su mujer. Sin tener que pasarse ya las noches en la redacción, horario que lo obligaba a pasar todo el día durmiendo, empezó a verse con Raul, bien en su casa, o en la suya, para llevar a cabo la colaboración aplazada tantas veces. La perspectiva de trabajar juntos tenía un atractivo adicional para Paulo: como los derechos de *Caroço de Manga* ya estaban produciendo beneficios perceptibles en su cuenta bancaria, se hacía una idea de qué significaba ser letrista de un disco de éxito. Para no herir los pruritos hippies de su amigo, Raul no le

7. Género del cine brasileño, común en la década de los setenta. Se denominaba así porque incluía elementos del género conocido como *chanchada* (caracterizado por el humor ingenuo, burlesco y de carácter popular) y por sus altas dosis de erotismo, aunque no había escenas de sexo explícito en las películas. (*N. de la t.*)

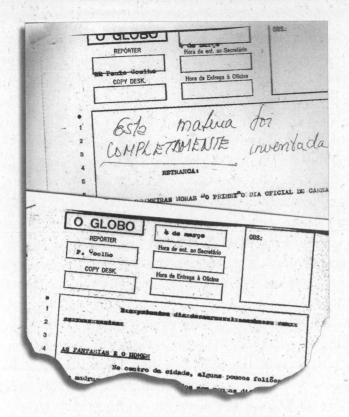

No todos los reportajes escritos por Paulo
para el periódico *O Globo* eran verdaderos.

hablaba de dinero cuando intentaba convencerlo: «Esas maneras tuyas de artista incomprendido no funcionan. Si quieres actuar, tienes que hablar de manera que la gente entienda lo que quieres decir.»

Con la experiencia del que, en tan poco tiempo, se había convertido en el autor de más de ochenta canciones grabadas por diversos intérpretes —aunque decía que no le gustaba ninguna de ellas—, el bahiano tenía el tacto suficiente para limar los prejuicios que Paulo todavía cultivaba contra cualquier forma de hacer versos. «Para hablar en serio con la gente no tienes que hablar de forma complicada —repetía Raul, en las interminables conversaciones que tenían—. Al contrario, cuanto más sencillo seas, más serio puede ser.» Didáctico, casi como un profesor, le explicaba que aquello no era un bicho de siete cabezas: «Hacer música es escribir en veinte líneas una historia que uno puede escuchar diez veces sin que te toque los huevos. Si lo consigues, habrás dado un gran salto: harás una obra de arte que todo el mundo entiende.»

Y así empezaron. Más que meros colaboradores, con el paso del tiempo se convirtieron en grandes amigos, o como a ambos les gustaba decirles a los periodistas, en «enemigos íntimos». Ellos y sus respectivas mujeres salían juntos y se visitaban con frecuencia. No pasó mucho tiempo antes de que Raul y Edith se sintieran atraídos por el vertiginoso hechizo de las drogas y de la magia negra. En esa época, en verdad, las drogas estaban en un segundo plano en la vida de Paulo, tal era la fascinación que ejercían sobre él los misterios que Frater Zaratustra y la OTO le revelaban. La tan proclamada «enemistad íntima» entre ambos no era sólo una expresión, y parece que nació de la amistad. Si Raul le había abierto las puertas de la fama y de la fortuna a su amigo, éste lo retribuía introduciéndolo en el mundo de las cosas secretas, en un universo al que no tenían acceso los mortales comunes. Por eso ambos se hartaron de afirmarlo a lo largo de sus vidas, lo que parecía un intercambio de delicadezas no era más que una sutil, casi imperceptible disputa personal, en la que cada uno ponía sus cartas sobre la mesa: Raul conocía el camino hacia la fama, pero Paulo era el que sabía cómo llegar al diablo.

El primer fruto de su trabajo conjunto apareció en 1973 en forma de LP titulado «Krig-Ha, Bandolo!», nombre sacado de un grito de guerra del personaje Tarzán, héroe de las novelas de Edgar Rice Burroughs, del cine y de cómics. De las cinco canciones en las que Paulo aparecía como letrista, sólo una, *Al Capone*, se convertiría en uno de esos temas que la gente cantaría por la calle. «Krig-Ha» también sería el responsable de que Raul Seixas se revelara como un letrista de verdad. Al menos tres de las canciones en las que el letrista y compositor era él —*Mosca na Sopa*, *Metamorfose Ambulante* y *Ouro de Tolo*— seguirían sonando en la radio muchos años después de su muerte, ocurrida en 1989. Aunque no fue un exitazo, el disco hizo posible que Paulo pudiera ver, por fin, dinero a raudales en su cuenta bancaria. Al pedir el saldo en la oficina del Banco do Brasil de Copacabana, semanas después del lanzamiento de «Krig-Ha», no se lo creía al ver que Philips había depositado 240 millones de cruceiros —algo así como 400.000 reales de 2008—, un dineral que nunca había visto antes.

Gracias al buen resultado del disco, los cuatro —Paulo, Gisa, Raul y Edith— lo festejaron por todo lo alto. Cogieron un avión y, después de pasar una semana infantil en Disney World, en Florida, visitaron Memphis, en Tennessee, la ciudad natal de Elvis Presley, y pasaron un mes en Nueva York. En uno de los muchos paseos que dieron por la Gran Manzana, acabaron en la puerta del Dakota Building, el gris, neogótico y algo siniestro edificio de apartamentos frente a Central Park, donde vivía el *beatle* John Lennon y que había sido el escenario de un clásico del satanismo, la película *La semilla del diablo*, dirigida por Roman Polanski. Movidos, quizá, por la proverbial inmodestia brasileña, Paulo y Raul creyeron que el éxito de «Krig-Ha» sería una credencial suficiente para que aquellos dos insignificantes roqueros pudieran confraternizar con la intangible figura del autor de *Imagine*. De regreso en Brasil, Paulo y Raul concedieron varias entrevistas, incluso para publicaciones internacionales, revelando detalles de su conversación con Lennon, que, según ellos, a pesar de estar con gripe, los recibió con su mujer Yoko para hablar; intercambiaron partituras de canciones e incluso consideró la posibilidad de hacer algo juntos. Una nota distribuida a la prensa, cuando volvieron a Brasil, revelaba cómo había sido el encuentro:

Paulo durante el rodaje de la pornochanchada *Los mansos*.
A la izquierda, el actor Ari Fontoura y, a la derecha, Felipe Carone.

[...] John Lennon apareció un día antes de nuestro regreso. Fuimos con un periodista de una cadena de televisión de Brasil. En cuanto nos sentamos, el periodista le preguntó inmediatamente sobre su separación de Yoko. Sin más ceremonia, John le pidió al periodista que se marchara inmediatamente, pues no iba a desperdiciar su tiempo con cotilleos. La reunión empezó con tensión debido a ese incidente, y John nos advirtió que cualquier tentativa de capitalizar el encuentro para autopromocionarse en Brasil sería muy mal recibida. Pasados los primeros minutos la tensión desapareció y hablamos durante media hora sin parar sobre el presente y el futuro. Los resultados de esa reunión serán divulgados poco a poco, según se vayan desarrollando los acontecimientos.

Era todo mentira. Con el paso del tiempo, la versión fue adaptándose a la realidad: Paulo y Raul nunca estuvieron en casa del *beatle* y tampoco los recibió su mujer, Yoko Ono. El personaje más cercano a John Lennon con el que consiguieron hablar fue el portero del Dakota: por el interfono, les informó secamente de que «el señor Lennon no se encuentra en casa», y nada más. Otra invención difundida por la nota de prensa decía que el *beatle* había quedado muy impresionado por un proyecto que Paulo y Raul estaban preparando para lanzar en Brasil, llamado Sociedad Alternativa.

El plan era crear una comunidad inspirada en la experiencia desarrollada por Aleister Crowley a comienzos del siglo XX en Cefalu, en Sicilia. El lugar escogido para ubicar la «Ciudad de las Estrellas», tal como Raul lo había bautizado, era Paraíba do Sul, donde vivía el iniciado Euclydes Lacerda, alias Frater Zaratustra. El roquero bahiano se introdujo con tal rapidez en el mundo de las drogas y de la magia que, un año después de conocerse, no se parecía, ni de lejos, al ejecutivo repeinado que fue a la redacción de *A Pomba* a hablar de platillos volantes. Con barba y exhibiendo una vistosa cabellera negra, Raul empezó a vestirse con ropa extravagante, con pantalones de campana y trajes de lamé brillante, sin camisa por debajo, que dejaban entrever su pecho pálido, hueco y huesudo.

Al volver de la gira amcricana, ambos amigos empezaron a concebir el que sería, con mucho, su mayor éxito: el LP «Gita». De las

Edith, Raul, Paulo y Gisa en Estados Unidos.

once canciones escogidas para componer el disco, siete eran temas escritos por Paulo y, de ellas, al menos tres se convirtieron en marcas registradas de la pareja: *Medo da Chuva*, *Gita* y *Sociedade Alternativa*. La primera denunciaba, ya en el primer verso, las poco ortodoxas concepciones del letrista respecto al matrimonio (*É pena que você pense que eu sou seu escravo / Dizendo que eu sou seu marido e não posso partir / Como as pedras imóveis na praia eu fico ao teu lado / Sem saber dos amores que a vida me trouxe e eu não pude viver...* [Es una pena que pienses que soy tu esclavo / Dices que soy tu marido y que no puedo irme / como las piedras inmóviles de la playa me quedo a tu lado / sin conocer los amores que la vida me ha dado y no he podido vivir...]). El tema *Gita* no era más que la fiel y bien elaborada traducción del diálogo entre Krishna y Arjuna del *Bhagavad Gita*, texto sagrado del hinduismo que los autores acababan de leer. Lo más intrigante del álbum, sin embargo, era la sexta canción, *Sociedade Alternativa*. O, al menos, lo que ocultaba. A primera vista la letra de *Sociedade Alternativa* suena como un inocente juego surrealista en torno a una única estrofa, repetida a lo largo de toda la canción:

> *Se eu quero e voçé quer*
> *Tomar banho de chapéu*
> *Ou esperar Papai Noel*
> *Ou discutir Carlos Gardel*
> *Então vá!*

> *[Si yo quiero y tú también*
> *Ducharme con sombrero*
> *O esperar a Papá Noel,*
> *O hablar de Carlos Gardel*
> *¡Venga!]*

Era en el estribillo que abría y cerraba la estrofa, sin embargo, donde se ocultaba el misterio. Acompañado con el coro que reforzaba su voz, Raul decía:

Faze o que tu queres, pois é tudo da lei.
Viva! Viva! Viva a Sociedade Alternativa!

[Haz lo que quieras será la única ley.
¡Viva, viva! ¡Viva la Sociedad Alternativa!]

Como si no quisieran dejar dudas respecto a sus intenciones, los autores transcribieron literalmente párrafos enteros del *Liber Oz* para finalmente descubrir el juego, dejando claro a servicio de quién estaban. Mientras Raul cantaba el estribillo, su propia voz, mezclada en segundo plano, declamaba:

O número 666 chama-se Aleister Crowley!
Viva! Viva!
Viva a Sociedade Alternativa!
A lei de Thelema
Viva! Viva!
Viva a Sociedade Alternativa!
A lei do forte
Esta é a nossa lei e a alegria do mundo
Viva! Viva!
Viva o Novo Aeon!

[El número 666 se llama Aleister Crowley!
Viva! ¡Viva!
¡Viva la Sociedad Alternativa!
La ley de Thelema
¡Viva! ¡Viva!
¡Viva la Sociedad Alternativa!
La ley del fuerte
Ésta es nuestra ley y la alegría del mundo
¡Viva! ¡Viva!
¡Viva el Nuevo Aeon!]

Aunque sólo los escasos iniciados en el mundo de Crowley se daban cuenta, Paulo Coelho y Raul Seixas habían decidido convertirse en portavoces de la OTO y, en consecuencia, del diablo. Para muchos de sus oyentes aquél era un mensaje en clave, para burlar la censura, y defendía una nueva sociedad como alternativa a la dictadura militar. Ésa parecía ser también la opinión del gobierno: después de haber permitido la grabación de *Sociedade Alternativa*, la censura prohibió su interpretación en los conciertos que Raul daba por todo Brasil. Con o sin censura, la verdad es que todo iba tan bien que Paulo llegó a la conclusión de que sus días de dificultades económicas y emocionales habían llegado a su fin. Aquella noche, como solía hacer a veces, en vez de escribir grabó el diario en una cinta, dramatizando al hablar, como si estuviera en un palco:

El día 15 de abril de 1974, a los veintiséis años de edad, yo, Paulo Coelho, he acabado de pagar mis crímenes. Hasta los veintiséis no he sido consciente de que ya he pagado. Ahora dadme la recompensa.

Quiero ahora lo que se me debe.

¡Lo que se me debe será lo que yo desee!

¡Y deseo dinero!

¡Deseo poder!

¡Deseo gloria, inmortalidad y amor!

Mientras los demás deseos no se realizaban, disfrutaba del dinero, de la gloria y del amor. A principios de mayo, Raul los invitó a él y a Gisa a ir a Brasilia, donde iba a dar tres conciertos durante la Fiesta de las Naciones que se iba a celebrar en la capital federal los días 10, 11 y 12. Allí empezaba la temporada de promoción del LP «Gita», que iba a salir al mercado dos semanas después. Esclavo del *I Ching*, Paulo lanzó las tres monedas del oráculo varias veces encima de la mesa hasta asegurarse de que el viaje no representaba ningún riesgo. Instalados en el elegante hotel Nacional, la tarde del viernes, día del primer concierto, ambos fueron requeridos por la Policía Federal para un procedimiento rutinario en el comportamiento de la censura: reiterarles a los artistas lo que podía cantarse en público y lo que no. El coronel y el burócrata que los recibieron les explicaron que en su caso la única canción vetada era *Sociedade Alternativa*. Con la gente apiñada por todas las esquinas del palacio de deportes en el que se presentaban, los dos primeros conciertos transcurrieron sin imprevistos. La noche del domingo, día del último concierto, Raul, que se había pasado la tarde y el anochecer fumando marihuana, sufrió lo que él denominó «un lapsus». De repente no era capaz de recordar ni una sola de las letras de los temas previstos. Mientras la banda mantenía al público encendido, el bahiano se agachó al final del escenario y cuchicheó algo al oído de su socio, que estaba sentado en primera fila: «Don Paulete, ayúdame porque me he quedado en blanco. Sube aquí y entretén al público un minuto mientras me echo un poco de agua en la cara.»

Micrófono en mano, Raul presentó a Paulo a la multitud como «mi querido socio» y lo dejó con la alcachofa en las manos. Como el público acompañaba a la banda con las palmas, gritando el estribillo prohibido, Paulo simplemente hizo lo mismo y se puso a cantar con ellos:

> *Viva! Viva! Viva a Sociedade Alternativa!*
> *Viva! Viva! Viva a Sociedade Alternativa!*

De vuelta en Río resumió en pocas líneas el fin de semana en Brasilia:

> Fue un viaje tranquilo. El viernes tuvimos un contacto oficial con el gobierno, estuvimos hablando con el jefe de la censura y con un coronel de la Policía Federal. El domingo le hablé a la multitud por primera vez, me cogió totalmente desprevenido. Estamos divulgando *Sociedade Alternativa* a través de las entrevistas.

Aquella semana Paulo tomaría una importante decisión: la formalización de su entrada en la OTO como «probacionista» (es decir, novicio), ocasión en la que juró «dedicación eterna a la Gran Obra». Para los adoradores del diablo, a partir de aquel 19 de mayo «del año

1974 de la Era Vulgar», el «nombre profano» de Paulo Coelho de Souza desaparecería para dar lugar al «nombre mágico» que él mismo había escogido: Luz Eterna, o Staars, o también, simplemente, *313*. Después de enviar su juramento por correo, anotó en su diario: «De tanto ser invocado, ya debe de estar echando fuego por la nariz por aquí cerca.» Estaba. La mañana del 25 de mayo, seis días después de su ingreso en el mundo de las tinieblas, Paulo tendría su tan deseado encuentro con el diablo.

16

PAULO ESCAPA DEL DIABLO Y DE LOS POLICÍAS DEL DOPS, PERO CAE EN UN LUGAR PEOR QUE EL INFIERNO: EL DOI-CODI

El dineral que Philips había depositado en la cuenta bancaria de Paulo el año anterior era sólo una muestra de lo que estaba por llegar. Tras el clamoroso éxito de «Krig-Ha, Bandolo!», la discográfica lanzó un disco sencillo con las canciones *Gita* y *Não Pare na Pista*, esta última concebida en la carretera Río-Bahía, cuando la pareja volvía de unos días de vacaciones en casa de los padres de Raul, en el municipio de Dias d'Avila, en el interior de Bahía. El objetivo del disco era ofrecer al público un aperitivo del LP que saldría en junio, pero en menos de un mes había batido el récord de cien mil copias vendidas, cifra que les supuso a sus autores un precoz Disco de Oro, el primero de un total de seis que les dieron por las dos canciones. Cada vez que una emisora de radio hacía, sin saberlo, una invocación al demonio poniendo el estribillo «*Viva! Viva a Sociedade Alternativa!*», la caja registradora de ambos tintineaba. En abril de 1974 Paulo compró un apartamento de ciento cincuenta metros cuadrados en la calle Voluntários da Pátria, en Botafogo, a pocas manzanas del lugar en el que había nacido y pasado su infancia, y se mudó allí con Gisa.

El día 24 de mayo, un viernes, dos semanas después de la breve temporada en Brasilia, Raul lo llamó para decirle que tenía que presentarse el lunes siguiente en el DOPS para «prestar declaración».

Acostumbrado a los frecuentes requerimientos para discutir la censura de canciones para los conciertos o los discos, no parecía asustado, pero ante la duda le pidió a su socio que lo acompañase. En cuanto colgó el teléfono, Paulo consultó con el *I Ching* si corría algún riesgo yendo con Raul al DOPS. Como la respuesta fue negativa –o al menos eso parece, ya que la interpretación del oráculo, según sus seguidores, no siempre es precisa–, no pensó más en el asunto.

Al despertarse, el sábado por la mañana, Paulo vio en la mesilla de noche una nota de Gisa, que había salido temprano y prometía volver pronto. Al ver la primera página del *Jornal do Brasil* que habían dejado bajo la puerta de entrada, la fecha impresa en la cabecera llamó su atención: hacía exactamente dos años que conocía a Raul (y que su vida había dado un vuelco). Tomó un café, fumó un pitillo, se asomó a la ventana, desde donde se veía el sol pegando en la calle, allá abajo, y fue hasta la habitación a ponerse un pantalón corto para su paseo diario de una hora. Percibió un leve olor a quemado en la casa, comprobó los enchufes y los electrodomésticos y no encontró nada extraño. Al dar dos pasos, notó que el olor volvía, ahora más fuerte. No, no. Aquello no era el olor de una combustión eléctrica, sino de algo que le parecía cada vez más familiar. Sintió un escalofrío cuando la memoria lo transportó al lugar en el que había notado el mismo olor que invadía su apartamento: el depósito de la Santa Casa de Misericordia, que había visitado diariamente durante varios meses, recogiendo datos sobre los muertos para la página necrológica de *O Globo*. Era el olor macabro de las velas que parecían permanentemente encendidas, iluminando en el velatorio de la Santa Casa la desencarnación de aquellos muertos. La diferencia era que el olor que lo invadía todo a su alrededor era tan fuerte que parecía venir de cien, de mil velas ardiendo al mismo tiempo.

Al agacharse para atarse las zapatillas, le dio la impresión de que el suelo de madera se inclinaba hacia arriba, acercándose peligrosamente a su cara. Eran sus piernas las que lo habían hecho tambalearse inesperadamente, como si hubiera sufrido un vértigo muy fuerte, inclinando su pecho hacia adelante. A punto estuvo de caerse al suelo. Con la intensificación del vértigo, intentó recordar si había comido algo en mal estado, pero no, no era eso: en realidad no tenía náuseas ni ganas de vomitar, sentía simplemente una especie de remolino que lo invadía todo a su alrededor. Además del aturdimiento, que iba y venía, notó que el apartamento estaba lleno de una bruma oscura, como si el sol hubiera desaparecido de repente y nubes negras hubieran invadido la casa. Por un instante deseó estar sufriendo el momento más temido por los consumidores de drogas: un *bad trip*, el viaje a veces sin regreso provocado por el consumo de LSD. Pero no era posible; hacía mucho que no comía ni siquiera un trocito de LSD. Y nunca había oído que la marihuana o la cocaína hubieran llevado a nadie a un infierno como ése.

Intentó abrir la puerta y salir a la calle, pero el miedo lo paralizaba. Allá fuera podía ser peor que en casa. Ahora, además de los vértigos y de la niebla, oía ruidos que lo asustaban, como si alguien o algo estuviera rompiéndolo todo a su alrededor, pero las cosas seguían en su sitio. Aterrorizado y sin fuerzas para reaccionar, sus esperanzas renacieron cuando sonó el teléfono. Le pidió a Dios que fuera Euclydes Lacerda, Frater Zaratustra, alguien capaz de poner fin a aquel martirio. Levantó el auricular pero casi colgó al darse cuenta de que estaba invocando el santo nombre de Dios para hablar con un discípulo del diablo. Ojalá fuera Euclydes, pero quien lo llamaba era su amiga Stella Paula, a la que Paulo también había reclutado para la OTO. Entre llantos y tan aterrada como él, llamaba para pedir socorro, pues su apartamento estaba siendo invadido por un humo negro, un fuerte olor a algo en descomposición y otros miasmas sofocantes. Entonces fue él quien se echó a llorar de forma incontrolable. Colgó el teléfono y recordó el recurso que usaba cuando se pasaba consumiendo marihuana o cocaína: fue a la nevera y bebió varios vasos de leche, uno tras otro, y después metió la cabeza debajo del grifo del lavabo del baño, dejando correr el agua fría. Pero nada. El olor a muertos, la humareda y los vértigos seguían, y también el ruido, como si alguien lo estuviera destrozando todo, tan fuerte que lo obligaba a taparse los oídos con las manos para amortiguarlo.

Entonces, como si su memoria descifrase un antiguo jeroglífico, empezó a comprender lo que pasaba. Después de romper por com-

Liberdade   Vida
Poder   Putrefação
Destino   Morte

                    A.·.   A.·.

              O   JURAMENTO DE   PROBACIONISTA

      Eu,____PAULO___COELHO_____ estando em gozo
               (nome profano)

      de saúde física e mental, neste ___19___ dia de __MAIO__
                                        (nº)   (mês)

      An _____LXX_____,Sol
          (ano a partir de 1904, em algarismos romanos)

      em __TAURUS_____, de ___1974_____ e.v.__,
          (sígno zodiacal)   (ano da era vulgar, e.v.)

      na presença de _____T._____,
                       (inicial do moto do Neófito ou Neófita)

      um(a) Neófito(a) da A.·. A.·., aquí me dedico a: Encetar a

      Grande Obra, que é obter um conhecimento científico da natureza

      e dos poderes de meu próprio sêr.

           Que a A.·.A.·. corôe a Obra, empreste-me de Sua sabedoria

      na Obra, me abilite a compreender a Obra!

           Reverência, dever, simpatia, devoção, assiduidade, confian

      ça eu trago à A.·.A.·.; e em um ano a partir desta data possa

      eu ser admitido(a) ao conhecimento e conversação da A.·.A.·.!

                     Testemunhe minha mão _____
                                          (assinatura mundana)
                     Moto _LUZ__ETERNA_____
                                (3/3)

Amor   Luz
Paixão   Percepção
Deboche   Escuridão

El día 19 de mayo de 1974 de la Era Vulgar, el nombre profano
de Paulo Coelho desaparece para dar lugar a Luz Eterna
–o simplemente 313.

pleto sus lazos con la fe cristiana, había pasado los últimos años trabajando con energías negativas en busca de algo que ni el mismo Aleister Crowley había conseguido: encontrarse con el diablo. Lo que sucedía aquella mañana de sábado era lo que Frater Zaratustra llamaba «reflujo de energías mágicas»: lo que tanto había pedido en invocaciones y baños en espadas de San Jorge le estaba siendo concedido. Paulo estaba cara a cara con el demonio. Sintió ganas de tirarse por la ventana, pero saltar desde un cuarto piso podía significar estrellarse contra el suelo, sufrir terriblemente, puede que no andar nunca más, pero aun así no morir. Llorando como un bebé abandonado, con las manos tapándose los oídos y la cabeza enterrada entre las rodillas, recordó fragmentos de las amenazas que el padre Ruffier profería desde el púlpito de la capilla del colegio Santo Inácio. Con nitidez meridiana vio los brazos cortos y gruesos del religioso levantados hacia el cielo en medio de imprecaciones:

[...] ¡Estamos en el infierno! Aquí sólo hay lágrimas y sólo se oye el rechinar de dientes de odio de unos contra otros.

[...] Mientras lloramos de dolor y de remordimientos, el demonio esboza una sonrisa que nos hace sufrir todavía más. Pero el peor castigo, el peor dolor, el peor sufrimiento es que no tenemos ninguna esperanza. Estamos aquí para siempre.

[...] Y el demonio dirá: ¡Querido, tu sufrimiento aún no ha empezado!

Era eso, estaba en el infierno, un infierno mucho peor que el que el padre Ruffier había prometido y al cual parecía condenado solitariamente. Sí, porque ya llevaba mucho tiempo –¿dos horas?, ¿tres? Había perdido la noción del tiempo– y Gisa no daba señales de vida. ¿Le habría sucedido algo? Para no seguir pensando en aquello, comenzó a contar los libros que tenía en casa, después los discos, los cuadros, los cuchillos, las cucharas, los tenedores, los platos, los pares de calcetines, los calzoncillos... Cuando llegó a las últimas piezas, empezó de nuevo otra vez, contando los libros, los discos... Estaba agachado debajo del fregadero de la cocina, con las manos llenas de tenedores, cuando Gisa llegó. Tan aturdida como él, con temblores de frío y con los dientes castañeteando, le preguntó qué estaba pasando, pero Paulo no lo sabía. Ella se enfadó:

—¿Cómo que no lo sabes? ¡Tú lo sabes todo!

Abrazados, se arrodillaron en el suelo y se echaron a llorar. Al oírse confesándole a Gisa que tenía miedo a morir, Paulo notó que los fantasmas del colegio Santo Inácio renacían. «Tienes miedo a morir —le había gritado una vez el padre Ruffier, delante de sus compañeros—, y a mí me indigna tu cobardía.» Gisa también estaba avergonzada al ver acobardado de aquella manera al hombre que días antes era el sabelotodo, el machote que la había inducido a mezclarse con los desatinados brujos de la OTO. En medio de aquel pandemónium, sin embargo, poco le importaba a Paulo la opinión que tuvieran de él el cura, su novia o sus padres. La única verdad es que no quería morir, y mucho menos entregar su alma al diablo. Se armó de valor y susurró al oído de Gisa:

—¡Vamos a buscar una iglesia! ¡Vamos directamente a una iglesia!

La militante de izquierdas parecía no reconocer a su novio:

—¿Iglesia? Pero ¿qué vas a buscar a una iglesia, Paulo?

A Dios. Él quería una iglesia para pedirle a Dios que lo perdonara por haber dudado de su existencia y que pusiera fin a aquel sufrimiento. Arrastró a Gisa hasta el baño, abrió el grifo del agua fría de la ducha y se agachó en el suelo, al lado de ella. El mal olor, la nube y los ruidos continuaban. Paulo se puso a rezar en voz alta todas las oraciones que conocía —avemaría, padrenuestro, credo— hasta que ella lo acompañó. Nunca recordarían cuánto tiempo pasaron allí, pero ambos tenían la punta de los dedos azuladas y arrugadas por el agua cuando Paulo se levantó corriendo, fue a la sala y cogió de la estantería un ejemplar de la Biblia. Otra vez debajo del agua, abrió el libro sagrado por una página al azar y vio el versículo 24, capítulo 9 de San Marcos, que él y ella se pusieron a repetir, como un mantra, debajo de la ducha:

Creo, ayuda a mi poca fe...
Creo, ayuda a mi poca fe...
Creo, ayuda a mi poca fe...

Las seis palabras fueron repetidas como una letanía cientos, puede que miles de veces. Paulo renegó y abjuró, también en voz alta, de sus relaciones con la OTO, con Crowley y con todos los demonios que parecían haberse liberado aquel sábado. Cuando la paz volvió, ya entraba la noche por la ventana del apartamento. Paulo se sentía como un trapo, física y emocionalmente hablando.

Aturdidos por lo que acababan de vivir, no fueron capaces de dormir aquella noche en el apartamento. Los muebles, los libros y los objetos de la casa seguían todos en su sitio de siempre, como si aquel lugar no hubiera sido el escenario de un terremoto, pero lo mejor era no arriesgarse y pasaron el fin de semana en casa de Lygia y Pedro, en Gávea. Desde que había empezado su relación con Paulo, Gisa frecuentaba la casa de los Coelho regularmente, siendo siempre bien recibida, sobre todo por Lygia, que la colmaba de atenciones. No era una excepción. La madre trataba a todas las novias de Paulo con una deferencia especial, asegurándoles que le encantaría que la relación se prolongase hasta el matrimonio. Ni siquiera Vera Richter, cuya edad y estado civil podrían haber despertado malestar en una familia tan conservadora, recibió un trato diferente. Lygia sabía que si esperaba una nuera perfecta su hijo moriría soltero. Para los Coelho, el defecto de Gisa era su radicalismo político. En las largas comidas de domingo en Gávea, cuando se juntaban los padres, los tíos y los abuelos de Paulo, Gisa no dejaba de defender sus ideas, aunque sabía que estaba en un reducto de salazaristas, franquistas y, claro, férreos defensores de la dictadura militar brasileña. Aunque todo indica que poco a poco fue dejando su militancia política en el movimiento estudiantil, sus puntos de vista no habían cambiado. Marcos Medeiros Bastos, el primer marido de Sônia Maria, hermana de Paulo, recuerda que a aquella chica le gustaba provocar a los mayores: «En las comidas familiares en casa de los padres o de los abuelos de Paulo, en Gávea, su actitud era radical. Los mayores eran muy conservadores, y ella, una contestataria radical.»

Cuando la pareja se fue, el lunes por la mañana, doña Lygia los invitó a una cena que iba a preparar aquella noche para su hermana

Heloísa, la tía Helói. Volvieron en taxi —Paulo aún no había aprendido a conducir— al apartamento de Voluntários da Pátria. Ni olores, ni miasmas, ni trozos de cristal, nada indicaba que dos días antes aquel lugar había sido el escenario de lo que a los dos les había parecido, sin la menor duda, una guerra entre el Bien y el Mal. Al escoger la ropa que se iba a poner después de la ducha, Paulo decidió que no iba a ser más esclavo de supersticiones. Cogió en el armario una camisa azul claro, de manga corta y bolsillos con bordados de colores, un regalo que su madre le había hecho tres años antes, y que nunca se había puesto. La prenda se la habían comprado sus padres en un viaje que habían hecho a Asunción, capital del país vecino cuyo nombre, desde la detención en Ponta Grossa, no había vuelto a pronunciar. Poniéndose la camisa paraguaya quería, antes de nada, probarse a sí mismo que se había liberado de las manías esotéricas. Comió con Gisa y a las dos de la tarde pasó por el apartamento de Raul para acompañarlo al DOPS.

Para recorrer los quince kilómetros de embotellamientos que separan el Jardim de Alah, donde vivía el bahiano, del edificio del DOPS, en el centro de la ciudad, tardaron más de media hora, tiempo que utilizaron para hablar sobre los eventos que tenían por delante, para promocionar el LP «Gita». Un año antes, al lanzar el álbum «Krig-Ha, Bandolo!», ambos habían protagonizado una «marcha musical» por las calles comerciales del casco viejo de Río, una idea de Paulo que tuvo mucho éxito. El inusitado *happening* les había proporcionado valiosos minutos en los telediarios, además de reportajes en periódicos y revistas. Para «Gita», querían hacer algo todavía más extravagante. La tranquilidad con la que se dirigían a la policía política bajo una dictadura militar, sin la compañía de un abogado o un representante de la discográfica, no era una actitud irresponsable. Además de ser artistas razonablemente conocidos —al menos Raul lo era—, ninguno tenía nada que esconder. Salvo la detención de Paulo en Ponta Grossa, en 1969, y las escaramuzas con la censura, a ninguno de los dos se les podía imputar un acto que se confundiera con oposición a la dictadura. Y el régimen, en cualquier caso, había exterminado a todos los grupos de lucha armada que actuaban en el país. Seis meses antes, a finales de 1973, tropas del ejército habían masacrado los últimos focos de la guerrilla de Araguaia, al sur de Pará, dejando un saldo de 69 muertos entre los militantes del PCdoB. Aniquilada la oposición armada, poco a poco la máquina represora estaba siendo naturalmente desactivada. El régimen todavía cometía y seguiría cometiendo muchos crímenes y atrocidades, pero aquel lunes de mayo de 1974 no era una locura acudir a un requerimiento del DOPS, incluso porque se sabía que las acusaciones de torturas y eliminación de presos recaían la mayoría de las veces contra los servicios de inteligencia y otros sectores del ejército, de la marina y de la aviación.

Cuando el taxi los dejó en la puerta del centenario edificio de tres plantas de la calle Relação, a dos manzanas de los despachos de la discográfica Philips, eran las tres en punto del día 27 de mayo. Mientras Paulo se sentaba a leer el periódico en una sala de espera, Raul le enseñó la citación al funcionario de una ventanilla y después entró por un pasillo. Media hora después, el roquero estaba de vuelta. Sin dirigirse a su socio, que ya se preparaba para salir, Raul fue hasta un teléfono público que había en la pared, fingió marcar un número y se puso a canturrear algo en inglés:

My dear partner, the men want to talk with you, not with me...
[Querido compañero, quieren hablar contigo, no conmigo...]

Como Paulo parecía no entender el truco utilizado para alertarlo de que corría peligro, Raul siguió toqueteando con los dedos el teléfono y repitiendo, como si fuera un estribillo:

They want to talk with you, not with me...
They want to talk with you, not with me...

[Quieren hablar contigo, no conmigo.
Quieren hablar contigo, no conmigo.]

Paulo seguía sin entender nada. De pie, dispuesto a salir, le preguntó sonriendo:

La marcha musical de Paulo y Raul
por las calles centrales de Río y el
cómic *Krig-Ha Bandolo!*, que intrigaba
a la policía.

—¿Qué tontería es ésta Raul? ¿Qué es eso que estás cantando?

Cuando se dispuso a salir hacia la puerta, un policía le puso la mano sobre el hombro:

—Usted, no. Usted tiene que permanecer aquí para aclarar algunas cosas.

Aturdido, Paulo sólo consiguió balbucir un rápido «avisa a mi padre, Raul», antes de desaparecer por la puerta. Fue conducido por un laberinto lleno de pasillos mal iluminados y atravesó un patio al aire libre hasta llegar a una galería con celdas enrejadas por los dos lados, la mayoría de las cuales parecían vacías, y de donde salía un fuerte olor a orina mezclada con desinfectante. El hombre que lo llevaba paró delante de una de ellas, en la que había dos chicos detenidos, lo metió dentro de un tortazo y cerró con llave. Sin dirigirles la palabra a los demás, Paulo se sentó en el suelo, encendió un pitillo e, invadido por el pánico, intentó descubrir qué podría haber detrás de aquella detención. Estaba inmerso en sus preocupaciones cuando uno de los chicos, más joven que él, lo interrumpió:

—¿Eres Paulo Coelho?

Asustado, respondió instintivamente:

—Sí, lo soy, ¿por qué?

—Nosotros somos Niños de Dios. Yo estoy casado con Talita, la conociste en Amsterdam.

Era verdad, recordó que, durante su viaje a Holanda, una chica brasileña lo había abordado, atraída por la bandera de Brasil cosida en el hombro de su cazadora vaquera. Al igual que Paulo, los dos presos no sabían por qué estaban allí. Creada en California años antes, la secta los Niños de Dios había conseguido cientos de adeptos en Brasil y se enfrentaba a graves acusaciones, entre ellas, estimular la práctica del sexo con niños, incluso de padres con sus propios hijos. La presencia de los tres en las celdas del DOPS era un fiel reflejo del estado de la represión política en Brasil. La temida y violenta máquina montada por la dictadura para enfrentarse a los guerrilleros ahora se ocupaba de los hippies, los porreros y los seguidores de sectas descabelladas. A las seis de la tarde un policía de paisano, con una pistola a la cintura y una carpeta en la mano, abrió la puerta de la celda y preguntó:

—¿Cuál de vosotros es Paulo Coelho de Souza?

Él se identificó y fue conducido a una sala, en la segunda planta del edificio, en la que sólo había una mesa y dos sillas. El policía se sentó en una de ellas y le ordenó a Paulo que ocupara la otra. Abrió la carpeta y puso encima de la mesa el cómic de cuatro páginas que acompañaba el LP «Krig-Ha, Bandolo!» y empezó un diálogo surrealista con el detenido:

—¿Qué es esta mierda?

—Es el encarte que acompaña al álbum grabado por mí y por Raul Seixas.

—¿Qué significa *Krig-Ha, Bandolo!*?

—Significa «¡Cuidado con el enemigo!».

—¿Enemigo? ¿Qué enemigo, el gobierno? ¿En qué lengua está escrito?

—¡No! No es nada contra el gobierno. Los enemigos son leones africanos y eso está escrito en la lengua que se habla en el reino de Pal-U-Don.

Seguro de que aquel melenudo escuálido le estaba tomando el pelo, el policía lo amenazó obligándolo a explicarle didácticamente que todo aquello era una obra de ficción, inspirada en los lugares, personajes y en el dialecto de las historias de Tarzán, ambientadas en un lugar imaginario de África llamado Pal-U-Don. Pero no lo convenció:

—¿Y quién lo escribió?

—Yo, y mi mujer, que es arquitecta, lo ilustró.

—¿Cómo se llama su mujer? Quiero hablar con ella también. ¿Dónde está ahora?

Paulo sintió pánico ante la posibilidad de meter a Gisa en aquella pesadilla, pero sabía que allí no se podía mentir, y no había razones para mentir, pues ambos eran inocentes. Miró el reloj y vio que eran casi las ocho de la noche:

—Se llama Adalgisa Rios. Estamos invitados a cenar hoy en casa de mis padres, y a estas horas ya debe de estar allí.

El policía recogió los papeles, el tabaco y el mechero, que había dejado sobre la mesa, se levantó y le ordenó al aterrorizado detenido que lo siguiera:

—Entonces vamos allí. Vamos a buscar a la parienta.

Cuando lo metieron en una furgoneta blanca y negra, con el símbolo de la Secretaría de Seguridad de Río de Janeiro pintado en la puerta, Paulo experimentó un momento de alivio. Eso significaba que estaba oficialmente detenido y, al menos en teoría, bajo la custodia del Estado. El infierno eran las detenciones realizadas por policías de paisano, en coches comunes con matrículas falsas, sin ninguna orden, ningún requerimiento oficial. Ésas, sí, solían ser la antesala de las torturas y de los 117 desaparecidos políticos acumulados por el régimen. Sus padres se quedaron atónitos cuando vieron a su hijo salir de la furgoneta, rodeado de cuatro hombres armados. Dijeron que Gisa todavía no había llegado y querían saber qué estaba pasando. Paulo intentó calmarlos, diciendo que se trataba de un problema con el disco «Krig-Ha, Bandolo!» que se iba a resolver pronto, a tiempo, seguramente, de que él y Gisa volvieran para la cena. Uno de los policías reforzó lo que él decía, dirigiéndose a Lygia y a Pedro:

—Es así, dentro de nada estarán de vuelta.

En la misma posición en la que había venido —sentado en el asiento trasero del vehículo, con un policía armado a cada lado y dos en el asiento delantero—, circuló durante algunos minutos más de regreso al centro de la ciudad. En mitad del camino, Paulo preguntó si podían parar en un teléfono público y se inventó que tenía que comunicarle a la discográfica que había problemas con el disco. Uno de los policías dijo que no y lo tranquilizó, repitiéndole que al cabo de pocas horas, él y su mujer estarían libres. No le salió bien: en realidad, Paulo planeaba telefonear a casa para decirle a Gisa que tirase un bote lleno de marihuana que había en la estantería de la sala. Permaneció helado y en silencio hasta que llegaron a la puerta del edificio en el que vivían. Un policía se quedó en el coche mientras los otros tres subían con él, apretados en el lento y pequeño ascensor, que aquel día daba la impresión de que tardaba una hora en llegar al cuarto piso. Dentro, vestida con un sari de colores que le llegaba hasta los pies, Gisa apagaba todas las luces, lista para salir, cuando Paulo entró con los policías.

—Amor mío, estos señores son del DOPS y necesitan que les aclare algunas cosas sobre mi disco con Raul y sobre el cómic que tú y yo hicimos para Philips.

A pesar de estar asustada, Gisa pareció tomarse la situación con serenidad:

—Bueno, estoy a sus órdenes. ¿Qué es lo que quieren saber?

Un policía le dijo que no podían hacerlo así:

—Sólo podemos tomarle declaración en la sede del DOPS, así que vamos a volver allí.

Ella no entendió:

—¿Pero estamos detenidos?

El policía respondió educadamente:

—No. Están retenidos para aclarar algunas cosas, y después los soltaremos. Pero antes de salir vamos a tener que echar un vistazo rápido al apartamento. Con permiso.

El corazón de Paulo latía tan de prisa que pensó que le iba a dar un infarto: iban a encontrar la marihuana. De pie, en medio de la sala, con el brazo en el hombro de Gisa, él acompañaba con los ojos el movimiento de los policías. Uno de ellos encontró un montón de casi cien cómics *Krig-Ha, Bandolo!*, otro revolvía los cajones y los armarios, al tiempo que el tercero, que parecía el jefe, fisgaba en la estantería dc libros y discos. Al ver el bote de laca china del tamaño de una caja de bombones, lo cogió, abrió la tapa y vio que estaba lleno de marihuana hasta arriba. Olió el contenido, como si aspirase el buqué de un perfume, lo cerró y volvió a dejarlo en su sitio. Entonces Paulo se dio cuenta de que la situación era infinitamente peor de lo que suponía: si el policía desdeñaba un bote de marihuana era porque era sospechoso de delitos mucho más graves. El síndrome de Ponta Grossa planeaba por su cabeza: ¿lo habrían confundido otra vez con un terrorista, con un atracador de bancos?

Cuando llegaron al DOPS, él y Gisa entendieron que no iban a cenar en casa esa noche. Separados ya a la entrada, fueron obligados a cambiar la ropa que llevaban por unos monos amarillos en cuyo bolsillo superior estaba escrita la palabra «DETENIDO», en letras mayúsculas. La madrugada del día 28, cada uno de ellos fue fotografiado e identificado como criminal, y tuvieron que ponerse tinta en los dedos y «tocar el piano» en las fichas policiales abiertas aquella noche con sus nombres (la de Paulo recibiría el número 13720 y la de Gisa el 13721). Siempre separados el uno del otro, los interrogaron durante varias horas; entre los objetos personales confiscados con la ropa estaban los relojes, lo que los hacía perder un poco la noción del tiempo, sobre todo en las circunstancias en las que se hallaban, detenidos en un lugar en el que no entraba la luz natural. Sin torturas físicas, los interrogatorios de ambos trataron básicamente sobre el psicodélico cómic que acompañaba el disco «Krig-Ha, Bandolo!» y el significado de la dichosa «Sociedad Alternativa». Eso, claro, después de pasar horas dictándole a la policía lo que ellos llamaban un «informe», un minucioso y detallado documento con todas las actividades realizadas por el detenido hasta ese día. Cuando Paulo contó que había estado en Santiago en mayo de 1970 en compañía de Vera Richter, los policías lo presionaron en busca de información sobre brasileños que vivían allí, pero él no tenía nada que contar, por la simple razón de que no mantenía relación alguna con ningún brasileño exiliado en Chile, ni en ningún otro país. A Gisa, por su lado, le costó convencer a sus interrogadores de que el título de «Krig-Ha, Bandolo!» había surgido en medio de una reunión de creación de Philips cuando Paulo, de pie sobre una mesa, gritaba las tres palabras del reino de Pal-U-Don.

En Gávea, los Coelho se pasaron la noche totalmente afligidos. Con la ayuda de una amiga, secretaria del gobernador del entonces Estado de Guanabara, el periodista y empresario Antônio de Pádua Chagas Freitas, doña Lygia pudo saber, para alivio general, que su hijo había sido detenido por el DOPS y que estaba en la cárcel de la calle Relação. Estar oficialmente detenido era una garantía, aunque precaria, de no entrar en las listas de desaparecidos. Desaparecida la figura del hábeas corpus, debido al DI-5, lo que había que hacer era buscar a personas que tuvieran algún tipo de relación –familiar, personal– con nombres influyentes en las fuerzas de seguridad. Marcos, marido de Sônia Maria, ofreció los servicios de un amigo, un tal coronel Imbassahy, que tenía relación con el SNI, pero D. Pe-

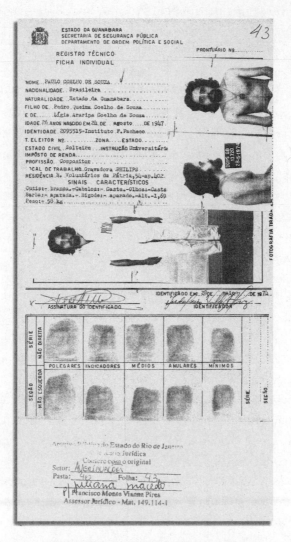

Encarcelado por el DOPS, Paulo viste
el mono de preso y es identificado
como «subversivo».

dro decidió intentar primero las vías legales, por más débiles que éstas fueran. Fue la tía Helói la que sugirió el nombre del abogado Antônio Cláudio Vieira, de cincuenta y cinco años, que había trabajado en el bufete de «tío Candinho», tal como la familia Coelho se refería al ex fiscal del Tribunal Supremo de la república Cândido de Oliveira Neto, fallecido un año antes. Establecidos los contactos, a las cinco de la tarde estaban todos en la puerta del hermoso pero sombrío edificio por cuyas celdas habían pasado personajes ilustres como el revolucionario Luís Carlos Prestes y su mujer alemana Olga Benario, el líder comunista argentino Rodolpho Ghioldi e intelectuales como Jorge Amado, Graciliano Ramos y Mário Lago. Al enterarse de que sólo el abogado Vieira podía traspasar la puerta de entrada, D. Pedro aludió a su relación con una de las estrellas de la dictadura:

—Somos amigos del coronel Jarbas Passarinho.

Se refería al ex gobernador de Pará y ministro de tres gobiernos militares (uno de los signatarios del DI-5), que acababa de ser reelegido senador del Arena, partido de apoyo al régimen. El policía hizo caso omiso:

—Pero está usted en el DOPS, y eso aquí no vale de nada. Ni siquiera en el caso de Jarbas.

Mientras el abogado intentaba obtener noticias de Paulo ante el oficial de guardia, Pedro, Lygia, Sônia y su marido Marcos tuvieron que esperar fuera, bajo la lluvia que empezaba a caer. Pasados algunos minutos, Vieira volvió con buenas noticias:

—Paulo está aquí y puede que lo suelten hoy. El comisario está llamando a su superior para ver si me permiten estar con él durante algunos minutos.

El portero lo llamó y condujo al abogado hasta una sala cerrada donde pudo hablar con él durante unos minutos. Se quedó impresionado con su aspecto: a pesar de no haber sido víctima de violencia física, Paulo tenía la piel pálida, con unas ojeras negras que le llegaban casi hasta el bigote y una mirada sin brillo, como si fuera un zombi. Vieira lo tranquilizó, diciéndole que el comisario le había prometido soltarlo en las próximas horas. Y eso fue todo. Lygia insistió en permanecer en la puerta del DOPS hasta que lo soltaran, pero el abogado la convenció para cambiar de idea.

Hacia las diez de la noche del martes, un policía —el que siempre le había parecido a Paulo más simpático y menos amenazador— abrió la celda y le devolvió la ropa y los documentos que llevaba al ser detenido: él y Gisa estaban libres. Paulo se visitó de prisa, encontró a su novia en la entrada y el poli acompañó a la pareja hasta el café que había al lado del DOPS, donde se fumaron un cigarrillo juntos (muchos años después, cuando el escritor era una estrella internacional, volverían a cruzarse, sin hablarse, en una calle de Milán, en Italia). Ansioso por alejarse de aquel lugar aterrador, Paulo cogió un taxi y le pidió que los llevara rápidamente a la casa de sus padres, en Gávea. El taxista tomó la avenida Mem de Sá, entró en las modernas y arboladas pistas del parque de Flamengo y, cuando el taxi circulaba a gran velocidad por delante del hotel Glória, se vio repentinamente rodeado por tres o cuatro vehículos civiles —entre ellos, dos furgonetas Chevrolet Veraneio, que en aquella época era un vehículo muy utilizado por los órganos de represión—, de los que salieron varios hombres de paisano que abrieron las dos puertas traseras del Chevette amarillo en el que iba la pareja y los sacaron a tortas. Esposado y tirado de bruces sobre la hierba, Paulo vio por el rabillo del ojo cómo metían a Gisa en una furgoneta, que arrancó a toda velocidad. Lo último que vio antes de que le pusieran una capucha negra en la cabeza fue la elegante construcción del hotel Glória, festivamente iluminado. Sentado en el asiento trasero de una Brasilia, balbució una pregunta a uno de los hombres que lo rodeaban:

—¿Vais a matarme?

El agente notó el pánico en su voz:

—Tranquilo, tío. Nadie te va a matar. Sólo vamos a interrogarte.

El miedo no se le pasaba. Temblando, Paulo se desmoronó interiormente, pero olvidó la vergüenza y le pidió al secuestrador:

—¿Puedo agarrarme a tu pierna?

—El individuo pensó que era graciosa la insólita petición:

—Puedes. Y estate tranquilo, que no te vamos a matar.

17

PAULO SALE DE LAS CATACUMBAS JURANDO VENCER EL MIEDO CON LA FE Y DERROTAR EL ODIO CON EL AMOR

Hasta treinta años después, con la redemocratización del país, Paulo no se enteraría de que aquella noche lo había secuestrado un comando del DOI-Codi. Preocupado por el daño que todo aquello producía en la frágil estructura emocional de su hijo, Pedro Queima Coelho insistió en estar en casa para recibirlo con su sólida figura paterna cuando liberasen a Paulo. Pasó la noche en vela, al lado de un silencioso teléfono, y a las ocho de la mañana cogió un taxi rumbo al DOPS. Al llegar, se quedó atónito con lo que le dijo el policía de guardia, a la entrada:

—Su hijo y su novia fueron liberados ayer a las diez de la noche.

Como el padre, con los ojos fuera de sus órbitas, parecía no creer lo que oía, el funcionario abrió una carpeta y le enseñó dos hojas de papel oficial:

—Éste es el certificado de libertad y éstas son las firmas de ellos —dijo, señalando con un dedo y simulando compasión—. Lo soltaron. Si su hijo no ha llegado a casa, puede que haya entrado en la clandestinidad.

Y entonces empezó la pesadilla que les quitaba el sueño a los adversarios de la dictadura y a sus familiares. A las diez de la noche del día anterior, Paulo y Gisa habían entrado en la lista de «desaparecidos» del régimen. Eso significaba que pasase lo que les pasase, incluso desaparecer, ya no era responsabilidad del Estado, ya que ambos habían sido liberados, sanos y salvos, después de firmar un documento oficial de libertad.

Los hechos posteriores al secuestro son un misterioso berenjenal tan confuso, que al cumplir los sesenta años, en 2007, el propio escritor todavía tiene preguntas sin respuesta. Los registros de los órganos de seguridad permiten afirmar que Raul ni siquiera llegó a ser detenido y que el día 27 de mayo el DOPS detuvo a la pareja, los identificó e interrogó en la madrugada y a lo largo del día 28. Papeles del I Ejército también indican que, después del secuestro en la puerta del hotel Glória, Paulo y Gisa fueron conducidos por separado al 1 Batallón de Policía del Ejército, en la calle Barão de Mesquita, en la zona norte de Río, donde estaban las dependencias del DOI-Codi, pero no hay información sobre cuánto tiempo permanecieron detenidos en ese cuartel. Aunque algunos de sus familiares afirman, sin seguridad, que pudo haber estado «hasta diez días» en el DOI-Codi, el día 31, viernes, Paulo estaba en Gávea escribiendo las primeras líneas del diario posliberación:

Estoy en casa de mis padres. Tengo miedo incluso de escribir lo que me ha pasado. Ha sido una de las peores experiencias de mi vida, una vez más, una detención injusta. Pero mis miedos serán vencidos por la fe y el odio será derrotado por el amor. De la inseguridad nacerá la confianza en mí mismo.

Ocurre, sin embargo, que entre los documentos extraídos de los archivos de la Abin, la Agencia Brasileña de Inteligencia (sucesora del desaparecido SIN, el Servicio Nacional de Información), se incluye un largo interrogatorio hecho a Paulo desde las once de la noche del día 14 a las cuatro de la madrugada del día 15 de junio en las dependencias del DOI-Codi. El enigma reside en el hecho de que él asegura que jamás volvió al DOI-Codi después de que lo liberaron. Con la misma seguridad, el abogado Antônio Cláudio Vieira afirma que nunca lo acompañó a Barão de Mesquita y nunca fue llamado una segunda vez por la familia Coelho para defender a su hijo. La misma versión es corroborada por D. Pedro, su hermana Sônia Maria y su ex marido, Marcos, que entonces lo vivió todo desde muy cerca. La primera y natural sospecha –de que Paulo, aterrorizado, pudiera haber delatado a sus amigos o perjudicado a gente y que ahora intentaría borrar esa mancha de su historia– no resiste la lectura de las siete páginas mecanografiadas con el sello del entonces I Ejército. Para los que, como los hombres del DOI, buscaban a enemigos de la dictadura, el interrogatorio les proporcionó cinco horas ininterrumpidas de pura agua de borrajas, es decir, nada. Las primeras cuatro páginas las ocupa la ratificación de la declaración que había hecho en el DOPS, el detallado informe de su vida hasta ese momento: colegios, trabajo en teatro, viajes, la detención en Paraná, *O Globo*, curso en Mato Grosso, *A Pomba*, la colaboración con Raul... La parte que se refiere a su adhesión y la de Raul a la OTO es tan incomprensible que obligó al policía que tomaba nota a salpicarlo de varios «sic» para que no quedasen dudas de que el detenido había dicho aquello exactamente:

Que en 1973 el declarante y Raul Seixas llegaron a la conclusión de que «el mundo vive un intenso período de tedio» (sic); que por otro lado comprobaron que la carrera de un cantante, cuando no va acompañada de un movimiento fuerte, tiende a acabarse rápidamente. Que el declarante y Raul Seixas entonces decidieron «capitalizar el fin del hippismo y el súbito interés despertado por la magia en el mundo» (sic); que el declarante empezó a estudiar libros de una sociedad esotérica llamada «OTO». Que el declarante y Raul Seixas decidieron entonces fundar la «Sociedad Alternativa», «la cual inscribieron en el registro para evitar falsas interpretaciones» (sic); que el declarante y Raul Seixas estuvieron en Brasilia y les expusieron los preceptos de la Sociedad Alternativa a los jefes de la Policía Federal y de la censura, que pusieron que «la intención no era ir en contra del gobierno, sino despertar el interés de la juventud por otro tipo de actividad» (sic).

Cuando los agentes le pidieron que diera nombres de gente de izquierdas de entre sus conocidos, Paulo sólo fue capaz de acordarse de dos: uno que frecuentaba el Paissandu «conocido por todos por el mote de Filósofo» y un ex novio de Gisa del movimiento estudiantil cuyo nombre tampoco recordaba, pero creía «que empezaba con la letra H o la A». La seguridad con la que todos afirman que no volvió al DOI-Codi después del secuestro es corroborada por su diario, en el que no hay absolutamente ningún registro de que haya vuelto a declarar en la madrugada del 14 al 15 de junio. La hipótesis de que el policía hubiera escrito la fecha equivocadamente se debilita ante el hecho de que la declaración tiene siete páginas y en cada una de ellas la fecha es la misma, 14 de junio. La prueba definitiva de que Paulo de hecho estuvo en el DOI-Codi ese día, sin embargo, está en un pequeño detalle: al ser fotografiado e identificado en el DOPS, horas después de la detención del día 27, tenía bigote y perilla. El día 14, en la descripción, aparece que tiene «la barba y el bigote afeitados».

En cuanto a Gisa, en el período en el que permaneció en el DOI-Codi fue sometida a dos interrogatorios. El primero empezó a las ocho de la mañana y no terminó hasta las cuatro de la tarde, y el segundo se hizo entre las ocho y las once de la mañana del día siguiente, jueves. En ambos fue escuchada como militante de la AP y del PCdoB, pero, al igual que Paulo, ella de poco o nada podía informar, aparte de su trabajo de base en el movimiento estudiantil, cuando deambulaba entre varias organizaciones de izquierdas. Una de las madrugadas en las que aún estaban detenidos en el DOI pasó algo que provocaría la ruptura definitiva entre los dos. Con la cabeza tapada por una capucha, cuando un policía lo conducía al baño, al pasar por delante de una celda, oyó que alguien lo llamaba llorando:

—¿Paulo? ¿Estás aquí? ¡Si eres tú, habla conmigo!

Era Gisa, probablemente encapuchada como él, que había reconocido su voz. Aterrorizado por la posibilidad de que volvieran a meterlo desnudo en la «nevera», la celda cerrada en cuyo interior la temperatura era mantenida baja para justificar su nombre, permaneció en silencio. Su novia imploraba ayuda:

—¡Paulo, amor mío! Por favor, dime que sí. ¡Sólo eso, dime que eres tú, que estás aquí!

Nada. Ella insistía:

—Por favor, Paulo, diles que no tengo nada que ver con eso.

En ese momento, el que él consideraría el mayor gesto de cobardía de toda su vida, no abrió la boca. Una tarde de aquella semana —muy probablemente el viernes, día 31—, un carcelero apareció con su ropa y le ordenó que se vistiera y se cubriera la cabeza con la capucha. Metido en el asiento trasero de un coche, lo soltaron en una placita de Tijuca, un barrio de clase media a diez kilómetros del cuartel en el que había estado detenido.

Los primeros días en casa de sus padres fueron de puro terror. Cada vez que alguien llamaba a la puerta, o que sonaba el teléfono, Paulo se encerraba en la habitación, por miedo a que la policía, el ejército o quien fuera que lo había secuestrado se lo llevase de nuevo. Para tranquilizarlo un poco fue preciso que D. Pedro, compadeciéndose de la paranoia de su hijo, le jurase que no permitiría otra detención, aun a costa de una tragedia. «Si viene alguien aquí a detenerte sin una orden judicial —le prometió—, será recibido por mí a tiros.» Tras dos semanas encerrado en Gávea, Paulo tuvo valor para poner los pies en la calle, y aun así escogió para aventurarse por primera vez un día en el que sería fácil descubrir si alguien lo seguía: el jueves 13 de junio, cuando Brasil y Yugoslavia abrían el Mundial de fútbol de 1974, celebrado en Alemania, y todo el país estaría delante de la tele animando a la selección nacional. Con Río convertida en una ciudad fantasma, cogió el autobús hasta Flamengo y, después de mucho dudar, se armó de valor y entró en el apartamento en el que él y Gisa vivían hasta el sábado en que creían que se les había aparecido el diablo. Estaba todo desordenado, exactamente igual que lo habían dejado los policías el lunes por la noche. Antes de que el árbitro pitara el final del partido, que terminó con empate a cero, Paulo ya se encontraba bajo la protección de la casa paterna. Una de las penitencias que se impuso, para que «todo volviera a la normalidad cuanto antes», fue no ver ningún partido del Mundial (en el que Brasil acabaría en cuarto lugar).

Lo más difícil fue buscar a Gisa. Desde el terrible encuentro en la cárcel del DOI-Codi, no volvió a tener noticias de ella, pero su voz llorando («¡Paulo! ¡Habla conmigo, Paulo!») no dejaba de resonar en su cabeza. Cuando finalmente consiguió llamar al apartamento al que ella había vuelto a vivir, recordó la posibilidad de que el teléfono podía estar pinchado y no tuvo valor para preguntarle si la habían torturado y cuándo la habían soltado. Cuando le propuso verse para hablar del futuro, oyó de Gisa el dramático y definitivo ultimátum:

—No quiero volver a vivir contigo, no quiero que me dirijas nunca más la palabra y prefiero que no vuelvas a pronunciar mi nombre.

El abatimiento emocional ante lo que oyó fue tan grave que la familia tuvo que volver a pedirle ayuda al doctor Benjamim Gomes, el mismo, el psiquiatra de la clínica Dr. Eiras. Por suerte para Paulo, esa vez, el médico decidió sustituir los electrochoques por sesiones diarias de análisis, que en las primeras semanas se realizaban en el domicilio (tratamiento que costaba la nada módica cantidad mensual de tres mil cruceiros, el equivalente a cuatro mil reales de 2008). Su manía persecutoria había llegado a tales extremos que, en una de sus salidas, sintió tanto miedo que se desmayó en la calle, delante de una librería en Copacabana, y lo socorrieron los peatones. Cuando recibió de Philips la propuesta para la portada del LP «Gita» que estaba en el horno, casi se cayó al suelo: era una foto de Raul con una boina del Che Guevara, adornada con la estrellita roja de cinco puntas de los comunistas. Aterrado, en ese mismo momento, llamó a Philips y ordenó: o cambiaban la foto de la portada o ya podían retirar todas sus letras del disco.

Cuando quisieron saber por qué, respondió tan despacio que parecía que estaba deletreando por teléfono:

—Porque no quiero que me vuelvan a detener y con esa foto en la portada del disco seguro que me detienen otra vez. ¿Entendido?

Después de mucho discutir aceptó que la portada saliera con la boina del Che, pero exigió una declaración escrita de Philips afirmando que la elección era responsabilidad exclusiva de la empresa. Acabó prevaleciendo la sugerencia de un artista gráfico que agradaba a todos: la estrellita roja simplemente fue borrada de la foto, hacien-

Gisa y la última carta que le escribió a su novio. Abajo, las declaraciones de ambos en el DOI-Codi: después de la cobardía de Paulo, ella se convertiría en la «mujer sin nombre».

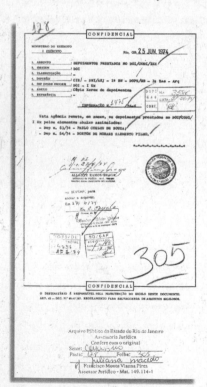

do que la boina volviera a ser una simple boina, sin connotación comunista alguna. Y con ese estado de ánimo se desmoronó sobre el diván del psiquiatra. En la primera sesión, el severo doctor Benjamim le aclaró que no iba a haber electrochoques, pero que no estaba allí para jugar: «Tu gran acto de cobardía en prisión sucedió cuando Adalgisa te llamó. Sólo tenías que decir "sí, soy yo", pero por miedo a que te pegasen no tuviste valor para responder.»

Como Gisa no atendía a sus llamadas, empezó a escribirle cartas todos los días, pidiéndole perdón por lo que había hecho en la cárcel y proponiéndole volver a vivir juntos. En algunas de ellas, le exponía la inseguridad en la que había vivido los tres años que habían estado juntos:

No entendía que te mudases a mi casa y que sólo llevases la ropa indispensable. Nunca entendí por qué insistías en seguir pagando el alquiler del otro apartamento vacío. Intenté presionarte con dinero, diciéndote que no iba a seguir pagando, y sin embargo seguiste manteniendo el otro apartamento. El hecho de que existiera el otro apartamento me hacía sentirme bastante inseguro. Significaba que en cualquier momento podrías escapar de mis garras y recuperar tu libertad.

Gisa nunca respondió, pero él siguió escribiéndole. Un día, su padre, visiblemente incómodo, lo llamó aparte. «Hijo mío, Gisa me ha llamado al despacho —le contó, con la mano en su hombro—. No quiere que le escribas más.» Paulo ignoró la petición y siguió escribiéndole:

Hoy supe por mi viejo que no quieres volver a verme. También me enteré de que estás trabajando, estás bien; me alegró y me hirió al mismo tiempo. Acabo de oír «Gita» en la radio. Me pregunto si te acuerdas de mí cuando oyes esa canción. Creo que es la letra más bonita que he escrito. Soy todo eso. Pero ahora no leo, ni escribo, ni tengo amigos.

Uno de los síntomas de la paranoia era ése: quejarse del supuesto abandono de sus amigos por miedo a acercarse a alguien que había

La portada de «Gita», con el sello
de Sociedade Alternativa: por
exigencia de Paulo, la estrellita fue
borrada de la boina de Raul Seixas.

sido detenido y secuestrado por los órganos de seguridad. Realidad o alucinación, lo importante es que en su memoria, salvo Raul, sólo dos personas de sus allegados le tendieron la mano: la periodista Hildegard Angel y Roberto Menescal, uno de los padres de la bossa nova y en aquella época director de Polygram. Junto a Phonogram, Polydor y Elenco, la empresa era una de las filiales brasileñas de la multinacional holandesa Philips, y una de sus mayores competidoras en Brasil era la CBS, subsidiaria de la americana Columbia. Hilde, como era y es conocida, siguió siendo amiga de Paulo aun teniendo dolorosas razones para no querer más líos con la dictadura: tres años antes, su hermano pequeño, Stuart Angel, militante del grupo guerrillero MR-8, había sido salvajemente asesinado por asfixia en un cuartel de la aviación, con la boca sujeta al tubo de escape de un jeep en marcha. Y su mujer, la economista Sônia Moraes Angel, militante de la ALN, también había muerto debido a las torturas en el DOI-Codi de São Paulo pocos meses antes, a finales de 1973. Como si dos tragedias no fueran suficientes para la misma familia, la madre de Hilde y Stuart, la estilista Zuzu Angel, moriría dos años después, en 1976, en un accidente automovilístico con toda la pinta de ser un atentado y que acabaría en las pantallas del cine en la película de denuncia *Zuzu Angel*.

Fue Hilde la que, después de mucho insistir, convenció a Paulo para volver a moverse: lo invitó a asistir al debate «La mujer y la comunicación», en el que ella iba a participar junto a la feminista Rose Marie Muraro, en el Museo Nacional de Bellas Artes. La justificada paranoia de Paulo habría alcanzado niveles insoportables si hubiera sabido que en medio del público había un espía, el policía Deuteronômio Rocha dos Santos, que ese mismo día redactó un informe sobre el encuentro para la Sección de Búsquedas Especiales del DOPS, sin olvidarse de registrar: «[...] entre los presentes se encontraba el periodista y escritor Paulo Coelho, amigo personal de Hildegard Angel.»

En cuanto tuvo fuerzas para andar por la ciudad sin miedo a volver a ser secuestrado, la primera providencia importante que Paulo tomó, después del período que denominó como «semana negra», fue

A la izquierda de Paulo, la periodista Hildegard Angel, una de las pocas personas que le tendieron la mano después de la prisión y el secuestro. Abajo: agente infiltrado del DOPS espía en la conferencia dada por Hilde e identifica, entre los presentes, al «periodista y escritor Paulo Coelho».

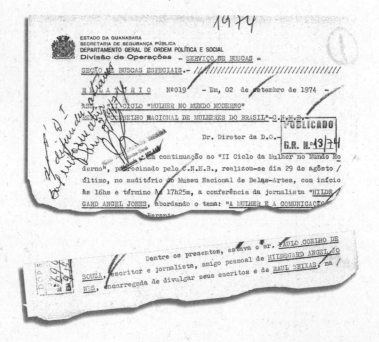

dirigirsc a la OTO. Dos razones lo llevaban a llamar a la puerta de Frater Zaratustra: quería entender qué había pasado en su casa aquel sábado horrible y, después, fuera cual fuese la explicación dada por la secta, se apartaría definitivamente de aquello. El miedo al diablo era tal que le pidió a Euclydes-Zaratustra que el encuentro fuera durante el día y en casa de sus padres, donde volvía a vivir y, como garantía, invitó a Roberto Menescal. Fue buena idea haber llamado a Menescal: para su sorpresa, el día señalado, el que apareció en su casa fue, nada menos, que Parzival XI, el autocoronado cabeza mundial de la secta. El mismo, el siniestro y grosero Marcelo Ramos Motta. Paulo decidió ir directamente al grano, sin más prolegómenos. Después de relatarle resumidamente lo ocurrido en su casa y en las dos cárceles, indagó:

—Quiero saber qué me pasó el sábado y los días siguientes.

Parzival XI lo miró con desprecio:

—Siempre has sabido que con nosotros vale la ley del más fuerte. ¿Recuerdas que te lo dije? En la ley del más fuerte, el que coge el toro por los cuernos pasa. El que no lo hace falla. Y punto final. Fuiste débil y fallaste.

Menescal, que seguía el diálogo a distancia, amenazó con abalanzarse sobre el visitante, opción que pondría en peligro las porcelanas y cristales de los Coelho, ya que el autor de *O Barquinho* practicaba aikido y el brujo crowleista era cinturón negro de jiu-jitsu. Pero Paulo lo contuvo y reaccionó, tratando al sumo sacerdote por su nombre vulgar por primera vez:

—¿Entonces la OTO es eso, Marcelo? El sábado aparece el demonio en mi casa, el lunes me detienen y el miércoles me secuestran. ¿Es eso la OTO? Entonces, amigo, lo dejo.

En cuanto se vio libre del brujo, sintió un alivio tan grande —como si se quitara de la espalda una pesada cruz de madera— que Paulo se sentó frente a la máquina y redactó un documento formalizando su salida de la misteriosa Ordo Templi Orientis. Su breve y dramática incursión en el reino de las tinieblas no había durado ni dos meses:

Río de Janeiro, 6 de julio de 1974

*Yo, Paulo Coelho de Souza, que firmé mi juramento de Probacio-
nista en el año LXX, 19 de mayo, con el sol en el signo de Taurus, 1974
e. v., pido y me considero excluido de la orden, por total incompetencia en cuanto a la realización de las tareas que me fueron asignadas.*

*Declaro que me encuentro en plenas facultades físicas y menta-
les al tomar esta decisión.*

93 93/93

Firmado,

PAULO COELHO

Lo que Paulo considera la ruptura con el demonio y con sus seguidores no significó el fin de la paranoia. En realidad, sólo se sentía
seguro cuando estaba en casa, con sus padres y las puertas bien cerradas. Fue en medio de esa desesperación cuando se le ocurrió la
idea de salir de Brasil durante un tiempo, por lo menos hasta que se
le pasara el miedo. Sin Gisa, ya nada lo ataba a Brasil. Las ventas del
LP «Gita» superaron las expectativas más optimistas y no paraban
de engordar su cuenta bancaria.

El giro producido en su vida gracias a su colaboración con Raul
eclipsó un momento importante de la trayectoria de Paulo: el lanzamiento de su primer libro. Todavía no era la Gran Obra que soñaba
escribir, pero era un libro. Publicado a finales de 1973 por la conocida
Editora Forense, especializada en libros didácticos, *El teatro en la
educación* era la sistematización del programa de los cursos que el
autor había impartido en las escuelas públicas de Mato Grosso. Ni
siquiera un elogioso reportaje, firmado por Gisa y publicado en la
página semanal en la *Tribuna da Imprensa*, había logrado elevar las
ventas: un año después de publicado *El teatro en la educación* sólo
había vendido quinientos ejemplares, de una tirada inicial de tres mil
copias. A pesar de ser previsible que la obra pasaría prácticamente
inadvertida en el mundo de las letras, aquél era su primer libro y, por
tanto, había que celebrarlo. Cuando Gisa llegó a casa, el día en que *El*

teatro en la educación estuvo listo, sobre la mesa había dos copas y una botellita de licor Benedictine que Paulo había ganado a los quince años y que había guardado todo ese tiempo, tras prometer no abrirla hasta que publicara su primer libro. Ni la falta de éxito de su estreno como autor ni la abundancia de la fama podrían, sin embargo, apagar la vieja y sólida convicción, el sueño que se había convertido, como él mismo reconocía, en una obsesión: ser un escritor famoso en todo el mundo. Incluso después de hacerse famoso como compositor, en los momentos de soledad, la idea fija volvía con toda su fuerza. Un rápido vistazo a sus diarios revela, en frases salpicadas aquí y allí, que el reconocimiento público no lo había hecho cambiar de planes: no pretendía ser un escritor más, «sino, textualmente, famoso en todo el mundo». Lamentaba que, a su edad, los Beatles «ya habían conquistado el mundo», pero «incluso ante tantos reveses», Paulo no perdía la esperanza de que sus sueños se hicieran realidad. «Soy como un guerrero que espera el momento de entrar decisivamente en escena —escribió—, y mi destino es el éxito. Mi gran talento es luchar por él.»

Como Raul estaba muy abatido por la detención de su amigo, no fue difícil convencerlo para que también viajara al extranjero por algún tiempo. Entre la decisión de salir de Brasil y la partida no transcurrieron ni diez días. Tener que volver al DOPS a recoger el visado de salida del país —requisito impuesto por la dictadura para los que querían viajar fuera— lo aterró tanto que ese día Paulo sufrió una tremenda crisis de asma. El día 14 de julio de 1974, un mes y medio después del secuestro, ambos desembarcaban en Nueva York sin fecha para volver.

Cada uno de ellos llevaba consigo una nueva novia. Raul se había separado de Edith, madre de su hija Simone, y estaba viviendo con otra americana, Gloria Vaquer, hermana del batería Jay Vaquer. Abandonado por Gisa, Paulo empezó a salir con la hermosa Maria do Rosário do Nascimento e Silva, una esbelta morena de veintitrés años. Actriz, guionista y productora de cine, Rosário era hija del jurista de Minas Luiz Gonzaga do Nascimento e Silva, que una semana antes del viaje fue nombrado ministro de Asuntos Sociales por el general Ernesto Geisel, presidente de la república, puesto que había ocupado en el primer gobierno de la dictadura militar. A pesar de las actividades de su padre, Rosário era una activista de izquierdas que escondía a perseguidos por el régimen e incluso había sido detenida por filmar declaraciones de trabajadores en la estación de trenes de la Central de Brasil, en Río. Cuando se acercó a Paulo, por mediación de la periodista Hilde Angel, su agitado matrimonio de tres años con Walter Clark, entonces director general de la Rede Globo de Televisão, estaba acabado.

El saldo de la cuenta corriente de cualquiera de los cuatro viajeros era más que suficiente para hospedarse confortablemente en el lujoso hotel Plaza, frente a Central Park, o en el discreto Algonquin, alojamiento habitual de las estrellas que estaban de paso por Nueva York. En los locos años setenta, sin embargo, lo *in* era estar en lugares que despertasen emociones fuertes. Por eso Paulo, Rosário, Raul y Gloria llamaron a la puerta del Hotel Marlton o, mejor dicho, a las rejas de hierro que protegían la entrada del hotelucho de Greenwich Village, el barrio bohemio en el que estaba situado. Construido en 1900, el Marlton era célebre por acoger indistintamente a chulos, prostitutas, traficantes de drogas, artistas de cine, músicos de jazz y *beatniks*. Por sus 114 habitaciones, la mayoría con baño en el pasillo, pasaron personalidades como los actores John Barrymore, Geraldine Page y Claire Bloom, los cantantes Harry Belafonte, Carmen McRae y Miriam Makeba, y el escritor Jack Kerouac. Y fue en una de las habitaciones del Marlton, en junio de 1968, donde la fanática feminista Valerie Solanas, armada con un revólver, cometió un atentado que a punto estuvo de acabar con la vida del polifacético artista pop Andy Warhol. El alojamiento de Raul y de Gloria, con una sala, una habitación y un baño, costaba al mes trescientos dólares (1.300 dólares o 2.300 reales de 2008). El de Paulo y Rosário, sólo con una habitación y un baño, salía en doscientos dólares, pero no tenía nevera, lo que los obligaba a pasarse el día bebiendo Coca-Cola templada y whisky a palo seco (eso, claro está, cuando no estaban fumando marihuana o esnifando cocaína, principales diversiones del grupo).

Aquel 8 de agosto de 1974, los ojos del mundo entero estaban puestos en Estados Unidos. Tras dos años y dos meses envuelto en un escándalo de espionaje, el llamado «Caso Watergate», el gobierno del republicano Richard Nixon agonizaba públicamente. Las grandes decisiones se tomaban en Washington, pero el corazón americano latía en Nueva York. Parecía que en el ambiente de la Gran Manzana había una carga adicional de electricidad. Se esperaba que en cualquier momento el presidente sufriera el *impeachment* o que renunciase. Después de una juerga en una discoteca de moda, Paulo y Rosário se despertaron a las tres de la tarde, bajaron para tomar un buen desayuno en el Child, un tugurio a una manzana del Marlton, y volvieron a la habitación. Esnifaron algunas rayas de cocaína y cuando se dieron cuenta ya estaba anocheciendo. En la radio, el locutor anunciaba que en diez minutos se iba a instalar una red nacional de radio y televisión para retransmitir un discurso del presidente Nixon. Paulo dio un brinco en la cama en la que dormían:

–¡Vamos, Maria! Bajemos para grabar las reacciones del pueblo en el momento de la dimisión.

Se puso una cazadora vaquera sin camisa por debajo y unas botas de montar que le llegaban hasta la rodilla, cogió una grabadora portátil –un ladrillo del tamaño de una guía de teléfonos–, se llenó los bolsillos de cintas de casete y colgó la cámara fotográfica al cuello de Rosário, metiéndole prisa:

–¡Vamos, Maria! No nos lo podemos perder. ¡Va a ser mejor que la final de la Copa del Mundo!

En la calle, puso en marcha la grabadora y empezó a narrar lo que veía, como si estuviera haciendo una retransmisión radiofónica en directo:

Paulo: Hoy es día 8 de agosto de 1974. Estoy en la calle Ocho, yendo hacia el restaurante Shakespeare. Faltan cinco minutos para que el presidente de Estados Unidos dimita. Llegamos. Estamos aquí en el Shakespeare, la tele está puesta pero todavía no ha empezado el discurso... ¿Qué has dicho?

Rosário: He dicho que sigo creyendo que el pueblo americano no tiene nada de frío. ¡Al contrario!

Paulo: Parece fútbol. La tele está encendida aquí en el bar Shakespeare. Todavía no ha empezado el discurso, pero ya se ve una gran multitud en la calle.

Rosário: La gente está gritando, ¿ves?

Paulo: ¡Sí!

En el atestado Shakespeare consiguieron un sitio delante de la tele colgada del techo, con el sonido a todo volumen. De traje azul marino y corbata roja, Nixon apareció en la pantalla con aspecto fúnebre. Un silencio sepulcral invadió el lugar en cuanto empezó a leer su discurso de dimisión del cargo más importante del mundo. Durante quince minutos, sin que se oyese desde el público ni una voz, ni un carraspeo, Nixon explicó las razones que lo llevaban a tan dramática decisión. Su voz era contenida con un toque melancólico:

To have served in this office is to have felt a very personal sense of kinship with each and every American. In leaving it, I do so with this prayer: may God's grace be with you in all the days ahead.

[Haber desempeñado este cargo me ha hecho sentir una especial cercanía a cada americano. Al dejarlo, lo hago con esta oración: que la gracia de Dios esté con todos vosotros en los días venideros.]

En cuanto acabó el discurso, Paulo ya estaba en la calle, seguido de cerca por Maria do Rosário, con el micrófono en la boca, como un locutor de radio.

Paulo: ¡Me cago en la puta! ¡Realmente me ha impresionado mucho, Rosário! Si algún día yo tengo que dimitir, que sea así... ¡Mira: Nixon acaba de dimitir y hay un tío bailando en la esquina!...

Rosário: Bailando y tocando el banjo. ¡Es un país de locos!

Paulo: Mis sentimientos, en este momento, son completamente indescriptibles. Estamos caminando por la calle Ocho.

Rosário: ¡La gente está realmente contenta y eso es genial!

Paulo: ¡Sí! Están sorprendidos, Maria. ¡De verdad! ¡Las televisiones están entrevistando a la gente en la calle! ¡Éste es un día histórico!

Paulo con Rosário: arriba, en un restaurante,
y abajo, celebrando la dimisión de Nixon en
Nueva York. Ese 8 de agosto de 1974 esnifó
cocaína por última vez.

Rosário: Hay una mujer llorando, con una niña llorando. Seguro que está emocionada.

Paulo: Realmente es un momento alucinante, ¿verdad? ¡Muy alucinante!

Excitadísimos, volvieron al Marlton. Rosário bajó en el tercer piso, donde quedaba su habitación, y Paulo siguió en el ascensor hasta el séptimo, donde pretendía enseñarle a Raul las cintas con la locura que había sido aquel atardecer en Nueva York. Al abrir la puerta sin llamar, como era costumbre entre los dos, se encontró con su amigo tirado en un sofá, durmiendo con la boca abierta. Sobre la mesa, una raya de cocaína lista para esnifar, una botella de whisky por la mitad y un montón de dinero, casi cinco mil dólares en billetes de cien. Para alguien que volvía de un carnaval cívico, como Paulo, y que había sido testigo de una fiesta popular sin igual, la impresión producida por aquella visión de su amigo allí, deshecho y entregado a la coca y al alcohol, le sentó como una patada. Su tristeza no era sólo por ver en ese estado a un amigo que se había iniciado en el mundo de las drogas, sino también por la certeza de que la cocaína lo estaba llevando a él por el mismo camino. Paulo nunca se lo había confesado a nadie, ni siquiera a su diario, pero sabía que se estaba convirtiendo en un drogadicto. Impresionado, volvió a su habitación. Iluminado vagamente por la luz azulada que llegaba de la calle, vio el cuerpo esbelto de Rosário, desnuda sobre la cama. Se sentó agobiado a su lado, la acarició suavemente en la espalda y le anunció en un susurro: «Hoy también es un día histórico para mí. El día 8 de agosto de 1974, dejo de esnifar cocaína.»

18

LA SEÑORA DE PAULO COELHO IMPONE LÍMITES: LA MARÍA TIENE UN PASE, PERO NI HABLAR DE EXTRAVAGANCIAS SEXUALES

Los planes de quedarse en Nueva York durante varios meses se redujeron debido a un inesperado accidente. Una noche, Paulo estaba probando un abrelatas eléctrico, por descuido le resbaló la afilada cuchilla y se cortó la mano derecha. La toalla de baño que Rosário utilizó para intentar detener la hemorragia de la herida se convirtió en una gigantesca albóndiga de sangre. Llevado en ambulancia a urgencias en el Village, se enteró de que la máquina le había cortado el tendón flexor del dedo anular derecho. Sometido a una operación de emergencia, acabó con nueve puntos en el dedo y se vio obligado a usar durante varias semanas una férula de metal que le inmovilizaba la mano.

Días después, él y Rosário volvían a Brasil, mientras que Raul y Gloria se dirigían a Memphis, en Tennessee. Al volver a Río, Paulo pensó que tenía fuerzas suficientes como para enfrentarse a los fantasmas y decidió vivir solo en el apartamento en el que había vivido con Gisa. El valor, sin embargo, le duró poco. El día 10 de septiembre, dos semanas después, atracaba de nuevo su barco en el inquebrantable puerto paterno de Gávea. Ansioso por librarse de todo lo que le recordara a demonios, cárceles y scuestros, antes de mudarse a casa de sus padres vendió todos sus libros, discos y cuadros. Cuando vio el apartamento vacío, sin nada en las paredes ni en las estanterías, escribió en el diario: «Acabo de deshacerme del pasado.» No iba a ser tan fácil. Las paranoias, los miedos y los complejos seguían corroyéndole el alma. Con frecuencia confesaba que seguía sintiéndose culpable incluso por cosas ocurridas durante su infancia, como «haber tocado el sexo de una niña», o incluso «soñar cosas pecaminosas con su madre», pero en casa, al menos, tenía la esperanza de que nadie lo secuestraría impunemente.

En una época en la que la variedad de parejas y la promiscuidad sexual implicaban pocos riesgos, el cambio de compañeras en su vida era registrado en el diario sin que ninguna de ellas recibiera ninguna referencia especial, salvo alguna que otra valoración sobre la pasión sexual de ésta o de aquélla. A veces provocaba encuentros con ex novias, pero la verdad es que no se había recuperado de su ruptura con Gisa, a quien seguía escribiendo, aunque nunca recibió respuesta. Cuando se enteró de que Vera Richter estaba rehaciendo su vida con su ex marido, anotó:

Hoy he ido a la ciudad a resolver mi psicoanalítico problema con las acciones del Banco de Brasil. Pensé en venderlas y darle el dinero a Mário, a cambio de haber poseído a Vera durante más de un año. En realidad, fue Vera la que me poseyó a mí, pero dentro de mi cabeza atolondrada siempre he pensado lo contrario.

La colaboración con Raul seguía dando los mejores resultados, pero internamente la nave de Sociedade Alternativa empezaba a hacer aguas. Incluso antes de la «noche negra» y de la detención de Paulo habían surgido entre ellos y Philips sutiles divergencias sobre el significado de dicha sociedad. Todo indica que Raul se había tomado en serio la idea de crear una nueva comunidad –secta, religión o movimiento– que pusiera en práctica y divulgase los mandamientos de Aleister Crowley, de Parzival XI y de Frater Zaratustra. Para los ejecutivos de la discográfica, sin embargo, Sociedade Alternativa no era más que una buena marca para elevar la venta de discos, algo parecido a lo que habían hecho, a principios de los sesenta, los melenudos del movimiento Jovem Guarda. Paulo fue testigo de esa diferencia de puntos de vista en abril de aquel año de 1974.

El presidente de Philips en Brasil, el sirio naturalizado brasileño André Midani, creó un grupo de trabajo informal para ayudar a la empresa a situar mejor a sus artistas en el mercado. Coordinado por Midani y el compositor Roberto Menescal, el *dream team* estaba formado por el analista de mercado Homero Icaza Sánchez, el escritor Rubem Fonseca, y los periodistas Artur da Távola, Dorrit Harazim, Nelson Motta, Luis Carlos Maciel, João Luís de Albuquerque y Zuenir Ventura. El grupo se reunía una vez por semana en la suite de algún hotel de lujo de Río, y se pasaba allí un día entero discutiendo el perfil y la obra de un artista determinado de Philips. En la primera cita discutían sólo entre sí, y a la semana siguiente repetían la reunión en presencia del artista. A los participantes se les pagaba su peso en oro; Zuenir Ventura cuenta que recibía por cada reunión «cuatro mil o cuatro millones, no lo recuerdo, pero sé que era el equivalente a mi sueldo mensual como director de la sucursal carioca de la revista *Visão*». Cada artista reaccionaba de una forma ante la novedad. La rebelde Rita Lee perdió la paciencia «con aquella panda de gilipollas», que querían opinar incluso sobre el color de su pelo, y acabó la reunión espetándoles: «Mientras decidís si tengo que llevar o no una peluca *black power*, voy al baño a comerme un ácido.»

Tiempo después grabaría la canción *Departamento de Criação*, cuya letra ironizaba disimuladamente sobre el equipo montado por Philips:

Quem vive pra servir assim / Não serve pra viver aquí / E você quer que eu faça aquilo tudo / Que você não sabe fazer? E acaba-se o mundo por falta de imaginação / Eu não! Meu departamento é de criação! Mas que falta de imaginação / Eu não! Meu departamento é de criação!

[Quien vive para servir de ese modo / no sirve para vivir aquí / Y quieres que haga todo eso / ¿no sabes hacerlo tú? / Y se acaba el mundo por

falta de imaginación / ¡Yo no! ¡Mi departamento es de creación pero no
tiene imaginación / ¡Yo no! ¡Mi departamento es de creación!]

Cuando les llegó el turno a Paulo y a Raul de someterse al grupo, el que andaba medio paranoico era el bahiano. Convencido de que lo estaban siguiendo policías disfrazados, Raul contrató como guardaespaldas al investigador Millen Yunes, de la comisaría de policía de Leblon, que en sus horas libres acompañaba al músico a todos lados. Cuando Paulo le comunicó la invitación de Menescal para ser los siguientes en reunirse con el grupo, Raul dio un brinco: «¡Es cosa de la policía para cogernos! Que no te quepa la menor duda de que han infiltrado a gente en ese grupo para grabar lo que decimos allí. ¡No te lo creas, don Paulete! Dile a Menescal que no vamos.»

Paulo le aseguró a su amigo que no había peligro, que él conocía a la mayoría de los participantes, que en el grupo incluso había gente de la oposición a la dictadura, y después le aseguró que ni Midani ni Menescal les harían una canallada así. Como Raul no daba su brazo a torcer, la solución fue acudir solo a la reunión, pero, por si acaso, puso sobre la mesa una grabadora encendida, cuyas cintas le entregaría a su socio al final del día. Antes de empezar las discusiones, alguien le dio la palabra a Paulo para que explicase, durante el tiempo que fuera necesario, qué era exactamente Sociedade Alternativa. Según recuerda más de tres décadas después, ni había tomado ninguna droga ni había fumado marihuana. Pero parecía que sí, a juzgar por lo que dijo después, debidamente registrado en la grabadora:

Sociedade Alternativa abarca el ámbito político, el ámbito social, los estratos sociales de un pueblo, ¿entendéis? Joder, y abarca también el ámbito intelectual de un pueblo que está saliendo de una situación, que está siendo más exigente... Tanto es así que hubo un debate en São Paulo sobre la revista Planeta. Yo pienso que Planeta va a fracasar dentro de un año porque todo el mundo que lee Planeta se da cuenta y empieza a pensar que es una revista tonta. Una vez fracasada en Francia, inventaron Le Nouveau Planet, después Le Nouveau Nouveau Planet, ¿entendéis?

Acabaron cerrando la revista. Lo mismo va a suceder con todo ese pueblo que actualmente practica macumba. ¡No, no, no! No el proletario, ¿eh? Sino lo que la gente llama clase media. ¿La burguesía que, de repente, ha decidido interesarse intelectualmente? Está claro, hay otro aspecto de la cuestión que es el aspecto de la fe, de ser capaz de ir allí y hacer una promesa, ser capaz de hacerse con un terreno, en fin, otras cosas. Bueno, pero en términos culturales se va a dar un cambio, ¿entendéis? Y ese cambio llegará de fuera, de la misma manera que siempre, ¿me entendéis? Y nunca será filtrado por un producto brasileño llamado espiritualismo. Ahora me voy a referir al plano espiritual porque en el plano político creo que he sido bastante claro, ¿no?

La claridad precisamente no había sido su principal virtud, pero el grupo de trabajo parecía acostumbrado a personajes así. Paulo siguió:

Entonces... No defiendo posiciones ni nada. Se va a producir ese cambio. En mi opinión, no es un cambio, sino que el individuo nunca dejará de disfrutar de Satán, que es algo realmente fascinante: «¿Satán?» Es un tabú como... como la virginidad, ¿entendéis? Entonces, cuando todo el mundo empieza a hablar de Satán, aunque tenga miedo del demonio y lo deteste, efectivamente quiere disfrutarlo, ¿entendéis? Porque es agresión, agresión al sistema contra sí mismo, agresión de represiones, ¿entendéis? Aparecen una serie de cosas dentro de ese esquema y empiezas a... Es una ola que va a durar muy poco, pero que todavía no ha llegado, la de Satán. Pero es un fenómeno. Es el resultado de la agresión, lo mismo que el amor libre, el tabú sexual que los hippies rompieron.

[...] Lo que he dicho no es la idea de Sociedade Alternativa. He dicho algunas cosas pero he intentado dar una idea de todo aquello que concebíamos, la visión general, ¿vale? Bueno, entonces, metiendo en todo eso a Raúl Seixas... Sociedade Alternativa le sirve a Raul Seixas, y no se deja influenciar porque hemos hablado dos días sobre Sociedade Alternativa, sólo hablamos de Sociedade Alternativa, ¿entendéis? Sociedade Alternativa le sirve a Raul Seixas en la medida en que Raul Seixas cataliza ese tipo de movimiento, ¿entendéis? Se ha juzgado como un mito. No se sabe qué es Sociedade Alternativa.

¿Me entendéis?

«Más o menos», se apresuró a responder el periodista Artur da Távola. Como la mayoría de los presentes, en realidad, no había entendido nada de aquella mezcolanza, el problema que el grupo le planteaba a Paulo era sencillo: si ésa era la explicación que él y Raul le iban a dar a la prensa sobre el significado de Sociedade Alternativa, entonces tenían que prepararse para ver cómo la idea era destrozada por los medios. Dorrit Harazim, entonces editora de la sección internacional de la revista *Veja*, pensaba que si pretendían convencer al público de que Sociedade Alternativa no era sólo una estrategia de marketing, sino un movimiento místico o político, era preciso tener argumentos más objetivos para dejarlo claro:

—Antes de nada tenéis que decidir: ¿Sociedade Alternativa es algo político o metafísico? Con esos argumentos va a ser muy difícil explicarle a alguien qué es, realmente, Sociedade Alternativa.

Aunque ésa era la primera vez que el grupo de trabajo opinaba unánimemente sobre un asunto, fue Artur da Távola el que puntualizó sobre el riesgo de estar agotando una mina de oro:

—Tenemos que andar con cuidado porque estamos sacándoles defectos a una pareja que vende cientos de miles de discos. No podemos olvidar que Raul y Paulo ya son un éxito indiscutible.

Pero había otra cuestión que preocupaba al grupo: la insistencia con la que los dos artistas repetían en la prensa, hablando en serio, que habían visto platillos volantes. Se trataba de un embuste, insistían todos, que podría afectar a su rendimiento comercial, y le sugirieron a Paulo que le recomendase a Raul que olvidara aquella locura. Tenían razones para preocuparse. Meses antes Raul había concedido una larga entrevista a *Pasquim* y, como era de esperar, los periodistas lo presionaron para que explicase qué era Sociedade Alternativa y lo del avistamiento de platillos volantes, ocasión en la que tuvo la oportunidad de delirar a gusto. Les explicó que no era una sociedad impuesta por ninguna verdad, ningún líder, sino que había nacido «como una toma de conciencia de una nueva táctica, de nuevos medios». Como la respuesta no parecía haber quedado clara, explicó mejor lo que quería decir: «Sociedade Alternativa es el fruto de su propio mecanismo —continuó, añadiendo que él había atravesado fronteras—. Mantenemos correspondencia constante con John Lennon y Yoko Ono, que también forman parte de Sociedade.» Sin nadie para reprimirlo, Raul fantaseó incluso sobre hechos públicos, como su primer encuentro con Paulo. «Conocí a Paulo en Barra da Tijuca —contó en *Pasquim*—. A las cinco de la tarde estaba allí meditando y él también, pero yo no lo conocía; fue ese día cuando vimos el platillo volante.» Uno de los entrevistadores le preguntó si podía describir el supuesto ovni y él añadió al momento: «Era medio así... Plateado, pero con una aura anaranjada alrededor. Estaba allí parado, enorme. Paulo vino corriendo, yo no lo conocía, pero me dijo: "¿Estás viendo lo mismo que yo?" Nos sentamos y el platillo desapareció haciendo un zigzag increíble.»

Eran declaraciones como ésa las que hacían que el grupo de trabajo de Philips temiese por la ridiculización pública de la pareja, y al terminar la jornada, Paulo reunió las cintas grabadas con el contenido de todo lo que se había hablado a lo largo del día para dárselas a su socio. Como las consideraciones no eran precisamente elogiosas, en vez de relatarle personalmente a Raul lo que había pasado, prefirió al llegar a casa, grabar una cinta más, en la que le exponía al bahiano su punto de vista sobre la reunión en la suite del hotel Méridien:

El principal temor del grupo de trabajo es que Sociedade Alternativa salga bien y que Raul —en este caso, tú, que estás escuchando esta cinta— no esté en condiciones de afrontar la situación. Tienen miedo de que el proyecto Sociedade Alternativa crezca y que, en el momento en el que vaya a dar una entrevista sobre qué es la Sociedade Alternativa, sus fundamentos, Raul, como dijo Artur da Távola, hable pero no se explique. La prensa se le echará encima, dirán que es una farsa y entonces la carrera de Raul se acabará. Es decir, toda la preocupación de Philips es el problema de la capacidad de Raul para afrontar esa situación. La reunión fue muy tensa. Creo que hay al menos una cosa en la que no van a ceder: en tu incapacidad, llegado el caso, para afrontar la situación. Vas a escucharlo en la cinta y te hablo de eso ahora porque es algo de lo que se habló mucho.

Otro de los temas tratados fue el problema del platillo volante, todos dicen que es un embuste. Dijeron, por ejemplo, que cada vez que llegues a un sitio y repitas esa historia del platillo volante, la prensa se te echará encima, no te perdonará. Joder, yo estuve calladito, no les dije si era verdad o mentira. Pero el grupo de trabajo piensa que esa historia del platillo volante hay que ir olvidándola poco a poco. No llegué a decirlo, pero dejé abierta la posibilidad de desmentir esa historia del platillo volante al menos ante el grupo de trabajo.

Aunque la idea de Sociedade Alternativa todavía tenía fuerza como para enganchar a cientos de miles de compradores de discos y a un número incierto de adoradores del diablo por todo Brasil, el tiempo se encargaría de demostrar que el grupo de trabajo tenía razón. Como no se trataba de un movimiento político, ni tampoco metafísico, con el paso de los años la expresión «Sociedade Alternativa» no sería recordada más que como un estribillo de una canción de los años setenta.

Al volver de Nueva York, con la mano vendada y llena de puntos quirúrgicos, en pleno auge del éxito del LP «Gita» (que había sido lanzado en su ausencia), Menescal invitó a Paulo a incorporarse al grupo de trabajo de Philips como consejero, con la misma remuneración que los demás miembros, lo que significaba añadir todos los meses a su cuenta bancaria el equivalente a más de veinte mil reales de 2008. Le llegaba dinero de todas partes. Cuando recibió el primer ingreso de la discográfica por las ventas iniciales de «Gita», dudó entre gastar el dinero en comprar acciones o una casa de veraneo en Araruama, pero finalmente decidió adquirir un apartamento en la concurrida calle Barata Ribeiro, en Copacabana. Además de la colaboración con Raul, en ese período Paulo también escribió tres letras —*Cartão Postal*, *Esse Tal de Roque Enrow* y *O Toque*— para el LP «Fruto Proibido», que la cantante Rita Lee lanzaría a comienzos de

1975, y también produjo guiones cinematográficos para Maria do Rosário. Entre una y otra actividad, trabajó como actor en la pornochanchada *Tangarela, el tanga de cristal*. En diciembre de 1974 la
discográfica cerró uno de los grifos que regaban sus cuentas, al cerrar
las actividades del grupo de trabajo, pero en seguida abrió otro: por
sugerencia de Menescal, André Midani contrató a Paulo Coelho para
trabajar como ejecutivo de la empresa, en el puesto de gerente del
Departamento de Creación.

La estabilidad financiera y profesional no supuso, sin embargo, el
apaciguamiento de su alma torturada. Si hasta mayo de 1974 convivió
de forma traumática con los sentimientos de persecución y rechazo,
después de la detención se hicieron insoportables. De las seiscientas
páginas del diario escritas en los doce meses después de su liberación,
más de cuatrocientas trataban de miedos derivados de aquella semana negra. En un único cuaderno de sesenta páginas, escogido al azar,
la palabra «miedo» se repite 142 veces, seguida de «problema», 118
veces, aparte de docenas de «soledad», «desesperación», «paranoia»
y «melancolía», entre otras. Para traducir su estado de ánimo solía recurrir a los clásicos de la lengua, como hizo al citar a Guimarães Rosa
para cerrar una página del diario: «No es miedo, no. Es que he perdido las ganas de tener valor.» En mayo de 1975, con ocasión del primer aniversario de su salida del DOI-Codi, mandó celebrar una misa
de acción de gracias en la iglesia de San José, su santo protector.

Más que el doctor Benjamim o incluso que su padre, desde que
había salido de la cárcel la figura que más seguridad le inspiraba era
el abogado Antônio Cláudio Vieira, al que Paulo consideraba el responsable de su liberación. En cuanto volvió de Estados Unidos, le pidió a D. Pedro que concertase una cita para agradecerle a Vieira su
ayuda. Al llegar al lujoso apartamento, que ocupaba toda una planta,
en la colina Viúva, desde donde había unas vistas privilegiadas del
parque de Flamengo, a Paulo le sorprendió Eneida, la hija del abogado. Morena, bonita, elegante y un palmo más alta que él, la chica llamaba la atención por la exuberancia de las joyas que usaba, entre las
que destacaba un pequeño escorpión de oro macizo que llevaba permanentemente colgado del cuello por una cadena. Abogada como su

padre, en cuyo despacho trabajaba, Eneida desfilaba por las calles de Río con el pelo suelto, a bordo de un envidiable y legítimo descapotable MG, importado de Inglaterra. En aquel encuentro flirtearon, pero exactamente cuarenta y siete días después Paulo le propuso matrimonio a Eneida, que aceptó de inmediato. Según los valores vigentes en buena parte de la sociedad brasileña, él no sólo estaba en condiciones de casarse, sino que era un buen partido; es decir, era alguien con el dinero suficiente para mantener a su mujer y a sus hijos. A finales de 1975 se lanzó un nuevo álbum suyo con Raul llamado «Novo Aeon». Ambos firmaban cuatro de los trece temas (*Rock do Diabo, Caminhos I, Tú És o MDC da Minha Vida* y *A Verdade sobre a Nostalgia*). El LP revelaba también el grado de implicación que Raul seguía manteniendo con los satanistas OTO: el maleducado Marcelo Motta firmaba nada menos que cinco temas del disco como letrista (*Tente Outra Vez, A Maçã, Eu Sou Egoísta, Peixuxa, O Amiguinho dos Peixes* y *Novo Aeon*). Aunque Raul y sus seguidores consideraban ese trabajo como una obra maestra, «Novo Aeon» no llegó ni por asomo al nivel de los álbumes anteriores, y sólo vendió algo más de cuarenta mil copias.

Las condiciones materiales para constituir una familia no le faltaban, es evidente, pero tamaña ligereza para tomar la decisión de pedir la mano de ella sólo puede explicarse por una pasión fulminante, que, sin embargo, no era recíproca. Para él nada podía ser más conveniente: mataba dos pájaros de un tiro, conseguía una mujer para casarse de una vez y sentar la cabeza, tal como venía prometiéndose desde que había salido de la cárcel y, además, su suegro, Antônio Cláudio Vieira, iba a ser el garante de su seguridad emocional. La noche del 16 de julio de 1975, después de encender un porro doble, Paulo decidió que era el momento de resolver aquello. Llamó a Eneida y le pidió que avisara a sus padres de que iba a formalizar el noviazgo y la petición de mano al cabo de unas pocas horas:

—El tiempo de pasar por mi casa y recoger a mis padres. Estaremos ahí dentro de un rato.

Sus padres dormían profundamente pero se levantaron de la cama porque el loco de su hijo había decidido comprometerse de repente, un lunes. Ya fuera por el efecto de la marihuana, o porque nunca antes había representado ese papel, la verdad es que Paulo, en el momento de dirigirse a su futuro suegro, tenía la boca seca, se atascó, tartamudeó y no fue capaz de pronunciar ni una palabra. Ante la mirada atónita de los somnolientos Pedro y Lygia, Vieira resolvió la situación con determinación:

—Todos sabemos lo que quieres decir. ¿Me estás pidiendo la mano de Eneida? Si es así, está concedida.

Sí, era eso, respondió aliviado. Durante un rápido brindis con champán francés, Paulo abrió la riñonera de cuero que llevaba en bandolera y sacó un bonito anillo de brillantes que había comprado para su futura esposa. Media hora después de la llegada de las visitas ya no había nadie despierto en el apartamento de la colina Viúva. Al día siguiente, Eneida correspondió al regalo de pedida enviando a casa de Paulo la novedad que se había convertido en el objeto de deseo de periodistas y escritores: una máquina Olivetti eléctrica que el escritor usaría hasta 1992, cuando empezó a utilizar portátiles. No habían pasado ni tres semanas y el diario comenzaba a revelar que el compromiso quizá había sido un poco precipitado:

Tengo serios problemas en mi relación con Eneida. La escogí por la seguridad y la estabilidad emocional que eso me iba a proporcionar. La escogí buscando un equilibrio para mi temperamento naturalmente desequilibrado. Ahora estoy viendo el precio que tengo que pagar por ello: castración. Castración de comportamientos, castración de conversaciones, castración de locuras. Y no puedo aceptarlo.

Echarse atrás y deshacer el compromiso no se le pasaba por la cabeza, pues eso significaba no sólo perder al abogado, sino ganarse un enemigo, algo que sólo de pensarlo le daba escalofríos. Pero Paulo notaba que Eneida también se estaba hartando de sus rarezas. De hecho, a su novia no le importaba que siguiera fumando marihuana, pero no quería verse obligada a consumirla también, y Paulo se pasaba todo el tiempo insistiendo para que lo hiciese. En cuanto a las «proposiciones sexuales», ella había sido clara: nada de *ménage à trois.* Eneida no aceptaba que las amigas de él compartieran la cama de la joven pareja. La ruptura de la relación, por tanto, era previsible. Cuando llevaban cuarenta días de noviazgo, Paulo registró en el diario que todo se había acabado:

Eneida simplemente me ha dejado. Ha sido muy difícil, difícil de verdad. La escogí como mujer y compañera, pero ella no soportó la situación y de repente desapareció de mi vida. He intentado desesperadamente ponerme en contacto con su madre, pero ellos también se han apartado. Temo que le haya contado a sus padres mis rarezas y mis proposiciones sexuales. Estas últimas sé que se las ha contado. La ruptura fue bastante dura para mí, mucho más dura de lo que pensaba. Mis padres se van a sorprender mucho por la noticia de la ruptura del compromiso. Y va a ser difícil que acepten a otra mujer como aceptaron a mi ex novia. Lo sé, pero ¿qué puedo hacer? Me voy otra vez, sin tregua, en busca de otra compañera.

La compañera a la que le había echado el ojo era la trabajadora en prácticas Cecília MacDowell, del equipo de prensa de Philips. Pero antes de declararse a Cissa, como la llamaban, Paulo tuvo una aventura relámpago con la también periodista Elisabeth Romero, que le hizo una entrevista para una revista especializada en música. Empezaron a salir juntos y comenzó una nueva relación. Beth llamaba la atención porque se movía por las calles de Río montada en una gran Kawasaki 900, en la que Paulo iba de paquete. A pesar de breve, esa relación le permitió a Beth ser testigo de un episodio que sería citado por Paulo cientos de veces en entrevistas publicadas en la prensa internacional: el encuentro que no existió entre él y su ídolo Jorge Luis Borges. Con las vacaciones de Navidad cerca, Paulo invitó a Beth a ir a Buenos Aires, donde pretendía visitar al gran escritor argentino.

Venía retrasando el viaje desde hacía algún tiempo, por miedo de acudir al DOPS a pedir el visado de salida para ir al país vecino y que lo detuvieran. Sin ningún contacto o presentación previa, la pareja soportó cuarenta y ocho horas de autobús entre Río y la capital porteña llevando como únicas señas una dirección: calle Maipu, 900, donde vivía Borges. Y allí se dirigió Paulo en cuanto se instaló en la ciudad. El portero del edificio, en el centro de la ciudad, le informó de que «don Jorge Luis» estaba al otro lado de la calle, tomando café en el bar de un viejo hotel. Paulo cruzó la calle, entró en el recibidor y, a contraluz, al lado de una ventana, vio la silueta inconfundible del magistral autor de *El Aleph*, entonces con setenta y seis años de edad, sentado solo a una mesa, tomando una taza de café expreso. La emoción fue tal que el brasileño no tuvo valor para acercarse. Deslizándose hacia afuera en silencio, tal como había entrado, abandonó el lugar sin dirigirle a Borges ni un «Buenos días, es un placer», actitud de la que siempre se arrepentiría.

A los veintiocho años de edad, ésa fue su primera Navidad lejos de la familia. En proceso de reconversión cristiana, el día 24 invitó a Beth a asistir juntos a la misa del Gallo en la iglesia de Nuestra Señora del Pilar, en las inmediaciones de la Casa Rosada, sede del gobierno argentino. Sorprendido por el rechazo de ella, que prefería aprovechar la noche para andar por las calles de Buenos Aires, él simplemente terminó la relación. Llamó a Cissa, a Río, bajo el pretexto de felicitarle las fiestas, y se declaró: «Estoy enamorado de ti y vuelvo dentro de tres días. Si me prometes que me esperas en el aeropuerto, voy en avión, para estar juntos cuanto antes.»

Menuda como él, de ojos castaños y nariz ligeramente aguileña, Cecília MacDowell tenía diecinueve años y estudiaba comunicaciones en la PUC de Río de Janeiro cuando conoció a Paulo. Hija de la americana Patricia Fait y del respetado y adinerado tisiólogo Afonso Emilio de la Rocque MacDowell, propietario de una enorme clínica para tuberculosos en Jacarepaguá, se había educado en el tradicional Colegio Brasileño de Almeida, en Copacabana, creado y dirigido por la profesora Nilza Jobim, madre del compositor Tom Jobim. Aunque era un hogar conservador —el padre procedía de una tradicional familia del nordeste y la madre había recibido una rigurosa educación protestante—, los MacDowell acogieron con los brazos abiertos al hippy que se había enamorado de la benjamina de la casa. Con el paso de los meses, Patricia y Afonso Emilio hacían la vista gorda incluso ante el hecho de que Cissa se pasara todos los fines de semana

403

en compañía de su novio (que había alquilado el apartamento de la calle Voluntários da Pátria y se había ido a vivir a la ruidosa calle Barata Ribeiro). Pasados treinta años, al evocar esos recuerdos, Cissa adivinaba, con un humor cínico, segundas intenciones en esas libertades de sus padres: «Como mis dos hermanas mayores no se habían casado, creo que las expectativas de mis padres respecto a los futuros yernos hizo que bajasen un poco el nivel de exigencia. Por si acaso, era mejor no espantar a los posibles candidatos.»

Cualesquiera que fuesen las razones de sus padres, la verdad es que los fines de semana, mientras los MacDowell se iban a la casa de campo de la familia en Petrópolis, Cissa metía ropa y objetos personales en una bolsa y se largaba al apartamento de Barata Ribeiro, por lo que los viernes empezaron a llamarlos «día de María Bolsa». El fantasma del desastroso noviazgo con Eneida, sin embargo, seguía asolando el alma de Paulo cada vez que había posibilidades de que surgiera el tema, tal como anotaba en el diario. «Esta noche voy a cenar a casa de Cissa; esas cosas me ponen nervioso porque se parece a un noviazgo —lamentaba—, y lo que menos me apetece ahora es comprometerme con alguien.» En una de las sesiones psiquiátricas, a las que seguía yendo regularmente, el doctor Benjamim Gomes sugirió la hipótesis de que sus tensiones nerviosas tenían su origen en la dificultad para relacionarse sexualmente:

Me ha dicho que mi desinterés por el sexo me provoca esta tensión. En realidad, Cissa se parece bastante a mí, no insiste demasiado en follar. A mí me iba bien así, ya que no me sentía obligado, pero ahora voy a utilizar el sexo como una terapia para aliviar las tensiones. El doctor Benjamim me ha dicho que la curva del electrochoque es la misma que la del orgasmo y la misma que la del ataque epiléptico. Así, he descubierto en el sexo una terapia.

Por más que lo agobiase cualquier cosa relacionada con el noviazgo, en marzo de 1976, cuando ella regresó de un viaje de tres semanas por Europa, Paulo le propuso matrimonio. Cissa aceptó con sincera alegría, pero puso condiciones: tenía que ser una boda de verdad, pasando por el registro, y también por la iglesia, cura, traje de novia blanco y novio de traje y corbata. Él respondió con una carcajada, afirmando que aceptaba todas las exigencias en nombre del amor y «porque necesitaba sentar la cabeza, y nada mejor que el matrimonio para eso». Antes de que se celebrase la ceremonia, Paulo consultaría el *I Ching* varias veces, para saber si estaba haciendo lo correcto, y registraría en el diario la inseguridad en la que vivía:

Ayer me entró el canguele de la boda y sentí pánico. Reaccioné violentamente. Ya estábamos medio mosqueados el uno con el otro y las cosas se han puesto feas entre nosotros.

Dos días después, su estado de ánimo era otro:

Estoy durmiendo fuera del apartamento porque tengo paranoias. Me muero de ganas de que Cissa se venga a vivir conmigo. En el fondo nos amamos y nos comprendemos y ella es una persona muy fácil de llevar. Pero antes tenemos que pasar por la payasada de la ceremonia.

Con el alma en un puño, Paulo llegó al día 2 de julio aún más emperifollado de lo que su novia exigía. Puntualmente, a las siete de la tarde, con un grupo de violines tocando el Nocturno n.º 2 de Chopin, se deslizó entre las cortinas del altar de la iglesia de San José, en el centro de Río de Janeiro, y se colocó a la derecha del cura. Comparado con el Paulo Coelho que se había dejado fotografiar colocadísimo en Nueva York, dos años antes, el del altar parecía un príncipe. Con el pelo corto, bigote y perilla cuidadosamente arreglados, llevaba un chaqué moderno, con chaqueta de traspaso, pantalones de rayas, zapatos negros, camisa blanca con gemelos y corbata plateada (ropa idéntica a la usada por su padre y por su suegro, pero de la que habían sido dispensados los padrinos Roberto Menescal y Raul Seixas). Doña Lygia no sólo había escogido personalmente el sitio para la boda religiosa, sino que donó a la parroquia de San José una mano de pintura a la imponente iglesia, cuyas torres tenían la altura de tres pisos.

Ya como marido y mujer,
Paulo y Cissa abandonan
el altar de la iglesia de
San José. Abajo, los
novios entre los padres
de ella y los de Paulo.

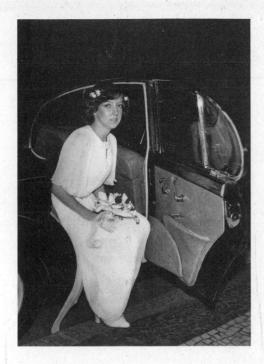

Cissa se dirige al banquete
de bodas.
Al lado, las dos invitaciones:
una formal y otra hippy.

Acompañadas por los acordes de *Pompa y circunstancia*, de Elgar, cinco niñas vestidas de damas de honor le abrían camino a la novia con vestido blanco y largo hasta los pies, que iba del brazo de su padre. Entre las docenas de invitados que abarrotaban la iglesia llamaba la atención la figura singular de Raul Seixas, con gafas oscuras aunque era noche cerrada, pajarita roja y traje con costuras también rojas. En el momento de bendecir las alianzas, los violines llenaron la iglesia con el Adagio de Albinoni para cerrar la ceremonia religiosa. Desde allí se dirigieron todos al apartamento de los padres de la novia, en la calle General Urquiza, en Leblon, donde se celebró la boda civil y, después, se ofreció una fastuosa cena a los invitados.

La luna de miel no tuvo ningún atractivo especial. Como ambos tenían que volver pronto al trabajo, pasaron una semana en una casa de veraneo de parientes suyos en la isla de Jaguanum, en la costa fluminense. Ninguno de los dos guarda recuerdos significativos de esos días. En los diarios de Paulo no hay ninguna referencia al viaje de novios, y los flashes que permanecen en la memoria de Cissa tampoco hablan de un camino de rosas:

Paulo no estaba muy contento. Creo que él no quería toda aquella formalidad... Aceptó, pero creo que fue porque yo insistí. Pero no fue una luna de miel que dijéramos ¡ah!, estamos totalmente enamorados, ha sido maravilloso. No. No tengo ese recuerdo. Sé que pasamos unos días allí, no puedo decir cuántos, y que volvimos a nuestra vida a Río.

La vida de casados empezaría con una pequeña discusión entre marido y mujer. Aunque era dueño de un espacioso apartamento en la calle Voluntários da Pátria, en el que había vivido casi tres años con Gisa, Paulo prefería mantenerlo alquilado y vivir en la segunda casa de su propiedad, el estudio de la ruidosa Barata Ribeiro. Si la elección hubiera tenido como objetivo ahorrar dinero, a Cissa no le habría importado. El problema era que él prefería vivir allí para estar cerca de sus padres, que habían vendido la casa de Gávea y cuyo nuevo apartamento quedaba en la calle Raimundo Correa, en Copacabana, a una manzana de distancia. Los recuerdos que ella guardaría de los primeros meses de matrimonio no eran alentadores:

Vivir allí era algo horroroso. La única habitación daba a la calle Barata Ribeiro, donde había un ruido infernal. Pero él estaba en una fase infantil y quería vivir allí porque estaba cerca de su madre, que vivía en la zona. El apartamento cabía en una sala grande. Él tenía el otro apartamento, pero quería estar cerca de su madre. Como a mí me habían educado en el protestantismo, aquella historia de darlo todo por la felicidad de la pareja, dormía con el ruido de Barata Ribeiro. La boda fue en julio, creo que estuvimos allí unos seis meses.

Puede que los comienzos del matrimonio no fueran los más prometedores, pero como ninguna pareja está a salvo de las tempestades de la vida en común, el matrimonio sobrevivía. A veces las peleas eran ruidosas, como en la madrugada del 24 de agosto, cuando Paulo cumplía veintinueve años. Cissa se despertó a las dos de la mañana con un estruendo terrible, como si hubiera explotado una bomba dentro de casa. Se levantó asustada y se encontró a su marido en la sala del apartamento, con un petardo quemado en la mano. Debidamente colocado con un buen porro, había decidido festejar su cumpleaños y estaba lanzando petardos, para desesperación del vecindario. Todo, claro, registrado para la posteridad en la grabadora:

Paulo: Es la 1.59 del día 24 de agosto de 1976. Cumplo veintinueve años. Voy a lanzar un petardo para conmemorar lo que soy y voy a grabar el estruendo. [Ruido del petardo al explotar.] ¡Qué alucine! ¡La gente se ha asomado a las ventanas!
Cecília: ¡Paulo!
Paulo: ¿Qué? Se ha despertado todo el mundo, los perros están ladrando...
Cecília: ¡Esto es absurdo!
Paulo: ¿El qué?
Cecília: ¿Estás loco?
Paulo: ¡Ha hecho un ruido bonito! ¡Sonó por toda la ciudad! ¡Soy un

campeón! [Se ríe mucho.] ¡Qué bien que me compré estos petardos aquel día! ¡Genial! ¡Joder, ha sido un alucine! [Vuelve a reírse.] ¡Qué alucine, Dios mío! ¡Qué locura! ¡Creo que me ha liberado de muchas cosas, soltar ese petardo!

Cecília: Quédate un rato aquí conmigo, que estoy nerviosa.

Paulo: ¿Por qué estás nerviosa? ¿Por algún presentimiento, o algo así?

Cecília: Noooooo, Paulo, es porque ha sido un día muy duro.

Paulo: ¡Ah, gracias a Dios! Joder, esto ha sido una liberación, Cecília. Lanza un petardo, ya verás como te tranquilizas inmediatamente. Tíralo por esta ventana.

Cecília: ¡No! Quien oiga el ruido va a saber de dónde salió. Deja los petardos. Quédate un ratito aquí conmigo, ¿eh?

Paulo: [Riendo a carcajadas.] ¡Qué alucine! Las dos de la mañana, un petardo para celebrar mi cumpleaños, el cielo lleno de estrellas. ¡Ay, Dios mío! ¡Muchas gracias! ¡Voy a lanzar más por la ciudad! [Ruido de los petardos explotando.]

Cecília: ¡Paulo! Los porteros de todos los edificios van a ver que es desde aquí.

Cissa era una persona fácil de llevar, pero tenía un carácter fuerte y no le gustaba verse forzada a hacer nada en contra de su voluntad. Al igual que Eneida, aceptaba las *rarezas* de su marido —a veces incluso lo acompañaba fumando un porro de marihuana—, pero no quería ni oír hablar de las extravagancias conyugales, que él denominaba «proposiciones sexuales». Un día Paulo se despertó tarde por la mañana, a una hora en la que, como siempre, Cissa estaba en el trabajo. Sobre la mesilla de noche ella le había dejado una hoja de papel manuscrita que parecía quemarle las manos, cuando la leyó. La nota revelaba que, si su marido había decidido sentar la cabeza, había sido de puertas afuera.

A quien pueda interesar:

Estoy tranquila respecto a las quinientas mujeres de Paulo, porque ninguna de ellas representa una amenaza. Pero hoy me siento confusa respecto a mi matrimonio. Cuando Paulo dijo, bromeando con una secretaria, que iba a tocarle el culo, me pareció algo muy vulgar. Pero fue peor oírle una propuesta indirecta de pagar a «unos tíos» en Cinelândia para que participen en nuestras relaciones sexuales. Sabía que lo había hecho antes, pero nunca imaginé que me fuera a proponer algo tan asqueroso como eso, conociéndome como me conoce, y sabiendo lo que pienso sobre el tema. Esta noche me siento más sola que nunca porque sé que no puedo desahogarme con nadie. Lo único que veo e incluso deseo ahora íntimamente es que en cuanto pueda me separo de Paulo, en cuanto esta sociedad de mierda me lo permita, pero sé que va a ser un trauma muy grande para mí y para mi familia.

El matrimonio todavía no había celebrado ni las bodas de papel —hacía pocos meses que estaban casados— y ya empezaba a naufragar.

19

«EN LONDRES SE ACABARON TODAS LAS POSIBILIDADES DE CONVERTIRME ALGÚN DÍA EN UN ESCRITOR MUNDIALMENTE FAMOSO»

Si el matrimonio se desmoronaba, no se podía decir lo mismo de su vida profesional. En diciembre de 1976, Philips sacó al mercado el quinto LP de Paulo con Raul, «Há Dez Mil Anos Atrás», que pronto se convirtió en otro clamoroso éxito, y de los once temas, diez eran letras suyas. La canción que daba nombre al álbum tenía dos peculiaridades: una redundancia en el título y el hecho de que era la traducción adaptada de *I Was Born Ten Thousand Years Ago*, conocida canción popular americana de dominio público que tenía varias versiones, la más famosa grabada por Elvis Presley cuatro años antes. Otra curiosidad del disco era que, desde que se había inspirado en la adolescente de la película de Vittorio de Sica, a los catorce años, era la primera vez que Paulo le dedicaba una de sus creaciones a alguien, en este caso, a su padre Pedro Queima Coelho. Se trataba de una forma inusual de homenaje, ya que la letra recoge las diferencias entre él y su padre y le sugiere condescendencia. Aunque esto el autor no lo admitió hasta años después, cualquiera que conociera un poco su historia familiar entendería que el «Pedro» del rock-balada *Meu amigo Pedro*, el segundo tema, era su padre, tal como es evidente en algunos versos:

Toda vez que eu sinto o paraíso / Ou me queimo torto no inferno / Eu penso em você meu pobre amigo / Que só usa sempre o mesmo terno Lembro, Pedro, aqueles velhos dias / Quando os dois pensavam sobre o mundo / Hoje eu te chamo de careta, Pedro / E você me chama vagabundo Pedro, onde você vai eu também vou / Mas tudo acaba onde começou E eu não tenho nada a te dizer / Mas, não me critique como eu sou / Cada um de nós é um universo, Pedro / Onde você vai eu também vou

[Cada vez que estoy en el paraíso / o que me quemo sin razón en el infierno / pienso en ti mi pobre amigo / que usas siempre el mismo traje Recuerdo, Pedro, aquellos días / cuando pensabais en el mundo / hoy te llamo carca, Pedro / y tú me llamas vagabundo Pedro, donde tú vayas, yo también voy / pero todo acaba donde empezó No tengo nada que decirte / pero no critiques mi forma de ser / cada uno de nosotros es un universo, Pedro / donde tú vayas yo también voy]

Éxito era sinónimo de dinero y, para Paulo, el dinero había que invertirlo. Antes de que terminase el año 1976, se convirtió en propietario de su tercera casa, un apartamento de dos dormitorios en la calle Paulino Fernandes, en Flamengo, a cien pasos de donde había nacido y se había criado. A pesar del placer que le proporcionaba comprar casas, había un problema en ser rico, como le pasaba a él: la preocupación por la supuesta codicia ajena, sobre todo la de los comunistas. En eso sí que su socio Raul Seixas había cambiado de verdad. El melenudo que poco antes criticaba la sociedad de consumo y en sus letras ironizaba sobre la posesión de bienes materiales ahora se horrorizaba ante la posibilidad de perder los ahorros que acumulaba con avaricia. «Hoy, en el cine, sentí un miedo de la hostia por si viene el comunismo y me quita todos mis apartamentos —confesó en el diario, para rematar, sin rodeos—: No lucharía nunca por el pueblo. Éstas pueden ser palabras malditas, pero nunca lo haría. Lucho por el pensamiento y puede que por una élite de privilegiados que elijan una sociedad aparte.»

La tranquilidad material que el mundo de la música le garantizaba, sin embargo, en ningún momento pareció desviarlo de su viejo y manido sueño: ser un gran escritor. En los momentos de angustia llegaba a presagiar, «casi seguro», que no iba a ser capaz de conseguirlo. Se asustaba cada vez que se daba cuenta de la cercanía de su trigésimo cumpleaños, fecha límite que estableció para convertirse en un escritor famoso, y después del cual creía que ya no había la menor esperanza de tener éxito en la literatura. Pero volvía a animarse con la simple lectura de una noticia que decía que la célebre escritora inglesa Agatha Christie había acumulado una fortuna de dieciocho millones de dólares sólo con la venta de sus libros. En esos momentos Paulo se sumergía en el fondo de sus delirios:

No pretendo de ninguna manera publicar mis novelas en Brasil. Aquí todavía no hay mercado para eso. En Brasil, un libro con tres mil ejemplares vendidos es un éxito, cuando en Estados Unidos eso es el fracaso más estrepitoso posible. No tiene futuro. Si quiero ser escritor, tengo que pensar constantemente en largarme.

Mientras el destino no le señalaba la puerta de entrada a la gloria, Paulo se veía obligado a someterse a la rutina de los horarios, las reuniones y los viajes a São Paulo que su cargo de ejecutivo discográfico le exigían. Philips decidió concentrar todos sus departamentos en una sola oficina, situada en la entonces apartada Barra da Tijuca, un moderno barrio que empezaba a surgir en Río. No le gustaba el cambio no sólo porque el trabajo le quedaba a cuarenta kilómetros de casa, lo que lo obligó a superar el trauma de Araruama, comprarse un coche y sacarse el carnet de conducir, sino también porque le habían reservado un despacho minúsculo. No se quejaba a nadie, salvo a su diario:

Estoy sentado en mi nuevo despacho, si es que se le puede llamar despacho al lugar que ocupo ahora. Mi equipo y yo, formado por dos secretarias, una ayudante y un chico de los recados, ocupamos una área equivalente a treinta metros cuadrados, es decir, cinco metros por persona. Lo cual ya sería bastante poco si no tuviéramos en cuenta la cantidad de muebles obsoletos que también nos han puesto en este reducido espacio.

Fragmentos del original de *Há Dez Mil Anos Atrás,* gran éxito de Paulo y Raul.

Además de la distancia y de la incomodidad, se dio cuenta de que su cargo estaba en el epicentro de un permanente terremoto que sacudía vanidades, prestigio y disputas por un buen puesto cn los medios. Ese campo de batalla, en el que los egos estaban constantemente a la expectativa, y casi siempre atacaban por la espalda, no parecía el lugar ideal para alguien con el alma tan torturada por los miedos y las paranoias. Si algún mandamás lo saludaba poco efusivamente en el ascensor, él ya veía su empleo amenazado. Que no lo invitaran a algún espectáculo o a un lanzamiento concurrido del gremio suponía algunos días de insomnio y abundantes páginas de lamentos en el diario. No figurar entre los participantes de una reunión en la compañía podía desencadenar incontrolables ataques de asma. Su inseguridad alcanzaba niveles extremos. Si un productor musical no le hablaba bien, le generaba una crisis interior capaz de impedirle trabajar. Cuando estos síntomas paranoicos se daban a la vez, Paulo perdía el rumbo:

Hoy estoy muy mal, completamente atacado de paranoia. Creo que no le gusto a nadie, que me van a hacer una putada de un momento a otro, y que ya no me prestan la atención que me prestaban.

Me entró el canguelo porque esta mañana prácticamente me echaron de una reunión. Eso ha hecho que me gotee la nariz. ¿Tendrán mis gripes un trasfondo psicológico? André Midani, presidente de la compañía, entra en la sala y no me habla bien; mi socio está de un humor pésimo, y pienso que hay un complot contra mí. En una columna del periódico no se menciona mi nombre, cuando debería mencionarse.

Para aumentar mi manía persecutoria, haciéndome sentir totalmente inseguro, descubro que ni me han invitado al lanzamiento del libro de Nelson Motta. Es una persona que me ha evitado bastante, pero es una persona ante la que nunca he sido capaz de esconder mi antipatía.

Creo que la gente me aguanta sólo porque soy amigo de Menescal. Me preocupa muchísimo.

Su doble actividad profesional —ejercía al mismo tiempo los papeles de compositor y de ejecutivo de la discográfica— también era un foco de temores irreprimibles. Con frecuencia Paulo se veía obligado por su cargo a emitir extensos informes para la dirección de Philips, con valoraciones críticas del rendimiento de los más importantes artistas contratados por la empresa, es decir, sus compañeros. Aunque la lectura de sus informes estaba restringida a Midani, Menescal, Armando Pittigliani y otro director o dos, él temblaba sólo de pensar que aquel material podía caer en las manos o llegar a los oídos de los artistas sobre los que hacía valoraciones. El temor era comprensible, pues solía ser bastante tacaño con los elogios y duro en las críticas. Incluso con el estrés que suponía ocupar un cargo como aquél, Paulo era un empleado con dedicación, cuyo entusiasmo hacía que se quedara, no pocas veces, hasta altas horas de la madrugada. El trabajo en Philips era uno de los pilares en los que se apoyaba su frágil estabilidad emocional. El otro era el matrimonio, y el tercero, una novedad a la que se entregaba en cuerpo y alma, el yoga. Además de eso, cuando no podía más le pedía ayuda al psiquiatra Benjamim Gomes, que lo ponía otra vez en su sitio a golpe de antidepresivos.

En enero de 1977 Paulo ya estaba convencido de que Cissa era distinta de sus compañeras anteriores. «Ella es lo que es, y no va a cambiar tan pronto —confesaba—. Le he dedicado tiempo para cambiarla pero me he dado cuenta de que es inútil.» Poco a poco, sin embargo, fue capaz de atraer a su esposa al menos a una de las facetas de su mundo las drogas. Cissa jamás sería una consumidora habitual pero fue con él con el que fumó por primera vez marihuana y, después, probó el LSD. Siguiendo un ritual parecido al adoptado con Vera Richter cuando fumó hachís por primera vez, ambos probaron el ácido lisérgico el día 19 de marzo, día de San José, cuya imagen besaron los dos antes de la ceremonia. Pusieron una grabadora en el momento en el que ella se metió la pastilla en la boca, y a partir de entonces Cissa describió los momentos iniciales de inseguridad, sintió somnolencia y hormigueo por el cuerpo hasta llegar al éxtasis. En ese momento, empezó a oír sonidos, como suele suceder en esas ocasiones, «indescriptibles». Llorando, ella intentaba, sin conseguirlo, describir lo que sentía:

Nadie puede saber lo que está entrando por mis oídos. No voy a olvidar nunca lo que acabo de oír. Tengo que intentar describirlo... Sé que lo has oído como yo. Miraba al techo de nuestra casita. No sé... Creo que no se puede describir, pero lo necesito... Paulo, es algo impresionante.

Su marido controlaba la «experiencia» y también se ocupaba de la banda sonora de la grabación. La obertura era un titular del *Jornal Nacional*, de la TV Globo, que anunciaba elevados índices de accidentes de tráfico en Río. Después venían la *Tocata y fuga*, de Bach, y la *Marcha nupcial*, de Wagner. Para tranquilizar a su cobaya, Paulo aseguraba que, en la eventualidad de un *bad trip,* un inocente vaso de zumo de naranja hecho al momento era remedio suficiente para revertir el efecto del ácido lisérgico.

Las drogas disfrazaban sus angustias, sin embargo, eran insuficientes para ahuyentarlas. En uno de esos agujeros profundos un superhéroe invadió su habitación para salvarlo. Era el peso pesado Rocky Balboa, personaje interpretado por el actor Silvester Stallone en la película *Rocky*. Aquella madrugada de 1977, al ver en la cama, con Cissa, la entrega de los Oscar, Paulo se emocionó al comprobar que *Rocky* se llevaba nada menos que tres estatuillas (mejor película, mejor dirección y mejor edición). Al igual que el luchador Balboa, que renació de la nada para convertirse en campeón, él también quería ser un vencedor, y estaba decidido a buscar su premio. Y lo único que le interesaba era lo mismo de siempre, el viejo sueño de convertirse en un escritor leído en todo el mundo. Como ya estaba claramente definido en su cabeza, el primer paso en el largo camino hacia la gloria literaria era marcharse de Brasil y escribir sus libros en el extranjero. Al día siguiente, fue a ver a Menescal al gimnasio donde su jefe y amigo practicaba Aikido y le dijo que se iba. Si dependía de Paulo, el destino de la pareja sería Madrid, pero acabó prevaleciendo la opinión de Cissa, y los primeros días de mayo de 1977 ambos desembarcaban en el aeropuerto de Heathrow, en Londres, la ciudad escogida para ser la cuna de su primera obra.

Pocos días después estaban instalados en un estudio alquilado en un edificio de tres plantas en el número siete de Palace Street, a medio camino entre la estación Victoria y el palacio de Buckingham, por la que pagaban 186 libras mensuales, el equivalente a 340 dólares (2.500 reales de 2008), por el alquiler. Era un apartamento pequeño, pero bien situado y con un tentador extra: una bañera. Al llegar a la capital británica la pareja abrió una cuenta en la oficina del Banco do Brasil con un depósito de cinco mil dólares. El dinero no era exactamente un problema para Paulo, pero, a pesar de que gastaba poco, tenía una dificultad legal, que establecía en trescientos dólares el límite de remesas mensuales de valores para un residente fuera de Brasil. Para burlar la exigencia del Banco Central, todos los finales de mes, sus abuelos, sus tíos y sus primos se movilizaban en Río y cada uno enviaba trescientos dólares a amigos brasileños de Paulo y de Cissa, residentes en Londres, que después volvían a pasar los valores a la cuenta de la pareja en el Banco do Brasil. Con esa artimaña recibían casi mil quinientos dólares mensuales libres de impuestos.

Además de las rentas de alquileres que recibía de Brasil, Paulo escribía una columna de música para la revista semanal *Amiga*, del desaparecido grupo Bloch. Cissa llegó a realizar algunos trabajos periodísticos para el servicio brasileño de la BBC, y eventualmente publicaba pequeños reportajes firmados en el *Jornal do Brasil*. Por no hablar, claro, de todas las tareas domésticas, ya que la contribución de su marido en eso era igual a cero. Peor aún: además de no ayudar en las tareas del día a día, él prohibió la entrada en casa de comida congelada, y educadamente le pidió a su mujer que se comprara un libro de cocina. El problema era la traducción de las recetas del *Basic Cookery*. Se pasaban horas intentando entender los textos para que ella pudiera convertirlos en platos. Dispusieron solemnemente un menú semanal con las comidas de cada día en una de las paredes del apartamento. Al leerlo era evidente que la carne era un manjar que sólo se permitían una vez a la semana, deficiencia compensada con frecuentes fugas a la exótica cocina de restaurantes pakistaníes y tailandeses.

Nunca les faltó dinero y lo que recibían era suficiente para los gastos, incluidos, claro está, los cursos de yoga, fotografía y vampirismo a los que él acudía, paseos, pequeños viajes y la alucinante y vasta

Luna de miel en
Inglaterra: Paulo en
un pub londinense y
leyendo noticias de
Brasil, y Cissa en el
pequeño apartamento
en el que vivían.

programación cultural londinense. Eran los primeros de la fila cuando estaba en cartel algo que estuviera prohibido por la censura en Brasil (como la película *Estado de sitio*, del griego Costa-Gavras, una denuncia contra la dictadura uruguaya). Fueron necesarios tres largos y pachorrientos meses, sin hacer absolutamente nada, para que Paulo se diese cuenta de la ociosidad en la que se encontraba:

Trabajo dos días a la semana, como máximo. Eso significa que, de media, en estos tres meses en Europa, he trabajado menos de un mes. Para quien se propone conquistar el mundo, para quien ha venido cargado de sueños y deseos, dos días de trabajo a la semana es muy poco.

Como no le salía el dichoso y tan esperado libro, Paulo intentaba ocupar el tiempo libre con alguna actividad productiva. Su gusto por la fotografía no resistió ni la primera prueba, un intento de realizar un ensayo erótico doméstico, mientras Cissa dormía. «Hoy nos despertamos tarde, como siempre. Cissa estaba desnuda y tuve muchas ganas de sacarle algunas fotos para enviarlas a alguna revista. No por el dinero, sino por placer. Lo hicimos, y dio lugar a un buen polvo.» Si con el curso de fotografía no consiguió resultados prácticos, el de vampirismo lo animó a escribir el guión de una película titulado *El vampiro de Londres*. Enviado por correo a grandes productores, todos le contestaron educadamente, pero le dejaron claro que, a su entender, los vampiros no generaban grandes taquillas. Uno de ellos, especialmente atento, se ofreció para «ver la película cuando esté terminada, y darle mi opinión sobre si estamos o no dispuestos a distribuirla».

En julio, Paulo y Cissa sabían que no sería fácil hacer amistades en Londres. Para suplir esa carencia recibieron una rápida visita de los padres de él. El intercambio de correspondencia con Brasil también se intensificaba, ya fuera en forma de cartas, o, como prefería Paulo, por medio de cintas grabadas siempre que hubiera un portador. Montones y montones de cintas se apilaban en las casas de sus padres y de sus amigos, sobre todo en la del más querido de todos, Roberto Menescal, a través de quien se enteró de que Rita Lee tenía un nuevo letrista y eso, sumado a los rechazos de productores y editoriales, dio lugar a páginas de lamentos:

Mi socia también ha encontrado a otro socio. He sido olvidado mucho más de prisa de lo que pensaba: tres meses. En tres meses ya no represento nada en la vida cultural de ese país. Nadie me escribe hace días.

¿Qué fue? ¿Qué hay tras el misterio que me condujo hasta aquí? ¿Y el sueño que he soñado toda mi vida? Pues bien, ahora estoy realizando mi sueño, pero me siento como si no estuviera preparado.

A finales de 1977, época de renovar el contrato semestral con el arrendador, decidieron dejar el apartamento de Palace Street, con un alquiler que consideraban demasiado alto y con cuyo propietario tenían roces constantes. Además, el día que llegaron allí habían asesinado a puñaladas al vecino gay del piso de arriba, crimen que, según la opinión de Paulo, había dejado en el lugar pésimas energías. Pusieron un anuncio de cinco líneas en los clasificados de un periódico londinense con la siguiente frase: «Joven pareja busca apartamento con teléfono a partir del 15 de noviembre.» Días después estaban instalados en Bassett Road, en Notting Hill, barrio donde está Portobello Road, con su famoso mercadillo de segunda mano, y donde, treinta años después, Paulo ambientaría el libro *La bruja de Portobello*. No era una dirección tan elegante como la anterior, de la que distaba diez kilómetros, pero ahora la pareja vivía en un apartamento mucho más espacioso, mejor y más barato que el otro.

Aunque no hizo posible que Paulo se convirtiera en un guionista cinematográfico, el curso de vampirismo dejó huella en su vida. Allí conoció a una graciosa masajista japonesa de veinticuatro años llamada Keiko Saito, al igual que él, interesada en el tenebroso tema. Además de compañera de curso, Keiko lo acompañaba también a repartir panfletos por las calles de Londres: un día contra los exterminios en masa perpetrados por el «mariscal» Pol Pot, en Camboya, otro recogiendo firmas a favor de la legalización de la marihuana en Gran Bretaña… La conoció, le gustó y en seguida estaba afectiva-

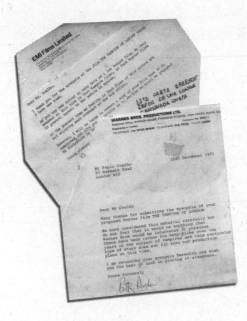

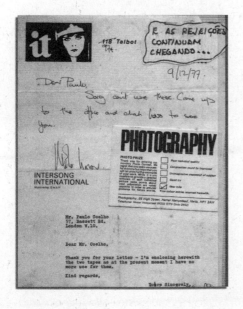

Editores y productores
cinematográficos responden
«no» a todas las propuestas
de trabajo de Paulo.

mente involucrado con la chica japonesa cuya familia vivía en Tokio y que también estaba disfrutando de la alucinante ciudad de Londres de los años setenta. Como solía hacer –y seguiría haciendo con todas las mujeres que pasarían por su vida–, Paulo fue sincero con Cissa: «Estoy enamorado de Keiko y me gustaría saber qué piensas si la invito a vivir con nosotros.»

En la única ocasión en la que trató públicamente ese asunto –una entrevista con el periodista W. F. Padivani, entonces de la revista *Playboy*, en octubre de 1992–, Paulo revela que su mujer aceptó de buen grado la propuesta de bigamia:

Playboy: ¿Y el tercer matrimonio con Cecília MacDowell?

Paulo: Fue por la iglesia.

Playboy: ¿Con traje de novio y todo?

Paulo: Sí, y Raul Seixas fue el padrino. Cecília y yo después nos fuimos a Londres, donde vivimos una experiencia amorosa a tres bandas.

Playboy: ¿Cómo?

Paulo: Hice un curso sobre vampiros y me enamoré de una de las estudiantes, una japonesa llamada Keiko. Como también amaba a Cecília, decidí vivir con las dos.

Playboy: ¿Ellas se llevaban bien?

Paulo: Sí, vivimos juntos durante un año.

Playboy: ¿Y cómo era en la cama?

Paulo: Yo mantenía relaciones sexuales con las dos, pero ellas no tenían relaciones entre sí.

Playboy: ¿Y no sentían celos la una de la otra?

Paulo: No, nunca.

Playboy: ¿No había momentos en los que le apetecía estar con una sola?

Paulo: Por lo que recuerdo, no. Era de verdad un amor a tres bandas, de mucha intensidad.

Playboy: Cecília y Keiko no mantenían relaciones sexuales, pero ¿qué sentían una por la otra?

Paulo: Se tenían mucho cariño. Entendían perfectamente la extensión de mi amor por ellas y yo también entendía su amor por mí.

Como los dirigentes comunistas chinos y soviéticos solían hacer con los disidentes políticos en fotos oficiales, Paulo eliminó de la escena descrita en la revista *Playboy* a un personaje importante en esa historia, el joven y melenudo productor musical brasileño conocido como Peninha, que en aquella época también vivía en Londres. Aquélla era una casa de una sola habitación, y con una sola cama, y Cissa comprendió que él le estaba proponiendo vivir con las dos, como un jeque árabe. Paulo siempre la había considerado una «persona fácil de llevar», pero después de un año de convivencia entendió que se había casado con una mujer que no comulgaba con ruedas de molino. Sorprendido, la vio reaccionar con una chocante e inimaginable naturalidad para una burguesita de noble apellido: «Acepto que Keiko venga a vivir aquí, siempre que tú estés de acuerdo en que se mude aquí Peninha, al que también me siento muy unida.»

En situación de jaque mate, Paulo no tuvo otro remedio que estar de acuerdo en la incorporación de un cuarto miembro a lo que dieron en llamar «familia ampliada», o «Asamblea General de la ONU», la extravagante comunidad conyugal de la que formaban parte él, Cissa, Keiko y Peninha. La aparición en Londres de algún pariente de la pareja original obligaba a Keiko y a Peninha a desaparecer mientras la visita estaba en la ciudad (como sucedió, por ejemplo, cuando Gail, la hermana mayor de Cissa, pasó una semana alojada en el apartamento). El primer y único fin de año de los Coelho en Inglaterra sería festejado con la familia ampliada, en un viaje en tren de algunos días a Edimburgo, en Escocia.

A finales de año era la época en la que Paulo se sumergía en interminables y frustrantes balances de las conquistas obtenidas, y de las derrotas acumuladas. No sería entonces cuando llegase a sus manos el Oscar imaginario que tanto lo había animado a dejar Brasil en marzo. Pasaron meses y meses sin producir ni una sola línea del tan soñado libro. Era derrota tras derrota, lo cual sólo se lo confesaba solitariamente al diario:

La pareja busca una nueva casa en Londres y, en las
horas libres, hacen panfletos por la legalización de
la marihuana.

Ha sido un período de rechazos. Todos los escritos que envié a los diferentes concursos a los que pude acceder fueron rechazados. Hoy he recibido el resultado que faltaba. Todas las mujeres con las que he intentado salir me han rechazado. No es una exageración. Cuando digo «todas» quiero decir que no ha habido excepciones.

[...] Desde niño soñaba con ser escritor y venir al extranjero a hacer mis obras y hacerme mundialmente famoso. Está claro que Londres fue ese paso que yo soñaba con dar desde niño. Lo que pasa es que el resultado no es el que yo esperaba. Mi primera y mayor decepción fue conmigo mismo. Seis meses de total inspiración a mi alrededor, y yo sin ser lo bastante disciplinado como para escribir ni una sola línea.

De cara al exterior, insistía en aparecer como un compositor de éxito cuyo hobby era escribir sobre Londres para revistas brasileñas. Su viejo amigo Menescal, sin embargo, con quien Paulo mantenía frecuente correspondencia, empezó a sospechar que su pupilo no estaba bien, y pensó que era el momento de cerrar la temporada en Londres. Aunque Paulo estaba de acuerdo en volver a Brasil, no quería hacerlo con el rabo entre las piernas, derrotado. Si la Philips lo invitaba a trabajar allí, embarcaría en dirección Brasil al día siguiente. El mandamás de la discográfica no sólo se desplazó hasta Londres para hacerle una oferta, sino que se llevó consigo a Heleno Oliveira, alto ejecutivo de la multinacional. El empleo no se materializaría hasta marzo de 1978, pero Paulo necesitaba la invitación, no el empleo. La víspera antes de irse juntó los pocos escritos que había producido durante aquellos meses estériles en Londres y los puso en un sobre, en el cual, una vez lacrado, escribió su nombre y dirección. Después, mientras tomaba un whisky con Menescal, en un modesto pub en Portobello Road, «olvidó» el sobre en la barra. En su última noche en la ciudad explicó en el diario la razón de su gesto:

Todo lo que he escrito este año lo olvidé en aquel bar. Es mi última oportunidad de que alguien me descubra y diga: es genial, el tío este. Tiene mi nombre y mi dirección. Si quieren, pueden encontrarme.

Keiko y Paulo...

Cissa y Peninha...

...y la nueva familia reunida.

El sobre se perdió o el que lo encontró no consideró que su autor fuera tan genial. Debidamente escoltados por su amigo benefactor, la pareja regresó a Brasil en febrero de 1978. Durante el vuelo, mientras Cissa se deshacía en lágrimas, puede que intuyendo el agravamiento de la situación que criticaba en septiembre, Paulo sintetizaba el período en pocas palabras: «En Londres se acabaron todas mis posibilidades de convertirme en un escritor mundialmente famoso.»

Se trataba de una derrota más, nunca un fracaso, tal como repetirían varios de los personajes que él crearía años después. Sin el libro que había jurado escribir, sin socios, sin empleo, con pocos amigos y sin la protección del anonimato que en Londres le permitía relaciones conyugales heterodoxas, él y Cissa volvieron al apartamento de la calle Barata Ribeiro, que ya les parecía inadecuado incluso antes de su viaje a Inglaterra. Aún no se habían instalado y Paulo vaticinó días sombríos para el matrimonio en caso de que la «flexibilidad emocional» que prevalecía en Londres no se extendiese a Brasil:

La relación con Cissa durará si se da la misma flexibilidad emocional que se daba en Londres. Hemos avanzado demasiado como para echarnos atrás. Si no es así, no hay posibilidades. En fin, esperemos que todo salga bien. Creo, sin embargo, que el regreso a Brasil tiende más a separarnos que a mantenernos unidos, porque aquí somos más intransigentes en cuanto a la debilidad del otro.

Meses después se mudaron a la cuarta casa que Paulo incorporó a su pequeño latifundio urbano. Adquirida con los derechos acumulados durante su ausencia, era un confortable apartamento de tres dormitorios en la calle Senador Euzébio, en Flamengo, situado a dos manzanas del cine Paissandu, a tres de la casa de Eneida, su ex novia, y a pocos metros de donde vivía Raul Seixas. Decoraron la mitad de la pared de la sala con fotos y objetos de su estancia en Londres, que tenían un doble significado: si por un lado le recordaban a la pareja momentos felices, por el otro, eran, para Paulo, la reiteración permanente de la derrota por no haber sido capaz de escribir el tan deseado libro.

En marzo asumió las funciones de productor artístico de Philips, y a lo largo de los meses siguientes retomó la rutina de ejecutivo discográfico. Como no le gustaba levantarse temprano, no era raro que se despertara a las diez de la mañana con una llamada de su secretaria avisándole de que alguien había preguntado por él. Iba en su propio coche, un modesto Ford Corcel, desde casa a Barra da Tijuca, y dedicaba todo el día a interminables reuniones, muchas de ellas fuera, con artistas, directores de la discográfica y periodistas relacionados con el mundo de la música. En el despacho se encargaba de todo: entre docenas de llamadas despachaba procesos burocráticos, aprobaba portadas, escribía cartas para fans en nombre de artistas famosos e incluso decidía el color del telón que tenía que utilizar el cantante Sidney Magal (al que los medios acusaban de ser un «gitano probeta», un gitano fabricado en laboratorio). Magal, en verdad, no era un «producto enfermizo de la cabeza de Paulo Coelho», como llegó a afirmar *Pasquim*, sino una criatura del productor argentino Roberto Livi. En diferentes escalas, nombres como el de Rosana, Oswaldo Montenegro y Fábio Júnior, esos sí estaban entre los talentos descubiertos u orientados por Paulo Coelho.

La proximidad a la casa de Raul Seixas no ayudó a volver a unir a los dos socios. Aunque seguía sin ser capaz de explicarles a los periodistas si Sociedade Alternativa era un pájaro o un avión, el genial bahiano insistía en divulgar las ideas de Aleister Crowley, con todos los embaucamientos por los que Paulo había pasado y de los que no quería ni oír hablar. Distanciados desde el enorme éxito de *Há Dez Mil Anos Atrás*, Paulo seguía de lejos la carrera del músico, que en ese período lanzó dos discos solo de rock y un tercero enteramente concebido con su viejo amigo Cláudio Roberto Azeredo. Al final del año, WEA, la nueva discográfica de Raul, convenció a los dos «enemigos íntimos» para que se metieran en el estudio e intentaran resucitar a la pareja que había arrasado en Brasil. No salió bien. Lanzado al mercado a comienzos de 1979, el LP «Mata Virgem», para el que Paulo escribió cinco canciones (*Judas, As Profecias, Tá na Hora, Conserve seu*

Roberto Menescal va a Londres
para llevarse al compositor de vuelta
a Brasil: las vacaciones inglesas llegan
a su fin.

Medo y *Magia de Amor)* no llegó a alcanzar ni el diez por ciento de las ventas de álbumes como «Gita» y «Há Dez Mil Anos Atrás».

La fama tal como ambos la habían experimentado entre 1973 y 1975 era cosa del pasado, pero Paulo aplicó el «gran salto» que Raul le había enseñado −«hacer música es escribir en veinte líneas una historia que uno puede escuchar diez veces sin que te toque los huevos»− y ya no dependía de su socio. Además de las cinco canciones para «Mata Virgem», a lo largo de 1978 compuso casi veinte letras, en colaboraciones que iban desde nombres que marcaron la música popular brasileña de la época como Zé Rodrix, hasta artistas de cuyo destino no se tendría más noticia, como Miguel, Mena y Pedro Paulo. Convertido en una especie de hombre orquesta del *showbusiness*, dirigió y organizó espectáculos para Rosana, Jorge Veiga, Alcione y Sidney Magal. De hecho, cuando el director de pornochanchadas Pedro Rovai decidió filmar el largometraje *Amante Latino*, inspirado y protagonizado por Magal, el invitado para escribir el guión, como no podría ser de otra forma, fue Paulo Coelho.

Como solía suceder con su frágil equilibrio emocional, cuando el trabajo iba bien, el corazón latía, y viceversa. Esa vez no era diferente. El cielo de guerrillero en el que volaba profesionalmente se cubría de nubes cuando llegaba a casa. La amargura daba lugar a discusiones cada vez más frecuentes y agresivas, y después venían los interminables silencios, que podían durar días. En febrero de 1979 decidió hacer solo un viaje en barco a la Patagonia. Cuando, al volver a Brasil, el transatlántico atracó en Buenos Aires, llamó a Cissa para proponerle la separación. No deja de ser curioso que se le escapara, precisamente a él, tan preocupado por las señales, que tres años antes, también por teléfono, y también desde la capital argentina, le hubiera propuesto matrimonio a Cissa.

La separación de hecho fue el día 24 de marzo de aquel 1979, cuando ella dejó el apartamento de Senador Euzébio, y se confirmó judicialmente el 11 de junio en un juzgado situado a cincuenta metros de la iglesia de San José, donde se habían casado. La audiencia estuvo a punto de no celebrarse el día marcado: primero porque Cissa tuvo que salir a última hora a comprar una falda, pues el juez no admitía el uso de pantalones vaqueros en su sala, y después porque el abogado olvidó un documento, lo que los obligó a sobornar a un funcionario del registro para recibir el certificado de separación por la puerta de atrás. Superados los contratiempos, ex marido y ex mujer fueron a comer a un restaurante civilizadamente. Cada uno de ellos dejó un registro diferente de aquel final de su matrimonio. El de Paulo lo escribió ese mismo día:

> No sé si está medio desesperada, pero lloró mucho. Para mí el trámite no fue nada traumático. Salí de allí y fui a ocuparme de mis negocios a otros despachos, otras salas, otros mundos. Cené bien, cené como hace mucho tiempo que no cenaba, pero eso no tiene nada que ver con la separación. Sólo con la cocinera, que preparó una comida muy rica.

A su vez Cissa, que se había negado a compartir nada con él —ni siquiera los bienes adquiridos tras el matrimonio, como le garantizaban las leyes brasileñas—, resumió sus sentimientos en una nota de un párrafo escrita en inglés y enviada por correo a su ex marido. En pocas palabras ella lo criticaba precisamente en lo referente a la cama, donde él se consideraba el mejor:

> *Uno de los principales problemas entre nosotros, en mi opinión, era la cama. Nunca entendí por qué no te preocupabas por mí. Yo podría haber sido mucho mejor si te hubieras preocupado de que yo gozase en la cama. Pero a ti no te importaba. Nunca te importó. Entonces empecé yo también a despreocuparme de que tú gozaras.*

Para alguien cuya estabilidad emocional dependía tanto de una relación afectiva sólida, de una mujer que lo ayudara a afrontar las tempestades de su alma, el fin de su matrimonio era el anuncio seguro de más depresión, más melancolía. No porque le faltaran mujeres, al contrario, el problema es que entonces se le metió en la cabeza que ellas le absorbían la energía que debía destinar a su carrera de escritor. «He salido mucho, he follado mucho, pero con mujeres vampiro —escribió—, y no quiero saber nada más de eso.»

De regreso en Brasil, Paulo se convierte
en ejecutivo de la Phonogram: arriba con
Sydney Magal y abajo con Vanusa.

La que parecía haberse quedado muy abatida por la separación era su madre. En medio del ambiente festivo de la conmemoración de la resurrección de Cristo, le envió a su hijo una larga carta mecanografiada a un espacio. No daba la impresión de ser algo escrito por una «tonta», como una vez más se referiría a Lygia. En un portugués elegante, el documento revelaba también que se trataba de alguien con una familiaridad poco común entre los legos con la jerga psicoanalítica. E insistía en que el responsable de su separación era él, con sus inseguridades y su incapacidad para reconocer que había perdido:

Querido hijo:

Tenemos mucho en común, incluso la facilidad para expresarnos por carta. Por eso, este domingo de Pascua te envío estas líneas con la esperanza de poder ayudarte. O al menos para decirte que te quiero mucho, y que sufro cuando tú sufres, y que me alegro cuando eres feliz.

Como podrás imaginar, tú y Cissa no me salís de la cabeza. No tengo que repetir que el problema es vuestro, y que lo mejor es que me esté callada. Así que, realmente, no sé si voy a enviarte esta carta.

Cuando digo que te conozco bien, me baso únicamente en mi intuición de madre, pues parte de ti, desgraciadamente, se ha estructurado lejos de nosotros, así que supongo que se me escapan muchas cosas. Fuiste reprimido en tu infancia, después te viste ahogado por las circunstancias, y tuviste que romper relaciones íntimas, romper esquemas, y empezar de cero. A pesar de tu angustia, tus temores, tus inseguridades, lo has conseguido. ¡Y cómo! Pero has abierto también una parte de ti reprimida con la que todavía no sabes lidiar.

A Cecília la conozco poco, pero me parece una mujer práctica, fuerte, sin miedos, intuitiva, sencilla. Para ti debió de ser un golpe muy duro cuando empezó a devolverte lo que era tuyo, y que ella había retenido neuróticamente como si fuera suyo: tu dependencia, tus manías, tus carencias. Ella no aceptó más carga ajena, por eso el equilibrio de la pareja se tambaleó o se rompió. No sé cómo fue el

diálogo final, pero te lo tomaste como rechazo, como desamor, y no
pudiste soportarlo. Sólo hay una forma de resolver el problema: co-
nocerlo, identificarlo. Me dijiste que no sabes perder. Sólo se puede
vivir plenamente la vida si aceptamos ganar y aceptamos perder.

LYGIA

PD: Como ves, sigo siendo una pésima mecanógrafa. He decidi-
do coger el toro por los cuernos... Ahí va la carta.
Querido hijo: a mi manera hoy he rezado mucho por ti. Para que
Dios haga crecer dentro de ti la certeza de que está en tus manos
construir tu vida. Y para que siempre sea como ha sido hasta hoy:
plena de realizaciones conscientes y honestas y llena de momentos
de alegrías y de felicidades.
Muchos besos,

L.

Como a él mismo le gustaba escribir en la primeras páginas de su
diario, no había nada nuevo bajo el sol. Y tal como ya había ocurrido
otras tantas veces antes, en su vida, la única manera de intentar equi-
librar el disgusto de una derrota afectiva era buscar conquistas en el
trabajo. Así, parecía haber caído del cielo la invitación que recibió en
abril de 1979 –cuando aún no hacía un mes que se había separado–
para cambiar su trabajo en Philips por la Gerencia de Producción en
su mayor competidora, la CBS. Incluida en la propuesta iba la perspectiva de, en poco tiempo, ser promovido a director artístico de la
discográfica americana. Después de un rosario de fracasos amorosos
y profesionales –el desastre del álbum «Mata Virgem», el noviazgo
relámpago con Eneida, la esterilidad literaria de Londres, el fin de su
matrimonio...–, la invitación tuvo el efecto de un bálsamo, empezando porque lo volvía a introducir en los círculos de Río y de São Paulo, que hacía mucho tiempo que no frecuentaba. Pero también despertó un lado feo y desconocido de su personalidad: la arrogancia.
Como una de sus tareas era reorganizar el Departamento Artístico,

empezó dando portazos. «Es verdad, llegué allí con una arrogancia nunca vista −recordaría años después−. Para empezar, fui dando órdenes y tratando a los pelotas a palos, ¡autoritarismo puro!» Sospechando que se podían estar produciendo desvíos de recursos de la discográfica, se negó a firmar notas y facturas sobre las que tenía alguna duda.

Sin saber que estaba cavando su propia tumba, contrató, despidió, recortó gastos y cerró departamentos, echando más leña a un fuego en el que ya ardía una hoguera de egos y vanidades. Mientras tanto, se iba tejiendo una red de intrigas y trampas a su alrededor por los muchos perjudicados con su operación de limpieza. Un lunes, día 13 de agosto de 1979, después de dos meses y diez días de trabajo, llegó a la discográfica al final de la mañana y, entre una y otra decapitación, fue llamado a la sala del argentino Juan Truden, presidente de la CBS en Brasil. El jefe lo esperaba de pie, con una sonrisa, la mano tendida y una única frase en los labios: «Amigo mío, estás despedido.»

Nada más. Ni un «buenas tardes» o un «que te vaya bien». El impacto fue grande no sólo por la certeza del despido, sino porque sabía que aquello decretaba el final de su carrera como ejecutivo discográfico. «Me despidieron en el momento álgido, mientras ocupaba el más alto cargo de la profesión, y no podía volver atrás, ser lo que era al principio», recordaría Paulo muchos años después, en unas declaraciones para el Museo de Imagen y Sonido (MIS) de Río de Janeiro. «Sólo había seis discográficas en Brasil y los seis cargos a los que yo podía aspirar estaban ocupados.» Antes de hacer las maletas todavía redactó una larga y resentida carta para Truden, en la cual le decía que, en vista de la falta de estructuración de la compañía, «los artistas de la CBS son en este momento los menos prestigiosos del mercado brasileño». Y terminaba dramáticamente, apropiándose de la expresión que permaneció en el imaginario popular utilizada por el ex presidente Jânio Quadros en su carta de dimisión:

Y las mismas fuerzas ocultas que hoy son responsables de mi despido tendrán que enfrentarse un día a la verdad. Porque no se puede tapar el sol con un colador, señor Juan Truden.

Meu adorado filho.

Penso que eu e você temos muito em comum,inclusive a facilidade de ex-
pressar-se através de uma carta,por isso,nesse domingo de Pascoa,envio-lhe es-
sas linhas,na esperança de ajuda-lo,ou pelo menos,de dizer que o amo muito, e
que portanto sofro quando você sofre,e que me alegro quando você está feliz.

Como bem pode imaginar,você e Sissi não me saem da cabeça.

Não é preciso repetir-me que o problema é seu,e que melhor eu faria
se ficasse quieta,portanto,não sei se realmente vou enviar-lhe essa carta.

Quando eu digo que o conheço bem,estou me baseando apenas,na minha in-
tuição de mãe,pois muito de você,infelizmente,foi estruturado longe de nós,por-
tanto muita coisa na verdade me escapa.

Você foi reprimido na infancia,depois foi sufocado dentro dos próprio
os envolvimentos,e acabou tendo que romper relações íntimas,quebrar esquemas ,
e começar do zero.Conseguiu-e como! Mesmo angustiado,temeroso,inseguro.

Aprendeu a viver de novo, e corajosamente lançou-se a novas conquistas. Mas você soltou também todo um lado reprimido com o qual não sabe ainda
transar. E livre de sua própria prisão,preparou-se para viver um grande amor
escolhendo uma companheira para sua vida.

Cecilia eu conheço pouco,mas ela me parece uma mulher prática.Forte.
Sem medos.Intuitiva.Simples.Capaz de gostar,e sem dúvida,merece ser gostada.

É claro que não será uma união fácil,ao contrário,deve ter sido di-
ficil, árdua e trabalhosa.Como tudo na vida,mas também como tudo na vida,o amor
também se cultiva.

Deve ter sido um baque muito grande quando ela começou a devolver-
lhe o que era seu,e que ela havia retido neuroticamente como se fosse dela:sua
dependência,seus grilos,suas carências.Ela não aceitou mais carga alheia, aí
o equilibrio do casal se abalou ou se rompeu.

Não sei como foi o dialogo,mas pelo que você disse,você não aceitou
pensar um pouco.Você tomou isso como rejeição,como desamor.E não pode suportar.

Somos seres tão estranhos,que podemos passar por evoluções intelec-
tuais formidáveis,e permanecer estacionados ou cristalisados emocionalmente.

Basta haver uma evolução diferente entre o casal,para que ele se
desavenha,e é portanto essa diferença de evolução entre você e Cecilia, que
criou o impasse.

Uma só forma existe de resolver o problema:conhece-lo.Identifica-lo.
Você me disse que não sabe perder.Só se pode viver plenamente a vida,se acei-
tamos viver plenamente todos os momentos: os faceis e os difíceis,isto é,acei-
ter ganhar e aceitar perder.Só quem acredita em alguma coisa,tem que aceitar
perder,pois isso significa acreditar fundo nos próprios valores da vida.

Descobrir onde se quer chegar,ou onde o amor se revela,porque ele
tambémmuda e evolui, e uma união onde pessoas se completam tanto e se amem, é
tão importante,que é melhor partir para o exame do problema,considerando os
dois juntos: o amor e o impasse.

Meu querido filho,ha dois dias eu almocei com a Cecilia, e fiquei
pensando nela com grande carinho.Pensei também:porque duas pessoas que se uni-
ram por um sentimento forte,que se costuma chamar amor,não podem se manter jun-
tas numa boa?O que é amor-estima? O que é amor-paixão?

Está aí uma resposta dificil.Como é difícil falar da vida e de
todos os imponderáveis que ela sempre traz.

Está aí também uma reflexão para seu domingo de Pascoa.

Um beijo e todo o amor de sua mãe.

Lygia

N.B. Como vê, continuo péssima datilografa... Resolvi enfrentar o leão...
aí vai a carta.

La carta de Lygia a su hijo recién separado: «Sólo se puede
vivir plenamente la vida si aceptamos ganar y aceptamos
perder.»

Celebrado por el montón de enemigos que se había granjeado como ejecutivo musical, el despido («por incompetencia», como sabría después) todavía le haría sufrir humillaciones. Días más tarde, Paulo se encontraría en una reunión social con Antônio Coelho Ribeiro, que acababa de ser nombrado presidente de Philips, empresa que él había dejado para probar suerte en la CBS. Al verlo, Ribeiro lo atacó delante de un grupo de artistas:

–Nunca has sido más que un fanfarrón.

No hay noticias de que Paulo celebrara una macumba por eso, pero diez meses después el despedido era Antônio Ribeiro. Al enterarse de la noticia, cogió de un cajón un papel de regalo que había guardado poco después de haber sido insultado públicamente. Fue al apartamento del ejecutivo y, cuando éste abrió la puerta, Paulo se apresuró a explicarle la razón de su presencia allí:

–¿Recuerdas lo que me dijiste cuando me despidieron? Bueno, pues ahora puedes repetirlo todos los días, en tu propia cara.

Desenvolvió el objeto y se lo entregó a Ribeiro. Era un espejo de pared en el que había mandado pintar la frase maldita, en letras mayúsculas: «NUNCA HAS SIDO MÁS QUE UN FANFARRÓN.» Devuelto el agravio, dio media vuelta, cogió el ascensor y se marchó.

Era el momento de curar sus propias heridas. Alienado a la fuerza del mundo del *showbusiness*, su nombre no volvería a aparecer en la prensa hasta finales de año, cuando la revista *Fatos&Fotos* publicó un reportaje titulado «Vampirología: una ciencia que ya tiene un maestro brasileño». El maestro era él, que ahora se presentaba como especialista en el tema y anunciaba que estaba escribiendo el guión para un largometraje nacional sobre vampiros que, en realidad, nunca se llegó a rodar. El inesperado despido de la CBS lo cogió por sorpresa, recién salido de un matrimonio cuyas cicatrices todavía estaban abiertas, y sin capacidad para soportar solo aquel golpe. Escaldado en incontables soledades, su ánimo vagaba entre delirios de grandeza y manías persecutorias, que a veces conseguía reflejar en el diario, en una única frase como ésta:

Cada día parece más difícil conquistar mi gran ideal: ser alguien famoso y respetado, ser el que escribió el *Libro del Siglo*, el *Pensamiento del Milenio, la Historia de la Humanidad*.

Era, o eso parecía, la reiteración de la vieja esquizofrenia paranoide, o depresión maníaca, diagnosticada por varios médicos responsables de su salud mental, empezando por el doctor Benjamim Gomes. El problema es que se acercaba el momento del tradicional balance anual, y él, a los treinta y dos años, no había sido capaz de realizar su sueño. A veces Paulo bajaba la guardia, momentos en los que parecía que se conformaba con ser un escritor como otro cualquiera. «De vez en cuando pienso en escribir un cuento erótico, y estoy seguro de que lo publicarían —anotó en el diario—. También puedo dedicarme sólo a ese género, que está ganando mucho impulso en el país gracias a la liberalización de las revistas pornográficas. Puedo firmar con un seudónimo llamativo.» Después de los planes venían las preguntas para las que no tenía respuesta. Pero ¿escribir libros eróticos para qué? ¿Para ganar dinero? Ya ganaba dinero y no era feliz. Para no tener que asumir como suyos problemas que no eran de nadie más volvía a la misma letanía de siempre: antes no escribía porque estaba casado y Cissa no lo ayudaba. Ahora porque estaba solo y la soledad le impedía escribir.

[...] Sigo teniendo los mismos planes, que todavía no he desechado. Puedo resucitarlos cuando quiera, sólo tengo que buscar a la mujer de mi vida. Y como quería encontrarla pronto...

[...] He estado muy, muy solo. No soy capaz de ser feliz sin una mujer a mi lado.

[...] Estoy cansado de buscar. Necesito a alguien. Si tuviera a una mujer que me amase, lo llevaría bien.

Con tantos lamentos, Paulo parecía confirmar el dicho popular según el cual no hay más ciego que el que no quiere ver, pues la mujer de su vida rondaba desde hacía más de diez años por delante de sus ojos sin que nunca él hubiera tenido la gentileza de dedicarle una sonrisa o un apretón de manos. Sorprende, además, que una chica guapa como ella –mona, pelo negro, mirada suave y piel de porcelana– le hubiera pasado desapercibida tanto tiempo a un mujeriego como Paulo. Christina Oiticica y él se habían conocido en 1968, cuando su tío Marcos pidió la mano de Sônia, la hermana de Paulo.

Por exigencia de doña Lygia, todas las mujeres tuvieron que asistir a la cena de compromiso, servido a la francesa, de vestido largo. Para los hombres se exigía traje oscuro, incluso para Paulo, que en aquella época llevaba una enorme melena negra, y en la fiesta dio la nítida impresión de estar puestísimo de drogas. En los años siguientes, ambos volverían a cruzarse varias veces en reuniones y comidas familiares sin que ninguno jamás se hubiera fijado en el otro. Incluso porque entre esas fiestas estaba el matrimonio de Cissa y Paulo, del que Christina pasó a ser pariente en 1972, cuando Sônia y Marcos se casaron. Cuando Sônia llevó a Paulo a la comida de Navidad de 1979 a casa de los padres de Christina, ésta estaba comprometida con Vicente, un joven millonario de cuya dote formaba parte, entre otros lujos, un monumental yate. El destino, sin embargo, decidió que ella sería la tan esperada mujer para toda la vida de Paulo. Una semana después, ambos estaban juntos para siempre, como en los cuentos de hadas.

20

PAULO PIERDE EL INTERÉS
POR EL SEXO, EL DINERO Y EL CINE. NO TIENE ÁNIMO
NI PARA ESCRIBIR

Cuando Christina y Paulo se enamoraron, los Oiticica habían contribuido con dos celebridades a la historia cultural de Brasil: el filólogo anarquista José Oiticica (1882-1957) y su nieto Hélio Oiticica (1937-1980), revolucionario artista plástico de fama internacional y uno de los inspiradores del movimiento tropicalista. Hélio era primo del padre de Christina, Cristiano Monteiro Oiticica, profesor de inglés y traductor requerido por importantes organismos como el Banco Interamericano de Desarrollo (BID). Matriculada, al terminar primaria, en el tradicional colegio Bennett, de orientación protestante, a ella sólo le interesaban las historias bíblicas que le contaban en las clases de religión. En las demás asignaturas fracasaba sistemática y estrepitosamente, lo que la obligó a dejar el colegio y vagar de escuela en escuela hasta abandonar los estudios, como había hecho Paulo. A los dieciséis años consiguió la emancipación de sus padres, necesaria para los menores que querían presentarse a los exámenes de madurez −actual supletivo−,[8] alternativa con la que podía terminar, en menos de un año, la enseñanza obligatoria. Entonces volvería

---

8. Modalidad educativa cuyo objetivo es suplir los ciclos no concluidos por un adolescente o un adulto durante la edad considerada adecuada. *(N. de la t.)*

al Bennett, donde también se impartían cursos superiores, para estudiar artes plásticas y arquitectura. Y era de arquitecta de lo que trabajaba Chris a finales de aquel año 1979, cuando Paulo apareció en casa de sus padres para la comida de Navidad.

Aunque eran cristianos practicantes, los padres de ella, Cristiano y Paula, tenían posturas excepcionalmente liberales. Si quería ir a clase, iba. Si quería ir al cine, ningún problema. Y en cuanto fue adulta llevaba a sus novios a dormir a casa de sus padres sin objeción alguna por parte de ellos. Los afortunados, sin embargo, no fueron tantos. Aunque era muy guapa, Chris no era exactamente el tipo de chica traviesa. Hizo la primera comunión, era reflexiva, le gustaba leer y solía pasarse horas escuchando las corales de protestantes en la plazoleta de Machado, una plaza de Río de Janeiro en la que hay una iglesia en cada una de sus esquinas. Empezó como oyente y acabó integrándose en una de aquellas corales de aficionados. Una o dos veces por semana acudía al lugar marcado por el grupo, compuesto de gente muy sencilla, y cantaba para los peatones. No es que fuera una beata, nada de eso: era una chica moderna que veía películas de arte en el Paissandu, compraba ropa en Bibba —la boutique de moda de Ipanema— y consumía cantidades industriales de whisky en el Lama's, la cafetería preferida de la pandilla del *Pasquim*. Chris salía religiosamente todas las noches y lo normal era que volviera tambaleándose a casa cuando ya era de día. «Mi droga era el alcohol —confesaría muchos años después—. Simplemente me encantaba el alcohol.»

Al volver a ver a Paulo en la comida de Navidad, Chris recordó una de las pocas veces que se habían visto, en 1977, cuando el encuentro casi terminó en tragedia. Semanas antes de que él y Cissa se mudaran a Londres, su hermana Sônia les ofreció ser los padrinos de su segunda hija, Ana Luísa. La ceremonia se celebró en Baependi, al sur de Minas Gerais. Acompañada por Mário, el guitarrista seis años más joven que ella con el que salía entonces, Chris, que era la madrina de la primera hija de Sônia, fue al bautizo como tía paterna de la niña, acompañada de varios parientes de la rama Medeiros Oiticica. El viaje y el bautizo eran el cumplimiento de una promesa hecha por

Sônia a Nhá Chica, beata milagrosa que a comienzos del siglo XX vivió y construyó en Baependi una pequeña iglesia, y cuyo proceso de beatificación sería abierto por el Vaticano a principios del siglo XXI. Pasados muchos años, Paulo publicaría un artículo en el *Jornal do Brasil* relatando lo que sucedió en la pequeña ciudad del sur de Minas Gerais:

> Estaba en aquella iglesia simplemente para cumplir un compromiso familiar. Mientras esperaba la hora del bautizo, me puse a pasear por los alrededores y acabé entrando en la humilde casa de Nhá Chica, al lado de la iglesia. Sólo tenía dos habitaciones y un altar pequeño con algunas imágenes de santos y un jarrón con dos rosas rojas y una blanca. Por un impulso le hice una petición: si a los cincuenta años ya era el escritor que soñaba ser, volvería allí y le llevaría a Nhá Chica dos rosas rojas y una blanca. Como recuerdo compré un retrato de Nhá Chica y me lo metí en el bolsillo.

Después de la ceremonia celebraron el bautizo con una comida en el hotel donde estaban todos alojados, ocasión en la que Paulo bromeó con Chris, elogiándola por haber conseguido un novio «guapo e inteligente». Para ella fue una sorpresa saber que aquel hippy con cara de toxicómano era un cristiano capaz de arrodillarse delante de un altar, persignarse y rezarle a una imagen. Al final de la tarde, el grupo se acomodó otra vez en los dos coches y poco después circulaba por la vía Dutra, de regreso a Río. Paulo iba delante, con Cissa y parte de los invitados en el Ford Corcel que le había dado su suegro, seguido por su cuñado Marcos, en otro vehículo, con los demás familiares. A la altura de Barra Mansa, un autobús que iba delante de ellos frenó de repente. Con una maniobra instintiva Paulo desvió el coche en una fracción de segundo, y lo mismo hizo su cuñado, que iba detrás. Un camión cisterna chocó tan violentamente con el autobús que explotó al momento. Varios vehículos que no pudieron parar se empotraron en la bola de fuego en la que se habían convertido el camión y el autobús. Aterrorizados, Paulo y su cuñado aparcaron al borde la carretera, mientras los heridos y los cadáveres en llamas

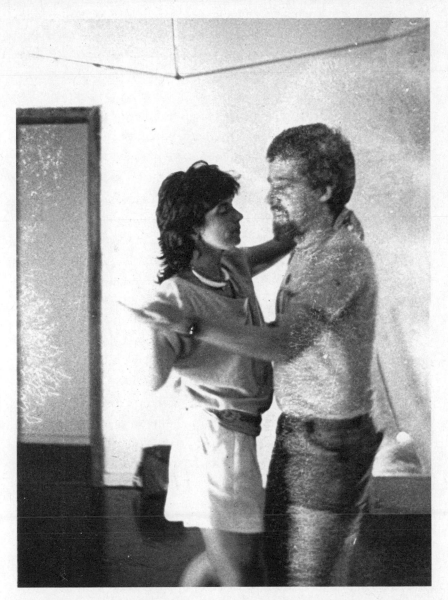

En enero de 1980 Paulo se reencuentra con Christina Oiticica:
empezaba así una historia de amor que superaría el cambio de siglo.

eran retirados de aquel horno. Buscando los cigarrillos en el bolsillo, encontró el retrato de Nhá Chica que había cogido en la iglesia horas antes. Para él, no había dudas de que su salvación —y la de sus familiares— había sido un silencioso milagro de la beata.

Anochecía en Río de Janeiro cuando les sirvieron los últimos cafés de la comida de Navidad en casa de los Oiticica. Con el ojo puesto en Chris desde el principio, Paulo se valió de los servicios de su primo Sérgio Weguelin, también presente, para descubrir que ella no tenía compromisos aquella noche (aunque tenía novio). A la hora de despedirse, dio el paso pero no directamente. Le pidió a su primo que la invitase para ir juntos al cine Paissandu, a ver *Manhattan*, el éxito más reciente de Woody Allen. Sorprendida, ella no sabía qué responder. Cuando se dio cuenta, estaba en el cine a solas con Paulo, pero no en el Paissandu, donde ya no había entradas, sino en el Condor, viendo una reposición de *Aeropuerto,* estrenada casi diez años antes. Paulo aguantó las dos horas largas de película comportándose como un verdadero caballero, sin intentar siquiera tocar la mano de Chris. Con los ojos acostumbrados a la penumbra del cine, al salir dieron a la espléndida plaza de Machado, que parecía Bombay, llena de malabaristas, cartomantes, tarotistas, quiromantes, faquires y, por supuesto, varias corales religiosas que se repartían bajo las copas de los árboles, cada una entonando un himno diferente. La pareja caminó hasta un falso indio sentado delante de un cesto de mimbre vacío y en cuyo cuerpo, visiblemente pintado con anilina, se enroscaba un asqueroso y terrible reptil de seis metros de largo. Era una enorme anaconda, una serpiente no venenosa pero capaz de matar por asfixia a un buey, o a un ser humano, y tragarlo sin masticar y pasarse semanas rumiando los restos de la presa. Con una mezcla de asco y miedo hacia el animal, ambos se acercaron al indio. Con la misma naturalidad que si le preguntara la hora, Paulo desafió a Chris:

—Si yo beso a esa anaconda en la boca, ¿me das un beso también en la boca?

Ella no creía lo que oía:

—¿Darle un beso a ese monstruo? ¿Estás loco?

Al darse cuenta de que él hablaba en serio, aceptó el desafío:

—Vale: si le das un beso a la anaconda, te doy un beso en la boca.

Para espanto no sólo de ella, sino de todos los viandantes e incluso del indio, Paulo dio dos pasos, agarró con las dos manos la cabeza de la serpiente y le plantó un beso. Delante de docenas de ojos abiertos como platos, dio media vuelta, abrazó a Chris y le dio un largo, cinematográfico beso en la boca, celebrado por una salva de aplausos de los presentes. Paulo se había ganado más que un beso. Horas después estaban durmiendo juntos en el apartamento en el que él vivía, en la calle Senador Euzébio.

El último día del año volvió a la carga, pero no sin antes consultar el *I Ching*, invitándola a pasar juntos el fin de año en la sexta vivienda de su propiedad, una pequeña y acogedora casa de veraneo que acababa de comprar en Cabo Frio, un balneario situado a media hora de Araruama, ciudad de su infancia. La casita blanca, de cincuenta metros cuadrados, ventanas rojas y tejado de paja, era exactamente igual que las otras setenta y cuatro de la urbanización privada Cabana Clube, un proyecto del arquitecto Renato Menescal, hermano de su amigo Roberto. De camino, Paulo le contó a Christina que la noche anterior había soñado que una voz le repetía varias veces la misma frase: «No pases la noche de Año Nuevo en el cementerio.» Como ninguno de ellos fue capaz de descifrar el significado de la advertencia, ni tenía planes de celebrar el año entre sepulturas, olvidaron el asunto. Después de llegar a Cabo Frio, notaron algo extraño en el ambiente de la casa, aunque no podían precisar qué era. No se trataba exactamente de un olor ni de nada visible, sino de algo que Paulo solía llamar energía negativa. Por la noche empezaron los ruidos, cuyo origen tampoco podían identificar; parecía que alguna criatura, humana o animal, se arrastraba por las habitaciones, pero allí no había nadie más que ellos. Intrigados y asustados, salieron a cenar. En el restaurante, al comentar con el maître aquellos extraños fenómenos, oyeron una explicación que les puso los pelos de punta:

—¿Están en el Cabana Clube? Allí había un cementerio indio. Cuando hicieron el destierre para los cimientos de la urbanización, se encontraron con los huesos de cientos de indios, pero construyeron las casas igualmente, encima. Todo el mundo en Cabo Frio sabe que es un lugar embrujado.

¡Bingo! Ésa era, según Paulo, la advertencia que la voz le había repetido tantas veces en el sueño: no pasar la noche de Año Nuevo en el cementerio. No necesitaba nada más. Paulo y Chris durmieron en un hotel y no volvieron a la casa hasta que fue de día y, aun así, sólo para recoger su ropa. Semanas después vendió la casa por los mismos cuatro mil dólares que le había costado meses antes (diez mil dólares o dieciocho mil reales de 2008). Con el tiempo se vio que los fantasmas no ensombrecieron la relación de ambos. Después de romper con su novio, los primeros días del año, Chris llevó desde casa de sus padres, en Jardim Botânico, al apartamento de Senador Euzébio su ropa, sus muebles y sus objetos personales, entre los que destacaba la mesa de dibujo con la que se ganaba la vida como arquitecta. Empezaba así un matrimonio nunca formalizado, pero que cambiaría de siglo y seguiría sólido a lo largo del tercer milenio.

El comienzo de la vida en común, sin embargo, no fue fácil. Igual de preocupada que Paulo por la interpretación de las señales cotidianas, a Chris no le gustó nada encontrarse una biografía del conde Drácula abierta sobre un facistol. No es que tuviera prejuicios contra los vampiros o los vampirólogos, incluso le gustaba ver películas sobre el tema, pero lo que la escandalizó fue el hecho de que un objeto sagrado se utilizara con esa ligereza, lo cual seguramente, pensaba ella, atraería energías negativas hacia la casa. Aquello la impresionó tan desagradablemente que bajó a la calle y desde el primer teléfono público que encontró llamó al pastor baptista que solía aconsejarla y le contó lo que había visto. Rezaron juntos, por teléfono, y antes de volver a casa Chris creyó prudente pasar por una iglesia. Y no se tranquilizó hasta que Paulo le explicó, didácticamente, que su interés por la vampirología no tenía absolutamente nada que ver con el satanismo, la OTO ni con Aleister Crowley: «El mito del vampiro existe desde cien años antes de Cristo. Y con esa gente de las tinieblas ya no mantengo contacto desde hace años.»

De hecho, desde 1974 no había tenido más contactos con los satanistas de Marcelo Motta, pero seguía apareciendo públicamente, aquí o allí, como especialista en la obra de Aleister Crowley. Tanto que meses después firmó un largo ensayo sobre el brujo inglés en la revista *Planeta* (artículo ilustrado con dibujos hechos por Chris). Esa compatibilidad de creencias, sin embargo, no impidió que el matrimonio se tambalease mucho, al principio, hasta que se consolidó para siempre. Paulo tenía detalles especiales con ella, como llevarla a pasar el fin de semana a la suite presidencial del hotel Copacabana Palace, el más lujoso y tradicional de Río, pero seguía inmerso en dudas: ¿era Chris de verdad la «compañera maravillosa» que esperaba desde hacía tantos años? Aun viendo en ella a una «chica de oro», como decía doña Lygia, temía que en el fondo ambos estuvieran juntos por el mismo e inconfesable motivo, que denominaba «el deseo paranoico de huir de la soledad». Al mismo tiempo que decía que tenía mucho miedo de enamorarse de ella, sudaba frío sólo de pensar en perderla.

> Tuvimos nuestra primera discusión seria hace algunos días, porque se negó a ir a Araruama conmigo. De repente sentí pánico al darme cuenta de que Chris podía escapar fácilmente de mí. He hecho de todo para tenerla cerca, y por ahora la tengo cerca. Me gusta, me da paz y tranquilidad, y creo que podemos intentar construir algunas cosas juntos.

Esas idas y venidas al principio de la vida en común no impidieron que se casasen oficiosamente. El día 22 de junio de 1980, un domingo gris, ambos formalizaron su unión ofreciéndoles una comida a sus padres, familiares y a sus pocos amigos en el apartamento en el que vivían. Christina se encargó de la decoración, estilo hippy, y en cada invitación escribió un salmo o un proverbio ilustrado con un dibujo suyo. El único invitado que no apareció fue el pastor baptista al que ella llamó el día que vio el libro de Drácula apoyado en el portabiblias.

El ecléctico interés de Chris por la religión parece haber ayudado en la relación de la pareja. Cuando se conocieron, ella ya era especialista en el tarot, tema sobre el que había leído muchos libros y, sin la misma obsesión que Paulo, incluso consultaba con frecuencia

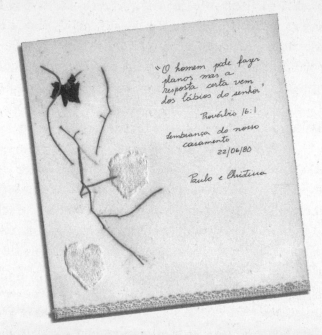

En junio de 1980 Chris ilustra el salmo convertido
en invitación del matrimonio informal.

el *I Ching*, cuyos vaticinios también sabía interpretar. Cuando Paulo leyó *El libro de los médiums*, de Allan Kardec, la pareja decidió probar su propia capacidad como médiums. Igual que Cissa fue el cobaya en la experiencia con el LSD, ahora Paulo intentaba llevar a Chris a psicografiar mensajes del más allá. Al final, la «investigación» revelaría nuevos descubrimientos y, con ellos, nuevos miedos:

He realizado algunos experimentos. Empezamos la semana pasada, fecha en la que compré el libro. Chris ha hecho de médium, y hemos conseguido alguna comunicación elemental. Estoy sorprendido. Mi concepción de las cosas ha cambiado radicalmente, ya que he llegado científicamente a la conclusión de que los espíritus existen. Existen y nos rodean.

Mucho tiempo después, Chris aseguraría que la experiencia llegó a funcionar de verdad. «Estoy segurísima de que una mesa se movió —recuerda—, y llegué también a psicografiar algunos textos.» La sospecha de que podía tener poderes de médium aumentó a partir del momento en que la poseyeron extraños e inexplicables sentimientos mórbidos al entrar en el baño del apartamento de Senador Euzébio. Eran sensaciones raras, que ella misma tenía dificultad para entender y que no le confesó a nadie, pero más de una vez le pasó por la cabeza la idea de abrir la llave del gas de la ducha, tapar las salidas de aire y matarse. Al final de la tarde de un lunes, día 13 de octubre, dejó la mesa en la que estaba dibujando y fue al baño. Esa vez el deseo suicida parecía incontrolable. Vencida, decidió poner fin a su vida, pero temiendo que la muerte por asfixia pudiera ser muy lenta y agobiante, prefirió recurrir a medicinas. Serenamente, cogió un taxi hasta casa de sus padres, en Jardim Botânico, donde sabía que había botes de ansiolíticos que su madre consumía regularmente: Somalium, recuerda, o Valium, según la versión de Paulo. Fuera cual fuese el nombre del medicamento, lo cierto es que lo vació entero en la boca, le escribió una breve nota a su marido y se metió en la cama.

Al llegar a casa y no encontrarla, Paulo fue al apartamento de los padres de ella, donde solían cenar, y se encontró a Chris desmayada sobre la cama y a su lado, además de la nota, el bote de las pastillas vacío. Con ayuda de su suegra, que acababa de llegar, consiguió llevarla hasta el ascensor, no sin antes obligarla a meterse los dedos en la boca para vomitar. En la calle pararon el primer taxi que pasó y se dirigieron rápidamente a la clínica San Bernardo, en Gávea, donde los médicos la sometieron a un lavado de estómago de urgencia. Recuperada, horas después le dieron el alta y volvió a casa con su marido. Mientras Chris se quedaba dormida en la habitación de la pareja, él no dejaba de hacerse una pregunta que lo atormentaba: ¿cuál era el origen de las misteriosas emanaciones del baño que provocaban sentimientos tan mórbidos en su mujer? Con la cuestión martillándole la cabeza, bajó a la portería del edificio y le contó al conserje lo que le venía sucediendo a Chris, pidiéndole ayuda para descifrar el misterio. El portero creía tener la respuesta cierta:

—La última persona que vivió en ese apartamento, antes de usted, fue un piloto de aviones de Panair que se suicidó en el baño abriendo la llave del gas.

Cuando volvió a casa y le contó la historia a su mujer, ella no lo pensó dos veces: se levantó con una disposición increíble en alguien que unas horas antes estaba hospitalizada, cogió alguna ropa de la pareja, recogió peines, cepillos de dientes y objetos personales, lo metió todo en una maleta y anunció:

—Vámonos a casa de mi madre. Yo no vuelvo a pisar este apartamento.

No fue sólo ella. Ninguno de los dos volvió a entrar nunca más allí, ni siquiera para hacer la mudanza. Pasaron algo más de un mes viviendo en casa de Cristiano y Paula, los padres de Chris, tiempo suficiente para terminar la reforma y poder mudarse a la séptima casa adquirida por Paulo. Era un apartamento bajo, con un bonito y agradable jardín y una característica impagable: quedaba en el mismo edificio en el que vivían Lygia y Pedro Queima Coelho. Más seguridad emocional, sólo si se iba a vivir a casa de sus padres.

Aunque siempre prevalecían las reglas impuestas por Chris en lo que se refiere a las extravagancias sexuales de su marido, aquélla decididamente no era una pareja como las demás. Un día, por ejemplo,

Paulo propuso que ambos se sometieran a una experiencia de características medievales a la que daba el pomposo nombre de «test recíproco de resistencia al dolor». Chris estuvo de acuerdo, aun sabiendo de qué se trataba: se desnudaron y, con una vara fina de bambú de un metro de largo, empezaron a azotarse. Una vez cada uno, aumentando siempre la fuerza, azotaba la espalda del otro, hasta descubrir sus límites de sufrimiento físico, lo que ocurrió cuando brotaron los primeros hilillos de sangre en la piel herida de ambos.

La verdad es que, incluso con características tan singulares, la pareja poco a poco se iba consolidando. Los primeros dos años transcurrieron sin que nada excepcional trastornase o alterase la convivencia de ambos. Estimulada por su marido, Chris volvió a pintar, actividad que había abandonado cuatro años antes, y él empezó a dirigir los llamados «especiales» de la Rede Globo de Televisão. No es que necesitasen dinero para vivir. Además de las 41 canciones que había compuesto con Raul Seixas, en los últimos años Paulo había escrito más de cien letras —originales o versiones de éxitos extranjeros— para docenas de cantantes, en su mayoría anónimos y desconocidos para el gran público. Eso significaba que los grifos de los derechos de autor no paraban de llenar su cuenta corriente. No por el dinero, sino por el temor a que la ociosidad lo condujera a la depresión y al sufrimiento, intentaba no estar sin hacer nada. Además de los especiales para TV Globo —*Chico Xavier, Erasmo Carlos, Globo de Ouro* y *Cem Anos de Espetáculos*—, daba conferencias y participaba en mesas redondas sobre música y, a veces, también sobre vampirismo. Pero esa medida acababa siendo inútil, ya que incluso estando en plena actividad, de vez en cuando su alma volvía a sufrir. Cuando eso sucedía, como en una crisis a finales de 1981, el desahogo de sus angustias seguía siendo el diario:

Estos dos días he faltado a dos compromisos, con la excusa de que tenía que ir al dentista. Estoy completamente desorientado sobre qué hacer. No tengo ganas ni de escribir una pequeña nota de prensa que me supondría un dinero ínfimo. La situación dentro de mí es ésta. No soy capaz siquiera de escribir estas páginas, y el año, que yo esperaba que fuese mejor que el anterior, salió como anoté arriba. Ah, sí: hace días que no me ducho.

La crisis parecía ser tan profunda que cambió su comportamiento respecto a algo que siempre le había importado mucho, el dinero:

Ha dejado de importarme todo, incluso una de las cosas que más me gustan, el dinero. No sé ni cuánto tengo en el banco, cosa que siempre he sabido y con todo detalle. Ya no me interesa el sexo, ni escribir, ni ir al cine, ni leer. Tampoco las plantas que he cultivado durante tanto tiempo con tanto cariño y que ahora se están pudriendo, por no regarlas casi nunca.

Si no era capaz de sentir interés por el dinero, ni por el sexo, la situación era grave y había que accionar la alerta roja para esos casos (la consulta del doctor Benjamim, que Paulo volvería a frecuentar en sesiones más espaciadas, una vez por semana). En esas ocasiones, él solía repetirle a Chris siempre la misma pregunta: «¿Voy por el buen camino?» Y entonces, a finales de 1981, ella le hizo una sugerencia que tocó la fibra sensible de su alma de nómada: ¿por qué no lo dejaban todo y se iban a recorrer el mundo en un viaje sin destino y sin fecha de regreso? Su instinto le decía que ése era el camino correcto. «Algo me decía que todo iba a salir bien –recordaría Chris años después–. Paulo confió en mi intuición y lo dejó todo.» Decidido a «buscar el sentido de la vida» donde fuera, Paulo pidió una excedencia no remunerada en TV Globo, compró dos billetes de avión para Madrid –los más baratos que encontró– y prometió que Chris y él no volverían a Brasil hasta que se acabase el último céntimo de los 17.000 dólares que llevaba consigo (el equivalente a 40.000 dólares o 72.000 reales de 2008).

Al contrario que todos los viajes anteriores de Paulo, la excursión que iba a durar ocho meses se hizo sin planear nada previamente. A pesar de tener recursos más que suficientes para hacer un viaje cómodo y sin aprietos, a Paulo no le gustaba malgastar el dinero. Escogió Iberia, compañía aérea que ofrecía el pasaje más barato y que, además, regalaba una noche de hotel en Madrid. Desde España, fueron a Londres a principios de diciembre de 1981, donde alquilaron el coche más barato disponible, un pequeño Citroën 2CV. En la capital británica establecieron también la primera regla del viaje: ninguno de los dos debía llevar más de seis kilos de equipaje. Eso significaba sacrificar la pesada máquina de escribir Olivetti de Paulo y que despachó desde allí mismo a Brasil por vía marítima. Durante la misa en una iglesia cerca del hotel, su segundo domingo en la capital británica, ambos oyeron al cura contar, en el sermón, que Polonia acababa de sufrir un golpe de Estado. El ministro de Defensa, el general Wojciech Jaruzelski, había asumido el poder, cerrado el sindicato independiente Solidaridad y había dado orden de detener a su líder, Lech Walesa, que, nueve años después, con la enorme transformación ocurrida en el bloque comunista tras la caída del Muro de Berlín, sería elegido presidente de la república.

Mientras reflexionaban sobre qué rumbo tomar, Paulo y Chris permanecieron en Londres hasta mediados de enero de 1982, momento en el que se pusieron en camino determinados a conocer dos lugares: la ciudad de Praga, donde él quería hacer una promesa al Niño Jesús, y Bucarest, capital de Rumania, país en el que había nacido, quinientos cincuenta años antes, el hidalgo Vlad Tepes, personaje que inspiraría al escritor irlandés Bram Stoker para crear en 1897 al más famoso de todos los vampiros, el conde Drácula. Un programa ideal para el que estaba apasionado por la vampirología. La tarde del 19 de enero, un martes, llegaron congelados a Viena, después de casi un día de viaje para recorrer los 1.500 kilómetros que separan Londres de la capital de Austria. Además de estar mal aislado, el modesto 2CV no tenía sistema de calefacción interior, lo que los obligaba a viajar envueltos en mantas de lana para soportar las bajas temperaturas del invierno. La parada en Viena era necesaria para obtener el visado de entrada en Hungría, país que tenían que cruzar para llegar a Rumania. Resuelto el problema, se dirigieron a la embajada de Brasil, donde Chris tenía que resolver una pequeña cuestión burocrática. Mientras ella subía a la planta en la que estaba la legación brasileña, Paulo se quedó en la puerta, fumando y caminando por la acera. De repente, con el estruendo de una bomba, una gigantesca lámina de hielo de varios metros se desprendió del tejado del edificio, de cinco plantas, y se estrelló en la calle, partiendo por el medio la carrocería de un coche aparcado a pocos centímetros del lugar en el que se encontraba Paulo. Dos palmos más cerca y estaría muerto. El segundo susto fue unos minutos después, cuando Chris llegó con la noticia de que Elis Regina había muerto en Brasil. La impresión no fue sólo por la noticia de la muerte de la que estaba considerada como la mejor cantante brasileña y que era, además, una buena amiga, sino por un detalle. Elis era la intérprete de la canción con la que Paulo había cerrado su carrera de compositor: la versión en portugués del bolero *Me vuelves loco*, del mexicano Armando Manzanero.

Después de pasar una noche en Budapest, partieron rumbo a la antigua capital de Yugoslavia, donde decidieron pasar tres días. No porque Belgrado tuviera algún atractivo especial, sino por no tener el valor suficiente para volver a meterse en el helado Citroën que, de tan frío e incómodo, amenazaba con impedir el viaje. El coche se convirtió en una molestia tan grande que en Belgrado decidieron devolverlo. Con la ayuda del gerente del hotel, encontraron una ganga: la embajada de la India vendía un Mercedes-Benz azul claro de nueve años, pero en buen estado, por la irrisoria cantidad de mil dólares (2.200 dólares de 2008 o 4.000 reales). Aunque tenía muchos kilómetros, el coche tenía un motor de 110 caballos de potencia («dos veces más que el Chevette brasileño», le contó Paulo a su padre, en una carta) y estaba equipado con un eficiente sistema de calefacción interior. Cerrada la operación, ése sería el único gran gasto del viaje. Para el resto —hoteles, restaurantes y lugares que visitaban— tenían como guía la conocida *Europe on 20 Dollars a Day* («Europa por veinte dólares al día»), bastante más sofisticada que la biblia de los hippies, *Europe on 5 Dollars a Day*. Eso mismo: en 1982 era posible comer y dormir en cualquier país de Europa por unos módicos cinco dólares diarios (equivalentes a nueve reales de 2008).

Ahora que estaban a bordo de un coche de verdad, la distancia de casi quinientos kilómetros entre Belgrado y Bucarest, siguiente destino de la pareja, podría hacerse de un tirón. Exactamente por eso, sin

Después de penar a lo largo de miles de
kilómetros en un Citroën 2CV, Paulo exhibe
orgulloso el potente Mercedes-Benz.

embargo –porque viajaban en un coche veloz y cómodo–, prefirieron hacer paradas. Después de cruzar Hungría y una parte de Austria, tras recorrer mil y pocos kilómetros, llegaron a Praga, donde Paulo le haría su promesa al Niño Jesús y que cumpliría casi veinticinco años después. Entonces volvieron a bajar en dirección a Rumania, lo que significaba recorrer otros 1.500 kilómetros. Para alguien que no tenía prisa ni le preocupaba el dinero, estaba muy bien. Por alguna misteriosa razón, el paso por el país del conde Drácula no pareció despertar interés alguno en el vampirólogo Paulo Coelho. En el indefectible diario, el único registro de ese trayecto del viaje se refiere al espanto que sintió ante las aguas negras del río Dambovita, que atraviesa Bucarest. En aquel vaivén por Europa central el azar se encargó de buscarles un destino: hasta semanas después de comprar el Mercedes Paulo no descubrió que el coche procedía originalmente de la ex República Federal de Alemania, y que el cambio de dueño había que registrarlo en la delegación de tráfico de Bonn, entonces capital de la RFA. Viajar desde Bucarest a Bonn significaba atravesar Europa de punta a punta en un trayecto de casi dos mil kilómetros (distancia que ahora no nos asusta lo más mínimo).

Dos días después de dejar la capital de Rumania, el Mercedes azul cruzaba la frontera de entrada en Alemania Occidental. De Bucarest a Munich, la primera ciudad alemana por la que pasaron, el cuentakilómetros del coche marcaba 1.193 kilómetros recorridos. Todo estaba cubierto de nieve, era casi mediodía, y como ninguno de los dos tenía hambre, en vez de comer por allí, decidieron seguir hasta Stuttgart, a casi doscientos kilómetros de distancia. Minutos después de pasar por Munich, la capital de Baviera, Paulo desvió el vehículo y entró en una alameda de árboles secos en la que había una placa en alemán: *Dachau Konzentrationslager*. Conocer de cerca lo que quedaba del tristemente célebre campo de concentración nazi de Dachau era una vieja idea suya –apasionado desde niño por los libros y las historias de la segunda guerra mundial–, pero Paulo no imaginaba que aquella visita de pocas horas cambiaría radicalmente su vida y su destino.

21

UN HAZ DE LUZ BRILLA EN EL CAMPO
DE CONCENTRACIÓN DE DACHAU: PAULO VIVE
SU PRIMERA APARICIÓN

Aunque no publicaría su primer libro de verdad hasta 1987, el escritor Paulo Coelho nació el día 23 de febrero de 1982, a los treinta y cinco años, en el campo de concentración de Dachau, en Alemania. Cinco días antes tuvo una extraña experiencia en la capital checa. Después de hacerle su promesa al Niño Jesús de Praga, salió a dar un paseo con Chris por la ciudad, que, como casi toda Europa central, estaba cubierta de nieve y sumergida en un frío de muchos grados bajo cero. Cruzaron el río Moldava por el imponente Karluv Most, el puente de Carlos, una obra de arte del siglo XIV de quinientos metros de largo y adornado a los dos lados con treinta esculturas negras de santos, héroes y personajes bíblicos. Uno de los extremos del puente se apoya en la ciudad vieja; el otro desemboca en la calle de los Alquimistas, donde, dice la leyenda, está ubicada la puerta de entrada al infierno, que Paulo por supuesto cruzó. El objeto de su interés era un calabozo medieval que años antes habían abierto al público. Para poder entrar, él y Chris tuvieron que esperar hasta que se marchó un enorme grupo de reclutas soviéticos que parecían estar allí como turistas. Minutos después de atravesar las puertas de la sombría mazmorra y caminar entre las celdas, Paulo sintió como si se estuvieran desenterrando los fantasmas de los que se creía liberado (los electrochoques de la clínica Dr. Eiras, el episodio que consideró como su encuentro con el diablo, la detención del DOPS, el secuestro, el acto de cobardía con Gisa…). De repente todos aquellos eventos parecían emerger de manera incontrolable, como si acabaran de sucederle. Empezó a llorar de forma compulsiva, y en ese estado Chris lo sacó de allí. Aquel lugar tenebroso despertó recuerdos que amenazaban con empujarlo a una crisis depresiva de proporciones alarmantes, ya que estaba a miles de kilómetros de la seguridad de sus padres, de la consulta del doctor Benjamim o del hombro amigo de Roberto Menescal.

Esta vez el origen de sus tormentos no era metafísico, sino muy concreto y visible en las páginas de los periódicos y en los telediarios: las dictaduras, la opresión de la gente por los Estados, las guerras, los secuestros y las detenciones clandestinas, como la suya, que se multiplicaban por todo el planeta. En el asiento trasero del coche llevaba un ejemplar de la revista semanal americana *Time*, comprada en Belgrado (entonces Yugoslavia era uno de los pocos países del bloque comunista en el que circulaban libremente publicaciones occidentales), cuyo título de la portada era «La agonía de América Central», un extenso reportaje sobre la guerra civil que segaría casi ochenta mil vidas en el pequeño país de El Salvador. Semanas antes, la portada de la misma revista había estado dedicada al general Jaruzelski, autor del golpe de Estado en Polonia. En Chile, la feroz dictadura del general Augusto Pinochet estaba a punto de cumplir diez años y permanecía firme como nunca. En Brasil, el proyecto de los militares parecía haberse agotado, pero todavía no había garantías de que fuera a haber una democracia. El estado de ánimo era el peor para recorrer lo que había quedado de un campo de concentración nazi, pero era así como estaba Paulo cuando paró el Mercedes en el aparcamiento de visitantes de Dachau.

Primer campo construido por el Tercer Reich y tomado como modelo para los otros cincuenta y seis repartidos por el nazismo en diez países de Europa, Dachau funcionó desde 1941 hasta abril de 1945, cuando sus puertas fueron abiertas por las tropas aliadas. Aunque estaba proyectado para seis mil personas, el día de la liberación había más de treinta mil prisioneros. En ese corto y trágico período, pasaron por allí cerca de doscientas mil personas de dieciséis nacionalidades distintas. Aunque eran mayoritariamente judíos, entre ellos también había comunistas, socialistas y otros opositores al nazismo, como gitanos y testigos de Jehová. Por motivos que nunca se conocieron, la cámara de gas instalada en Dachau nunca llegó a ser accionada, lo que significaba que los presos condenados a muerte tenían que ser transportados en autobús hasta el castillo de Hartheim, a medio camino entre el campo y la ciudad de Linz, en Austria, convertido en un centro de ejecución en masa. En el trayecto a Hartheim, los autobuses con gente a la que le quedaban pocas horas de vida tenían que cruzar dos pequeñas ciudades al lado izquierdo del río Inn, separadas una de la otra por menos de veinte kilómetros, y que serían célebres por haber visto nacer a dos personajes que entraron en la historia por puertas diferentes: en Braunau nació Adolf Hitler en 1889, y en la vecina Marktl vino al mundo en 1927 Joseph Ratzinger, que en 2005 se convertiría en el primer papa alemán, con el nombre de Benedicto XVI.

La primera sorpresa para Paulo y para Chris fue, en cuanto cruzaron el portón de entrada del campo de Dachau, constatar que no había absolutamente nadie. Era comprensible que el viento helado hubiera ahuyentado a los turistas, pero tampoco se veían porteros, guardias o funcionarios para dar información. Estaban —o eso parecía— solos en aquel inmenso rectángulo de 180.000 metros cuadrados cercado por todas partes por muros y garitas vacías. Él todavía no estaba repuesto de los malos pensamientos que lo habían asaltado en Praga, días antes, pero no quería perder la oportunidad de visitar uno de los mayores campos de concentración nazis. Siguieron las flechas indicativas y recorrieron el trayecto sugerido a los visitantes, el mismo que hacían los presos. Pasaron por la sala de recepción, donde los recién llegados recibían los uniformes, les rapaban la cabeza y eran «desinfectados» en un baño colectivo de insecticida. Después de atravesar los pasillos donde estaban las celdas, vieron ganchos en las vigas de los techos, donde colgaban a los presos por los brazos durante las sesiones de tortura, y entraron en los cobertizos donde, hasta el final de la guerra, se amontonaban cientos de literas de tres e incluso cuatro camas (allí los presos dormían como animales, apilados en jaulas de madera). Siempre en silencio, los dos se aterrorizaban cada vez más según iban avanzando.

Para alivio de ambos, la parte más dolorosa de la visita estaba cerrada. Paulo parecía abatido, pero percibía los campos de concentración como una tragedia del pasado, de un nazismo derrotado en una guerra que llegó a su fin incluso antes de nacer. En el salón destinado a los homenajes de familiares de los muertos, sin embargo, sintió que volvía a sentirse mal, como le había sucedido en Praga. Las tarjetas grapadas a los ramos de flores frescas, colocadas allí pocos días antes, constituían la prueba viva de que Dachau seguía siendo una herida abierta. Aquellos treinta mil muertos no eran nombres abstractos, sacados de libros, sino seres humanos cuyas muertes, invariablemente crueles, eran tan recientes que todavía despertaban nostalgia en viudas, hijos y hermanos.

Aturdidos, regresaron a la zona descubierta del campo, siguiendo una alameda de árboles secos cuyas ramas parecían garras huesudas mirando al cielo. En el área norte del campo había tres pequeños templos religiosos —uno católico, uno protestante y uno judío—, al lado de los cuales en los años noventa se construiría otro, de la iglesia ortodoxa rusa. Paulo y Chris pasaron sin entrar en los templos, atraídos por la placa que señalaba el lugar más tétrico de Dachau: el *Krematorium*. En ese punto del trayecto notaron un cambio radical en el paisaje. En contraste con la aridez del campo, cuyo suelo es todo de piedras grises, sin un centímetro cuadrado de verde, lo que confiere al lugar la inhóspita apariencia de un paisaje lunar, el camino que lleva al crematorio pasa como por arte de magia por un pequeño bosque recubierto, incluso durante los más rigurosos inviernos, por vegetación de exuberancia tropical, con jardines, flores y senderos recortados entre alamedas de arbustos. Plantado en un claro en medio del bosque, el modesto y bucólico bloque de ladrillos rojos sólo se distinguía de una tradicional casa familiar por la chimenea, demasiado grande para una construcción tan pequeña. Allí estaba el horno crematorio donde habían sido incinerados los cuerpos de más de treinta mil prisioneros muertos, ejecutados, por desnutrición, suicidio o enfermedades, como la epidemia de tifus que devastó el campo pocos meses antes de la liberación.

La experiencia en la prisión medieval de Praga no parecía haber quedado atrás, ya que Paulo seguía teniendo impulsos incontrolables. Vio los ocho hornos también de ladrillo rojo, en cuyas bocas permanecían las camillas de metal en las que se apilaban los cuerpos para la incineración, y se paró delante de una puerta descascarillada, sobre la que estaba escrita una sola palabra: *Badzimmer*. No se trataba de un antiguo baño, como indicaba el nombre, sino de la cámara de gas de Dachau. Aunque nunca hubiera sido utilizada, Paulo quería experimentar en su piel el terror vivido por millones de personas en los campos de exterminio nazis. Se apartó un momento de Chris, entró en la cámara y cerró la puerta. Apoyado en una pared, miró hacia arriba y vio, colgadas del techo, falsas duchas por las que salía el gas que se convirtió en la principal arma de Hitler y sus secuaces para las ejecuciones en masa. Con la sangre helada por el terror, salió de aquel sitio, apestado por el olor a muerte. Cuando puso los pies fuera del crematorio, oyó las campanas del pequeño campanario de la capilla católica, que anunciaban el mediodía. Caminó hacia el lugar del que provenía el sonido, y al entrar de nuevo en la aspereza grisácea del campo, vio una enorme escultura moderna, que recordaba al célebre cuadro *Guernica*, pintado por Picasso. Sobre ella estaba escrito, en varios idiomas: «¡Nunca más!» La lectura de aquellas dos palabras en el momento en el que entraba en la iglesia trajo un momento de paz a su alma, como el escritor recordaría muchos años después:

Estoy entrando en la iglesia, veo aquel «¡Nunca más!» y digo: mierda, ¡gracias a Dios! ¡Nunca más! ¡Esto no va a volver a pasar jamás! ¡Joder, qué bien! ¡Nunca más! No va a volver a haber batidas en las puertas de las casas de la gente por la noche, no va a haber más desapariciones. ¡Qué alegría! ¡El mundo no va a volver a vivir algo así!

Entró en la capilla con el corazón lleno de esperanza, y en el corto espacio de tiempo entre encender una vela y rezar una oración, se sintió de repente invadido de nuevo por los viejos fantasmas. En un radical giro de 180 grados, pasó de la fe a la desesperación. A medida que caminaba por el campo helado, algunos metros detrás de Chris, comprendió que el «¡Nunca más!» que acababa de leer no era más que una farsa en varios idiomas:

Silenciosamente me dije a mí mismo: ¿cómo «¡Nunca más!»? «¡Nunca más» es una puta mierda! Lo que sucedió en Dachau seguía pasando en el mundo, en mi continente, en mi país. En Brasil se sabía que los adversarios del régimen habían sido lanzados al mar desde helicópteros. ¡Yo mismo, en escala infinitamente menor, viví varios años en estado de paranoia por haber sido víctima de esa misma violencia! En ese momento volvieron a mi cabeza la portada del *Time* con la matanza de El Salvador, la guerra sucia que la dictadura argentina movía contra la oposición. En aquel momento perdí toda esperanza en la raza humana. Noté que tocaba fondo. Llegué a la conclusión de que el mundo era una mierda, la vida era una mierda, y que yo era una mierda por no hacer nada contra eso.

En medio de pensamientos tan contradictorios, una frase empezó a martillar su cabeza: «Ningún hombre es una isla.» ¿Dónde había leído aquello? Poco a poco y haciendo un esfuerzo de memoria, fue capaz de recordar y de declamar silenciosamente casi todo el texto: «Nadie es una isla, completo en sí mismo; cada hombre es un pedazo de continente, una parte de la tierra; si el mar se lleva una porción de tierra, toda Europa queda disminuida, como si fuera un promontorio, o la casa de uno de tus amigos o la tuya propia. La muerte de cualquier hombre me disminuye, porque estoy ligado a la humanidad...» Faltaba la frase final, que al ser recordada, parecía haber abierto todas las puertas de la memoria: «... por consiguiente, nunca preguntes por quién doblan las campanas, doblan por ti.» Resuelto: ahora lo sabía, se trataba de una de las *Meditaciones* de John Donne, poeta inglés del siglo XVI, reproducida después por el escritor americano Ernest Hemingway en su novela *Por quién doblan las campanas*, cuya acción transcurre durante la guerra civil española. Nada raro, si no fuera por el hecho de que las campanas de Dachau estaban sonando y, sobre todo, porque todo aquello le estaba sucediendo a alguien capaz de ver señales en una pluma de paloma en la calle o incluso en una inocente gestante que llamaba desde una cabina telefónica.

Lo que sucedió los minutos siguientes es algo que permanecerá para siempre cubierto de misterio, alimentado sobre todo por el personaje central, que en las pocas ocasiones en las que fue instado a explicar públicamente lo ocurrido, se emocionó hasta el punto de llorar considerablemente.

Estábamos en medio de un campo de concentración, mi mujer y yo, solos, solos, ¡sin una puta alma cerca! En ese momento entendí la señal: sentí que las campanas de la capilla estaban doblando por mí. Entonces tuve la aparición.

Según él, la aparición de Dachau se materializó en forma de un haz de luz bajo el que un ser de apariencia humana le dijo algo sobre la posibilidad de un reencuentro dos meses después. No era una voz humana sino, como afirma Paulo, una «comunicación de almas». A pesar de que nunca ha dejado de ser un episodio envuelto en sombras, hasta el más escéptico de los ateos estará de acuerdo con que algo sucedió en Dachau, visto el radical giro en la vida de Paulo a partir de ese día. Él mismo, sin embargo, no parecía haberse dado cuenta todavía. Al llegar al aparcamiento, le reveló llorando a su mujer lo que acababa de vivir, y la primera y aterrorizante sospecha recayó sobre la OTO. ¿Y si lo que él había visto minutos antes era la reencarnación de la Bestia? ¿Los fantasmas de Crowley y de Marcelo Motta volvían a asustarlo ocho años después? Al llegar a Bonn, seis horas más tarde, Paulo optó por la solución más cómoda: considerar la visión un simple delirio, una breve alucinación provocada por los miedos y el estado de tensión en el que se encontraba.

La pareja planeaba quedarse en la que entonces era la capital de Alemania Occidental sólo el tiempo suficiente para resolver el papeleo del coche y conocer a Paula, una sobrina suya que había nacido meses antes. Como se alojaban en casa de Tânia, hermana de Chris

Paulo sale trastornado del crematorio
del campo de concentración de Dachau, y
después de pasar por la escultura-símbolo,
tiene la visión que cambiaría su vida.

–y, por tanto, no tenían que gastar dinero en hoteles–, prolongaron su estancia una semana. Los primeros días de marzo, la pareja puso en marcha de nuevo el Mercedes para recorrer los 250 kilómetros que los separaban de la liberal Amsterdam, en Holanda, ciudad que a Paulo le había encantado diez años antes. Se hospedaron en el Brouwer, un pequeño hotel inaugurado a principios del siglo XX, en un edificio de tres plantas construido en 1652 a orillas del canal Singel, y donde pagaban por día diecisiete dólares (el equivalente a cuarenta dólares, o 78 reales de 2008) con derecho a desayuno. Las ocho habitaciones existentes, seis individuales y dos dobles, eran minúsculas, pero el bajo precio y el encanto del hotel merecieron un buen elogio de Arthur Frommer, autor de *Europe on 20 Dollars a Day*, registrado en el libro de visitas del Brouwer: «Pobres huéspedes del Hilton...» En la primera carta que les envió a sus padres, Paulo les habló de los *coffe shops,* «cafés donde se pueden comprar y fumar libremente drogas suaves, como el hachís y la marihuana, aunque están prohibidas la cocaína, la heroína, el opio y las anfetaminas, incluido el LSD», y aprovechó para hacer una sutil apología de la liberalización de las drogas:

Eso no quiere decir que la juventud holandesa esté drogada. Al contrario, las estadísticas gubernamentales demuestran que aquí hay muchos menos drogadictos, en proporción, que en EE. UU., Alemania, Inglaterra y Francia. Holanda tiene el menor índice de desempleo de toda Europa Occidental, y Amsterdam es el cuarto centro comercial del mundo.

Fue en ese ambiente libre donde fumaron marihuana hasta hartarse y Chris probó el LSD por primera y única vez. Paulo se impresionó tanto con la devastación física provocada por la heroína en los consumidores –zombis de varias nacionalidades que vagaban por las calles de la ciudad– que escribió dos reportajes para la revista brasileña *Fatos&Fotos*, titulados «Heroína, el camino sin regreso» y «Amsterdam: el beso de la aguja». Su relación con aquel submundo, sin embargo, era estrictamente profesional, un reportero que indagaba sobre el tema. A juzgar también por las cartas enviadas a su padre, la gira que estaban haciendo por Europa era un viaje de hippies sólo en apariencia:

Nos permitimos todo lo que queremos, comiendo y cenando todos los días. A pesar de estar manteniendo a un verdadero hijo sediento (el Mercedes de ciento diez caballos), vamos al cine, a la sauna, a la peluquería, a las discotecas e incluso a casinos.

La buena vida de la pareja parecía no tener fin. Después de varias semanas en la ciudad, Paulo se hartó de tanta marihuana. Sin tener que preocuparse por ninguna forma de represión, cató varias especies originarias de lugares tan distantes como Yemen y Bolivia. Fumó selecciones de las más variadas calidades de THC –o *tetrahydrocannabinol*, el principio activo de la droga–, y probó verdaderas bombas con marihuanas premiadas en la Cannabis Cup, la copa del mundo de la marihuana, que se celebra una vez al año en Amsterdam. Llegó incluso a probar una novedad llamada *skunk*, la marihuana cultivada en invernadero con fertilizantes y proteínas. Y fue allí, en aquel paraíso hippy en el que se había convertido la capital holandesa, donde Paulo descubrió que la hierba ya no tenía nada que ofrecerle. Como él mismo dijo, «hasta el culo» de la eterna reiteración de los efectos de la droga, repitió el juramento que había hecho ocho años antes en Nueva York con la cocaína: no iba a volver a fumar marihuana nunca más.

Eran esas conclusiones las que le estaba exponiendo a Chris en el café del hotel Brouwer cuando sintió un temblor frío idéntico al de Dachau. Miró a un costado y vio que el bulto del campo de concentración se había corporizado y estaba allí, tomando té en la mesa de al lado. El primer sentimiento fue de terror. Ya había oído hablar de sociedades que, para preservar sus secretos, solían perseguir e incluso matar a los tránsfugas y los arrepentidos. ¿Lo estaría siguiendo gente de la magia negra y del satanismo del otro lado del mundo? En medio de los arrebatos de pavor, recordó la lección de las clases de educación física en Fortaleza de São João: para disminuir el sufrimiento, la solución es afrontar el miedo cuanto antes. Miró al extraño –un hombre de unos cuarenta años, de traje y corbata, con aspecto de europeo–, se armó de valor y se dirigió a él en inglés y de forma claramente brusca:

–Te vi hace dos meses en Dachau y hay algo que quiero dejar claro: no tengo ni quiero volver a tener ninguna relación con el ocultismo, las sectas ni las órdenes. Si estás aquí por eso, pierdes el tiempo.

Visiblemente sorprendido, el extraño levantó los ojos y reaccionó con serenidad y, para sorpresa de Paulo, hablando en portugués con un fuerte acento, pero con fluidez, dijo:

–Calma. Siéntate aquí y hablemos.

–¿Puedo llamar a mi mujer, que está en la mesa de al lado?

–No, quiero hablar contigo a solas.

Paulo le hizo un gesto a Chris para decirle que todo iba bien, se sentó a la mesa y preguntó:

–¿Hablar de qué?

–¿Qué es eso del campo de concentración?

–Tengo la impresión de haberte visto hace dos meses.

El individuo se hizo el desentendido y dijo que debía de ser una confusión. Paulo insistió:

–Disculpa, pero creo que nos vimos en el mes de febrero en el campo de concentración de Dachau. ¿No lo recuerdas?

Ante la insistencia, el hombre admitió que quizá Paulo lo hubiera visto, pero dijo que también podría haberse dado un fenómeno llamado «proyección astral», algo que el brasileño conocía y a lo que hacía referencia muchísimas veces en su diario:

–Yo no estaba en el campo de concentración, pero entiendo lo que me estás diciendo. Déjame ver la palma de tu mano.

Paulo no recuerda si fue la derecha o la izquierda, pero inmediatamente después de observarla, el misterioso hombre –que, ahora sabía, también era quiromante– comenzó a hablar despacio. No parecía leer las líneas de la mano, era como si estuviera teniendo una visión:

–Hay algo mal acabado aquí. Algo que se deshizo alrededor de 1974 o 1975. Dentro de la magia creciste dentro de la Tradición de la Serpiente. Y puede que ni sepas qué es la Tradición de la Paloma.

No sólo por ser ex devoto, sino sobre todo por haber sido un lec tor voraz de todo lo que hablase sobre ese universo, tenía más que simples nociones sobre el tema. El abecé del mundo de las ciencias ocultas, las tradiciones son dos caminos diferentes que llevan al mismo lugar: el conocimiento mágico, entendido como la capacidad de utilizar dones que no todos los seres humanos son capaces de desarrollar. Según las mismas creencias, la Tradición de la Paloma (también llamada «Tradición del Sol») es el sistema de aprendizaje paulatino y continuo, a lo largo de etapas, opción en la que cada discípulo o neófito dependerá siempre de un Maestro (así, con mayúscula). Por otro lado, la Tradición de la Serpiente (o Tradición de la Luna) suele ser la vía escogida por las personas intuitivas y, según los iniciados, por aquellas que tienen por existencias anteriores alguna relación o compromiso con la magia. Además de no ser excluyentes, las dos corrientes pueden ser sucesivas, ya que normalmente se les recomienda a los candidatos a la llamada «formación mágica» que cumplan también con la Tradición de la Paloma, después de haber seguido la de la Serpiente.

Cuando por fin aquel hombre se presentó, empezó a relajarse. Era francés, de origen judío, trabajaba en París como ejecutivo de la multinacional holandesa Philips y militaba en una centenaria y misteriosa orden religiosa católica llamada RAM (Regnus Agnus Mundi o, «Cordero del Renio del Mundo», o también, «Rigor, Amor y Misericordia»). Su familiaridad con la lengua portuguesa se debía a largos períodos pasados en Brasil y en Portugal al servicio de Philips. Su verdadero nombre —que puede ser «Chaim», «Jayme» o «Jacques»— nunca ha sido revelado por Paulo, que se refiere a él públicamente como «el Maestro», «Jean» o simplemente «J». Con la voz pausada, Jean le dijo que sabía que había iniciado e interrumpido un camino en la magia negra y que estaba dispuesto a ayudarlo:

—Si quieres retomar tu trayectoria mágica, y si lo haces en nuestra orden, puedo orientarte. Pero, una vez tomada la decisión, tendrás que cumplir, sin resistirte, todo lo que yo te diga.

Aturdido por lo que oía, Paulo le pidió tiempo para reflexionar. Jean se mostró riguroso:

—Tienes un día para decidirte. Te espero mañana, aquí mismo, a esta misma hora.

Paulo ya no pudo pensar en otra cosa. Aunque había sentido un enorme alivio después de abandonar la OTO y de abjurar de las ideas de Crowley, seguía sintiendo una enorme fascinación por el mundo que había dejado atrás. La noche negra, la detención y el secuestro habían sido una lección más que suficiente, pero nunca perdió la fascinación por el mundo de la magia. «Tuve una pésima experiencia con todo aquello, pero sólo abandoné aquel mundo racionalmente —recordaría después—. Emocionalmente aún estaba unido a él. Es como si te enamoras de una mujer y tienes que dejarla porque realmente no encaja en tu vida, pero sigues queriéndola. Un día aparece en un bar, como J., e intentas decirle: por favor, vete. No quiero volver a verte, no quiero volver a sufrir.»

No fue capaz de pegar ojo, se pasó la noche hablando con Chris y ya era de día en Amsterdam cuando por fin tomó la determinación. Algo le decía que era un momento importante y decidió aceptar el desafío, para bien o para mal. Horas después se encontraba por segunda (¿o tercera?) vez con el misterioso hombre que a partir de ese momento sería su maestro. Como «demostración de poder», Jean dio detalles sobre la vida personal de Paulo y lo previno diciéndole que «al cabo de pocos días» iba a estallar una guerra sangrienta muy cerca de Brasil. Y de hecho, la madrugada del 2 de abril, Argentina y el Reino Unido entraron en guerra por la posesión del archipiélago de las Malvinas, conflicto que duró dos meses y que terminó con la victoria británica y con un saldo de tres civiles y 904 soldados muertos. Pero Jean no estaba allí para exhibir sus habilidades de mago, y le indicó a Paulo los primeros pasos para su iniciación: el martes de la semana siguiente tenía que estar en el Vikingskipshuset, el Museo de Navegación Viking, en Oslo, capital de Noruega:

—Ve a la sala en la que se exponen tres barcos con los nombres de *Gokstad*, *Oseberg* y *Borre*. Allí alguien te entregará algo.

Sin entender muy bien la orden que le estaban dando, Paulo quería saber más:

—Pero ¿a qué hora debo ir a ese museo? ¿Cómo voy a identificar a la persona? ¿Es un hombre o una mujer? ¿Qué me va a dar?

Mientras se levantaba, dejando algunas monedas sobre la mesa para pagar la taza de té que se había tomado, Jean satisfizo sólo en parte su curiosidad:

—Tienes que ir a esa sala en cuanto abran las puertas del museo. Las demás preguntas no necesitan respuestas. Cuando tengamos que volver a vernos, ya te avisarán. Hasta luego.

Y acto seguido desapareció como si nunca hubiera existido (si es que en algún momento de verdad existió). Real o sobrenatural, lo cierto es que dejó en manos del nuevo discípulo una tarea que empezaba con un tirón de casi mil kilómetros hasta llegar a la capital noruega, ciudad en la que Paulo no había estado nunca, y encontrar a una persona que no sabía si era hombre o mujer. Después de recorrer autopistas cubiertas de nieve en los territorios de Holanda, Alemania y Dinamarca, se vieron sorprendidos, al llegar a Helsingborg, en territorio sueco, por una reforzada patrulla policial que paraba y registraba meticulosamente todos los vehículos con matrícula extranjera que cruzaban la frontera. Mientras los policías inspeccionaban todo el Mercedes —incluso examinaban las cajetillas de tabaco cerradas—, Paulo estuvo a punto de provocar, sin querer, un problema adicional. Preocupado por el paquetito de porros de marihuana que habían comprado en Amsterdam, le preguntó a su esposa:

—¿Dónde está la maría? ¿Dónde escondimos los porros?

Por medio de gestos y muecas, Chris intentaba explicarle que uno de los policías entendía el portugués, y si oía lo que estaba diciendo el viaje corría el riesgo de acabarse allí mismo. Sin embargo, sólo fueron unos cuantos minutos de susto: o las autoridades no buscaban drogas suaves o la marihuana estaba tan bien escondida que los policías no la encontraron. Todavía tenían que recorrer más de cuatrocientos kilómetros hasta Oslo, pero no había prisa, pues la cita marcada por Jean era dentro de dos días. Preocupado por ser puntual y temiendo que en el museo pudiera haber filas o grupos de turistas que retrasaran su entrada, el martes, Paulo madrugó. El folleto de propaganda del museo recogido en el vestíbulo del hotel informaba de que las puertas se abrían a las nueve de la mañana, pero una hora antes, él ya estaba en camino. Como ocurre en toda Escandinavia en esa época del año, a las ocho de la mañana el cielo de Oslo todavía estaba oscuro y repleto de estrellas.

Situado en la península de Bygdoy, a diez minutos del centro de la ciudad, el Vikingskipshuset es una robusta construcción amarilla con forma de cruz, sin ventanas y con el tejado puntiagudo. Al llegar allí, Paulo se dio cuenta de que no había entendido bien lo que decía el folleto de propaganda del museo: el horario de apertura desde las nueve a las seis de la tarde era válido sólo para la temporada alta, de mayo a septiembre. En temporada baja, de octubre a abril, las puertas abrían de las once a las cuatro de la tarde, es decir, su corazón todavía tenía que soportar otras dos horas de taquicardia hasta poder dar el primer paso en aquel nuevo y misterioso mundo. Dedicó ese tiempo a reflexionar sobre la decisión que acababa de tomar. «A los treinta y cuatro años ya lo había intentado todo para realizar mi sueño de ser escritor pero todavía no era nadie —recordaría Paulo más tarde—. Había abandonado la magia negra y las ciencias ocultas al descubrir que no me servían para nada, así que, ¿por qué no probar el camino que me proponía Jean?»

A las once en punto se unió a la media docena de turistas japoneses que esperaban congelados en los jardines resecos que había alrededor del edificio y siguió las flechas hasta la sala de paredes ovaladas, como una nave religiosa, donde estaban el *Gokstad*, el *Oseberg* y el *Borre*. Aparte de él sólo había allí una persona, una rubia, guapa, de unos cuarenta años, que parecía absorta en la lectura de una placa de una de las paredes. Al oír sus pasos ella se volvió hacia él, dejando ver que tenía en las manos algo largo como un bastón, o una espada. Sin decir nada, caminó hacia él, se sacó del dedo anular izquierdo un anillo con la reproducción del uróboros —la serpiente que se muerde su propia cola— y lo puso en el dedo corazón de la mano izquierda de él. Con el bastón-espada trazó un círculo imaginario en el suelo, indicándole a Paulo que tenía que meterse dentro, y simuló con la mano el gesto de derramar en el círculo el contenido de una copa. Luego pasó la mano derecha frente al rostro de Paulo, sin tocarlo, insinuándole que tenía que cerrar los ojos. «En ese momento sentí que alguien había liberado las energías estancadas —diría años después emocionado en una declaración—, como si abrieran la compuerta espiritual de un lago, dejando entrar el agua fresca.» Cuando volvió a abrir los ojos, vio que el único rastro dejado por aquella misteriosa mujer era el extraño anillo que llevaría en el dedo el resto de su vida.

Paulo no volvió a tener contacto con Jean hasta mucho tiempo después, al regresar a Brasil. A finales de abril de 1982 se acababa el plazo que tenía para volver a su trabajo en *O Globo*, pero después de reflexionar mucho con Chris, decidió dejar el empleo y seguir en Europa. La contabilidad también lo ayudó a tomar la decisión de quedarse. Salvo gastos imprevistos, como comprar una bomba de gasolina nueva para el coche, estaban gastando unos dos mil dólares al mes (4.300 dólares o 6.400 reales de 2008), dándose todos los lujos que le había contado a su padre. Los siete mil dólares que le quedaban —sin contar los mil dólares que pensaba recuperar al revender el Mercedes— eran más que suficientes para quedarse otros tres meses en Amsterdam. Así, a mediados de julio finalmente hicieron las maletas y recorrieron en tres días los 1.900 kilómetros entre Amsterdam y Lisboa, ciudad desde donde tomarían un avión hacia Brasil. Pero el primer cambio visible en el comportamiento de Paulo tras el encuentro con su maestro ocurriría en suelo europeo. Sólo una fuerza sobrenatural haría que alguien tan preocupado por el dinero como él prefiriera, en vez de vender el Mercedes y recuperar mil dólares, donar el vehículo a una institución de caridad creada en 1758 por la reina doña Maria I, la Hermandad del Niño Jesús de los Ciegos de Lisboa.

22

TONINHO BUDA QUIERE RELANZAR SOCIEDADE ALTERNATIVA HACIENDO ESTALLAR LA CABEZA DEL CRISTO REDENTOR

Revitalizados por los ocho largos meses en Europa, al llegar a Río de Janeiro, Paulo y Chris volvieron a instalarse en el apartamento de la calle Raimundo Correia, que desde la partida de la pareja estaba ocupado por los padres de ella. Poco a poco, él fue cumpliendo las tareas iniciáticas, las llamadas ordalías, que permitieron su ingreso en la orden RAM y que tanto le llegaban por carta como por llamadas de Jean. La primera de ellas, llamada el «ritual del vaso», consistía en realizar todos los días, durante seis meses, y siempre a la misma hora, una breve y solitaria ceremonia: colocar sobre la mesa un vaso que nunca hubiera sido utilizado, lleno de agua, abrir el Nuevo Testamento en una página cualquiera y leer en voz alta un párrafo al azar –un versículo, un salmo o lo que fuera–, y después beberse el agua. El fragmento leído había que señalarlo con la fecha de lectura. Los días siguientes, al abrir el libro, si la elección recaía sobre un texto ya leído, entonces tenía que leer el párrafo siguiente. Si éste también ya había sido leído, tenía que seguir hasta encontrar uno nuevo, no señalado por lecturas anteriores. Eso había que repetirlo religiosamente todos los días, durante el plazo establecido, y siempre a la misma hora. Para evitar que coincidiera con situaciones inconvenientes –una reunión, una comida, una película en el cine–,

Paulo escogió la primera hora de la madrugada como el horario más apropiado para su penitencia. Y como no le había precisado nada sobre el tamaño o la forma del vaso, compró uno pequeño, de los que se usan para servir el vodka en los bares, que podía llevar discretamente con el Nuevo Testamento. De ese modo, eventualmente incluso podía levantarse de la mesa de una cena en público, ir al baño y cumplir su obligación.

Felizmente, ninguna de las ordalías impuestas por Jean le impidió llevar una vida normal. El dinero seguía sin ser un problema, pero decididamente su colaboración con Raul Seixas estaba pasada de moda. Los discos seguían vendiéndose, pero de los grifos de la discográfica ya no salían tantos derechos como antes. Aunque los ingresos regulares de los cinco apartamentos que tenía alquilados en la ciudad le garantizaban una situación confortable, la falta de actividad, seguramente, lo iba a empujar otra vez a la depresión emocional. Así que lo mejor que podía hacer era buscarse pronto un nuevo trabajo.

Un año antes del viaje a Europa, Paulo convenció a Chris para crear una empresa, la Shogun Editora e Arte Ltda., cuyo objetivo inicial era emitir facturas de gastos para los trabajos de arquitectura que ella realizaba, pero también les permitía a ambos tener tarjetas de visita, papel y sobres impresos con el respetuoso sello de una persona jurídica. Y como él había dicho, cuando llegase el momento de escribir sus libros, ¿por qué no editarlos él mismo? Al volver a Brasil decidió poner la editorial a funcionar de verdad y, como primera providencia, alquiló dos salas en un edificio de la calle Cinco de Julho, en Copacabana, a dos manzanas del apartamento donde vivía la pareja. Aunque llegó a crecer bastante, y a dar bastantes beneficios, Shogun nunca dejaría de ser una pequeña empresa familiar, gestionada por los dos propietarios y de cuya contabilidad se encargaba D. Pedro, que acababa de jubilarse. Sólo tenía un empleado en nómina, un chico de los recados.

Menos de tres meses después de su regreso a Brasil, en octubre de 1982, la editorial sacaría al mercado su primer título, el libro *Archivos del infierno*, una recopilación de dieciséis textos escritos por su dueño, Paulo Coelho. Era una obra repleta de particularidades. En la cubierta se puede ver al autor sentado con las piernas cruzadas delante de una máquina de escribir, con un cigarrillo entre los dedos y con pose de pensador, al lado de dos jóvenes con los pechos al aire: una era su propia mujer, Chris, y la otra, Stella Paula, su antigua compañera en las brujerías crowleyanas (en la foto lleva una melena tan larga que no sólo le cubre parte de los pechos, sino que le llega más abajo de la cintura). A pesar de no ser poco más que un opúsculo –en total tenía sólo 106 páginas–, *Archivos del infierno* batió récords de prefacios, presentaciones y solapas. El primero, titulado «Prefacio a la edición holandesa», estaba firmado por el propio Andy Warhol (que nunca llegó a leer el libro, como Paulo confesaría años después):

> [...] Conocí a Paulo Coelho en una exposición mía en Londres y descubrí en él una ventaja que se da en poquísima gente. Más que un literato en busca de fórmulas pomposas, trata fríamente –y de lleno– las inquietudes y las perspectivas del tiempo presente. Querido Paulo, me pediste un prefacio para tu libro. En realidad, estoy seguro: tu libro es un prefacio para esta nueva era que comienza (antes de que haya terminado la otra). El que, como tú, mira hacia adelante nunca corre el riesgo de caer en un agujero, porque los ángeles extienden sus mantos sobre el suelo.

El segundo fue escrito por Jimmy Brouwer, dueño del hotel en el que la pareja se hospedó en Amsterdam; el tercero por el periodista Artur da Távola, su colega en el grupo de trabajo de Philips; el cuarto por el psiquiatra Eduardo Mascarenhas, entonces presentador de un programa de televisión y diputado federal, y el quinto por Roberto Menescal, a quien, junto con Chris, le dedicaba el libro. Casi todo en *Archivos del infierno* es intrigante y tiene información que no encaja. Tal como se dice en la cubierta, se trata supuestamente de una coedición de Shogun con la holandesa Brouwer Free Press, una empresa que aparentemente nunca existió. Una nota de prensa distribuida por Shogun liaba todavía más las cosas al afirmar que *Archivos* se había publicado en el extranjero, lo que no era verdad:

Después de haber sido lanzado con absoluto éxito en Holanda –donde tan sólo en dos meses consiguió destacar ante la crítica y el público–, el libro *Archivos del infierno*, de Paulo Coelho, estará en todas las librerías de Brasil este mes.

En las primeras páginas había más información que aumentaba todavía más la confusión. La primera de ellas incluía entre las obras del autor (junto al *Manifesto de Krig-Há* y de *El teatro en la educación*) un tal *Lon: diario de un mago*, libro que habría sido editado por Shogun en 1979, aunque en ese año la editorial todavía no existía y *El Peregrino de Compostela (Diario de un mago)* no se publicó hasta el año 1987. En las pocas ocasiones en las que habló sobre ese tema, años después, Paulo nunca dio una buena explicación a ese embrollo: «Tuvo que ser una profecía.» En la contracubierta se imprimió en letra pequeña otra extravagancia:

De la primera edición en lengua portuguesa y en lengua holandesa se han cogido trescientos ejemplares que serán numerados y firmados por el autor y vendidos a 350 $ que serán para la Orden de la Estrella Dorada.

El beneficiario de las ventas –esa tal «Orden de la Estrella Dorada»– dejaba entrever algo que Paulo no le confesó ni al diario. Ocho años después de haber roto con la magia negra, seguía atraído por el satanismo. Parece pueril, pero incluso pretendían ganar dinero con aquello. Una vez hechas las cuentas, en el muy hipotético caso de que vendiera todos los ejemplares de aquella «tirada exclusiva», Shogun facturaría nada menos que 105.000 dólares (225.000 dólares o 400.000 reales de 2008) sólo con la venta de una pequeña parte del libro. A menos, claro, que las palabras contenidas en las 196 páginas de *Archivos del infierno* hubieran sido impresas para sacudir los cimientos de la humanidad. No era exactamente eso, sin embargo, lo que tenía el librito: le ofrecía al lector, en primer lugar, la sorpresa de no contener ni un solo capítulo o ensayo que tratara del tema mencionado en el título, es decir, el infierno. Los dieciséis textos forman un entramado de asuntos sin orden temático ni cronológico, en el que el autor relaciona cosas tan disparatadas como los proverbios del poeta inglés William Blake, con nociones de homeopatía y astrología, intercalados con fragmentos de manuscritos de un tal Pero Vaz y por producciones de su propia autoría, como ésta, titulada «Los trozos».

Es muy importante saber que he esparcido partes de mi cuerpo por el mundo. Me corté las uñas en Roma, el pelo en Holanda y Alemania. Mi sangre mojó el asfalto de Nueva York y mi esperma cayó muchas veces en suelo francés, en un campo de viñedos cerca de Tours. Ya descargué mis heces en ríos de tres continentes, regué algunos árboles de España con mi orina y escupí en el canal de la Mancha y en los fiordos de Oslo. Una vez, me arañé la cara y dejé algunas células en una reja de Budapest. Estas pequeñas cosas —generadas por mí y que no voy a volver a ver— me dan una agradable sensación de omnipresencia. Soy un poco de los lugares por los que anduve, de los paisajes que me conmovieron. Además, mis trozos esparcidos tienen una aplicación práctica: en mi próxima reencarnación, no me sentiré solo ni desamparado porque algo familiar —un pelo, un trozo de uña, un viejo escupitajo seco— estará siempre cerca. He sembrado en varios lugares de la Tierra, porque no sé dónde voy a renacer algún día.

De todo el batiburrillo que compone *Archivos del infierno*, sin embargo, lo que más llama la atención, al final de la lectura, es el segundo capítulo del libro, titulado «La verdad sobre la Inquisición». Paulo deja claro que no se trata de un texto de su autoría: mantiene que se ha limitado a escribir lo que le dictó el espíritu del español Tomás Torquemada, el temible sacerdote dominicano que dirigió los tribunales del Santo Oficio en la península Ibérica a finales del siglo XV. Como si quisiera evadirse de cualquier responsabilidad por el contenido, el autor aclara: no sólo la ortografía y los tipos de letra, sino incluso «algunos errores sintácticos» se han mantenido, tal como fueron dictados por el espíritu del gran inquisidor. Las ocho páginas del capítulo están llenas de loas a la tortura y al martirio como instrumentos de defensa de la fe:

[...] Así pues, es muy justo aplicarles la pena de muerte a los que, propagando la herejía con obstinación, hacen que el bien más valioso del hombre, la fe, ¡se pierda para siempre!

[...] ¡Todo aquel que tiene derecho a mandar también tiene derecho a castigar! ¡Y la autoridad que tiene el poder para hacer leyes también tiene el poder para hacer que tales leyes se cumplan!

[...] Las penas espirituales no siempre son suficientes. La mayoría de la gente es incapaz de comprenderlas. ¡La Iglesia debe poseer y posee el derecho a aplicar penas físicas!

Aparentemente con la intención de atribuir a la psicografía un carácter científico, Paulo remata el texto con una curiosa observación entre corchetes:

[Después de estas palabras, el que decía ser el «espíritu de Torquemada» no volvió a hacer ninguna otra comunicación. Como siempre es importante anotar las condiciones en las que se dio la transmisión −pensando en futuras investigaciones científicas−, registramos la temperatura ambiente (29 °C), presión atmosférica (760 mmhg), estado del tiempo (nublado) y la hora de recepción (de las 21.15 h. a las 22.07 h.).]

Ésa, sin embargo, no era la primera vez que Paulo se interesaba por el tribunal del Santo Oficio. En septiembre de 1971 pensó en escribir una obra sobre el tema y en sus investigaciones se encontró con un libro de Henrique Hello, publicado por la editorial Vozes en 1936 y reeditado en 1951, cuyo título era bastante sugerente: *La verdad sobre la Inquisición*. El texto de noventa páginas es una larga disertación en defensa de los métodos empleados por los tribunales del Santo Oficio. Parte de él fue citada en el prefacio de la obra *El santo interrogatorio*, escrita en 1966 por el dramaturgo Dias Gomes. Al terminar su lectura Paulo concluyó irónicamente:

[...] Estuve trabajando en la obra sobre la Inquisición. Es una obra fácil. Sólo hay que plagiar lo que un tal Henrique Hello dijo de ella. Plagiar no, criticar. Tiene un libro llamado *La verdad sobre la Inquisición*, ¡por favor!

Probablemente debido a la detención y el secuestro del que había sido víctima en 1974, Paulo se abstuvo de criticar al autor y se limitó a transcribirlo simple y llanamente. Una comparación entre lo que aparece en *Archivos del infierno* y lo que se publicó en 1936 demuestra que, si de hecho hubo psicografía, el espíritu que dictó *La verdad sobre la Inquisición* fue el de Henrique Hello, y no el de Tomás de Torquemada, ya que el 95 por ciento del texto fue sencillamente copiado de la obra de Hello.

Sin embargo, nada de eso supera una sorprendente información que el autor incluye ya al comienzo de *La verdad sobre la Inquisición*: Paulo afirma que la psicografía habría ocurrido la «noche del 28 de mayo de 1974». Sin embargo, sucede que entre las 21.15 horas y las 22.07 de la noche del 28 de mayo de 1974, él estaba esposado en el suelo de un coche de la policía política, con la cabeza encapuchada, mientras lo conducían a las dependencias del DOI-Codi. Cuesta creer que los carceleros de uno de los más violentos poderes de la dictadura brasileña permitieran a un detenido redactar un ensayo de doce mil caracteres, aunque se tratara de un alegato en favor de la tortura. El propio autor, en cualquier caso, pareció darse cuenta de que *Archivos del infierno* caía por su propio peso: agotada la primera edición, no volvió a reeditarlo. Una vez conocido internacionalmente, el autor recordaría discretamente la obra en su página web con dieciséis palabras: «En 1982, editó él mismo su primer libro, *Archivos del infierno*, que no tuvo repercusión alguna.»

Un cuarto de siglo después del rotundo fracaso, *Archivos* se convertiría en una rareza que se disputan los coleccionistas en subastas de Internet con precios de salida mínimos de 220 dólares (o 399 reales), como si la fantasía inicial de Paulo ya se estuviera desarrollando por otras vías.

En vez de desanimarlo, el fracaso del libro de estreno de Shogun le sirvió para aprender algo importante, ya que le quedó claro que aquella iniciativa exigía profesionalidad. Decidido a hacer que la edi-

PAULO COELHO

ARQUIVOS DO INFERNO

Prefácios de Andy Wharol e Artur da Tavola

shogun editora e arte/brower free press

"Ao invés de ser um literato em busca de fórmulas pomposas, Paulo Coelho atinge friamente — e em cheio — as inquietações e as perspectivas do tempo presente. Este livro, ARQUIVOS DO INFERNO, é um prefácio para a nova época que começa — antes que a outra tenha acabado."

ANDY WARHOL

"Paulo Coelho é a mina inesgotável da imaginação criadora. ARQUIVOS DO INFERNO nos revitaliza a cada momento com sua sabedoria louca, inquietante, culta, indispensável a todos nós".

ROBERTO MENESCAL

"ARQUIVOS DO INFERNO é mais do que um simples livro de relatos — é o bom humor, que serve de tônica principal até para os momentos de desespero. Mesmo que eu não tenha encontrado as bananeiras e os personagens típicos do Brasil, encontrei outra coisa — os meus próprios personagens típicos".

JIMMY BROUWER

"Paulo Coelho é um grande marginal. Já viveu a marginalidade exterior e interior. ARQUIVOS DO INFERNO são reflexões soltas de um visionário, alguém que coloca nas intuições e alcances tão reprimidos pelo pragmatismo contemporâneo, as verdadeiras luzes da existência".

ARTUR DA TÁVOLA

"Este livro é uma caixa de surpresas. Sua leitura nos fascina pela variedade de emoções, pelo ângulo novo que nos transmite as emoções".

EDUARDO MASCARENHAS

En la cubierta de *Archivos del infierno*, Paulo posa como un intelectual al lado de Chris y de Stella, con los pechos al aire. Abajo: juntos, los cinco prefacios eran casi del tamaño del libro.

torial funcionara de verdad, asumió la dirección del negocio, y la primera providencia que tomó fue seguir disciplinadamente, durante siete semanas, el curso IOB por correspondencia «para aprender planificación empresarial y financiera». Pareció darle resultado, ya que dos años después de ponerla en marcha, Shogun ocupaba el puesto 34 en el ranking de las editoriales brasileñas publicado por la revista especializada *Leia Livros*. Rivalizando con las editoriales tradicionales, como Civilização Brasileira y Agir, y por delante de FTD e incluso de Rocco (que años después sería la editora de Paulo en Brasil), Shogun alquilaba stands en ferias y bienales de libros y tenía un catálogo de más de setenta títulos.

Entre los autores publicados, además del de los propietarios, sólo había dos nombres conocidos, y no exactamente como escritores: la roquera Neusinha Brizola, hija del entonces gobernador de Río, Leonel Brizola (*El libro negro de Neusinha Brizola*) y el eterno «enemigo íntimo» Raul Seixas (*Las aventuras de Raul Seixas en la ciudad de Thor*). Los números que habían colocado a Shogun en la lista de las mejores no eran, sin embargo, debido a las obras de ninguno de esos famosos. Al contrario, el oro provenía de los cientos, miles de poetas anónimos y dispersos por todo Brasil que, al igual que le pasó al dueño de Shogun durante tantos años, soñaban con poder tener algún día en las manos un libro con sus versos impresos. En un país en el que cientos de autores se cansan de llamar, en vano, a las puertas de las editoriales, casi suplicando una publicación, Shogun apareció con una verdadera oportunidad: el «Concurso Raimundo Correia de Poesía».

A través de pequeños anuncios en periódicos o panfletos distribuidos en las puertas de los teatros y los cines, invitaba a poetas inéditos de todo Brasil a participar en el concurso cuyo nombre —el mismo que la calle en la que quedaba la casa de Paulo y de Chris, en Copacabana— homenajeaba al poeta parnasiano de Maranhão fallecido a principios del siglo xx. El reglamento era sencillo: se podían inscribir «autores, aficionados o profesionales, publicados o no, sin límite de edad, siempre que los poemas sean en lengua portuguesa». A cada participante se le permitía presentar hasta tres poemas de, como máximo, dos páginas mecanografiadas a doble espacio. Sería una «comisión de críticos y especialistas de alto nivel» (cuyos nombres nunca fueron divulgados) la que escogería los que iban a ser incluidos en una antología que iba a publicar Shogun. Los seleccionados recibían un contrato según el cual se comprometían a pagar 380.000 cruceiros (300 reales de 2008), en concepto de compra anticipada de un pack de diez ejemplares: si alguien quería recibir veinte libros, tenía que pagar 760.000 cruceiros, y así sucesivamente. Aquello parecía una de las estrafalarias operaciones de la Organización Arco creada por Paulo durante su infancia en Botafogo, pero sorprendentemente para la pareja, uno de los concursos llegó a recibir nada menos que 1.150 poemas, de los que se seleccionaron 116 para un libro titulado *Poetas brasileños*. Para los editores se trataba de una operación de riesgo cero, pues la obra no se imprimía hasta que los autores hubieran abonado el pago. Cada uno de ellos recibiría, además de los libros adquiridos, un diploma emitido por Shogun, firmado por Chris y una nota manuscrita por Paulo:

Querido Fulanito:

He recibido y leído tu libro de poemas. Sin entrar a valorar el material —que es de altísima calidad, y lo sabes—, quiero felicitarte por no haber permitido que tus poemas quedaran en un cajón. En el mundo de hoy, y en este momento tan singular de la historia, hay que tener el valor necesario para divulgar los pensamientos propios.
Enhorabuena otra vez,

PAULO COELHO

Aquello que a primera vista parecía algo entre amigos resultó ser un gran negocio. Cuando la pareja envió por correo el último pack de libros, Shogun había ingresado en caja cuarenta millones de cruceiros (equivalentes en 2008 a 320.000 reales). El éxito de una idea aparentemente banal animó a Paulo y a Chris a repetir el proyecto a escala industrial, y en seguida se multiplicó por cinco. Además de *Poetas brasileños*, semanas después Shogun anunciaba la celebración de concursos para la selección de los poemas que se iban a publicar en cuatro nuevas antologías, tituladas *Poetas brasileños de hoy*, *La nueva poesía brasileña*, *La nueva literatura brasileña* y *Antología poética de ciudades brasileñas*. Para estimular a los no clasificados en la primera antología y que siguieran abriendo sus cajones, Chris les envió una carta animándolos a cada uno de ellos, en la que les comunicaba que, en vez de 116, sería 250 el número de poesías premiadas con la publicación:

Río de Janeiro, 29 de agosto de 1982

Querido poeta:

Gran parte de los trabajos no clasificados en el Concurso Raimundo Correia de Poesía son de muy buena calidad. Así pues, a pesar de vernos forzados a restringir a 250 el número de poesías premiadas, hemos decidido buscar una solución para aquellas que, al no cumplir el reglamento o por no haber sido seleccionadas por el jurado, no se incluyeron en la antología.

El libro Poetas brasileños de hoy, *otro lanzamiento de Shogun en el campo de la poesía, se va a publicar este año. Nos gustaría mucho que una de tus poesías formase parte de esta edición. Cada uno de los autores entrará con la cuantía determinada en el Compromiso de Edición anexo, y recibirá a cambio diez ejemplares de la primera tirada. De este modo, pagas por ejemplar tan sólo un poco más de lo que pagas por una revista informativa semanal, y estarás invirtiendo en ti mismo, aumentando el área de influencia de tu trabajo y, eventualmente, abriendo las puertas a una carrera fascinante.*

Shogun, conforme al Compromiso de Edición anexo, enviará copias de Poetas brasileños de hoy *a los más destacados columnistas literarios del país, y material informativo a más de doscientos periódicos y revistas importantes. Una parte de la primera edición será donada a bibliotecas estatales y municipales, permitiendo que miles de lectores, a través de los años, tengan acceso a tu poesía.*

Lord Byron, Lima Barreto, Edgar Allan Poe y otros grandes nombres de la literatura tuvieron que financiar ellos solos la edición de sus trabajos. Ahora, con el sistema del reparto de costes, es posible lanzar el libro sin grandes gastos, y es posible que se lea y se hable de él a lo largo de todo el país. Para participar en Poetas brasileños de hoy, *sólo tienes que rellenar el Compromiso de Edición anexo, firmarlo y enviarlo junto con la cantidad solicitada por Shogun.*

Para cualquier duda, no dudes en ponerte en contacto con nosotros.

CHRISTINA OITICICA

Cada vez más populares, las antologías de Shogun parecían tener el don de hacer que poetas románticos, parnasianos y concretistas aparecieran como champiñones por todo el país. En las noches de entrega de los diplomas y demás honores, eran tantos que, sumados a los parientes y amigos, la editorial tenía que alquilar el Circo Voador, en Lapa, una de las casas de espectáculos más nuevas de Río, para acomodar a la multitud de poetas premiados y a sus invitados. Además de esas solemnes ceremonias, Chris también se encargaba de coordinar personalmente actos públicos, en general, en locales de mucha afluencia, en los que los autores declamaban sus poemas premiados para transeúntes y ociosos que, con sincero interés, se paraban a escuchar poesía. Siempre había algún contratiempo, por supuesto, como los que no cumplían su parte del contrato que tardaban en pagar o como el poeta que escribió una carta al *Jornal do Brasil* protestando contra la iniciativa:

Participé en el V Concurso Raimundo Correia de Poesía y fui agraciado con el Premio de Publicación de mi poema «Ser humano». Para que se publicara, tuve que realizar cuatro pagos por valor de 380.000 cruceiros, con los que yo estaría comprando anticipadamente diez ejemplares del libro. En la fecha límite del último pago, recibí los libros. Cuando los abrí, me quedé tan decepcionado que he perdido incluso las ganas de leerlos. En ese momento me di cuenta de que había picado con el timo de la estampita.

La impresión del libro es tipográfica, proceso que ya no se utiliza hace mucho tiempo para este tipo de trabajo. El diseño es uno de los peores que he visto en mi vida, confuso y poco atractivo. Según la filosofía de Shogun, el que no paga no publica. Tengo conocimiento de que varias personas se han quedado fuera, por no poder hacer frente a todos los pagos. Se publicaron ciento dieciséis poemas. Según mis cálculos, Shogun ha facturado un total de cuarenta y cuatro millones de cruceiros, con derecho a disponer de nuestro dinero desde el primer pago.

Por el dinero que se nos ha cobrado, merecemos algo mejor. Critico con conocimiento de causa, pues soy un profesional de las artes gráficas. No le regalaría el libro ni se lo vendería ni a mi peor enemigo.

RUI DIAS DE CARVALHO, *Río de Janeiro*

Una semana después, el *Jornal do Brasil* publicaba la respuesta de Shogun, en la que su directora Christina Oiticica afirmaba que las gráficas que imprimían sus libros eran las mismas que prestaban sus servicios a grandes editoriales como Record y Nova Fronteira. En cuanto a ganar dinero con la cultura, argumentaba que tales beneficios financiaban proyectos que jamás interesarían a las grandes editoriales, como Poesía en la prisión (concurso realizado entre los presos del sistema carcelario de Río de Janeiro), que no disponían de subvenciones públicas:

No mendigamos subvenciones del Estado para nuestras actividades culturales. Somos independientes y estamos orgullosos de ello, porque todos nosotros —editorial y poetas— estamos demostrando que es posible para el artista novato editar y mostrar su trabajo.

Según parece, las quejas no eran compartidas por los demás autores publicados por Shogun. Muchos años después, el poeta Marcelino Rodriguez recordaría con orgullo, en su blog de Internet, haber visto su «Soneto eterno» incluido en las antologías de la editorial:

Mi primera aventura literaria salió de la editorial Shogun, propiedad de Paulo Coelho (hoy, nuestro escritor más importante, aunque muchos «académicos» no reconocen su valor, quizá porque no comprenden el contenido de su obra) y Christina Oiticica, que es una simpática pintora de mucho talento (hasta el día de hoy no he olvidado la sonrisa que me dirigió cuando estuve en la editorial).

La verdad es que, además de estimular a jóvenes autores, el proyecto también resultó ser una iniciativa de éxito. Organizando cuatro antologías anuales, como venía haciendo, Shogun facturaba al año alrededor de ciento sesenta millones de cruceiros (equivalentes en 2008 a 1,2 millones de reales). Entre los años 1983 y 1986, cuando se dio el *boom* de las antologías y de los concursos de poemas, los beneficios podrían haber sido incluso mayores, sobre todo después de doblar el número de premiados. Esa intensa actividad llevó a la editorial a contratar a más trabajadores, entre ellos, un tal Ricardo, un productor gráfico argentino del que Chris y Paulo sospechaban que estaba relacionado con los órganos de represión política de su país, pero nunca tuvieron el valor de preguntárselo.

A punto de cumplir los cuarenta años, daba la impresión de que la vida de Paulo se estaba centrando. Chris resultó ser la mujer que él buscaba, la pareja se iba consolidando día a día, y los negocios iban viento en popa. Para que la felicidad fuera completa sólo le quedaba por realizar la vieja y manida idea fija: ser un escritor reconocido en todo el mundo. Seguía recibiendo orientación espiritual de Jean, pero eso no lo apartó de las lecturas y los debates públicos sobre temas esotéricos o su antigua curiosidad, el vampirismo. En 1985, Paulo fue invitado en calidad de vampirólogo a dar una conferencia en el mayor centro de convenciones de la ciudad, el Riocentro. El lugar era conocido por haber sido el escenario en 1981 de un fracasado atentado terrorista de extrema derecha, en el que murió un sargento y un capitán del ejército resultó herido al explotar antes de tiempo una bomba que pretendían detonar durante un espectáculo conmemorativo del Día del Trabajador.

Esta vez, el Riocentro acogía la primera Feria Esotérica de Brasil, una iniciativa del gurú Kaanda Ananda, dueño de una tienda de productos esotéricos en el barrio de Tijuca, en Río, y responsable de la invitación para que Paulo abriera el encuentro con una conferencia sobre vampirismo. Al llegar allí, la tarde del 19 de octubre, un sábado, se encontró esperándolo al reportero Nelson Liano Jr., enviado por la *Revista de Domingo* del *Jornal do Brasil* para entrevistarlo. Aunque sólo tenía veinticuatro años, Liano había trabajado en las principales redacciones cariocas y, al igual que Paulo, también había probado todo tipo de drogas y había tenido una experiencia mística a los trece años, en su ciudad natal, Marília, en el interior de São Paulo. Si también existe el amor a primera vista entre los esotéricos, eso fue lo que les sucedió a ellos. El encantamiento recíproco fue tal que la conversación entre ambos no terminó hasta que Kaanda Ananda les avisó por tercera vez de que el recinto estaba lleno y que el público esperaba impaciente a Paulo. Se despidieron con un fuerte abrazo, después de darse sus respectivos números de teléfono y, mientras Paulo entraba en el auditorio, Liano se dirigió al stand de la editorial Eco para tomar café con el dueño, su amigo Ernesto Emanuelle Mandarino.

Creada a principios de los años sesenta, Eco era una pequeña editorial situada detrás del recién inaugurado Sambódromo, en el centro de Río de Janeiro. Aunque no era conocida en los círculos intelectuales, en más de veinte años de funcionamiento se había convertido en la referencia entre los adeptos a umbanda, candomblé, magia y ritos populares. En su extenso catálogo se podían encontrar, a finales de 1985, títulos cuando menos curiosos, como *Manual del cartomante, Manual de rezos y mandingas, Cómo adivinar el futuro en la bola de cristal, Cien maneras de evitar el mal de ojo* y *Cómo acabar con las prácticas quimbanda* (éste en dos volúmenes). Sólo sobre san Cipriano, santo considerado hechicero, Eco había publicado cinco obras diferentes: *El poderoso libro de San Cipriano, El antiguo y verdadero libro de San Cipriano, El gran libro de San Cipriano Túnica de acero, El gran libro de San Cipriano Túnica negra* y, finalmente, *El libro de San Cipriano de las almas*. Mientras tomaban el café, Liano le contó a Mandarino que acababa de entrevistar a un vampirólogo:

—Se llama Paulo Coelho y estudió vampirismo en Inglaterra. En este momento se está dirigiendo a un auditorio lleno de gente interesada en ese tema: vampiros. ¿No se podría sacar un libro?

Chris convierte Shogun
en un gran negocio: arriba,
en el stand de la editorial en la
Bienal del Libro y organizando
una sesión de poesía en una
plaza de Río. Al lado, el
diploma que se les daba a los
autores seleccionados.

Mandarino abrió unos ojos como platos:

—¿Vampirismo? Parece cosa de cine. ¿Crees que se vendería? Cuando acabe la conferencia, tráelo aquí al stand a tomar un café.

Ni siquiera charlaron mucho tiempo. Minutos después de que le presentaron a Paulo, Mandarino disparó su propuesta a quemarropa:

—Si escribes un libro sobre vampirismo, la editorial Eco te lo publica.

Como si ya estuvieran previamente de acuerdo, Paulo ni siquiera pestañeó antes de responder:

—Vale, si Nelson Liano lo escribe conmigo, a cuatro manos.

Mandarino se quedó atónito:

—¡Pero si Nelson me ha dicho que os acabáis de conocer!

Paulo soltó una carcajada:

—Es verdad, pero ya somos amigos para siempre.

Trato hecho. Los dos salieron de allí con la promesa de entregarle a Eco los originales de un libro titulado *Manual práctico de vampirismo*. La obra iba a tener cinco partes, la primera y la quinta escritas por Paulo, la segunda y la cuarta por Liano, y la tercera a medias entre los dos. Paulo y Chris todavía se resistieron un poco antes de dar su brazo a torcer, ya que pensaban en la posibilidad de que fuera Shogun la que editara el futuro libro; pero fueron disuadidos por Liano, que pensaba que sólo una editorial de las características de Eco sería capaz de colocar adecuadamente en el mercado un libro sobre un tema así, mientras que la especialidad de Shogun eran las antologías poéticas. Presumiendo que iba a ser un bestseller, a la hora de firmar el contrato, Paulo exigió cambios en las condiciones que la editorial aplicaba a todos sus autores. Preocupado por la inflación, quería pagos mensuales, en vez de trimestrales. Además, aunque Liano se iba a encargar de escribir la mitad del libro y de la edición del texto final, Paulo le dictó la cláusula siguiente a la secretaria de Mandarino para que la añadiese al final del contrato:

Sólo constará en la tapa del libro el nombre de Paulo Coelho, y en el frontispicio se añadirá, debajo del título, «Producción de Nelson Liano Júnior».

En resumen, Liano escribiría la mitad del libro y lo editaría, pero sólo aparecería como productor (y aun así, en las páginas interiores). Y, según una cláusula final propuesta por Paulo, recibiría sólo el 5 por ciento de los derechos de autor (es decir, el 0,5 por ciento del precio del *Manual práctico de vampirismo*), mientras que su colaborador se quedaría con el 95 por ciento restante. Como si previera una gallina que le iba a dar muchos huevos de oro, Mandarino aceptó pacientemente las exigencias del novato entrometido, y como Liano tampoco puso objeciones, firmaron el contrato una semana después de su primer encuentro. En el plazo marcado, sin embargo, sólo Liano entregó sus capítulos. Alegando exceso de trabajo en Shogun, Paulo no había escrito ni una sola línea de la parte que le tocaba. A medida que pasaba el tiempo, los cobros de su socio y del editor Mandarino fueron diarios, pero el texto no salía. Después de mucha presión y de saltarse todos los plazos, finalmente le entregó su texto a la editorial Eco. A última hora, quizá arrepentido por la injusticia cometida con su socio, autorizó la inclusión del nombre de Liano en la cubierta, pero en letras pequeñas, como si en vez del coautor fuera un colaborador.

La noche de autógrafos del *Manual* se celebró en el elegante hotel Glória –frente al cual, once años antes, Paulo había sido secuestrado por el DOI-Codi–, con camareros que servían vino blanco y canapés. Creada por Chris, la cubierta mostraba el título en letras góticas sobre una célebre foto del actor hungaroamericano Bela Lugosi, que en 1931 se haría mundialmente famoso al interpretar el papel del conde Drácula en la famosa película de Tod Browning. Los textos trataban sobre temas que iban desde los orígenes del vampirismo a las grandes «dinastías» de chupasangres humanos, divididas en las ramas rumana, británica, germánica, francesa y española. La lectura es particularmente sabrosa en el capítulo que muestra cómo reconocer a un vampiro. En la vida cotidiana es posible observando algunos hábitos o características del interlocutor. Por ejemplo, si uno se encuentra con alguien a quien le gusta la carne cruda o mal pasada y que es estudioso y prolijo al hablar, hay que protegerse: es un legítimo heredero del rumano Vlad Dracul. Durante una relación sexual, explica el *Manual*, es todavía más fácil para el lector descubrir si se está acostando con un peligroso hematófogo: los vampiros no mueven la pelvis durante el acto sexual, asegura el libro, y la temperatura de su pene es muchos grados más baja que la de los mortales comunes. El *Manual práctico de vampirismo*, sin embargo, oculta aún más misterios de los que parece a primera vista. Seguro que ninguno de aquellos invitados que andaban por el salón del hotel bebiendo vino, con los ejemplares del libro recién firmado debajo del brazo, sabía que, aunque su nombre aparecía en la tapa más destacadamente que el de Liano, Paulo no había escrito ni una sola palabra, ni una sola sílaba de las 144 páginas del *Manual*. El autor nunca reveló que, presionado por los plazos y sin ánimo para cumplir lo prometido, decidió contratar secretamente a alguien para realizar su parte.

La elección recayó sobre un singular hombre natural de Minas Gerais, llamado Antônio Walter Sena Júnior, conocido en el mundo esotérico por el mote de *Toninho Buda* (apellido poco apropiado para alguien que jamás pesó más de 55 kilos). Licenciado en ingeniería por la Universidad Federal de Juiz de Fora, ciudad en la que siempre vivió, Toninho conoció a Paulo en 1981, durante un debate sobre vampirismo en el colegio Bennet, en Río. Estudioso de temas como magia y ocultismo, había seguido de cerca la carrera de Paulo y Raul Seixas, y soñaba con la resurrección de la vieja Sociedade Alternativa. Honradísimo con la posibilidad de ver su nombre impreso junto al de Paulo Coelho en un libro, Toninho aceptó la tarea a cambio «del equivalente al precio de una comida en un restaurante barato de Copacabana», como diría después. Escribió uno por uno todos los capítulos que le tocaban a Paulo y el día señalado un sobre sellado en Juiz de Fora llegaba al buzón de correo de Shogun con los originales que faltaban para imprimir el libro.

El día 25 de abril de 1986, un viernes, Toninho Buda estaba en Juiz de Fora con una pierna enyesada y la otra entablillada, convaleciente de un atropello que había sufrido semanas antes. Sintió un golpe al leer en una columna del *Jornal do Brasil* que, aquella noche, Paulo Coelho iba a firmar en el Glória autógrafos de su nuevo libro,

Arriba, Bela Lugosi en la cubierta del
Manual práctico de vampirismo.
En el medio, Toninho Buda (con camisa
blanca) se queja por la ausencia de su
nombre en la obra. Al lado, el editor
Ernesto Emanuelle Mandarino, de Eco.

Manual práctico de vampirismo. Le pareció una falta de delicadeza que ni lo hubieran invitado a la presentación, pero lo mejor era pensar que la invitación no había llegado a tiempo. A pesar de moverse con dificultad, y siempre ayudado por un bastón, decidió participar en la presentación del libro que, después de todo, también era suyo. Fue hasta la estación, cogió un autobús y, después de dos horas de camino, entró en Río de Janeiro cuando empezaba a caer la noche. Cruzó la ciudad en taxi y, apoyado en el bastón, subió lentamente los cuatro peldaños de mármol blanco de la entrada principal del hotel Glória. Entonces se dio cuenta de que había sido el primero en llegar: además de las trabajadoras de la editorial, que apilaban libros sobre un mueble, no había nadie más, ni siquiera el autor.

Aprovechó para comprar su ejemplar —además de la invitación, tampoco había recibido un ejemplar de cortesía— y se sentó en un sillón al fondo del salón para disfrutarlo en paz. Observó la tapa, recorrió con los ojos las primeras páginas, el frontispicio, las dos solapas... Nada, su nombre no aparecía en ningún sitio del libro, del que él había escrito íntegramente la mitad. No, no era posible, debía de haber leído mal. Mientras llegaban los primeros invitados y se iban organizando en una fila delante de la mesa donde se iba a sentar el autor, Toninho hojeó de nuevo el libro, página por página, y se convenció de que no era una equivocación: su nombre no constaba en el libro que había ayudado a escribir. Cuando se disponía a coger un taxi para volver a la estación, vio a Paulo entrar sonriente, acompañado de Chris, Liano y Mandarino. En ese momento, decidió que no iba, como decían en su tierra, a perder el viaje, y se desahogó, señalándolo con el dedo índice y con su nariz puntiaguda:

—¡Joder, Paulo! ¡No has incluido mi nombre en el libro, tío! ¡Fue lo único que te pedí! ¡Lo único que te pedí, tío!

Paulo fingió no entender, pidió que le dejaran ver un ejemplar del *Manual*, lo hojeó y lamentó:

—Es verdad, Toninho, no han puesto tu nombre. Pero yo te prometo que mandaré hacer un tampón con tu nombre y sellaremos toda la primera edición. Yo lo arreglaré: sellaremos libro por libro. Disculpa.

Aunque estaba desolado, Toninho Buda no tenía interés en agriarle la fiesta al otro y pensó que era mejor dejarlo así:

—Paulo, no soy idiota. No me vengas con esa tontería del sello, tío. Vete a tu presentación, que el salón está lleno de gente que quiere tu autógrafo. Vete, que yo ya me marcho.

Toninho se tragó el agravio en nombre de una esperanza mayor: convencer a Paulo para la soñada resurrección de Sociedade Alternativa. La estrategia era sencilla: aprovechar los actos públicos y las manifestaciones populares para llamar la atención de los medios y de la opinión pública hacia el movimiento. Meses antes le había escrito desde Juiz de Fora una larga carta a Paulo sugiriéndole «acciones públicas» del grupo, entre las cuales proponía tomar el escenario del primer concierto internacional Rock in Rio, la noche en que actuaban los brasileños Baby Consuelo (después, Baby do Brasil) y Pepeu Gomes, al lado de estrellas internacionales como Whitesnake, Ozzy Osbourne, Scorpions y AC/DC. El plan de Toninho consistía en coger el micrófono en el momento más álgido del espectáculo y soltar un discurso a favor de Sociedade Alternativa:

Creo que debemos hacer lo que sea para coger el micrófono del Rock in Rio. Sin embargo, eso es algo que depende casi exclusivamente de ti y de tus contactos en Río. Yo estoy listo para ir ahí. Si te parece, puedes empezar a prepararlo todo, pero no dejes de mantenerme informado, por favor.

En enero, meses antes de la noche de autógrafos del *Manual*, los dos participaron en un *happening* en Río. Aprovechando un acto de protesta de habitantes de la zona sur contra la decisión del ayuntamiento de cerrar al público el parque Lage, una de las zonas verdes de la ciudad, decidieron infiltrarse para anunciar el lanzamiento de un periódico titulado *Sociedade Alternativa*, cuyo borrador había diseñado íntegramente Toninho. Y se inscribió con los organizadores de la manifestación para hacer uso de la palabra. En cuanto dijeron su nombre, subió a la improvisada tribuna con traje y corbata y se puso a leer, delante de las cámaras de televisión, lo que denominó

«Manifiesto número 11». Era una hoja entera con cosas del tipo «el espacio es libre, cada uno tiene que ocupar su espacio», «el tiempo es libre y todos tenemos que vivir en nuestro tiempo», y «ya no hay una élite artística: todos somos escritores, amas de casa, jefes y empleados, clandestinos y carcas, sabios y locos». No era el contenido, sino la forma lo que le otorgaba un carácter inusual a aquella *performance*. A cada frase, versículo o pensamiento que Toninho Buda leía, Chris cortaba cuidadosa y silenciosamente un trozo de su ropa: primero la corbata, una manga del traje, después una pierna, otra manga, una solapa, otra pierna... Cuando pronunció la última frase (algo así como «el gran milagro ya no será andar sobre las aguas, sino caminar sobre la tierra»), estaba completamente desnudo, sin un centímetro cuadrado de tela sobre su cuerpo.

Por la noche, cuando todos celebraban la repercusión de la «acción pública» en el parque Lage, Paulo seguía farfullando sobre la necesidad de hacer algo más escandaloso, de mayor impacto. Toninho dejó a Chris y a Paulo atónitos cuando les reveló el acto que se le había ocurrido y que, según sus palabras, «grabaría el término Sociedade Alternativa eternamente en la memoria de millones de brasileños»: nada menos que hacer estallar la cabeza de la estatua del Cristo Redentor. Con lápiz y papel en la mano, expuso minuciosamente el plan que, como ingeniero, había elaborado para hacer volar la cabeza de 3,75 metros de altura y 30 toneladas del monumento que a partir de 2007 se convertiría en una de las siete Nuevas Maravillas del Mundo Moderno. Cualquier persona normal echaría de su casa a un loco como aquél, pero no fue eso lo que hizo Paulo. Al contrario, sólo dijo una palabra:

—Sigue.

Era lo que Toninho quería escuchar. De pie, gesticulando, se le hacía la boca agua ante la visión de la gran catástrofe:

—¡Imagínate a la población de Río de Janeiro al despertarse por la mañana y ver al Cristo sin cabeza y con un amasijo de hierros todos retorcidos saliéndole del cuello hacia el cielo azul! Imagínate el edicto de desagravio del papa, las multitudes en procesión subiendo el Corcovado en busca de trozos para guardar como reliquias. ¿Te has parado a pensarlo? ¡La Iglesia recogiendo donativos para la reconstrucción y los traficantes de la zona manifestándose para apoyar a las autoridades! Y entonces entraríamos nosotros cantando «*Viva! Viva a Sociedade Alternativa!*» y distribuyendo el primer número de nuestro periódico con las noticias calentitas sobre el lamentable episodio...

Era una herejía demasiado fuerte, sobre todo para alguien en franco proceso de reconciliación con la Iglesia católica, y Paulo decidió ponerle punto final a la conversación y no volver a hablar sobre el tema. Toninho no se enteraría hasta meses después, pero Paulo estaba a punto de ser admitido como Maestro de RAM, la orden religiosa en la que se había introducido por medio de Jean. La primera y frustrada tentativa de adquirir ese nivel en la organización secreta había sido en enero de ese año. Aprovechando un viaje de trabajo a Brasil, su orientador había fijado el día 2 de enero de 1986 para la ceremonia secreta en la que iba a recibir la espada, símbolo de su ordenación como Maestro. El lugar escogido fue la cima de una de las montañas de Mantiqueira, en la frontera entre los estados de Minas Gerais y Río de Janeiro, al lado de uno de los puntos más elevados de Brasil, el pico de Agulhas Negras. Además de ellos dos, sólo estaban Chris, un guía contratado en el lugar y otro hombre que también iba a ser iniciado en la orden. La única instrucción que había recibido era llevar la vieja espada que utilizaba desde hacía años en sus ejercicios esotéricos. Según el propio Paulo narra en el prólogo de su primer gran éxito literario, *El Peregrino de Compostela (Diario de un mago)*, se juntaron todos alrededor de una hoguera y el ritual empezó cuando Jean dirigió hacia el cielo una espada nuevecita que había llevado y que no sacó ni de la vaina, al tiempo que pronunciaba las siguientes palabras:

—¡Que ante la Sagrada Faz de RAM toques con tus manos la Palabra de la Vida, y recibas tanta fuerza que te convierta en su testigo hasta los confines de la Tierra!

Después de cavar, con las manos desnudas, un agujero raso y largo, Chris le dio su vieja espada a Paulo para que la depositara allí y la enterrara, mientras él, ansioso y con voz trémula, pronunciaba las

A pesar de todo, Paulo sigue con la brujería. Arriba, el manifiesto leído por Toninho Buda mientras Chris le cortaba la ropa. Abajo, panfleto para una de las representaciones de la *troupe* crowleyana.

frases del ritual. Al terminar vio que Jean metía en el agujero la nueva y tan esperada espada. Según él, todavía estaban todos con los brazos abiertos cuando sucedió un fenómeno: «El poder del Maestro hizo que a nuestro alrededor se formara una especie de luz extraña, que no alumbraba, pero que era visible, y hacía que el bulto de las personas tuviera un color diferente del amarillo proyectado por la hoguera.» Se acercaba el punto álgido, no sólo de la ceremonia, sino de un largo viaje. Sin creerse todavía lo que veía, oyó las palabras que pronunciaba Jean mientras rozaba levemente su cabeza con la punta de la hoja de la espada nueva:

—Por el poder y por el amor de RAM, te nombro Maestro y Caballero de la Orden, hoy y para el resto de los días de tu vida. R de Rigor, A de Amor, M de Misericordia; R de Regnum, A de Agnus, M de Mundi. Cuando toques tu espada, que nunca esté mucho tiempo en su vaina, porque se oxida. Pero cuando salga de su vaina, que nunca vuelva sin antes haber hecho algún bien, abierto un camino o bebido sangre de un enemigo.

El temblor disminuyó y por primera vez, desde que había llegado a aquel lugar helado, Paulo sintió alivio. En cuanto su mano tocara la espada que Jean había puesto en el suelo, por fin sería un mago. En ese momento alguien le dio un violento pisotón sobre los dedos de la mano derecha, que él acababa de acercar a la espada. Aunque después llegó a temer que tenía algún hueso fracturado, en ese instante el susto fue mayor que el dolor: levantó los ojos y vio que había sido el zapato de Jean el que había estado a punto de mutilarlo. Furioso, el francés recogió la espada del suelo, la puso de nuevo en su vaina y se la dio a Chris. Paulo se dio cuenta entonces de que la luz extraña había desaparecido y que Jean parecía concentrar la ira de todos los dioses:

—Si fueras más humilde habrías rechazado la espada. Si lo hubieras hecho te la entregaría, porque tu corazón sería puro. Pero como me temía, en el momento sublime resbalaste y caíste. Por culpa de tu avidez tendrás que caminar nuevamente en busca de tu espada. Y por culpa de tu soberbia y de tu fascinación por los prodigios, tendrás que luchar mucho para conseguir de nuevo aquello que tan generosamente te iba a ser entregado.

La ceremonia terminó melancólicamente. Solos en el coche, de regreso a Río de Janeiro, él y Chris permanecieron en silencio durante un largo rato, hasta que Paulo no resistió la curiosidad y preguntó:

—¿Qué va a pasar ahora conmigo? ¿Te ha dicho algo Jean?

Serena, su esposa lo tranquilizó, diciéndole que estaba segura de que iba a recuperar la espada y el título de Maestro, o mago. Chris recibió instrucciones precisas de Jean sobre dónde debía esconder la espada para que su marido intentase recuperarla. Más ansioso todavía, Paulo quiso saber qué lugar había escogido como escondrijo, pero ella no pudo responder con precisión:

—Eso no me lo explicó muy bien. Dijo que tenías que buscar en un mapa de España una antigua ruta medieval conocida como el Camino de Santiago.

23

PAULO RECORRE EL CAMINO DE SANTIAGO PERO SIGUE SIN SER FELIZ. TIENE QUE ESCRIBIR EL SOÑADO LIBRO

Al buscar información en agencias de viajes, Paulo descubrió que, aquel año de 1986, el interés por el llamado Camino de Santiago era casi nulo. Menos de cuatrocientos peregrinos se aventuraban anualmente a recorrer los inhóspitos setecientos kilómetros de la mística ruta entre la ciudad de Saint-Jean-Pied-de-Port, en el sur de Francia, y la catedral de la ciudad de Santiago de Compostela, que desde el primer milenio del cristianismo era recorrida por peregrinos en busca de la supuesta tumba del apóstol Santiago. El fenómeno español que en aquella época atraía a millones de turistas desde todas partes del mundo nada tenía de religioso, sino que se trataba de la *movida* madrileña. Salir a la movida significaba recorrer un vía crucis de bares, restaurantes, casas de espectáculos, teatros y cines, y no volver a casa hasta que el bolsillo o el cuerpo estuvieran fuera de combate. El que quería ejercitar su talento de músico, bailarín, malabarista o cantante podía hacerlo en las plazas públicas, pues el público no era el problema. «¡Madrid no duerme!», exclamaban las camisetas y las chapas. Había carteles que convocaban a la población con frases impactantes como «¡Madrid me mata!» y «¡Esta noche, todo el mundo a la calle!», que se convertían en eslóganes y gritos de guerra de la tribus que circulaban día y noche por la ciudad.

Para el que iba camino de una penitencia como Paulo Coelho, no podía haber escala más tentadora que la capital española y su movida. Sólo tenía que armarse de valor y embarcar. La frustración provocada por el episodio en el pico Agulhas Negras fue tal que ni siquiera celebró la realización de un viejo sueño: su cuenta bancaria había llegado al equivalente a 300.000 dólares (algo así como 550.000 dólares o 980.000 reales de 2008). Aun sin resultarle atractivo, poco a poco la rutina de Shogun fue asumida por Chris mientras que él se pasaba los días en casa, llenando páginas y páginas de diarios con los mismos lamentos de siempre:

> Hacía mucho tiempo que no me sentía tan indignado como me siento hoy. No por Jesús, sino por mi propia incompetencia para ser capaz de tener la fuerza de voluntad suficiente para realizar mis sueños.

Otra vez crisis de fe, sentía que le faltaban fuerzas, y a menudo afirmaba que tenía ganas de pasarse «al ateísmo total». Nunca perdió de vista el compromiso adquirido con Jean (hay en su diario varios registros del tipo «... será la peregrinación la que me ilumine y la que hará que me encuentre a mí mismo»), pero como parecía decidido a retrasar eternamente el viaje, Chris tuvo que tomar la iniciativa. Sin que su marido lo supiera, a finales de julio fue a una agencia de viajes, compró dos billetes y le anunció en casa el hecho consumado:

—Nos vamos a Madrid.

Él intentó aplazar una vez más la partida, alegando que la editorial no podía quedarse sin alguien al frente y que aquella historia de buscar una espada que Chris tenía que esconder en una carretera de setecientos kilómetros de largo le parecía que tampoco tenía mucho sentido:

—Puede que mi Maestro me haya impuesto una tarea imposible de cumplir.

Ella, sin embargo, estaba decidida:

—Hace siete meses que no haces nada. Es hora de que cumplas el compromiso que asumiste.

Y así, a principios de agosto de 1986, ambos desembarcaron en el aeropuerto de Barajas, donde los esperaba el escuálido esclavo Antônio Walter Sena Júnior, el mismo Toninho Buda que quería volar la cabeza del Cristo Redentor. Y fue con esa palabra, «esclavo», con la que Paulo empezó a referirse a él desde que, decidido a hacer el Camino de Santiago, contrató al ingeniero como ayudante. Sin haberse recuperado completamente de la frustración producida por el *Manual práctico de vampirismo*, Toninho estaba montando un restaurante macrobiótico en Juiz de Fora cuando recibió la propuesta (Paulo le dejó claro que no se trataba de una invitación para viajar juntos, sino de un contrato de trabajo). Al conocer, por teléfono, los detalles de la propuesta, Toninho inició un diálogo surrealista con su amigo (surrealista incluso por ser una esclavitud remunerada):

—¡Pero lo que me estás proponiendo es un trabajo de esclavo!

—Exacto: quiero saber si estás dispuesto a ser mi esclavo durante los dos meses que voy a pasar en España.

—Pero ¿qué voy a hacer yo allí? No tengo un duro, nunca he salido de Brasil, nunca me he subido a un avión.

—No te preocupes por el dinero. Te doy el billete y te pago un salario mensual de veintisiete mil pesetas.

—¿Cuánto es eso en dólares?

—Unos doscientos dólares. Un dineral, si tienes en cuenta que España es el país más barato de Europa. ¿De acuerdo?

A los treinta y seis años, soltero y sin compromiso, Toninho no veía razón para rechazarlo: después de todo, no todos los días te invitaban a ir a Europa, no importaba a hacer qué. Y si las cosas no salían bien, sólo tenía que coger el avión de vuelta. Pero al llegar a Río, con las maletas listas para el embarque, y leer el contrato de trabajo que había redactado Paulo, descubrió que las cosas no eran como pensaba. En primer lugar, mientras que la pareja Coelho iba a embarcar en un vuelo de Iberia con derecho a una noche de hotel, para ahorrar dinero, Paulo le había comprado un billete para volar con Líneas Aéreas Paraguayas (LAP), de mala fama. Además de viajar con una compañía que era una de las campeonas mundiales en inseguridad, tenía que embarcar en Asunción, en Paraguay, para volar a Madrid. Y como se trataba de un billete cerrado, lo cual abarataba aún más los costes, sólo podía usarse en las fechas establecidas, lo que significaba que, lloviera o hiciese sol, no podía volver a Brasil hasta principios de octubre, dos meses después. Amarilleado por el tiempo y perdido en el fondo de un baúl en Río de Janeiro, el contrato muestra lo draconianas que eran las condiciones impuestas por Paulo a su esclavo, aquí llamado «Tony»:

CONDICIONES

1. Si Tony duerme en mi habitación, no entrará hasta la hora misma de dormir, ya que estaré trabajando allí todo el día y la noche.

2. Tony recibirá una ayuda de doscientos dólares al mes, reembolsables al llegar a Río si quiere, pero no es obligatorio.

3. En el caso de que mi habitación o apartamento esté ocupado por otra persona, Tony dormirá por su cuenta en otro sitio.

4. Todos los programas que yo quiera hacer y desee que Tony me acompañe serán a mi cargo.

5. En el viaje con Chris, Tony no vendrá con nosotros, nos esperará en Madrid.

6. Tony ha sido bien advertido de lo siguiente:

6.1. que no se puede cambiar la fecha de regreso del billete;

6.2. que es ilegal trabajar allí;

6.3. que, salvo la ayuda mensual de doscientos dólares, tendrá que conseguir dinero por su cuenta;

6.4. que si cambia la fecha de regreso del billete, tendrá que pagar el equivalente a una tarifa normal (2.080 dólares) ya descontados los dólares pagados por el billete cerrado.

1 de agosto de 1986

ANTÔNIO WALTER SENA JÚNIOR   PAULO COELHO

Al leer aquella barbaridad, Toninho Buda llegó a pensar en volverse a Minas Gerais, pero el deseo de conocer Europa era mayor, y no le quedó más remedio que firmar las «Condiciones». Como los horarios de vuelo no coincidían, embarcó un día antes que Paulo y

Chris, en un viaje que empezó con el pie izquierdo: al desembarcar en el aeropuerto de Madrid, estuvo tres horas explicándoles a las autoridades, sin hablar ni una palabra de español, que pretendía pasar sesenta días en España con los cuatro billetes de diez dólares que llevaba en el bolsillo. Se vio sometido a la humillación de que lo desnudaran, lo interrogaran, pero por fin lo liberaron. Al día siguiente, 5 de agosto, un martes, estaba otra vez en el aeropuerto de Barajas esperando la llegada de su amo. Toninho se había instalado en la pensión de una viejecita ciega que odiaba Brasil («un país de mujeres desvergonzadas», refunfuñaba) y que cerraba la puerta a las once de la noche, a partir de esa hora, el que estuviera en la calle dormía en la calle. La única ventaja que ofrecía la pensión de doña Cristina Belarano eran las insignificantes seiscientas pesetas (siete dólares de 2008, o doce reales) que cobraba al día, incluido un modesto desayuno. Los recién llegados sólo durmieron la primera noche juntos en Madrid. Al día siguiente Chris alquiló un coche y se marchó a esconder la espada de su marido en el lugar indicado por Jean.

Hacía un calor sofocante en la capital española aquel 7 de agosto de 1986, cuando Paulo dejó la ciudad en un coche alquilado. Condujo casi cuatrocientos cincuenta kilómetros en dirección norte, cruzó la frontera con Francia y devolvió el coche en una sucursal de la empresa de alquiler en la ciudad de Pau, donde durmió dos noches. El domingo por la mañana, día 10, cogió un tren hasta los Pirineos y allí hizo la que sería su última anotación en el diario antes de volver de la peregrinación:

11.57 horas, Saint-Jean-Pied-de-Port
Fiesta en la ciudad. Una música vasca a lo lejos.

Debajo, en la misma página le pusieron un sello en el que se puede leer una inscripción en latín, «St. Joannes Pedis Portus», con una anotación al lado, manuscrita en francés y firmada por alguien llamado «J.», y cuyo apellido era algo parecido a «Relul» o «Ellul»:

Saint-Jean-Pied-de-Port
Basse-Navarre
10 de agosto de 1986
J. ....

¿Esa J. inicial era de Jean, el de Amsterdam y Agulhas Negras? Como suele ocurrir cada vez que alguien intenta sobrepasar con muchas preguntas la frontera de su mundo místico, Paulo Coelho ni lo confirma ni lo desmiente. Todos los indicios apuntan hacia Jean como la persona que estaba en Saint-Jean-Pied-de-Port (representando a la orden religiosa de RAM, probablemente) para asegurarse, de pleno derecho, de que el discípulo estaba iniciando el cumplimiento de la ordalía que le había sido impuesta. La peregrinación no terminaría hasta llegar a la ciudad española de O Cebreiro, donde encontró la espada e interrumpió la caminata. Durante muchos años, un taxista llamado Pedro, residente en la pequeña ciudad de Roncesvalles, a medio camino entre Pamplona y Saint-Jean-Pied-de-Port, le contó a quien quisiera escuchar que el escritor, ya famoso en todo el mundo, en verdad había hecho el trayecto acomodado en el asiento trasero de su confortable Citroën equipado con aire acondicionado. La intriga duró quince años, hasta que en 2001 la red nipona de televisión NHK decidió producir el documental *Viaje al mundo del Alquimista* sobre la vida de Paulo Coelho. En el capítulo que trataba del Camino de Santiago, los japoneses instalaron sus cámaras en Roncesvalles y le tendieron una trampa al taxista, que confirmó con detalles cómo habría sido la cómoda travesía hecha en agosto de 1986. Antes de que las cámaras se apagaran, los periodistas invitaron a Paulo a acercarse y ponerse delante del taxista, a quien el entrevistador le preguntó:

—¿Conoce a este hombre?

Pedro lo miró de arriba abajo y respondió con indiferencia:

—No tengo la menor idea, no, nunca lo había visto antes.

Revelada la identidad del sujeto de cabeza afeitada y coleta en la nuca, el taxista parecía desolado ante las cámaras, casi lloraba al explicar que todo se trataba de una estrategia de markcting para aumentar la facturación:

<u>COMBINAÇÕES</u>

1 - Se Tony for dormir no meu quarto, só irá na hora própria
de dormir, já que estarei trabalhando lá durante o dia e a
noite;

2 - Tony receberá uma ajuda de custo de U$ 200 por mes, re-
embolsáveis quando ele chegar no Rio se o mesmo quiser, mas
sem obrigatoriedade;

3 - No caso do meu quarto ou apartamento estiver ocupado
com outro(a) babitante, Tony dormirá por sua própria conta
em outro lugar;

4 - Todos os programas que eu quiser fazer e desejar que Tony
acompanhe, serão por minha conta;

5 - A viagem com Chris não terá a companhia de Tony, que esperará em Madrid;

6 - Tony foi bem avisado dos seguintes itens:

 6.1 - Que a passagem aérea não pode desmarcar data de volta;

 6.2 - Que é ilegal trabalhar;

 6.3 - Que, exceto a ajuda mensal de U$ 200, terá que arranjar
dinheiro por sua própria conta;

 6.4 - Que, se desmarcar a passagem de volta, terá que pagar
o correspoddente a uma tarifa normal (U$ 2.080), descontados
os U$ que pagou pela passagem ponto-a-ponto;

01 Agosto 1986

El contrato de trabajo esclavista, pero remunerado, que
Paulo firmó con Toninho Buda para la temporada española.

−No quería hacer daño a nadie, mucho menos al señor Coelho. Como a los peregrinos les gusta escuchar historias del Camino, me inventé ésa al darme cuenta de que todo el mundo prefería viajar con el mismo chófer que llevó a Paulo Coelho.

El episodio animó a Paulo a incluir, en el prefacio de las ediciones siguientes de *El Peregrino*, un pequeño texto en el que libera al lector para que crea la versión que prefiera, alimentando todavía más el misterio sobre el viaje:

> He oído todo tipo de comentarios respecto a mi peregrinación; desde que la hice en taxi (¡imagina el precio!) hasta que obtuve la ayuda secreta de algunas sociedades iniciáticas (¡menuda confusión!).
>
> Los lectores no tienen que tener la certeza de si realmente hice la peregrinación o no: de ese modo, buscarán su experiencia personal, y no lo que yo viví (¿o no?).
>
> Sólo hice la peregrinación una vez, y aun así, no la hice entera. Terminé en O Cebreiro y cogí un autobús hasta Santiago de Compostela. Muchas veces pienso en esta ironía: el texto más conocido sobre el Camino, al final del milenio, fue escrito por alguien que nunca lo hizo hasta el final.

La localización de la espada −momento más importante y misterioso de todo el viaje y que no se revela hasta el final del libro− sucedió al acercarse a la ciudad de O Cebreiro, cuando todavía faltaban 150 kilómetros para llegar a Santiago. Allí Paulo se encontró con un cordero tullido al borde de la carretera. Movido por algún tipo de intuición, se puso a seguir al animal, que se internó en el bosque hasta un punto en el que podía ver luces en el interior de una vieja capilla erigida al lado de un pequeño cementerio, en la entrada de la ciudad, como él relata en el libro:

> *La capilla estaba llena de luz cuando llegué a su puerta. [...] El cordero se esfumó por entre los bancos. Delante del altar, sonriendo −tal vez un poco aliviado−, estaba el Maestre. Con mi espada en la mano. Me detuve y él se aproximó, pasando de largo por mi lado y saliendo al*

exterior. Lo seguí. Delante de la capilla, mirando el cielo oscuro, desen-
vainó mi espada y me pidió que la tomara por el puño junto con él. Diri-
gió la hoja hacia arriba y recitó el Salmo sagrado de aquellos que viajan
y luchan para vencer:

> *Caigan mil a tu lado y diez mil a tu derecha,*
> *tú no serás alcanzado.*
> *Ningún mal te ocurrirá, ninguna plaga llegará a tu tienda;*
> *pues a sus Ángeles dará órdenes a tu respecto,*
> *para que te guarden en todos tus Caminos.*
> *Entonces me arrodillé y él tocó mis hombros con la hoja mientras*
decía:
> *Pisarás el león y el áspid. Calzarás en los pies el leoncito y el dragón.*

Paulo cuenta que, justo en el momento en que Jean terminó de hablar, cayó un pesado aguacero de verano en el lugar. «Intenté buscar con la vista al cordero, pero había desaparecido —escribió—, sin embargo, no tenía la menor importancia: el agua viva bajaba del cielo y hacía que la hoja de mi espada brillara.» A juzgar por la recompensa que el peregrino se dio después, el esfuerzo para encontrar la espada debió de ser sobrehumano.

Como un crío que festeja de alguna forma su renacimiento, Paulo se entregó en cuerpo y alma a la movida madrileña. Cambió el hotel en el que se había hospedado la noche que llegó por un agradable piso amueblado en el elegante barrio Alonso Martínez y se unió a la fiesta que arrebataba España. Hasta principios de octubre siguió contando con el trabajo de Toninho Buda —a quien en el diario se refería como el «esclavo» o sólo el «esc.»—, pero en seguida se dio cuenta de que había contratado al siervo equivocado. Mientras que Paulo se había convertido en un sibarita dispuesto a aprovechar hasta la última gota de vida bohemia, Toninho resultó ser un vegetariano radical que sólo se alimentaba con minúsculas porciones de comida macrobiótica y no bebía nada que llevara alcohol. Su rechazo a probar un trago de vino de Rioja indignó a Paulo:

—Prueba, esclavo. No hay mejor vino que éste, pero se ve que no tienes sensibilidad...

No bebía, no comía carne y tampoco podía salir de noche con su jefe, ya que tenía que volver a la pensión de doña Cristina a las once de la noche, hora en la que la movida empezaba a hervir. Y, con frecuencia, cada vez mayor, se quejaba de que el salario no le llegaba para sobrevivir. En una de esas ocasiones tuvieron una agria discusión, después de una queja más de Toninho Buda:

—Paulo, el dinero no me llega ni para comer.

—Creo que deberías releer nuestro contrato. Allí pone que si no te llega el presupuesto tienes que conseguir dinero por tu cuenta.

—¡Joder, Paulo, pero en nuestro contrato también pone que un extranjero no puede trabajar en España!

—Mira, esclavo, eso es una tontería. Todo el mundo se busca la vida. ¡No estás inválido, así que búscate la vida!

Fue lo que tuvo que hacer. Cuando se gastaba lo último que le quedaba, recurría a su vieja guitarra que había llevado desde Brasil: escogía una estación de metro concurrida, se sentaba en el suelo y comenzaba a canturrear canciones brasileñas al son de su instrumento. A su lado, una gorra boca arriba esperaba las monedas y los escasos billetes que echaban los transeúntes. Toninho nunca podía permanecer mucho tiempo en el mismo punto porque los vigilantes lo echaban junto a los demás mendigos, pero una hora cantando solía reportarle entre ochocientas y mil pesetas (nueve y once dólares de 2008, o entre dieciséis y diecinueve reales), suficiente para pagar un plato de comida y el precio de la pensión. Otra salida para conseguir más dinero era valerse de sus rudimentarios conocimientos sobre masajes asiáticos para dedicarse clandestinamente a una actividad que no le exigía saber castellano, ni ninguna otra lengua: masajista, en su caso «especializado en el método shiatsu». Pensó en poner un anuncio clasificado en uno de los periódicos de Madrid, pero el precio era prohibitivo. Con la ayuda de un amigo, consiguió que una alma generosa le imprimiera un fajo de tarjetas en las que se ofrecía para realizar «masajes terapéuticos a domicilio para el insomnio, el cansancio o la tensión». El día que las tarjetas

En Saint-Jean-Pied-de-Port, kilómetro cero del
Camino de Santiago, un misterio: ¿el «J. Relul»
que firma el diario de Paulo será Jean, el Maestro?

estuvieron listas, pegó un ejemplar en el cuaderno diario y escribió sobre él:

Jueves, 25 de septiembre de 1986

Me desperté tarde pero fui a correr al parque del Retiro. Al volver tuve diarrea y me quedé sin fuerzas. Paulo me llamó y le dije que iba a necesitar un milagro para conseguir retenerme aquí... Hice la tarjeta de masajista para dejar en locales estratégicos de Madrid, pero ¡soy yo el que necesita un masaje! Tengo que recuperarme. La tensión está acabando conmigo...

Ajeno a los padecimientos de su «esclavo» (que volvería a Brasil a principios de octubre sin despedirse), Paulo sólo quería saber de fiesta. Comía y cenaba en buenos restaurantes, iba mucho al cine y a museos, y acabó entregándose a dos nuevas pasiones: las corridas de toros y las máquinas del millón. Normalmente no dejaba de jugar hasta que batía el récord del jugador anterior. Con el paso del tiempo se aficionaría tanto a las corridas de toros que era capaz de viajar horas en tren para ver a un determinado torero, o toro. Si no había corridas, se pasaba las tardes de pie en garitos llenos de adolescentes, con las manos y los ojos pegados a la pantalla iluminada del *pinball*. Cuando ya no se le ocurría nada más, se matriculó en un curso para aprender a tocar las castañuelas. Sin embargo, no tuvo que pasar mucho tiempo para que el péndulo euforia-depresión volviera a atormentar su alma. Tenía trescientos mil dólares en el banco y cinco apartamentos que le proporcionaban ingresos regulares, estaba bien casado y acababa de recibir su espada de Maestro, o de Mago (siempre con las iniciales mayúsculas, como él lo escribe), pero seguía sin ser feliz. A pesar de la agitada vida que llevaba, tuvo tiempo, entre septiembre y enero, cuando volvió a Brasil, de llenar más de quinientas páginas de su diario. En la mayoría de ellas, por supuesto, repetía por enésima vez la misma cantinela que venía registrando desde hacía veinte años y que se había convertido en un mantra lloroso: «Voy a cumplir cuarenta años y todavía no soy un escritor consagrado.»

A finales de octubre, Chris apareció en Madrid para una visita de pocas semanas y echó todavía más sal en sus heridas. Un día en el que su marido exaltaba la capacidad de producción del pintor español Pablo Picasso, ella aprovechó para abrir el juego: «Mira, Paulo, tienes tanto talento como él. Pero desde que te conozco, hace seis años, no has producido nada. Te he dado y te voy a seguir dando todo el apoyo que necesites. Pero tienes que marcarte un objetivo concreto y perseguirlo con tenacidad. Sólo así podrás llegar a donde quieras.»

Cuando Chris volvió a Brasil, a principios de diciembre, su cabeza estaba peor que antes. Vivía lamentándose de que había perdido la capacidad para contar «incluso historias de mí mismo o de mi vida». Pensaba que el diario empezaba a ser «aburrido, mediocre y banal», pero al final reconocía que la responsabilidad era suya: «Ni siquiera he escrito en él sobre el Camino de Santiago.» Ayudándose de dosis regulares de Somalium, en los momentos en los que la depresión lo azotaba, Paulo amenazaba con rendirse:

A veces pienso en el fondo de mi alma en suicidarme por el miedo a las cosas, pero tengo fe en Dios en que nunca lo haré. Sería cambiar el miedo por un miedo mayor. Tengo que apartar esa idea de que escribir un libro sería algo importante que hacer en Madrid. Puede que sea capaz de dictarle un libro a alguien.

A mediados de diciembre, Chris lo llamó para decirle que ya no soportaba más trabajar con su suegro, en Shogun: «Paulo, tu padre es una persona difícil. Necesito que vengas ya.» Ingeniero a la antigua usanza, Pedro Queima Coelho no estaba de acuerdo con los gastos que la editorial hacía en propaganda, y eso acabó provocando roces entre él y su nuera. La llamada era un ultimátum para que empezara la cuenta atrás y se preparara para volver, con o sin el libro escrito. Esta última responsabilidad, al menos, Paulo se la había transferido a Dios, al implorarle en el diario al Creador que le diera alguna señal cuando llegara la hora de empezar a escribir. Días después, un martes en el que Madrid amaneció helado, salió temprano a caminar por el parque del Retiro. Al volver a casa, se fue directamente al diario:

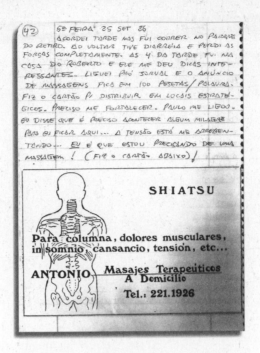

Peripecias del ingeniero Toninho Buda:
arriba, en el diario, cuenta que tuvo que hacerse
masajista para sobrevivir en Madrid.
Abajo, después de volver a Brasil, como doble
de Raul Seixas.

Malamente había empezado el paseo cuando vi la señal específica que le había pedido a Dios: una pluma de paloma. Ha llegado el momento de dedicarme a ese libro con todas mis fuerzas.

En las biografías y páginas oficiales de *El Peregrino de Compostela* se dice que lo escribió en el carnaval de 1987, pero hay claros indicios en el diario del autor de que las primeras líneas del libro surgieron cuando todavía estaba en España, pues un día, después de recibir lo que él cree que fue una señal divina, se puso a trabajar en el libro, consciente de que estaba ante algo muy importante:

15/12. No puedo escribir este libro como si fuera un libro cualquiera. No puedo escribir este libro para pasar el tiempo, o para justificar mi vida y/o mi ocio. Tengo que escribir este libro como si fuera lo más importante de mi vida. Porque este libro es el comienzo de algo muy importante. Es el comienzo de mi trabajo de adoctrinamiento en RAM y es a él al que me tengo que dedicar de aquí en adelante.

18/12. He estado escribiendo durante hora y media. El texto me ha salido fácilmente, pero falta mucho. Me ha parecido muy inverosímil, muy al estilo de Castañeda. La primera persona me preocupa. Otra alternativa sería un diario. Puede que intente eso mañana. Creo que la primera escena está bien, de modo que permite hacer variaciones sobre el tema hasta encontrar la manera correcta.

Aparentemente, el milagro se estaba procesando. Se acercaba el momento de volver a Río, pero un año alocado como ése no podía terminar sin sorpresas adicionales. El día 31 de diciembre fue a buscarlo su amiga Norma Jacobs —una señora que trabajaba en la embajada de Brasil, ayudaba a promover artistas brasileños en Europa y era conocida como la *Gorda roquera brasileña*— con una propuesta inusitada: sustituir a uno de los percusionistas de un grupo carioca de samba y mulatas que iba a tocar en la fiesta de fin de año de una importante familia madrileña al que le había atacado una gripe muy fuerte. Él intentó escabullirse, pero no quería herir a Norma, a la que le debía muchos favores. Una vez que estaba todo preparado, la Gorda le hizo una advertencia final al grupo: no soltar tacos durante la fiesta, porque el dueño de la casa era un alto dirigente del Opus Dei. Hasta minutos antes de llegar al caserón lleno de mujeres de vestido largo y hombres de esmoquin, Paulo no se enteró de que todo el grupo −él incluido− tenía que trabajar vestido con la camiseta de uno de los más populares equipos de fútbol de Brasil, el Flamengo. La batucada sonó alegremente, con las mulatas meneándose ante la mirada atónita del pío público y, poco después del cambio de año, ya estaban todos guardando los instrumentos. Paulo se dirigió al dueño de la casa para que le pagara. Sin la menor ceremonia, el hombre fue de una franqueza desconcertante:

−No me ha gustado, así que no voy a pagar.

Paulo no parecía preocupado por eso reaccionó con el dedo en ristre y elevando el tono de voz a propósito para que todos se enteraran de que no querían pagarles:

−¿No le ha gustado? ¡Problema suyo! Yo quiero mi dinero y no me voy de aquí sin él!

La prudencia parecía ser una de las peregrinas virtudes del hombre que había contratado el espectáculo. Al ver que Paulo no estaba de broma, sacó un fajo de billetes del bolsillo y se lo dio a Norma para que les pagase a aquellos salvajes (siempre que lo hiciera fuera de su casa):

−Aquí está el dinero. Ahora váyanse, por favor, porque tengo que atender a mis invitados.

Paulo salió de allí feliz por no haberse acobardado ante el santurrón. Dio los primeros pasos de 1987 en medio de los cientos de miles de personas que se emborrachaban por las calles de Madrid festejando el fin de año. Entró en la primera sala de juegos que encontró abierta, pidió un sándwich de jamón y queso, una cerveza negra y metió una moneda en la máquina, que proyectaba en su cara la luz multicolor producida por el choque de las esferas de acero que subían y bajaban. Minutos después de empezar a jugar, batió su propio récord. No podía haber mejor señal de que el año 1987 empezaba bien.

24

¡DIOS MÍO! ¿POR QUÉ NO
ME LLAMA UN PERIODISTA PARA DECIRME QUE
LE HA GUSTADO MI LIBRO?

La primera medida de Paulo al volver a Brasil fue convencer a su padre de que dejara Shogun para que Chris pudiera trabajar en paz, lo que acabaría sucediendo sin resentimientos. En su ausencia, ella no sólo se había hecho cargo de la editorial con gran competencia, sino que había intentado exportar el éxito de los concursos de poesía más allá de las fronteras de Río de Janeiro creando antologías regionales. En el segundo semestre de 1986, Shogun convocó el concurso que redundaría en la *I Antologia de poetas paraenses*, pero como sólo se presentaron 44 concursantes (en Río seguían siendo cientos), la experiencia murió en su primera edición. La seguridad de que Chris se ocupaba de la empresa tan bien o incluso mejor que él era un estímulo más para que Paulo se dedicase plenamente al libro. El escritor, sin embargo, aún tenía dudas, muchas dudas: ¿debía realmente escribir un libro relatando su peregrinación? ¿No se convertiría en un libro más sobre el tema? ¿Por qué no desistir de la idea y cambiar de idea, o escribir un *Tratado de magia práctica*? Y el libro, fuera cual fuese el tema, ¿tenía que publicarlo Shogun o dárselo a Eco, como había hecho con el *Manual práctico de vampirismo*?

Esas inseguridades le duraron hasta el 3 de marzo de 1987, un martes de carnaval. Ese día Paulo se sentó delante de la Olivetti eléctrica decidido a no salir de allí hasta no ponerle el punto final a la última página de *El Peregrino de Compostela (Diario de un mago)*. Trabajó frenéticamente durante veintiún días, período en el que no puso un pie fuera de casa, levantándose de la silla sólo para comer, dormir e ir al baño. Cuando Chris llegó para cenar, el día 24, su marido tenía delante de él un mazo de doscientas páginas listo para ser enviado a la imprenta. La idea de que lo editara Shogun seguía rondando su cabeza, e incluso llegó a publicar pequeños anuncios clasificados en el suplemento *Idéias*, que acompañaba la edición del *Jornal do Brasil* los sábados, en los que sólo hacía una escueta alusión: «¡Ya llega! *El Peregrino de Compostela (Diario de un mago)*, editorial Shogun.»

El que lo disuadió una vez más de la idea de ser a la vez autor y editor fue el periodista Nelson Liano Júnior, que le aconsejó llamar de nuevo a la puerta de Ernesto Mandarino. En este caso, «llamar a la puerta» era una expresión literal, pues la modesta sala en la que funcionaba la editorial Eco, en el centro de la ciudad, sólo tenía una puerta, que daba directamente a la calle. Mandarino guardaba el stock en un almacén en la acera de enfrente. Paulo reflexionó durante algunos días y a mediados de abril firmó el contrato de la primera edición de *El Peregrino de Compostela* (lo que se haría en la barra de un bar que había al lado de la editorial, en la calle Marquês de Pombal). El documento contiene algunas curiosidades. La primera es que, en vez de valer por cinco o siete años, como es habitual, Paulo exigió que el contrato se renovase para cada edición (la primera fue de tres mil ejemplares). Al contrario que la exigencia que presentó en el caso del *Manual práctico de vampirismo* —en el que exigía pagos mensuales en vez de trimestrales—, esta vez aceptó lo que le propusieron, aunque la inflación brasileña llegaba casi al 1 por ciento al día. La otra es que al final del contrato el autor añadió una cláusula aparentemente sin sentido que, no obstante, resultaría ser profética:

Tras la venta de los primeros mil ejemplares, la editorial se hará cargo de los costes de traducción del libro al español y al inglés.

Si entre sus dones estuviera la capacidad de prever el futuro, Paulo podría aprovechar la situación y hacer a costa de Mandarino, además del inglés y del español, las traducciones a los 44 idiomas a los que *El Peregrino de Compostela (Diario de un mago)* estaría traducido veinte años después, entre ellos, el albanés, el estonio, el parsi, el hebreo, el hindú, el malayo y el maratí. Aunque fueron muy lentas al principio, las ventas del libro pronto fueron superiores a las de todos los demás títulos de Eco. Años después, retirado y viviendo en la ciudad de Petrópolis, a setenta kilómetros de Río de Janeiro, Ernesto Mandarino recordaría que parte de ese éxito se debió a una virtud de Paulo que pocos escritores suelen tener: empeño en la difusión del libro.

—Los autores dejaban los originales en la editorial y no hacían nada para divulgar sus obras. Paulo no sólo aparecía en la prensa escrita, hablada y televisada, sino que daba conferencias sobre el libro allí donde lo llamaran.

Por recomendación de su amigo periodista Joaquim Ferreira dos Santos, Paulo tomó una iniciativa rara incluso entre escritores consagrados: contrató, pagando de su propio bolsillo, a la periodista Andréa Cals, de veinte años y natural de Pará, exclusivamente para divulgar el libro en los medios. El salario era modesto (ocho mil cruzados mensuales, el equivalente en 2008 a cuatrocientos dólares, o setecientos reales), pero el escritor la incentivaba con bonificaciones tentadoras. Si el libro vendía veinte mil ejemplares hasta finales de 1987, Andréa ganaba un billete de avión Río-Miami-Río. Como el contrato preveía también la divulgación de la exposición de cuadros de Chris titulada «Tarô», si las veintidós obras expuestas se vendían hasta el cierre de la muestra, la periodista también se embolsaba un premio de cinco mil cruzados. Además, Paulo y Chris realizaban un trabajo paralelo de divulgación, imprimiendo pequeños panfletos de propaganda del libro que ellos mismos se encargaban de distribuir todas las noches en las filas de los cines, teatros y casas de espectáculos, entregándolos en mano.

Todos esos esfuerzos no eran más que un intento de compensar la resistencia de los grandes medios a abrir un espacio para un tema tan específico como el de *El Peregrino*, algo que sólo parecía interesar a la cada vez más escasa prensa *underground*. Andréa recuerda haber intentado, en vano, que apareciera una mención del libro en forma de *merchandising* en la novela *Mandala*, entonces promocionada por Globo, y cuya temática tenía alguna semejanza con el contenido del libro. También sería fruto del trabajo de ella la primera noticia en un gran medio hablando de la existencia de *El Peregrino de Compostela*. Se trataba de una breve nota en la sección «Nombres» de la *Revista de Domingo*, del *Jornal do Brasil*, que su repercusión terminaría allí mismo. A su lado aparecía el escritor, por sugerencia de Joaquim, con una capa negra y empuñando una espada. Aunque era pequeña, la noticia no escaparía a la atención de la producción del programa de entrevistas «Sem Censura», retransmitido en directo todas las tardes en la red nacional en TV Educativa, a la que Paulo fue invitado.

Tras una pregunta de la presentadora Lúcia Leme, y ante millones de espectadores, Paulo reveló por primera vez en público el secreto que hasta entonces era privilegio de pocos amigos y del diario: sí, él era un mago, y entre sus poderes estaba el de hacer llover, si lo deseaba. La estrategia funcionó. La reportera Regina Guerra, del periódico *O Globo*, vio el programa y le sugirió a su jefe un reportaje con el nuevo personaje de la escena cultural carioca: el escritor que hacía llover. El jefe creía que todo aquello era un absoluta tontería, pero ante la insistencia de la joven, le permitió realizar el trabajo. El resultado fue que el día 3 de agosto el suplemento cultural del periódico le dedicaba toda su primera página a Paulo Coelho, bautizado en un título de ocho columnas como «El Castañeda de Copacabana». En una secuencia de fotos aparece entre el follaje del jardín de su casa con la misma capa negra, la espada en la mano y unas gafas oscuras. El texto que antecede a la entrevista parecía haber sido encargado para alguien que decía tener poderes sobrenaturales:

Las paredes gruesas del edificio antiguo hacen que el apartamento sea silencioso, a pesar de estar en uno de los puntos más ruidosos de la ciudad: Copacabana, Posto Quatro. Una de las habitaciones hace de des-

pacho y se abre a un bosque en miniatura: arbustos, trepadoras y hele-
chos se enmarañan en la terraza. A la primera pregunta («¿Es usted un
mago?») Paulo Coelho, que está lanzando *El Peregrino de Compostela
(Diario de un mago)*, su quinto libro, responde con otra pregunta:

—¿Hace viento?

Una mirada al follaje compacto basta para negar con la cabeza y
murmurar un «no» casual, cuyo tono indica la poca importancia de la
presencia de corrientes de aire para la entrevista.

—Entonces, mira hacia allí. —Él permanece como estaba, sentado en
una almohada, recostado en otra, sin hacer nada.

Primero, la punta de la hoja más alta de la palmerita empieza a moverse ligeramente. Al momento siguiente, toda la planta se dobla, al igual
que toda la vegetación que la rodea. Tintinean los hilos de la cortina de
bambú del pasillo, vuelan las páginas de anotaciones de la reportera.
Después de uno o dos minutos, cesa la ventisca tan de repente como empezó. Quedan algunas hojas secas en la moqueta y una duda: ¿ha sido
una coincidencia o es de verdad un mago que sabe llamar al viento? Hay
que verlo para creerlo.

Además de *O Globo*, el autor «manda-lluvia» sólo consiguió algún espacio más en *Pasquim* y en la revista *Manchete*. Siempre simpático y receptivo a los periodistas, posaba en postura de yoga, se dejaba fotografiar detrás de tubos de ensayo humeantes, se ponía y se
quitaba la capa y la espada, a gusto del cliente. Se empezaban a romper las barreras. Su número de teléfono poco a poco se incorporaba a
las agendas de los columnistas sociales —entre los cuales estaba su
amiga Hildegard Angel—, y con frecuencia se podían leer pequeñas
notas en las que se daba cuenta de que lo habían visto cenando en
determinado restaurante o saliendo de tal teatro. Por primera vez,
Paulo sentía de frente el aliento de la fama, algo que nunca había experimentado ni siquiera en el auge de su éxito como músico, pues en
aquella época la estrella, la cara visible de la pareja, era Raul Seixas.
Esa superexposición pronto repercutiría en las ventas del libro, pero
El Peregrino todavía parecía estar lejos de convertirse en un bestseller.

Para intentar capitalizar lo que él mismo llamó «amago de fama», Paulo y la astróloga Cláudia Castelo Branco, que escribió el prefacio de *El Peregrino*, se asociaron a la empresa especializada Itatiaia Turismo para organizar un paquete turístico-espiritual bautizado como «Los Tres Caminos Sagrados», que serían el cristianismo, el judaísmo y el islamismo. Los interesados serían guiados por Paulo y por Cláudia en un viaje que empezaría en Madrid y, antes de terminar en Santiago de Compostela, recorrería un extenuante camino pasando por Egipto (El Cairo y Luxor), Israel (Jerusalén y Tel-Aviv), Francia (Lourdes) y de nuevo España (Pamplona, Logroño, Burgos, León, Ponferrada y Lugo). No se sabe si fue el pésimo anuncio publicado en los periódicos (que no informaba ni sobre cuánto tiempo duraba la excursión), o el elevado precio del paquete (2.800 dólares, el equivalente a 5.000 dólares de 2008, u 8.000 reales), pero lo cierto es que no hubo nadie interesado. Aun sin obtener resultados, habían invertido tiempo y trabajo en el proyecto, y para remunerarlos, la agencia les vendió, a mitad de precio, una excursión a Oriente Medio, uno de los lugares sugeridos en el fracasado paquete turístico-espiritual.

Acompañados por Paula, madre de Chris, Paulo y Cláudia embarcaron el día 26 de septiembre, pero en cuanto llegaron a El Cairo él decidió separarse del grupo y seguir sólo con su suegra. Al segundo día en la capital egipcia, contrató a un guía llamado Hassan y le pidió que lo llevara al barrio de Moqattam, al suroeste de la ciudad, para visitar el monasterio copto de San Simón Zapatero. Desde allí cruzaron la ciudad en taxi y ya estaba anocheciendo cuando, después de cruzar un enorme barrio de chabolas, pusieron los pies en las primeras franjas de arena del mayor desierto del planeta, el Sahara, a pocos cientos de metros de la Esfinge y de las célebres pirámides de Keops, Kefrén y Micerinos. Cambiaron el taxi por dos caballos (Paulo temía perder el equilibrio en el lomo de un camello, el otro medio de transporte disponible a partir de allí) y continuaron rumbo a las pirámides. Cuando ya estaban cerca de los monumentos de piedra, Paulo prefirió seguir a pie por la arena, mientras Hassan cuidaba de los caballos y leía el Corán. Cerca de uno de los monumentos iluminados,

Para promocionar su libro, Paulo posa con capa y espada para los periódicos. Según la prensa, era «el Castañeda de Copacabana».

Paulo afirma haber visto, en medio del desierto, a una mujer con chador y un cántaro de barro al hombro. Se trataba, según él, de algo muy diferente de lo que le había sucedido en Dachau. «Una visión es algo que ves, y la aparición es algo casi físico –explicó–. Lo que sucedió en El Cairo fue una aparición.» Incluso estando habituado a fenómenos de esa naturaleza, le extrañó lo que vio. Observó el arenal sin fin que lo rodeaba, aquella noche bañado por la luz de la luna llena, y no vio a nadie salvo a Hassan, que seguía recitando versos sagrados. Al acercarse a Paulo, el bulto desapareció tan misteriosamente como había surgido, pero le dejó una impresión tan fuerte que, meses después, fue capaz de reconstruir la aparición con detalle al escribir su segundo libro.

De regreso a Brasil, semanas después, tuvo, dentro del avión, la primera gran noticia de su carrera. Al recibir de la azafata de Varig un ejemplar de *O Globo* del sábado anterior, dobló el periódico sobre las rodillas, cerró los ojos, se concentró y entonces lo abrió, directamente en el suplemento cultural: allí estaba *El Peregrino de Compostela* en la lista de los más vendidos de la semana. Hasta finales de año firmó contratos para cinco nuevas tiradas del libro, cuyas ventas superarían los doce mil ejemplares. El éxito lo animó a inscribir *El Peregrino* en el Premio Instituto Nacional del Libro para novelas ya publicadas, promovido por el Ministerio de Educación, cuyo jurado ese año se reunía en Vitória, capital de Espírito Santo. Los jurados eran el poeta carioca Ivan Junqueira, de quien, años después, Paulo sería colega en la Academia Brasileña de las Letras; el escritor de Espírito Santo Roberto Almada, y el periodista de Minas Gerais Carlos Herculano Lopes. Al final, la elección recayó sobre el libro *El largo tiempo de Eduardo da Cunha Júnior*, del portugués Cunha de Leiradella, entonces residente en Brasil. Sin llegar a estar entre los finalistas, *El Peregrino de Compostela* sólo obtuvo el voto de Junqueira. «El libro era algo inédito entre nosotros, un relato muy sugerente porque mezclaba realidad con fantasía –recuerda el académico–. A mí, personalmente, me interesó en la medida en que me gusta mucho la literatura de viajes y también ese tipo de relato, medio encantado.»

Después de la divulgación del resultado, Paulo sufriría otra decepción. La revista *Veja* publicó un largo reportaje sobre el *boom* de los libros esotéricos en Brasil y simplemente ignoró *El Peregrino*. El golpe fue tan grande que Paulo pensó una vez más en abandonar la carrera de escritor. «Hoy he pensado seriamente en dejarlo todo y retirarme», anotó en el diario. Semanas después, sin embargo, parecía rehecho de las dos derrotas y recurría al *I Ching* pensando en un nuevo libro. Escribió en el diario la pregunta: «¿Qué tengo que hacer para que mi nuevo libro venda cien mil ejemplares?», lanzó las tres monedas sobre la mesa y se le abrieron unos ojos como platos al ver el resultado. En general vago y metafórico en sus respuestas, el oráculo chino fue, según Paulo, sorprendentemente claro: «El gran hombre promueve buena fortuna.»

La buena fortuna —el nuevo libro— estaba lista en su cabeza. La siguiente obra de Paulo Coelho estaría basada en una fábula persa que también inspiró a Borges, en el cuento *Historia de los dos que soñaron*, publicado en 1935 en *Historia universal de la infamia*. Es el relato de Santiago, un pastor que, después de soñar repetidas veces con un tesoro escondido junto a las pirámides de Egipto, decide dejar su aldea natal e ir en busca de aquello que el autor llama «leyenda personal». En el viaje a Egipto, Santiago conoce a varios personajes, entre ellos a un alquimista, y de cada encuentro aprende una nueva lección. Al final de la peregrinación descubre que el objeto de su búsqueda estaba exactamente en la aldea que había dejado. El título ya estaba también decidido: *El Alquimista*. No deja de ser curioso que el libro que se convertiría en uno de los más vendidos de todos los tiempos —al final de la primera década del siglo XXI, *El Alquimista* había vendido más de treinta y cinco millones de ejemplares— fuera concebido originalmente para ser una comedia teatral que uniría a Shakespeare con el humorista brasileño Chico Anysio, tal como el autor lo registró en su diario en enero de 1987:

Menescal y [el actor] Perry [Salles] me llaman para pedirme que haga un espectáculo de un hombre solo en el escenario. Por casualidad

Junto al guía en las pirámides de Egipto, Paulo busca la inspiración que alimentaría futuros libros suyos.

yo estaba viendo *Acorralado* [Steven Spielberg, 1971], una película de un hombre solo.

Surgió una idea: un gran laboratorio donde un viejo hombre, un alquimista, está buscando la piedra filosofal, la sabiduría. Quiere saber exactamente lo que un hombre puede conseguir con la inspiración. El alquimista (puede que sea un buen título) declamaría textos de Shakespeare y de Chico Anysio. Interpretaría música y dialogaría consigo mismo, representando a más de un personaje. Puede ser un alquimista o un vampiro. Sé por experiencia propia que los vampiros excitan mucho la imaginación humana, y hace tiempo que no veo nada de terror con humor en un escenario.

Pero, tal cual Fausto, el alquimista se da cuenta de que la sabiduría no está en los libros, sino en las personas, y las personas están en el público. Para desinhibirlas, empieza algo a coro. Perry sería el alquimista, imbuido en su papel de debutante. Resalto que todo esto hay que hacerlo con un gran sentido del humor.

Como la obra nunca llegó a ser representada, aquel pequeño esbozo del guión fue modificado y cambiado hasta que perdió por completo su carácter dramatúrgico y adquirió la forma de una novela. La intimidad de Paulo con aquella historia era tanta que, al decidir escribir el libro, no necesitó más de dos semanas para producir doscientas páginas, extensión semejante a la que había tenido *El Peregrino de Compostela (Diario de un mago)*. Ya al comienzo aparecía la dedicatoria a Jean, a quien Paulo le otorgó el privilegio de leer los originales:

Para J.
Alquimista que conoce y utiliza los secretos de la Gran Obra.

Cuando *El Alquimista* estaba a punto de ser lanzado, en junio de 1988, *El Peregrino de Compostela* había superado la marca de las cuarenta mil copias y llevaba diecinueve semanas seguidas en las principales listas de bestsellers de la prensa brasileña. La soberbia indiferencia que los grandes medios de comunicación le habían otorgado le confirió un sabor especial al éxito, fruto del propio libro y de la guerra de guerrilla que Paulo, Chris y Andréa Cals habían desarrollado para divulgarlo. El *I Ching*, tal como lo interpretó Paulo, le recomendó renovar el contrato con Andréa, pero como ella se había comprometido con otro trabajo y el escritor le exigía dedicación integral, las responsabilidades de la periodista fueron transferidas a Chris. Ella y Paulo adoptaron con *El Alquimista* la misma táctica utilizada con el primer libro: la pareja seguía frecuentando las puertas de los teatros, los bares y los cines, visitando librerías y obsequiando a los vendedores con libros firmados. De la experiencia en el mundo de la discográfica, Paulo importó al universo literario una práctica condenable: «comprar críticas», lo que consiste en pagar por reportajes o comentarios radiofónicos favorables a un disco (en este caso, a un libro). En medio de los papeles acumulados por el escritor se pueden encontrar vestigios de esas «compras» en los «certificados de textos radiados» emitidos por la radio O Povo AM-FM, líder de audiencia de Fortaleza, en Ceará. Las planillas enviadas a Paulo demuestran que durante toda la segunda quincena de julio *El Alquimista* fue objeto de «comentarios testimoniales» (eufemismo para caudalosos elogios) tres veces al día en los programas de Carlos Augusto, Renan França y Ronaldo César, que en aquella época eran los locutores más populares de la ciudad.

Él y Chris tenían claro que estaban en medio de una guerra en la que todo valía: desde enviar ejemplares firmados a los grandes barones de los medios brasileños (de los cuales sólo Silvio Santos, el dueño de la red TV SBT, se lo agradeció, por medio de un telegrama) hasta convertirse en conferenciante a tiempo completo, con la diferencia de que, al contrario de lo que hacía en esos casos, no cobraba nada por hablar en público. Como un misionero, a cualquier hora del día o de la noche estaba disponible y tenía preparados los ocho temas que ofrecía a los organizadores de las conferencias para que escogieran: «Los caminos sagrados de la Antigüedad», «El despertar de los magos», «Las prácticas de RAM», «La filosofía y la práctica de la tradición oculta», «La tradición esotérica y las prácticas de RAM», «Recrudecimiento del esoterismo», «Magia y poder» y «Maneras de

CERTIFICADO DE IRRADIAÇÃO

RÁDIO JORNAL
O POVO FM

CLIENTE: PAULO COELHO
INCIDÊNCIA POR DIA: 03 VEZES- 2ª À 6ª   PERÍODO: 13 À 30/07/1988
ENDEREÇO: CAIXA POSTAL 430003
TEMPO: 30" - TESTEMUNHAL EM TRES PROGRAMAS (AM DO POVO).
PRODUTO: "O ALQUIMISTA" / LIVRO PUBLICADO
AGÊNCIA/CONTATO GILBERTO OLIVEIRA/Deto. COMERCIAL RÁDIO
CIDADE: RIO DE JANEIRO   ESTADO: RRJ.
CGC   XXXX . XXXX. XXX/XXXX- XX

1	2	3	4	5	6	7	8	9	10	11	12	13	14	15	16	17	18	19	20	21	22	23	24	25	26	27	28	29	30	31
												3	3	3	X	3	3	3	3	X	3	3	X	3	3	3	3	3	3	X

REAPLICAÇÃO DAS CHAMADAS NNOS ANÚNCIOS DO SORTEIO DE 05(CINCO) EXEMPLARES, EM HORÁRIOS INDETERMINADOS

Observações: "AS CHAMADAS SÃO DIVIDIDAS ENTRE OS PROGRAMAS : CARLOS AUGUSTO / RENAN FRANÇA E RONALDO CESAR".

Total Irradiado: 45 VEZES   Controlador: Visto:

enseñar y aprender». Al final de cada sesión, los oyentes tenían la oportunidad de adquirir ejemplares firmados de *El Peregrino de Compostela* y *El Alquimista*. Y aparentemente, reunir gente para escucharlo no era un problema. La agenda de Paulo de ese período muestra que habló tanto en instituciones de renombre como el Teatro Nacional, en Brasilia, o en las Facultades Cândido Mendes, en Río, como en hoteles del interior de Goiás e incluso en residencias particulares, como la conferencia que dio en el apartamento de la suegra del cineasta Cacá Diegues, en Río. La guerrilla, sin embargo, daba resultados lentos y su influencia en la venta de *El Alquimista* todavía tardaría en hacer efecto. Seis semanas después de lanzado se habían vendido varios miles de ejemplares; un prodigio en un país como Brasil, es verdad, pero nada en comparación con los resultados de *El Peregrino*, y mucho menos respecto a los planes del autor:

El libro hasta ahora todavía no ha llegado al 10 por ciento de la meta establecida. Creo que ese libro depende de un milagro. Me paso el día al lado del teléfono, pero no suena. ¡Dios mío! ¿Por qué no me llama un periodista para decirme que le ha gustado mi libro? Mi obra es mayor que mis manías, mis palabras, mis sentimientos. Por ella me humillo, pido, espero, desespero.

Con *El Peregrino de Compostela* impávido en las listas de los más vendidos y *El Alquimista* apuntando en la misma dirección, fue imposible ignorar al autor. A diferencia del silencio al que los grandes medios habían relegado el primer libro, el lanzamiento de *El Alquimista* sería precedido por un reportaje a toda página en los principales periódicos de Brasil. Y tal como *El Peregrino de Compostela* había sido solemnemente ignorado al ser publicado, la mayor parte de la prensa se vio obligada a redescubrirlo después del éxito de *El Alquimista*. Espacio le dedicaron mucho, pero ningún periodista llamó para decir que le había gustado el libro. Lo que los periódicos habían hecho hasta el momento eran reportajes sobre el autor y un resumen de la historia contenida en el libro. Los medios más pobres simple y llanamente reproducían la nota de prensa distribuida por Eco.

Fue el periódico *Folha de S. Paulo* el que publicó la primicia del primer artículo de opinión sobre un libro de Coelho, el día 9 de agosto de 1988, en un reportaje firmado por el periodista y crítico Antônio Golçalves Filho. Éste observa que *El Alquimista* «no tiene el impacto de la seductora narrativa» de *El Peregrino de Compostela (Diario de un mago)*, y la única pega que le pone al libro reside en el hecho de que la historia adoptada por el autor «ya ha sido utilizada en un número considerable de libros, obras, películas y óperas»:

> En verdad no existe novedad alguna en esa fusión de leyendas que tanto puede tener su origen en manuscritos de los primeros siglos de la era cristiana (*Parsifal*, por ejemplo) como en los textos de Saint-Exupéry. Tampoco parece que sea ésa la finalidad de *El Alquimista*. Como en *Parsifal*, el héroe de Coelho en esta novela «épica» también es un «loco inocente» en busca de algo capaz de neutralizar los males del mundo. El culto a la fe, la restauración del orden, la afirmación de la diversidad dentro de una estructura que tiende a la uniformización, en fin, todas las cuestiones presentes en *Parsifal* se repiten en *El Alquimista*. Incluso la predestinación del héroe.

El crítico parecía buscarle tres pies al gato. El propio autor deja claras esas semejanzas en el prefacio y aclara dónde se inspiró para escribir su libro:

> [...] *El Alquimista* es también un texto simbólico. En el decurso de sus páginas, además de transmitir todo lo que aprendí al respecto, procuro rendir homenaje a grandes escritores que consiguieron alcanzar el Lenguaje Universal: Hemingway, Blake, Borges (que también utilizó la historia persa para uno de sus cuentos) y Malba Tahan, entre otros.

En el segundo semestre de 1988, Paulo pensaba en hacer un gran cambio en su vida —cambiarse a una editorial mayor y más profesional que Eco— cuando recibió una ordalía más de Jean: él y Chris tenían que pasar cuarenta días en el desierto americano de Mojave, al sur de California. Ya con las maletas hechas, la víspera de marcharse tuvo una conversación poco alentadora con el editor Mandarino, que, aunque seguía entusiasmado con *El Peregrino de Compostela*, no creía que *El Alquimista* fuera a tener el mismo éxito. Lo mejor sería retrasar el viaje y resolver el problema ya, pero el maestro J. fue irreductible. Así, a mediados de septiembre, ambos estaban realizando los ejercicios espirituales de san Ignacio de Loyola bajo el inclemente calor de hasta cincuenta grados centígrados de Mojave. De esa experiencia nacería, cuatro años después, su libro *Las Valkirias*, escrito con k y no con q para que tuviera once letras (en portugués), número considerado «potente» por algunas corrientes esotéricas.

A finales de octubre estaban de vuelta en Río. Paulo pretendía resolver de una vez sus problemas con Eco, pero de nada le valía abandonar la pequeña editorial mientras no supiera a qué puerta llamar. Una noche, dispuesto a olvidar un poco esos problemas, acompañó a un amigo a un recital de poesía que se celebraba en un bar de moda de la zona sur. Durante todo el tiempo tuvo la extraña sensación de que alguien del público sentado detrás de él lo miraba fijamente. Cuando terminó el acto y se encendieron las luces, se volvió y se encontró con la mirada fija de una bonita chica de pelo negro y la frescura de los veinte años. No había razón aparente para que alguien lo mirara de aquella manera. Lejos del hippy peludo que había sido hasta hacía pocos años, a los cuarenta y uno Paulo tenía el pelo casi blanco, cuidadosamente cortado, bigote y perilla, también cortos y grises. La chica era demasiado guapa como para no tomar la iniciativa. Se acercó a ella y le preguntó sin rodeos:

—¿Por casualidad me estabas mirando durante el recital?

La chica sonrió:

—Sí.

—Soy Paulo Coelho.

—Lo sé. Mira lo que tengo en el bolso.

Metió la mano en el bolso de cuero y sacó un ejemplar medio desvencijado de *El Peregrino de Compostela*. Paulo iba a firmarlo, pero al saber que era de una amiga, se echó atrás:

—Compra uno y te lo firmo.

000083

Paulo consulta con el *I Ching* qué hacer para que
El Alquimista venda cien mil ejemplares. Veinte años
después, el libro ya había alcanzado la cifra de cincuenta
millones de copias vendidas en todo el mundo.

Quedaron en verse dos días después en la centenaria y elegante confitería Colombo, en el centro de la ciudad, donde llevaría un ejemplar suyo para que se lo firmase. Si la elección de un lugar romántico como la Colombo revelaba segundas intenciones del escritor, no fue eso lo que ocurrió. El día señalado él llegó con más de media hora de retraso y dijo que no podía entretenerse porque tenía una reunión imprevista con su editor, que acababa de confirmarle que no tenía interés en seguir publicando *El Alquimista*. Para poder hablar un poco más, Paulo y la chica siguieron a pie hasta Eco, que quedaba a diez manzanas de Colombo.

Ella era Mônica Rezende Antunes, de veinte años, hija única de un ingeniero, Jorge Botelho Antunes, y de una secretaria ejecutiva, Belina Rezende Antunes, padres liberales cuya única obligación impuesta a su hija fue un curso de ballet clásico que pronto abandonaría. Alumna aplicada, estudió en la mejor escuela pública de Río, el colegio Pedro II, y cuando conoció a Paulo cursaba ingeniería química en la Universidade Estadual do Rio de Janeiro (UERJ). Nunca había sido muy enamoradiza y, como a la mayoría de las chicas de su edad, le gustaba el cine, los espectáculos, charlar en casas de amigos o en bares de moda. Cuando estaba en un grupo de teatro conoció a su novio, el farmacéutico Eduardo Rangel, empleado de la multinacional farmacéutica Braun, con sede en Alemania. Al acordarse, muchos años después, de aquella visita con Paulo a la Eco, el recuerdo más fuerte que permaneció en Mônica fue el de estar «ridículamente vestida»: «¡Imagina, ir a discutir sobre contratos con el editor acompañado de una chica con pantalones cortos, blusa de flores y pelo de Lolita!»

Mônica acabó siendo testigo del momento en el que Mandarino rechazó seguir editando la verdadera gallina de los huevos de oro en la que se convertiría *El Alquimista*. No creía que un libro de ficción como ése fuera capaz de repetir el éxito de una historia personal como *El Peregrino de Compostela*. Aunque sólo había leído *El Peregrino*, Mônica no entendía cómo alguien podía rechazar el libro de un autor que había causado tanto impacto. Probablemente para consolarse por el rechazo, Paulo le dio una explicación poco convincente para lo que serían las verdaderas razones de Ernesto Mandarino: con una inflación anual del 1.200 por ciento, era más rentable invertir el dinero en aplicaciones financieras que editar libros con riesgo de fracasar. Ambos caminaron un rato más juntos, se intercambiaron los números de teléfono y se separaron. Días después, cuando todavía no había decidido qué destino darle a los derechos de *El Alquimista*, leyó en una columna del periódico que aquella noche la escritora Lya Luft iba a firmar su libro de poemas *El lado fatal*, en un cóctel ofrecido por su editor, Paulo Roberto Rocco, en la librería Argumento, en Leblon, punto de encuentro de la intelectualidad carioca. Hacía tiempo que Paulo seguía la agilidad y los pasos de la editorial Rocco, que, a pesar de tener poco más de diez años de existencia, incluía en su catálogo pesos pesados como Gore Vidal, Tom Wolfe y Stephen Hawking. A las ocho de la noche, al entrar en Argumento, la librería estaba llena de gente. Se mezcló entre los camareros y los invitados, y se acercó a Rocco, a quien sólo conocía a través de fotografías de periódicos, y mantuvo con él un rápido diálogo:

—Buenas noches, mi nombre es Paulo Coelho y me gustaría mucho conocerte.

—Por el nombre ya te conozco.

—Querría hablar contigo sobre mis libros. Tengo una amiga, Bona, que vive en tu mismo edificio y he pensado en pedirle que organice una cena para presentarnos.

—No tienes que pedirle nada a nadie. Ven a la editorial; allí nos tomamos un café y hablamos de tus libros.

Rocco fijó el encuentro para dos días después. Sin embargo, antes de decidirse, Paulo recurrió al *I Ching* para saber si debía entregarle o no *El Alquimista* a la nueva editorial, siempre que Rocco mostrara interés, claro. Por lo que entendió de la respuesta del oráculo, sólo debía entregarle el libro si el editor se comprometía a tenerlo en las librerías antes de Navidad. Era una interpretación dispensable y muy conveniente del *I Ching*, ya que cualquier autor sabe que la Navidad es la mejor época del año para el mercado de los libros. Cuando iba a salir de casa para ir a ver a Rocco, sonó el teléfono: era Mônica, a la que invitó a acompañarlo. En cuanto llegó se sintió bien al compro-

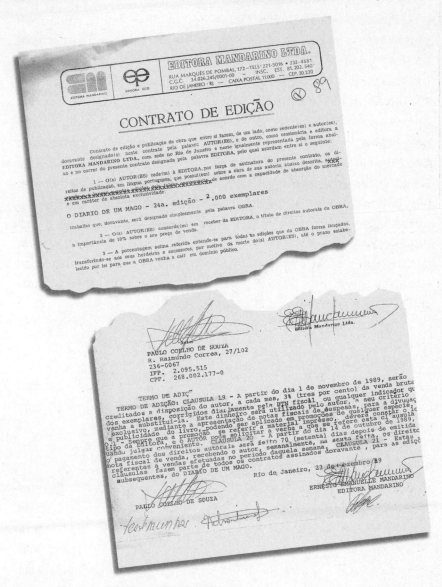

En los contratos finales con Mandarino,
Paulo impone exigencias que ni un
bestseller conseguiría de sus editores.

bar que compartía la misma sala de espera con el escritor de Río Grande del Sur João Gilberto Noll, dos veces ganador del premio Jabuti, de la Cámara Brasileña del Libro, y en cuya obra se habían inspirado incluso películas, como *Nunca Fomos Tão Felizes*, del cineasta Murilo Salles. Después de una conversación breve y agradable, Paulo le dejó a Rocco un ejemplar de *El Peregrino de Compostela (Diario de un mago)* y otro de *El Alquimista*. El editor pensó que era un poco rara aquella exigencia de publicar el libro en tan poco tiempo, pero Paulo le explicó que sólo tenía que comprarle los fotolitos a Eco, sustituir el nombre de la editorial y poner el libro en el mercado. Rocco quedó en pensarlo y le dijo que le daría una respuesta esa misma semana. De hecho, dos días después lo llamó para decirle que el nuevo contrato estaba listo para firmar. Rocco iba a publicar *El Alquimista*.

25

CON EL ÉXITO DE *BRIDA*, LA CRÍTICA
DA LA CARA: EMPIEZA EL DESCUARTIZAMIENTO
PÚBLICO DE PAULO COELHO

Rechazado por Mandarino, *El Alquimista* acabó convirtiéndose en uno de los más populares regalos no sólo de aquella Navidad, sino de muchas más navidades, fines de año, pascuas, carnavales, cuaresmas y cumpleaños de Brasil y de otros cien países. La primera edición lanzada por la nueva editorial se evaporó al cabo de pocos días, lo que dio lugar a algo poco común: que el autor tuviera dos libros en las listas de bestsellers, uno en la sección de ficción, *El Alquimista*, y el otro en la de no ficción, *El Peregrino de Compostela (Diario de un mago)*. Ya no dejó de vender. El fenómeno en que se había convertido el libro en manos de Rocco animó a Paulo a retirar también *El Peregrino* de Eco y dárselo a la nueva editorial, pero como necesitaba una excusa, empezó a hacerle exigencias a su antiguo editor. La primera de ellas era intentar proteger sus derechos de la corrosión provocada por una inflación de un asombroso 1.350 por ciento al año: en vez de prestaciones trimestrales (un privilegio de pocos autores), le exigió a Mandarino pagos semanales, cambio que acabó aceptando, incluso contrariando las prácticas del mercado. Aprovechándose de la infinita paciencia del dueño de Eco (y de su evidente interés por mantener el libro), poco después Paulo añadió dos cláusulas absolutamente inéditas en contratos editoriales brasileños (actualización monetaria diaria, vinculada a uno de los mecanismos entonces existentes para eso, y la designación de un porcentaje de venta bruta para divulgar el libro):

Cláusula 19: Será puesto a disposición del autor, cada mes, el 3 por ciento de las ventas brutas de los ejemplares, actualizado diariamente por el BTN fiscal o cualquier otro referente que pueda sustituirlo. Este dinero será utilizado por el autor, bajo su propio criterio, mediante la presentación de facturas de gastos, para la divulgación y publicidad del libro, pudiendo ser aplicado en promociones de cualquier tipo.

Aquel tira y afloja entre el autor y sus dos editores parecía despertar un especial interés en Mônica Antunes, que entonces andaba de un lado a otro acompañando a Paulo dondequiera que fuese. A principios de 1989, la joven le confesó, durante una cena en una pizzería de Leblon, que estaba pensando en cancelar su matrícula en la facultad (acababa de pasar al segundo año de ingeniería química) y mudarse con su novio al extranjero. Los ojos del escritor brillaron, como si previera la apertura de una nueva puerta en su carrera: «¡Gran idea! ¿Por qué no os mudáis a España? Tengo varios amigos allí que te pueden ayudar. Puedes intentar vender mis libros allí. Si lo consigues, te doy una comisión del 15 por ciento al que todo agente literario tiene derecho.»

Cuando comentó el asunto con su novio, éste descubrió que la empresa en la que trabajaba tenía una fábrica en Barcelona y, a primera vista, no le iba a ser difícil conseguir el traslado allí o, en el peor de los casos, unas prácticas remuneradas durante algunos meses. Además, Mônica se enteró en seguida de que era en Barcelona donde estaba la sede de las más importantes editoriales españolas. La última semana de mayo de 1989, Mônica llegó a Madrid acompañada de Eduardo. Llegó muy nerviosa a causa del incómodo viaje. Estaba asustada porque no hablaba nada de español y porque temía tener problemas en la aduana por el exceso de equipaje y la escasez de dinero. Pero fue todo bien y consiguieron un hotel limpio y barato en Madrid, donde iban a quedarse hasta decidir exactamente qué hacer.

Como era la primera vez que viajaban a España, aprovecharon los primeros días para seguir todas las recomendaciones de Paulo: fueron tres veces al Museo del Prado, recorrieron el Jardín Botánico, el Parque del Retiro y el Palacio Real, antigua sede de la monarquía convertida en museo (Mônica pensó que era «demasiado lujoso»). El domingo de Pentecostés acompañaron a miles de fieles que cruzaron la ciudad desde la Puerta del Sol hasta la catedral de la ciudad, cantando canciones religiosas en una emotiva procesión. «Sólo de acordarme me dan escalofríos», le escribió a Paulo días después, en una carta que firmaba una «lolita en un país extraño». La capital española la tenía todo eso de bueno –y también la movida, que seguía a toda marcha–, pero no se quedaron más que tres semanas. Aparte de las prácticas en Braun, Eduardo también había conseguido un trabajo temporal en la fábrica de equipamientos quirúrgicos Palex, y ambas empresas estaban en Barcelona.

En el primer año en España, Mônica y Eduardo vivieron en un apartamento situado en Rubí, un municipio del área metropolitana de Barcelona. En las ferias de libros, recorrían los stands recogiendo catálogos de las editoriales y se pasaban los días siguientes enviando por correo a cada una de ellas una breve nota ofreciendo los derechos de autor de *El Alquimista* y, si eran editores de otros países, también los de *El Peregrino de Compostela*. El dinero, sin embargo, era escaso y, mientras la fortuna no le sonreía, Mônica se vio obligada a trabajar duro: dio clases particulares de inglés y de matemáticas a niños, distribuyó folletos de publicidad de una boutique, trabajó de camarera y también buscó tiempo para hacer un curso de moda. Cuando *El Peregrino*, agenciado y traducido por la boliviana H. Katia Schumer, fue publicado por la editorial Martínez Roca, Mônica y Eduardo aportaron su modesta contribución a la difusión del libro: se metían en el metro fingiendo leer un ejemplar para que los demás pasajeros vieran la cubierta todo el tiempo. «Como lo leía de verdad –contó en una carta–, me aprendí el texto casi de memoria.»

Mientras que en España la pareja no acababa de lograr su objetivo, *El Peregrino de Compostela* y *El Alquimista* permanecían a la cabeza de las listas de libros más vendidos de Brasil. A pesar de haber aceptado todas las exigencias del autor, a finales de 1989 Mandari-no recibió la visita de Paulo Rocco, que le llevaba una mala noticia: por un adelanto de 60.000 dólares (casi 100.000 dólares de 2008, o 175.000 reales), su editorial acababa de adquirir también los derechos de publicación de *El Peregrino de Compostela*. Pasadas casi dos dé-cadas, Ernesto Mandarino no esconde la pena que le produjo que el autor dejara Eco, que había apostado por él cuando todavía no era nadie: «Las ediciones se fueron sucediendo y despertando la avaricia de otras editoriales. Cuando me visitó Rocco me dijo que se llevaba a Paulo Coelho por un adelanto de 60.000 dólares. Yo me limité a con-testar que, si era su voluntad, nada podía hacer, pues los contratos eran por edición. Tras veintiocho ediciones de *El Peregrino de Com-postela* nos dejó. Nos dio mucha pena. También nos dio mucha pena que nunca citase su origen, es decir, la pequeña editorial Eco, en sus entrevistas y reportajes.»

Resentimientos aparte, Mandarino reconoce la importancia del autor no sólo en el mercado editorial, sino dentro de la propia litera-tura brasileña: «Paulo convirtió el libro en un producto popular y de gran consumo. Revolucionó el mercado editorial de Brasil, que se li-mitaba a ridículas tiradas de tres mil ejemplares. Con él el mercado creció. Paulo Coelho dignificó el libro en Brasil y nuestra literatura en el mundo.»

En un mercado editorial escaso como el brasileño, era natural que los grandes editores se interesasen por un autor que con sólo dos títulos ya había batido la marca de los quinientos mil ejemplares ven-didos. Ante la olímpica indiferencia de los medios, las pilas de libros suyos se evaporaban en las librerías, y miles de personas se apretaban en auditorios de todo Brasil, y no para oír las letanías de siempre. Los lectores parecían querer compartir personalmente con el autor las experiencias espirituales de las que hablaba en sus libros. Paulo daba conferencias concurridísimas y eran comunes escenas como la sucedida en el auditorio Martins Pena, en Brasilia, donde tuvieron que poner altavoces fuera del auditorio (con aforo para dos mil per-sonas) para que los que llegaron tarde pudieran oír las palabras del Mago. Una entrevista suya concedida a la periodista Mara Regea, de

Rádio Nacional de Brasillia, tuvo que ser repetida tres veces a petición de la gente que quería oírlo hablar durante una hora y media sobre alquimia y misticismo. Eso se repetía por todo el país. En Belo Horizonte el auditorio con aforo para trescientas cincuenta personas del Banco de Desarrollo de Minas Gerais fue insuficiente para las casi mil personas que aparecieron para escucharlo, obligando al joven Alfonso Borges, organizador del evento, a repartir varias televisiones por diferentes lugares del edificio para que nadie se perdiera el privilegio de oír las palabras del Mago.

Cuando la prensa quiso tratar el asunto, estaba desorientada, no sabía cómo explicar un éxito tan rotundo. En vez de valorar el contenido literario de los dos libros, los periódicos prefirieron calificarlos como otro fenómeno mercadológico pasajero. Según la opinión de buena parte de los periodistas, el escritor Paulo Coelho no era más que una moda, igual que el *hula-hoop*, el *twist* o incluso el compositor Paulo Coelho y su Sociedade Alternativa. Desde que *O Globo* lo denominó el «Castañeda de Copacabana» en la primera página del suplemento cultural, dos años antes, los medios prácticamente se olvidaron de él. Hasta que sus dos libros llegaron al primer lugar de las listas de los más vendidos, y el periódico *O Estado de S. Paulo* afirmó que *El Peregrino* y *El Alquimista* ya habían vendido más de medio millón de copias, los críticos no se dieron cuenta de que dos años constituían un tiempo de vida excesivo para algo que no era más que una moda. Aquel hombre de pelo precozmente blanco que hablaba de sueños, ángeles y amor parecía haber llegado para quedarse, pero a la prensa le costó asimilarlo. Después no volvería a aparecer en los periódicos hasta octubre de 1989, también en un reportaje a toda página en el *Caderno 2*, el suplemento cultural de *O Estado de S. Paulo*, dividido en dos partes. Primero venía un gran perfil firmado por Thereza Jorge sobre la trayectoria del autor como roquero, para afirmar al final, con todas las letras: «Pero es en la literatura donde Coelho alcanza, ahora, un lugar definitivo.» Al lado de una valoración tan consagradora venía la prueba de que su obra dividía opiniones incluso en la misma página de un periódico. Unos centímetros a la derecha de la entronización del autor en la literatura, una nota de veinte líneas firmada por Hamilton dos Santos resumía la obra de Paulo como una «síntesis gelatinosa de enseñanzas que van desde el cristianismo al budismo». Según confesaría el propio autor, ése sería el «primer palo, de verdad» que recibía de la crítica: «Me quedé paralizado al leer aquello. Absolutamente paralizado. Era como si el autor me estuviese advirtiendo sobre el precio de la fama.»

Incluso la revista literaria mensual *Leia Livros*, publicación de vanguardia dirigida por el editor Caio Graco Prado, hijo del venerado historiador comunista Caio Prado Jr., tendría que ceder ante la evidencia de los números. En la portada de la edición de diciembre de 1989, Paulo aparecía espada en mano, pelo erizado y mirada zen al infinito. El tratamiento que le dieron en *Leia Livros*, sin embargo, no se diferenciaba en nada del que recibía normalmente por parte del resto de la prensa. De las doce páginas del reportaje de la portada, once estaban dedicadas a hacer un caudaloso perfil del autor, sin ninguna valoración sobre su obra. La crítica propiamente dicha se redujo a media página firmada por el profesor Teixeira Coelho, de la Universidad de São Paulo. El brasileño medio —que se supone es el perfil de la mayoría de los lectores de *El Peregrino* y *El Alquimista*— probablemente tuvo dificultades para saber si estaban insultando o elogiando a Paulo, tal era el enrevesamiento del lenguaje utilizado por el académico:

> Atrás quedó el tiempo en que la visión, la imaginación, lo que no es racional (pero tiene su racionalidad propia) era una parte integrante de lo real y venía «de arriba», era un hábito mental. Este hábito definía un paradigma cultural, un modo de pensar y de conocer el mundo; paradigma que ha quedado desplazado por el nuevo paradigma racionalista del siglo XVIII. Hoy es este paradigma el que se muestra (temporalmente) agotado. El fenómeno Paulo Coelho es un símbolo de la decadencia de ese paradigma e implica la desconfianza del racionalismo tal como lo hemos conocido a lo largo de estos dos siglos.
>
> [...] Prefiero reconocer en el éxito de ventas de Paulo Coelho la primacía de la imaginación, que cada vez más conquista sus derechos bajo diferentes formas (las religiones, la «magia», las medicinas y el sexo «al-

ternativos», el método poético del conocimiento), aquellas que el pensamiento carcomido por el hábito emblemático cartesiano denomina «irracionales».

[...] En el género de Paulo Coelho, Lawrence Durrell con su «quinteto cátaro» es mejor escritor, y Colin Wilson, un autor más intelectualizado. Pero los juicios de este tipo son superfluos.

Mientras la prensa se rompía la cabeza para entenderlo, el fenómeno no paraba de crecer. En un raro momento de incontinencia verbal –sobre todo en asuntos de dinero–, a Paulo se le escapó en el *Jornal da Tarde* que los dos libros habían engordado su cuenta corriente en 250.000 dólares (410.000 dólares o 720.000 reales de 2008). Es posible que incluso fuera más. Suponiendo que sean reales los números que él y Rocco divulgaban, incluso cálculos muy conservadores revelan que, de la facturación total de las quinientas mil copias vendidas hasta entonces, al menos 350.000 dólares eran derechos de autor. Con dos bestsellers, nueva editorial, cientos de miles de dólares más de patrimonio, la carrera internacional empezaba a dar señales de que podría despegar, Paulo fue requerido por Jean para hacer otra de las denominadas cuatro rutas sagradas de las que se componen las peregrinaciones de los iniciados de la orden de RAM. Después del Camino de Santiago hizo una nueva penitencia (en su caso, el viaje al desierto de Mojave), pero aún le faltaba la tercera y penúltima etapa, el Camino de Roma. La cuarta sería el camino hacia la muerte. El llamado «Camino de Roma» no era más que una metáfora, ya que podía hacerlo en cualquier lugar del planeta, con la gran ventaja de poder hacerlo en coche. Su elección recayó sobre el Languedoc, la franja de los Pirineos en el suroeste de Francia. Otra peculiaridad del Camino de Roma que, según Paulo, le fue transmitida por Jean es que el peregrino siempre debe seguir sus sueños. Paulo pensó que aquello era demasiado abstracto y le pidió más información, pero la respuesta fue todavía menos esclarecedora: «Si por la noche sueñas con una parada de autobús, al día siguiente vete a la parada más cercana. Si sueñas con un puente, tu próxima parada debe ser un puente.»

Durante dos meses deambuló por los valles, las montañas y los ríos de la que es una de las regiones más bellas de Europa. El día 15 de agosto dejó el hotel d'Anvers, en el que se había alojado en la ciudad de Lourdes, sagrada para los católicos, y se dirigió a Foix, Roquefixade, Montségur, Peyrepertuse, Bugarach y otras muchas aldeas que la mayoría de las veces no eran más que un puñado de casas. Como no había restricciones en ese sentido por parte de Jean, una parte del trayecto lo hizo en compañía de Mônica, que se escaqueó durante una semana de sus actividades en Barcelona para acompañarlo. La noche del 21 de agosto, al llegar a la ciudad de Perpiñán, Paulo metió varias monedas en un teléfono público y llamó a Chris, a Brasil, porque sentía nostalgia. Al otro lado de la línea, su esposa le contó que su ex socio Raul Seixas acababa de morir en São Paulo, víctima de una vieja pancreatitis provocada por el alcoholismo. Volvió al coche y le dio la noticia a Mônica:

—Raul acaba de morir.

—¿Raul? ¿Qué Raul?

—¿Cómo qué Raul? ¡Raul Seixas!

Era comprensible que ella no supiera quién era. Después de todo, en el auge de Sociedade Alternativa, Mônica sólo tenía cinco años de edad. Para Paulo, sin embargo, era una gran pérdida. Después de varios años sin verse, él y Raul se habían reencontrado cuatro meses antes, en Río de Janeiro, durante un espectáculo que el bahiano presentaba en el Canecão, y que sería una de sus últimas actuaciones. No se trataba de una reconciliación, porque nunca se habían peleado, sino de una tentativa de reacercamiento urdida por el nuevo socio de Raul, el joven roquero Marcelo Nova. En medio del espectáculo, Paulo fue llamado al escenario y entonó con la banda el estribillo «*Viva! Viva! Viva a Sociedade Alternativa!*». Según el ex esclavo Toninho Buda, que se convertiría en enemigo público de Paulo, el escritor cantaba con las manos en los bolsillos «porque cruzaba los dedos por haberse visto obligado a entonar en público el mantra del tío Crowley». Las imágenes del espectáculo —grabadas por un fan aficionado y colgadas en Internet muchos años después— muestran a un Raul Seixas trémulo, con la cara hinchada y con aspecto de estar destrozado por la bebida. El último trabajo de los dos había sido el LP «Mata Virgem», grabado en el lejano 1978. En 1982, el sello paulista Eldorado intentó resucitar a la pareja con un nuevo álbum, pero los ex socios parecían «sufrir un ataque de estupidez aguda», tal como dijo un columnista carioca: Paulo vivía en Río y Raul en São Paulo, y ambos se negaban a viajar hasta donde estuviera el otro para iniciar el trabajo. Literalmente salomónica, la solución la propuso Roberto Menescal, invitado a dirigir la grabación: el encuentro se daría exactamente a medio camino entre las dos capitales, en el parque nacional de Itatiaia. Instalados un domingo en el hotel Simon, Paulo se despertó temprano el lunes e, incluso antes de desayunar, dejó una nota en la puerta de la habitación de Raul: «Estoy listo para empezar a trabajar.» Sin embargo, el bahiano no apareció. El martes tampoco. El miércoles, el dueño del hotel fue a ver a Paulo, preocupado por el hecho de que Raul llevara tres días encerrado en la habitación, bebiendo y sin tocar siquiera los sándwiches que había pedido por teléfono. Moría allí la esperanza de unir de nuevo a la pareja que había revolucionado el rock brasileño.

Bajo el impacto de la muerte de su «enemigo íntimo», y durante el recorrido del Camino de Roma, seis días después Paulo viviría lo que afirma que fue una nueva experiencia extrasensorial. Conducía el coche alquilado hacia uno de los pueblecitos de la región, donde iba a participar en el llamado «ritual de fuego», en el que las invocaciones se hacen a la luz de una hoguera. En el camino, asegura, sintió la presencia de nada menos que su ángel de la guarda. No se trataba de alguien palpable o audible, ni siquiera de un ectoplasma, sino de un ente cuya presencia él podía notar claramente y con el que se comunicaba mentalmente. Según sus recuerdos, fue él, el ente, el que tomó la iniciativa, y entonces habría tenido lugar el siguiente diálogo no verbal:

—¿Qué quieres?

Sin mirar a su lado, el escritor siguió conduciendo el coche:

—Quiero que mis libros se lean.

—Pero para eso vas a tener que llevarte muchos golpes.

En el espectáculo de Raul Seixas en el Canecão,
Paulo aparece por sorpresa y sube al escenario
por última vez con su socio, que moriría meses después.

—Pero ¿por qué? ¿Sólo por querer que mis libros se lean?

—Tus libros te darán celebridad, y ahí es cuando empezarás a recibir de verdad. Tienes que decidir si es eso lo que quieres.

Antes de desaparecer, el ente le dijo:

—Te doy un día para pensarlo. Hoy soñarás con un determinado lugar. Nos vemos allí mañana a esta misma hora.

En el pequeño hotel en el que se alojaba en la ciudad de Pau, soñó con un pequeño tranvía que llevaba pasajeros a la cima de una montaña muy alta. Al despertarse, a la mañana siguiente, se enteró en conserjería de que una de las atracciones de la ciudad era precisamente un teleférico, el funicular de Pau, cuyo punto de partida quedaba a pocos metros de allí, al lado de la estación de tren. La montaña en la que el teleférico, de color verde oscuro, recogía grupos de treinta turistas cada diez minutos no era tan alta como la del sueño, pero no tenía dudas de que estaba en el camino correcto. Cuando empezó a anochecer, más o menos veinticuatro horas después de la aparición del día anterior, Paulo guardó fila y minutos después llegaba a una terraza rodeada de chafarices, la Fontaine de Vigny, desde donde había unas vistas espectaculares de las primeras luces de la ciudad encendiéndose. El escritor no sólo recuerda con precisión la fecha («era el 27 de septiembre de 1989, día de San Cosme y San Damián»), sino también la petición que le hizo al ente:

—Quiero que mis libros se lean. Pero quiero que mi petición se pueda renovar dentro de tres años. Me concedes tres años y vuelvo aquí el 27 de septiembre de 1992 y te digo si soy tan machote como para seguir o no.

Cuando los interminables setenta días de peregrinación parecían llegar a su fin, una noche, después del «ritual de fuego», una joven de piel y cabello claros se acercó a él buscando conversación. Era Brida O'Fern, irlandesa de treinta años que había alcanzado el grado de Maestra de RAM y que, al igual que él, hacía el Camino de Roma. La compañía de Brida no sólo resultó ser un agradable regalo que aliviaría el cansancio del final de la peregrinación. Aunque tenía planes de escribir un libro sobre el Camino de Roma, A Paulo le gustaron tanto las historias que ella le contó que optó por inspirarse sólo en la irlandesa para hacer su tercer libro, que, al igual que ella, se llamaría *Brida*. Revelar el Camino de Roma quedaría para más tarde.

Cumplida la ordalía que le había impuesto Jean, la producción de *Brida* iba a inaugurar el método adoptado por el autor en casi todos sus libros, de allí en adelante: rumiar el tema durante algún tiempo y, cuando la historia estuviese madura, escribir el libro en dos semanas. La novela cuenta la historia y las desventuras de la joven Brida O'Fern, que a los veintiún años decide ingresar en el universo de la magia. Los descubrimientos empiezan cuando conoce a un mago, en un bosque a 150 kilómetros de Dublín, la capital de Irlanda. Orientada por la hechicera Wicca, inicia su camino y, después de cumplir todos los rituales, finalmente se convierte en una Maestra de RAM. Ya en las primeras páginas el autor les hace una advertencia a sus lectores:

> En el *Diario de un mago*, cambié dos de las Prácticas de RAM por ejercicios de percepción que había aprendido en la época en que lidié con el teatro. Aunque los resultados fuesen rigurosamente los mismos, eso me valió una severa reprimenda de mi Maestro. «No importa si existen medios más rápidos o más fáciles; la Tradición jamás puede ser cambiada», dijo él.
>
> A causa de eso, los pocos rituales descritos en *Brida* son los mismos practicados durante siglos por la Tradición de la Luna; una tradición específica, que requiere experiencia y práctica en su ejecución. Utilizar tales rituales sin orientación es peligroso, desaconsejable, innecesario, y puede perjudicar seriamente la Búsqueda Espiritual.

Entusiasmado por el éxito de *El Peregrino* y *El Alquimista*, al enterarse de que Paulo tenía un nuevo libro a punto de salir del horno, Rocco tomó la iniciativa y le ofreció 60.000 dólares (cerca de 100.000 dólares o 185.000 reales de 2008) por *Brida*. Lo insólito, en este caso, no era el dinero ofrecido, que era mucho para los baremos brasileños pero que no batía ningún récord del mercado ni de la editorial (meses antes Rocco había pagado 180.000 dólares por los derechos de publicación en Brasil de la novela *La hoguera de las vanida-*

des, del americano Tom Wolfe); lo que llamaba la atención era la forma en que Paulo Coelho le propuso que fuera dividido el dinero (modelo que, de hecho, pasaría a utilizar en casi todas las negociaciones de sus futuras obras, en Brasil): veinte mil dólares para que la editorial los gastara en promoción y publicidad; otros veinte mil estarían destinados a costear viajes que él tuviera que hacer por Brasil para promocionar el libro, y él sólo recibiría veinte mil como adelanto de los derechos de autor. Los otros cuarenta mil dólares saldrían de la caja de Rocco a fondo perdido. La gran bomba, sin embargo, la editorial la guardó en secreto hasta la víspera del lanzamiento, la primera semana de agosto de 1990: la primera edición de *Brida* tendría una tirada de cien mil ejemplares, número sólo superado, entre autores brasileños, por Jorge Amado, cuya novela *Tieta de agreste* se había publicado en 1977 con una tirada inicial de ciento veinte mil ejemplares.

Si el ángel con el que Paulo se encontró en el teleférico de Pau era sólo fruto de su fe, la verdad es que acertó de lleno al vaticinar que el autor iba a ser acribillado por la crítica. Al contrario del trato tolerante que la prensa le había dedicado en los casos de *El Peregrino* y *El Alquimista*, en el lanzamiento de *Brida* los medios parecían querer sangre, y en cantidad proporcional al éxito que aquellos libros tenían entre los lectores. Sin piedad y muchas veces rozando la falta de respeto, los principales medios de comunicación de Río y de São Paulo parecían dispuestos a no dejar títere con cabeza:

«El autor escribe muy mal. No sabe usar los acentos, emplea muy mal los pronombres, escoge aleatoriamente las preposiciones, ignora cosas tan simples como la diferencia entre los verbos "hablar" y "decir".» (Luiz Garcia, *O Globo*)

«En términos estéticos, *Brida* es un fracaso. Imitación del tedioso modelo de Richard Bach, aliñado con Carlos Castañeda. Los estereotipos permean el libro de Paulo Coelho.» (Juremir Machado da Silva, *O Estado de S. Paulo*)

«Lo que debería anunciar con más gallardía es que hace llover. Pues Paulo Coelho lo hace, en su huerta.» (EUGÊNIO BUCCI, *Folha de S. Paulo*)

«*El Alquimista* es de esos libros que, cuando los dejas, ya no eres capaz de volver a cogerlos.» (RAUL GIUDICELLI, *Jornal do Commercio*)

Las pedradas venían de todos lados, no sólo de los periódicos y las revistas. Días después del lanzamiento de *Brida*, el autor fue entrevistado en un popular *talk-show* de la tele brasileña, «Jô Soares Onze e Meia», emitido en la televisión nacional por SBT. Aunque eran amigos y habían actuado juntos en la pornochanchada *Tangarela, el tanga de cristal*, el presentador se embarcó en la ola anti Paulo Coelho y abrió el programa con una lista en la mano que contenía docenas de errores que habría descubierto en *El Alquimista*. La entrevista acabaría provocando una polémica paralela. Dos días después, el periódico carioca *O Dia* publicó una nota en la columna de Artur da Távola —el mismo, el ex compañero del grupo de trabajo de Philips y uno de los que habían escrito el prefacio de *Archivos del infierno* titulada «¿Nos crees, Jô?»:

Esta columna se la está ganando a pulso. Aunque no nos haya creído, como debería —ya que entró en el estudio con un fax en la mano que contenía la nota publicada aquí sobre los 86 errores del libro *El Alquimista*, que nos solicitó la producción de su programa en SBT–, Jô Soares entrevistó anteayer al escritor Paulo Coelho haciendo hincapié en los descuidos de la editorial Rocco.

El mago justificó la dejadez de la editorial afirmando que todos los errores habían sido a propósito. «Son códigos —dijo Paulo Coelho—. Si no lo fueran, habrían sido corregidos en las ediciones siguientes.» Jô le habló entonces de la utilización de la forma verbal «habían» en lugar de «había», error encontrado dieciséis veces en el libro por esta columna. Y el autor: «Escribí "habían" (dunas, estrellas etc.) porque la costumbre es decir "habían".»

¿Costumbre, dónde? ¿En Mozambique?

Sin embargo, aún le quedaba alguna esperanza de que alguien en los medios leyera sus libros sin prejuicios, con los mismos ojos que los miles de personas que acudían a las librerías de todo el país en busca de alguno de sus tres bestsellers. ¿Podría ser la revista *Veja*, el más leído e influyente semanario brasileño, la que decidiese dedicarle la portada de la edición siguiente? Después de conceder una larga entrevista y posar para las fotografías, el escritor aguardó ansiosamente el domingo por la mañana, día en que la revista llegaba a los quioscos de Río. La primera sorpresa fue ver que en la portada, donde esperaba encontrar su foto, estamparon una bola de cristal bajo el título «La fiebre del misticismo». Hojeó la revista rápidamente hasta dar con el reportaje, titulado «El mago en las alturas», ilustrado con una foto suya con capa negra, zapatillas y bastón en la mano. Hizo una lectura en diagonal, ávido de curiosidad, pero no tuvo que llegar más allá de la décima línea para entender que el periodista (el reportaje no estaba firmado) disparaba con balas de grueso calibre: tanto *Brida* como *El Peregrino* y *El Alquimista* los clasificaba como «libros con historias metafísicas mal contadas, bañadas con un misticismo difuso». En las seis páginas siguientes, el hostigamiento seguía con la misma intensidad, y era raro el párrafo en el que no soltaba una crítica o una ironía:

[...] supersticiones alocadas...

[...] nadie sabe decir con precisión dónde termina la convicción verdadera y empieza la farsa...

[...] otro surfista más en la cresta de la ola del misticismo lucrativo...

[...] se embolsó veinte mil dólares como adelanto para perpetrar *Brida* y ya está pensando en cobrar por sus conferencias...

[...] seguramente el peor de sus libros...

[...] ficción pedestre...

Ni siquiera respetaron su fe. Al referirse a la orden religiosa de la que formaba parte, *Veja* afirmaba que Regnus Agnus Mundi se reducía a algunos «latinajos sueltos, que se podían traducir aproximadamente por Reino del Cordero del Mundo». De las largas horas de entrevista que había concedido, sólo aprovecharon una frase íntegramente. Cuando le preguntaron dónde residía la razón de tanto éxito, él respondió: «Es un don divino.»

El escritor reaccionó contestándole a *Veja* con una carta de pocas palabras: «Me gustaría solamente hacer una corrección sobre el reportaje "El mago en las alturas". No pretendo cobrar mis conferencias para el gran público. El resto no me ha sorprendido: todos nosotros somos muy burros y ustedes, muy inteligentes.» Al periodista Luiz Garcia, de *O Globo*, le envió un largo texto, publicado en media página del periódico con el título «Soy el platillo volante de la literatura», en el cual, por primera vez, Paulo se queja del tratamiento recibido por los medios:

[...] En este momento soy el platillo volante de la literatura, les gusten o no la forma, los colores y los tripulantes. Entonces, que me vean con perplejidad, pero no con tanta agresividad. Hace tres años que el público compra mis libros, en cantidades cada vez mayores, y yo no podría engañar a tanta gente, de todas las franjas de edad y de todas las clases sociales, al mismo tiempo. Todo cuanto he hecho ha sido intentar mostrar mi verdad y las cosas en las que creo sinceramente, aunque la crítica no ha respetado ni eso.

El autor de la crítica le respondió en la misma página, en cuyo final adopta un tono tan corrosivo como en el texto anterior:

[...] Resignado ante el hecho de que seguirá, como dice en su estilo inconfundible, «combatiendo el buen combate», le aconsejo, sólo, que no insista en la tesis de que escribir con simplicidad y escribir mal es lo mismo. No le queda bien.

Las cifras, sin embargo, revelaban que las palabras de Nelson Rodrigues valían también para el mundo de los libros: por suerte para el autor, la crítica no parecía influir en el resultado de las ventas en las librerías. Mientras los periodistas, con la lupa en la mano, buscaban verbos mal conjugados, concordancias dudosas y comas fuera de lugar, los lectores no dejaban de comprar el libro. Una semana después de lanzarlo al mercado, *Brida* estaba en primer lugar en todo el país, atribuyéndole al autor un nuevo récord, el de tener tres libros en las listas de bestsellers nacionales simultáneamente. El fenómeno de masas en que Paulo se convirtió obligó a personas públicas, intelectuales y artistas a tener una opinión formada sobre él, algo que preguntaban en la mayoría de las entrevistas. Curiosamente, ante la unanimidad de la crítica, el mundo de las personalidades parecía dividido ante el nuevo prodigio de las letras nacionales, a juzgar por declaraciones recogidas en periódicos y revistas de la época:

«Es un genio. Enseña que la iluminación no está en las cosas complicadas.» (REGINA CASÉ, actriz)

«¿Quién? ¿Paulo Coelho? No, nunca he leído nada suyo. Pero no es por falta de interés, no. Es porque ya hace mucho tiempo que estoy fuera de la realidad.» (OLGÁRIA MATOS, filósofa y profesora de la Universidad de São Paulo)

«*El Alquimista* tiene que ver con la historia de cada uno. Ese libro me iluminó y me impresionó tanto que se lo he recomendado a mi familia.» (EDUARDO SUPLICY, economista y político)

«Lo leí y se hizo la luz. La narrativa explora la intuición y fluye naturalmente como un río.» (NELSON MOTTA, compositor)

«Los dos libros me iluminaron. Con ellos comprendí cosas muy difíciles de explicar.» (TÉCIO LINS E SILVA, abogado y político)

«He leído *El Peregrino de Compostela*, pero prefiero las letras que hacía para Raul Seixas.» (CACÁ ROSSET, director de teatro)

«Es extraordinariamente iluminador. Habla con el misterio.» (CACÁ DIEGUES, cineasta)

A pesar de la acidez de la crítica, un año después de publicado, se habían editado 58 ediciones de *Brida* y seguía en cabeza en todas las listas con unas ventas que, sumadas a las de los dos libros anteriores, rozaban el primer millón de copias, una cifra que poquísimos autores brasileños habían conseguido alcanzar hasta entonces. Estimulado por el éxito, Paulo se preparaba para mandar a las librerías, en 1991, una bomba en el área de no ficción: un libro autobiográfico que revelaba detalladamente su aventura con Raul Seixas en el mundo de la magia negra y del satanismo, incluida, claro está, la «noche negra», en la que él creía haberse enfrentado al demonio. Al revés de lo que había hecho en sus libros anteriores —no darle los originales a Chris para leer hasta haberle puesto el punto final—, esta vez le daba a su esposa cada capítulo que tenía listo. Mientras Paulo se pasaba los días sobre el portátil Toshiba 1100, ella se electrizaba con la lectura. Cuando estaba llegando a la página seiscientos, sin embargo, recibió una dura advertencia de Chris:

—Paulo, deja de escribir este libro.

—¿Cómo?

—Me encanta el libro. El problema es que es todo sobre el Mal. Sé que el Mal es fascinante, pero no puedes seguir escribiendo estas cosas.

Él intentó —«con argumentos y después tirando todo lo que estaba a mi alrededor»— sacarle aquella idea absurda de la cabeza:

—¡Pero te has vuelto loca, Chris! ¡Al menos podrías habérmelo dicho en la página diez, no en la seiscientos!

—Entonces te voy a contar la razón de mi preocupación: le he consultado a Nuestra Señora Aparecida y ha dicho que no puedes escribir este libro.

Después de mucha discusión, prevaleció, como casi siempre suele pasar, el punto de vista de Chris. Al decidir que aquella obra maldita iba a morir inédita, Paulo imprimió una versión del libro y borró del ordenador todos los vestigios de lo que había escrito. Quedó para comer con el editor Paulo Rocco en el elegante restaurante portugués Antiquarius, en Leblon, y puso sobre la mesa el mamotreto de diez centímetros de grosor:

Para frustración del escritor, en lugar de su foto, la revista *Veja*, pone en la portada una bola de cristal.

—Aquí están los originales del nuevo libro. Abre por cualquier página.

Aunque Rocco, también por superstición, nunca había leído los originales de Paulo antes de enviarlos a la imprenta, en este caso se trataba de un libro envuelto en tanta ceremonia que el editor hizo lo que el autor le sugirió. Abrió el mazo de hojas aleatoriamente, leyó la página y al terminar Paulo le dijo:

—Además de mí y de Christina, habrás sido la única persona que haya leído alguna parte de este libro, porque voy a destruirlo. No le pido al camarero que flambee estos originales porque no quiero que esa energía negativa se transforme en fuego. Ya lo he borrado del ordenador.

Después de la comida, Paulo caminó solo por la playa de Leblon en busca de un lugar para sepultar para siempre el libro. Al ver un camión de la basura masticando el contenido de los contenedores de los edificios del paseo marítimo, se acercó y arrojó al interior los originales, que en unos segundos fueron destruidos completamente, poniendo así fin al libro que nunca sería leído.

26

LA FIEBRE PREVISTA POR MÔNICA CRUZA EL OCÉANO Y ATACA A LECTORES EN FRANCIA, EN AUSTRALIA Y EN ESTADOS UNIDOS

Al destruir en un camión de la basura los originales cargados de tantas energías negativas es posible que Paulo se ahorrase enfados metafísicos futuros. Pero el hecho de tirar un libro prácticamente acabado también suponía un nuevo problema para él y para la editorial: ¿qué lanzar en 1991, para no perder el impulso producido por el gran éxito de los tres bestsellers anteriores? Mientras se decidía, Paulo le sugirió a Rocco adaptar y traducir al portugués un pequeño libro, poco más que un opúsculo, con un sermón proferido en Inglaterra en 1890 por el joven misionero protestante Henry Drummond. Se trataba de *The Greatest Thing in the World*, prédica basada en la carta de san Pablo a los corintios, en la que el autor diserta sobre las virtudes de la paciencia, la bondad, la humildad, la generosidad, la delicadeza, la entrega, la tolerancia, la inocencia y la sinceridad como manifestaciones del «supremo don que le ha sido concedido a la humanidad: el amor». Rebautizada con el título de *El don supremo de Henry Drummond*, la edición brasileña era un libro de algo menos de cien páginas con un sermón capaz de llegar a corazones sensibles. A pesar de haber sido prácticamente ignorado por los medios y lanzado al mercado sin mucho ruido, en pocas semanas, *El don supremo* también entraría en las listas de los libros más vendidos, en las que permanecían, inamovibles, *El Peregrino de Composte-la, El Alquimista* y *Brida*.

El éxito, sin embargo, no parece haber dejado al autor satisfecho. Después de todo, aquélla no era una obra suya, sino una traducción lanzada para ocupar el espacio dejado por las renegadas memorias de su período satánico. Buscando un tema para la nueva novela, Paulo se decidió por una historia aparcada desde 1988, la aventura vivida con Chris en Estados Unidos. La tarea que entonces le fue encomendada por Jean, dice Paulo, era precisa: él y su mujer tenían que someterse a una cuarentena espiritual en el desierto de Mojave, uno de los mayores parques nacionales americanos. Con cerca de sesenta mil kilómetros cuadrados –una área algo menor que el territorio de Lituania–, el desierto es conocido por su clima hostil y por formaciones geológicas únicas, como el valle de la Muerte, cuyos ríos y lagos desaparecen durante la mitad del año, dejando a la vista lechos secos y cubiertos de sal. Para cumplir la ordalía impuesta por el Maestro –encontrar a su ángel de la guarda–, el escritor tendría que valerse de un guía en aquella inmensidad de arena que se extiende por los estados de California, Nevada, Utah y Arizona. El indicado por Jean era alguien de carne y hueso y con un nombre propio: Took.

Obligado a retrasar hasta su regreso los problemas con el editor Ernesto Mandarino, de Eco, el día 5 de septiembre de 1988 Paulo y Chris llegaron al aeropuerto de Los Ángeles, en California, y desde allí se dirigieron en un coche alquilado al sur, hacia el mar de Salton, un lago de aguas saladas de cincuenta kilómetros de largo por veinte de ancho. Después de conducir algunas horas, llegaron a una de esas gasolineras semiabandonadas y tan comunes en las películas sobre el Oeste americano. «¿Falta mucho para llegar al desierto?», le preguntó a la chica que atendía el surtidor. Ella dijo que no, que estaban a casi treinta kilómetros del pueblecito de Borrego Springs, a la entrada del desierto, y les dio algunos consejos importantes: no poner el aire acondicionado con el coche parado para evitar el sobrecalentamiento del motor, meter veinte litros de agua en el maletero y no abandonar el vehículo si surgía algún imprevisto. Paulo se asustó al saber que el desierto estaba tan cerca: «A mi alrededor el clima era suave y la vegetación era de un verde exuberante. Me parecía difícil creer que en quince minutos de viaje todo pudiera cambiar radicalmente, pero fue lo que pasó: después de cruzar una cadena de montañas, la carretera empezó a bajar y aparecieron ante nosotros el silencio y la inmensidad del Mojave.»

Durante los cuarenta días que permanecieron acampados o, cuando podían, alojados en hoteles, Paulo y Chris convivieron con los vestigios históricos que forman parte de la leyenda del desierto: minas de oro abandonadas, restos de carromatos de pioneros cubiertos de polvo, pueblos fantasma, eremitas que querían alejarse del mundo y de la gente, y comunidades de hippies que se pasaban el día en silenciosa meditación. Además de ellos, los únicos seres vivos con los que se cruzaban eran los llamados «vecinos del Mojave»: serpientes de cascabel, liebres y coyotes, animales que para sobrevivir al calor sólo salían de noche.

Las primeras dos semanas de cuarentena tenían que pasarlas en silencio absoluto; no estaba permitido que la pareja se diera ni siquiera los buenos días. Ese período estaría totalmente dedicado a los ejercicios espirituales de san Ignacio de Loyola. Aprobados por el Vaticano en 1548, los ejercicios espirituales, o simplemente «EE», son fruto de la experiencia personal del fundador de la Compañía de Jesús. No se trata, según la creencia católica, de una espiritualidad que deba ser rezada o intelectualizada, sino que hay que vivirla. «A través de la experiencia, el misterio de Dios se le va revelando a cada persona de forma singular e individual –explican los manuales editados por los jesuitas–, y es esta revelación la que deberá transformar tu vida.» El gran objetivo de san Ignacio era que cada persona que hacía los ejercicios se convirtiera en un contemplativo en la acción, «lo que significa ver en todo y en todos la figura de Dios, la presencia de la Santa Trinidad construyendo y reconstruyendo el mundo». Y fue eso, y sólo eso, lo que Chris y Paulo hicieron durante los primeros días: oraciones y reflexiones en busca de Dios. Una noche, una semana después de llegar, estaban sumergidos en esa atmósfera de espiritualidad, sentados en una duna y bajo un cielo de millones y millones de estrellas, cuando un primer estruendo rompió la paz y el

Paulo y Christina durante la peregrinación en el desierto de Mojave, en Estados Unidos. Abajo, el lugar en el que dejó la imagen de Nuestra Señora Aparecida, posteriormente robada.

silencio, seguido de otro más, y otro y otro. El ruido ensordecedor provenía del cielo y era fruto de la explosión de gigantescas bolas de fuego que se deshacían en mil trozos de colores, iluminando por un momento todo el desierto. Necesitaron algunos segundos, sin embargo, para convencerse de que no se trataba del Armagedón, como Paulo recordaría muchos años después: «Asustados, vimos luces brillantes que caían despacio, iluminando el desierto como si fuera de día. De repente empezamos a oír ruidos estruendosos a nuestro alrededor: eran aviones militares que rompían la barrera del sonido. Iluminados por aquella luz fantasmagórica, soltaban bombas incendiarias en el horizonte. Al día siguiente me enteré de que utilizan el desierto para realizar prácticas de guerra. Fue algo horrible.»

Acabadas las dos semanas iniciales de prácticas espirituales, y siempre cumpliendo las instrucciones transmitidas por Jean, Paulo por fin llegó al viejo tráiler, permanentemente aparcado en las cercanías de Borrego Springs, donde vivía Took. Ambos se sorprendieron al ver que el poderoso paranormal del que Jean les había hablado no era más que un chico de veinte años. Orientado por el joven mago, Paulo pasó por decenas de pueblecitos en la frontera de Estados Unidos con México hasta que encontraron a un grupo conocido en la región como las «Valkirias». Eran ocho mujeres muy guapas que vagaban por las ciudades del Mojave vestidas con ropa de cuero negro y conduciendo potentes motos, lideradas por la mayor de ellas, una ex ejecutiva del Chase Manhattan Bank. Al igual que Paulo y Took, Vahalla, la jefa del grupo, también era una iniciada de la orden de RAM. Y sería el contacto con ella lo que llevaría a Paulo, el trigésimo octavo día de viaje, y sin la compañía de Chris, a enfrentarse a una mariposa azul y a una voz que, dice, se comunicaba con él. Después, el escritor asegura haber visto a su ángel, o al menos la materialización de parte de él, un brazo que brillaba a la luz del sol y dictaba palabras bíblicas, que Paulo transcribió, trémulo y asustado, en un trozo de papel.

Conmovido por la emoción, estaba ansioso por contarle a Chris lo que había vivido y decirle que «ver al ángel era todavía más fácil que hablar con él»: «Con creer que los ángeles existen, ya estaba, era suficiente con necesitarlos. Y ellos se mostraban, brillantes como el amanecer.»

Para celebrar el acontecimiento, antes de acabar el viaje, acompañado por Chris y Took, Paulo se adentró en el desierto hasta llegar a un lugar llamado Glorieta Canyon. Después de caminar por un pedregal inhóspito, el escritor se paró delante de una pequeña gruta. Luego sacó del maletero bolsas con cemento y arena y una garrafa de agua, y comenzó a amasar. Cuando ya era consistente, cubrió la base de la gruta con aquella mezcla y, antes de que empezara a endurecerse, fijó por la base una pequeña imagen de Nuestra Señora Aparecida, la santa negra, patrona de Brasil, que llevaba en el equipaje. A los pies de la imagen, escribió en el cemento todavía blando las siguientes palabras:

THIS IS THE VIRGIN OF APARECIDA FROM BRAZIL. ASK FOR A MIRACLE AND RETURN HERE.

[Ésta es Nuestra Señora Aparecida de Brasil. Pídele un milagro y vuelve aquí.]

Encendió una vela, dijo una rápida oración y se fue. De vuelta en Brasil, Paulo pasó otros tres años con los acontecimientos de Mojave en la cabeza. En 1991, al darse cuenta de que los originales destruidos en el camión de la basura necesitaban un sustituto, se decidió a escribir *Las Valkirias*. Según los registros del procesador de textos de su ordenador, las primeras palabras del libro las escribió a las 23.30 horas del día 6 de enero de 1992, un lunes. Al cabo de diecisiete días ininterrumpidos de trabajo, como era su costumbre, tecleó la frase final de la página 239, la última de la obra: «[...] Sólo entonces seremos capaces de entender las estrellas, los ángeles y los milagros.»

El día 21 de abril, cuando el libro ya había pasado todos los procesos y estaba listo para imprimir, Paulo envió desde su apartamento de Río un fax a la editorial Rocco en el que les informaba de que Jean no sugería, sino que «mandaba» y «exigía» cambios en los originales:

Querido Rocco:

Hace media hora recibí una llamada de J. (el Maestro) y me mandó suprimir (o modificar) dos páginas del libro. Estas dos páginas están en medio del libro, y se refieren a una escena llamada «El ritual que derriba los rituales». Dice que en esta escena no debo, en absoluto, relatar las cosas tal como sucedieron; debo utilizar un lenguaje alegórico, o interrumpir la narración del ritual antes de llegar a la parte prohibida.

He decidido optar por la segunda alternativa, pero requerirá algunos ajustes de orden literario. Haré la modificación hoy, pero quería comunicároslo cuanto antes. Así que puedes mandar a recoger este miércoles:

–la modificación exigida por mi Maestro;

–la nueva «Nota del autor».

Si no puedo hacerlo, te vuelvo a enviar un fax, pero como mi Maestro me dijo que tenía que ponerme en contacto inmediatamente con la editorial, eso estoy haciendo (aunque sé que hoy es festivo).

PAULO COELHO

Además de Jean, del autor y de Paulo Rocco, nadie más sabrá jamás qué contenían las páginas censuradas. La supresión, en cualquier caso, no pareció comprometer el resultado de *Las Valkirias* entre los lectores. Menos de veinticuatro horas después de haber sido publicado, en agosto de 1992, de los ciento veinte mil ejemplares de la tirada inicial, la mitad estaban vendidos; eso mismo, casi sesenta mil libros desaparecieron de las estanterías de las librerías en el mismo día del lanzamiento. Quince días después, *El Alquimista* dejaba el primer lugar de las listas de los más vendidos, donde había permanecido 159 semanas consecutivas, para dejar su lugar a *Las Valkirias*. El autor rompía un récord tras otro. Con *Las Valkirias*, Paulo se convertía en el primer escritor brasileño que tenía nada menos que cinco libros en las listas de bestsellers. Además de *Las Valkirias*, también estaban *El Alquimista* (159 semanas), *Brida* (106), *El Peregrino de Compostela* (68) y *El don supremo* (19), marca que sólo fue superada por el americano Sidney Sheldon, uno de los autores más exitosos, que llegó a tener seis libros en listas de Estados Unidos (muchos años después, en 2003, Paulo retomaría el cetro de las manos del autor de *Carta descubierta*, al llegar a tener siete libros en la lista del *Knijnoe Obozrenie*, influyente semanario literario moscovita, y seis meses después repetiría el hecho en la lista del *Sunday Newspaper*, publicado en Bucarest).

Lo que más llamó la atención de la prensa, después del primer impacto de ventas del nuevo libro, no fue su contenido, sino los detalles del contrato del autor con Rocco. Un periódico afirmaba que Paulo iba a recibir el 15 por ciento sobre el precio de venta del libro (en vez del 10 establecido universalmente); otro relataba que recibiría un premio de cuatrocientos mil dólares en cuanto vendiera seiscientos mil ejemplares. Un tercero especulaba sobre los gastos de la editorial en propaganda y decía que, para protegerse de la inflación, el autor exigía pagos quincenales. El *Jornal do Brasil* aseguró que, tras la estela del éxito de *Las Valkirias*, el mercado se iba a «inundar de carteles con la inscripción "yo creo en los ángeles", carteles que anuncian "los ángeles están entre nosotros" y réplicas en cerámica del autor, con perilla y todo, además de seiscientas camisetas de la marca Company estampadas con el arcángel Miguel». Una columnista de Río de Janeiro dio la noticia de que el autor supuestamente había rechazado un caché de cuarenta y cinco mil dólares para aparecer en un anuncio de seguros en el que sólo decía una frase: «Creo en la vida después de la muerte, pero, por si acaso, haga un seguro.» De todo eso, lo que parecía ser realmente la novedad es que, a partir de entonces, Paulo pasaría a interferir también en el precio de venta del libro, área en la que generalmente los autores no se entrometen. Preocupado por mantener su obra accesible a la gente de menor poder adquisitivo, el autor empezó a establecer contractualmente un límite para el precio de sus libros, que, en el caso de *Las Valkirias*, era de once dólares (equivalente a dieciséis dólares, o treinta reales de 2008).

Pasada la curiosidad inicial por números, récords y cifras, empezaron a brotar las críticas. Y fueron del mismo tipo que las de los libros anteriores: «La mediocridad literaria de *Las Valkirias* acaba teniendo

Rio de Janeiro, April 21, 1992

At.: Sr. Paulo Rocco
via fax

Prezado Paulo:

recebi a meia-hora atrás um telefonema de J. (o
mestre), mandando suprimir (ou modificar) duas páginas do livro.
Estas páginas estão no meio do livro, e se referem a uma cena
chamada "O Ritual que Derruba os Rituais". Ele me diz que nesta
cena eu não devo, em absoluto, relatar as coisas como aconteceram
- devo, isto sim, usar uma linguagem alegórica, ou interromper a
narração do ritual antes de chegar `a parte proibida.
Resolvi optar pela segunda alternativa, mas esta vai
requerer alguns ajustes de ordem literária.
Farei esta modificação neste feriado, mas fiquei
ansioso para comunicar logo isto. Então, pode mandar pegar nesta
quarta feira:
- a modificação exigida pelo meu mestre *(enviado em anexo)*
- a nova "Nota do Autor"
- a modificação da carta da Rita - que também exigirá
uma mexida geral do epílogo.

Se eu não conseguir escrever, passo um novo fax, mas
como meu mestre disse que era para entrar em contacto imediato
com a editora, estou fazendo isto (embora saiba que hoje é
feriado). Caso não tenha recebido outro fax além deste, pode
mandar pegar, por favor. Aproveito e devolvo as fitas de vídeo
que tão gentilmente voce alugou para mim.

Um grande abraço,

[assinatura]

*P.S Acabei de fazer os cortes solicitados.
Não vai requerer composição nova,
apenas a eliminação de 3 blocos.
Segue em anexo os blocos a serem
eliminados.*

El mensaje de Paulo a su editor con los cambios exigidos
por Jean en los manuscritos de su nuevo libro, *Las Valkirias*.

un efecto positivo. Podría ser un libro delirante, pero sobre todo es insípido. Así, es más fácil de leer» (*Folha de S. Paulo*); «En términos de literatura, entendida como el arte de escribir, *Las Valkirias* exhibe en dosis generosas la misma calidad que los libros anteriores de Paulo Coelho: es decir, ninguna» (*Veja*); «Los libros de Paulo Coelho, y *Las Valkirias* no es una excepción, no destacan por su virtuosismo estilístico. Además del nudo de fábula, se esculpen toscamente frases que parecen sacadas de una composición escolar» (*O Estado de S. Paulo*).

En medio del linchamiento de la crítica, sin embargo, los periódicos divulgaron discretamente la noticia de que la Secretaría de Educación de Río de Janeiro pretendía adoptar las obras de Paulo Coelho como forma de inculcar a los estudiantes el hábito de la lectura. Las dos reacciones ante la idea, ambas publicadas en el *Jornal de Brasil*, parecían todavía más ásperas que las palabras de los críticos. En la primera de ellas, titulada «Burradas», el periodista Roberto Marinho de Azevedo decía estar estupefacto con la noticia y acusaba a la secretaría de «embotar a esos inocentes con misticismo de octava mano, escrito en portugués descuidado». Peor que el texto era la ilustración que acompañaba al artículo, la caricatura de un estudiante con orejas de burro que lleva en la mano un ejemplar de *El Peregrino de Compostela* (*Diario de un mago*). No sólo eso: en su columna semanal en el *Jornal do Brasil*, el conservador y respetado monje benedictino don Marcos Barbosa, poeta, traductor y miembro de la Academia Brasileña de las Letras, identificaba detrás de aquello la huella del clero progresista:

> Ciertos colegios utilizan libros de Paulo Coelho, o incluso pornográficos, por resultarles más interesantes a los alumnos que Machado de Assis o Raul Pompéia. Los teólogos «modernos» que dejaron a un lado a los ángeles, a pesar de las advertencias de Pablo VI en el Credo del Pueblo de Dios, deben de estar muy sorprendidos con el éxito del escritor-mago, cuya mujer recibe la visita de Ángeles y Valkirias...

Con cuatro libros publicados y convertido en uno de los mayores éxitos literarios de todos los tiempos en Brasil, Paulo podía contar

Publicada en *O Jornal do Brasil,* la
caricatura indigna al autor: según el crítico,
usar libros suyos en las escuelas sería
embrutecer a los alumnos.

con los dedos de la mano las críticas positivas publicadas en su país sobre cualquiera de ellos. Los medios de comunicación, incapaces de ofrecer a los lectores una explicación para el hecho de que un autor que consideraban mediocre tuviera tanto éxito, buscaban respuestas al azar. Algunos preferían atribuirlo sólo a la propaganda de los sucesivos récords que batía el autor, pero eso seguía dejando una pregunta en el aire: si era tan simple, ¿por qué los demás escritores y editores no adoptaban la misma táctica? Estando de paso por Brasil, antes del lanzamiento de *Las Valkirias*, el *Jornal do Brasil* buscó a Mônica Antunes para que respondiera a la pregunta: «¿A qué atribuye usted el éxito de Paulo Coelho?» Con una elegante americana de pata de gallo –puede que demasiado austera para alguien con pinta de adolescente como ella–, la agente remató la cuestión con una frase profética: «Esto es sólo el inicio de una fiebre.»

Otro argumento que se solía emplear para explicar semejante éxito –el bajo nivel cultural del brasileño, poco habituado a la lectura– sería demolido con la entrada de los libros de Paulo en los dos mercados editoriales más emblemáticos, el americano y el francés. La edición en Estados Unidos empezó a finales de 1990. Paulo estaba alojado en el hotel Holyday Inn de Campinas, ciudad a cien kilómetros de São Paulo, preparándose para un debate con estudiantes de la Universidad Estadual de Campinas (Unicamp) sobre el libro *Brida*, cuando sonó el teléfono. Del otro lado de la línea estaba el cincuentón Alan Clarke, dueño del Gentleman's Farmer, un pequeño hotel de cinco habitaciones del tipo *bed and breakfast* en la pequeña ciudad de West Barnstable, en el estado americano de Massachusetts. Hablando fluidamente portugués, Clarke le explicó que en las horas libres hacía de traductor jurado y que había trabajado algunos años en Brasil como ejecutivo de la multinacional International Telephone & Telegraph, la ITT, que dominó las telecomunicaciones en buena parte del mundo hasta el final de los años ochenta. Había leído *El Peregrino de Compostela* y le había gustado, y se ofrecía a traducirlo al inglés. Paulo sabía que el mercado americano podría ser un trampolín para el resto del planeta, pero no le entusiasmó la propuesta:

—Gracias por el interés, pero lo que necesito es un editor en Estados Unidos, no un traductor.

Clarke no se desanimó:

—¿Entonces puedo intentar conseguir un editor para el libro?

Seguro de que aquella conversación iba a acabar en nada, Paulo le dijo que sí. Sin haber trabajado nunca con una obra literaria, Alan Clarke tradujo las 240 páginas de *El Peregrino de Compostela* y salió con los originales en inglés debajo del brazo. Tras un interminable vía crucis y después de oír veintidós veces la palabra «no», dio con alguien que estaba interesado. Valió la pena tanto esfuerzo, porque la editora era nada menos que HarperCollins, en aquella época, la mayor de Estados Unidos. Fue en 1992, cuando Paulo estaba lanzando *Las Valkirias* en Brasil, cuando se publicó el libro, bautizado como *The Diary of a Magician* (mucho tiempo después cambiarían el título por *The Pilgrimage*, «La Peregrinación»). Pasaron los días y las semanas y pronto se vio que *The Diary* no iba a arrasar. «En verdad, el libro simplemente no existió —recuerda el autor—. No se habló de él en los medios y fue prácticamente ignorado por la crítica.»

Sin embargo, la falta de éxito no enfrió el ánimo del agente ni del traductor. Meses después del lanzamiento, Clarke les llevó a los editores de Harper los originales de la traducción que había hecho de *El Alquimista*, y el libro conquistó a todos los lectores profesionales invitados a dar su parecer sobre la conveniencia o no de su lanzamiento en el mercado americano. La dimensión del entusiasmo de HarperCollins por el libro se puede valorar según la tirada de la primera edición: cincuenta mil ejemplares en tapa dura, algo nunca conseguido por otro escritor brasileño, ni siquiera por el consagradísimo Jorge Amado. El olfato de los editores de Harper resultó ser fino: en pocas semanas el libro aparecía en las listas de bestsellers de periódicos importantes como *Los Angeles Time*, el *San Francisco Chronicle* y el *Chicago Tribune*. Aunque era más cara, la edición en tapa dura tuvo tal éxito que hasta dos años después la editorial no sacaría al mercado la versión en edición de bolsillo, más asequible.

La explosión de *The Alchemist* le abrió las puertas de mercados con los que el autor ni soñaba, como el de Oceanía. Publicado en

Australia después de en Estados Unidos, *El Alquimista* sería recibido por el *Sidney Morning Herald* como «el libro del año». El periódico afirmaba que se trataba de «una obra encantadora, de infinita belleza filosófica». Los lectores australianos parecían estar de acuerdo, ya que, semanas después de aparecer en las librerías, llegaría al primer puesto de la lista más importante de bestsellers del país, la del propio *Herald*. Paulo, sin embargo, soñaba con llegar más alto. Él sabía que el reconocimiento como autor no le iba a llegar de Nueva York ni de Sidney, sino del otro lado del Atlántico. Como suele pasar con nueve de cada diez escritores, su sueño era ser publicado —y sobre todo ser leído— en Francia, la tierra de Victor Hugo, Flaubert y Balzac.

A principios de 1993, durante un breve viaje a España, Paulo fue sorprendido por la primera repercusión del éxito americano: la agente Carmen Balcells quería contratarlo. Dueña de la más respetada agencia literaria de Europa, la matriarca catalana contaba entre sus autores con nombres como el del peruano Mario Vargas Llosa y el del colombiano Gabriel García Márquez, premio Nobel de Literatura en 1982. La tentación era grande, pues ser representado por Carmen era recorrer caminos abiertos por los más importantes autores latinoamericanos. El director de la agencia encargado de hacerle la propuesta a Paulo le prometía que la contratación se anunciaría festivamente en la Feria del Libro de Frankfurt, que se iba a celebrar en el segundo semestre, y además: al contrario que la mayoría de los agentes literarios —entre ellos, Mônica Antunes—, que recibían el 15 por ciento de los beneficios, la agencia cobraba sólo el 10 por ciento de los royalties de sus representados.

La propuesta caló hondo. Paulo llevaba tiempo preocupado por la absoluta inexperiencia de ambos —suya y de Mônica— en el mundo editorial extranjero. Ninguno de los dos conocía editores ni periodistas del medio, ni había perspectivas a corto plazo de que cambiase aquella situación. Paulo temía que Mônica acabase enterrando su juventud en aquella aventura, que ya hacía cuatro años que duraba, sin resultados satisfactorios. «Yo tenía la obligación de decirle que nunca iba a poder vivir sólo de ser mi agente internacional —recordaría el escritor, tiempo después—. Para que ella pudiera vivir bien, yo tendría

Después del éxito de *El Alquimista*
en Brasil, la joven agente Mônica
Antunes anuncia proféticamente:
«Esto es una fiebre que no ha
hecho más que empezar.»

que vender millones de libros en el extranjero, y no era eso lo que estaba pasando.» La mejor manera de resolver aquel conflicto interior era poner las cartas sobre la mesa con su colaboradora.

Después de reflexionar bastante sobre la propuesta, la invitó a tomar un café en un bar de Rubí y fue directo al grano. Más que una conversación, lo que tuvieron fue un tenso pulso verbal:

—Sabes quién es Carmen Bacells, ¿no?

—Sí.

—Pues me ha enviado esta carta proponiéndome que su agencia me represente. Tú estás invirtiendo en una persona en la que crees, pero seamos realistas: no vamos a ningún sitio. Este negocio exige experiencia, es un juego de intereses muy poderosos.

Mônica no parecía entender lo que estaba oyendo, pero Paulo siguió:

—Vamos a aceptar que nuestro trabajo no ha dado los frutos que esperábamos. No pasa nada. Es mi vida la que está en juego, pero no quiero que tú sacrifiques también la tuya en busca de un sueño que parece imposible.

Todavía más pálida que de costumbre, ella sólo escuchaba, sin poder creer lo que decía:

—Entonces, siendo realistas, ¿qué te parece si terminamos esta relación? Si quiero irme con Carmen Balcells ahora, me voy. Te pago por todos estos años de trabajo y sigo con mi vida. Pero la última palabra es tuya. Has invertido cuatro años en mí, así que no voy a ser yo el que te eche. Sólo que tienes que entender que, tanto para ti como para mí, lo mejor es que acabemos. ¿No estás de acuerdo?

—No.

—¿Cómo que no? Te pagaré por el tiempo que me has dedicado, por todo tu trabajo. En verdad, ni siquiera tenemos un contrato firmado, Mônica.

—Ni hablar. Si quieres echarme, me echas, pero yo no voy a renunciar.

—Sabes quién es Carmen Balcells. ¿Quieres que le diga que no? ¿Anunciará mi contratación llenando la Feria de Frankfurt con carteles de mis libros y quieres que le diga que no?

Paulo y Alan Clarke, su traductor y primer agente en
Estados Unidos.

—No. Lo que estoy diciendo es que, si quieres echarme, puedes. Eres libre de hacer lo que quieras. Además, ¿no tienes a Alan Clarke en Estados Unidos? Creo que yo podría hacerlo mucho mejor que él.

La convicción con la que hablaba no dejó que Paulo pudiera seguir adelante. En un segundo se evaporó el sueño de los carteles en Frankfurt y de estar en el mismo catálogo que García Márquez y Vargas Llosa. Acababa de cambiar las elegantes salas de reuniones que Carmen Balcells y sus docenas de empleados ocupaban en la avenida Diagonal por Sant Jordi Asociados (que no dejaba de ser una estantería de madera con algunas carpetas de cartón en el pequeño apartamento en el que vivía Mônica). Y fue atrincherada desde su apartamento de Rubí desde donde la joven convirtió *The Alchemist* en el ábrete sésamo de editoriales que, en otras circunstancias, nunca habían prestado atención a una principiante. En septiembre se armó de valor y se preparó para su primer gran desafío: intentar vender a Paulo Coelho en la más importante reunión anual de editores y agentes literarios, la Feria de Frankfurt.

A los veinticinco años, sin ninguna experiencia en el sector y con miedo a enfrentarse sola a aquel desafío, prefirió pedirle a una amiga que la acompañase, su tocaya Mônica Moreira, hija de la poetisa Marly de Oliveira. Su primera sorpresa al llegar a Frankfurt fue descubrir que no había ni una sola habitación de hotel disponible en la ciudad. Y como no se les había ocurrido hacer reservas con antelación, tuvieron que dormir en un albergue de juventud en una ciudad vecina. Durante los cuatro días que duró la feria, Mônica trabajó como una hormiga. En vez de los pósters y los *banners* prometidos por Balcells, su única munición era un modesto kit: una pequeña biografía y un resumen de los resultados de sus libros en Brasil y en otros países. Y con ese único material, recorrió, uno por uno, los stands de las editoriales de todas partes del planeta, concertando el mayor número de reuniones posible. El esfuerzo exhaustivo sería recompensado con creces: a final de año, Mônica había vendido los derechos de publicación de los libros de Paulo Coelho a nada menos que dieciséis idiomas.

El primer contrato que negoció en Frankfurt, con la editorial noruega ExLibris, también cambió su vida personal: cuatro años después, en 1997, el dueño de ExLibris, Øyvind Hagen, y Mônica decidían casarse. En pocos meses contrató la publicación de *El Peregrino de Compostela*, de *El Alquimista*, o de ambos, no sólo a Noruega, sino a países de varios continentes, como Australia, Japón, Portugal, México, Rumania, Argentina, Corea del Sur y Holanda. En 1993 Paulo entró en la edición brasileña del *Libro Guinness de los Récords* por el hecho de que *El Alquimista* hubiera permanecido la impresionante cantidad de 208 semanas consecutivas en la lista de los libros más vendidos de la revista *Veja*. De la tan soñada Francia, sin embargo, no había noticias. Mônica les envió la versión americana a varios editores franceses, pero ninguno de ellos manifestó interés por aquel brasileño del que nunca habían oído hablar. Uno de los que rechazaron los libros de Paulo Coelho fue Robert Laffont, dueño de una tradicional y prestigiosa editorial que fundó durante la segunda guerra mundial. La indiferencia con la que *El Alquimista* fue recibido en Laffont era tal que la lectura profesional, decisiva para la publicación o rechazo de una obra, acabó siendo delegada en la única persona que hablaba portugués en la empresa, una secretaria administrativa, que por su cuenta decretó el rechazo del libro.

El destino, sin embargo, parecía haber decidido que el futuro literario de Paulo Coelho en Francia pasaría por la familia Laffont. A principios de 1993, la hija de Robert, Anne, dejó su puesto de asesora de prensa de la empresa de su padre para crear su propia editorial, la pequeña Éditions Anne Carrière. No se trataba de un hobby para ocupar su tiempo de ocio, sino de un negocio en el que ella y su marido, Alain, invirtieron todos sus ahorros y tuvieron que pedir créditos en bancos, y pedirles prestado dinero a amigos y parientes. La empresa no tenía ni tres meses de vida cuando Brigitte Gregory, prima hermana y mejor amiga de Anne (y una de las inversoras de la nueva editorial), la llamó desde Barcelona, donde estaba de vacaciones, para decirle que había leído la traducción española de un «libro fascinante llamado *El Alquimista*, escrito por un brasileño desconocido». Incapaz de entender ni una palabra de español ni de portugués, Anne se sirvió solamente de la opinión de su prima (y de una breve lectura que hizo su hijo, Stephen, que entendía un poco de español), y le pidió que se enterara de si los derechos de publicación en Francia estaban en poder de algún editor. Al localizar a Mônica, Brigitte se enteró de que *El Alquimista* iba a salir en Estados Unidos en mayo, y la agente quedó en enviarle un ejemplar en cuanto se publicara.

A pesar de sólo tener un vago conocimiento del contenido de la obra al leer la edición americana, Anne parecía dispuesta a invertir lo mejor de sus energías en aquel proyecto. En agosto se formalizó una propuesta de sólo cinco mil dólares de adelanto de los derechos —casi siete mil dólares de 2008, o doce mil reales— pero, en compensación, contrató para traducir *El Alquimista* a un crack del oficio, Jean Orecchioni, profesor de lenguas en cuyo bagaje estaba la traducción al francés de toda la obra de Jorge Amado. La prima Brigitte, que fue la madrina de la publicación, no viviría lo suficiente como para ver el éxito de *L'Alchimiste*. En julio, antes de que el libro estuviera listo, murió víctima de un tumor cerebral. Muchos años después, Anne Carrière le dedicaría a ella su libro de memorias, titulado *Une chance infinie: l'historie d'une amitié* («Una suerte infinita: historia de una amistad», Éditions la Table Ronde), donde relata la historia de su relación con Paulo Coelho y revela los entresijos del mayor *boom* producido en Francia por un autor latinoamericano.

Lentos en todo el mundo, los procesos de producción del libro retrasaron el lanzamiento de *L'Alchimiste* hasta marzo de 1994, cuando Paulo se preparaba para publicar su quinto libro en Brasil, *A orillas del río Piedra me senté y lloré*, o simplemente *Río Piedra*, tal como sería conocido entre los lectores. Anne se enfrentaba a un doble problema: ¿cómo lanzar el libro de un autor desconocido por una editorial también desconocida? ¿Cómo hacer para que los libreros detuvieran sus ojos un minuto más sobre aquel libro, en medio de los miles de títulos que constantemente lanzaban al mercado las editoriales? Pensando en eso, decidió hacer una preedición especial numerada de *L'Alchimiste*, que sería enviada a quinientos libreros franceses un mes antes del lanzamiento. Una parte de la cubierta lo ocupaba un texto escrito por ella misma:

Paulo Coelho es un autor brasileño famoso en toda América Latina. *El Alquimista* relata la historia de un joven pastor que deja su tierra para perseguir un sueño: la búsqueda de un tesoro escondido al pie de las pirámides. En el desierto entenderá el lenguaje de las señales y el sentido de la vida, y aprenderá, sobre todo, a dejar que su corazón le hable. Cumplirá su destino.

En la contracubierta del libro imprimió una frase utilizada por HarperCollins para el lanzamiento en Estados Unidos:

El Alquimista es un libro mágico. Leer este libro es como despertarse de madrugada para ver nacer el sol mientras el resto del mundo todavía duerme.

Si la mitad del camino al éxito estaba garantizada por la buena receptividad de los libreros, la otra mitad, la crítica, parecía haber caído del cielo. La opinión de los más importantes medios de prensa de Francia, entre ellos, la respetada revista *Le Nouvel Observateur*, que años después se convertiría en una severa crítica del autor, era muy favorable a *L'Alchimiste*, como revelan las notas publicadas recogidas por Anne Carrière en su libro:

[...] Con la apariencia de un cuento, Paulo Coelho pacifica el corazón de los hombres y los hace reflexionar sobre el mundo que los rodea. Un libro fascinante que pone semillas de buen sentido en la cabeza y abre el corazón. (ANNETTE COLIN SIMARD, *Le Journal du Dimanche*)

[...] Paulo Coelho manifiesta la virtud de la claridad en grado elevado, lo que hace de su obra un regato de frescor bajo el follaje, un camino de energía que lleva al lector, incluso sin que se dé cuenta, hacia sí mismo, a su alma misteriosa y distante. (CHRISTIAN CHARRIÈRE, *Le Figaro Littéraire*)

[...] Es un libro raro, como un tesoro inesperado que hay que saborear y compartir. (SYLVIE GENEVOIX, *L'Express*)

Paulo y Anne Carrière, su primera editora en Francia.
Para ella, descubrir la existencia del autor fue «una
suerte infinita» que le supuso ocho millones de copias
vendidas.

[...] Es un libro que sienta bien. (Danièle Mazingarbe, *Madame Figaro*)

[...] Escrito con un lenguaje sencillo y muy puro, este relato de un viaje de iniciación por el desierto, donde a cada paso una señal se sucede a otra, donde todo el misterio del mundo se encuentra en una esmeralda, donde se siente, aunque volátil, el «alma del mundo», donde se dialoga con el viento y el sol, envuelve literalmente. (Annie Copperman, *Les Échos*)

[...] La alegría de su narrativa vence nuestros prejuicios. Es tan raro, tan valioso, en los tórridos y asfixiantes días de hoy, respirar un poco de frescor. (*Le Nouvel Observateur*)

Ahora sólo había que esperar y recoger los frutos, y no tardaron mucho en aparecer. La tímida tirada inicial de cuatro mil ejemplares desapareció de las librerías en pocos días y, a finales de abril, cuando ya se habían vendido dieciocho mil ejemplares, *L'Alchimiste* apareció por primera vez en una lista de bestsellers, en el semanario *Livres Hebdo*, dedicado al mundo editorial. No se trataba de una publicación de gran público y su lugar no era de los mejores —figuraba en el vigésimo y último puesto—, pero, tal como Mônica había vaticinado, aquello sólo era el comienzo. En el mes de mayo *L'Alchimiste* llegó al noveno puesto de la lista más importante de los más vendidos, la de la revista semanal *L'Express*, en la que permanecería la increíble cantidad de trescientas semanas consecutivas. El libro tenía éxito en varios países, además de Brasil, pero la consagración en Estados Unidos y en Francia sería el salvoconducto para que el autor dejara de ser una simple excentricidad latinoamericana y se convirtiera en un fenómeno planetario.

27

EL GOBIERNO BRASILEÑO EXCLUYE A PAULO DE LA CARAVANA DE ESCRITORES QUE VA A FRANCIA, PERO CHIRAC LO RECIBE CON LOS BRAZOS ABIERTOS

Si el mundo se inclinaba ante Paulo Coelho, la crítica brasileña parecía fiel a la máxima acuñada por el compositor Tom Jobim –según la cual, «en Brasil el éxito ajeno se recibe como una ofensa personal, un insulto»–, y seguía tratando sus libros a patadas. El gran éxito de *L'Alchimiste* pareció animarlo a enfrentarse a los críticos. «Antes mis detractores podían concluir, injuriosamente, que los brasileños eran unos burros porque me leían –declaró ante el periodista Napoleão Sabóia, del periódico *O Estado de S. Paulo*–. Ahora que mis libros se venden muy bien en el extranjero, resulta un poco difícil universalizar la acusación de burros.» Ni así. Para el crítico Silviano Santiago, doctor en literatura por la Sorbona, ser bestseller incluso en un país como Francia no significaba absolutamente nada. «Hay que desmitificar el éxito que tiene en Francia –declaró a la revista *Veja*–. El público francés es tan mediocre o poco sofisticado como el gran público de cualquier otro país.» Algunos no se molestaban ni en abrir los libros de Paulo para condenarlos. «No lo he leído ni me ha gustado», sentenció David Arrigucci Jr., otro respetado crítico y profesor de literatura de la Universidad de São Paulo. Nada de eso, sin embargo, parecía importarles a los lectores brasileños, y menos aún a los extranjeros. Al contrario. A juzgar por las cifras, su ejército de lectores y admiradores crecía en la misma proporción que la virulencia de los críticos. La situación se repetiría en 1994, cuando lanzó, además de *Río Piedra*, un libro de 190 páginas titulado *Maktub*, una recopilación de las microcrónicas, fábulas y reflexiones que desde 1993 publicaba en *Folha de S. Paulo*.

Así como *Las Valkirias* estaba inspirado en la penitencia realizada en 1988 por él y Chris en el desierto de Mojave, en *Río Piedra* Paulo comparte con los lectores otra experiencia espiritual, el Camino de Roma, realizado en 1989 por el sur de Francia, en parte acompañado de Mônica Antunes. En las 236 páginas del libro describe siete días de la vida de Pilar, una estudiante de veintinueve años que lucha para acabar sus estudios en Zaragoza y se reencuentra con un compañero con el que había vivido una aventura adolescente. El reencuentro tiene lugar tras una conferencia dada por el chico (sin nombre en el libro, como todos los demás personajes, salvo la protagonista). Seminarista y devoto de la Inmaculada Concepción, él confiesa su pasión por Pilar durante un viaje de Madrid a Lourdes. Ella y su compañero representan, según Paulo, una inmersión en el mito del miedo a amar, el miedo a la entrega total que persigue a la humanidad como una especie de pecado original. Como en la historia de santa Teresa de Ávila, el desenlace, también místico, saca a la luz lo que el escritor considera una concepción profunda y lacerante del amor. En el camino de vuelta a Zaragoza, Pilar se sienta a orillas del río Piedra, un pequeño regato a cien kilómetros al sur de la ciudad, y allí derrama sus lágrimas para que se unan a otros ríos y desemboquen en el océano.

Más centrado en rituales y símbolos del catolicismo que en los temas mágicos de los libros anteriores, *Río Piedra* mereció inesperados elogios de religiosos como el cardenal arzobispo de São Paulo, don Paulo Evaristo Arns, pero por parte de la crítica no habría ninguna sorpresa. Al igual que había sucedido con los otros cinco libros, tanto *Río Piedra* como *Maktub* serían despellejados públicamente por los medios brasileños. El crítico Geraldo Galvão Ferraz, del *Jornal da Tarde*, de São Paulo, tachó *Río Piedra* de «cóctel mal proporcionado de misticismo, religión y ficción mediocres, bañado de lugares comunes y habitado por personajes estereotipados que se pasan la mayor parte del tiempo haciendo discursos solemnes». El tratamiento que el autor hace de lo que llama la «parte femenina de Dios» fue ironizado por otro periodista como un «Paulo Coelho para chicas». La revista *Veja* le confió la reseña de *Maktub* a Diogo Mainardi, un joven guionista que años después se convertiría en uno de sus más polémicos columnistas. En tono provocativo, Mainardi ironizaba fragmentos cogidos del libro para acabar comparando *Maktub* con un par de calcetines sucios que había olvidado en el coche:

> En verdad, todas esas tonterías no significarían nada si Paulo Coelho no fuera más que un charlatán que gana un poco de dinero con la estupidez ajena. Yo no estaría perdiendo el tiempo haciendo la reseña de un autor de pacotilla si se limitase a publicar un manual de fórmulas esotéricas de vez en cuando. Sin embargo, no es así. En la última Feria del Libro de Frankfurt, cuyo tema era Brasil, Paulo Coelho se vendió como si fuera un escritor de verdad, como un legítimo representante de las letras nacionales. Eso ya es demasiado. Por malos que sean nuestros escritores, siempre son mejores que Paulo Coelho. Que haga lo que crea mejor. Con tal de que no se presente como escritor. Después de todo, hay tanta literatura en Paulo Coelho como en mis calcetines sucios.

Como en las anteriores ocasiones, los críticos no parecían influir en el resultado de las ventas en las librerías. Excluido de las páginas de los periódicos y revistas, *Río Piedra* batió el récord de *Las Valkirias* y vendió, el primer día, setenta mil ejemplares. Y semanas después de haber sido publicado, *Maktub* también brillaba en las listas de bestsellers. La única diferencia es que esta vez la víctima de los ataques estaba a miles de kilómetros de Río, recorriendo Francia en compañía de Anne Carrière para atender las docenas de invitaciones a conferencias y debates con los lectores que se multiplicaban en progresión geométrica. Además del enorme éxito del autor, la presencia de Paulo en la Feria de Frankfurt de 1994, la primera en la que participaba, dejó claro que los prejuicios en contra de su obra no eran exclusivos de los críticos brasileños, sino también de sus colegas escritores.

Aunque el Ministerio de Cultura del presidente Itamar Franco estaba ocupado en aquella época por un viejo amigo del escritor, el diplomático Luís Roberto do Nascimento e Silva, hermano de su ex novia Maria do Rosário, la discriminación se manifestó desde el principio. Para representar a las letras brasileñas —ese año la feria homenajeaba a Brasil—, el ministerio organizó una caravana de dieciocho escritores para viajar a Alemania con todos los gastos pagados por el gobierno y no incluyó a Paulo. Según el ministro Nascimento e Silva, el criterio de elección de los invitados había sido la «popularidad y el conocimiento de los autores por parte de los alemanes». Por eso Paulo fue a expensas de la editorial Rocco. Y el autor no parecía tener resentimientos: antes de irse, una de sus declaraciones a la prensa fue para apoyar al candidato del gobierno a la presidencia de la república, el entonces ex ministro de Hacienda, Fernando Henrique Cardoso.

Frankfurt dejó claro que, de hecho, el éxito del autor de *El Alquimista* producía malestar no sólo entre los periodistas. Para festejar los contratos que consiguió por todo el mundo, su editor alemán de entonces, Peter Erd, dueño de una editorial con el mismo nombre, ofreció un cóctel al que invitó a todos los editores de Paulo presentes en la feria y, naturalmente, a cada uno de los miembros de la delegación brasileña. Muy concurrida, la fiesta no fue un éxito absoluto por la marcada ausencia de todos los invitados brasileños, y considerada por el homenajeado como una suprema humillación: además del propio Paulo, Chris y Mônica, los dos únicos brasileños presentes eran el novelista de Minas Gerais Roberto Drummond y el poeta bahiano Waly Salomão. De los demás miembros de la delegación, sólo Chico Buarque tuvo la delicadeza de llamar para agradecer la invitación y decir que no iba a asistir porque daba una conferencia a la misma hora. En defensa de Paulo saldría una poderosa y solitaria voz, la del bahiano Jorge Amado, que no formaba parte de la caravana. «Lo único que hace que la intelectualidad brasileña ataque a Paulo Coelho es el éxito que tiene», clamó el autor de *Gabriela, clavo y canela*.

Sorda ante el desdén brasileño, en 1995, la fiebre denominada «coelhomanía» por la revista británica *Publishing News*, o «coelhis-

Paulo da una entrevista en Frankfurt al lado de Chico Buarque,
uno de los pocos brasileños que no lo despreció en la feria.

mo» por los medios franceses, adquirió proporciones de pandemia. Cuando el cineasta francés Claude Lelouch y después el americano Quentin Tarantino (que meses antes había recibido la Palma de Oro del Festival de Cannes por su película *Pulp Fiction*), interesados en adaptar *El Alquimista* al cine, se pusieron en contacto con él, Paulo les respondió que llegaban tarde, ya que la gigante americana Warner Brothers se había llevado los derechos por 300.000 dólares (400.000 dólares de 2008, o 720.000 reales). Además de ellos, el también premiado director Roman Polanski les reveló a los periodistas su intención de hacer un guión y rodar *Las Valkirias*. En mayo, cuando Anne Carrière preparaba el lanzamiento de una edición de *L'Alchimiste*, ilustrada por Moebius, el nombre europeo más importante de HQ, la editorial Hachette, propietaria de la revista femenina *Elle*, anunció que el Gran Premio Elle de Literatura de ese año se lo habían dado a Paulo Coelho. Tal cosa llevó a que lo retratasen en la sección «Portrait» de la revista *Lire*, la biblia del mundo literario francés, pero la coronación llegaría en octubre. Después de 37 semanas en segundo lugar, *L'Alchimiste* destronaba *El primer hombre*, novela inacabada del genial escritor francoargelino Albert Camus, pasando a liderar la lista de más vendidos de *L'Express*, la revista más importante de Francia. Al mismo tiempo que superaba en ventas a un icono de la cultura francesa como Camus, agraciado con el Nobel de Literatura en 1957, *L'Alchimiste* era comparado por dos célebres críticos con otra gloria nacional, *El Principito*, de Antoine de Saint-Exupéry. «Sentí lo mismo al leer los dos libros —escribió Frédéric Vitoux en su columna en la revista *Le Nouvel Observateur*—. Me encantó con esa sensibilidad, esa frescura, esa ingenuidad del alma.» Su colega Eric Deschot, del semanario *Actuel*, compartía la misma opinión: «No es una comparación sacrílega, pues la sencillez, la transparencia y la pureza de esta fábula recuerdan el misterio de la historia de Saint-Exupéry.»

La noticia de que había llegado al primer puesto de *L'Express*, Paulo la recibió en Extremo Oriente, donde se encontraba en compañía de Chris para cumplir una larga agenda de promoción y debates con lectores. Una tarde, mientras el *shinkansen*, el tren de alta velocidad japonés que los llevaba desde Nagoia a Tokio, pasó por delante del nevado monte Fuji, el más alto accidente geográfico del país y considerado sagrado por los japoneses, el escritor tomó una decisión: al llegar a Brasil cambiaría de editorial. La decisión no se debía a ninguna señal que sólo él había captado, sino que era la conclusión de una larga reflexión sobre sus relaciones con Rocco. Entre otras divergencias, Paulo reivindicaba un sistema de distribución que abriera sus libros a canales de venta alternativos a las librerías –como quioscos y supermercados–, para que pudieran llegar a los lectores de renta más baja. Rocco llegó a pedirle un estudio a la empresa Fernando Chinaglia, experimentada distribuidora de periódicos y revistas, pero la cosa quedó ahí. El autor llegó a mantener contactos con algunas editoriales, pero el día 15 de febrero el siempre bien informado columnista Zózimo Barroso do Amaral publicó una nota en el periódico *O Globo* en la que informaba de que llegaba a su fin «uno de los matrimonios más envidiados del círculo literario».

Los demás periódicos se hicieron eco de la primicia y días después todo el país sabía que, por un millón de dólares (equivalentes en 2008 a 1,3 millones de dólares, o 2,3 millones de reales), Paulo se pasaba de Rocco a la editorial Objetiva. Ese dineral, una cantidad que nunca llegó a cobrar ningún otro autor brasileño, no iba a parar al bolsillo del autor, sino que se iba a dividir, más o menos en la misma proporción que los contratos firmados con su antiguo editor: el 55 por ciento representaba un adelanto de los derechos de autor, y el 45 restante eran para invertir en la divulgación de su próximo libro, *La Quinta Montaña*. Era una apuesta alta para Roberto Feith, periodista, economista y ex corresponsal internacional de la Rede Globo de Televisão, que cinco años antes había asumido el control de Objetiva. Sólo los 550.000 dólares de adelanto ofrecidos como royalties a Paulo representaban el 15 por ciento del total de facturación de la editorial, beneficios que procedían sobre todo de las ventas de sus tres autores fetiche, los americanos Stephen King, Harold Bloom y Daniel Goleman. Los especialistas consultados por la prensa fueron unánimes al asegurar que, si *La Quinta Montaña* repetía los resultados de *Río Piedra*, en pocos meses Objetiva recuperaría el millón invertido en la operación. Aparentemente, el cambio no provocó resentimientos en su antiguo editor; después de todo, Paulo se había pasado a Objetiva pero le había dejado a Rocco toda su *backlist*, la rentable colección de siete libros publicados con ella desde 1989. De hecho, un mes después de anunciar el cambio, Paulo Rocco estaba entre los invitados del escritor a su tradicional fiesta de San José, el día 19 de marzo.

Inspirado en un pasaje bíblico (1 Reyes, 18, 8-24), la novela *La Quinta Montaña* narra en 284 páginas el sufrimiento, las dudas y los descubrimientos espirituales del profeta Elías durante su exilio en Sarepta, en Fenicia, actual Líbano. La ciudad, de pueblo culto y famoso por su agudeza comercial, no sufría guerras desde hacía trescientos años, y estaba a punto de ser invadida por los sirios. El profeta se encuentra con conflictos religiosos, y se ve obligado a enfrentarse o a la ira de los hombres, o a la de Dios, cuya voluntad se ve forzado a infringir por imposiciones terrenales. En el prólogo, Paulo una vez más revela la relación entre sus experiencias personales con la temática de sus libros. Al afirmar que tal vez haya aprendido, con *La Quinta Montaña*, a entender y lidiar con lo inevitable, recuerda su despido de la discográfica CBS, ocurrida diecisiete años antes y que había supuesto el fin de una prometedora carrera como ejecutivo discográfico:

> Al terminar de escribir *La Quinta Montaña*, me acordé de este episodio, así como de otras manifestaciones de lo inevitable en mi vida. Siempre que me sentía absolutamente dueño de la situación, pasaba algo que me derribaba. Yo me preguntaba: ¿por qué? ¿Estaré siempre condenado a acercarme, pero jamás cruzar la línea de llegada? ¿Será que Dios es tan cruel como para hacerme ver las palmeras en el horizonte, sólo para matarme de sed en medio del desierto? Tardé mucho tiempo en entender que no era exactamente eso. Hay cosas que son colocadas en nuestras vidas para reconducirnos al verdadero camino de nuestra Leyenda Personal. Otras surgen para que podamos aplicar todo aquello que aprendimos. Y, finalmente, algunas llegan para enseñarnos.

El libro estaba listo para entregarlo a Objetiva cuando Paulo, haciendo nuevas pesquisas, desenterró información sobre pasajes de la vida del profeta Elías que no aparecían en las Escrituras (exactamente el período en el que el personaje vivió su exilio en Fenicia, la época escogida por el autor para ambientar la narrativa de *La Quinta Montaña*). El descubrimiento lo entusiasmó, pero tuvo que reescribir prácticamente todo el libro, que no llegó al público hasta agosto de 1996, durante la 14 Bienal del Libro de São Paulo. El lanzamiento estuvo precedido de una gran campaña publicitaria creada por la agencia paulista Salles/DMB&B, cuyo dueño, el publicista Mauro Salles, era un viejo amigo y gurú informal del escritor en asuntos de mercado (a quien le dedicó el libro). La campaña incluía anuncios a toda página en los cuatro principales periódicos del país (*Jornal do Brasil*, *Folha de S. Paulo*, *O Estado de S. Paulo* y *O Globo*) y en las revistas *Veja-Rio*, *Veja-SP*, *Caras*, *Claudia* y *Contigo*, 350 carteles en autobuses de Río de Janeiro y de São Paulo, ochenta *outdoors* en Río, *displays* para puntos de ventas y *banners* plásticos para librerías. Inspirado en la idea de Anne Carrière, que había acertado de lleno al lanzar *El Alquimista* en francés, Paulo sugirió y el editor Feith mandó hacer una edición especial de *La Quinta Montaña* numerada y firmada por el autor para distribuir entre cuatrocientos libreros de todo Brasil una semana antes de que la edición normal llegase al público. Para evitar cualquier filtración a la prensa, cada agraciado tuvo que firmar un contrato de confidencialidad, comprometiéndose a no anticiparle a nadie la historia del profeta Elías.

El resultado sería proporcional al esfuerzo de la promoción. Distribuidos el día 8 de agosto, en menos de veinticuatro horas desaparecieron de las librerías ochenta mil de los cien mil ejemplares de la primera edición. Más de once mil se vendieron en una semana de la Bienal del Libro, en la que Paulo era aguardado por filas de lectores que parecían no tener fin y donde firmó ejemplares durante diez horas seguidas. *La Quinta Montaña* aún no llevaba dos meses publicado cuando las ventas llegaron a los 120.000 ejemplares, lo que significaba que los 550.000 dólares pagados al autor como adelanto volvieron a la caja de la editorial, mismo destino de los 450.000 restantes en los meses siguientes.

En el caso de *La Quinta Montaña* la crítica parecía mostrar señales de suavizarse. «Dejemos que los hechiceros juzguen si Coelho es brujo o charlatán, aquí poco importa –publicó *A Folha de S. Paulo*–. El hecho es que narra historias muy digeribles, sin atletismos literarios, y consigue seducir a lectores en docenas de idiomas.» En su principal competidor, el periódico *O Estado de S. Paulo*, el exigente crítico y escritor José Castello no ahorró elogios al nuevo libro. «El estilo enjuto y conciso de *La Quinta Montaña* demuestra que su pluma está más afilada y es más precisa –afirmó en la reseña publicada en el suplemento cultural–. Gusten o no sus libros, Paulo Coelho también es víctima de prejuicios, los mismos [...] que, extrapolados al terreno religioso, han inundado el planeta de sangre.» Una semana antes del lanzamiento, hasta la testaruda *Veja* parecía doblegarse ante las evidencias, al dedicarle al autor un largo y simpático reportaje titulado «La sonrisa del mago», al final del cual publicaba en exclusiva un fragmento de *La Quinta Montaña*. Para no perder la costumbre, sin embargo, en medio del torrente de elogios, la revista reducía el contenido de la obra de Paulo a lo que calificó como «historias ingenuas cuyo "mensaje" suele tener la misma profundidad filosófica que las películas de la serie *Karate Kid*».

En el siguiente lanzamiento, sin embargo, cuando salió el *Manual del guerrero de la luz*, la crítica volvería con el doble de ganas. Primer libro de Paulo publicado en el extranjero antes de salir en Brasil, el *Manual* nació de una sugerencia de Elisabetta Sgarbi, de la editorial italiana Bompiani. Entusiasmada con el éxito de los libros del autor en Italia (*Río Piedra* acabó desbancando de las listas locales a la novela *La isla del día de antes,* del consagrado Umberto Eco), se puso en contacto con Mônica para saber si el autor tenía algún trabajo inédito para la colección *Assagi*, que Bompiani acababa de crear. Paulo hacía tiempo que rumiaba la idea de consolidar en un único libro anotaciones y reflexiones registradas a lo largo de los años, y tal vez ése fuera el momento apropiado. Algunos de los mensajes utilizados en el libro se habían publicado en *A Folha de S. Pau-*

lo, lo que lo llevó a adoptar en el *Manual* el mismo límite impuesto por el periódico para su columna: sólo once líneas por texto, ni una más. Casi siempre en forma de metáforas, simbolismos y referencias religiosas y medievales, Paulo les revela a los lectores del *Manual del guerrero de la luz* el conjunto de experiencias vividas a lo largo de lo que llama «mi proceso de crecimiento espiritual». Para él, el grado de impregnación entre autor y obra es tal que el *Manual* se convirtió en el «libro clave» para la comprensión de su universo. «No tanto del universo mágico como, sobre todo, del ideológico –advierte–. El *Manual del guerrero de la luz* es tan importante para mí como lo fue el *Libro rojo* para Mao o el *Libro verde* para Gaddafi.» Además de la columna del periódico, la presencia de la expresión «guerrero de la luz» –alguien siempre empeñado en realizar su sueño, sin importarle la dimensión de los obstáculos– aparecía en varios de sus libros, como en *El Alquimista, Las Valkirias* y *Río Piedra*. Y si aún quedaban dudas respecto a su significado, la recién creada página del autor en Internet se encargaba de responderlas:

Este libro reúne una serie de textos para recordarnos que en cada uno de nosotros vive un guerrero de la luz. Alguien capaz de escuchar el silencio de su corazón, de aceptar las derrotas sin dejarse abatir, de alimentar la esperanza en medio del desánimo y del cansancio.

Cuando se lanzó en Brasil, el *Manual* iba precedido por el éxito del *Manuale del guerriero della luce* en Italia, pero eso no pareció impresionar a los críticos brasileños. Ni a la *Folha de S. Paulo*, que publicó originalmente varios de los mini capítulos reproducidos en el *Manual*. En un corto artículo de dos columnas, el joven periodista Fernando Barros e Silva, uno de los editores del periódico, se refería al lanzamiento como el «más reciente espasmo místico de nuestro mayor fenómeno editorial», y descalificaba al autor ya en las primeras líneas:

Paulo Coelho no es un escritor, ni siquiera un escritor malo. Es inútil llamar subliteratura a lo que hace; sería un elogio. Se parece a Edir Macedo [«obispo» dirigente de la Iglesia Universal del Reino de Dios], no a Sidney Sheldon. [...] Dicho esto, vamos con el libro en sí. No hay novedades. El secreto, como siempre, está simplemente en soltar trivialidades de modo que el lector pueda leer lo que mejor le convenga. Como en el *I Ching*, se trata de «iluminar» caminos, de «sugerir» verdades a partir de metáforas vacías, de frases tan difusas y rodeadas de humo metafísico que lo dicen todo precisamente porque no dicen nada. [...] En esa exitosa fórmula caben todos los tópicos: descripción ecológica e idílica de la naturaleza, alusiones a luchas interminables entre el bien y el mal, pinceladas de culpa y redención cristianas, todo cosido con un lenguaje plano, tosco, que parece obra de un niño de ocho años y que tiene como objetivo a gente de edad mental de la misma franja de edad. Con cada lectura de Paulo Coelho, aun poniendo cuidado y atención, se vuelve uno más tonto y peor que antes.

Manifestaciones como ésa le exponían y reiteraban al escritor el tedioso y repetitivo abismo que separaba la opinión de la crítica y el comportamiento de sus lectores. Como había pasado con su primer libro —y seguiría ocurriendo con los siguientes—, a pesar de haber sido objeto de ironías como la del periódico, el *Manual* apareció días después como bestseller no sólo en la *Folha* de Barros e Silva, sino en todas las listas publicadas por la prensa brasileña. Esto le otorgaría a Paulo un logro que probablemente ningún otro autor haya alcanzado: estar con el mismo libro en el primer lugar de la lista de los más vendidos de no ficción (en este caso, en el periódico *O Globo*) y de ficción (en el *Jornal do Brasil*). En el resto del mundo no sería diferente: traducido a veintinueve idiomas, en Italia el *Manual* vendería más de un millón de copias, convirtiéndose en el libro de más éxito del autor en el país, después de *El Alquimista* y de *Once minutos*, y una década después de publicado por Bompiani todavía mantenía una media de cien mil ejemplares al año. La popularidad del *Manuale del guerriero della luce* en Italia adquirió tal dimensión que, a finales de 1997, la estilista Donatella Versace, hermana y heredera de Gianni Versace, muerto el año anterior, anunció que la colección de la marca para 1998 estaba inspirada en el libro de Paulo. En Francia,

L'Alchimiste alcanzó los dos millones de copias vendidas, y *Río Pie-dra*, 240.000, resultado que llevaría a Anne Carrière a adquirir por 150.000 dólares (equivalentes a 400.000 dólares de 2008, o 680.000 reales) los derechos de publicación de *La Quinta Montaña*. Meses antes del anuncio de la venta, el autor se emocionó al recibir del gobierno de Francia el título de Caballero de las Artes y las Letras. «Es usted el alquimista de millones de lectores, que dicen que escribe usted libros que hacen el bien —lo elogió el ministro de Cultura, Philippe Douste-Blazy, encargado de entregarle la medalla—. Sus libros hacen el bien porque estimulan nuestro poder para soñar, nuestro deseo de búsqueda y de creer en nosotros mismos en esa búsqueda.»

Algunos brasileños, sin embargo, seguían rechazando al compatriota recibido con alfombra roja dondequiera que fuese. Esa actitud se hizo explícita una vez más a principios de 1998, cuando se anunció que Brasil iba a ser el país homenajeado por el 18 Salón del Libro de París, entre el 19 y el 25 de marzo de ese año. El ministro de Cultura, Francisco Weffort, le encargó al presidente de la Biblioteca Nacional, el académico Eduardo Portela, que organizase la caravana de escritores que iban a participar en el evento como invitados del gobierno brasileño. Después de varias semanas de conversaciones, cuando faltaban diez días para el viaje, la prensa recibió la nutrida lista de los cincuenta agraciados con una semana de ocio pagado en París. Tal como había sucedido cuatro años antes en Frankfurt, el nombre de Paulo no estaba entre los invitados. Era un agravio inútil del gobierno al escritor que lo había apoyado, porque él ya no dependía de invitaciones oficiales para participar en fiestas como aquélla. Invitado por su editora, el día de la inauguración del salón estuvo firmando autógrafos de *La Cinquième Montagne*, la versión francesa de *La Quinta Montaña*, lanzado con una tirada de 250.000 ejemplares (no demasiado para alguien que había vendido cinco millones de libros en el país). En realidad, el escritor llegó a París una semana antes que la delegación brasileña, e hizo un verdadero maratón de entrevistas a periódicos, revistas y nada menos que seis programas diferentes de la televisión francesa. Finalmente, la noche del 19 de marzo, al son de una ruidosa y auténtica batucada brasileña, el presidente Jacques Chirac y la primera dama Ruth Cardoso, representando a su marido, el presidente Fernando Henrique, cortaron la cinta inaugural del salón y caminaron, rodeados de una multitud de periodistas y guardias de seguridad por algunas de las áreas del centro de convenciones Paris Expo, donde se realizaba el evento. Ante la mirada desconcertada de los brasileños, a cierta altura el presidente Chirac se apartó del grupo, entró en el stand de Éditions Anne Carrière, saludó a la editora y, con una enorme sonrisa, abrazó efusivamente a Paulo Coelho, elogiando al único escritor brasileño que había leído, según se sabría más tarde, y a quien condecoraría personalmente dos años más tarde con la prestigiosa Legión de Honor, la misma que en el pasado le colocaron en la solapa a celebridades internacionales como Winston Churchill, John Kennedy e incluso a algunos brasileños ilustres, como Santos Dumont, Pelé y Oscar Niemeyer. Antes de seguir, Chirac aún le dedicó un halago a Anne Carrière: «Debe de haber ganado usted mucho dinero con los libros de *monsieur Coelô*. ¡Enhorabuena!»

Abierto al público al día siguiente, el lugar sería escenario de otro récord del brasileño. Por primera vez desde que se había creado, en 1970, el Salón de París vería a un autor firmar autógrafos durante más de siete horas seguidas, en un maratón que sólo se interrumpía para ir un momento al baño o para fumar un Galaxy. Además, el broche de oro de la temporada parisiense sería de Anne Carrière. Días antes del final del evento, ella cerró el Carroussel du Louvre, la elegante y exclusiva galería bajo el famoso museo y donde se solían realizar los desfiles de los grandes modistos europeos. Allí Paulo ofrecería un banquete de seiscientos comensales, regado con vino y champán finos, a libreros, editores, periodistas y personalidades del mundo intelectual. Retando a aquellos que habían querido menospreciarlo, el anfitrión se encargó de que cada uno de los miembros de la delegación brasileña recibiera en el hotel una invitación personal para la cena. Uno de ellos era el periodista y escritor Zuenir Ventura, que acababa de publicar un libro con el sugerente título de *Envidia* y que recordaría la preocupación de Paulo por saber si los brasileños eran bien atendidos: «No cenó, se pasó la noche sentándose a la mesa de cada grupo de invitados. A pesar de estar allí, en las alturas, teniendo a sus pies a los importantes del mundo literario, Paulo seguía siendo exactamente la misma persona de siempre. Cuando vino a mi mesa, en vez de festejar su noche, quería saber cómo iba mi libro *Envidia*, si ya había recibido propuestas para traducirlo, quería ayudarme...»

A la hora de los brindis el autor pidió a la banda brasileña que dejara de tocar un momento para poder hablar. Visiblemente emocionado y hablando en buen francés, les agradeció a todos su presencia, se explayó en elogios para sus colegas brasileños y le dedicó la noche a un ausente: «Me gustaría que esta noche de fiesta se convirtiera en un homenaje de todos nosotros al mayor y mejor de todos los escritores brasileños, mi querido amigo Jorge Amado, por el que pido que brindemos todos.»

Otra vez al son de la música brasileña, los seiscientos invitados convirtieron en una pista de baile los venerados salones de mármol del Carroussel y bailaron samba hasta la madrugada. De vuelta al hotel, encontraron otra sorpresa: en un envoltorio de terciopelo, un ejemplar de *La Quinta Montaña* en una edición impresa especialmente para el evento. Cada uno de ellos tenía la misma frase, manuscrita en francés y firmada por el autor: «La perseverancia y la espontaneidad son las condiciones paradójicas de la leyenda personal.» Cuando Paulo subió al avión para volver a Brasil, tres semanas después de haber llegado a París, el público francés había comprado doscientos mil ejemplares de *La Quinta Montaña*.

Paulo parecía haber escogido el año 1998 para hacer públicos detalles e intimidades de su vida como forma para liberarse de algunos fantasmas del pasado. En una larga entrevista concedida al periodista Juan Arias, corresponsal en Brasil del periódico español *El País* —republicada en diez idiomas en el libro *Confesiones de un peregrino*—, abre su corazón y habla por primera vez, más abiertamente, de su camino espiritual, de sus mujeres, de su carrera, admite haber sido cobarde en algunas ocasiones y revela que mantuvo relaciones con hombres para comprobar si era o no homosexual.

Sólida y confortablemente instalado en el podio de los autores que más libros vendían en el mundo, Paulo Coelho empezó a ser

Ante la mirada de la primera dama
Ruth Cardoso, el presidente francés
Jacques Chirac hace un alto en el stand
para saludar a Paulo, que había sido
menospreciado por la delegación
oficial brasileña.

La soledad del vencedor: tras ser condecorado con la
Legión de Honor, Paulo se encierra en el baño del hotel
y registra él solo la alegría por haber recibido tal honor.

objeto de interés de otro universo que no era el de la crítica: el mundo académico, pero no el de traje de gala y sombrero de plumas, sino el universitario, el de los profesores, el de los doctores. Uno de los primeros ensayistas en fijarse en su obra fue el profesor Mario Maestri, de la Universidad de Passo Fundo, de Río Grande del Sur, autor de un estudio en 1993 en el que reconocía que los libros de Paulo «pertenecen de derecho al corpus literario de ficción nacional». Seis años después, sin embargo, al publicar el libro *Por qué Paulo Coelho tiene éxito*, Maestri parecía haberse contagiado de la maldad de la crítica literaria:

> Repleta de adagios, aforismos e historias simplistas, ambientada en lugares comunes y apoyada en clichés tradicionales, la ficción inicial de Paulo Coelho también tiene una importante función de autoayuda. Permite que lectores desmoralizados por una miserable cotidianeidad sueñen con la conquista rápida y mágica de la felicidad. El esoterismo de la modernidad senil les propone a los lectores formas fáciles y al alcance de todos de intervenir positivamente sobre sí mismos y sobre el mundo social, en busca sobre todo de ventajas materiales y personales. Se trata de una vía mágica al universo virtual de la sociedad de consumo.

Con el paso del tiempo las tesis de posgrado y doctorado que se multiplicaban por el país confirmaban que, salvo algunas excepciones, la visible maldad de la universidad brasileña contra el escritor repetía sin sorpresas la malicia de la prensa. Ese sentimiento se haría público en un reportaje publicado por el *Jornal do Brasil* en 1998. En él, el periódico denunciaba los aprietos a los que se había visto sometida la profesora de literatura Otacília Rodrigues de Freitas, de la Universidad de São Paulo, al defender una tesis doctoral titulada «Un bestseller en el punto de mira del lector: *El Alquimista*, de Paulo Coelho», trabajo considerado por sus colegas como partidario del escritor. La profesora, indignada, contó en el *JB* los malos tragos por los que tuvo que pasar: «Decían que Paulo Coelho me había pagado por hacer la tesis, que era su amante.»

En la lista de trabajos académicos registrados en el Banco de Tesis de Coordinación de Perfeccionamicnto de Personal de Nivel Superior (Capcs), órgano del Ministerio de Educación, aparecen once tesis sobre la obra de Paulo Coelho, ocho en el nivel de posgrado y tres en el de doctorado. En 2007, el profesor Ivan Luiz de Oliveira, de la Universidad Estatal de Maringá, en Paraná, estudió el fenómeno en un ambiente pocas veces contemplado en tesis sobre literatura. En el trabajo «La libertad vigilada», Oliveira investigó los motivos que llevaron a los presos de la cárcel estatal de Maringá a tener *El Alquimista* como su libro favorito, y los efectos que tal lectura producía en ese público.

Indiferente a la opinión que posgraduados y doctores pudieran tener de su obra, en 1998 Paulo se preparaba para vivir una vez más el torbellino en el que, desde *El Alquimista*, diez años antes, se habían convertido los lanzamientos de sus libros. La única novedad esta vez es que *Veronika decide morir* sería el primer trabajo suyo que saldría totalmente ileso de la crítica. Ambientada en Eslovenia, uno de los países en los que se dividió la antigua Yugoslavia, la historia tiene como telón de fondo el romance entre Eduard, hijo de un diplomático, y la protagonista del libro que, tras intentar suicidarse, es internada por sus padres en un manicomio y sometida a brutales tratamientos a base de electrochoque. Más que la trama en sí, la bomba del libro eran las revelaciones, tratadas por primera vez por el autor, sobre sus tres internamientos en la clínica Dr. Eiras, en Río de Janeiro, a mediados de los años sesenta. Al hacer públicos pasajes tan dramáticos de su adolescencia, Paulo rompía el juramento de no tratar el asunto en público hasta que sus padres hubieran muerto. Su madre murió cinco años antes, en 1993, debido a complicaciones derivadas del Alzheimer, sin que su hijo pudiera asistir al entierro, pues la noticia lo cogió en Canadá, donde se ocupaba del lanzamiento de *The Alchemist*, y no pudo llegar a tiempo a Brasil. Aunque el enérgico D. Pedro no sólo seguía vivo sino, como aparece en el libro, «en pleno gozo de sus facultades mentales y físicas», *Veronika decide morir* expone sin medias tintas toda la violencia a la que fue sometido el autor por él y por la difunta Lygia. «Veronika es Paulo Coelho», declaró el escritor a quien quisiera escuchar.

Siempre preocupado porque sus libros llegasen a los lectores de menor poder adquisitivo, esa vez decidió cambiar la táctica de lanzamiento. Le sugirió a Objetiva que redujera a la mitad los 450.000 reales gastados en publicidad con *La Quinta Montaña*, recorte que permitió una reducción del precio de venta de 19,80 a 15 reales. Otro paso para la popularización de su obra fue el contrato firmado con la red de supermercados Carrefour, que incluyó *Veronika* en el paquete promocional de ofertas para el Día del Padre. La aparición del libro coincidió con el intenso debate que se daba en Brasil sobre la violencia de la que eran víctimas los internos de los manicomios públicos y privados. El Senado debatía el proyecto de la que después se conocería como Ley Antimanicomio –que preveía la extinción progresiva de las instituciones en las que pacientes con trastornos mentales eran mantenidos en prisiones virtuales por todo el país–, y en el calor del debate se llegaron a leer algunos fragmentos de *Veronika* en el pleno. El día de la votación y aprobación de la ley, el senador Eduardo Suplicy (PT-SP) ocupó la tribuna para leer la carta que había recibido de Paulo Coelho elogiando el proyecto: «Como he sido víctima, en el pasado, de la violencia cometida por internamientos sin fundamento alguno –estuve internado en la clínica Dr. Eiras en 1965, 1966 y 1967–, no sólo creo que es oportuna, sino absolutamente necesaria esta nueva ley descrita en el proyecto.» Junto con la carta el escritor le envió una copia de los informes de los tres internamientos. La repercusión de las denuncias contenidas en el libro cruzó fronteras: dos años después, Paulo sería invitado a formar parte del jurado del International Russell Tribunal on Psychiatry, institución creada por el Parlamento Europeo.

La historia relatada en *Veronika* haría que volviera a tratar el asunto en 2003, cuando fue uno de los ponentes del seminario «La Protección y la Promoción de los Derechos de las Personas con Problemas de Salud Mental», organizado por el Comité de Derechos Humanos de la Comunidad Europea. *Veronika* repitió con implacable regularidad lo que ya había sucedido antes: el libro batió todos los récords anteriores del propio Paulo (tirada inicial, ventas el primer día y la primera semana y aparición en el primer lugar de las listas). La única novedad era el tratamiento respetuoso que los medios, salvo alguna que otra puñalada, le dedicarían a la obra y al autor. Tal vez movidos por el impacto de las fuertes revelaciones contenidas en el libro, en vez de criticar, los periódicos y las revistas dedicaron páginas y páginas de reportajes a la tragedia de sus tres internamientos. Una de las pocas excepciones vendría de un amigo del autor, el escritor y periodista Marcelo Rubem Paiva. Designado por la *Folha de S. Paulo* para hacer la reseña de *Veronika*, desempeña su tarea con ironía y llega a sugerir cambios en el texto. En el pasaje en el que el autor escribe que «estaba contento con lo que veían sus ojos y con lo que escuchaban sus oídos», el crítico afirma que preferiría:

¿Por qué no «sus ojos miraban y sus oídos oían»? Más musical. ¿O, «sus ojos oían y sus oídos miraban»? Más osado. ¿O «sus ojos leían y sus oídos componían»? Más poético. ¿O «sus ojos, espejos, sus oídos, no perdidos»? Porque Paulo Coelho no quiere arriesgarse. Quiere lo que es obvio.

Sin embargo, el propio Marcelo se detiene a tiempo:

Pero ¿qué es esto? ¡Yo dándole consejos al escritor que ha vendido millones, que ha recibido condecoraciones y premios en todas partes!

Precisamente: a juzgar por las ventas, los premios y los homenajes que lo sometían a una intensa agenda, los lectores seguían prefiriendo los textos tal como eran. Tras la publicación de *Veronika* en Brasil, uno de los académicos que se dedicó a su obra, el periodista y profesor Denis de Moraes, de la Universidad Federal Fluminense, de la ciudad de Niterói, en el estado de Río de Janeiro, publicó un ensayo titulado *Los cuatro grandes*. Se trataba del cuarteto campeón mundial de ventas de libros, formado por los americanos Stephen King, Michael Crichton, John Grisham y Tom Clancy. Moraes utiliza fragmentos de la agenda de Paulo Coelho del año 1998 para demos-

trar que el brasileño tenía un pie dentro del selecto grupo de bestsellers planetarios:

Habló sobre espiritualidad en el Foro Económico de Davos, en Suiza.

Fue recibido en audiencia en el Vaticano y bendecido por el papa
Juan Pablo II.

Batió el récord de autógrafos en el 18 Salón del Libro de París, con
La Quinta Montaña, que se acerca a los trescientos mil ejemplares vendidos en Francia.

Hizo declaraciones para el documental *O Fênomeno*, basado en su
vida, en una coproducción de Canadá, Francia y Norteamérica.

Su libro *Manual del guerrero de la luz* inspiró la colección 1998/1999
de la marca Gianni Versace.

Pasó ocho días en Gran Bretaña divulgando La Quinta Montaña.

Al volver a Río de Janeiro en mayo concedió entrevistas a TV5 de
Canadá y a los periódicos ingleses *The Sunday Times* y *The Guardian*.

Entre agosto y octubre, cumplió compromisos en Nueva Zelanda, en
Australia, en Israel y en Yugoslavia.

Regresó a Río para grabar entrevistas para las televisiones francesa y
alemana, y después viajó en una gira de promoción por países del Este
(Polonia, la República Checa, Eslovaquia, Eslovenia y Bulgaria).

Antes de volver a Brasil para Navidad, pasó por Finlandia y Rusia.

Hollywood pretende adaptar cuatro libros suyos al cine.

La actriz francesa Isabelle Adjani se disputa con la americana Julia
Roberts el derecho a rodar *A orillas del río Piedra me senté y lloré*.

El Arenas Group, de Sony Entertainment, quiere llevar a las pantallas *Las Valkirias*, y la productora Virgin quiere hacerlo con *El Peregrino
de Compostela*.

Condecorado con la Orden de Rio Branco por el presidente Fernando Henrique Cardoso.

Nombrado consejero especial de la ONU para el programa Conver-
gencias y Diálogo Intercultural.

Esa febril actividad internacional del autor no se interrumpiría
hasta el año 2000, cuando Paulo le puso el punto final a su nuevo li-

El escritor de viaje por el mundo:
condecorado por el presidente
Fernando Henrique Cardoso, recibe un
libro autografiado por José Sarney, es
recibido por el papa Juan Pablo II y de
promoción con Mônica en Japón.

bro, *El Demonio y la señorita Prym*. Aunque repitió sin sorpresas la carrera de los anteriores, este lanzamiento tendría algunas peculiaridades. Primero, el autor decidió no moverse de su casa para la divulgación internacional (el libro se lanzó simultáneamente en Brasil y en otros países). Prefirió recibir a los periodistas extranjeros en su nueva residencia, en Copacabana, un apartamento que ocupa toda una planta y que convirtió en un enorme estudio, por el que pagó casi seiscientos mil reales con unas vistas privilegiadas a la más famosa playa de Brasil. La idea de la romería internacional de reporteros nació semanas antes, cuando la red americana de televisión CNN International grabó con él una larga entrevista retransmitida en 230 países.

Las semanas siguientes llegaron a Río, invitados por Sant Jordi, los equipos de los principales periódicos y canales de televisión de Alemania, Argentina, Bolivia, Chile, Colombia, Ecuador, España, Francia, Grecia, Inglaterra, Italia, México, Portugal y la República Checa, muchos de los cuales aprovecharon el viaje a Brasil para realizar reportajes sobre Río de Janeiro. «La propaganda de la ciudad en periódicos y revistas de todo el mundo fue enorme —comentaría Mônica Antunes—; si tuviera que pagarla, el ayuntamiento de Río tendría que invertir una fortuna.» La otra particularidad de *La señorita Prym* en Brasil fue la elección del lugar para el lanzamiento del libro. En vez de organizar la firma de autógrafos en una librería o en los salones de un hotel, Paulo prefirió hacer la fiesta protegido por las paredes conventuales de la centenaria Academia Brasileña de las Letras. No había que ser muy sagaz para interpretar el porqué de la elección: el osado Paulo Coelho, uno de los escritores peor tratados por la crítica nacional, estaba pendiente de un sillón en el Olimpo de la literatura brasileña, la Casa de Machado de Assis.

28

**LOS MUYAHIDINES DE BIN LADEN Y
LOS *MARINES* AMERICANOS TIENEN UN GUSTO
EN COMÚN: LOS LIBROS DE PAULO COELHO**

El libro que Paulo pretendía publicar en el cambio de milenio no era *El Demonio y la señorita Prym*. Tal como había ocurrido diez años antes, al tirar a la basura los originales que relataban sus experiencias satánicas, esta vez, también por recomendación de Chris, borró del ordenador una novela cuya temática central era el sexo. Pasó por la criba de Mônica y de un amigo del autor, el teólogo y ex empresario Chico Castro Silva, pero no sobrevivió a la de su mujer, que de nuevo le negó el esperado imprimátur. No era la primera vez que Paulo intentaba tomar ese camino. A finales de los años ochenta, poco después de publicar *El Alquimista* en Brasil, se aventuró a escribir un libro en el que se trataba el sexo con una crudeza pocas veces vista en la literatura. Durante dos meses, entre enero y marzo de 1989, el escritor produjo una novela de cien páginas que cuenta la historia de un hombre identificado solamente como «D.», un texto que recibió el título provisional de *La magia del sexo*, *La gloria de Dios*, o sencillamente, *Conversaciones con D.* Atormentado por dudas respecto a su sexualidad, el personaje principal sólo es capaz de realizarse en la cama con su propia esposa y tiene sueños horrendos en los que ve a su madre desnuda, maltratada por varios hombres que, después de violarla, orinan sobre su cuerpo. Lo que le preocupa a D., un hombre de cuarenta años, no es la pesadilla en sí, sino el hecho de sentir placer al ser testigo de tal violencia. Perdido en medio de tan terribles fantasías, D. empieza a relatarle regularmente sus problemas a un amigo, que viene a ser el narrador de la trama. Ambos quedan todas las noches para tomar una cerveza, momento en el que convierten la mesa del bar en un diván de psicoanalista. Al revelar sus intimidades y sus inseguridades, D. acaba confesando que, aunque no es homosexual, siente mucho placer cuando sueña que lo violan hombres («me agrada la humillación de estar a cuatro patas, dócilmente, ofreciéndole placer a otro»). *Conversaciones con D.* es un libro inacabado, que termina sin que se sepa el destino que el autor habría escogido para el personaje central, cuya historia, en varios pasajes, guarda semejanzas con la vida y las características del propio Paulo. Sin embargo, a diferencia de lo ocurrido con el libro sobre satanismo y ahora, en la novela de contenido sexual, el original de *Conversaciones con D.* nunca llegó a ser leído por nadie, pues pasó a formar parte del baúl de diarios condenados a la incineración por el autor.

Con una temática que pasa a leguas de distancia de asuntos tan picantes –la palabra «sexo» sólo se utiliza dos veces en el libro–, *El Demonio y la señorita Prym* nació de una visita que Paulo hizo al pueblo francés de Viscos, en la frontera con España. En la fuente de la plaza principal vio una curiosa escultura que consistía en un chorro de agua que salía de un sol directamente hacia la boca de un sapo, y por más que preguntó a los habitantes, no pudo entender el significado de la extraña composición. La imagen permaneció meses en la cabeza del autor hasta que decidió aprovecharla como representación del Bien y del Mal. Con *La señorita Prym*, Paulo cerraba una trilogía que llamó «Y el séptimo día», iniciada con *Río Piedra* (1994) y que tuvo su continuación con *Veronika* (1998). Según él, «son tres libros que hablan de una semana en la vida de personas normales que se ven afrontando súbitamente el amor, la muerte y el poder».

La historia sucede en una pequeña aldea imaginaria de 281 habitantes, todos extremadamente honestos. La rutina del lugar se rompe con la llegada de Carlos, un extranjero que en seguida la viuda Berta, la habitante de más edad, identifica como alguien que lleva el mal al tranquilo pueblo, es decir, nada menos que el Demonio. El forastero se hospeda en el hotel en cuyo comedor trabaja la única mujer soltera de la ciudad, Chantal Prym. Huérfana y mal vista por los habitantes, la señorita Prym es elegida por el visitante como instrumento para poner en jaque la honestidad de la población. Presentándose como empresario que perdió a su mujer y sus dos hijas en un crimen hediondo, el misterioso Carlos le ofrece a la joven la oportunidad de enriquecerse y dejar la apática vida de la ciudad. A cambio, debe ayudarlo a convencer a los habitantes del lugar para que participen en una competición macabra: si alguien es capaz de matar, sin motivo alguno, al menos a un habitante del lugar en el plazo de una semana, la aldea recibirá como pago diez lingotes de oro que él ha escondido en un lugar secreto. El libro trata sobre los conflictos generados por la insólita oferta, para concluir identificando, por medio de una parábola, la posibilidad de la existencia simultánea de un ángel y de un demonio particulares dentro del alma de todo ser humano.

En marzo de 2000, después de entregar a la editorial Objetiva las 190 páginas de *La señorita Prym*, Paulo tomó un avión y llegó a París a tiempo de ver el estreno de la campaña por todo lo alto programada por Anne Carrière para el lanzamiento de *Veronika décide de mourir*. En una fría y gris mañana de lunes, a él —y a los millones de parisinos y turistas que circulan diariamente por la ciudad— le llamó la atención ver los autobuses de la línea 87, cuyas carrocerías estaban «envueltas» con una gigantesca pegatina con su cara impresa sobre un paisaje azulado, anunciando que *Veronika* estaba en todas las librerías. Exhibiendo el cartel ambulante por donde pasaban, los vehículos salían de la Porte de Reuilly, al este de la capital francesa, y cruzaban casi treinta kilómetros de calles hasta llegar a la última parada, en el Campo de Marte, después de pasar por algunos de los lugares más concurridos de París, como la gare de Lyon, la plaza de la Bastilla y el barrio de Saint Germain-des-Prés. Además de París, ese mismo día la escena se repetía en otras catorce ciudades francesas en las que se había contratado el mismo servicio. Esa vez, sin embargo, la campaña publicitaria no obtendría los resultados esperados. Puede que por la extrañeza de ver un libro anunciado como un jabón o como pasta de dientes, los franceses reaccionaron mal. Aunque tuvo una carrera incluso superior a los anteriores, las ventas de *Veronika* fueron por debajo de las expectativas. Aun así, el libro fue recibido calurosamente por la prensa francesa, incluidos tanto *L'Express* como el serio y conservador *Figaro*, uno de los más influyentes periódicos del país. Simultáneamente, pero sin la misma parafernalia, *Veronika* llegaba a las librerías de Taiwán, Japón, China, Indonesia, Tailandia y Estados Unidos.

La mundialización de su éxito literario también introdujo definitivamente al autor en otro círculo: el de la *jet set* internacional. Como hacía desde 1998, semanas antes Paulo participó en el Foro Económico Mundial, institución creada en 1971 por el profesor y economista Klaus Schwab y que reúne anualmente a la élite política y económica mundial en la ciudad suiza de Davos (a partir de 2000, por invitación de Schwab, el escritor pasaría a formar parte de la Schwab Foundation). El invitado más importante del año 2000, el presidente americano Bill Clinton, había sido fotografiado meses antes con un ejemplar de *The Alchemist* en la mano al bajar de un helicóptero en los jardines de la Casa Blanca. Al enterarse de que el brasileño estaba en Davos, Clinton tomó la iniciativa de conocerlo. «Fue mi hija Chelsea la que me dio, de hecho, me obligó, a leer *The Alchemist* –celebró el presidente–. Me gustó tanto que se lo di a Hillary para que también lo leyera –prosiguió, cerrando el encuentro con una invitación que no se concretó–: Cuando vayas a Estados Unidos, avísame. Si estoy allí, a mi familia y a mí nos gustaría invitarte a cenar.»

Siete años después, en 2007, a petición del equipo de Hillary Clinton, Paulo divulgaría un texto de apoyo a su precandidatura a la presidencia de Estados Unidos. Ése y otros años, Davos le permitiría conocer personalmente a algunos de sus más célebres lectores, como el ex primer ministro israelí y premio Nobel de la Paz Simon Peres, la actriz norteamericana Sharon Stone y el escritor italiano Umberto Eco, y codearse con personalidades mundiales como el empresario

Paulo firma ejemplares de *La señorita Prym* a los académicos
Murilo Melo Filho y Marcos Almir Madeira: a la expectativa de
un sillón de la ABL.

Bill Gates, y líderes y políticos como el palestino Yasser Arafat, y el alemán Gerhard Schroeder. La actriz de *Instinto básico* llegó a concertar una cita privada con Paulo en un café de Davos. El escritor acertó la hora y el lugar, pero se equivocó de día. Al llegar, se enteró por el maître de que había metido la pata. «La señora Stone estuvo ayer aquí esperando a alguien que no vino –dijo–. Tomó algo y parecía enfadada al marcharse.» La frustración por no haber podido conocer mejor a una de las mujeres más hermosas del cine sería en parte compensada cuando Paulo abrió su buzón electrónico y se encontró un mensaje de seis palabras: «Siento que no fueras. *Love*, Sharon.» Con el autor de *El nombre de la rosa* no sólo participó en debates, sino que recibió de él elogios capaces de hacer temblar los cimientos de la crítica y de la Academia, al menos en Brasil. Entrevistado en uno de los «tés literarios» promovidos durante el foro, el novelista Umberto Eco, uno de los grandes semiólogos del planeta, demostró familiaridad con la obra del brasileño: «Mi libro favorito de Paulo Coelho es *Veronika*. Me llegó muy adentro. Confieso que no me gusta mucho *El Alquimista*, porque tenemos puntos de vista filosóficos diferentes. Paulo escribe para creyentes, yo escribo para gente que no cree.»

En la segunda mitad del año 2000, la «fiebre» prevista por Mônica Antunes diez años antes se convirtió en una epidemia que se diseminaba por todas las clases sociales, económicas y culturales, sin distinción de raza, sexo o edad, mucho menos de ideología. Meses antes el autor se sorprendió al leer en el periódico inglés *The Guardian* que *El Alquimista* y *La Quinta Montaña* eran los libros de cabecera del ex dictador chileno Augusto Pinochet, detenido en Londres a petición de la justicia española acusado de «tortura, terrorismo y genocidio». «Me gustaría saber si el general Pinochet iba a seguir leyendo mis libros si supiera que el autor fue detenido tres veces durante el régimen militar brasileño y que muchos de sus amigos fueron detenidos o expulsados de Chile durante el régimen militar chileno», declaró a la prensa. Tiempo después, entrevistado por el periódico *El Universal*, de Caracas, el venezolano Miguel Sanabria, comisario ideológico de una organización de apoyo al presidente Hugo Chávez,

Los autobuses cruzan París
forrados con imágenes de
Paulo y del libro *Veronika
decide morir*, pero
al lector no le gustó
tanto marketing.

reveló la bibliografía utilizada en sus cursos de formación política: Karl Marx, Simón Bolívar, José Carlos Mariátegui y Paulo Coelho. «Estamos creando nuestro propio socialismo», decía. Pero sus libros aparecían en manos y estanterías todavía más insólitas, como las del ex mayor tayiko Viktor Bout, detenido a principios de 2008 en Tailandia por agentes americanos. En una de las escasas entrevistas concedidas por el oficial del KGB, retirado y considerado como el mayor traficante de armas de todo el planeta (en el que se inspiró la película *El señor de la guerra*, interpretada por Nicolas Cage), declaró cándidamente ante el reportero Peter Landesman, del *The New York Times* que, entre venta y venta de misiles antiaéreos, se relajaba leyendo libros de Paulo Coelho. En la guerra promovida por Estados Unidos contra la red Al Qaeda, aparecen libros del brasileño en ambos bandos. Según el periódico inglés *The Sunday Times*, *The Alchemist* era el libro más solicitado de la biblioteca de los soldados americanos de la 10 División de Montaña que buscaban a Bin Laden en las cuevas de Afganistán. Y al visitar el campo número 4 de la prisión de Guantánamo, en Cuba, donde fueron recluidos los sospechosos de estar relacionados con Bin Laden, la reportera Patrícia Campos Mello, del periódico *O Estado de S. Paulo*, descubrió versiones en parsi de *El Peregrino de Compostela* entre los libros ofrecidos a los presos por los carceleros norteamericanos.

El propio Paulo se sorprendió al ver en la película *Guantanamera*, del director cubano Tomás Gutiérrez Alea, que el protagonista llevaba, en el largo viaje que hacía a través de la isla para enterrar a un pariente, un ejemplar de *El Alquimista*. Como sus libros no se publican en Cuba, buscó y descubrió que se trataba de la edición española, vendida en el mercado negro por la astronómica cantidad de cuarenta dólares. «No dudé en ponerme en contacto con Cuba y ceder los derechos de autor sin recibir ni un céntimo —reveló después a los periódicos— para que los libros pudieran editarse allí a precios menores y que más gente tuviera acceso a ellos.» En una demostración de que la falta de educación no tiene color ideológico, en 2007 Paulo sería víctima de una grosería gratuita por parte del ministro de Cultura de Cuba, Abel Prieto, responsable de la organización de la Feria del

Libro de La Habana. «Con Paulo Coelho tenemos un problema –declaró Prieto a un grupo de periodistas extranjeros–. Aunque es un amigo de Cuba y está en contra del bloqueo, no podía invitarlo, no podía desprestigiar la feria.» Como ya no se calla ante los agravios, el escritor se la devolvió en su blog de Internet con un artículo de seis párrafos inmediatamente reproducido por el diario *El Nuevo Herald*, el periódico en lengua española más importante publicado en Miami, la meca del anticastrismo: «No me sorprenden nada esas declaraciones –escribió–. Gente que antes luchó por la libertad y la justicia, una vez mordidas por la mosca del poder, se convierten en opresores.»

Con o sin polémicas, la proyección internacional que el autor adquirió no lo alejaba de su país de origen. Después de estar años sin celebrar sesiones de autógrafos en Brasil, la elección de la Academia Brasileña de las Letras para el lanzamiento de *La señorita Prym*, en octubre de 2000, fue tomada como un paso más en su camino hacia el Petit Trianon, que es como se conoce la sede de la ABL y la propia institución. Pero no era el primero. En el banquete ofrecido en 1998 por Anne Carrière en el Carroussel du Louvre, estaban invitados todos los miembros de la delegación brasileña presente en París, pero sólo tres escritores recibieron llamadas personales suyas para reforzar la invitación: Nélida Piñon, Eduardo Portela y el senador y ex presidente de la república José Sarney. No era casualidad que los tres fueran miembros de la ABL. Para la sesión de autógrafos de *La señorita Prym* se repartieron cuatro mil invitaciones. La multitud que acudió al caserón de la avenida Presidente Wilson, en el centro de Río, obligó a los organizadores a reforzar la seguridad y los servicios de apoyo. Se distribuyeron mil vasitos de plástico con agua mineral helada entre los presentes por determinación del autor, que lamentó no poder hacer como en Francia. «En París, mi editor sirvió champán francés –les dijo sonriendo a los periodistas–, pero sé que aquí no podemos hacer lo mismo.»

Para sorpresa general, la crítica brasileña reaccionó bien ante *El Demonio y la señorita Prym*. «Paulo Coelho por fin ha producido, a los cincuenta y tres años, su libro mejor acabado, con una historia que despierta curiosidad y tensión en el lector», escribió el comentarista de la revista *Época*. Una de las excepciones fue la astróloga Barbara Abramo, de la *Folha de S. Paulo*, escogida por el periódico para hacer la reseña del lanzamiento. «Al igual que otros de sus libros, *El Demonio y la señorita Prym* se parece a una parábola alargada —escribió— que se podría contar en tres párrafos, como las historietas que suelen rellenar sus novelas.»

Al observar con atención los pasos del autor, uno nota que su energía en ese período no estaba volcada hacia los críticos, sino hacia su plan de una nueva peregrinación, seguramente tan difícil como las anteriores: ocupar un sillón en el panteón de los literatos brasileños. Paulo no alimentaba ilusiones y sabía, tal como declaró un candidato derrotado, que «es más fácil ser elegido gobernador de cualquier estado brasileño que entrar en la Academia». Era del dominio público que algunos de los treinta y nueve integrantes eran abiertamente contrarios a él y a su obra. «Intenté leer un libro suyo y no fui capaz de pasar de la página ocho», declaró a los periódicos la escritora de Ceará y su prima en cuarto grado Rachel de Queiroz, a lo que el escritor contestó que ninguno de sus libros empezaba antes de la página ocho. El respetado pensador cristiano Candido Mendes, rector y propietario de la Universidad Candido Mendes (en la que Paulo estudió Derecho), hizo una valoración todavía más dura:

Ya he leído todos sus libros de atrás hacia adelante, y da lo mismo. Paulo Coelho ya sobrepasó la gloria de Santos Dumont en Francia. Pero él no es de aquí, sino del mundo global de la credulidad de la mente y de la ignorancia transformada en submagia. Nuestro simpatiquísimo brujito sirve a ese imaginario domesticado y sin sustos. Esa subcultura disfrazada de prosperidad ha encontrado a su autor ejemplar. No es un texto, sino un producto comercial.

Seguro de que la opinión de Rachel y de Mendes no era compartida por la mayoría de los restantes treinta y siete integrantes de la ABL, no respondió a las provocaciones y siguió adelante con su plan. Cortejaba a los líderes de los diferentes grupos y subgrupos en los que se divide la casa, comía y cenaba con académicos y no se perdía el lanzamiento de libros de inmortales (como se conoce a los miembros de la Academia). En la sesión de autógrafos de su novela *Saraminda*, José Sarney –otra víctima preferente de la crítica– posaría sonriente para los fotógrafos al firmar el ejemplar de Paulo, con el que más tiempo se paró de los cientos de lectores que aguardaban en la fila para recibir una dedicatoria. La verdad es que en poco tiempo su objetivo se convirtió en un secreto a voces. A finales de año, el celebrado novelista Carlos Heitor Cony, titular del sillón número tres de la ABL, desveló el misterio en la *Folha de S. Paulo*:

> Escribí una crónica comentando el desdén de la crítica hacia el cantante Roberto Carlos y el escritor Paulo Coelho. Creo que es un milagro la supervivencia de ambos, pues, si de los medios especializados dependiera, estarían viviendo debajo de un puente, pidiendo limosna y clamando plagas contra el mundo. No es así. Tanto uno como otro tienen un público fiel, no hacen caso de las críticas, siguen adelante, no toman represalias y, cuando pueden, ayudan a los demás. Soy amigo personal de Paulo Coelho, sabe que puede contar con mi voto para la ABL. Admiro su carácter, su grandeza al no atacar a nadie y disfrutar con dignidad el éxito que tiene.

Desde que la idea de ingresar en la Academia entró en su cabeza, Paulo alentaba un sueño secreto: ocupar el sillón número veintitrés, cuyo fundador era Machado de Assis, el mayor de todos los escritores brasileños, y cuyo patrón era José de Alencar (del que todavía no sabía que era hermano de su tatarabuelo). El problema es que su ocupante era exactamente el académico por el que Paulo sentía más cariño y admiración y al que siempre hacía homenajes, el bahiano Jorge Amado. Eso lo obligaba, cada vez que salía el tema, a hacer una puntualización, siempre modestamente: «Como la plaza que yo quiero es la de Jorge, espero ser candidato cuando ya sea muy viejo –aclaraba–, porque deseo que todavía viva muchos, muchos años.» A los ochenta y ocho años, Jorge Amado, que ya acarreaba problemas de salud desde 1993, sufrió un infarto. En 1996 había estado internado en un hospital de París, ciudad en la que vivía parte del año, y descubrió que además de una cardiopatía también padecía un edema pulmonar. En los años siguientes sería internado varias veces para realizar angioplastias, implantar marcapasos y, al descubrir que era diabético, tratar sus frecuentes crisis glucémicas. En junio de 2001, parcialmente ciego como consecuencia de una degeneración progresiva de la retina, fue internado en un hospital de Salvador con un foco infeccioso en los riñones y en el pulmón derecho. Sometido a grandes dosis de antibióticos, el escritor se recuperó bien, y el día 16 de julio pudo celebrar en casa, con la familia, el cuadragésimo aniversario de su entrada en la ABL. Pero sólo tres semanas después, la tarde del 6 de agosto, la familia informó de que Jorge Amado acababa de fallecer. El sillón número veintitrés estaba vacío. La noticia llegó a oídos de Paulo esa misma noche por la llamada del periodista y académico Murilo Melo Filho: «Ha muerto Jorge Amado. Ha llegado tu momento.»

Una extraña y contradictoria sensación lo invadió: a la excitación de la candidatura se unía la sincera tristeza de ver morir no sólo a un ídolo de sus primeras lecturas, sino a alguien que con el tiempo se había convertido en su amigo y fiel defensor. Recordó el gesto magnánimo del bahiano, que sin conocerlo personalmente, en 1995, aceptó representarlo para recibir un premio en su nombre. El momento, sin embargo, no era para andarse con sentimentalismos. A pesar de ser novato, Paulo sabía que la carrera por un sillón en la ABL empezaba incluso antes de que se marchitasen las flores del entierro del titular. Irremediablemente aguijoneado por el estímulo de Murilo, en su primera llamada de campaña se vio inesperadamente contrariado. Al telefonear al profesor y periodista Arnaldo Niskier, ocupante del sillón número dieciocho y uno de los primeros en conocer, meses antes, sus pretensiones, recibió un jarro de agua fría. «Creo que todavía no es tu momento —le advirtió Niskier—. Parece que Zélia se va a presentar, y si es así, la Academia votará a favor de ella.» La Zélia a la que se refería era la viuda de Jorge Amado y también escritora Zélia Gattai, que, tal como el experimentado Niskier había previsto, había decidido ocupar el sillón de su marido.

Al lado de los pomposos obituarios de Jorge Amado, a la mañana siguiente los periódicos anunciaban los nombres de nada menos que cinco candidatos a la plaza vacía: Zélia, Paulo, el astrónomo Ronaldo Rogério de Freitas Mourão, el humorista Jô Soares y el periodista Joel Silveira. Al salir a hacer *jogging*, como todos los días, por el paseo de la playa de Copacabana, Paulo escuchó una de las pocas voces capaces de convencerlo para hacer –o dejar de hacer– cualquier cosa, muchas veces incluso en contra de su propia opinión: la de su mujer. Con su acostumbrada suavidad, ella le dijo que tenía malos presagios en relación con la disputa: «Paulo, tengo el presentimiento de que no vas a ganar.» Fue suficiente para que él, «siempre muy obediente ante Christina», desistiera de la idea.

La candidatura, que ni siquiera había sido formalmente registrada, duró menos de doce horas. Paulo le envió un fax de pésame a Zélia, cerró las maletas y se fue con Chris al sur de Francia. La pareja iba a realizar su antiguo sueño de pasar parte del año en Europa, y el lugar escogido era la región cercana al santuario de Lourdes. Uno de los motivos del viaje era buscar una casa adecuada para comprar. Mientras no la encontraban, su dirección en Francia sería el modesto y acogedor hotel Henri IV, en la pequeña ciudad de Tarbes. El día 9 de octubre, un martes, estaban en la aldea de Odos, a cinco kilómetros de Saint-Martin, donde meses después se trasladarían a vivir. Como tentado por el demonio del que se había apartado hacía tanto tiempo, Paulo decidió incorporar a su patrimonio un bien más adecuado para una estrella de rock que para un hombre de hábitos casi monásticos (según los cánones de un millonario, naturalmente): un castillo. La preferencia de la pareja no recayó sobre un castillo cualquiera, sino sobre el Château d'Odos, donde vivió y murió Margarita de Valois, la reina Margot, mujer de Enrique IV. La operación inmobiliaria no se materializó: «Si comprara un castillo –declaró Paulo a un periodista–, no podría poseerlo, sino que él me poseería a mí.» Esa misma tarde dejó a Chris en el hotel de Tarbes y cogió un tren para Pau, desde donde embarcó en un vuelo a Montecarlo, donde formaba parte del jurado en un festival de cine. Por la noche estaba tomando un café con el cineasta americano Sydney Pollack, director de clásicos como *Memorias de África* y *Danzad, danzad, malditos*, cuando sonó su móvil. Al otro lado de la línea reconoció la voz de Arnaldo Niskier:

—Roberto Campos ha muerto. ¿Puedo entregarle a la secretaria de la Academia la carta firmada que me dejaste para inscribirte en cuanto hubiera una plaza vacía?

—Si crees que es el momento, sí.

De regreso en Francia, días después, camino de casa, pasó por la capilla de Notre Dame de Piétat, en el pueblo de Barbazan-Débat, y le hizo una silenciosa petición al Niño Jesús barbudo:

—Ayúdame a entrar en la Academia Brasileña de las Letras.

Horas después, instalado en su habitación del hotel de Tarbes, le concedió al reportero Marcelo Camacho, del *Jornal do Brasil*, una larga entrevista telefónica que empezó con la pregunta obvia:

—¿Es verdad que es usted candidato a la Academia Brasileña de las Letras?

Él contestó con agudeza:

—Totalmente candidato.

Y con ese título, «Totalmente candidato», el suplemento cultural del *JB* le dedicó al día siguiente un reportaje a toda página a la primicia. En la entrevista Paulo explica las razones de su candidatura («el deseo de convivir con gente tan especial como los académicos»), hace caso omiso de la crítica («si lo que yo escribo no fuera bueno, mis lectores me habrían abandonado hace mucho tiempo en todo el mundo») y condena con vehemencia la política exterior del presidente George W. Bush («lo que Estados Unidos está haciendo en Afganistán es un acto de terror, eso mismo, un acto de terror»). La campaña por la plaza del fallecido economista, embajador, senador y diputado Roberto Campos estaba oficialmente en las calles, pero Paulo le reveló al periodista que, debido a una agenda internacional muy cargada, no volvería a Brasil hasta dos meses después, en diciembre, para cumplir el ritual de visitas a cada uno de los treinta y nueve votantes de la Academia. El retraso era irrelevante, ya que la elección no iba a ser hasta el mes de marzo de 2002, tras el receso de fin de año de la Academia.

Las semanas siguientes aparecieron dos candidatos que le iban a disputar la plaza: el analista político Hélio Jaguaribe y el ex diplomático Mário Gibson Barbosa. Ambos octogenarios tenían sus pros y sus contras. Jaguaribe pertenecía a la élite intelectual que había llegado al poder gravitando alrededor del presidente Fernando Henrique Cardoso –ventaja significativa en una contienda en la que los favores y las prebendas oficiales suelen pesar mucho–, pero, en contrapartida, estaba considerado como un hombre de trato difícil. Mário Gibson Barbosa tenía en su contra (o a su favor, según cómo se mire) la circunstancia de haber sido ministro de Asuntos Exteriores durante el más autoritario de todos los gobiernos militares, el del general Emílio Garrastazu Médici (1970-1974). Como ejercía la presidencia de la empresa que administraba, el Copacabana Palace Hotel, Gibson Barbosa montó su cuartel general de campaña allí, uno de los más lujosos y elegantes lugares de Río de Janeiro y de todo Brasil.

La presencia en la disputa de uno de los autores más leídos del mundo acaparó una atención inusitada en la historia de la ABL. Además de las agencias internacionales de noticias, medios extranjeros movilizaron a sus corresponsales en Brasil para que cubrieran el asunto. En un largo e irónico reportaje publicado por el *The New York Times*, el corresponsal Larry Rother le atribuye a la ABL poderes para «convertir a oscuros y ancianos ensayistas, poetas y filósofos en celebridades casi tan enaltecidas como jugadores de fútbol, actores o estrellas del pop». Rother reproduce declaraciones de partidarios de Paulo, como Arnaldo Niskier («es el Pelé de la literatura brasileña»), pero no pierde la oportunidad para echar más leña al fuego:

La imagen pública de Paulo Coelho no es la de un sobrio académico que disfruta de la pompa de los tés las tardes de los jueves por los que es famosa la Academia. Empezó su carrera como compositor de letras de rock'n'roll, ha escrito sobre el abuso de las drogas que cometió en aquella época, fue internado en su adolescencia en una clínica psiquiátrica y, lo peor de todo, quizá, se niega a disculparse por su devastador éxito comercial. «La sociedad brasileña exige excelencia en esta casa –le dijo al periódico *O Globo* la escritora Nélida Piñon, ex presidenta de la Academia, comentario interpretado como una bofetada a la popularidad de Coelho–. No podemos permitir que sea el mercado el que dicte la estética.»

Sordo a las intrigas, Paulo cumplió religiosamente su recorrido. Mandó cartas, hizo visitas a todos los académicos (a excepción del padre Fernando Ávila, que secamente lo dispensó de la formalidad) y recibió apoyos espontáneos que lo emocionaron, como el de Carlos Heitor Cony y el del ex presidente Sarney. El día de la elección, disputada en cuatro escrutinios seguidos, ninguno de los candidatos consiguió obtener el quórum mínimo de diecinueve votos exigido por el reglamento. Como manda la tradición, el barbudo presidente Alberto da Costa e Silva incineró los votos en un jarrón de bronce, anunció que el sillón número veintiuno iba a seguir vacío y convocó elecciones para el día 25 de julio. Por la noche, horas después de la divulgación del resultado de la primera elección, una comisión de inmortales apareció en su casa para los pésames pertinentes. Uno de ellos –Paulo no lo recuerda con exactitud, pero podría haber sido el filósofo y diplomático Sérgio Paulo Rouanet o el poeta Ivan Junqueira o, también, el presidente de la casa, el embajador Alberto da Costa e Silva– se le acercó con semblante consolador:

—Ha estado bien que haya sido usted candidato, y nuestra pequeña convivencia ha sido genial. ¿Quién sabe si, en otra ocasión, volverá a intentarlo de nuevo?

Como había obtenido diez modestos votos, contra diecisiete atribuidos a Jaguaribe, la comisión se enervó con la rápida reacción del dueño de la casa:

—En otra ocasión, no. Mañana mismo registraré mi candidatura. Me voy a presentar otra vez.

Es posible que la fecha de la nueva elección no tuviera significado alguno para la mayoría de los académicos, pero Paulo la vio como una señal inequívoca de que debía presentarse como candidato: el 25 de julio es el día de Santiago, el patrón de los peregrinos, que había cambiado el rumbo de su vida. Aunque la fecha escogida fuera, a su entender, un indicio segurísimo de que estaba en el camino correcto, no le costaba nada confirmarlo con el viejo y, en su opinión, infalible *Libro de las mutaciones*, el *I Ching*. Arrojadas varias veces sobre la mesa, las tres monedas del oráculo siempre dieron el mismo resultado: el hexagrama del caldero, sinónimo de victoria segura. Además, el *I Ching* le hizo una extraña recomendación: «vete de viaje y tarda en volver», que él no dudó en cumplir. Cogió un avión hacia Francia, se instaló en el hotel de Tarbes y durante los tres meses siguientes dirigió la campaña con un móvil y el portátil. Al llegar allí, leyó en Internet que sólo iba a tener un adversario en la disputa: Hélio Jaguaribe. El primer cambio de táctica que él y su cabo electoral Arnaldo Niskier decidieron adoptar, para evitar la pérdida de votos entre los grupos que tenían desavenencias con él, fue hacerlo sumergirse, creando la insólita figura del partidario secreto. Christina recuerda haberse quedado impresionada con la desenvoltura de su marido: «Descubrí que Paulo tenía aptitudes para negociar desconocidas para mí. La sangre fría para tomar decisiones y hablar con la gente era un talento que no le conocía.»

Aunque muchos de sus correligionarios consideraban arriesgado pilotar la campaña a distancia, dejando al electorado a merced del cuerpo a cuerpo de su adversario, el *I Ching* insistía: «No vuelvas.» Las presiones para regresar a Brasil empezaron a ser muy fuertes, pero él permaneció irreductible. «El oráculo me decía que no volviera —recuerda el escritor—, y entre el oráculo y los académicos, le hice caso al oráculo.» Pero la campaña empezó a ganar cuerpo de verdad cuando uno de sus partidarios comenzó a recaudar votos en los tés de los jueves con un argumento seductor: «Voy a votar a Paulo Coelho porque es un buen partido.» Para los académicos, un «buen partido» era la metáfora para referirse a los candidatos que, elegidos, podrían traer, además de prestigio, beneficios materiales a la institución. Desde ese punto de vista, defendía el inmortal, el autor de *El Alquimista* representaba un partido de lo mejorcito. No sólo por su indiscutible prestigio internacional, evidente por el inusitado interés de los medios extranjeros ante aquella elección. Lo que ablandaba hasta los más empedernidos corazones era el hecho de que el millonario Paulo no tenía hijos, circunstancia que alimentaba las esperan-

zas de que, al morir, eligiera a la Academia como uno de sus herederos, tal como habían hecho en el pasado otros académicos sin hijos,
como el político y diplomático José Carlos de Macedo Soares o el
gran poeta de Pernambuco Manuel Bandeira. Sin saber que había
tantos ojos esperando avariciosamente la riqueza que tanto esfuerzo
y energía le habían costado, tres semanas antes de la votación volvió
a Río de Janeiro. Y contrariamente a lo que indicaban los oráculos,
no fue recibido con buenas noticias. La campaña de su adversario
había tomado la delantera en su ausencia e incluso algunos de los
académicos que consideraba seguros amenazaban con cambiar de
bando.

No fue preciso mucho esfuerzo para descubrir que los dardos lanzados por la artillería de Hélio Jaguaribe no venían de la Casa de Machado de Assis, sino de un búnker instalado en Brasilia, a 1.200 kilómetros de Río. Más exactamente, de detrás de los delicados arcos de
cemento del palacio do Itamaraty, donde estaba el despacho de Celso Lafer, ministro de Asuntos Exteriores. Aparte de afinidades personales y académicas, entre abril y octubre de 1992, Lafer y Jaguaribe
habían sido compañeros en el último ministerio del presidente Fernando Collor, Lafer en la misma cartera y Jaguaribe en la Secretaría
de Ciencia y Tecnología. Según Paulo pudo saber, e hizo público después en entrevistas a periódicos y revistas, el ministro recaudaba votos para Jaguaribe a cambio de viajes, invitaciones y medallas. «Creo
que llamó a la mayoría de los académicos para que votasen a Hélio
Jaguaribe —denunció a la revista *IstoÉ*—, pero al menos tres me lo
han confirmado: Arnaldo Niskier, Marcos Almir Madeira y Carlos
Heitor Cony.» Irritado con lo que denominó «injerencia despropor-
cionada», aprovechó para picar al ministro: «Cuando hay que defender a Brasil fuera, ante las acusaciones de incendios en el Amazonas,
de matanzas de niños y de trabajo esclavo, el que lo hace soy yo, no
Cesar Lafer.»

Aquel que siguiera la carrera de Paulo sabía que no era una fanfa-
rronada electoral, algo que se haría público años después, durante el
Foro Económico de Davos 2008. Al oír al profesor inglés Benjamin
Zander, director de la Filarmónica de Boston, hacer una referencia

grosera a la mujer brasileña, se levantó, gritando: «Soy brasileño y me ha ofendido su comentario –protestó–. No es verdad que las mujeres brasileñas se comporten así», añadió, obligando al «simpático» a disculparse públicamente.

En cualquier caso, si de hecho el prestigio de Lafer interfirió en el resultado, ésa no era, seguramente, la primera vez que la Academia elegía o desechaba a alguien a cambio de favores oficiales. El episodio más conocido, y que acabó siendo un tema tabú en la ABL, ocurrió en 1975, en plena dictadura. Una vez cesado de su puesto de senador por los militares y despojado de todos los derechos políticos durante una década, a los setenta y tres años el ex presidente de la república, Juscelino Kubitschek decidió presentar su candidatura al sillón número uno, vacío debido a la muerte del ensayista de Minas Gerais Ivan Lins. Los estatutos redactados por Machado de Assis eran claros al restringir el acceso a la ABL a «brasileños que, en cualquiera de los géneros literarios, hayan publicado obras de reconocido mérito o, fuera de esos géneros, algún libro de valor literario», y aunque era autor de libros memorialísticos, JK no encajaba en ninguno de esos casos. Con el paso del tiempo, sin embargo, la Academia redujo las exigencias estrictamente literarias para permitir que personalidades influyentes de las más diversas áreas pudieran entrar en la casa. El mejor ejemplo de ese cambio era el sillón número treinta y siete, que durante trece años estuvo ocupado por el presidente Getúlio Vargas, cuya obra literaria se reduce a un libro titulado *La nueva política de Brasil*, una selección de discursos que pronunció a lo largo de diecinueve años en el poder. Movidos por el sentimiento de venganza, sin embargo, en 1975 los militares no querían que JK saliera elegido (ni siquiera para el honorífico cargo de miembro de la Academia Brasileña de las Letras). Además del ex presidente se presentaba como candidato el poco conocido novelista de Goiás Bernardo Élis, cuya elección pasó a ser considerada asunto de Estado. Sin rodeos ni filigranas, el gobierno hizo saber a quien le interesara que la financiación oficial, subvencionando los intereses, solicitada por la ABL para construir dos torres de oficinas en el terreno que había al lado de su sede, en Río de Janeiro –terreno que, irónicamente, había sido donado a la Academia por orden de JK, cuando era presidente–, sería otorgada inmediatamente después de la elección de Bernardo Élis. En caso contrario, dicha solicitud sería archivada con la misma rapidez. El día 23 de octubre, el servilismo de la ABL le impuso a Juscelino Kubitschek, por veinte votos contra dieciocho, la única derrota electoral de su vida.

Por suerte para Paulo Coelho, el Brasil de 2002 era un país democrático y los tiros disparados desde Brasilia les salieron por la culata. Al principio de la noche del 25 de julio, los fotógrafos, reporteros y cámaras que se apiñaban en la puerta del edificio de la avenida Atlântica, en Copacabana, fueron invitados a subir al noveno piso para tomar una copa de champán francés con los dueños de la casa: acababa de ser elegido con veintidós votos, contra quince otorgados a Jaguaribe. Al oírlo en la prensa, parecía que el analista político no había digerido la derrota. Justificó la participación del ministro Lafer en la campaña («es un viejo amigo de juventud que llamó a algunas personas que no me iban a votar») y no fue precisamente elegante al lamentar el resultado. «Con la elección de Paulo Coelho, la ABL está coronando el éxito de marketing –refunfuñó–. Su mérito consiste en su capacidad para vender libros.» Ante un periodista que quiso saber si iba a volver a presentar su candidatura, Jaguaribe fue tajante: «La Academia ya no me interesa.» Tres años después, sin embargo, pasado el alboroto, se echaría atrás y saldría elegido para ocupar el sillón dejado por el economista Celso Furtado. Otro año después sería el turno del propio Celso Lafer para ocupar el sillón de Miguel Reale.

Si de hecho algún inmortal votó por Paulo Coelho con la esperanza de que fuese un «buen partido», debió de arrepentirse amargamente. En primer lugar, los focos internacionales que su presencia había atraído a la casa jamás se encendieron debido a la ausencia del personaje principal: de las más de doscientas sesiones realizadas en la ABL desde su elección, sólo compareció en seis, lo que lo sitúa en primer lugar en cuanto a absentismo. La misma frustración habrá acometido a los que soñaban que parte de los derechos de autor acumulados en más de cien países iría a parar a la caja del Petit Trianon. En el testamento público que hizo en una notaría de Río de Janeiro

–y renovado tres veces después de la elección– no hay ni una sola referencia a la Casa de Machado de Assis.

Como en una luna de miel con la victoria y halagado por el reportaje de la revista semanal americana *Newsweek*, que lo definía como el «primer artista pop de la literatura brasileña que entra en la institución que desde hace ciento cinco años es el bastión del idioma portugués y una fortaleza de alto y refinado gusto intelectual», Paulo empezaba a esbozar el discurso y a preparar la fiesta de la toma de posesión, marcada para el 28 de octubre. Comportándose como un buen caballero, aunque había sido elegido contra influencias oriundas del gobierno, decidió ir personalmente a Brasilia a entregarle al presidente Fernando Henrique la invitación para la ceremonia. Recibido cordialmente en el palacio de Planalto, se enteró de que el presidente tenía compromisos concertados para ese día, pero que enviaría a un representante. Acabada la audiencia, andaba por los pasillos de la librería Laselva, en el aeropuerto de Brasilia, mientras esperaba un vuelo retrasado para volver a Río. Delante de una vitrina, vio varios libros suyos en exposición (todos de la editorial Rocco, ninguno de Objetiva). En ese momento empezó a pensar en un importante paso que se decidiría a dar meses después: iba a dejar Objetiva y volver a su antigua editorial.

La mesa solemne que días después presidió la ceremonia de toma de posesión en la Academia estaba encabezada por el ministro de Cultura, Francisco Weffort, representando al presidente de la República. A su izquierda estaba el alcalde de Río, César Maia y, a la derecha, el presidente de la ABL, el embajador Alberto da Costa e Silva. Los invitados iban de etiqueta y los académicos con el atuendo de gala de la casa, el traje verde oliva con la pechera y el cuello bordados con hilos de oro. Para completar la indumentaria, los inmortales también llevaban un sombrero bicorne de terciopelo recubierto de plumas blancas y, sujeta a la cintura, una espada dorada. Valorada en 45.000 reales, la vestimenta usada por Paulo la pagó, como manda la tradición, la alcaldía de Río, su ciudad natal. Acabados los discursos, entre los cientos de invitados que iban a felicitar al nuevo inmortal estaban los editores brasileños de Paulo, Roberto

Toma de posesión de Paulo en la Academia Brasileña de las Letras: abrazando al chamán Nelson Liano Jr., y con sus nuevos colegas inmortales. Abajo, en el público, Paula Oiticica, madre de Chris, y Pedro Queima Coelho, padre del escritor.

Feith y Paulo Rocco. La educación y la gentileza con la que se trataron no permitían prever las turbulencias que se acercaban y que se decidieron ese día.

El episodio ocurrido en la librería del aeropuerto de Brasilia, en realidad, no hizo más que aumentar las preocupaciones que Paulo acumulaba desde hacía tiempo. Algo parecido había ocurrido meses antes, cuando a su agente Mônica, de vacaciones en Brasil con su marido Øyvind, se le ocurrió la idea de prolongar el viaje desde Río hasta Natal, en Río Grande del Norte. Además de que le robaron el bolso —con el pasaporte, la documentación y el dinero—, Mônica descubrió que no había libros de Paulo a la venta en ningún sitio de la capital de Río Grande del Norte (que entonces tenía más de seiscientos mil habitantes), ni siquiera en la librería del aeropuerto internacional de la ciudad. El autor, sin embargo, tenía motivos más concretos para preocuparse. Según sus cálculos, en el período comprendido entre 1996 y 2000 (en el que Objetiva lanzó *La Quinta Montaña*, *Veronika* y *La señorita Prym*), él había perdido nada menos que cien mil lectores. Y la referencia para hacer esas cuentas no era la cifra de ventas de *El Alquimista*, sino de *Río Piedra*, el último libro publicado por Rocco antes de cambiarse a Objetiva. La idea que más lo seducía —dejar inmediatamente Objetiva y volver a Rocco— implicaba un problema adicional. Los originales de su siguiente novela, *Once minutos*, ya estaban en poder de Objetiva y, además de eso, ya había recibido alguna sugerencia de hacer pequeños cambios por parte del editor Roberto Feith, con los que el autor estaba de acuerdo.

Como otras tantas veces en su vida, sin embargo, quien tenía la palabra final sobre el rumbo que debía seguir era el *I Ching*. Cuatro días antes de la toma de posesión en la ABL, Paulo le formuló al *Libro de las mutaciones* dos preguntas: «¿Qué pasa si publico mi siguiente libro, *Once minutos*, en la editorial Objetiva?», y «¿Qué pasa si edito mi próximo libro, *Once minutos*, y toda mi *backlist* en Rocco?». Lanzadas las tres monedas sobre la mesa, el resultado no parecía ser igual de preciso que la pregunta:

La preponderancia del pequeño. Éxito. Se pueden hacer pequeñas cosas, no se deben hacer grandes cosas. Es aconsejable permanecer abajo. Grande y buena fortuna.

Al leer tal respuesta es posible que la mayoría de la gente siguiera igual de desorientada que antes, pero para Paulo Coelho el oráculo era de una claridad meridiana: después de siete años y cuatro libros, había llegado el momento de dejar Objetiva y volver a Rocco. Irritado con la noticia del cambio, y sobre todo con la decisión del autor de llevarse un libro ya listo para imprimir, Roberto Feith decidió que sólo le daría los originales de *Once minutos* si Objetiva era indemnizada por los gastos de producción. Paulo lo tomó como una amenaza y desenvainó la espada: contrató a un gran bufete de abogados de Río y se preparó para una larga y penosa batalla judicial, como suelen ser en Brasil. Tomada la decisión, anunció que volvía a Rocco —editorial con la que, aseguró, *Once minutos* saldría a la venta en los primeros meses de 2003— y se marchó con Chris a Tarbes, dejando el mercado editorial de Brasil agitado por los rumores. Algunas noticias publicadas por la prensa afirmaban que había dejado Objetiva debido a los celos porque ya no ocupaba el podio de principal escritor de la casa, que ahora era del riograndense Luís Fernando Veríssimo. Otras decían que la razón del cambio era una oferta hecha por Rocco de seiscientos mil reales para que volviera. La temperatura no bajó hasta que Chris, en su caminata diaria con su marido en la región de los Pirineos, le aconsejó que abandonara la pelea con Feith. «¡Parece que tienes tú más ganas de pelea que él! ¿Para qué? ¿Por qué? —indagaba—. Haz lo posible para que todo acabe bien, sin peleas.» Aunque se resistió hasta el último minuto, Paulo cedió. Se paró ante un crucifijo y le pidió a Dios que apartase el odio de su corazón. Tras una negociación entre representantes de las dos partes, semanas después Feith no sólo le devolvió los originales de *Once minutos*, sino también los cuatro títulos que componían su *backlist* y que se iba a llevar a Rocco. El dueño de Objetiva sólo puso un impedimento: prohibió la inserción de sus sugerencias en la versión de Rocco y en las extranjeras, determinación que obligó a Mônica Antunes a recoger originales que estaban en manos de traductores de varios países. El problema estaba resuelto, pero Paulo y Feith no volvieron a hablarse.

El libro que provocó la pelea empezó a nacer años antes, en 1997, en la ciudad de Mantua, en el norte de Italia, donde Paulo dio una conferencia. Al llegar al hotel encontró un sobre dejado por una brasileña llamada Sônia, lectora y fan del autor, que había emigrado a Europa para trabajar como prostituta. El paquete contenía los originales de un libro en el que ella contaba su historia. Contrariando el hábito de no leer nunca originales ajenos, Paulo lo leyó, y le gustó y lo recomendó para que lo publicaran en Objetiva, pero la editorial no estaba interesada. Al volver a encontrarlo tres años después en Zurich, en Suiza, ciudad a la que se había mudado, Sônia organizó una sesión de autógrafos como probablemente ningún escritor ha experimentado jamás: lo llevó a Langstrasse, una calle donde después de las diez de la noche hierve la acera con prostitutas de todas partes del mundo. Avisadas por la brasileña de la presencia de Paulo en el lugar, muchas aparecieron con ejemplares sobados de libros suyos en varios idiomas; entre ellos, el escritor observó que predominaban mayoritariamente los originarios de países de la antigua Unión Soviética. Como solía trabajar también en la ciudad de Ginebra, Sônia le propuso al autor repetir aquel verdadero *happening* en la zona de meretricio de la segunda mayor ciudad de Suiza. Fue allí donde conoció a la prostituta brasileña a la que llamó Maria y cuya vida sería el hilo conductor de la novela *Once minutos*: el relato de la joven del nordeste a la que llevan para hacer espectáculos en Europa y que al llegar descubre que tiene que prostituirse. Para el autor, no se trataba de un libro sobre la prostitución, «ni sobre las desventuras de una prostituta, sino sobre el proceso interior de una persona en busca de su identidad sexual –declaró en los periódicos–. Es una obra sobre la complicada relación entre los sentimientos y el placer físico».

El título escogido para el libro de 255 páginas es una paráfrasis de *Los siete minutos*, bestseller de 1969 en el que el norteamericano Irving Wallace narra la disputa, en un tribunal, sobre el intento de prohibición de una novela sobre sexo. Siete minutos, según Wallace, es

O QUE ACONTECERÁ SE EU EDITAR MEU PRÓXIMO LIVRO "ONZE MINUTOS" PELA EDITORA OBJETIVA?

51 – O Incitar (Comoção, trovão) . A comoção traz sucesso. O choque vem:o ah, oh! Expressões de riso: há,há! O choque gera pavor num raio de cem milhar e ele não deixa cair a colher do cerimonial de sacrifício, nem o cálice.

IMAGEM – Sob temor e tremor, o HS retifica sua vida e examina a si mesmo.

Linha 2 – O choque vem trazendo o perigo. Cem mil vezes você perde seus tesouros e tem que subir as nove colinas. Não os persiga. Após sete dias, você haverá de recupera-los.

54 – A jovem que se casa. Empreendimentos trazem infortúnio. Nada que seja favorável.

O QUE ACONTECERÁ SE EU EDITAR O MEU PROXIMO LIVRO "ONZE MINUTOS" E TODA A MINHA BACKLIST PELA ROCCO?

62 – A preponderância do pequeno. Sucesso. A perseverança é favorável. Pequenas coisas podem ser realizadas, grande coisas não devem ser feitas. O pássaro, voando, traz a mensagem: não é aconselhável o esforço em direção ao alto, é aconselhável permanecer embaixo. Grande boa fortuna!

IMAGEM – O HS em sua conduta faz com que preponderse o respeito. Em caso de luto faz com que preponderse a tristeza. Em suas despesas, faz com que preponderse a parcimônia.

Linha 4 – Nenhuma culpa. Sem ultrapassa-lo, ele o encontra. Ir adiante traz perigo; deve-se ficar em guarda. Não atue. Seja constantemente perseverante.

15 – A Modéstia cria o sucesso. O homem superior conduz as coisas à conclusão.

TIPO DE VEÍCULO:	DIVERSOS	
VEÍCULO:		
COLUNISTA:		
PÁG.		
DATA:	/	/

Sin saber qué rumbo tomar, Paulo recurre una vez más al *I Ching*: «¿debo, o no, cambiar de editorial?»

el tiempo medio consumido en la realización de un acto sexual. Cuando *Once minutos* se publicó en Estados Unidos, un reportero del periódico *USA Today* quiso saber la razón del brasileño para aumentar en cuatro minutos el tiempo medio americano. Con una carcajada, Paulo le respondió que la estimación del autor de *Los siete minutos* reflejaba el punto de vista de un anglosajón y, por tanto, «era demasiado conservadora para los estándares latinos». Lanzado en Brasil en el primer trimestre de 2003, *Once minutos* fue recibido por los medios con la malicia y las ironías habituales, tanto que, un mes antes del lanzamiento del libro, el autor, previendo la reacción de la crítica, dijo en una entrevista concedida a la revista *IstoÉ*: «¿Cómo sé que a la crítica no le va a gustar? Es sencillo. No se puede detestar a un autor por diez libros y que les guste el undécimo.»

Además de no gustarles *Once minutos*, muchos periodistas vaticinaron que ése podría ser el primer gran fracaso de ventas del autor. Según varios críticos, la temática picante del libro –que habla de sexo oral, orgasmo clitoridiano o vaginal y prácticas sadomasoquistas– era un ingrediente demasiado explosivo para la imagen que tenían del lector medio de Paulo Coelho. Pero sucedió exactamente lo contrario. Antes de que la tirada inicial de doscientos mil ejemplares llegara a las librerías de Brasil, en abril de 2003, Sant Jordi había vendido el libro a más de veinte editores extranjeros, después de negociaciones que le supusieron al autor seis millones de dólares (el equivalente a 6,7 millones de dólares de 2008, o 12 millones de reales). Tres semanas después de publicado, *Once minutos* estaba en el primer puesto de las listas de los más vendidos en Brasil, Italia y Alemania. El lanzamiento de la edición inglesa atrajo a dos mil personas a la librería Borders, en Londres. Tal como había sucedido con los diez libros anteriores, sus lectores de Brasil y del mundo entero le darían pruebas inequívocas de que seguía encantándoles en el undécimo: con el paso de los años, *Once minutos* se convirtió en el segundo libro más leído de Paulo Coelho, con diez millones de ejemplares vendidos, superado sólo por el imbatible *El Alquimista*.

29

PAULO ASISTE VESTIDO DE FRAC AL BANQUETE EN EL PALACIO DE BUCKINGHAM (COMO INVITADO DE LA REINA, NO DE LULA)

Los primeros meses de 2004, Paulo y Chris los dedicaron al trabajo de hacer habitable el viejo molino de trigo que compraron en Saint-Martin. El plan de pasar cuatro meses allí, cuatro en Brasil y cuatro viajando por el mundo fue bombardeado por la propuesta de agenda que Mônica le envió a principios de año. Sant Jordi se había visto invadida por nada menos que 187 invitaciones a entregas de premios, participaciones en eventos, sesiones de autógrafos, conferencias y actos promocionales en todos los rincones del mundo. Aclamado por legiones de lectores y admiradores esparcidos por todas partes, amigo de reyes, jeques y estrellas de Hollywood, si atendía la mitad de aquellas peticiones ya no le iba a quedar tiempo para nada más; ni siquiera para algo que empezaba a preocuparlo, el próximo libro. Durante el segundo semestre fue maquinando toda la historia en su cabeza, y a finales de año, en dos semanas, plasmó en el papel las 318 páginas de *El Zahir*, título inspirado en un cuento de Jorge Luis Borges acerca de algo que, una vez tocado o visto, ya nunca se puede olvidar. Fácilmente identificable, el personaje principal es un ex roquero que se convierte en escritor de fama mundial, la crítica lo odia y sus lectores lo adoran. Sin nombre, vive en París con la periodista y corresponsal de guerra Esther. La historia comienza con el susto del personaje al enterarse de que su mujer lo ha abandonado. Escrito a finales de 2004, en marzo del año siguiente el libro estaba listo para ser lanzado en Brasil y en otros países.

Antes, sin embargo, de llegar a manos de los lectores de cualquier lugar del mundo, brasileños incluidos, *El Zahir* sería objeto de una operación un tanto desconcertante: fue publicado primero en Teherán, capital de Irán, país en el que Paulo era el autor extranjero más leído. Se trataba de una maniobra del joven editor Arash Hejazi para combatir la piratería local, que, aunque no llegaba a las cifras alarmantes de Egipto, actuaba con tal impunidad que sólo de *El Alquimista* fueron identificadas veintisiete ediciones diferentes, todas ellas piratas, desde el punto de vista del autor, pero ninguna ilegal, ya que Irán no es signatario de los acuerdos internacionales de protección de derechos de autor. La ausencia absoluta de represión contra la industria clandestina de libros se debía a una peculiaridad de la legislación del país de los ayatolás, que sólo protege obras cuya primera edición sea impresa, editada y lanzada en el país. Para garantizarle a su editorial, Caravan, el derecho a publicar en exclusiva *El Zahir* en el país, Hejazi le sugirió a Mônica que alterase el calendario de lanzamientos internacionales, de forma que la primera edición fuera para las librerías de Irán. El libro fue publicado allí primero y, de hecho, eso frenó la piratería, pero días después tenía problemas con el gobierno. La mala noticia le llegó a través de una llamada telefónica que Hejazi hizo al autor, que estaba reunido con Mônica en el hotel Gellert, en Budapest. Hablando desde una cabina pública para burlar la censura telefónica, el aterrorizado editor, de treinta y cinco años, que abandonó la medicina para producir libros, le contó que el stand de Caravan en la Feria Internacional del Libro de Irán acababa de ser invadido por un grupo de Basejih, la «policía moral» del régimen. Los agentes habían confiscado mil ejemplares de *El Zahir*, le anunciaron que el libro estaba prohibido y lo intimidaron para que compareciera dos días después en la delegación encargada de la censura.

Al final de la rápida y tensa llamada telefónica, ambos acordaron que la mejor manera de enfrentarse a tal violencia –y también para preservar la integridad física de Hejazi– era denunciarlo a la opinión pública internacional. Preocupado, Paulo llamó inmediatamente a dos o tres amigos periodistas, los primeros que pudo localizar, y poco después la radio BBC de Londres y la agencia France Press hacían pública la censura, noticia que recorrió el mundo rápidamente. La repercusión pareció intimidar a las autoridades, porque días después los libros fueron devueltos sin ninguna explicación y la censura cancelada. Sería incluso comprensible que un Estado represivo y moralista como el iraní pusiera trabas a un libro que trata sobre relaciones adúlteras. Lo que sorprendía era que la mano de la represión alcanzara a alguien tan popular en el país como Paulo Coelho, reconocido públicamente como el «primer escritor no musulmán en visitar Irán después de la llegada de los ayatolás al poder», es decir, desde 1979.

De hecho, Paulo visitó el país en mayo de 2000 como invitado del presidente Mohamed Khatami, que dirigía una controladísima apertura política. Cuando llegaron a Teherán, aunque ya eran las tres de la madrugada, Paulo y Chris (que llevaba una alianza de casada en el dedo anular izquierdo y debidamente instruida sobre las limitaciones impuestas a las mujeres en los países islámicos) se encontraron con una multitud de más de mil lectores que se habían enterado por los periódicos de la llegada del autor de *El Alquimista*. Como faltaba poco para la toma de posesión del nuevo Parlamento, la situación política era tensa. Diariamente, las calles de la capital eran tomadas por manifestaciones de estudiantes que apoyaban las reformas de Khatami, que sufría una fuerte oposición por parte de los clérigos conservadores, que son los que ocupan el poder real en el país. Aunque permanentemente acompañado de unos cuantos periodistas brasileños y extranjeros, Paulo no dio ni un paso fuera de la mirada vigilante de los seis guardias de seguridad armados con ametralladoras designados para protegerlo. Al final de un maratón de cinco conferencias y sesiones de autógrafos de *Brida*, con un público que nunca era inferior a mil personas, el escritor fue homenajeado por el ministro de Cultura, Ataolah Mohajerani, con una cena de gala en la que el lugar preferencial estaba ocupado por nada menos que el presidente Khatami. Al rechazar la invitación para participar en el ágape en homenaje de su colega brasileño, del que se declaraba lector y admirador, el novelista iraní Mahmoud Dolatabadi, de sesenta años, exponía los límites y la fragilidad de la apertura liderada por Khatami. Perseguido por el gobierno, se negó a confraternizar con sus censores. «No me pueden interrogar por la mañana –dijo Dolatabadi a los periodistas– y por la noche tomar café con el presidente.»

Liberado por la Basejih sin vetos ni cortes, el libro pudo circular en Irán antes que en cualquier otro lugar. Cumplida la formalidad legal, semanas después, ocho millones de copias de *El Zahir*, traducido a 42 idiomas, llegarían a las librerías de 83 países. Cuando se lanzó en Europa, la novela volvió a ser noticia en los periódicos. No en las páginas de política, como en el caso de la censura iraní, sino de cotilleos sobre la vida de los famosos. Aquella primavera de 2005, una pregunta rondaba las redacciones de los medios europeos volcada en ese tipo de asuntos: ¿quién era la mujer en la que se inspiraba Paulo para crear a Esther, el personaje principal de la nueva novela? La primera sospecha, levantada por el periódico sensacionalista moscovita *Komsomolskaya Pravda*, recayó sobre la hermosa estilista rusa Anna Rossa, que además de ser su musa habría tenido una breve aventura con el autor. Al leer la noticia, reproducida en un página literaria italiana, Paulo se apresuró a enviar una carta al periódico, traducida al ruso por su amigo periodista Dmitry Voskoboynikov:

Queridos lectores del Komsomolskaya Pravda:

Me ha sorprendido mucho enterarme por su periódico de que hace tres años tuve una aventura con la estilista Anna Rossa, y que esa mujer es supuestamente el personaje principal de mi libro El Zahir. Por fortuna o por desgracia, nunca lo sabremos, la información no es cierta.

Cuando me enseñaron la foto de esa joven señora a mi lado, me acordé inmediatamente de ella. De hecho nos presentaron en una recepción en la embajada brasileña. No digo que sea un santo, pero no hubo y probablemente nunca haya nada entre nosotros.

El Zahir es tal vez uno de mis libros más profundos, y se lo he dedicado a mi esposa Christina Oiticica, con la que vivo desde hace veinticinco años. Os deseo a vosotros y a Anna Rossa amor y éxito.
Atentamente,

PAULO COELHO

Ante un desmentido tan perentorio, las miradas de los periodistas se volvieron hacia otra mujer reconocida por su belleza, la chilena Cecilia Bolocco, Miss Universo 1987, y que en ese momento presentaba «La Noche de Cecilia», un *talk-show* de mucho éxito en la televisión de su país. De paso por Madrid, donde grababa entrevistas para el programa, la esbelta rubia condecorada por el dictador Augusto Pinochet soltó una carcajada al saber que la señalaban como la inspiradora de Esther de *El Zahir*: «¡No digas eso! ¡Carlito es muy celoso!...»

El celoso Carlito era el ex presidente argentino Carlos Menem, con quien estaba casada desde mayo de 2000 —cuando él tenía setenta años y ella treinta y cinco—, unión que tres años después les daría un hijo. La naturalidad con la que Cecilia reaccionaba ante la sospecha era comprensible. Años antes la prensa había dado la noticia de que había tenido un romance con el escritor entre principios de 1999 y octubre de 2000, es decir, estando todavía casada con Menem. Según se publicaba, su primera noche de amor habría sido en una de las suites con techo gótico del romántico hotel Monasterio de Piedra, en Zaragoza (justo donde Paulo ambientó parte de la trama del libro *Río Piedra*). Aunque ambos desmintieron los rumores con vehemencia, trabajadores del hotel confirman que días después, detectives argentinos, supuestamente enviados por el ex presidente, estuvieron allí en busca de las fichas de todos los huéspedes registrados en ese período. Menem, en cualquier caso, resultaría ser un marido celoso de verdad. El matrimonio llegó a su fin en mayo de 2007 cuando vio a su radiante esposa, con la que andaba a la greña, en las portadas de las revistas internacionales haciendo *topless* en Miami mientras cubría de besos al empresario italiano Luciano Marrochino.

Algunos medios también apostaban por la actriz italiana Valeria

Golino, que se hizo famosa por interpretar junto a Dustin Hoffman y Tom Cruise la película *Rain man*, cuando el misterio llegó a su fin. El día 17 de abril de 2005, un domingo, el periódico portugués *Correio da Manhã* dio la noticia en primera página: la mujer en la que Paulo Coelho se inspiró para crear el personaje del libro era la periodista inglesa Christina Lamb, corresponsal de guerra del semanario londinense *The Sunday Times*. Localizada por teléfono en Harare, capital de Zimbawe, donde realizaba una entrevista, la reportera casi se cae al enterarse de que el secreto se había hecho público. Ella era la «Esther de carne y hueso», según anunciaba el periódico. «A lo largo de la semana me llamaron periódicos de España, de Portugal, de Brasil, de Sudáfrica e incluso de Inglaterra –diría después–, y todos me pedían que les describiese la sensación que tenía al ser la musa de Paulo Coelho.» Una semana más tarde, Christina publicó un artículo que ocupaba toda la primera página del *Sunday Times Review*, revista dominical del periódico, titulado «He stole my soul» («Él me robó el alma») y encabezado con un curioso subtítulo:

Christina Lamb ha cubierto muchas guerras en el extranjero para el periódico británico *The Sunday Times*, pero se ha visto indefensa cuando uno de los escritores que más libros vende en el mundo decidió apoderarse de su vida.

En el artículo, la periodista cuenta que conoció a Paulo dos años antes, al ser designada para entrevistarlo a propósito del éxito mundial de *Once minutos*. En esa época el escritor todavía vivía en el hotel Henri IV (según ella, una «pensión anticuada, una mezcla de sex-shop y una casa de accesorios ortopédicos, en el remoto pueblo de Tarbes»). Ésa fue la única vez que se vieron. Los meses siguientes se enviaron correos electrónicos, él desde el sur de Francia y ella desde Kandahar o Kabul, en Afganistán. A Paulo le gustó tanto *The Sewing Circles of Herat*, libro reportaje escrito por Christina sobre los talleres de costura de la provincia afgana de Herat, que lo incluyó en la lista «Mis diez favoritos», que elaboró a petición de Barnes & Noble, la mayor red de librerías de Estados Unidos. En junio de 2004, al

Paulo con su editor iraní Arash Hejazi (de gafas):
para evitar la piratería oficial, la primera edición
de *El Zahir* tuvo que publicarse en Irán, antes incluso
que en Brasil.

abrir el buzón de su ordenador en la casa en la que vive con su marido y su hijo en la ciudad de Estoril, en Portugal, la periodista encontró, «entre las monótonas noticias sobre las fuerzas de coalición en Kabul y las ofertas de aumento de pene», un mensaje de Paulo con un enorme anexo. Eran los originales de *El Zahir*, que él acababa de escribir, acompañados de un mensaje que empezaba con una frase corta: «El personaje femenino está inspirado en ti.» Después le explicaba que, ante las dificultades para volver a verla, y como se trataba de una novela, se había valido de búsquedas en Internet para montar el perfil del personaje. En el texto publicado por el *Sunday Times Review*, ella cuenta lo que sintió al leer el correo:

> Por una parte me quedé atónita, por otra me sentí halagada, por otra alarmada. No me conocía. ¿Cómo podía haber creado un personaje basado en mí? Me sentí casi desnuda. Hay aspectos de mi vida que, como la mayoría de la gente, no desearía ver publicados. [...]
>
> Presa de agitación, descargué el archivo de 304 páginas. Mientras leía el manuscrito reconocía pasajes que le había contado en Tarbes, pasajes subjetivos de mi mundo particular, así como asuntos que trataba en mi libro. El primer párrafo empezaba así: «Ella, Esther, corresponsal de guerra recién llegada de Iraq porque la invasión del país es inminente, treinta años, casada, sin hijos.» Al menos me hizo algo más joven.

Lo que a primera vista parecía divertido («me empezaba a gustar la idea de una heroína basada en mí, pero desapareció en la primera página», escribió Christina) se fue convirtiendo en algo molesto a medida que avanzaba la lectura:

> Me quedé un poco preocupada con la descripción del primer encuentro entre Esther y su marido: «Un día, una periodista viene a entrevistarme: quiere saber lo que significa para mí que mi trabajo se conozca en todo el país, sin que nadie sepa quién soy... Bonita, inteligente, callada. Volvemos a encontrarnos en una fiesta, ya no hay presión del trabajo, consigo llevármela a la cama esa misma noche.»

«Estupefacta» ante todo aquello, Christina le contó a su madre y a su marido —un abogado portugués llamado Paulo— lo que acababa de leer.

Lejos de sentirse halagado como yo, desconfió del motivo que podía llevar a otro hombre a escribir un libro sobre su mujer. También se lo conté a algunos amigos, que me miraron como si estuviera loca. Y decidí que era mejor no volver a contarle el caso a nadie más.

Si el *Correio da Manhã* no hubiera desvelado el secreto, la cosa habría quedado ahí. La revelación, en cualquier caso, no le supuso ninguna molestia más a la periodista, según ella misma confesó en el artículo:

Una vez acostumbrada a la idea, decidí que me gustaba bastante mi condición de musa. Sin embargo, no sabía demasiado bien qué es lo que hacen las musas. [...] Le pregunté al escritor cómo debe comportarse una musa. «A las musas hay que tratarlas como hadas», respondió, y añadió que nunca había tenido una antes. Imaginé que ser una musa probablemente implicaba recogerse en un sofá con una enorme caja de bombones, con aire pensativo. [...] Ser una musa, tal vez, tampoco es una tarea fácil si trabajas a tiempo completo y tienes un hijo de cinco años. [...] Descubrí, mientras, que entrevistar a escritores célebres puede ser más arriesgado que cubrir guerras. No te disparan, pero te pueden robar el alma.

El libro parecía estar concebido para generar polémicas. Habituados a la hostilidad y al prejuicio dedicados por los medios a los libros anteriores de Paulo, los lectores brasileños se quedaron sorprendidos la última semana de marzo de 2005. En todos los quioscos del país, tres de cada cuatro de las principales revistas semanales —*Veja* (cuya tirada era de 1,2 millones de ejemplares), *Época* (430.000) y *IstoÉ* (375.000)— publicaban fotos de Paulo Coelho en la portada y, en el interior de cada una de ellas, ocho extensas páginas sobre el autor, su vida y su obra. La única excepción fue de la menor de las publicacio-

La prensa intenta descubrir quién es la musa
de Paulo en *El Zahir*: ¿la estilista rusa Anna Rossa,
la ex Miss Universo Cecilia Bolocco, o la actriz
italiana Valeria Golino? Ninguna de ellas: la
escogida fue la periodista del *The Sunday Times*
Christina Lamb (abajo).

nes, *Carta Capital* (60.000 ejemplares), cuyo tema principal de la semana era un reportaje con denuncias contra el banquero Daniel Dantas, del Banco Opportunity. La portada mostraba un fotomontaje de la cabeza del empresario golpeada con un martillo de un juez, con el título «Dantas, a pique». En cualquier caso, con la notoriedad obtenida en las tres principales revistas semanales, una vez más *El Zahir* saltaba a las páginas culturales, sólo que esta vez eran las de *media criticism*. Lo inusual de la situación llevó al periodista Marcelo Beraba, *ombudsman* de la *Folha de S. Paulo*, a dedicar al asunto toda su columna dominical; leyendo entre líneas se podía identificar alguna sospecha sobre los intereses que habrían llevado a las tres publicaciones a incurrir en aquella insólita coincidencia:

> [...] El domingo los lectores se sorprendieron en los quioscos: las tres mayores revistas semanales tenían la misma portada, el escritor Paulo Coelho y su nuevo libro, *El Zahir*. Es difícil imaginar, según los estándares brasileños, un lanzamiento de mayor éxito.
>
> [...] Revistas y periódicos han hecho, hacen y seguirán haciendo acuerdos, no siempre transparentes, con los productores de libros, películas, CD y DVD para garantizar las publicaciones que consideran importantes. Es un riesgo que corren porque los lectores desconfían de reportajes que parecen campañas publicitarias.

Beraba intentó que los responsables de las tres publicaciones dieran su versión sobre el tema y, aunque reconocía que el autor era un «fenómeno mundial de ventas y como tal debe ser tratado por los medios de comunicación», acabó el artículo con una clara condena del comportamiento de las revistas:

> [...] Eurípides Alcântara, de *Veja*, no quiso hablar del asunto. Aluizio Falcão Filho, de *Época*, fue sucinto: «En diciembre firmamos un acuerdo con la editorial, que nos prometió un capítulo en exclusiva. Lo hicieron y nos facilitaron la entrevista.» Hélio Campos Mello, de *IstoÉ*, piensa que la revista ha sido coherente al dedicar la portada al nuevo libro de Paulo Coelho. «El libro sale en 83 países. Es de lo más normal que le dedique-

mos un espacio preferente al lanzamiento. Hay un prejuicio respecto a Paulo Coelho por parte de la prensa. En el caso de *IstoÉ* no ha sido una estrategia de marketing. Hablé directamente con Paulo.»

El tema también inspiró a los publicistas Eugenio Mohallem y Cebolinha Fernandes, de la agencia Fallon, responsable de la propaganda institucional de *Carta Capital*, para crear un simpático anuncio. En él aparecen las portadas de *Veja*, *Época* e *IstoÉ* con la foto del escritor y la de *Carta Capital* con el banquero Dantas, bajo el irónico título: «Nada contra los *coelhos*.[9] Pero alguien tiene que vigilar a los zorros.» Aunque sólo apareció cuatro veces (dos en *Carta*, una en la *Gazeta Mercantil* y otra en *O Estado de S. Paulo*), el anuncio tuvo una gran repercusión y recibió dos importantes premios de publicidad (Clube de Criação y Folha / Meio e Mensagem), y acabaría sus días enmarcado en el recibidor del despacho de São Paulo de la agencia de noticias Reuters.

El «caso de las tres portadas», tal como se denominó el episodio, adquirió tales dimensiones porque ponía de manifiesto el cambio radical de comportamiento de un medio que, salvo raras y esporádicas excepciones, trataba al autor con maldad. Era como si Brasil, con años de retraso, hubiera descubierto un fenómeno que un montón de países venía celebrando desde el *boom* mundial de *El Alquimista*. La llegada de Internet permitió que el nuevo libro del escritor se convirtiera en noticia en todo el planeta un día después de ser lanzado, y a partir de entonces, traductores de portugués, que no son muy numerosos en el mundo editorial, se ponían en guardia en docenas de países a la espera de que llegasen los originales enviados por Sant Jordi. Mientras los brasileños debatían sobre las tres portadas, por ejemplo, el objeto de la disputa –el libro *El Zahir*– se estaba traduciendo a veintiocho idiomas, cifra que ascendería hasta cincuenta, pero lejos de las sesenta y seis lenguas en las que fue publicado *El Alquimista*. A los cincuenta y nueve años Paulo estaba a punto de alcanzar la as-

9. Juego de palabras irónico con el apellido del escritor, ya que, en portugués, *coelho* significa «conejo». *(N. de la t.)*

tronómica cifra de cien millones de libros vendidos, el 10 por ciento de ellos en Brasil.

Si en el extranjero los laureles los comparte con Mônica Antunes, que en ese momento administraba la increíble cifra de mil doscientos contratos de edición de libros de Paulo, en Brasil, uno de los corresponsables de esa hazaña es el discreto paulistano Rodrigo Meinberg. Cuando se puso en contacto con Paulo Coelho por primera vez, en el año 2000, Meinberg tenía veintisiete años y nunca había leído un libro suyo. A decir verdad, salvo los textos que obligatoriamente tuvo que leer en la carrera de ingeniería mecánica en la facultad de ingeniería industrial de la USP, Meinberg había leído muy pocos libros sobre cualquier tema. Tras un breve paso por las fábricas de papel Klabin, se puso a trabajar con dos primos suyos que tenían los derechos para Brasil de las colecciones de libros de arte de National Geographic. A lo largo de los años noventa se dedicaron a un prometedor nicho de mercado: la venta a bajo precio y a gran escala, con periódicos y revistas, de libros, fascículos y CD. Realizada con un abrumador éxito por la *Folha de S. Paulo*, que llegó a subir su tirada dominical de 400.000 a 1,7 millones de ejemplares, la estrategia de marketing sería adoptada también por su principal competidor, *O Estado de S. Paulo*, cuya implantación fue a cargo de Meinberg y de sus primos. Mal recibidas por muchos periodistas, que veían en ellas un mero anabolizante de tiradas, sin preocuparse por el contenido de los medios, las campañas se prolongaron hasta el final de la década con notables resultados materiales. En el año 2000, sus primos decidieron cambiar de sector y se sumergieron en la burbuja de Internet, pero Rodrigo prefirió seguir en la actividad y montó su propia empresa, la Gold Editora. Su primer gran cliente fue *O Globo*, que le pidió que pensara en «algo con los libros de Paulo Coelho» para propulsar las ventas de los domingos.

Como en ese momento el escritor tenía su *backlist* en dos editoriales, Rodrigo proyectó una pequeña colección dividida mitad y mitad, con tres libros de Rocco (*El Alquimista*, *Brida* y *Las Valkirias*) y tres de Objetiva (*La Quinta Montaña*, *Manual del guerrero de la luz* y *Veronika*). Los libros serían impresos por él y, cada domingo, durante seis

Nada contra os coelhos. Mas alguém tem que vigiar as raposas.

CartaCapital 10 anos de independência, coragem e espírito crítico.

La revista *Carta Capital* ironiza sobre el hecho de que tres de sus competidoras le hubieran dedicado la portada, el mismo día, al mismo tema: Paulo Coelho.

semanas, aparecería un nuevo título en los quioscos junto a *O Globo*. El lector que pagase 6,90 reales se llevaba el periódico, que en esa época se vendía a 1,50 reales, y un libro que en las librerías costaba alrededor de veinte reales. Aprobado al momento por la dirección de *O Globo*, aún había que presentarles el proyecto a Paulo Rocco y a Roberto Feith, poseedores de los derechos de publicación en Brasil y, por supuesto, al autor. Ninguno de los dos editores puso ninguna objeción, pero ambos exigieron, por ceder los derechos, la mitad del precio de venta. Era una puñalada, pero una vez hechas las cuentas, Meinberg concluyó que el negocio era rentable. Ahora sólo faltaba echarle el lazo al gato, tarea que Rocco y Feith pensaron que le correspondía a él.

El escritor recibió la propuesta por correo mientras estaba en el hotel Henri IV, en Tarbes; estuvo de acuerdo con la remuneración del 15 por ciento sobre el precio venta de los libros y la aprobó dos días después, al hablar por teléfono con Meinberg. Según éste, Paulo manifestó una única y sorprendente preocupación: «Haz bien las cuentas, porque creo que vas a salir perdiendo.»

El tiempo demostró que no había razón para tales temores: en seis semanas se habían vendido nada menos que doscientos mil ejemplares. Y no se trataba de versiones condensadas ni adaptaciones, ni siquiera de ediciones populares. Preocupado por darle a la colección un acabado gráfico de primera, Meinberg buscó para hacer las tapas de los libros al consagrado diseñador João Baptista da Costa Aguiar, de São Paulo. El éxito de la campaña estimuló a otros veinte periódicos del interior del país a comprar y repetir el proyecto en sus ciudades. Un año después de lanzada, la estrategia había promovido la venta de novecientos mil libros. La experiencia en el sector le reveló a Meinberg la existencia de un verdadero ejército de más de veinte mil vendedores ambulantes que hacen llegar productos culturales a rincones de Brasil que el comercio convencional no es capaz de alcanzar. ¿Qué productos? Todo lo que quepa en el maletero de un coche: libros, CD, cintas de vídeo y, más tarde, DVD. Mientras el mundo empezaba a probar mecanismos electrónicos de ventas, a través de Internet, el joven emprendedor vio en aquel anticuado y casi desconocido sistema de puerta a puerta una oportunidad para vender libros. Le envió un correo electrónico al escritor para proponerle el lanzamiento de una «Caja Paulo Coelho», con diez libros suyos, para ser exclusivamente comercializada por vendedores ambulantes. Eran tiradas tan altas que hacían posible que la colección se vendiera a cuarenta reales, cinco veces menos que el precio cobrado por los mismos diez libros en las librerías normales. Con el beneplácito del autor, Meinberg produjo las primeras diez mil cajas, y en menos de seis meses, se habían vendido cien mil libros, todos en lugares cuyos habitantes jamás habían visto una librería o una tienda de discos. Sin invadir jamás el territorio sagrado de las editoriales —las librerías—, con el paso de los años el incansable Meinberg extendería todavía más los tentáculos de su sistema de distribución. A partir de 2004, por ejemplo, los libros de Paulo pasaron a formar parte de la cesta de productos que todas las semanas 1,2 millones de vendedoras de la industria de cosméticos Avon ofrecen puerta a puerta a millones de consumidoras residentes fuera de los mercados tradicionales. Las cifras alcanzadas son para hacerle la boca agua a cualquier autor.

En 2006, reunió bajo el título *Como el río que fluye* una selección de cuentos, ideas y reflexiones recogidas de sus columnas publicadas en periódicos de 58 países. Sin embargo, como tenía en mente publicar una nueva novela en 2007, *Como el río que fluye* fue lanzado en doce países. En Brasil, la posibilidad de acceso al nuevo libro quedó restringida a los lectores de los mercados alternativos de Meinberg. Puesto en la red puerta a puerta por Gold Editora en agosto de 2007, meses después el libro batía la marca de cincuenta mil ejemplares vendidos. Cuando se anunció que Paulo Coelho había alcanzado la cifra de cien millones de libros vendidos, a mediados de 2007, el discreto Meinberg saboreó en silencio el placer de haber sido el responsable de un cinco por ciento de esa cifra. Eso mismo: de los diez millones vendidos por Paulo en Brasil, cinco millones habían llegado a manos de los lectores a través de los canales alternativos articulados por Rodrigo Meinberg.

La desenvoltura con la que Paulo circulaba por el planeta, sin embargo, no se debía sólo a la cantidad de lectores que había conseguido enganchar en casi veinte años de carrera. Por más que sus críticos se negasen a aceptarlo, lo que lo distinguía de otros gigantes de los bestsellers como John Grisham y Dan Brown era exactamente el contenido de sus libros. Algunos de esos autores podían incluso vender más libros que el brasileño, pero no se tienen noticias de que su presencia atraiga a multitudes a auditorios de todo el planeta, como sucede con Paulo. El impacto que su obra ejerce sobre los lectores se puede medir por los cientos de correos electrónicos que su despacho recibe diariamente desde todos los rincones del mundo; en muchos de ellos los remitentes le hablan de la transformación de sus vidas después de haber leído sus libros. Cartas convencionales selladas en los lugares más remotos, a veces simplemente dirigidas a «Paulo Coelho-Brasil», llegan a montones a sus manos. Hace mucho que traspasó la frontera del mundo literario para convertirse en alguien que da nombres a calles, plazas e incluso platos de comida. Cuando, por ejemplo, el médico Jesús de la Gándara anunció en un congreso de psiquiatría en España que había muchos indicios de que la peregrinación por el Camino de Santiago conllevaba el riesgo de sufrir «manifestaciones psicóticas, alucinaciones, delirio y paranoia», el descubrimiento fue inmediatamente apellidado como el «síndrome de Paulo Coelho». Para desearles un feliz año 2006 a sus lectores, el editorial de Año Nuevo del periódico *Los Angeles Times* recurrió a la imagen de Santiago, el personaje central del libro más popular del autor: «Según el joven pastor andaluz de la novela *El Alquimista*, de 1988, lo que hace que la vida sea interesante es la posibilidad de convertir los sueños en realidad. Eso es también lo que hace que el Año Nuevo sea interesante.»

Para Paulo Coelho, al menos, 2006 sería de hecho un año muy interesante. Ese fin de año celebraba la firma de un contrato absolutamente sin precedentes, en Brasil y en cualquier país. Sin ningún alarde, decidió pasarse a la editorial Planeta, brazo brasileño del mayor grupo de comunicación de España y el séptimo en el ranking mundial. Las negociaciones se vieron facilitadas por el hecho de que, a excepción de México y, en ese momento en Brasil, Planeta Internacional poseía los derechos de publicación de los libros de Paulo Coelho en los doce países en los que actuaba.

Planeta México sufre desde 1996 un riguroso ayuno de Paulo Coelho, penitencia impuesta por la implacable Mônica Antunes como

El discreto y eficiente Rodrigo Meinberg: sin alboroto ni noticias en los periódicos, cinco millones de libros vendidos con el sistema de puerta a puerta.

protesta por la actitud arrogante del director general de la editorial, Homero Gayosso Animas, en sus relaciones con Sant Jordi. El tiro de gracia lo daría con dos frases en una breve carta en la que la agente afirmaba haber recibido la propuesta de Planeta para editar *Río Piedra* en México: «[...] En cualquier caso, y sin querer menospreciar su propuesta, ésta no atiende exactamente a nuestras expectativas y necesidades. Así pues, he decidido rechazarla y venderle los derechos de *Río Piedra* a una editorial con propuestas más afines.» La agraciada escogida por Mônica para asumir el segundo mayor mercado consumidor de libros de Paulo Coelho en castellano, sólo por detrás del mercado español, fue la tradicional Grijalbo, controlada por la gigante Random House Mondadori.

Anunciada por los medios hasta la saciedad, la novedad del contrato con Planeta Brasil no era el valor, ochocientos mil dólares, inferior al millón de dólares que recibió diez años antes de Roberto Feith por cambiarse a Objetiva con *La Quinta Montaña*. Aunque las dos partes involucradas en la negociación se niegan a confirmarlo, alegando secreto contractual, lo inédito estaba en el hecho de que Paulo recibiese la mitad de esa suma en concepto de incentivos, y no como adelanto de royalties, como sucede con escritores de éxito en cualquier parte del mundo. Los cuatrocientos mil dólares restantes serían deducidos de las ventas de su *backlist*, íntegramente transferida a la nueva editorial.

En febrero, Paulo estaba en su casa de Saint-Martin cuando recibió de sir James Hamilton, duque de Abercorn y jefe de protocolo de la casa real británica, una invitación para el banquete de Estado que la reina Isabel II y el príncipe Phillip le iban a ofrecer en el palacio de Buckingham semanas después al presidente de Brasil, Luiz Inácio Lula da Silva, que iba de visita oficial al Reino Unido. La invitación decía expresamente que el traje exigido para la ceremonia era «*white tie with decorations*» (frac y condecoraciones). Cuando ya estaba cerca la fecha de la cena, sin embargo, los periódicos dieron la noticia de que, a petición del gobierno brasileño, tanto el presidente Lula como su delegación de setenta miembros habían sido liberados por el protocolo británico del uso del frac en la recepción de gala. Al leer esa información, Paulo (que había desempolvado el frac, la pechera y la corbata blanca)

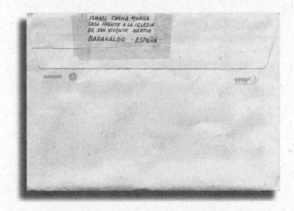

En la era de Internet y de los correos electrónicos, el servicio de correos consigue encontrar a Paulo Coelho aunque la dirección sea simplemente el nombre de la playa en la que vive en Río.

no sabía qué hacer: ¿lo incluía a él la liberación del traje formal para los brasileños? Por miedo a meter la pata, prefirió enviar un breve correo electrónico al servicio de protocolo pidiéndoles instrucciones:

Acabo de leer que el presidente Lula ha vetado el uso del frac por parte de la delegación brasileña. Por favor, necesito saber cómo debo proceder: no me gustaría ser el único invitado con frac en la cena.

Firmada por un funcionario de la casa real, la respuesta le llegó dos días después, por la misma vía, y contenía una involuntaria indiscreción: revelaba que la inclusión del escritor en la lista de invitados no había sido por iniciativa del presidente Lula, sino del propio palacio de Buckingham:

Señor Coelho:

Su majestad la reina Isabel II está de acuerdo con que el presidente Lula y los miembros de la comitiva oficial brasileña no tengan que usar frac en el banquete de Estado. Esto, sin embargo, se reduce a un pequeño grupo de personas (menos de veinte). Los ciento setenta invitados restantes llevarán frac. Así, le puedo asegurar que no va a ser usted el único que lo lleve. La Reina espera que sus invitados lleven frac, y usted es oficialmente un invitado de su majestad la reina, no del presidente Lula.

Lula, aparentemente, no llegó a enterarse de la metedura de pata del Itamaraty con uno de los brasileños más conocidos en Inglaterra. Tanto es así, que acabada la ceremonia, invitó a Paulo y a Chris a una reunión privada con él y la primera dama Marisa Letícia en los aposentos que ocupaba en Buckingham y no tocó el asunto. En la conversación informal que mantuvieron —Paulo de frac y Lula de traje y corbata—, el presidente se enteró de una primicia que aún no había llegado a los periódicos: una semana antes, el martes de carnaval, el escritor le había puesto el punto final a su novela de estreno en Planeta Brasil, titulada *La bruja de Portobello*.

De frac y corbata blanca, Paulo es recibido por Lula
(en el centro, la primera dama Marisa Letícia y Christina)
en el palacio de Buckingham; al final, era el invitado de la
reina Isabel, no del presidente Lula.

30

A LA SOMBRA DE UN AIRBUS 380, PAULO SE HACE UNA PREGUNTA SIN RESPUESTA: «¿CUÁNTO TIEMPO PASARÁ ANTES DE QUE MIS LIBROS SEAN OLVIDADOS?»

Semanas después de entregarles a sus editores los originales de la *Bruja*, Paulo se preparaba para una nueva ordalía. Habían pasado dos décadas desde 1986, año en el que hizo el Camino de Santiago, la primera y la más importante de las penitencias impuestas por Jean. En los años siguientes, según Paulo Coelho, el misterioso maestro lo sometió a nuevas pruebas. Al menos una de ellas, el escritor confiesa haberla cumplido más por respeto a la disciplina que por placer: la obligación de acoger a discípulos a los que tenía que transmitir el conocimiento recibido de Jean y mostrarles el camino de la elevación espiritual. «Tengo discípulos porque me obligan, no porque quiero —declaró a los periodistas—. Me da mucha pereza y tengo poca paciencia.» A pesar de todo, el escritor orientó a cuatro nuevos iniciados, tal como exigía la orden religiosa de RAM: la artista plástica carioca Gilda Bretas, la empresaria Lizia Medeiros, también de Río, el publicista de Minas Gerais José de Oliveira Soares Filho, conocido como *Máqui*, y la peluquera española de la que sólo sabe el nombre, Begoña, y en quien se inspiró para crear a Pilar, el personaje femenino del libro *Río Piedra*.

Además de recorrer los Caminos, nombre dado por los miembros de la orden a las peregrinaciones, desde entonces ha estado sometido por Jean a constantes ordalías. Algunas de ellas no exigían fuerza de voluntad ni resistencia física, como rezar al menos una vez al día con las manos sobre un chorro de agua corriente, que podía proceder de un grifo o de un regato. Paulo reconoce, sin embargo, haber recibido de Jean tareas difíciles de cumplir, como someterse al voto de castidad durante siete meses, período en el que incluso la masturbación estaba prohibida. A pesar de la privación, el escritor habla con buen humor de esa experiencia, ocurrida a finales de los años ochenta. «Descubrí que la abstinencia sexual viene acompañada de mucha tentación —recuerda—. El penitente tiene la impresión de que todas las mujeres lo desean. O mejor dicho, todas no, sólo las que son muy guapas.» Algunas pruebas se parecen a rituales de autoflagelación. Durante tres meses, por ejemplo, Paulo se vio obligado a caminar una hora al día, descalzo y sin camiseta, por alguna zona con maleza hasta arañarse el pecho y los brazos y tener los pies destrozados por las piedras. Al lado de tales sacrificios, los ayunos de tres días, o la obligación de observar un árbol a diario, meses seguidos, durante cinco minutos, los afrontaba sin mayores esfuerzos.

Como alguna de las anteriores, la tarea que Jean le transmitió a su discípulo en abril de 2006 le podría parecer a un lego algo sin pies ni cabeza. Había llegado el momento de hacer el «Camino Exterior de Jerusalén», lo que significaba pasar cuatro meses (o, como prefieren los iniciados, «tres meses más uno») sin pisar las dos casas en las que vive: la de Saint-Martin, en Francia, y el apartamento de Copacabana, en Río. Eso mismo: tenía que pasar los siguientes ciento veinte días vagando por el mundo, por los lugares que quisiera, siempre que no entrara en ninguna de sus casas, lo que en su caso significaba pasar todo ese tiempo en hoteles. Y el que no tuviera dinero para esa extravagancia, ¿no podía entrar en la orden? A Paulo le asaltó esa duda veinte años antes, poco antes de hacer el Camino de Santiago, y dice haber recibido de Jean una alentadora respuesta: «Viajar no siempre es una cuestión de dinero, sino de coraje. Te has pasado gran parte de tu vida recorriendo el mundo como un hippy. ¿Qué dinero tenías entonces? Ninguno. Apenas te daba para pagar el billete, y aun así creo que fueron unos de los mejores años de tu vida: comiendo mal, durmiendo en estaciones de tren, incapaz de comunicarte por el idioma y viéndote obligado a depender de los demás incluso para encontrar a un amigo para pasar la noche.»

Si el nuevo Camino de Jerusalén era inevitable, el remedio era relajarse y sacarle algún provecho. Las primeras semanas las dedicó a cumplir compromisos que se acumulaban en la agenda de Sant Jordi, entre los que estaba la Feria del Libro de Londres, una de las más importantes de Europa. Allí se encontró casualmente con el dueño de la editorial Sophia, Yuri Smirnoff, responsable de la publicación de sus libros en Rusia; Paulo le contó que estaba en medio de una peculiar peregrinación y que tal vez ésa era la oportunidad de realizar un viejo sueño: viajar en el Transiberiano, que, a lo largo de 9.289 quilómetros, atraviesa Rusia, desde Moscú hasta Vladivostok. Semanas después, el escritor recibió una llamada mientras conducía por las carreteras de Cataluña: era Smirnoff, que lo llamaba para decirle que había decidido hacer su sueño realidad y regalarle un viaje de quince días de duración por una de las líneas de ferrocarril más largas del mundo.

Como cualquiera esperaría, Paulo imaginaba que el regalo se reducía a un compartimento en el tren, pero se llevó una sorpresa al llegar a Moscú el día 15 de mayo, fecha marcada para salir, al descubrir que Smirnoff había decidido convertir el viaje en un curioso *happening*. El editor alquiló dos vagones enteros, en el primero de los cuales iban a viajar el escritor, instalado en una suite y, en los dos compartimentos restantes, el propio Smirnoff, su esposa y Eva, lectora y admiradora de Paulo, que haría de intérprete los quince días siguientes. Además de ellos, para garantizar la intendencia del viaje estaban a disposición del autor una chef de cocina, dos cocineros, un camarero y dos pesos pesados designados por el gobierno ruso para ocuparse de la seguridad del homenajeado. El segundo vagón fletado lo iban a ocupar treinta periodistas rusos y de otros países europeos que habían sido invitados para acompañar al escritor. Entre ellos estaban los equipos de Ort TV, el principal canal ruso de televisión, y del programa dominical «Fantástico», de la TV Globo brasileña (para enviar y mantener durante dos semanas en Rusia a la reportera

Glória Maria y al cámara Ronaldo Cordeiro, Globo se gastó treinta mil dólares). Hechas las cuentas por encima, la gentileza le costó a Smirnoff casi unos doscientos mil dólares (casi trescientos sesenta mil reales), pero resultaría ser una pésima inversión: meses más tarde, el autor cambiaría Sophia por una nueva editorial, Astrel.

Fue una quincena exhaustiva, no sólo por la distancia recorrida, sino por el incontrolable asedio de los lectores. El maratón empezó con una *bliztkrieg* en Moscú, donde se repetiría la agitación vivida en Praga, Budapest, El Cairo y tantas otras ciudades: pases insuficientes para todos los presentes, división de público en filas de los «con pase» y los «sin pase», reparto de agua mineral para calmar a los más impacientes. Y así a lo largo de todo el viaje: en cada parada del tren, los andenes eran invadidos por cientos de lectores en busca de un autógrafo, un apretón de manos, una palabra. Según las escenas transmitidas por Globo en una serie de ocho programas dominicales, en todas las paradas había multitudes esperando al escritor; fue así en las ciudades de Iekaterimburgo, Perm, Novossibirsk y Vladivostok. Después de pasar las provincias del extremo oriente ruso, bordeando las fronteras de Mongolia y de China —un trayecto en el que el huso horario cambia ocho veces—, el grupo por fin llegó el 30 de mayo a Vladivostok, en la costa del mar de Japón.

Desde allí Paulo cogió un avión de regreso a Moscú y el día 1 de junio fue recibido en audiencia por el presidente Vladimir Putin en la residencia oficial de verano de Novo-Ogariovo, a media hora en coche de la plaza Roja. «Lo que usted escribe y la forma de hacerlo llega directamente al corazón del pueblo ruso», le dijo un sonriente Putin bajo las luces de los flashes y los reflectores. «Los brasileños y los rusos tienen mucho en común a pesar de la distancia que separa ambos países —respondió el escritor—, y me ha emocionado encontrarme con una Rusia fuerte y optimista.» El inolvidable viaje había terminado. El día 9 de junio aterrizaba en Munich, donde lo esperaba Christina, a tiempo para asistir con ella al Munchen Stadium a la inauguración del Mundial de Fútbol de 2006, donde los anfitriones derrotaron a Costa Rica por 4 a 2.

En las entrevistas concedidas en su viaje en el Transiberiano,

Paulo dejó claro que, a pesar de las comodidades de las que había disfrutado, ése no era un viaje turístico. «Éste no es sólo un viaje en tren —insistió varias veces—, sino un viaje espiritual en el espacio y en el tiempo para cumplir una peregrinación impuesta por mi Maestro.» Llamaba la atención, después de tantos años de presencia constante en los periódicos y las revistas de todo el planeta, que ningún periodista hubiera sido capaz nunca de desvelar la verdadera identidad del misterioso personaje al que tanto le debía. Meses después del Mundial de Alemania, que ganó la selección italiana, alguien que se identificó simplemente como «lector de Paulo Coelho» envió a la página web creada para recoger información para este libro (http://www.cpc.com.br/paulocoelho/) una foto hecha en la calle de alguna ciudad. En ella aparece Paulo con una bandera de Brasil en la espalda, acompañado de Christina y de una tercera persona. Es un hombre delgado, de pelo gris, con vaqueros gastados y la camiseta de la selección brasileña de fútbol, con un teléfono móvil colgado del cuello. Su identificación es difícil debido a que lleva gorra y gafas oscuras, y la mano derecha le cubre parcialmente la cara. La fotografía iba acompañada de una frase escrita por el internauta anónimo: «Esta foto la hice en Berlín durante el Mundial de 2006. El hombre de la gorra es Jean, el Maestro de Paulo Coelho en RAM.» Al ver la foto, el escritor reaccionó de una forma deliberadamente imprecisa: «No sé qué decirte —disimuló—. Pero si no es él, se le parece mucho.»

Dos meses después del Mundial, las librerías brasileñas recibían los primeros cien mil ejemplares de *La bruja de Portobello*, que marcaba el estreno del escritor con Planeta Brasil. Se trataba de un libro lleno de novedades. La primera de ellas, perceptible ya desde el comienzo, es la técnica escogida por el autor para contar las desventuras de Athena, la protagonista. La historia de la joven de origen gitano nacida en Transilvania y abandonada por su madre biológica es narrada por quince personajes diferentes. El recurso estético le supondría uno de los primeros y más elocuentes elogios de la *Folha de S. Paulo* a su obra. «No se puede negar que, en términos literarios, ésta es una de las novelas más ambiciosas del escritor Paulo Coelho», escribió Marcelo Pen. Sin escapar de las inevitables puñaladas a sus otros libros, el crítico reconocía que «esta historia de una líder de una secta, contada desde la perspectiva de una docena de personajes, parece suntuosa». El libro cuenta la trayectoria de Athena, una niña adoptada por una pareja libanesa y llevada a Beirut, de donde la familia tiene que marcharse debido a la guerra civil que castigó el Líbano entre 1975 y 1990, estableciéndose entonces en Londres. En Gran Bretaña crece, estudia, se casa y tiene un hijo. Se labra una carrera en un banco hasta que se separa de su marido y viaja a Rumania para conocer a su madre biológica. Después se muda al golfo Pérsico, donde se convierte en una exitosa agente inmobiliaria en Dubai, en los Emiratos Árabes. De regreso a la capital británica, va desarrollando y profundizando en su espiritualidad hasta convertirse en una sacerdotisa que atrae a cientos de seguidores y, como consecuencia de estas actividades, es víctima de la intolerancia religiosa.

La segunda novedad era de naturaleza tecnológica. Colgado en el blog del autor antes de que la edición impresa llegase a las librerías de Brasil y de Portugal, en sólo dos días la página electrónica recibió más de veintinueve mil visitas, un resultado inesperado para todos, empezando por el autor. «Fue una sorpresa fantástica que demostró cómo Internet se ha convertido en un terreno obligatorio para que el escritor comparta su trabajo con el lector», declaró a los periódicos. A los que temían que la iniciativa les pudiera robar lectores de las librerías, les respondió con argumentos concretos: «En 1999 descubrí que la edición de *El Alquimista* publicada en Rusia estaba disponible en Internet. Entonces decidí enfrentarme a la piratería en su propio campo y fui yo mismo el primero en colgar mis libros en la web. En vez de caer, las ventas en las librerías aumentaron.»

Como si quisiera reafirmar que «enfrentarse a la piratería en su propio campo» no era sólo una frase, en el sitio en el que colgó sus libros en la web (http://piratecoelho.wordpress.com) hay una foto del autor con una pañoleta en la cabeza y un parche negro en el ojo, es decir, disfrazado como un verdadero corsario. Convencido de que el que sólo lee libros en la pantalla de un ordenador es porque no tiene otra alternativa, y que imprimirlos en casa costaría más que comprarlos en una librería, Paulo adoptó como norma algo que no haría pú-

Peregrinación en el
Transiberiano: con el
presidente Putin, firmando
autógrafos en la estepa helada
de Rusia, con el guardaespaldas
y con el equipo de TV Globo.

blico hasta dos años después, en 2008: colgar todos sus libros en la red mundial de ordenadores. «Está comprobado que si la gente lee los primeros capítulos en Internet y le gustan van a ir a comprar el libro», asegura.

A finales de 2006, Brasil estaba en plena campaña para las elecciones presidenciales. Los dos candidatos más votados en la primera vuelta, disputada el día 1 de octubre, fueron el presidente de la república y candidato a la reelección Luiz Inácio Lula da Silva, del Partido de los Trabajadores (PT), con 46 millones de votos, seguido por el ex gobernador de São Paulo Geraldo Alckmin, del Partido de la Socialdemocracia Brasileña (PSDB), que recibió 39 millones de votos. Pocos días antes de la segunda vuelta, marcada para el día 29 de octubre, Paulo recibió una llamada telefónica de un amigo brasileño que ayudaba en la campaña del PT, con una pregunta a quemarropa:

—¿A quién vas a votar?

El escritor tenía la respuesta preparada:

—A Lula.

—¿Aceptarías declarar tu voto públicamente?

—Sí, claro que sí.

No se trataba de ninguna novedad. Aunque nunca había sido militante político, en casi todas las elecciones desde la redemocratización de Brasil, en 1985, Paulo manifestaba públicamente sus preferencias. En 1989, en las primeras elecciones presidenciales libres después de veinte años de dictadura, declaró que su voto era para el candidato comunista Roberto Freire en la primera vuelta y, en la segunda, para el sindicalista Lula (que fue derrotado por Fernando Collor, del diminuto PRN, pero apoyado por otras fuerzas políticas). En 1991, el escritor fue ovacionado varias veces al participar como orador en el primer Encuentro Nacional del PT, en la ciudad de São Bernardo do Campo, en el ABC paulista. Rodeado de trotskistas, estalinistas y leninistas, arrancó aplausos incluso de políticos hasta entonces considerados radicales como el diputado federal Luiz Gushiken, que más tarde sería ministro del presidente Lula, al afirmar que «nunca hubo en la historia de la humanidad una civilización atea». En 1994 apoyó a Fernando Henrique Cardoso, que vencería a Lula en las urnas.

Un lector anónimo y avispado intenta acabar con el misterio e identifica al hombre de la foto, a la derecha, como el Maestro Jean. Paulo no lo confirma ni lo desmiente: «Si no es él, se le parece mucho.»

Tres días después de haber acordado declarar su apoyo a Lula contra Alckmin, el escritor recibía en su casa de Saint-Martin a un equipo de televisión de la campaña del PT para la grabación de un testimonio de treinta segundos de duración. Con el fondo de un campo dorado de trigo, Paulo aprovechó el gancho del cumpleaños de Lula para hablar:

Presidente Lula:

En primer lugar, feliz cumpleaños. Lo vamos a celebrar juntos el domingo con una victoria. Una victoria del pueblo, una victoria del país, una victoria de la democracia. En estos cuatro años Brasil ha pasado por pruebas necesarias y ha salido fortalecido. El pueblo lo ha comprendido perfectamente y este domingo todos vamos a votar por otros cuatro años de fe, esperanza y cambios en Brasil.

Para la campaña de Lula, recibir el apoyo del escritor más popular de Brasil significaba un golpe para el adversario. Aunque las encuestas indicaban que la reelección del presidente estaba casi garantizada, los dos experimentados candidatos sabían que no era raro que la opinión del electorado cambiase radicalmente en los últimos días o incluso horas, lo que dañaba la reputación de los institutos de estadísticas.

De ese modo, la grabación con el apoyo de Paulo se guardó en secreto para que fuera el broche de oro de la campaña presidencial. Eran las ocho y veinte de la tarde del 27 de octubre cuando la imagen del escritor, retransmitida en la red nacional, cerró oficialmente la campaña electoral gratuita por televisión. En Saint-Martin, donde él se encontraba, eran las doce y veinte de la noche. Acababa de ver una película en la tele y antes de dormir decidió echar un vistazo al buzón electrónico. Para su asombro, en los últimos minutos –es decir, inmediatamente después de su aparición en televisión–, docenas de correos electrónicos habían sido enviados desde todos los rincones de Brasil, con comentarios sobre su apoyo a Lula. De cada diez mensajes, sólo uno lo felicitaba por el gesto. Los nueve restantes eran

Para enfrentarse a la piratería, Paulo aparece en
Internet disfrazado de pirata y pone sus propios
libros a disposición de los internautas.

de condena vehemente e indignada por lo que acababan de ver. Instintivamente el escritor empezó a responderlos uno a uno, explicándoles las razones que lo habían llevado a posicionarse del lado de Lula en aquellas elecciones. Media hora después, sin embargo, se dio cuenta de que no podía acompañar el ritmo de llegada de nuevos mensajes que, a cientos, amenazaban con bloquear su ordenador. La proporción seguía siendo la misma: un mensaje de elogio, nueve de reprobación. En las dos semanas siguientes le llegarían más de diez mil correos electrónicos, el noventa por ciento de los cuales eran de protesta, a los que contestó con una respuesta circular.

Sin dar publicidad a esa tentativa de motín de sus lectores, Paulo tendría la oportunidad de ser testigo, una vez más, de lo que sus amigos consideraron una prueba de que la ingratitud no tiene ideología. Del beneficiario del apoyo que le había costado tantos enfados jamás recibió ni una llamada, tarjeta o correo electrónico. Al contrario. En noviembre de 2007, el palacio de Planalto anunció que Lula iba a visitar Pavãozinho, una favela en la que viven veinte mil personas entre las playas de Ipanema y Copacabana. Allí, el presidente dio inicio a las obras de construcción de elevadores, teleféricos y mejora de las infraestructuras de la zona. El corto trayecto que el presidente iba a recorrer a pie pasaba por la puerta de la niña de los ojos del escritor, una institución llamada Solar Meninos da Luz. Desde 1998, el Solar, que ofrece educación integral gratuita a 430 niños necesitados de la favela, se mantiene parcialmente con las contribuciones anuales de 400.000 dólares (720.000 reales) del Instituto Paulo Coelho, una organización sin ánimo de lucro financiada íntegramente por royalties del autor y administrada por la leal Belina Antunes, madre de su agente Mônica. Esporádicamente, Paulo suele hacer al Solar grandes contribuciones provenientes de otras actividades suyas, como el dinero que recibió por participar en la telenovela «Eterna magia», producida por Globo. Aunque pasó a pocos metros del Solar, el presidente de la república ni se acordó de echarle un vistazo a aquel oasis que educaba a cientos de niños.

Las energías del escritor, sin embargo, apuntaban hacia otra dirección. Desde mediados de 2006 había una silenciosa conjura no

Paulo Coelho
Escritor

Arriba, a la izquierda, Paulo pide el voto para Lula en la televisión brasileña y recibe más de diez mil correos electrónicos de protestas. Reelegido, el presidente pasa por la puerta de la ONG Meninos da Luz, patrocinada por el escritor, pero ni siquiera entra para ver de qué se trata. Abajo, Paulo posa de Mago en la telenovela de Globo: el caché fue a parar directamente a la ONG.

sólo por parte de Paulo, sino también de Mônica y de Chris, además de algunos de los editores más cercanos, para que la cifra de cien millones de libros vendidos se alcanzase alrededor del 19 de marzo del año siguiente, día de San José, en el que el escritor iba a celebrar su sexagésimo cumpleaños, pero no ocurrió. El libro número cien millones no se vendería hasta cinco meses después de lo previsto, en agosto, mes en el que, de hecho, cumplía sesenta años. Aunque declaró a los periódicos que cumplir sesenta años tenía la misma importancia que cumplir treinta y cinco o cuarenta y siete, en febrero el escritor decidió que iba a celebrar el día de San José en el hotel El Peregrino, en Puente la Reina, ciudad española a veinte kilómetros de Pamplona, en medio del Camino de Santiago. Ese mismo día colgó en su blog un «voto de bienvenida» a los diez primeros lectores que respondieran. Cuando los mensajes empezaron a llegar a su ordenador –procedentes de lugares tan distantes como Brasil, Japón, Inglaterra, Venezuela y Qatar–, Paulo temió que los internautas hubieran entendido que la invitación incluía los billetes de avión y el alojamiento, y se apresuró a aclarar de qué se trataba realmente. Para su sorpresa, todos eran conscientes del significado real de su nota en el blog, y estaban dispuestos a correr con los gastos. El día 19 aparecieron allí cinco españoles (Luis Miguel, Clara, Rosa, Loli y Ramón), una griega (Chrissa), un inglés (Alex), una venezolana (Marian), una japonesa (Heiko) y una americana residente en Irak (Nika). Además de ellos había algunas personalidades como el ex crack de fútbol Raí o viejos amigos como Nelson Liano Jr., su socio en el libro *Manual de vampirismo*. Presente también en la fiesta estaba la periodista Dana Goodyear, que describiría a Liano, en un reportaje publicado en la revista *The New Yorker*, como un «chamán recién llegado de la Amazonia». En su blog, Liano resumió en pocas líneas el ambiente que se vivió en El Peregrino:

Fue una celebración en honor de san José en cuatro idiomas. Paulo adoptó el día del santo del trabajo para celebrar su cumpleaños, siguiendo una antigua tradición cristiana española. Durante la fiesta, una nevada dejó el Camino de Santiago completamente blanco. Salsa, música regional francesa, boleros, tangos, samba y los inolvidables éxitos de Raul Seixas con Paulo Coelho le dieron el toque musical a la celebración, regada con el mejor vino de Rioja.

Cinco meses después, al acercarse la verdadera fecha de su cumpleaños, el equipo dirigido por Mônica en Sant Jordi trabajaba a toda máquina en la preparación de un elegante libreto de cuarenta páginas impreso en inglés a cuatro colores y en papel cuché, en cuya tapa se podía ver, sobre una foto del autor con una sonrisa iluminada, un título al que le sobraban adjetivos: «PAULO COELHO. 100.000.000 COPIES.» La urgencia se debía al hecho de que se iba a hacer público la primera semana de septiembre, durante la Feria del Libro de Frankfurt. Con una presentación firmada por Daniel Keel, dueño de Diogenes, editorial de Paulo Coelho en Alemania, la obra conmemorativa resumía la trayectoria del autor desde que, veinte años antes, había publicado su primer libro de proyección, *El Peregrino de Compostela*. En las páginas siguientes enumeraba 31 de los 63 premios (ninguno brasileño) y condecoraciones (sólo dos concedidas por Brasil) que el autor y sus libros habían recibido, y especificaba los 160 países a cuya lengua se habían traducido sus obras.

El día 24 de agosto, mientras Sant Jordi hervía para preparar el material a tiempo de distribuirlo en la inauguración de la feria, el cumpleañero, como era su costumbre, se dedicaba a la reflexión y al recogimiento espiritual. Quien pasara a las tres de la tarde por los estrechos y soleados caminos de tierra del municipio de Barbazan-Débat, a diez kilómetros de Saint-Martin, tal vez ni notase la presencia de aquel hombre de pelo blanco afeitado y penacho en la nuca. Con zapatillas, camiseta y bermudas, Paulo acababa de salir de la capilla de la Piétat —la Virgen que tiene en su regazo el extraño Niño Jesús barbudo—, se sentó en un banco de madera y, apoyándose en una rodilla, se puso a escribir algunas líneas en las páginas de un bloc. Los escasos turistas que pasaban en coche por allí difícilmente asociarían la figura de aire frágil y apariencia monástica con el escritor recibido por reyes, emires y estrellas de Hollywood y aclamado por sus lectores en cualquier lugar del planeta en el que ponía los pies. Christina, que lo observaba a distancia, se acercó a él, con curiosidad por lo que escribía su marido.

—Una carta —respondió sin levantar la vista.

—¿Para quién? —insistió ella.

—Para el autor de mi biografía.

Enviada horas después por correo convencional desde Saint-Martin, la carta, transcrita íntegramente a continuación, tardaría siete interminables días —tiempo inadmisible para un escritor tan cibernético como Paulo— en llegar a manos del destinatario en São Paulo.

Barbazan-Débat, 24 de agosto de 2007

Querido Fernando:

Estoy aquí delante de esta pequeña capilla y acabo de repetir el ritual de siempre: encender tres velas para la Virgen de la Piétat. La primera para pedirle que me proteja, la segunda por las intenciones de mis lectores, y la tercera para pedirle poder seguir trabajando y sin flaquear. Hace sol, pero no es un verano insoportable. No hay nadie a la vista, salvo mi mujer, que está mirando las montañas, los árboles y las rosas que plantaron los monjes, mientras espera a que yo termine esta carta.

Hemos venido caminando; diez kilómetros en dos horas, lo que no está mal. Tenemos que volver andando, y acabo de darme cuenta de que he olvidado traer agua suficiente. No pasa nada; en ciertos momentos la vida no te da otra elección, y no puedo quedarme para siempre aquí sentado. Mis sueños me esperan, los sueños dan trabajo, y tengo que volver a casa, incluso con sed.

Hoy cumplo sesenta años. Mi plan era hacer lo que hago siempre, y así fue. Ayer, a las 23.15 fui a Lourdes, para pasar a las 00.05 del día 24, hora en que nací, por delante de la gruta de Nuestra Señora, para agradecerle mi vida hasta ahora y pedirle protección para el futuro. Fue un momento muy intenso, pero mientras conducía de regreso a Saint-Martin me sentí tremendamente solo. Lo comenté con mi mujer. «¡Pero fuiste tú el que eligió esto!», respondió ella. Sí,

La fiesta del día de San José en España: el escritor con Christina; Mônica Antunes con Márcia Nascimento, presidenta del Club de Fans de Paulo Coelho, y él con el jugador de fútbol Raí y con la periodista Dana Goodyear, de la revista *The New Yorker*.

lo escogí, pero empiezo a estar molesto. Los dos estábamos solos en este inmenso planeta.

Encendí el teléfono móvil, que sonó en ese mismo momento; era Mônica, mi agente y amiga. Llegué a casa y había más recados esperándome. Me fui a dormir contento, y al día siguiente vi que no tenía la menor razón para sentir la opresión de la víspera. Empezaron a llegar flores, regalos, etc. Gente de comunidades de Internet había hecho cosas extraordinarias utilizando imágenes y textos míos. Todo estaba organizado, en la mayoría de los casos, por gente que no he visto en mi vida, salvo Márcia Nascimento, que hizo un trabajo mágico y que me da la alegría de decir: ¡soy un escritor que tiene un club de fans (del que ella es presidenta mundial)!

¿Por qué te escribo? Porque hoy, al contrario que los otros días, tengo muchas ganas de volver al pasado. Pero con unos ojos que no sean los míos, sino los de aquel que ha tenido acceso a mis diarios, a mis amigos, a mis enemigos, a todas las personas que formaron parte de mi trayectoria. Me gustaría mucho leer mi biografía ahora, pero por lo visto voy a tener que esperar.

No sé cuál será mi reacción al leer lo que habrás escrito. Pero en la capilla que en este momento está en mi campo de visión, hay una frase escrita: «Conoceréis la verdad, y la verdad os hará libres.» Verdad es una palabra complicada; después de todo, en su nombre fueron cometidos muchos crímenes religiosos, se declararon muchas guerras, mucha gente fue desterrada por aquellos que se denominan justos. Pero una cosa es cierta: cuando la verdad es liberadora, no hay que temer. Y, en el fondo, fue por esa razón por la que acepté que escribieran mi biografía: para poder descubrir otra parte de mí mismo. Y eso me hará sentir más libre.

Pasa un avión por el cielo, el nuevo Airbus 380, que todavía no está comercializado y está en fase de pruebas cerca de aquí. Lo contemplo y pienso: ¿cuánto tiempo pasará para que esta nueva maravilla de la tecnología se quede obsoleta? Es obvio que el pensamiento siguiente es: ¿cuánto tiempo pasará antes de que mis libros sean olvidados? Mejor apartar eso de mi cabeza, porque no los escribí pensando en la eternidad. Los escribí para descubrir lo que seguramente,

dada tu formación de periodista y tus convicciones marxistas, no es-
tará en tu libro: mis lados secretos, a veces oscuros, a veces ilumina-
dos, que no conocí hasta que los plasmé en el papel.

Como cualquier escritor, siempre me enamoró la idea de una au-
tobiografía. Pero es imposible escribir sobre uno mismo sin acabar
justificando los errores y exagerando los aciertos, forma parte de la
naturaleza humana. De ahí que haya aceptado la idea de tu libro
con tanta rapidez, aun sabiendo que corro el riesgo de que se revelen
cosas que, a mi entender, no son necesarias. Porque, si forman parte
de mi vida, tienen que ver la luz. De ahí mi decisión, de la que en
muchos momentos a lo largo de estos tres años me arrepentí, de abrir
los diarios que escribo desde que era adolescente.

Aunque no me reconozca en tu libro, sé que en él está una parte
de mí. Mientras me entrevistabas, y me veía obligado a recordar cier-
tas partes de mi vida, siempre pensaba: ¿cuál sería mi destino si no
hubiera vivido las cosas que viví?

No merece la pena entrar en esas abstracciones ahora: Chris dice
que tenemos que volver a casa; nos quedan otras dos horas de cami-
no, el sol es cada vez más fuerte, el campo está seco. Le pido que me
dé cinco minutos más para acabar. ¿Quién seré en tu biografía?
Aunque no la haya leído, conozco la respuesta: seré las personas que
se cruzaron en mi camino. Seré la persona que tendió la mano con-
fiando en que había otra mano esperando para apoyarme en los mo-
mentos difíciles.

Existo porque tengo amigos. He sobrevivido porque estaban en
mi camino. Me enseñaron a dar lo mejor que había en mí, aunque
en algunos momentos de mi vida no fui un buen alumno. Pero creo
que por fin he aprendido algo respecto a la generosidad.

Chris insiste, dice que los cinco minutos ya han pasado, pero le
pido un poco más de tiempo para dejar registrados aquí, en esta car-
ta, los versos que Kahlil Gibran escribió hace más de cien años. Se-
guro que no están en el orden correcto, porque los aprendí hace mu-
cho tiempo, en una noche muy triste, sombría, mientras escuchaba a
Simon & Garfunkel en aquel aparato que llamábamos «gramola»,
ahora pasado de moda (igual que un día lo estará el Airbus 380, y

eventualmente mis libros). Son versos que hablan precisamente de la importancia de dar:

Cuando realmente das, es cuando te das a ti mismo. Y el momento será siempre el día de hoy y no el tiempo de sus herederos.

La gente dice: le daré a quien lo merezca. Pero no es eso lo que dicen los árboles. Ellos dan para poder seguir viviendo, porque guardar es perecer.

Así pues, no os veáis como personas generosas en el momento de compartir algo. Porque en verdad es la vida la que lo da todo y lo comparte, y los seres humanos no son nada, aparte de testigos de su propia existencia.

Ahora voy a levantarme y a volver a casa. Testigo de mi propia existencia, es eso lo que he sido durante todos los días de estos sesenta años que cumplo hoy.

Que el Niño Jesús barbudo te bendiga.

PAULO

Cuando esta biografía recibió el punto y final, en febrero de 2008, el A380 ya estaba funcionando comercialmente. Lo más probable es que, con la velocidad de la obsolescencia tecnológica, el gigante creado por Airbus deje de ser fabricado antes de que desaparezcan los cientos de millones de ejemplares de los libros de Paulo Coelho y, a pesar de la opinión de los críticos literarios, sobre todo las profundas marcas que dejaron en lectores repartidos por los más remotos confines del planeta.

PAULO COELHO

100,000,000 COPIES

El libreto conmemorativo de una poco habitual hazaña:
cien millones de libros vendidos.

PAULO COELHO EN CIFRAS

Libros publicados

Teatro en la educación (1973), *Archivos del infierno (1982)*, *Manual práctico de vampirismo (1985)*, *El Peregrino de Compostela (Diario de un mago) (1987)*, *El Alquimista (1988)*, *El don supremo de Henry Drummond (1991)*, *Las Valkirias (1992)*, *A orillas del río Piedra me senté y lloré (1994)*, *Maktub (1994)*, *La Quinta Montaña (1996)*, *Manual del guerrero de la luz (1997)*, *Cartas de amor del profeta (1997)*, *Veronika decide morir (1998)*, *Palabras esenciales (1999)*, *El Demonio y la señorita Prym (2000)*, *Historias para padres, hijos y nietos (2001)*, *Once minutos (2003)*, *El Genio y las Rosas (2004)*, *El Zahir (2005)*, *Como el río que fluye (2006)* y *La bruja de Portobello (2006)*.

Sin contar las ediciones piratas, se han vendido cien millones de copias de sus libros en 455 traducciones, publicadas en 66 idiomas y 160 países

Albania, Alemania, Argentina, Armenia, Austria, Bolivia, Bosnia-Herzegovina, Brasil, Bulgaria, Canadá, Chile, China, Colombia, Corea del Sur, Costa Rica, Croacia, Egipto, El Salvador, Emiratos Árabes Unidos, Ecuador, Eslovaquia, España, Estonia, Finlandia, Francia, Georgia, Grecia, Guatemala, Honduras, Hungría, India, Indonesia, Islandia, Italia, Japón, Lituania, México, Nicaragua, Noruega, Omán, Países Bajos, Panamá, Perú, Polonia, Portugal, Puerto Rico, Reino Unido, República Dominicana, República Checa, República de Irlanda, Rumania, Rusia, Serbia, Suecia, Suiza, Sudáfrica, Taiwán, Ucrania y Venezuela.

Principales premios y condecoraciones

Libro de Oro (Yugoslavia, 1995, 1996, 1997, 1998, 1999, 2000 y 2004)

Grand Prix Littéraire Elle (Francia, 1995)

Guinness Book: o Livro dos Recordes (Brasil, 1995/1996)

Chevalier des Arts et des Lettres (Francia, 1996)

Livre d'Or (Francia, 1996)

Prêmio ABERT Formador de Opinião (Brasil, 1996)

Premio Internazionale Flaiano (Italia, 1996)

Premio literario Super Grinzane Cavour (Italia, 1996)

Finalista del International IMPAC Literary Award (República de Irlanda, 1997 y 2000)

Protector de Honor (España, 1997)

Comendador da Ordem do Rio Branco (Brasil, 1998)

Diploma da Ordem Fraternal do Cruzeiro do Sul (Brasil, 1998)

Fiera del Libro per i Ragazzi (Italia, 1998)

Flutuat Nec Mergitur (Francia, 1998)

Libro de Oro por *La Quinta Montaña* (Argentina, 1998)

Medaille de la Ville de Paris (Francia, 1998)

Museo Senaki (Grecia, 1998)

Prêmio Sara Kubitschek (Brasil, 1998)

Top Performance Nacional (Argentina, 1998)

Chevalier de l'Ordre National de la Légion d'Honneur (Francia, 1999)

Huésped Distinguido de la Ciudad de Nuestra Señora de la Paz (Bolivia, 1999)

Książka Zagraniczna (Polonia, 1999)

Libro de Oro por *Manual del guerrero de la luz* (Argentina, 1999)

Libro de Oro por *Veronika decide morir* (1999)

Libro de Platino por *El Alquimista* (Argentina, 1999)

Medalla de Oro dc Galicia (España, 1999)

Premio de Cristal del Fórum Económico Mundial (Suiza, 1999)

Premio Espejo de Cristal (Polonia, 2000)

Membro Titular do Pen Club Brasil (Brasil, 2001)

Premio Bambi de Personalidad Cultural del Año (Alemania, 2001)

Ville de Tarbes (Francia, 2001)

XXIII Premio Internazionale Fregene (Italia, 2001)

Diploma de Membro da Academia Brasileira de Letras (Brasil, 2002)

Miembro de Honor (Bolivia, 2002)

Club of Budapest Planetary Arts Award en reconocimiento a su obra literaria (Alemania, 2002)

Premio Internacional Corine al Mejor Libro de Ficción por *El Alquimista* (Alemania, 2002)

Prix de la Littérature Consciente de la Planète (Francia, 2002)

Ville d'Orthez (Francia, 2002)

Médaille des Officiers des Arts et des Lettres (Francia, 2003)

Condecoración de la Feria de Lviv (Ucrania, 2004)

Nielsen Gold Book Award por *El Alquimista* (Reino Unido, 2004)

Orden de Honor dc Ucrania (Ucrania, 2004)

Orden de Santa Sofía por contribución a la ciencia y a la cultura (Ucrania, 2004)

Premio Giovanni Verga (Italia, 2004)

Premio Libro de Oro del periódico *Vecernje Novosti* (Serbia, 2004)

Premio Budapest (Hungría, 2005)

Premio Ex Libris por *Once minutos* (Serbia, 2005)

Premio Goldene Feder (Alemania, 2005)

Premio Internacional del Autor del DirectGroup de Bertelsmann (Alemania, 2005)

8th Annual International Latino Book Award por *El Zahir* (Estados Unidos, 2006)

I Premio Álava en el Corazón (España, 2006)

Premio Kiklop por *El Zahir* en la categoría Bestseller del Año (Croacia, 2006)

Premio Libro de Platino por *El Zahir* (Austria, 2006)

Paulo Coelho publica artículos semanales en 109 medios de prensa de 61 países

Albania, Alemania, Argentina, Armenia, Austria, Bolivia, Bosnia-Herzegovina, Brasil, Bulgaria, Canadá, Chile, China, Colombia, Corea del Sur, Costa Rica, Croacia, Egipto, El Salvador, Emiratos Árabes Unidos, Ecuador, Eslovaquia, España, Estonia, Finlandia, Francia, Georgia, Grecia, Guatemala, Honduras, Hungría, India, Indonesia, Islandia, Italia, Japón, Lituania, México, Nicaragua, Noruega, Omán, Países Bajos, Panamá, Perú, Polonia, Portugal, Puerto Rico, Reino Unido, República Dominicana, República Checa, República de Irlanda, Rumania, Rusia, Serbia, Suecia, Suiza, Sudáfrica, Taiwán, Ucrania y Venezuela.

Cine

Coelho negoció los derechos cinematográficos de cuatro de sus libros con los siguientes estudios americanos:

El Alquimista (Warner Brothers)

La Quinta Montaña (Capistrano Productions)

Once minutos (Hollywood Gang Productions)

Veronika decide morir (Muse Productions)

Internet

Además del sitio www.paulocoelho.com, disponible en dieciséis idiomas, el autor tiene el blog www.paulocoelhoblog.com y la página www.myspace.com/paulocoelho.

ENTREVISTADOS

Acácio Paz
Afonso Galvão
Alan Clarke
Amapola Rios
André Midani
Andréa Cals
Antonio Carlos Austregésilo de Athayde
Antônio Carlos *Kakiko* Dias
Antônio Cláudio de Lima Vieira
Antônio Ovídio Clement Fajardo
Antônio Walter Sena Jr. *(Toninho Buda)*
Arash Hejazi
Ariovaldo Bonas
Arnaldo Niskier
Arnold Bruver Júnior
Artur da Távola
Basia Stepien
Beatriz Vallandro
Cecilia Bolocco
Cecília MacDowell
Chico Castro Silva
Christina Oiticica

Cristina Lacerda
Darc Costa
Eduardo Jardim de Moraes
Élide *Dedê* Conte
Ernesto Emanuelle Mandarino
Eugênio Mohallen
Fabíola Fracarolli
Fernando Bicudo
Frédéric Beigbeder
Fréderic Morel
Geneviève Phalipou
Gilles Haeri
Glória Albues
Guy Jorge Ruffier
Hélio Campos Mello
Henrique Caban
Hildebrando Góes Filho
Hildegard Angel
Ilma Fontes
Índio do Brasil Lemes
Isabela Maltarolli
Ivan Junqueira
Jerry Adriani
Joel Macedo

Jorge Luiz Costa Ramos
Jorge Mourão
José Antonio Mendonça Neto
José Antonio *Pepe* Domínguez
José Mário Pereira
José Reinaldo Rios de Magalhães
José Wilker
Julles Haeri
Kika Seixas
Leda Vieira de Azevedo
Lizia Azevedo
Marcelo Nova
Márcia Faria Lima
Márcia Nascimento
Marcos Medeiros Bastos
Marcos Mutti
Marcos Paraguassu Arruda Câ-
mara
Maria Cecília Duarte Arraes de
Alencar
Maria Eugênia Stein
Marie Christine Espagnac
Marilu Carvalho
Mário Sabino
Maristela Bairros
Maurício Mandarino
Michele Conte
Milton Temer

Mônica Antunes
Nelly Canellas Branco
Nelson Liano Jr.
Nelson Motta
Orietta Paz
Patrice Hoffman
Patricia Martín
Paula Braconnot
Paulo Roberto Rocco
Pedro Queima Coelho de Souza
Regina Bilac Pinto
Renato Menescal
Renato Pacca
Ricardo Sabanes
Rita Lee
Roberto Menescal
Rodrigo Meinberg
Rosana Fiengo
Serge Phalipou
Sidney Magal
Silvio Ferraz
Soizik Molkhou
Sônia Maria Coelho de Souza
Stella Paula Costa
Vera Prnjatovic Richter
Zé Rodrix
Zeca Araújo
Zuenir Ventura

ESTE LIBRO

Este libro nació a comienzos de 2005 en el aeropuerto Saint-Exupéry, en la ciudad de Lyon, cuando vi a Paulo Coelho por primera
vez. Habituado por mi profesión a acompañar a personalidades y estrellas internacionales, imaginaba encontrarlo rodeado de guardaespaldas, secretarias y asesores. Para mi sorpresa, el hombre con el que
iba a convivir los tres años siguientes apareció solo, con la mochila a
la espalda y empujando una pequeña maleta de ruedas. Empezaba
allí la investigación de uno de los más singulares personajes con los
que he tratado.

Después de seis semanas a su lado, regresé a Brasil. Como toda su
trayectoria se desarrolla en Río, me mudé a la capital fluminense,
donde viví ocho meses detrás del rastro y de las marcas dejadas por
el escritor. Busqué a Paulo Coelho en todos los lugares posibles y
también en los acontecimientos que tantas cicatrices dejaron en su
historia. Lo busqué en los callejones sombríos de los bajos fondos de
Copacabana, en los historiales de los locos y en las ruinas de la antigua clínica Dr. Eiras, en el peligroso mundo de las drogas, en los
archivos de la represión política, en el satanismo, en las misteriosas
sociedades secretas, en la sociedad con Raul Seixas, en su familia,
en su genealogía. Escuché a sus amigos y a sus enemigos, entrevisté
a sus muchas ex mujeres y pude convivir de cerca con la actual –y
última, jura él–, la artista plástica Christina Oiticica. Indagué en su
vida, invadí su intimidad, vi su testamento, leí prospectos de sus
medicinas, accedí a sus cuentas personales, revolví sus bolsillos,

busqué hijos que supuse había engendrado en sus relaciones y aventuras amorosas.

Le gané una apuesta que me permitió el privilegio de abrir y leer un tesoro cuyo destino, por decisión suya, sería la incineración: un baúl con cuarenta años de diarios, muchos de ellos en forma de grabaciones en cintas de casete. Me pasé semanas encerrado en el Instituto Paulo Coelho digitalizando documentos, fotos, agendas viejas, cartas recibidas y enviadas. Terminada la temporada carioca volví a acompañarlo en sus andanzas por varios rincones del mundo con una grabadora a cuestas, escuchando su voz nasal, sus comentarios y su curioso tic de espantar moscas inexistentes delante de los ojos. Anduve con él por el camino sagrado de Santiago de Compostela, vi cómo se emocionaba ante manifestaciones de modestos lectores en Oñati, en el País Vasco, y en El Cairo, y vi cómo lo homenajeaban hombres de frac y mujeres de vestido largo en banquetes en París y Hamburgo.

Fui juntando los pedazos dejados por Paulo Coelho a lo largo de sesenta años, trabajo cuyo resultado final es *El Mago*. Aunque la responsabilidad por todo lo que está aquí escrito es exclusivamente mía, no puedo dejar de compartir públicamente este libro con las docenas de personas que me han ayudado en este maratón. En primer lugar, mi viejo amigo Wagner Homem. Crack de la informática, invitado a organizar las montañas de información, datos, entrevistas y documentos acumulados en tres años de investigación. Acabó mudándose a mi casa, donde durante diez meses ininterrumpidos no sólo realizó un trabajo ejemplar, sino que leyó, releyó e hizo importantes contribuciones para una mejor comprensión del texto final. Mi gratitud va también para dos hermanos: uno putativo, Ricardo Setti —que desde *Olga* ha sido el fiel guardián de la calidad de mis libros, y cuyo talento me socorrió en las horas más difíciles— y uno real, Reinaldo Morais, que removió cielo y tierra para que *El Mago* llegase por fin a buen puerto.

Además de ellos, estoy agradecido a todos los que contribuyeron generosamente a este libro. A las docenas de entrevistados y a los investigadores, periodistas, becarios y colaboradores que localizaron y entrevistaron a los personajes que dan vida, color y calor humano a esta historia. Me refiero a Adriana Negreiros, Afonso Borges, Aldo Bocchini Neto, Alfonso Molinero, Ana Carolina da Motta, Ana Paula Granello, Antônio Carlos Monteiro de Castro, Armando Antenore, Armando Perigo, Asociación de ex-alumnos del Colegio Santo Inácio, Áurea Soares de Oliveira, Áureo Sato, Beatriz de Medeiros de Souza, Belina Antunes, Carina Gomes, Carlos Augusto Setti, Carlos Heitor Cony, Carlos Lima, Célia Valente, Cláudio Humberto Rosa e Silva, César Polcino Milies, Dasha Balashova, Denis Kuck, Devanir Barbosa Paes, Diego de Souza Martins, Eliane Lobato, Eric Nepomuceno, Evanise dos Santos, Fernando Eichenberg, Firmeza Ribeiro dos Santos, Francisco Cordeiro, Frédéric Bonomelli, Gemma Capdevila, Herve Louit, Hugo Carlo Batista Ramos, Ibarê Dantas, Inês Garçoni, Instituto Paulo Coelho y Sant Jordi Asociados, Ivan Luiz de Oliveira, Ivone Kassu, Joaquim Ferreira dos Santos, Joca do Som, José Antonio Martinuzzo, Juliana Perigo, Klecius Henrique, Leonardo Oiticica, Lourival Sant'Anna, Lúcia Haddad, Luciana Amorim, Luciana Franzolin, Luiz Cordeiro Mergulhão, Lyra Netto, Marcio José Domingues Pacheco, Marcio Valente, Marilia Cajaíba, Mário Magalhães, Mário Prata, Marisilda Valente, Mariza Romero, Marizilda de Castro Figueiredo, Pascoal Soto, Raphael Cardoso, Ricardo Hofstetter, Ricardo Schwab, Roberto Viana, Rodrigo Pereira Freire, Samantha Quadrat, Silvia Ebens, Silvio Essinger, Sylvio Passos, Talles Rodrigues Alves, Tatiana Marinho, Tatiane Rangel, Véronique Surrel, Vicente Paim y Wilson Moherdaui.

Finalmente, mi agradecimiento a los cientos de internautas de más de treinta países que me enviaron datos, documentos y fotografías al sitio http://www.cpc.com.br/paulocoeho/, abierto para recibir contribuciones para la creación de *El Mago*. Algunos aportaron información relevante utilizada en este libro.

FERNANDO MORAIS
Ilhabela, marzo de 2008

CRÉDITOS FOTOGRÁFICOS

Se ha hecho todo lo posible para determinar el origen y la autoría de las fotos utilizadas en este libro. No siempre ha sido así, sobre todo en el caso de fotos cedidas por parientes o amigos del protagonista del libro. Nos complacerá incluirlos en los créditos si así lo desean.

Agência Jornal do Brasil: 524, 573

Archivo personal Antônio Walter Sena Júnior (*Toninho Buda*): 494b, 515

Archivo personal Amapola Rios: 303

Archivo personal Antônio Carlos Dias (*Kakiko*): 235, 250, 253, 268

Archivo personal Cecília Mac Dowell: 406, 407

Archivo personal Fabíola Fracarolli: 173a

Archivo personal familia Mandarino: 494c, 537

Archivo personal Joel Macedo: 149b

Archivo personal Maria Cecília Duarte de Arraes Alencar: 80, 83a

Archivo personal Rodrigo Meinberg: 649

Archivo público del Estado de São Paulo: 243b, 243c

Archivo público del Estado de Sergipe: 227

Archivo público del Estado de Rio de Janeiro: 369, 378c, 378d, 382b

Archivo de la revista *Carta Capital*: 645

Archivo de la revista *Veja* (www.veja.com.br): 557

Archivo Tribuna da Imprensa: 327b

Colégio Santo Inácio: 109

Fernanda Levy (www.fernandalevy.com): 39

Fernando Morais: 58, 67, 95a

Gerard Fouet/AP – Associated Press: 597a

Hotel Bristol, Paris: 35

http://piratecoelho.wordpress.com: 664

IPC – Instituto Paulo Coelho: 7, 22a, 46, 47, 75, 83b, 87, 92, 95b, 139, 149a, 156, 173b, 178, 202, 208, 209, 218, 219, 230, 243a, 265b, 265c, 273, 284, 287, 313a, 327a, 337, 343, 357, 363, 378a, 378b, 382a, 389, 415, 420, 423, 426, 428, 431, 434, 438, 445, 450, 457, 482, 490, 494a, 499, 508, 512, 527, 530, 534, 562, 567, 569, 575, 580, 586, 603, 609, 611, 626, 630, 638, 651, 653a, 660a, 660c, 660d, 666b, 666c, 670

La Dépêche Hautes-Pyrénées: 43b

Paulo Coelho: 597b

Ricardo Stuckert Filho: 653b

Sant Jordi Asociados: 22b, 674

Site Dachau Concentration Memorial (http://www.kz-gedenkstaette-dachau.de/): 466

www.raulseixas.com.br: 380

www.youtube.com: 666a

Yuri Zolotarrev/Getty Images 660b

ÍNDICE ONOMÁSTICO

Antenore, Armando: 683.
Antonioni, Michelangelo: 148, 164.
Antunes, Belina Rezende: 535, 665, 683.
Antunes, Jorge Botelho: 535.
Antunes, Mônica Rezende: 19, 20, 25, 27, 28, 32, 54, 61, 62, 534, 535, 536, 540, 541, 546, 570, 572, 574, 576, 577, 578, 581, 583, 585, 591, 604, 605, 610, 627, 628, 632, 633, 644, 648, 650, 665, 668, 671, 680.- *22, 67, 573, 603, 670.*
Anysio, Chico: 318, 526, 528.
Ápio (*Pele*): 186.
Arafat, Yaser: 610.
Araripe, Heloísa (tía *Helói*): 201, 361, 370.
Araripe, José Braz (tío José): 91, 93, 94, 96, 100, 138, 142, 143, 217, 267.- *95.*
Araripe, Maria Elisa de Oliveira Neto (*Lilisa*): 72, 76, 169, 231, 247, 275, 276, 281, 286, 300, 329.
Araripe, Paulo: 81.
Araripe, Tristâo de Alencar (general, homónimo del padre del académico): 74, 252.
Araripe Junior, Arthur (*Mestre Tuca*): 73, 76, 78, 110, 117, 127, 169, 205, 215, 216, 231, 232, 247, 249, 252, 276, 296, 297.
Araripe Júnior, Tristâo de Alencar: 74.
Araripe Alencar, los: 73.
Araújo, Zeca: 680.
Ardisson, Thierry: 41.- *43.*
Arias, Juan: 596.
Arlin, Jean: 167, 177, 199.
Arns, Paulo Evaristo: 583.
Arrabal, José: 261.
Arraes, Cecília Dantas: 85.
Arraes, Paulo: 81.
Arraes de Alencar, Miguel: 74, 166.
Arrigucci Jr., David: 582.

Arruda Câmara, Diógenes (*Arrudâo*): 301.
Arruda Câmara, Marcos Paraguassu de: 301, 680.
Assumpçao, Leilah: 216.
Atta, Mohammed: 59.
Aurélio (amigo): 142.
Austregésilo de Athayde, Antonio Carlos: 679
Autran, Paulo: 165, 224.
Ávila, Fernando: 620.
Ayala, Walmir: 179, 210, 216.
Azevedo, Aluísio: 110, 111, 128.
Azevedo, Lauro Vieira de: 141, 142, 143.
Azevedo, Leda Vieira de: 680.
Azevedo, Lizia: 680.
Azevedo, Luís Cláudio Vieira de (*Claudinho*): 141, 142, 143, 144.
Azevedo, Roberto Marinho de: 568.

Babo, Lamartine de Azeredo Babo (o Lalá), *llamado* Lamartine: 205.
Baby Face: 278.
Bach, Johann Sebastian: 79, 418.
Bach, Richard: 551.
Bairros, Maristela: 680.
Balashova, Dasha: 683.
Balcells, Carmen: 572, 574, 576.
Balzac, Honoré de: 145, 271, 572
Bandeira, Manuel: 112, 113, 177, 622.
Barbosa, Marcos: 568.
Barbosa, Mário Gibson: 619.
Barbosa, Rui: 11.
Barcellos, Caco: 36.
Barros e Silva, Fernando: 592, 593.
Barrymore, John: 386.
Bastos, Ana Luísa: 443.
Bastos, Marcos Medeiros: 360, 368, 370, 374, 441, 444, 680.
Batista, Cícero Româo: 259, 260.
Batista, Dircinha: 157.

Casé, Geraldo: 168.

Casé, Regina: 555.

Castañeda, Carlos: 275, 280, 294, 516, 551.

Castello, José: 591.

Castelo Branco, Cláudia: 523.

Castelo Branco, Humberto de Alencar: 74.

Castro, Antônio Carlos (*Carleba*): 319.

Castro, Fidel: 107.

Castro, Ruy: 246.

Castro Figueiredo, Marizilda de: 683.

Castro Silva, Chico: 605, 679.

Cervantes Saavedra, Miguel de: 274.

César, Cayo Julio: 245.

César, Ronaldo: 529.

César Augusto, Cayo Julio César Octavio Augusto, emperador Octavio: 85.

Chagas Freitas, Antônio de Pádua: 368.

Chamberlain, Richard: 131.

Chame: 115.

Charrière, Christian: 579.

Chateaubriand, Assis: 157.

Chávez, Hugo: 610.

Che Guevara, Ernesto Guevara, *llamado* el: 377

Chico (amigo): 100, 101.

Chirac, Jacques: 14, 595.- 597.

Chopin, Fryderyk Franciszek: 57, 405.

Chrissa: 667

Christie, Agatha: 414.

Chu En-Lai: 63.

Churchill, Winston S.: 317, 595.

Cipriano de Cartago, san: 489.

Clancy, Tom: 601.

Clara: 667.

Clark, Walter: 386.

Clarke, Alan: 570, 571, 576, 679.- 575.

Clash, The: 317.

Clay, Cassius (Muhammad Alí): 283.- *287*.

Clinton, Chelsea: 608.

Clinton, Hillary Rodham: 608.

Clinton, William Jefferson Blythe III, *llamado* Bill: 52, 608.

Coelho, Joâo Marcos (*Cazuza*): 73, 98, 121, 123, 124.

Coelho, Maria Crescência (*Cencita*): 75, 121, 169.

Coelho de Souza, Lygia Araripe: 71, 72, 74, 76, 77, 78, 79, 81, 88, 89, 90, 94, 96, 97, 101, 103, 108, 110, 116, 118, 120, 121, 122, 123, 126, 127, 137, 138, 142, 143, 150, 151, 152, 153, 154, 155, 157, 158, 160, 163, 164, 168, 169, 172, 176, 179, 180, 182, 186, 192, 201, 203, 217, 222, 228, 229, 232, 240, 266, 276, 293, 294, 302, 304, 329, 360, 366, 368, 370, 371, 373, 374, 383, 400, 401, 402, 405, 408, 409, 421, 425, 435-436, 449, 452, 460, 599.- *75, 87, 156, 243, 406, 438*.

Coelho de Souza, Pedro Queima: 71, 72, 74, 76, 77, 78, 79, 81, 84, 89, 90, 96, 97, 101, 102, 103, 108, 110, 115, 116, 117, 118, 119, 120, 121, 122, 123, 126, 127, 128, 137, 138, 142, 143, 144, 148, 150, 151, 152, 153, 154, 155, 158, 160, 163, 164, 168, 169, 174, 175, 176, 179, 180, 186, 187, 190-192, 201, 203, 212, 217, 221, 222, 228, 229, 231, 232, 240, 266, 271, 276, 293, 296, 297, 360, 366, 368, 370, 371, 372, 373, 374, 376, 379, 383, 399, 400, 401, 402, 405, 408, 412, 413, 421, 425, 452, 456, 460, 474, 476, 514, 518, 599, 680.- *75, 80, 156, 243, 406*.

Coelho de Souza, Sônia Maria: 76,

Georges (chófer): 32, 33, 37.
Ghioldi, Rodolpho: 370.
Gibran, Kahlil: 672.
Gil, Gilberto: 238, 246, 298, 319.
Gil, Jacques: 31.
Giudicelli, Raul: 552.
Glória, Darlene: 246.
Godard, Jean-Luc: 148, 164, 179, 263.
Goddard, Robert H.: 119.
Góes Filho, Hildebrando: 128, 679.
Goethe, Johann Wolfgang: 275.
Gogol, Nikolai: 203.
Goleman, Daniel: 588.
Golino, Valeria: 636, 637.- *641*.
Gomes, Carina: 683.
Gomes, Benjamim Gaspar: 152, 153, 157, 159, 185, 189, 190, 195, 196, 198, 199, 207, 210, 222, 228, 377, 379, 399, 404, 417, 440, 454, 460.
Gomes, Pepeu: 496.
Gonçalves Filho, Antônio: 532.
Goodyear, Dana: 48, 54, 667.- 670.
Górki, Maxim: 203.
Goulart, Joâo: 73, 165.
Goya Lucientes, Francisco de: 221.
Goyeneche, Roberto (*Polaco*): 270.
Granello, Ana Paula: 683.
Greene, Graham: 188.
Gregony, Brigitte: 577, 578.
Grisham, John: 601, 648.
Grotowski, Jerzy: 242.
Guerra, Regina: 521.
Guerra, Ruy: 166.
Guimarâes, Luís Eduardo: 148, 239.
Gushiken, Luiz: 661.
Gusmâo, Bartomeu de: *véase* Guzmán, Bartolomeo Lorenzo de.
Guzmán, Bartolomeo Lorenzo de: 86.
Guzmán, Juana: 27, 32.

Haddad, Amir: 259.
Haddad, Lúcia: 683.
Haeri, Gilles: 679.
Haeri, Julles: 680.
Hagen, Oyvind: 19, 577, 627.
Hamilton, James (duque de Abercorn): 650.
Harazim, Dorrit: 393, 396.
Hardy, Françoise: 130.
Hassan (guía): 523, 525.
Hawking, Stephen: 536.
Heikal, Mohammed: 63.
Heiko: 667.
Hejazi, Arash: 20, 633, 634, 679.- *638*.
Heliodora, Bárbara: 161.
Hello, Henrique: 480, 481.
Hemingway, Ernest: 274, 464, 532.
Hendrix, Jimi: 296.
Henrique, Klecius: 683.
Hesse, Herman: 275.
Hirszman, Leon: 168.
Hitler, Adolf: 312, 461, 463.
Hoffman, Dustin: 283, 637.
Hoffman, Patrice: 680.
Hofstetter, Ricardo: 101, 683.
Homem, Wagner: 682.
Hopper, Dennis: 267.
Hourey, P. A.: 111.
Hugo, Victor: 572.
Hunter, Meredith: 283.
Huszti, Gergely: 17, 18, 25, 27, 28, 32.
Huxley, Aldous: 274.

Ignacio de Loyola, san: 89, 533, 561.
Iron Maiden: 317.
Isabel II de Inglaterra: 650, 652.
Ivo, Lêdo: 179.

Jacobs, Norma: 516, 517.
Jaguaribe, Hélio: 619, 621, 622, 624.
Jairzinho, Jair Ventura Filho, *llamado*: 271.

Marcos, Plinio: 333.
Margarita de Valois (reina Margot): 617.
Maria (prostituta): 629.
Maria, Glória: 657.
María de Nazaret: 113, 325.
María I de Portugal: 474.
Maria Lúcia (amiga): 205.
Marian: 667.
Mariátegui, José Carlos: 612.
Marinho, familia: 335.
Marinho, Lilly: 52.
Marinho, Roberto: 52, 338.
Marinho, Tatiana: 683.
Mário (guitarrista): 443.
Mariscotte, Mariel: 246.
Marrochino, Luciano: 636.
Martín, Patricia: 680.
Martins, Wilson: 11.
Martinuzzo, José Antonio: 683.
Marx, Karl: 163, 215, 301, 612.
Marzo, Cláudio: 246.
Mascarenhas, Eduardo: 477.
Matos, Olgária: 555.
Maurício (amigo): 141, 142.
Mazza, Ivan Lobo: 256, 257.
McRae, Carmen: 386.
Medeiros, Lizia: 654.
Médici, Emílio Garrastazu: 619.
Meinberg, Rodrigo: 644, 646, 647, 680.- *649*.
Mello, Hélio Campos: 642, 679.
Mello, Patrícia Campos: 612.
Melo, Tereza Cristina de: 212.
Melo Filho, Murilo: 616.- *609*.
Melo Neto, Joâo Cabral de: 112.
Melo Souza, Julio César de: *véase* Malba Taban (seud.).
Mena (artista): 432.
Mendes, Cândido: 274, 614.
Mendes Campos, Paulo: 115.
Mendonça Neto, José Antonio: 680.
Menem, Carlos: 636.
Menescal, Renato: 447, 680.
Menescal, Roberto: 381, 383, 393,

394, 398, 399, 405, 416, 417, 418, 421, 427, 460, 477, 526, 547, 680.- *431*.
Mergulhâo, Luiz Cordeiro: 683.
Michalski, Yan: 244.
Midani, André: 393, 394, 399, 416, 417, 679.
Miguel (artista): 432.
Milani, Francisco: 216.
Miller, Henry: 57, 163, 164, 260, 274, 309.- *178*.
Miller, Sidney: 115.
Milliet, Sérgio: 177.
Miranda, Leonel: 236.
Mohajerani, Ataolah: 634.
Moebius, Jean Giraud, *llamado*: 587.
Mohallem, Eugênio: 643, 679.
Moherdaui, Wilson: 683.
Molinero, Alfonso: 683.
Molinero, José Ramón: 274, 309.
Molkhou, Soizik: 680.
Mónica (vecina): 100.
Monteiro de Castro, Antônio Carlos: 683.
Monteiro Lobato, José Bento Renato: 84, 110.
Montenegro, Oswaldo: 430.
Moraes, Denis: 601.
Moraes, Dulcina de: 216.
Moraes, Eduardo Jardim de: 679.
Moraes, Vinicius de: 112, 121, 177.
Morais, Reinaldo: 682.
Moravia, Alberto: 114.
Moreira, Mônica: 576.
Morel, Frédéric: 37, 679.
Morricone, Ennio: 45.
Morrison, Jim: 261.
Motta, Ana Carolina de: 683.
Motta, Marcelo Ramos: 311, 312, 316, 323, 324, 325, 383, 400, 448, 465.- *313*.
Motta, Nelson: 393, 555, 680.
Mourâo, Jorge: 263, 264, 679.
Mourâo, Ronaldo Rogério de Freitas: 617.